金融学

（第三版）

主　编　丁述军　沈　丽

副主编　张　晶　宿淑玲

山东人民出版社·济南

国家一级出版社　全国百佳图书出版单位

图书在版编目（CIP）数据

金融学/丁述军，沈丽主编．--3版．--济南：山东人民出版社，2022.7
ISBN 978-7-209-13920-5

Ⅰ．①金… Ⅱ．①丁… ②沈… Ⅲ．①金融学—高等学校—教材 Ⅳ．①F830

中国版本图书馆CIP数据核字(2022)第127067号

金融学（第三版）
JINRONGXUE（DI-SAN BAN）
丁述军　沈　丽　主编

主管单位　山东出版传媒股份有限公司
出版发行　山东人民出版社
出 版 人　胡长青
社　　址　济南市市中区舜耕路517号
邮　　编　250003
电　　话　总编室（0531）82098914
　　　　　市场部（0531）82098027
网　　址　http://www.sd-book.com.cn
印　　装　济南龙玺印刷有限公司
经　　销　新华书店

规　　格　16开（184mm×260mm）
印　　张　31
字　　数　660千字
版　　次　2022年7月第1版
印　　次　2022年7月第1次
ISBN 978-7-209-13920-5
定　　价　68.00元

谨以此书献给

山东财经大学建校七十周年暨合校十周年

山东财经大学金融学院金融学教学团队

第三版前言

《金融学》自出版以来，受到了广大师生和读者的一致好评。迄今为止，2013年2月和2017年6月出版的两个版本累计印刷11个印次，发行5.9万册。近年来，国内外金融理论研究取得一系列新成果，金融理论体系进一步丰富和完善。同时，全球金融业尤其是中国金融业正处于深刻变革中，取得了丰硕的实践成果。为夯实金融人才理论基础，拓宽金融人才专业视野，提高金融人才培养质量，亟须总结提炼这些最新理论成果和实践进展，并以教材为载体将其融入金融人才培养过程。与此同时，金融事关我国经济发展和社会稳定大局，因此金融学教材不仅仅是专业知识的载体，更是远大理想信念和正确价值观念的传递渠道。为此，本教材编委会启动了第三版的修订工作，此次修订于2022年3月开始，2022年6月结束。

与上一版相比，本次修订在保持第二版基本框架结构和内容体系的基础上，基于金融学的专业基础课定位，从低年级本科生受众的知识基础和认知规律出发，同时考虑到课堂教学改革和课程思政教学改革的需要，对教材进行了全面升级和优化。具体修订工作包括以下几个方面：

第一，优化篇章结构和内容体系。此次修订首先对第二版的篇章结构进行了调整，使内容体系更加完整，章节与内容之间的衔接更为紧密、顺畅。例如，删除第十章“金融资产价格决定”，仅保留其中的“资本资产定价模型”内容，并将其移至第五章“风险与资产选择”。将“金融机构体系”第三节“中央银行的职能与业务”扩充为第九章“中央银行”，原第九章“金融市场”改为第十章。其次，简化经典理论的呈现方式。例如，简化第三章“汇率决定理论”、第六章“资本结构理论”中的数理模型，保留其中容易被低年级本科生接受的文字表达内容，重点介绍经典理论的发展脉络和基本思想。在上述工作基础上，此次修订还微调了大量内容的编排逻辑，优化了部分文字表达，修正了少量内容和文字错误。

第二，反映最新理论及实践成果。此次修订增补了大量金融领域最新理论及实践成果，尤其是体现中国金融业改革发展历程和成效的内容，使教材内容贴近中国现实，突出中国特色。例如，第一章增加数字货币的有关内容，第二章增加中国利率市场化改革相关内容，第三章增加中国汇率制度改革内容，第六章增加创新性融资工具内容，第七章增加中国金融机构的改革与发展内容，第十章增加中国多层次资本市场内容，第十四章增加非常规货币政策工具、我国的结构性货币政策工具、货币政策传导中银行风险承担渠道等内容。相应地，此次修订也删除了第二版中大量陈旧过时的知识以及与中国国情不适应的知识，如美国货币供给层次的划分等。

第三，补充更新辅助教学内容。为增强教材的启发性、趣味性和时效性，帮助读者巩固理论知识、拓展行业视野、了解实践进展，此次修订首先按照经典、典型、新鲜的原则，筛选大量典型案例、经典文献、行业实践、改革历程等方面的素材，如超主权储备货币、LPR 改革历程、人民币加入 SDR 货币篮子、中国衍生品市场发展历程、新三板与北交所的区别、我国结构性政策工具介绍等，用于新增或更新拓展阅读内容。此外，为配合启发式课堂教学方法，优化了各章节导读。为提高读者知识运用能力，增补了许多与现实结合紧密的应用型复习思考题。为引导读者开展自主学习，在新增和更新的正文内容、拓展阅读、图表数据处标注了文献、资料或数据来源。此外，本次修订还将所有图表数据更新到近两年甚至此次修订当月。

第四，增强内容呈现的立体感。为优化读者阅读体验、提高使用效率，本次修订通过变换字体、变换颜色等方式，将拓展阅读、例题、重要概念等元素与正文内容区别开来，突出了不同类型内容的差异化呈现方式，增强了视觉效果的立体感和美观度。

本次修订在原有编写团队基础上，吸收了山东财经大学金融学院金融系承担金融学教学任务的多位青年教师加入，与原编写团队成员共同组成了新老搭配的修订团队，充分结合了资深教师教学经验丰富和青年教师知识体系较新的优势。此次修订自酝酿开始，修编团队克服新冠肺炎疫情影响，采用线上、线下相结合的方式，坚持每周召开一次修编会议。至 2022 年 6 月 10 日截稿，修编团队共召开二十余次修编会议。团队成员本着提高教材质量、加强交流学习的初衷，充分发扬民主精神，就各项修编内容展开深入讨论，既保障了修编质量，又加强了教学研讨，也增进了团队友谊和凝聚力。

本次修订历经四个阶段。第一阶段，修订团队通过全体会议逐章讨论修改重点，经过充分讨论达成一致意见，然后分工开展修订工作。具体分工包括：冯林教授编写导论、第二章，公雪博士编写第一章，戴安然博士编写第三章，邹昆仑教授编写第四章、第十章，梁巧慧副教授编写第五章，孙福珍老师编写第六章，徐光顺博士编写第七章，卢立香副教授编写第八章，宿淑玲副教授编写第九章，丁述军教授编写第十一章、第十三章，沈丽教授编写第十二章、第十五章，张晶教授编写第十四章。第二阶段，本书主编、副主编以及冯林教授、梁巧慧副教授对修订稿进行了两轮讨论和返修。第三阶段，修编团队组成六个审校小组，对第二轮修订稿进行交叉审校。卢立香副教授和于洋博士分别对全书进行了审读和校对。第四阶段，对全书格式规范进行修改。在此，向修编团队所有成员的辛勤付出表示感谢！

本书第三版付梓之际，恰逢山东财经大学建校七十周年暨合校十周年校庆，谨以此书献给山东财经大学以及山东财经大学金融学院金融学教学团队，以此激励团队秉承“克明俊德 格物致知”校训，为山东财经大学“财经特色名校”建设贡献高水平教学成果。

最后，感谢广大师生一直以来对本教材的支持，恳请各位读者积极参与本教材建设，提出宝贵的批评和建议，让我们的教材日臻完善。

编委会

2022年6月9日于济南

前　言

在现代经济社会中，诸如股票投资、利率、汇率变化、对冲基金这样的话题几乎天天出现在人们的视野里，显然，我们生活在一个充斥着金融元素的世界。金融业是现代经济中最具魅力和变幻无穷的热门行业之一，发达的金融市场既为金融投机者提供了无穷的发财致富机会，也为资金需求者提供了似乎“取之不尽、用之不竭”的金融资源，而金融泡沫、金融风险和金融危机也使无数的人美梦破灭，甚至倾家荡产。所以，无论是对研究者还是对实践者来说，金融领域都是一个极其值得冒险的乐园。随着金融活动在经济发展过程中扮演的角色越来越重要，人们对金融学的研究也日趋鼎盛，使金融学成为发展速度极快的学科领域，而学习金融知识，探索金融现象也变得越来越重要。作为金融学的入门教材，希望本书能够帮助您学到金融知识，带您进入神秘而广博的金融学领域。

本书是我校科研项目——金融学教学团队教学实践的阶段性成果。为及时体现国际、国内金融形势的变化，顺应高校金融学教学改革发展的要求，我们组织了金融领域内有经验的专家学者积极探索，力图为读者奉献一本理论体系完整、内容新颖、语言精练、逻辑性强、趣味性好、吸收最新科研成果、适合于本科教学和读者自学的精品教材。

为了打造精品，在更大程度上体现这本《金融学》教材的应用价值和传播价值，我们在设计体系结构、内容和研究方法上注意突出以下几点特色：

1. 凝练内容编排。本书在内容体系的编排和取舍上进行了精心的设计。在深刻理解西方金融学与我国目前金融学内容体系的基础上，既承袭国外“Finance”课程的严密逻辑，又兼顾我国金融学课程的中国特色和宏观分析的角度；既包括以微观金融主体行为及其运行规律为研究对象的微观金融学，又包括以金融系统整体的运行规律及其各构成部分的相互关系为研究对象的宏观金融学。在内容的叙述上，力求观点明确、条理清楚、重点突出、通俗易懂，有助于读者更好、更快地掌握金融学的基本知识。

2. 创新体系结构。本书基于合理的理论体系框架，立足于金融学的基础课程要求，注重内容体系的提炼概括。按照金融学知识的内在逻辑以及学习的思维习惯，全书安排了从基础范畴到微观金融、宏观金融共四篇十五章的内容。同时，各章都设置了学习目标、重要概念、本章小结、复习思考题以及拓展阅读等环节，方便教师的讲授和读者的学习。

3. 反映最新成果。随着经济一体化、金融全球化的进一步发展，新问题不断涌现，因此在编写本书的过程中，我们力求站在理论前沿，不仅介绍金融学的基本知识、基本理论，还总结和概括了我国的实践，并注入与当前金融改革相关的新鲜内容。此外，在分析方法上也更多地运用比较分析法，以拓宽学生视野，提高学生分析问题、解决问题的能力。

本书由丁述军、沈丽教授主持编写，为了反映金融学教学内容和课程体系研究的最新成果，编写人员对大纲和内容体系进行了多次研讨与磋商，数易其稿终于完成。本书的编写分工如下：

沈丽教授撰写第二、五、七、八、十五章。

丁述军教授撰写第十、十一、十二、十三章。

张晶教授撰写第一、三、十四章。

宿淑玲副教授撰写第四、六、九章。

此外，金融理论教研室的孙福珍、张振敏、徐英吉、邹昆仑老师也参与了部分内容的编写工作。

本书在编写过程中，参考了国内外许多相关教材和文章，借鉴和吸收了国内许多专家学者的研究成果。同时，山东财经大学金融学院领导及许多老师对本书编写提供了大力支持和帮助，山东人民出版社及袁丽娟副总编辑对本书出版付出了大量的心血，在此一并致以诚挚的谢意。在2013年第一版的基础上，2017年的本书第二版对时效性的内容进行了大幅度更新，以适应新形势的需要。

尽管我们做了很大的努力，反复对书稿进行讨论、提炼和修改，但由于时间、资料、作者水平以及其他条件的限制，错误与问题在所难免，恳请同行专家和诸位读者批评指正。

编　者

2017年5月

目　录

第二篇　金融资产：投资与融资

第三篇　金融体系：机构与市场

导 论

一、金融与金融学

“金融”是现代社会中并不陌生的字眼，但东西方对于其内涵有着不同的解读。《中国金融百科全书》认为，金融是货币流通和信用活动以及与之相关的经济活动的总称[①]。易纲和吴有昌在其著作《货币银行学》中指出，“金”是指资金，“融”是指融通，“金融”是社会资金融通的总称[②]。上述定义侧重于从宏观层面概括金融的内涵，但其局限在于淡化了微观主体决策和金融市场的作用。西方与“金融”一词对应的是“Finance”，其本意是“货币资财及其管理”。《新帕尔格雷夫经济大辞典》将“金融”定义为“资本市场的运营和资本资产的供给与定价”[③]，该定义侧重于金融的微观内涵与对资本市场的重视，但并不包括金融宏观管理与政策的内容，因此其也不足以全面概括金融的内涵。

基于对“金融”一词的不同理解，国内外对金融学所涵盖范畴的界定也存在显著差异。狭义上的金融学被称为微观金融，主要研究金融市场主体（投资者、融资者）个体的投资融资行为及其金融资产定价等微观层次的金融活动。例如，兹维·博迪在《金融学（第二版）》中指出，金融学是一项针对人们怎样跨期配置稀缺资源的研究[④]。广义上的金融学则是在微观金融基础上，将货币、银行、利率、货币供求与货币政策等宏观金融的内容囊括进来。弗雷德里克·S. 米什金所著《货币金融学（第十二版）》[⑤]是这一界定方式的典型代表。

国内早期的金融学偏重对宏观金融的研究，代表性教材大多以“货币银行学”命名，如黄达编著的《货币银行学》、易纲和吴有昌所著的《货币银行学》、胡庆康主编的《现

---

① 黄达、刘鸿儒、张肖：《中国金融百科全书》，经济管理出版社，1990。

② 易纲、吴有昌：《货币银行学》，格致出版社，1999。

③ 伊特韦尔、米尔盖特：《纽曼·新帕尔格雷夫经济大辞典》，经济科学出版社，1996。

④ 兹维·博迪、罗伯特·C. 默顿、戴维·L. 克利顿：《金融学（第二版）》，曹辉、曹音译，中国人民大学出版社，2018。

⑤ 弗雷德里克·S. 米什金：《货币金融学（第十二版）》，郑艳文、荆国勇译，中国人民大学出版社，2016。

代货币银行学教程（第六版）》[1]。随着我国金融体系的完善和金融市场的发展，越来越多的教材纳入微观金融的内容，并以“金融学”命名，其内容体系既包括公司金融和资产定价等微观金融的内容，还包括宏观经济学意义上的货币银行学以及国际经济学中的外汇与汇率理论等，典型代表有黄达、李健、陈学彬、曹龙骐等学者各自主编的《金融学》[2]。

二、金融体系

金融伴随社会经济活动产生和发展，金融体系从最初的货币兑换和支付结算体系开始不断演化，逐渐形成了与当今经济社会发展水平相适应并与之高度融合的庞大、完整的有机体系。现代金融体系主要由五大要素组成：

第一，基础要素。基础要素是金融体系形成和运转的基础条件，包括本币和外汇及其构成的货币流通体系，信用体系，利率、汇率及各类价格指数等价格体系。

第二，金融工具。金融工具是金融交易活动的载体和交易对象，包括票据、股票、债券、金融衍生品等，其本质是记载金融交易双方或多方债权债务等交易关系的合约或凭证。

第三，金融机构。金融机构是金融体系中提供诸如支付、结算、存款、融资、财富管理、证券交易、保险等服务的主体，包括商业银行、证券公司、基金公司、保险公司等。随着金融产业链条的延伸和分工的细化，金融细分市场中出现了融资租赁公司、消费金融公司等种类繁多的金融机构。

第四，金融市场。金融市场是承载金融交易活动的空间场所。广义的金融市场涵盖各类金融交易活动和交易关系，包括信贷市场、证券市场、（金融）衍生品市场、外汇市场等。狭义的金融市场则限定为有价证券的交易活动和交易关系，如票据市场、股票市场、债券市场等。

第五，金融制度和调控机制。金融制度是现代金融体系有序、高效运行的基础和保障，包括货币制度、汇率制度、利率制度、金融市场运行规则、金融监管制度等。调控机制是调适金融与经济关系，实现二者良性互动的保障，如货币政策工具、货币政策规则、货币政策实施机制等。

三、金融体系的功能

金融体系之所以在社会经济运行和金融活动中发挥着重要的作用，是由于其自身具

---

① 胡庆康：《现代货币银行学教程（第六版）》，复旦大学出版社，2021。

② 黄达：《金融学（第五版）》，中国人民大学出版社，2020；黄达：《货币银行学（第七版）》，中国人民大学出版社，2020；李健：《金融学（第三版）》，高等教育出版社，2018；陈学彬：《金融学（第四版）》，高等教育出版社，2018；曹龙骐：《金融学（第六版）》，高等教育出版社，2017。

有特殊的功能。结合国内外理论研究和中国实际，现代金融体系的基本功能可以概括为以下六个方面：

（一）资源配置

金融体系可以在资金盈余部门和短缺部门之间调剂资金余缺，为经济主体提供跨时期、跨主体、跨地区的金融资源配置渠道和方式，优化微观主体及宏观经济资源配置效率。如消费信贷、住房按揭贷款可以将居民或家庭的未来收入转移至当前，用于购买耐用消费品和住房。理财产品、基金、股票等一方面为居民家庭提供增加财产性收入的投资渠道，另一方面帮助企业募集大规模的长期资金，用于扩大经营规模、提高技术创新能力。国家可以利用国债或产业引导基金筹集国内外资金，提高产业发展水平、科技创新能力和综合国力。

（二）风险管理

金融体系能够转移和分散风险，为经济主体提供丰富的风险分散渠道和风险管理工具，降低微观主体及宏观经济运行的风险水平。如银行通过专业的信用风险管理手段控制信贷风险，使储户资金免遭个别企业违约带来的损失。发行股票融资在帮助原有股东筹集资金的同时，也将经营风险转移给了新的股东。投资基金通过投资组合帮助投资者降低风险。担保机构和担保工具可以承担一定比例的信贷违约风险，降低银行风险承担程度。财产保险和健康保险可以减少交通意外和重大疾病给居民或家庭带来的冲击。衍生品市场和金融衍生工具可以降低企业大宗商品采购、购汇结汇过程中面临的价格风险和汇率风险。

（三）支付清算

金融体系能够为各类经济主体提供便捷、高效、低成本的支付结算渠道，通过清算体系降低经济运行成本。金融体系中，货币的发行和流通提高了商品和服务交易效率，促进了经济发展。随着储蓄存款、活期存款、借记卡等账户和支付方式的普及，以及电子化交易方式的普及，尤其是近年来第三方支付的快速崛起，经济主体之间、经济主体与金融机构之间、金融机构与金融机构之间的支付效率得到进一步提高。上述支付结算还需要以金融体系内部的清算功能为支撑。

（四）提供信息

金融体系中货币资金或金融工具在交易过程中汇集和反映了各类金融资源市场供求状况的信息，形成利率、汇率等价格信息，而这些价格信息又为投资决策和经营决策提供了决策依据。例如金融市场上信贷资金相对充裕、供大于求的情况下，会形成相对较低的利率，此时企业能够以更低的融资成本获取资金并投入生产。证券市场上股票和债券的价格反映了宏观经济、上市公司所在行业、上市公司经营管理水平以及投资者预期等信息，投资者便可以根据上述价格信息做出买入或卖出股票或债券的决策。

（五）监督激励

经济和金融体系中普遍存在信息不对称，这往往会引发逆向选择和道德风险问题，而金融体系中一系列的产品、机构和交易机制可以在信息不对称的条件下提供有效的监督和激励机制，缓解信息不对称导致的上述问题。例如信贷交易中的抵押和担保机制，不仅能够降低高风险借款人获得低利率贷款的概率，而且能够提高借款人获得贷款后的努力程度。债券融资中的还本付息机制能够监督和激励发行人努力经营，降低债务违约的概率。保险合同中的免责条款和赔付额度上限可以控制被保险人的冒险行为。

（六）政策传导

为经济发展提供适度的货币供给，也是金融体系的重要功能。利用各种金融政策尤其是货币政策调节经济运行是现代国家干预经济的重要方式之一。现代金融体系为货币政策提供了传导路径，如中央银行提高法定准备金率，将首先减少商业银行可用于贷放的资金，迫使商业银行减少贷款，从而减少社会的货币供应量；中央银行通过货币市场进行公开市场业务操作，也可以调节货币供应量或市场利率，最终影响微观经济主体的投资、消费等，达到经济调控的目的。当然，拥有充分竞争、进退有序的金融市场和自我约束、高效运作的金融机构是金融体系发挥这一功能的前提条件。按照我国对“金融”范畴兼顾宏观金融的口径，我们在前述五大功能的基础上，加上这一功能。

四、金融与经济的关系

金融是经济发展的产物，经济发展对金融起决定性作用。经济发达程度和经济活动方式决定了金融发展水平和金融运行方式，金融发展的规模、结构和效率能够反映经济发展阶段和经济发展水平。同时，金融也反作用于经济。一方面，规范运行、高效运作的金融体系有助于促进经济发展。改革开放的总设计师邓小平同志在 1991 年视察上海时指出，金融很重要，是现代经济的核心。金融搞好了，一招棋活，全盘皆活。我国改革开放以来经济的高速发展，离不开不断完善的金融市场和稳定的金融环境。但另一方面，金融交易秩序的紊乱会严重破坏经济秩序，阻碍经济发展。1997 年的亚洲金融危机和 2008 年的美国次贷危机给地区乃至全球经济带来重大冲击。新冠肺炎疫情暴发后，欧盟、美国、日本、英国等发达经济体大肆扩张基础货币，实行极限宽松财政金融刺激政策，引发了全球高通胀。正如习近平总书记指出的，经济是肌体，金融是血脉，两者共生共荣。金融一旦脱离实体经济，就是无源之水、无本之木。服务实体经济是金融的本源。要始终把金融服务实体经济发展放在第一位，摆正金融工作位置，促进经济和金融良性循环、健康发展。由此可见，学习金融学不仅要掌握金融交易活动的基本规律，更要客观、正确地认识经济与金融的关系尤其是金融对经济的巨大反作用，在敬畏市场、尊重规律、遵纪守法、管控风险的前提下，充分运用金融工具和金融市场达成家庭、企业、政府的经济目标。

五、本书的内容结构

本书所讲的金融学是研究金融系统运行规律（如何融通货币和货币资金）的科学，是包括金融主体的个体行为和金融系统整体行为及其相互关系和运行规律的科学，即上述广义的金融学范畴。本书包括第一篇《基础范畴：货币、利率与汇率》、第二篇《金融资产：投资与融资》、第三篇《金融体系：机构与市场》、第四篇《货币经济：调控与监管》，共十五章。

第一篇《基础范畴：货币、利率与汇率》包括第一～三章，分别介绍与货币、利率和汇率相关的知识。货币是现代经济生活重要的元素，小到家庭的日常生活，大到国家的经济发展，都与货币息息相关。人们常把物价的高低、消费的增减、投资的冷热与货币联系在一起，货币已经渗透到了经济生活的各个方面，对货币以及货币制度进行了解是全面了解金融问题的必要基础。利率和汇率是最基本的金融资产价格，其变动对经济和金融体系具有至关重要的作用。利率作为重要的经济杠杆，是联结各利益主体的关节点。学习并掌握利率体系及利率种类，理解利率水平的决定，有助于深入研究当今经济生活中错综复杂的利率体系及利率对经济的影响机制。汇率作为两种货币交换的比率，在国际经济交往中具有不可忽视的地位，为货币当局、企业和投资者所高度关注。汇率政策在改善国际收支、促进宏观经济内外均衡等方面均发挥着重要作用。尤其在经济全球一体化的背景下，掌握外汇、汇率及汇率制度的相关知识，对了解国际经济运转至关重要。

第二篇《金融资产：投资与融资》包括第四～六共三章，分别介绍金融资产、风险与资产选择、融资与资本结构的内容。本篇是从微观金融主体的角度讨论金融运行规律和决策逻辑。其中，无论是投资、融资，抑或是风险管理，首先必须了解不同类型金融资产的特点及功能，以及金融资产价值评估方法。对于投资者来说，不确定条件下的投资和融资必然具有风险，投资者必须了解这些风险并学会对其进行有效管理，方可有效控制风险并实现收益最大化。对于作为融资者的企业来讲，融资成本最小化和公司价值最大化是其关注的重点。而要实现融资成本最小化和公司价值最大化，需要在充分了解各种融资方式特点的基础上选用恰当的融资工具，并根据资本结构理论不断优化资本结构。

第三篇《金融体系：机构与市场》包括第七～十章，分别介绍金融机构体系、商业银行、中央银行以及金融市场。金融的重要功能是实现资金的融通，并以提高资金融通过程的效率为发展目标。这一过程的实现需要在金融体系内完成。金融体系是有关资金集中、流动、分配和再分配的一个系统。它由资金的流出方（资金盈余单位）和流入方（资金短缺单位）构成，连接这两者的是金融机构和金融市场，以及对这一系统进行管理和调控的中央银行和其他金融监管机构。其中，商业性金融机构是重要的微观金融主体，商业银行是其中最为重要的类型，中央银行是重要的金融监管和宏观调控机构。金融市场是金融体系运行的基石和载体。学习金融机构与金融市场，有助于深入认识金融体系的概貌及运作机理，为后续内容的学习奠定知识基础。

第四篇《货币经济：调控与监管》包括第十一～十五章，分别介绍货币需求、货币供给、货币均衡、货币政策和金融危机与监管。本篇以宏观和整体经济的视野，讨论金融系统的运行规律及其与其他经济系统的相互关系。货币的供求均衡是我们追求的目标，因此我们必须了解货币需求的决定因素及其性质，了解货币是怎样供应到社会中来的，把握货币供给的机制。通货膨胀与通货紧缩是货币供求失衡的表现，无论是通货膨胀还是通货紧缩都会对经济的健康、持续发展带来危害，因此需要我们充分认识通货膨胀和通货紧缩的判断、影响、产生机理以及治理对策。货币政策是政府通过货币供应量的变化调节宏观经济运行的重要工具，货币政策的制定、实施对一个国家或经济体的平稳运行具有重要影响。由于金融系统具有脆弱性，金融危机频繁发生，因此必须认识金融危机的产生原因，加强监管、防范与治理，而金融监管便是金融体系正常运行的重要保障。

第一篇

基础范畴：货币、利率与汇率

第一章

货币与货币制度

本章导读

我们生活的现实世界是一个货币经济社会，我们天天都要用到钱，小到柴米油盐、大到国家经济发展，都与货币息息相关，所有的经济往来都要借助货币这个交易媒介才能完成。其实，货币在人类的历史上已经存在很久了，不同时期货币的形式不相同，同一时期的不同国家或地区的货币也不相同。但相同的是，货币在商品劳务支付和债务清偿过程中都发挥着极其重要的作用，因此要了解现代经济的运行，就必须先要了解货币以及与之紧密相关的货币制度。

货币是怎样产生的？货币形态是如何演变的？货币的本质以及职能是什么？货币层次划分的依据及其经济意义是什么？货币制度的构成要素包括哪些？货币制度存在的具体形态有哪些？我们现在实行的又是哪种货币制度？国际货币体系经历了哪些历史发展时期，未来又将走向何处？这一系列的问题都可以在本章的内容中寻找到答案。

学习目标

掌握 货币概念的界定，货币的职能，现实中的货币层次计量和相应的经济意义；格雷欣法则

理解 货币形态演变的动因，货币购买力的含义；货币制度的概念及演变过程，金币本位制在历史上的重要地位

了解 货币的产生、存在形态；现代货币制度的特点；国际货币体系的演变历史

第一节　什么是货币

货币（Money），俗称“钱”，可以说是这个世界上最普通却又最神奇的东西了！它神通广大，似乎无所不能。货币联系着一个国家或地区的政治、经济、文化等方面，在货币的背后则隐藏着复杂的社会关系。但对于经济学家来说，它应该只具有一种特定的含义。然而，如何清楚地界定货币的概念，一直困扰着经济学家们，迄今为止，人们对此依然争论不休。本节将从六个角度逐一对货币的概念展开阐述，以期能够较为全面地阐释什么是货币。

一、货币的起源

现代生活中，货币具有举足轻重的地位，人们衣食住行的满足几乎都离不开货币。然而，货币出现在人类社会中只有几千年的历史。货币的出现是与交换联系在一起的。根据史料的记载和考古的发掘，世界各地的人类交换都先后经过了物物直接交换和有媒介的间接交换两个发展阶段。那么，货币是怎样产生的呢？在理论上给予系统和科学论证的是马克思。

19世纪40年代，商品生产的最高形式——资本主义，在西方一些主要国家中已经有了充分发展，并且对商品货币的理论探索也有了三四百年的历史，在此基础上，马克思全面地对货币起源问题作了系统的理论阐述，揭开了货币的面纱。

在生产力不断进步的背景下，原始人类先后经历了三次社会大分工，诞生了为满足他人需要而进行生产的商品经济，这种经济形式在促进社会生产效率大幅提高的同时也蕴含着一对显著而深刻的矛盾——社会劳动和私人劳动的矛盾，即在商品经济中，社会分工的存在使得每个生产者只从事某种特定的具体劳动，而整个社会的需求则要靠所有生产者用各种不同的具体劳动所生产的多种多样产品来满足，因此生产者的劳动具有社会意义；但同一劳动从私有制的角度看，生产什么、生产多少和怎样生产都由每个生产者自主决定，因而又表现出私人意义。社会劳动和私人劳动的矛盾主要体现为私人劳动要求社会承认它具有社会意义并进而转化为社会劳动，能够解决这一矛盾的唯一途径就是交换，即生产者拿着自己的产品与其他生产者的产品相互交换。在交换的过程中，不同形式的具体劳动形成了商品的使用价值，而商品中凝结的无差别的人类劳动形成了商品的价值，人们根据使用价值决定交换的对象，而依据价值决定交换的数量。

在漫长的交换历史进程中，交换所体现的价值形态依次经历了简单偶然的价值形态、扩大的价值形态、一般价值形态和货币形态，前两种是物物直接交换，后两种是有媒介存在的间接交换。伴随着商品交换范围和规模的不断扩大，物物直接交换的局限性日益凸显出来，成为交换发展的桎梏，因为参与物物交换的双方都既是买者又是卖者，买卖成立的前提必须是双方都同时需要对方的商品且能够达成交换价值的认同。例如，有人想要用手中的1头羊去交换2袋粮食，如果粮食的所有者恰好也想交换羊，并且也认同这一交换比例，那么交换自然得以实现；如果粮食的所有者并不需要羊，则交换破裂；如果羊的所有者发现粮食的所有者需要的是烟草，而正好有一个烟草的所有者需要羊，那么羊的所有者可以先将烟草换回来，再用烟草交换到粮食，并且参与交换的三方分别就三种物品两两间的交换比例均达成一致。但是，显然易见的问题就是纵然客观存在着这样一个需求的链条，但现实地把它一步步解开需花费极大的精力，更何况在有限的时间和空间范围内，这样的需求链条未必存在。问题和解决问题的手段同时产生。[①] 物物交换中的需求双重耦合问题会随着参与交换的物品越来越多、交换行为日益频繁而越严重，但是在这个过程中，必然会有某种物品进入交换的次数较其他物品更多，当这种物品频繁地成为其他物品表现自身价值的材料时，它逐渐具有了可以与所有物品直接交换的能力，这时物物交换自然会让位给通过该种物品作为交易媒介的间接交换，而这个用来表现所有物品价值的媒介被马克思称为一般等价物，相对应的价值形态就是一般价值形态。当一般等价物固定在某一种商品上时，这种商品就成为货币。

依据马克思经济学理论，可得出结论：货币起源于商品，是商品交换的必然产物。

二、货币形态的演变

在人类的历史上，迄今为止货币先后经历了实物货币、金属货币、代用货币、信用货币、电子货币和数字货币六种形态。

（一）实物货币

实物货币是世界上最早的货币。在人类经济史上，许多商品都充当过货币，如羽毛、贝壳、兽皮、布帛等。实物充当货币的特征突出表现为，实物作为非货币用途的价值与其作为货币用途的价值始终是相等的。

通常作为货币的商品应该具有四个基本的特征：（1）易于标准化，便于表现和衡量不同商品和劳务的价值量。（2）易于分割，便于与具有不同价值的商品交换。（3）易于保存，可避免或减少保存期的价值损失。（4）易于携带，便于在更广大的地区使用。此外，高价值性也常常是实物货币的一个要求，可实现用较少的媒介完成较多

① 马克思、恩格斯：《马克思恩格斯全集（第二十三卷）》，中共中央马克思恩格斯列宁斯大林著作编译局译，人民出版社，1972。

的交易的目的。显然，金属特别是金、银等贵金属更具有上述特性，因而在货币发展进程中逐步取代其他实物货币成为最终的实物货币。

拓展阅读 1–1

战俘营里的货币

第二次世界大战期间，在纳粹的战俘集中营中流通着一种特殊的商品货币：香烟。当时的红十字会设法向战俘营提供各种人道主义物品，如食物、衣服、香烟等。由于数量有限，这些物品只能根据平均主义的原则在战俘之间进行分配，而无法顾及每个战俘的特定偏好。但是人与人之间的偏好显然是有所不同的，有人喜欢巧克力，有人喜欢奶酪，还有人可能更想得到一包香烟。因此，这种平均分配显然是缺乏效率的，战俘们必然有进行交换的需要。

但是，战俘营中不会允许货币的存在，因此物物交换成为唯一的交易方式。而即便在战俘营这样一个相对狭小的范围内，物物交换的需求双重耦合问题也会十分突出。于是，为了使交换能够顺利进行，需要有一种充当交易媒介的商品，起到货币的作用。那么，在战俘营中，究竟哪一种物品适合做交易媒介呢？许多战俘营都不约而同地选择香烟来扮演这一角色。战俘们用香烟来进行计价和交易，如 1 根香肠值 10 根香烟，1 件衬衣值 80 根香烟，替别人洗 1 件衣服则可以换得 2 根香烟。有了这样一种记账单位和交易媒介之后，战俘之间的交换就方便多了。

请思考：为什么香烟能成为战俘营中的货币？

（二）金属货币

早期的金属货币是以条块状流通的。由于每笔交易都要对金属进行称重量、鉴成色，甚至还要进行分割，所以非常不方便，使用成本较高。随着经济的发展，人们希望将金属条块标准化以便于流通，于是开始在金属货币上打上印记，标明其重量和成色。而最具权威性的国家铸造的金属货币具有更好的信用，逐步取代了私人铸造的金属货币。中国使用最早和使用时间最长的铸币是铜币（超过 2000 年），到了 19 世纪末 20 世纪初才开始大量使用银币。而在西方历史中，白银流通占据了较长的时间，中世纪的欧洲国家主要流通的都是银币，而且一直延续到 18 世纪末 19 世纪初。之后，伴随着商品经济的进一步发展，人们要求一种单位价值量更大、更加稳定的贵金属为货币，黄金于是逐步取代了白银的地位。

实物货币与金属货币原本都是普通的商品，具有作为普通商品的使用价值，因此这两种形式的货币又被称为商品货币，图 1–1 显示了我国古代部分商品货币形态。之所以将金属货币与实物货币区别开来，是因为在金属货币的铸币阶段，货币名义价值与实际价值开始出现相分离的现象，导致实物货币所具有的“作为非货币用途的价值与其作为货币用途的价值始终相等”这一根本特征不复存在。

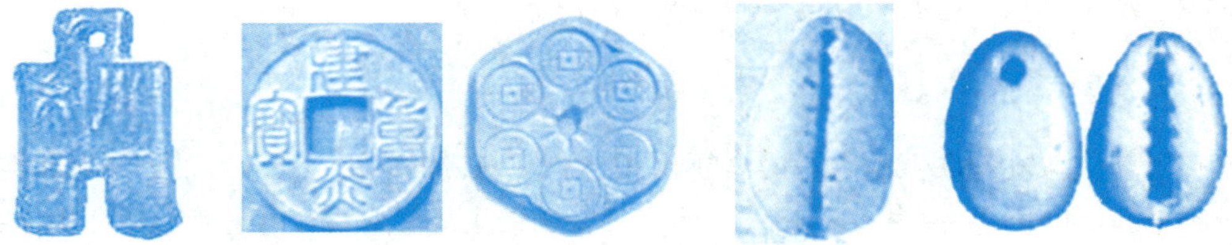

铁布　　铜圆　　玉贝　　金贝

图 1-1　中国的古代实物货币

（三）代用货币

所谓代用货币，即由政府或银行发行的、代替金属货币流通且承诺可随时兑现为金属货币的一种纸质符号。伴随着商品经济的发展和人们信用意识水平的提高，人们在使用货币进行商品交易时，越来越注重的是货币所代表的价值而非它自身的实际价值。因此，人们为了减少大量使用金属货币进行交易的不便，开始采用纸质的代用货币。由于早期的这些纸币代表了一定量的金属货币，并可以随时与金属货币兑换，其使用比金属货币更为方便，因而逐步被人们广泛接受。其中，银行券是最具代表性的代用货币。

银行券诞生于金属货币流通时代，是由银行签发的融资票据。它是在商业票据流通的基础上产生的，用以代替商业票据的由银行签发的票据。银行提供贷款和贴现的资金首先来自其吸收的存款，但当这些资金不满足其资金需求时，银行发现可以通过签发以自己为债务人的票据来筹集资金或直接为商业票据提供贴现使用。由于银行通常比工商企业具有更好的信誉，因此银行券也比商业票据更广泛地被人们接受，尤其是不定期的银行券更受欢迎。于是，商业银行纷纷签发自己不定期的银行券。银行券由于具有信用货币的功能，而在流通过程中由商业银行民间发行带来的发行收益归属、发行规模控制、恶性竞争等一系列问题，最终导致这种信用货币发行权向中央银行集中，因此商业银行逐步丧失了银行券的发行权，普通商业银行发行的银行券也就消失了。

（四）信用货币

代用货币与金属货币可以直接兑换，因此币值较为稳定，但是随着商品经济的迅速发展，代用货币的数量却难以跟上经济发展的要求，因为其可兑换性造成了代用货币的发行量受制于黄金准备的数量。在第一次世界大战爆发和 20 世纪 30 年代经济大危机的冲击下，世界各国逐步减弱其发行的纸币与黄金的关联，更有一些国家宣布纸币与黄金脱钩，从而促使这些纸币从代用货币变为信用货币。信用货币的流通依赖于人们对该货币的信心和货币发行的立法保障。当某种货币可能发生大幅度贬值时，人们将拒绝接受该货币。

现实经济中的信用货币包括现金、银行存款和其他可以作为支付手段的信用工具。

信用货币的出现促使现代经济中的货币摆脱了资源对其数量规模的约束，也使得政府可以有弹性地提供货币，但同时也大大增加了货币信用危机的可能性。

（五）电子货币

伴随着信息技术的迅猛发展和互联网络在金融领域内的应用，在今天的网络时代诞生了一种新的支付工具——电子货币。作为一种新的信用货币形式，电子货币往往集储蓄、信贷、非现金结算等多种功能为一体，具有比现金更简便、安全等优势。在降低交易费用上的巨大优势促使下，电子货币取代传统通货已经成为一种不可避免的趋势。

实质上，电子货币只不过是观念上的货币信息。电子货币的使用要借助一定的介质，通常是利用卡基支付工具、网络支付和移动支付等电子支付工具来发挥货币的功能。目前主要的电子支付工具有：借记卡、信用卡、储值卡、电子支票、网络和移动支付等。借记卡与信用卡类似，都可以用来支付，但借记卡是发卡银行向持卡人签发的，没有信用额度，先存后付，并可取现金，显然卡上没有余额是不能用以支付或支取现金的，即借记卡没有透支功能；而信用卡又被称为贷记卡，是由商业银行或信用卡公司对信用合格的消费者发行的信用证明，先支付后还钱，由于信用卡内无现金存入，因此如果通过信用卡在自动柜员机上支取现金，银行就会收取相应的透支利息。储值卡则是预先存有固定数量现金的借记卡，它与电子钱包相结合，用户可以对卡进行充值，或将资金从一张卡上转移到另一张卡上，大多用于高速公路收费、加油付费、超市购物等。电子支票则在互联网上签发支付而不必签发纸质支票。网络和移动支付包括支付宝、微信支付等第三方支付、中国银联联手近 20 家银行推出的“云闪付”等。

总之，电子货币是可以在互联网上或通过其他电子通信方式进行支付的手段，这种货币的物理形态并不重要，更多表现为持有者的金融信用，其迅速发展对传统的货币流通和管理以及传统的货币理论等带来了很大的冲击和挑战。

（六）数字货币

数字货币可以区分为宽口径和窄口径两个层次：宽口径数字货币包括电子货币、虚拟货币、加密数字货币；窄口径数字货币专指加密数字货币，包括央行发行的主权数字货币与非央行发行的去中心化的数字货币①。央行发行的数字货币，以代表具体金额的加密数字串为表现形式，具有法定效应。我国央行发行的数字货币被称为数字人民币，字母缩写按照国际使用惯例暂定为“e-CNY”。2014 年，中国人民银行成立专门的研究团队开始对数字人民币进行研究；2018 年，成功搭建了贸易金融区块链平台；2019 年底，数字人民币相继在深圳、苏州、雄安新区、成都及冬奥场景启动试点测试。中国人民银行发行的数字人民币，是国家结合自身货币发展需求，利用现有技术，以国家信用

① 李建军、朱烨辰：《数字货币理论与实践研究进展》，《经济学动态》2017 年第 10 期。

背书发行的货币，具有法定货币的性质。

近些年来备受瞩目的比特币、莱特币、维卡币等可以归为非央行发行的数字货币，其特点是去中心化，依据特定而复杂的算法产生，交易过程具有隐匿性，交易价格极易暴涨暴跌。尽管一些真实的商品和服务交易也用它们作为支付工具，但目前极少有国家承认其货币属性。2013 年 12 月，中国人民银行等五部委明确指出，比特币不具备法偿性和强制性等货币属性，不是真正意义上的货币，不能也不应作为货币在市场上流通。

从上述种种货币形态的更迭，可以清晰地看到：一方面每一种新货币形态的出现往往都是对上一种货币形态局限性的突破，仔细寻找这种形态更迭的内在规律，可以发现降低交易成本的动机和信用制度发展的保证是最关键的两大要素；另一方面，无论货币形态发生怎样的变化，货币本身具有的物质特征与社会特征并没有改变。货币仍然需要满足易于分割、易于标准化、易于携带、持久耐用这四个物质特征，同时还要具有广泛的社会接受性和预期价值的稳定性这两方面的社会特征。

拓展阅读 1–2

数字货币形式的演进历史①

数字货币源自电子支付，由电子货币、虚拟货币演化而来。学术界普遍认为电子支付发源于 20 世纪 80 年代末期的荷兰，一种新型智能储值卡在经常发生现金抢劫事件的加油站推广开来。随后，Digi Cash 公司将盲签名技术产业化为 E-cash 系统。但是，E-cash 系统采用中心化的架构，从而导致了其应用范围较小。随着近 30 年来密码技术的发展，数字货币方案也得到了不断优化，主流数字货币大致可分为以下两种类型：

一是在 E-cash 系统基础上进行扩展的未使用区块链技术的数字货币。较早出现的是 1996 年的 E-gold，然而它最后演化成一种被犯罪分子利用的传销手段，早已被各国政府封杀；随后，又出现过 Hash Cash、Bit Gold 和 B-money；1998 年还曾出现过两个生命十分短暂的数字货币——BEENZ 和 FLOOZ，但在与信用卡的竞争中，它们败下阵来，于 2001 年宣布失败；在我国，被大家熟知的腾讯开发的 Q 币十分典型，它是可以购买腾讯内部虚拟商品和服务的虚拟货币。

二是以比特币的诞生为起点，使用区块链技术的分布式记账数字货币。2009 年，比特币诞生，其核心支撑技术是区块链，主要特点是去中心化。比特币通过运用数据加密、时间戳、分布式共识和经济激励等手段，在节点无须互相信任的分布式系统中实现基于去中心化信用的点对点交易、协调与协作，从而为解决中心化机

① 李建军、朱烨辰：《数字货币理论与实践研究进展》，《经济学动态》2017 年第 10 期。

构普遍存在的高成本、低效率和数据存储不安全等问题提供了一种可选的解决方案。比特币是一个开源项目，其源代码也作为其他的一些软件项目的基础。由比特币衍生出来的最常见的形式，就是替代性的去中心化货币，简称“竞争币”。竞争币中较为知名的有莱特币、狗狗币、点点币、门罗币、达世币等。

数字货币在全球发展的历史较短，但是发展速度较快。许多国家都在进行官方或者民间的尝试，不断总结经验教训。

三、货币的本质

马克思在《政治经济学批判》一书中引用19世纪中期美国议员格莱恩顿的一句话——“受恋爱愚弄的人，甚至还没有因钻研货币本质而受愚弄的人多”，可见研究货币本质问题的复杂艰难。正如西方经济学家萨缪尔森的断言：“在一万个人中，只有一个人懂得货币问题。”的确，关于钱的话题永远是诱人的：纸醉金迷者说，钱让整个地球转动；凡夫俗子们说，钱不是万能的，但没有钱是万万不能的；古代智贤们说，钱是最好的奴仆，但同时却是最坏的主人；愤世嫉俗者说，钱是万恶之源。人类文明发展到今天，货币的本质到底是什么呢？纵观已有的研究，大致可以有三类说法：

（一）价值货币说

马克思是其中最杰出的代表人物，直到20世纪二三十年代，伦敦经济学院的经济学家们仍然坚持着这一观点。这种观点的逻辑推理是这样的：第一，商品的价值取决于人类辛勤的劳动，商品中凝结着人类劳动的汗水，即物化劳动，人类劳动是价值的唯一源泉。至于大学教授们含辛茹苦地教授课程、戏剧家们为百姓献上精彩的演出、家庭主妇们精疲力竭地洗涮锅碗瓢盆，虽然也付出了劳动，可是没有物化为实实在在的东西，所以谈不上创造价值。第二，商品交换必须以价值为基础进行等价交换，也就是说我们的交换之所以得以进行，是因为彼此交换的物品中所含的汗水的分量差不多，谁也不会认为拿抛出了成吨汗水建设的房子去交换一瓶纯净水这样的交易是公平的。第三，为了避免交换中的麻烦，人们逐步形成了一种可以用来和其他任何商品交换的特殊商品。否则牵1头牛想换10匹棉布的老农很可能得日复一日地不停逛遍多个集市，才能邂逅一位持10匹棉布欲换取1头牛的妇人。当这种商品最终固定到金银时，真正概念上的货币就出现了。第四，充当货币的东西当然本身必须有价值，即我们必须为制造币材付出艰苦的劳动。牵牛的老农，以及持布的妇人之所以接受金银货币，是因为我们为制造金银，从探矿到开采、冶炼、提纯、分割金银所付出的汗水，一点都不比养牛织布逊色，否则从物到币、从币到物的交换就含有不平等交换的危险。从 20 世纪以前较不发达的世界经济来看，这种说法大体上还勉强成立。不过细心的聪明人很容易看出价值货币说的荒唐：坚持货币本身要凝结许多人类劳动的汗水才能成为交换媒介是不可能实现的，货币作为流通和贮藏的媒介，其本身是不参与生产而闲置的。结果我们必然会陷入这样的窘境：我们到天涯海角踏遍每一寸荒僻之地去寻找发掘黄金，竟然是为了把它们提炼加工后，放入更为偏僻和壁垒森严的地下窖库中看护起来，还有什么比这种制度更浪费人类血汗吗？人类经济越往前发展，这种追逐金银的荒唐和无聊就越甚！所以时至今日，持有这样的货币本质观的经济学家的身体已经步入 21 世纪，而思想仍滞留在 19 世纪，甚至连普通百姓也意识到黄金并不能长久保值。

（二）名目货币说

这种观点的逻辑是这样的：第一，商品在相互交换时，将逐步形成一个基本稳定的比例，例如 1 幢房子交换 20 头牛、1 头牛交换 10 匹棉布、1 匹棉布交换 3 把锄头等，物品交换比例的基本稳定是形成货币的前提。第二，国家为便利交换，就发行了法定货币，这种货币是什么做成的根本无所谓，只要物品本来交换比例基本稳定，货币量的多寡不过是影响商品的价格而已。例如只要 1 头牛交换 10 匹棉布不变，那么 1 头牛就等于 10 匹布、等于 20 单位的货币，而在货币量增加一倍以后，1 头牛则等于 10 匹布、等于 40 单位的货币，不过是牛和布用货币表示的价格上升一倍而已，对商品交换没有任何影响。第三，既然如此，货币不过是“观念财富”，币材用什么都可以，货币数量的变化也和社会财富（例如房屋、牛、布匹）的变化无关。这种观点就和价值货币说粗野地对立起来了。这种说法当然有其合理内核，至少人类完全没有必要积累那些非工业用途、“饥不能果腹、寒不能蔽体”的金银了，甚至某一天人类真的发明了炼金术，也对国际货币体系毫无影响，因为金银本来就不是唯一可以充当货币的媒介。不过同样细心的聪明人还是会发现名目货币说的荒唐：金银作为货币可不是国家法律规定的结果，相反，国家法律不过是顺从了我们在经济交往中的既成事实而已；另外，货币数量的变动也绝不意味着仅仅是商品价格的变动，如果在一年前以 1 头牛换得了 20 单位的货币，而一年后货币量的翻番使 1 头牛等于 40 单位的货币，那不是凭空就损失了一半财富？这样岂不是每一个持有货币的人都必须急急忙忙将钱花掉，免得通货膨胀这个不请自来的强盗掠夺了我们的财物？

（三）信用货币说

这种说法基本上秉承了从巴师夏到波普尔再到哈耶克的自由主义思想，强调货币是人类合作秩序不断自发扩展的进程。这种观点的逻辑是这样的：第一，摆脱了自给自足的劳动分工是人类文明的基本前提。我们每天醒来，打开电灯，穿上名牌或非名牌的服装，用微波炉蒸两个鸡蛋，就着袋装的鲜牛奶吃完早餐，在宽阔的公路上骑车或坐车上班。在短短的数个小时内，我们实际上已经享受了分工的成果，而这些我们已经习以为常的成果是我们不依赖于他人劳动而不可能享受到的，我们可能独自花上一年的劳动也造不出一枚镀镍的缝衣针来！第二，社会分工就意味着人与人之间的相互依赖和相互信任是货币产生的根本前提。荒岛上的鲁滨孙是不需要货币的，牛郎织女也只在有余粮剩布时才暂时需要货币。既然社会个体是整个人类文明体系中精巧的一环，那么货币就是保证每一环节完美组合不可缺少的，只要人类存在分工，货币就会存在下去。第三，人类合作的秩序自古以来就处于不断扩展之中。在分工和交换的早期，人与人之间的相互依赖和信任还很脆弱，所以人们需要像金银之类的东西来充当货币，人与人之间的合作因为金银的不可伪造性才延续和发展起来。随着人类文明的发展，每个人已经不可能脱离社会和他人而存在，社会信用关系已经发展到很高的水平，这时人与人之间的合作和信任已经大大提高，而采用价值货币实在浪费人类劳动，所以货币自然地就过渡到了法定货币，借助国家信用这个最可靠的社会信用形式，金银就退出历史舞台了。说穿了，货币本质上不是物，而是人与人之间的相互信任和依赖，空调彩电可以和几张纸片相交换，是因为我们高度依赖和信任于他人。当然，极为睿智之士还是会发现信用货币说的缺陷：信用货币虽然代表人类社会信用，可是执行这个信用总需要特殊的群体，就像法律的普遍性和权威性需要具体的法官来体现一样，难道代行国家信用的中央银行就不会像道德沦丧的法官一样滥发钞票而窃取百姓的财富吗？这种危险的现实性已经为过去老百姓承受通货膨胀的苦难所证实。信用货币虽然以国家信用为宿主，可是国家体系间的信用难道没有强弱之分吗？这种残酷的竞争性已经为人们对美元的崇拜以及对发展中国家弱币的抛弃所证实。

信用货币既然是人类社会信用的最高体现，那么比国家信用更可靠的国际信用就不能成为货币的基础吗？这种广阔的可能性也已经为欧元在 1999 年初的问世所证实。货币本质上的缺陷总是折射出人是半神半兽的不完美生物，总是折射出人与人、国与人、国与国错综复杂的经济交往关系。人类始终不会停留在昨天，货币本质也将随着人类合作秩序的扩展不断升华。在遥远的未来，我们的子孙持有全球严格统一发行的、无所谓面值的货币智能卡来购物或进行星际旅行也未可知。

四、货币的职能

货币的职能是货币本质的具体体现。不管充当货币的是实物还是符号，在任何经济社会中，货币都表现出价值尺度、流通手段、贮藏手段和支付手段四种职能。不过，随着货币对经济运行覆盖面的不断加大、使用频率的日益加快，货币充当流通手段和支付手段的功能渐趋突出，再加之两个功能的发挥在现实中往往交织难分，因此很多经济学家在概括货币职能时往往认定货币有三大功能，即交易媒介、价值尺度和贮藏手段。这里我们仍然按照传统上的四大功能来介绍货币的职能。

（一）价值尺度

与我们用重量单位来度量重量、用长度单位来度量距离一样，人们用货币来度量商品价值，这时货币发挥的就是价值尺度职能，即利用货币来计算商品和劳务的价值。货币的价值尺度职能使得商品价格不必用两种具体商品交换的比率来表示，而只需要用货币来标示即可，从而大大地方便了交易，降低了交易成本。为了进一步说明这一功能的重要性，我们可以想象一下没有货币存在的物物交换社会。如果经济社会中只有 10 种商品，那么为了使它们彼此能够交换，我们必须要知道 45 个价格；如果有 100 种商品，就需要知道 4950 个价格；如果有 n 种商品，则必须应知道 $n(n-1)/2$ 个价格。可见，这种交易方式的成本是相当高的。而引入货币将很轻松地解决这一问题，因为作为唯一的价值计算单位，货币可以表示所有商品的价格，于是如果 10 种商品中有一个充当货币职能，那么就只需要 9 个价格，100 种商品只需 99 个价格，n 种商品也就需要 $n-1$ 个价格。

货币作为价值尺度需要用一定的货币单位来表示。早期的货币单位通常为贵金属的重量单位，如我国早期金属货币的单位“两”“钱”等。后来，很多货币单位与重量单位相分离，采用了其他的名称，如我国人民币的“元”“角”“分”等。不过，也仍有一些货币继续保持了原有的货币单位，却与货币的重量完全没有关系了，如英镑的“镑”。

货币的价值尺度能表现衡量自身的价值吗？答案是否定的。货币的价值尺度职能能够表现和衡量其他商品与劳务的价值量，但是不能表现货币自身的价值大小，通常我们使用货币购买力（Purchasing Power）来体现货币自身的价值。所谓货币购买力，是指单位货币在一定时期内所能购买到的商品和劳务的数量之和。可见，货币购买力的变动趋势与综合物价指数的变动成反比，货币购买力指数则是综合物价指数的倒数。例如，假设一国综合物价指数下降了 20%，那么该国的货币购买力将会提高 25%。货币购买力是现代经济生活中的一个重要经济指标，它体现出一国货币价值的稳定性，也是微观经济主体评价其货币收入、投资收益时应该考虑到的一个重要变量。

拓展阅读 1–3

货币购买力

我国 20 世纪 60 年代初经历了一次较严重的通货膨胀，70 年代末至 90 年代初经历了 4 次较严重的通货膨胀，每次通货膨胀都使货币购买力相应下降。如果以 1978 年的我国 GDP 平减指数为 100，则 2020 年的 GDP 平减指数为 687.80，以此计算的货币购买力指数由 1978 年的 100 下降为 2020 年的 14.57，显示了货币购买力与通货膨胀率的负相关效应（如图 1–2 所示）。

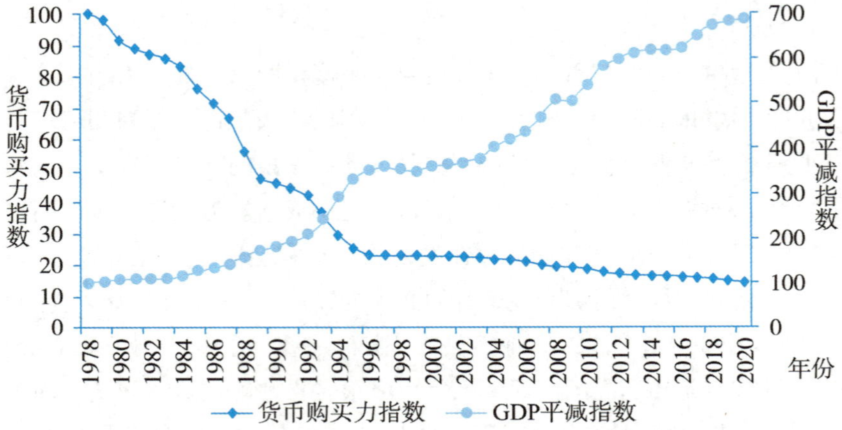

图 1-2　1978—2020 年中国 GDP 缩减指数与货币购买力指数变动图

资料来源：根据国家统计局数据计算。

关于货币购买力问题还可以通过一个现实案例加以说明。在美国 200 多年的历史上曾先后 5 次为总统加薪：1789 年开国总统华盛顿的年薪是 2.5 万美元；到 1873 年，打赢南北战争的格兰特将军当选总统时，年薪增加为 5 万美元；36 年之后，塔夫脱总统的年薪提高到 7.5 万美元；1949 年，杜鲁门总统的年薪升为 10 万美元；1969 年，尼克松总统的年薪首次达到 20 万美元。之后一直未改变，直到 1999 年 6 月美国才再次提高美国总统的薪金，从而使美国总统小布什的年薪高达 40 万美元，而到了总统拜登的年薪仍然保持 40 万美元。从最初的 2.5 万到现在的 40 万，表面上看，总统的工资大大增加了，但是美国总统的薪金真的提高了吗？考虑到美国综合物价指数的变化，以美元的货币购买力来衡量的话，1909 年塔夫脱总统 7.5 万美元的购买力相当于 21 世纪初期的 135 万美元，尼克松 1969 年 20 万美元的购买力也能相当于 93 万美元。所以，虽薪金历经 5 次增加，但美国总统的实际购买力大大降低了。

（二）流通手段

货币是商品交易的媒介，执行流通手段职能。之前提到的货币的价值尺度职能，是货币对商品是否具有价值以及价值大小的衡量和表现，而这里的流通手段职能，则反映出货币对商品价值的实现。货币作为交易媒介将人们从物物交换的束缚中解脱出来，允许买卖行为相分离，商品交易不再需要寻求交易双方所要求的品种、质量、数量以及时间和地点的一致性。人们出售商品时只需要接受货币，购买商品时也只需要支付货币即可。货币成为交易媒介，大大地提高了交易效率，降低了交易成本。

由于货币具有流通手段职能，在“商品—货币—商品”的间接交换过程中，人们发现货币是否足值、甚至本身有没有价值并不是最重要的，关键是货币能否帮助商品实现交换，因此货币形态得以从最初的商品货币逐步过渡到纸质的符号，从而在大大节约交易成本的同时，促使货币数量不再受制于金属资源储量和产量，为现代经济的迅速发展提供了足够大的货币规模的支撑。当然，流通手段职能在发挥上述作用的同时，也造成流通中孕育着很大的潜在风险。

货币具有的流通手段职能提高了人们交换的速度和频率，使生活在市场经济中的人们再也无法离开货币。那么，一个社会在一定时期内会需要多少货币呢？一个直观的思路是，一定时期内整个社会有多少商品劳务需要交换就需要多少货币，因为货币是依附于商品劳务的交换而存在的。不过，货币和商品有一点非常不同，即货币不像商品经过一次交换就退出流通领域、进入消费阶段，而是会反复参与交换、在不同的交易者手中辗转流动。比如，张三今天用 10 元钱买了一本书，这 10 元钱会随着张三买的书而退出流通吗？不，卖给张三书的李四又会使用这 10 元钱去购买他所需要的商品或劳务。于是，10 元钱的作用绝不止帮助价值 10 元钱的书完成交换，而会通过多次参与交易实现几倍于 10 元的商品价值量。我们把单位货币在一定时期内完成的交换次数称为货币流通速度。在考虑到货币流通速度后，会得到这样的结论：一个社会一定时期内需要的货币数量比同一时期的商品数量要少得多，两者之间的关系取决于货币流通速度的变化。如果货币流通速度加快，在商品数量不变的前提下，货币的数量应该减少；反之，如果货币流通速度减缓，则在商品数量不变的前提下，货币的数量应该增加。

（三）贮藏手段

货币的第三种职能是充当贮藏手段，即储存未来的购买力，是一种超越时间的购买力的贮藏。利用货币的价值贮藏职能，我们可以将自己取得收入的时间和花费收入的时间分离开来，更进一步地说，货币具有的价值贮藏职能可以实现买卖不必同步，于是给人类提供了超越时间应对未来经济不确定性的办法，也推动了社会资本的积累和资本的重新配置，从而对资本主义经济的发展起到了巨大的促进作用，因此许多西方学者都从货币的贮藏手段职能来定义货币。例如，米尔顿·弗里德曼指出，“货币就是购买力的暂时栖息所”；约翰·梅纳德·凯恩斯说，“货币只是一种价值贮藏手段，是消费和投资的一种替代品，是一种因对将来的恐惧而牺牲目前利益的灵巧工具，货币的重要性来自它是现在与将来之间的联系这一事实”。

不过，能够充当价值贮藏手段的资产不仅有货币，还有股票、债券等金融资产和房地产、耐用消费品等。这些资产不仅能够贮藏价值，而且能够给投资者带来收益，但持有货币，特别是持有现金，却不能够给持有者带来收益，为什么人们还会偏爱持有一定量的货币呢？这是因为货币，特别是现金，具有完全的流动性，而其他资产的流动性则相对较差。为了避免或降低缺乏流动性时可能带来的损失，人们总会持有一定量的货币。因此，从贮藏财富价值的角度看，货币又是一种最具流动性的资产，人们将根据自己的偏好在流动性和收益性之间进行相应的资产选择。

当然，作为贮藏手段的货币价值会受到通货膨胀的影响。通货膨胀将使货币的购买力下降，从而使其价值贮藏能力下降，于是在通胀时期，尽管货币仍然是流动性最强的资产，人们也会抛出货币而转向其他价值相对上升的资产来保有自己的财富。

（四）支付手段

货币的贮藏手段职能启发我们，货币可以代表社会的财富，并且可以脱离商品而独立运动，于是我们今天能够看到许多专门经营货币的机构和场所，例如银行、证券公司等。当货币不依赖于商品的流转而独立运动时，我们称此时的货币发挥了“支付手段”职能。现实生活中，许多场合都是货币的支付手段职能在起作用，例如领取工资、得到或支付利息、交纳租金与税金。

货币支付手段职能的出现大大提高了商品经济的发展水平，因为它促进了信用的发展。信用是一种借贷行为，它是以有偿和计息为条件的经济活动，能够推动经济水平不断提高。当货币出现以后，货币所具有的支付手段职能直接促使信用行为主要集中在货币身上，因为货币在经济活动过程中的广泛存在使信用得到了极大的扩展和普及，同时单一的货币作为借贷的对象也能够形成较为稳定的债权债务的约束规则，从而规范社会的信用行为。由此，经济学中产生了一个新的范畴——金融，其反映了货币与信用相互紧密联系在一起、彼此渗透不可分解的经济现象。当然，金融范畴的形成并不意味着货币与信用这两个范畴的消失。

因为货币具备了支付手段职能，人们得以享受“聚沙成塔”和“借鸡生蛋”的好处。所谓“聚沙成塔”是指人们可以将货币存入银行或出借于他人从而获取利息，积少成多最终得到更多的财富；所谓“借鸡生蛋”是指在自己本金不足的情况下，可以通过借入他人暂时闲置的资金来进行投资，只要在所得利润当中拿出一小部分以利息的形式偿还资金的所有人，就可以实现最终的投资目标，赚取可观的收益。在现代经济社会中，这两种积累财富的方式都已经十分普遍了。

现实经济运行中的货币往往交替发挥流通手段和支付手段两种职能，所以被统称为流通中的货币，并且由于很难在数量上将执行两种职能的货币加以细分，因此许多教材通常不再区分这两种职能，进而将其统称为货币的交易媒介职能。

拓展阅读 1–4

第三方支付

第三方支付是指具备一定实力和信誉保障的独立机构，采用与各大银行签约的方式，提供与银行支付结算系统接口的交易支付平台的网络支付模式。商品经济的核心在于交换，而交换是交付标的与支付货币两大对立流程的统一。通常，自由平等的正常主体之间的交换要遵循等价和同步的原则，但是现实中的交换行为受到诸多因素的影响，不可避免地造成货物流和资金流的异步和分离，特别是在电子商务发展中，其成为阻碍交易进行的主要瓶颈之一。于是，第三方支付应运而生，成为买卖双方在缺乏信用保障或法律支持的情况下的资金支付“中间平台”。买方将货款付给买卖双方之外的第三方，第三方提供安全交易服务，其运作实质是在收付款人之间设立中间过渡账户，使汇转款项实现可控性停顿，只有双方意见达成一致才能决定资金去向。第三方担当中介保管及监督的职能，并不承担什么风险，所以确切地说，第三方支付是一种支付托管行为，通过支付托管实现支付保证。

第三方支付平台提供一系列的应用接口程序，将多种银行卡支付方式整合到一个界面上，负责交易结算中与银行的对接，使网上购物更加快捷、便利，且其本身依附于大型的门户网站，又以与其合作的银行的信用为信用依托，因此第三方支付平台能够较好地解决网上交易中的信用问题，有利于推动电子商务的快速发展。目前，国内的第三方支付产品主要有支付宝、微信支付、百度钱包、PayPal、中汇支付、拉卡拉、财付通、融宝、盛付通、腾付通、通联支付、易宝支付、中汇宝、快钱、国付宝、物流宝、网易宝、网银在线、环迅支付 IPS、汇付天下、汇聚支付、宝易互通、宝付、乐富等。

五、经济学中货币的一般性定义

综上所述，经济学中的货币其实就是在商品或劳务的支付中以及在债务的偿还中被普遍接受的任何东西，是最基本、最重要的一种金融资产。然而，现实中在牢记这个定义的时候，还必须澄清几个密切相关的概念：第一，通货（Currency），它是流通中的现金，包括现钞和硬币，显然它是货币的一种，而且大多数人在言及货币时，说的就是通货。但如果把货币仅仅定义为通货，对于经济学而言就过于狭窄了，像支票在购买付款时也是被接受的，像银行卡等电子货币也可以在有计算机终端的地方直接发挥货币功能，所以我们常常需要一个范围更广泛的货币定义，并不存在一个单一而且精确的货币的定义。第二，货币一词经常被认为是财富（Wealth）的同义词。如果说将通货定义为货币过于狭窄了，那么将财富定义为货币又太宽泛了，因为财富不仅包括货币，还包括债券、股票、艺术品、土地房屋、家具、汽车等各类资产。第三，收入（Income）是某一单位时间内收益的流量，而货币则是一个存量，即某一时点上的一个确定的金额。

六、货币层次的划分

从货币的层次看，货币是对现实货币数量进行计量的客观要求，是货币的实证（经验）定义。它侧重于货币与国民收入的相关关系，界定为可由央行加以控制，并与国民收入有较强关系的流动资产的集合。由于货币在金融和经济中的重要作用，对货币数量的宏观统计也就具有非常重要的意义。目前，在国内外的货币供应量的统计中基本都是根据资产的流动性来划分货币层次的。所谓资产的流动性（Liquidity）是指在资产本来价值不受损失的前提下，将资产迅速转化为现实购买力的能力。于是，依据流动性的大小，各国央行以及国际货币基金组织都将货币供应量大体划分为三个层次，即 M_0、M_1 和 M_2，俗称为货币供应量家族的“三兄弟”（见图 1-3）。

图 1-3　货币供应量家族的“三兄弟”①

M_0又叫“现钞”，是指流通于银行体系以外的现钞，也就是居民和企业手中的现钞，其流动性最强、最具购买力。M_1又被称为“狭义货币”，由流通于银行体系以外的现钞（M_0）和银行的活期存款构成，其中活期存款由于随时可以变现（提取），所以流动性和购买力不亚于现钞，M_1代表了一国的现实购买力，因此对社会经济生活有着最广泛和最直接的影响。许多国家都把 M_1作为调控货币供应量的主要对象。M_2则是“广义货币”，由流通于银行体系之外的现钞加上活期存款（M_1），再加上定期存款、储蓄存款等构成。定期存款、储蓄存款等不能直接变现，所以不能立即变成现实的购买力，但经过一定的时间和手续后，也能够转变为购买力，因此 M_2 又被叫做“准货币（Quasi-money）”。由于 M_2对研究货币流通的整体状况有着重要意义，近年来，很多国家都把货币供应量的调控目标转向 M_2。

我国于 1994 年第三季度开始正式公布货币供给量的统计监测指标，现阶段我国货币供给量划分为三个层次：

M_0 = 流通中现金；

M_1 = M_0 + 活期存款；

M_2 = M_1 + 准货币（居民储蓄存款 + 单位定期存款 + 证券公司客户保证金 + 其他存款）。

① 中国人民银行编著：《金融知识国民读本》，中国金融出版社，2007，第 24 页。

中国人民银行对广义货币所包含的金融资产的内容进行过几次调整：2001 年 7 月起，将证券公司客户保证金计入广义货币供应量；2002 年 3 月起，将在中国的外资、合资金融机构的人民币存款业务，分别计入不同层次的货币供应量中；2011 年 10 月起，将住房公积金中心存款和非存款类金融机构在存款类金融机构的存款纳入广义货币供应量的统计范畴；2018 年 1 月，完善货币供应量中货币市场基金部分的统计方法，用非存款机构部门持有的货币市场基金取代货币市场基金存款（含存单）。

货币量的统计是一种存量，即在某一时刻流通中的货币数量，比如年度、季度和月度的货币供应量，实际上是指该年度、季度和月度最后一天流通中的货币数量。货币层次的划分有利于中央银行进行宏观经济运行监测和货币政策操作，特别是央行如果以货币供应量为货币政策的中介目标，则必须要明确到底控制哪一层次的货币以及这一层次货币与其他层次的界限何在。没有明确划分的货币层次，货币政策就成为空谈。当然，金融创新会改变一些金融工具的流动性，从而可能突破原有货币层次的界限，使得货币的划分变得模糊起来，以致各国货币统计口径过一段时期就不得不进行调整。图 1-4 展示了 2002—2021 年我国各层次货币供应量及同比增长率的变化情况。

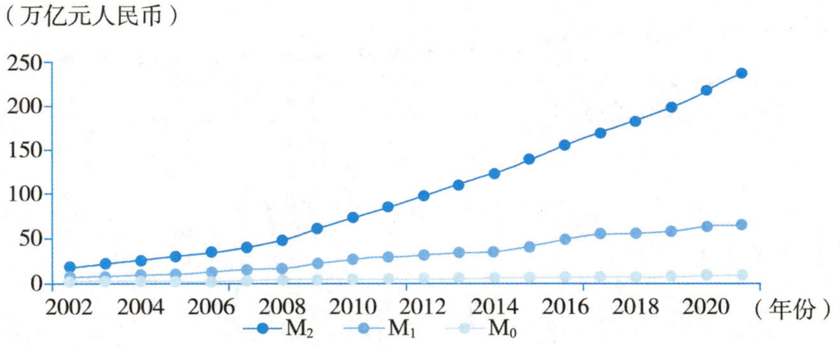

图 1-4a 2002—2021 年我国各层次货币供应量

资料来源：国家统计局网站。

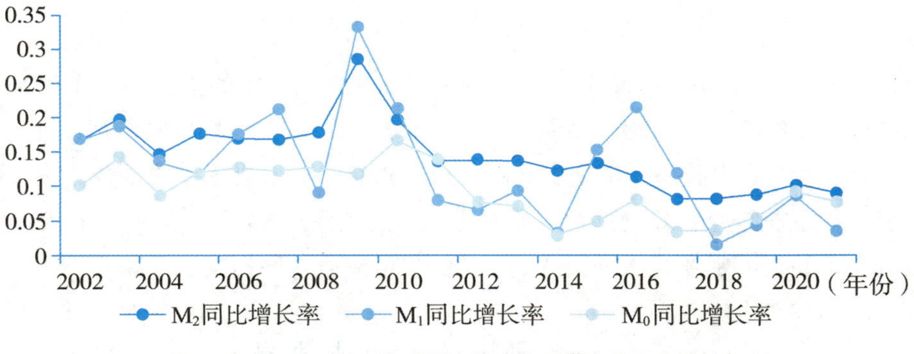

图 1-4b 2002—2021 年我国各层次货币供应量同比增长率

资料来源：国家统计局网站。

三个层次的货币量之比形成货币结构。货币结构通常又叫货币的流动性结构、货币供给的流动效率，即流动性较高的货币与包含着流动性较低的货币的余额之间的比率。由于三个层次的货币量具有不同的流动性，货币结构反映了货币的流动性差异，因而也被称为货币的流动性结构。通常考察 M_0、M_1与 M_2的比率，即 M_0/M_2与 M_1/M_2。这两个比率越高，表明货币的流动性越强，反之则较弱。由于货币的特殊作用，货币总量的变化和货币结构的变化都将对国民经济的运行产生重要的影响。

图 1-5 对我国 2002—2021 年的 M_0/M_2和 M_1/M_2做了简单的回顾。整体来看，M_0/M_2和 M_1/M_2的数值趋势性下降，这意味着我国货币供应总量的流动性水平呈现趋势性下降。

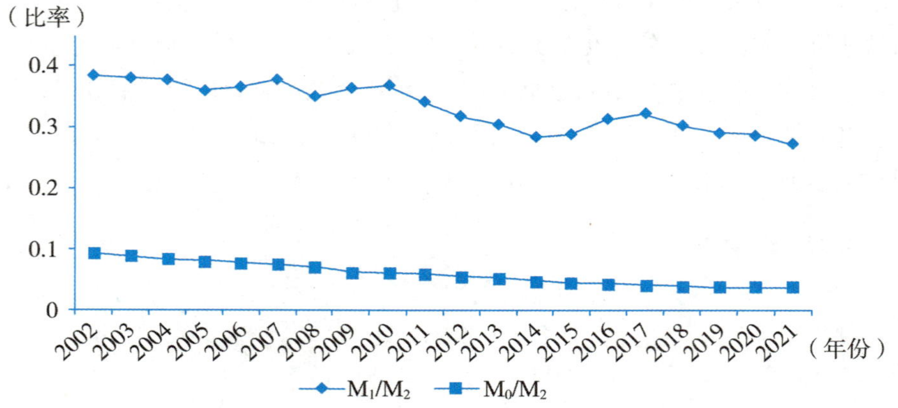

图 1-5　我国 2002—2021 年的货币结构变化图

资料来源：国家统计局网站。

第二节　货币制度

货币制度（Monetary System）是一个国家以法律形式确定的该国的货币体系和货币流通的结构及组织形式，简称“币制”。货币制度的确定，保障了本国货币制造与流动的正常、合法程序，并使货币流通的各种构成因素结合而形成统一的系统。货币形式的不断演变、货币职能的有效发挥都与货币制度关系紧密，特别是在今天的信用货币时代，没有完善的货币制度的法律保障，正常的货币流通秩序将难以保证。

一、货币制度的构成要素

货币制度的一些要素在前资本主义社会就陆续产生了，但是系统、完整的货币制度还是在资本主义建立政权及其经济制度产生之后才形成的，因为资本主义经济制度的核心是建立统一的市场，这必然需要一个统一、稳定和规范的货币流通制度作基础。于是，为了改变当时货币流通的紊乱状况，各国政府先后以法令或条例的形式对货币流通做出了各种规定，从而形成了资本主义的货币制度。货币制度一般由以下四个要素构成：

（一）规定货币币材

规定货币币材即规定哪一种金属作为货币材料。在金属货币流通时代，确定货币金属是整个货币制度的基础，不同的金属充当货币材料，就构成了不同的货币本位。白银与黄金都曾先后被广泛地确定为货币金属。

（二）确定货币单位

除了货币金属的确定，还要规定货币单位名称及其货币金属的含量，如英国的货币单位为“镑”（Pound、Sterling，缩写为“£”或“Stg”），1816 年的《金币本位法案》规定，1 英镑含成色为 11/12 的黄金 123.27447 格令（合 7.97 克）；又如美国的货币单位为“元”（Dollar，缩写为“US”“$”），根据 1934 年 1 月的法令规定，1 美元的含金量为 0.888671 克。中国在 1914 年的“国币条例”中规定货币单位名称为“圆”，每圆含纯银库平 6 钱 4 分 8 厘（合 23.977 克），新中国成立以后，我国规定货币单位的名称为“元”，法定货币名称为人民币（Renminbi、Yuan，简写“RMB”“¥”）。

货币单位又被称为价格标准，是货币标示商品价格的基准。金属货币流通时期，货币单位主要是为了确定货币所含金属的重量和成色。而在今天不兑现的货币流通时期，货币单位除了确定货币的名称之外，还隐含着对本国货币对内和对外价值的确定。

（三）各种通货的铸造、发行及流通

由于经济运行的多边性和复杂性，各种商品、劳务的支付和债务的清偿，价值往往大小不一，因此一个国家的通货不可能只有一种，通常包括主币（即本位币）、辅币和以银行券为主的纸币，它们各有不同的铸造、发行和流通程序。

1. 本位币的铸造、发行与流通

本位币（Standard Money）是一国法定、基本的计价通货。在金属货币流通条件下，本位币是按照国家规定的金属、单位货币的名称和重量铸造的货币。由于它是一国货币制度法定作为价格标准的基本货币，因此它必须是足值的铸币，可以自由铸造和熔化，且具有无限法偿的效力，即法律上规定无论在何种情况下，也无论支付的金额大小，作为交易的收款方都不得拒收。在不兑现的货币制度下，货币当局则要尽力保证本位币代表的价值是稳定的。

2. 辅币的铸造、发行与流通

辅币（Fractional Money）是本位币以下的小额货币，专供零星支付之用。辅币的特

点是，由于面额较小且使用频繁，因此多用贱金属铸造，其实际价值低于名义价值，是不足值的铸币。辅币可以与本位币按照法律规定的固定比例自由兑换，其铸造权由国家垄断，铸造收入归国家所有，数量有限且只具有有限的法偿效力，即在每一次支付行为中使用辅币的数量受限；对于超过限额的部分，收款人可以拒绝接受。例如美国规定，10 分以上的银辅币每次支付限额为 10 美元。不过，向国家纳税或向银行兑换时，辅币的数量不受限制。

3. 银行券的发行与流通

金属货币在实际流通中总会有易磨损、携带不便等缺点，使得交易中的成本有所上升，再加上金属储量和产量对经济发展所需货币量的制约问题，所以即使在金属货币制度下，流通中的货币除了铸币之外，还有银行券、纸币或其他形式的信用货币。

银行券是一种银行发行的以自己为债务人的信用货币，产生于货币的支付手段职能，最初由商业银行分散发行，19 世纪以后各国才集中统一由中央银行发行。当代世界各国实际流通的本位货币都是不兑现的信用货币或是作为价值符号的纸币，银行券和纸币已基本成为同一概念。因为一方面各国银行券已经不再兑现金属货币，另一方面各国的纸币已经完全通过银行的信贷程序发放出去。现代社会中，中央银行发行的银行券或纸币是以国家信用为保证的法定支付手段。因此，它必须有法律加以限制和保护。除了法定发行单位以外的任何单位和个人制造和发行的货币都是非法的，必须加以取缔和惩罚。

（四）建立发行准备制度

为了稳定货币，各国货币制度中都包含发行准备制度的内容。在实行金本位制的条件下，国家集中黄金准备于中央银行或国库，主要有三方面的用途：（1）充当国际支付的准备金；（2）充当国内金属货币流通的准备金；（3）充当支付存款和兑换银行券的准备金。当今世界各国均实行不兑现的信用货币流通制度，黄金准备的后两项作用已失去存在的意义，但是作为国际支付准备金的作用得以保留下来，并且在稳定货币流通、平衡国际收支方面的意义仍然十分重要。

二、货币制度类型的演变

货币制度最早是伴随着国家统一铸造货币产生的，根据货币制度存在的具体形式来看，可分为金属货币制度和不兑现的信用货币制度两大类。金属货币制度又可以分为单本位制（Single Standard）和复本位制（Bimetallic Standard），不兑现的信用货币制度也被称作“不兑现的纸币流通制度”。在货币制度发展的历史过程中，先后经历了银本位、复本位、金本位（金铸币本位、金块本位、金汇兑本位）和不兑现的信用货币几种形式（见图 1-6）。下面我们就按照历史演进的顺序逐一简要介绍这些货币制度的基本内容和主要特点。

- 货币制度
  - 金属货币制度
    - 银本位制
    - 复本位制
      - 平行本位制
      - 双本位制
      - 跛行本位制
    - 金本位制
      - 金币本位制
      - 金块本位制
      - 金汇兑本位制
  - 不兑现的信用货币制度

图 1-6　货币制度的类型

（一）银本位制

银本位制（Silver Standard）是以白银为本位币的一种金属货币制度。银本位制又分为银两本位和银币本位，前者以白银的重量单位——两作为价格标准，实行银块流通，后者则以一定重量和成色的白银铸成一定形状的铸币进行流通。在银本位制下，银币是基本的计价货币，可以自由铸造和熔化，并且可以自由输出入国境，具有无限法偿能力。由于这种货币制度仅以白银为本位币，故也被称作“银单本位制”。

银本位制是最早实行的货币制度之一，而且实行时间也比较长。在纪元前及纪元初期，许多欧洲国家都曾流通过银币。到了中世纪，由于当时欧洲的产金量很少，但却是世界主要的白银产地，白银的年产量大大超过了黄金，因此许多国家实行银本位制，这也是符合当时欧洲商品经济发展水平和欧洲贵金属生产情况的。16—19 世纪，银本位制在世界许多国家盛行。不过，伴随着美洲金、银矿的发现和由此带来的金、银产量的大增，金银比价中的银价不断降低。例如，金银比价在 1519 年为 1∶11.3，1556 年至 1608 年上升到 1∶12.2，1609 年至 1642 年进一步升至 1∶13.3，1647 年至 1650 年则为 1∶15.5。商品经济的发展，要求一种单位价值量更大、更加稳定的贵金属作货币，于是黄金逐步取代了白银的地位。到 19 世纪，欧洲各国相继实行金银复本位制，之后又过渡到金本位制。但在 20 世纪初有一些经济落后的国家如中国、印度等国仍然实行银本位制。

白银作为本位币进行流通，最大的缺点就是白银价格起伏不定，主要原因在于银的矿藏分布较多，开采成本较低。随着技术的改革，其产量变动很大，形成了对货币流通的冲击，进而影响到一国经济的发展，加之银币体大值小，不适合巨额支付，从而导致这种货币制度最终被各国放弃。

（二）复本位制

如果一国以法律规定两种金属货币同为本位币，均可自由铸造和熔化，自由输出入，都具有无限法偿能力，则这种货币制度就是复本位制（Bimetallic Standard）。在历史上出现的复本位制绝大多数都是以金币和银币为本位币，所以复本位制又称“金银复本位制”。

金银复本位制是资本主义发展初期最典型的货币制度。主张复本位制的人认为，这种货币制度除了能使本位货币金属有更充足的来源外，复本位的货币价值比单一实行金本位或银本位的货币价值更加稳定些，因为复本位制下货币是以两种金属价值为基础的，金、银价值波动会使之平均化。但事实上，复本位制是一种非常不稳定的货币制度。

在金银同为本位货币的情况下，一开始国家遵循市场规律，让金币和银币按照各自的实际价值流通，即金币和银币的兑换比率完全由相对应的生金和生银的市场比价决定，国家并不规定两种铸币间的法定比价，这就是平行本位制。但是，生金和生银的市场比价经常变动，这造成了两种不同本位铸币表示的商品价格也随之不断变化，货币作为价值尺度这一最基本职能所要求的货币本身价值的稳定性遭到破坏，结果必然造成价格体系的紊乱。于是，为了克服这一缺点，国家又以法律形式规定了金币和银币之间的比价，从而促使两种铸币间的比率与其市场比价脱离，这就是双本位制。但是，这种用法律规定金银比价的做法，与价值规律的自发作用相矛盾，套利行为导致货币流通出现了“劣币驱逐良币”的现象。

“劣币驱逐良币”一语出自16世纪英国政治家与理财家汤姆斯·格雷欣给英国女王的改铸铸币的建议书中，后来被英国经济学家麦克劳德在其著作《经济学纲要》中加以引用，并命名为“格雷欣法则”。所谓“劣币驱逐良币”规律，是指在双本位制中，当两种金属铸币的法定比价与其市场价格不一致时，市场价格高于法定比价的金属货币（即“良币”）在流通中的数量会逐渐减少，而市场价格低于法定比价的金属货币（即“劣币”）在流通中的数量会不断增加，这意味着法律评价过高的“劣币”将法律评价过低的“良币”驱逐出流通领域。

由此可见，复本位制下金币与银币并不能并行流通，而是在某一时期通行金本位，另一时期通行银本位，最终只剩下一种货币流通，形成名义上是复本位制，但事实上是单本位制的结果。美国货币史曾记录过“劣币驱逐良币”规律的现实表现。美国于1791年建立金银复本位制，它以美元为货币单位，规定金币和银币的比价为1∶15，但当时法国等几个实行复本位制的国家规定金银的比价为1∶15.5。也就是说，在美国金对银的法定比价低于国际市场的比价。这样，人们可以在美国取得1盎司黄金，把它输送到法国去换取15.5盎司的白银，然后又将15.5盎司的白银运回美国，在美国购买1盎司黄金，剩下半盎司的白银，除了弥补运输费用以外，还可以得到一笔利润。于是黄金很快就在美国的流通界消失了，金银复本位制实际上变成了银本位制。1834年，美国重建复本位制，金银的法定比价重新定位为1∶16，而当时法国和其他实行复本位制的国家规定的金银比价仍然是1∶15.5，这时就出现了相反的情况：美国银对金的法定比价定的比国际市场低，因此金币充斥美国市场，银币却被驱逐出流通领域，金银复本位制实际上又变为了金本位制。

在今天不兑现的信用货币制度下，各国货币都只是价值符号，而以本国或本地区经济实力为支撑的各种货币在人们心目中所代表的价值也不尽相同，此时强势经济支持的良币将会逐渐取代弱势经济下的劣币，成为流通中的主要货币，表现出良币驱逐劣币的现象，例如欧元的诞生和美元化现象的出现。

在金银复本位制向金本位制过渡的时候，世界上还曾出现过一种“跛行本位制”，即法律上仍然规定金币和银币都是本位币，两者之间也有兑换比率，但金币可以自由铸造，而银币却不能自由铸造。由于银币实行限制铸造，但金银币之间却固定兑换比价，于是银币的实际价值必然与其名义价值无法保持一致，事实上此时的银币起到的是辅币的作用。所以，跛行本位制已经不是典型的复本位制了。

（三）金本位制

金本位制（Gold Standard）又称“金单本位制”，是以黄金为本位币的一种货币制度，从具体的形式看，可分为金铸币本位（Gold Specie Standard）、金块本位（Gold Bullion Standard）和金汇兑本位（Gold Exchange Standard）三种不同的形态。其中，金铸币本位是最典型的金本位制。

1. 金铸币本位制

金铸币本位制简称金币本位制。1816 年，英国政府率先颁布法令，正式采用金币本位制，到 19 世纪末，美国和其他资本主义国家相继实行了金币本位制。金币本位制的特点是，金币作为本位币，可以自由铸造和熔化，辅币和银行券可以自由兑换为金币，黄金可以自由地输出入国境。这种货币制度之所以能够广泛被确立，主要是因为人们普遍认为只有货币和黄金稳定联系才能使价格水平稳定，因为黄金的贮藏手段功能可以自动调节流通中的货币量以适应商品生产与交换的需要，并且银行券可以自由地按票面金额兑换成黄金的规定促使价值符号在代表一定数量黄金流通的同时，也能避免通货膨胀出现，逐步建立起人们对银行券的信心，更为重要的是黄金可以在国际间自由输出和输入的规则保证了各国货币汇率的相对稳定。

金币本位制得以存在的前提可以简单地概括为自由兑换、自由铸造和自由输出入，三者缺一不可。它们使得金币本位制在实践中表现出很大的优点，但也同时表现出金币本位制的致命缺陷，特别是黄金自由输出入这条原则，使人们对一国能否拥有足够的黄金储量来维持金本位发生怀疑。在现实世界中，随着资本主义经济的发展，资本主义国家之间发展不平衡的矛盾日益加剧，全球黄金的分配越来越集中于少数发达国家，到 1913 年末，美、英、法、德、俄五国占有了世界黄金存量的三分之二，从而削弱了其他国家金币流通的基础，进而影响到银行券等价值符号与金币自由兑换的基础。同时，为了保证国内有限的黄金准备，一些国家从本国利益出发，开始限制贸易往来，特别是黄金的输出和输入，直接影响到黄金在国际间的流通。随后，第一次世界大战爆发，战争结束后，由于金币本位制的基础已经十分薄弱，许多国家放弃了金币本位制，取而代之的是实行金块本位制和金汇兑本位制。①

2. 金块本位制

金块本位制，又被称为“生金本位制”“富人本位制”，它在名义上仍然为金币本位制，也对货币规定含金量，但它与金币本位制的最大区别是国内不铸造金币也不流通金币，只发行和流通代表一定金量的银行券，而且黄金只是在有限的范围之内才被允许兑换，即人们手中只有达到一定数量要求的银行券，才能按照货币的含金量来兑换金块，这个数量往往规定得很高，使小额的货币量根本不能兑换。例如，法国在 1928 年的《货币法》中规定，法郎的含金量为 0. 065 克纯金，但至少需 21. 5 万法郎才能兑换黄金。显然，这样的规定可使在流通中的金量得以缩减，节约黄金。

金块本位制实行的条件是保持国际收支平衡和拥有大量的黄金准备以平衡国际收支。所以，一旦国际收支失衡，大量的黄金外流或国家的黄金储备难以支撑时，金块本位制就不可能继续维持。于是，1930 年以后，许多国家如英国、法国、比利时、荷兰等，在经济大危机的冲击下，先后放弃了这一货币制度。

3. 金汇兑本位制

金汇兑本位制又称“虚金本位制”，这种货币制度的特点是，国家不铸造金币，流通领域没有任何金币流通，只有银行券在流通，虽然货币仍有含金量的规定，但银行券并不能直接兑换到黄金（无论数量有多大），不过本国银行券可以兑换外汇，然后再通过外汇兑换到黄金。所以，实行金汇兑本位制的国家要将本国货币与某一个实行金币本位制或金块本位制国家的货币保持固定比价，并将黄金、外汇存放在这个国家作为外汇基金，从而通过市场买卖来维持固定比例。金汇兑本位制的优点之一是，实行这种制度的国家，其货币准备金可以不必是黄金，而是外币债权，这种债权往往是以外国有价证券或银行存款方式持有的，能够获得一定的利息收入。但该国同时也会负担一定的风险，如果它所持外币的发行国放弃金本位或者出现货币贬值，即单位外币的含金量减少，或者出于某种原因拒绝用其货币兑换黄金，那么实行金汇兑制的国家就可能会出现经济受损和货币运行混乱的问题。实行金汇兑本位制的国家大多数是一些小国，并且经济和政治上往往依附于与之挂钩的国家。可见，金汇兑本位制实际上是一种附庸的货币制度。

第二次世界大战以后，在国际领域建立的布雷顿森林货币体系也是金汇兑本位制的一种体现。这种制度是在战后美国拥有世界黄金大部分储量，并且经济上属于支配地位的背景下建立的。它的安排是美国实行一种条件更为苛刻的金块本位制，即国内不流通金币，也不允许居民兑换或持有黄金，只是允许持有美元债权的外国政府按重新规定的美元含金量来兑换黄金。各国本币与美元挂钩、美元与黄金挂钩，美元居于一种等价于

① 美国除外，因为它是当时唯一恢复实行金币本位制的国家。

黄金的关键地位。所以，这种制度又称为以美元为中心的国际货币制度。这种制度在1948—1971年运行了20多年，虽然对国际经济的有效交往起到过广泛的影响，但由于内在的缺陷，最后崩溃了。

从上述的一些分析中，可以看出金本位货币制度的双重矛盾作用：一方面作为货币制度的基础，黄金会使人们树立起信心；另一方面正是由于货币的发行受制于黄金的流出、流入以及黄金的自然开采，因此这种货币制度不能满足商品生产与交换不断扩大的需要。这种双重矛盾正是金本位制衰落的最根本原因。而金块本位制和金汇兑本位制都是一种残缺不全的本位制，实行的时间都不长。从此，世界上绝大多数国家的货币都不再与贵重金属相联系，人类进入纯信用货币时代。

（四）不兑现的信用货币制度

目前各国实行的均是不兑现的信用货币制度，也称“信用本位制”，或称“管理纸币本位”。如前所述，这种货币制度的广泛实行是20世纪30年代经济危机和货币危机的结果之一，其主要特征是货币不再与黄金挂钩，既不规定含金量，也不能兑换黄金；货币发行不再需要黄金准备，而是银行体系通过信用程序投入流通领域，主要形式是不兑现的银行券和银行存款。当然，在目前的货币制度下，各国一般仍然会保持一定的黄金储备，主要作为国家间的一般支付手段的准备。信用本位制是一种管理货币制度，由于货币的发行流通已经摆脱资源的束缚，可以满足任何经济发展规模的要求，因此需要一国的中央银行或货币管理当局运用各种政策手段调节货币供应量，以保持货币对内和对外价值的稳定性。

在信用本位制度下，一国的货币供应量主要取决于一国政府对经济发展或其他因素的判断而制定的货币政策。尽管一些国家货币发行的权力独立于政府，但实际上，各国的货币发行都要或多或少地受制于政府。在这种发行制度下，货币创造过程轻而易举、成本费用微不足道，并且受政府不同程度控制，因此这种制度自实行之日起，就存在着不同的争论。一些人表示担心、害怕政府会滥用发行货币的职能，造成通货膨胀，指出只有使货币能兑换为黄金，才能从物质保证上限制政府的草率行为；但赞同信用本位制的人则认为，在当今的经济社会中，货币供应量的变化对经济的影响十分广泛，作用很大。通过改变货币供应量，来使经济达到政府预定的经济目标，已成为政府经济政策的不可缺少的组成部分。而在金本位制下，那种认为黄金自动调节货币流通并保持货币稳定的功能早已成为过时的观念，不适合于目前已经高度专业化与整体化的经济社会。许多著名的经济学家不仅从理论上论证了与黄金相联系的货币制度的不合理性，而且也从感情上表达了对这种制度的愤慨。凯恩斯早在20世纪20年代就把金本位看成“野蛮的痕迹”；而著名的美国经济学家特里芬教授则认为，把天涯海角的黄金从地里挖出来，仅仅是为了立即运送并把它重新埋在别的深洞里，这是对人力资源愚蠢的浪费。

20 世纪中后期，依托于互联网络的迅猛发展，人们越来越习惯于使用电子货币。与现钞转手、传统的账面存款转划相比，电子货币具有更方便、更准确、更节约、更安全的优点，因此越来越受到人们的认可，而电子货币恰恰反映了现代信用货币形式的发展方向，体现出现代市场经济高度发达和银行转账清算技术不断进化的趋势。

三、我国的人民币制度

我国的货币制度是人民币制度。1948 年 12 月 1 日，中国人民银行正式成立，同时发行了人民币，并迅速收兑了旧经济制度下的法币、金圆券、银圆券，同时通过收兑原解放区自行发行的货币而统一了全国的货币市场，形成了新中国货币制度。今天，经过改革开放 40 多年的发展，我国在国际经济、政治、社会文化等各个领域都取得了令人瞩目的巨大进步，人民币正逐步成为国际上的一种重要货币，了解人民币制度的主要内容是每个中国公民的基本义务。

首先，人民币是我国境内唯一的合法通货。人民币是由中国人民银行发行的信用货币，包括实物形式和数字形式，是我国的无限法偿货币，没有法定含金量，也不能自由兑换黄金。人民币的单位为“元”，元是本位币，辅币的名称是“角”和“分”。人民币以“￥”为符号。

其次，中国人民银行是货币发行的唯一机关，并集中管理货币发行基金。中国人民银行根据经济发展的需要，在由国务院批准的额度内，组织年度的货币发行和货币回笼。人民币的发行是根据商品生产的发展和流通的扩大对货币的需要而发行的，这种发行有商品物资作基础，可以稳定币值，是人民币发行的首要保证。除此之外，人民币的发行还有政府债券、商业票据、银行票据等大量的信用保证，黄金、外汇储备也是人民币发行的一种保证。

最后，人民币实行有管理的货币制度。我国于 1980 年 4 月 17 日恢复了国际货币基金组织席位，依据《国际货币基金协定》第 14 条条款的过渡性安排，保留了一些汇兑限制；1994 年以来，我国加快了外汇管理体制改革的步伐，如实行汇率并轨、银行结售汇、取消外汇计划审批等，实现了人民币经常项目下有条件的可兑换①；从 1996 年 7 月 1 日起，对外商投资企业实行银行结汇和售汇，取消对其经常项目用汇的限制，同时根据实际情况提高了居民个人用汇供汇标准，扩大了供汇范围，这样在 1996 年底以前实现了人民币经常项目的可兑换，在国家统一规定的国内外汇市场可买卖外汇。2005

① 可兑换形式指一国货币可以兑换成其他国家货币的可能性。货币按能否兑换的不同程度可分为不可兑换货币、经常项目可兑换和资本项目可兑换三种。不可兑换货币指在实行严格的汇兑限制下，不允许经常项目和资本项目的对外支付和转移。经常项目可兑换指对国际收支中经常发生的交易项目，包括进出口贸易收支和运输、旅行等非贸易收支，以及与国际组织往来、无偿援助、捐助及无偿转让等不实行汇兑限制。资本项目可兑换即对资本的流入、流出取消汇兑限制。

年7月21日，人民币汇率制度又进行了一次重要改革，新的人民币汇率制度是以市场供求为基础、参考一篮子货币进行调节、有管理的浮动汇率制度。

拓展阅读 1-5

“一国两制”下香港的货币制度

1997年7月1日，我国政府恢复对香港行使主权，香港特别行政区成立。我国的货币制度改为实行一个主权国家两种社会制度下的两种货币、两种货币制度并存的货币制度。在内地仍然继续实行人民币制度，在香港实行独立的港币制度，在货币发行、流通与管理等方面分别自成体系，人民币和港币分别作为内地和香港的法定货币在两地流通。

根据《中华人民共和国香港特别行政区基本法》规定，港元为香港的法定货币。中国银行、汇丰银行、渣打银行为港币发行的指定银行，港币的发行须有百分之百的准备金；香港货币单位为“元”，简称港元，用符号“HK”“$”表示，港元实行与美元联系的汇率制度，即7.8港元兑换1美元，香港外汇基金由香港特别行政区政府管理和支配，主要用于调节港元汇价；香港特别行政区不实行外汇管制，港元可以自由兑换，外汇、黄金、证券和期货等金融市场完全开放。

第三节　国际货币体系

当货币制度问题超过国界的时候，就成为国际货币制度或国际货币体系的问题。在一个开放的经济社会中，国际货币体系安排是否合理不仅关乎全球经济是否能够平衡、有序地发展，也会通过贸易和资本流动影响各国的内部经济。从历史上看，人类一直在不懈努力地寻求一个良好的国际货币体系，但是伴随着快速的经济发展及不断变化的经济环境，呼吁改革国际货币体系的声音却从未间断过，特别是在2008年美国金融危机之后，这个古老且悬而未决的问题再次摆在了人们的面前。

一、什么是国际货币体系

国际货币体系（International Monetary System）是各国政府为满足国际贸易与国际支付的需要，对货币在国际范围内发挥世界货币职能所确定的原则、采取的措施和建立的组织形式的总称。它反映了国与国之间货币兑换、资金流动及债权债务关系清算所涉及的规则和秩序，是国家间货币关系的综合体现。

国际货币体系的核心内容涉及三方面：一是国际本位货币的确定和国际储备货币形成的机制，二是汇率制度的确定，三是国际货币收支平衡的调节机制。

建立国际货币体系的目标是保障国家贸易和世界经济稳定、有序地发展，进而使各国的资源得到有效开发利用。国际货币体系的运行，可以通过在各国建立合理的汇率机制来防止循环的恶性贬值，并能为国际收支不平衡的调节提供有力手段和解决途径，最终促进各国经济协调、持续发展。

二、国际货币体系的发展演进历程

国际货币体系在其发展过程中经历了三个重要的历史时期：1870—1914 年的国际金本位时期、1945—1973 年的布雷顿森林体系下的固定汇率时期和 1976 年牙买加协议以来的国际货币多元化及浮动汇率时期。

（一）国际金本位时期

国际金本位制度是以一定成色及重量的黄金为本位货币的制度。这是历史上第一个国际货币制度，其主要内容包括：（1）黄金是国际货币体系的基础，可以自由输出输入国境，是国际储备资产和结算货币。（2）金铸币可以自由流通和储藏，也可以按法定含金量自由铸造，各种金铸币或银行券可以自由兑换成黄金。（3）国际收支可以实现自动调节。当一国发生对外收支逆差时，黄金外流，国内货币供应量减少，物价下降，成本降低，进而引起出口扩大、进口减少，对外收支转向顺差；反之亦然。

显然，国际金本位制度具有一些明显的优势，如它是一种较为稳定的货币制度，表现为该体系下各国货币之间的比价、黄金以及其他代表黄金流通的铸币和银行券之间的比价和各国物价水平都相对稳定，因而对汇率稳定、国际贸易、国际资本流动和各国经济发展起到了积极作用。但是，该制度过于依赖黄金，而现实中黄金产量的增长远远无法满足世界经济贸易增长对黄金的需求，也就是实体黄金不够用。再加上各国经济实力的巨大差距造成黄金储备分布的极端不平衡，于是银行券的发行日益增多，导致黄金的兑换愈加困难。之后，随着第一次世界大战的爆发，各国便中止了黄金的自由输出，并停止了银行券与黄金之间的自由兑换，国际金本位制度宣告解体。

第一次世界大战结束之后，1922 年，意大利热那亚召开的国际货币金融会议确定了国际虚金本位制，其基本内容包括：

（1）黄金依旧是国际货币体系的基础，各国纸币仍规定有含金量，代替黄金执行流通、清算和支付手段的职能。

（2）本国货币与黄金直接挂钩或通过另一种同黄金挂钩的货币与黄金间接挂钩，与黄金直接或间接保持固定的比价。

（3）间接挂钩的条件下，本国货币只能通过兑换外汇来获取黄金，而不能直接兑换黄金。

（4）黄金只有在最后关头才能充当支付手段，以维持汇率稳定。

国际虚金本位制在一定程度上节约了黄金，弥补了金本位中黄金量不足的劣势。但是，世界贸易发展中对黄金的需求和黄金产量的缺口仍然存在，尤其是在汇率频繁波动时用黄金干预外汇市场来维系固定比价显得力不从心。于是，当1929—1933年世界经济大危机之后，这种国际货币制度也随之瓦解。

危机过后一直到第二次世界大战之前，国际货币体系进入了长达十几年的混乱时期，其间形成了以英、美、法三大国为中心的三个货币集团（英镑集团、美元集团、法郎集团），三大集团以各自国家的货币为储备货币和国际清偿力的主要来源，同时展开了世界范围内争夺国际货币金融主导权的斗争，这种局面一直持续到第二次世界大战结束。

（二）布雷顿森林体系

1944年7月，第二次世界大战即将结束之时，在英国和美国的组织下，由44个国家参加的国际货币金融会议于美国新罕布什尔州的布雷顿森林召开，建立了战后以美元为中心新的国际货币体系——布雷顿森林体系。

1. 布雷顿森林协定的主要内容

（1）建立一个永久性的国际金融机构，即国际货币基金组织，对国际货币事项进行磋商。

（2）实行黄金—美元本位制，该制度以黄金为基础并以美元为最主要的国际储备。这是一种以美元为中心的国际金汇兑本位制，实行双挂钩原则：美元按每盎司黄金35美元的官价与黄金挂钩，美国承担用黄金兑换各国官方持有美元的义务；各国货币按固定比价与美元挂钩，各国政府有义务通过干预外汇市场使汇率波动不超过上下各1%的幅度。会员国只有在出现国际收支根本性不平衡的情况下，才能在与基金组织协商之后改变币值。这也意味着它采取的是可调整的钉住汇率制度。

（3）国际货币基金组织通过向会员国提供资金融通，帮助它们调整国际收支不平衡。

（4）取消外汇管制。《国际货币基金协定》第八条规定会员国不得限制经常项目支付，不得采取歧视性的货币政策措施，并实行自由多边结算制度。

（5）争取实现国际收支的对称性调节。基金组织有权宣布国际收支持续顺差国的货币为稀缺货币。其他国家有权对稀缺货币采取临时性的兑换限制。这一项内容并未得到实际贯彻。

与两次世界大战之间的国际金汇兑本位制相比，布雷顿森林体系的特点是：首先，它是一个全球性的国际金汇兑本位制，世界各国货币都只与美元挂钩，美元是唯一的居统治地位的外汇储备；而以往的国际金汇兑本位制局限于货币区的范围，存在英镑、美元、法郎三种主要外汇储备。其次，它在黄金兑换方面是一种被削弱了的国际金汇兑本位制，它只允许外国官方用美元兑换黄金，而战前在不同程度上允许私人用本币或外汇兑换黄金。最后，它拥有一个国际金融组织，国际货币基金组织成为维护国际货币秩序的中心，而战前不存在这样的持久性国际机构。

2. 布雷顿森林体系的积极作用

布雷顿森林体系对战后世界经济的恢复和发展发挥了十分重要的作用。这具体表现在：

（1）它在黄金生产日益滞后于世界经济发展的情况下，通过建立以美元为中心的国际储备体系，解决了国际储备供应不足的问题，特别是为战后初期的世界经济提供了当时十分短缺的支付手段，刺激了世界市场需求和世界经济增长。

（2）它推行的固定汇率制显著减少了国际经济往来中的外汇风险，促进了国际贸易、国际信贷和国际投资的发展。战后国际贸易和国际投资的发展速度都显著超过世界生产的增长速度，国际分工得到了深化，世界各国的相互依赖性显著提高，而且固定汇率制强调的货币纪律有效地抑制了世界各国的通货膨胀。

（3）它制定的取消外汇管制等一系列规则有利于各国对外开放程度的提高，并使市场机制更有效地在全球范围发挥其资源配置的功能。

（4）它们建立的国际货币基金组织在促进国际货币事务协商、建立多边结算体系、帮助国际收支逆差国克服暂时困难等方面做了许多工作，有助于缓和国际收支危机、债务危机和金融动荡，推进了世界经济的稳定增长。

在20世纪70年代初布雷顿森林体系瓦解之前，世界经济出现人类历史上少有的黄金时代。世界多数国家国内生产总值增长很快，就业大量增加，物价比较稳定，人民生活水平显著提高。这些成绩的取得都与布雷顿森林体系的运行有密切关系。

3. 布雷顿森林体系的内在缺陷

（1）美国可利用该国际货币制度牟取特殊利益。首先，这表现为美国可获取铸币锐。铸币税（Seigniorage）是指发行货币获得的净收益，即铸币或纸币面值超过金银条块铸造成本或纸币印刷成本而给货币发行者带来的利益。美国只要开动印刷机，就可以支配相当于美元面值的他国的实际资源，包括进口和购买他国企业。其次，它增强了美国国际金融中心的地位。各国所持有的美元外汇储备往往会以美元存款或购买美国国库券等形式流入美国，美元债权债务的清算也往往通过美国的金融机构，美国可利用这种国际金融中心地位获取诸多利益。最后，它使美国在一定程度上操纵其他国家的货币政策。例如，当美元大量外流时，其他国家为维持固定汇率，需要政府出面收购美元，在外汇储备大量增加时，不得不实行通货膨胀政策。

（2）国际清偿能力供应与美元信誉二者不可兼得，即所谓的特里芬难题。美国经济学家特里芬在研究布雷顿森林体系的运行时，发现了这个问题，即该货币制度运行的必要条件是人们对美元有信心，于是一方面为了保证美元信誉，美国需要维持国际收支平衡，而另一方面，该货币制度运行又需要保证国际清偿能力的供应，为此美元需要大量外流，这意味着美国又必须持续存在巨额国际收支逆差，结果会导致人们对美元丧失信心，最终使美元陷入两难困境。

（3）该国际货币制度的国际收支调节机制过分依赖于国内政策手段，而限制汇率政策等手段的运用。从原则上看，布雷顿森林体系属于可调整的钉住汇率制，各国政府有法定升值或法定贬值的余地。但是在其运行过程中，国际货币基金组织实际上很少允许会员国运用汇率政策调节国际收支。各国通过财政、货币政策进行调节，往往给经济运行带来其他方面的消极影响，使其经济政策自主权受到限制。

（4）在特定时期，它会引发特大规模的外汇投机风潮。在这种货币制度下，外汇投机具有收益和风险的不对称性。国际货币基金组织只允许各国在国际收支逆差十分严重时实行货币贬值政策，汇率运动的方向是单向的，故外汇投机行为几乎没有多少外汇风险。又由于在固定汇率制下贬值幅度往往较大，故外汇投机一旦成功可获得额外高的收益。在布雷顿森林体系时期发生的美元危机和英镑危机中，外汇投机行为都起着推波助澜的作用。

（三）牙买加货币体系

布雷顿森林体系是在美国占据世界经济绝对优势的条件下建立的①，因而其盛衰与美国经济实力和地位的变化有着密切联系。随着战后全球经济从“美元荒”到“美元灾”转变，美元开始不断贬值。许多国家为了回避汇率风险，不愿在国际支付中再接受美元。美元地位迅速下降，甚至经常成为被抛售的对象。1960 年 10 月，爆发了第一次美元危机；1968 年 3 月，又爆发了空前严重的第二次美元危机。于是，1971 年 8 月 15 日，美国政府宣布停止各国中央银行按官价向美国兑换黄金，同年 12 月宣布美元贬值 7.89%，将黄金官价从每盎司 35 美元提高到 38 美元，但这些措施并未能阻止美国国际收支危机和美元危机的继续发展。1973 年 2 月，由于美国国际收支逆差严重，美元信用猛降，国际金融市场又一次掀起了抛售美元、抢购西德马克和日元并进而抢购黄金的风潮。在此局面下，美国政府于 1973 年 2 月 12 日再次宣布美元贬值 10%，黄金官价增至每盎司 42.22 美元。然而，美元的两次贬值都未能阻止“美元灾”，1973 年 3 月，西欧又出现了抛售美元、抢购黄金和抢购西德马克的风潮，伦敦黄金市场的黄金价格一度涨到一盎司 96 美元。最终，第二次世界大战后以美元为中心的固定汇率制度崩溃了，人类进入浮动汇率和国际货币多元化的时代。

① 1945 年，美国国民生产总值占全部资本主义国家国民生产总值的 60%。

经过长期讨论与协商，1976 年 1 月，在牙买加的首都，国际货币基金组织通过《牙买加协定》，确认了布雷顿森林体系崩溃后浮动汇率的合法性，继续维持全球多边自由支付原则。其具体内容包括：（1）黄金非货币化，即黄金与各国货币彻底脱钩，不再是汇价的基础。（2）国际储备多元化，涵盖美元、英镑、日元、黄金、特别提款权等。（3）浮动汇率制合法化，浮动的形式也是多样化的，可单独浮动、联合浮动，也可采取钉住浮动制、管理浮动制。（4）货币调节机制多样化，有汇率调节、利率调节、国际货币基金组织干预和贷款调节等。

在牙买加货币体系下，各国的国际储备实现了多元化，摆脱对单一货币的依赖，货币供应和使用更加方便灵活，并解决了“特里芬难题”。同时，浮动汇率制可灵敏地反映出各国经济的动态变化，并在此基础上实现经济的相对调节。另外，在该体系下多种货币调节机制能够相互补充，避免了布雷顿体系下调节失灵的尴尬。

但是，在具有上述优势的同时，牙买加货币体系也存在显著的缺陷，如国际货币格局不稳定，管理调节复杂性强、难度高；浮动汇率制加剧了国际金融市场和体系的动荡和混乱，套汇、套利等短线投机活动大量泛滥，先后引发多次金融危机，且难以预测的汇率变动也不利于国际贸易和投资。特别是尽管调节机制多样化，但也不能从根本上改变国际收支失衡的矛盾，在一些金融危机中，国际货币基金组织的几次干预失败就是最好的例证。

不过还要说明的是，虽然美元的国际本位和国际储备货币地位遭到削弱，但其在国际货币体系中的领导地位和国际储备货币职能仍得以延续，国际货币基金组织下的原组织机构和职能也得以续存，只是布雷顿森林体系下的准则与规范已不再完整。因此，现存的这一国际货币体系被人们戏称为“无体系的体系”，规则弱化导致矛盾重重。特别是经济全球化引发的金融市场全球化趋势在 20 世纪 90 年代进一步加强时，该体系固有的矛盾日益凸现，由此引发的改革国际货币体系的声音此起彼伏。

三、当前国际货币体系的特点

由于布雷顿森林体系解体后，各国相继实施了自由化的经济政策和浮动汇率，直接加速了资本的跨境流动并推动了金融全球化的进程。金融资本在高速的流动中迅速增值与膨胀，并部分表现出与现实脱离。美国则凭借美元在货币金字塔中的顶端位置，成为唯一完全可以根据国内目标（就业、外贸出口）而不论美元汇率的浮动情况如何来推行某种国内政策的国家，因此，与以美元为中心的国际货币体系相联系的国际收支不平衡，也一直伴随着世界经济的发展。资本的全球化与地区经济发展的差异，也使得全球区域经济协调与合作取得了突飞猛进的发展，从而使得这一时期的国际货币体系表现出金融全球化、金融资本与现实的脱离、汇率不稳定、以美元为中心与国际收支不平衡、区域货币合作等显著特征。

拓展阅读 1–6

超主权储备货币[1]

什么样的国际储备货币才能保持全球金融稳定、促进世界经济发展？历史上的银本位、金本位、金汇兑本位、布雷顿森林体系都是解决该问题的不同制度安排，这也是国际货币基金组织成立的宗旨之一。

对于储备货币发行国而言，国内货币政策目标与各国对储备货币的要求经常产生矛盾。货币当局既不能忽视本国货币的国际职能而单纯考虑国内目标，又无法同时兼顾国内外的不同目标。既可能因抑制本国通胀的需要而无法充分满足全球经济不断增长的需求，也可能因过分刺激国内需求而全球流动性泛滥。理论上特里芬难题仍然存在，即储备货币发行国无法在为世界提供流动性的同时确保币值的稳定。

当一国货币成为全世界初级产品定价货币、贸易结算货币和储备货币后，该国对经济失衡的汇率调整是无效的，因为多数国家货币都以该国货币为参照。经济全球化既受益于一种被普遍接受的储备货币，又为发行这种货币的制度缺陷所害。从布雷顿森林体系解体后金融危机屡屡发生且愈演愈烈来看，全世界为现行货币体系付出的代价可能会超出从中获得的收益。不仅储备货币的使用国要付出沉重的代价，发行国也在付出日益增大的代价。危机未必是储备货币发行当局的故意，却是制度性缺陷的必然。

创造一种与主权国家脱钩并能保持币值长期稳定的国际储备货币，从而避免主权信用货币作为储备货币的内在缺陷，是国际货币体系改革的理想目标。超主权储备货币的主张虽然由来已久，但至今没有实质性进展。超主权储备货币不仅克服了主权信用货币的内在风险，也为调节全球流动性提供了可能。由一个全球性机构管理的国际储备货币将使全球流动性的创造和调控成为可能，当一国主权货币不再作为全球贸易的尺度和参照基准时，该国汇率政策对失衡的调节效果会大大增强。这些能极大地降低未来危机发生的风险、增强危机处理的能力。

四、欧元的诞生和美元化

欧元（EURO）是欧洲货币联盟（EMU）国家单一货币的名称，是 EMU 国家的统一法定货币。欧元是自罗马帝国以来欧洲货币改革最为重大的结果，它不仅仅使欧洲单一市场得以完善，欧元区国家间自由贸易更加方便，而且是欧盟一体化进程的重要组成部分。欧元由 1998 年 7 月 1 日成立的欧洲中央银行（European Central Bank，ECB）和

① 周小川:《关于改革国际货币体系的思考》,《中国金融》2009 年第 7 期。

各欧元区国家的中央银行组成的欧洲中央银行系统（European System of Central Banks, ESCB）负责管理。总部坐落于德国法兰克福的欧洲中央银行有独立制定货币政策的权力，欧元区国家的中央银行参与欧元纸币和欧元硬币的印刷、铸造与发行，并负责欧元区支付系统的运作。

欧元于1999年1月1日起在奥地利、比利时、法国、德国、芬兰、荷兰、卢森堡、爱尔兰、意大利、葡萄牙和西班牙11个国家（以下称“欧元区内国家”）开始正式使用，并于2002年1月1日取代上述11国的货币。之后，希腊、斯洛文尼亚、塞浦路斯、马耳他、斯洛伐克、爱沙尼亚、拉脱维亚和立陶宛先后加入欧元区，从而使欧元区成员国增至19个。

欧盟之所以要实行统一货币，主要是为了提升欧洲国家的政治和经济地位。第二次世界大战前，欧洲以其强大的经济实力为后盾，曾长期称雄于世界。第二次世界大战后，欧洲国家的世界地位大幅度下降，随着欧洲复兴计划的实施，欧洲各国越来越希望在政治、经济上联合起来，以达到与美国、日本等经济强国相抗衡的目的。从1958年的欧共体发展到1991年的欧盟，欧洲各国在经济上的合作不断加深。从经济利益的角度讲，实行统一货币能够促使欧盟各国增强自身经济实力、提高竞争力，减少内部矛盾，防范和化解金融风险，同时还能简化各国间商品与资金流通的手续，从而降低交易成本，最终在增加社会消费、刺激企业投资的作用机制下实现欧盟总体经济的良性发展。

一般而言，美元化的基本含义可以从事实化、过程化和政策化三个角度阐述：作为一种事实，它是指美元在世界各地已经扮演了重要的角色；作为一种过程，它是指美元在美国境外的货币金融活动中，无论是在深度还是广度上均将发挥越来越重要的作用；作为一种政策，它是指一国或一个经济体的政府让美元逐步取代自己的货币并最终自动放弃货币或金融主权的行动。这里的美元化指的是政策美元化。

经济全球化，尤其是资本的全球化，深刻地改变了国际经济的运行机制。在资本流动的规模和速度均不是很大和很快的年代，一个经济体最可能遇到的外部冲击，主要来自进出口价格。那时，决策者保留调整汇率的权力是有意义的。然而到了今天，对那些弱小经济体、特别是新兴市场经济而言，最大且最可能的外部冲击或威胁，已不再是进出口价格的变化，而是资本流动方向和数量的突然改变，并不可避免地导致猛烈、不情愿的货币贬值。这种冲击的杀伤力巨大，亚洲金融危机便是前车之鉴。结果，在独立小币种受到外来冲击的可能性大增的事实面前，实施类似美元化政策或建立货币局体制以规避汇率风险，顺理成章地作为一个十分现实的选择摆到了许多经济体决策者的桌面上。

美元化经济体从美元化中能够得到两大好处，尤其是对那些与美国在贸易与投资方面联系密切的经济体而言：一是汇率风险将消失或极大地降低，二是可以为经济长期稳定发展创造一个良好的政策条件。当然，美元化对放弃货币主权的经济体而言，也会产生很高的成本，即失去独立的货币政策和发行主权货币而带来的中央财政的铸币税收入。

本章小结

1. 货币是在商品或劳务的支付中以及在债务的偿还中被普遍接受的任何东西，是最基本、最重要的一种金融资产。在人类的历史上，迄今为止货币先后经历了实物货币、金属货币、代用货币、信用货币、电子货币和数字货币六种形态。

2. 货币通常具有价值尺度、流通手段、贮藏手段和支付手段四大职能，其中价值尺度和流通手段是最基本的职能。货币自身的价值是通过货币购买力来表现的。

3. 依据资产流动性的不同，货币可以分为 M_0（流通中的现金）、M_1（狭义货币）和 M_2（广义货币）三个层次。货币层次的划分有利于中央银行进行宏观经济运行监测和货币政策操作。

4. 人类迄今为止先后经历过银本位制、复本位制、金本位制等金属货币制度和不兑现的信用货币制度。在复本位制下，如果实行了双本位制，就会出现“劣币驱逐良币”的现象。

5. 目前各国实行的均是信用本位制，货币不再与黄金挂钩，既不规定含金量，也不能兑换黄金；货币发行不再需要黄金准备，而是银行体系通过信用程序投入流通领域，主要形式是不兑现的银行券和银行存款。

6. 国际货币体系在其发展过程中经历了三个重要的历史时期，即 1870—1914 年的金本位时期、1945—1973 年的布雷顿森林体系下的固定汇率时期和 1976 年牙买加协议以来的国际货币多元化及浮动汇率时期。欧元的诞生和美元化现象预示着人类开始对传统货币制度的主权进行挑战。

重要概念

货币　货币购买力　流动性　狭义货币量　广义货币量　准货币　货币结构　货币制度　本位币　辅币　银行券　格雷欣法则　铸币税　美元化

复习思考题

1. 推动货币形态演变的关键要素是什么？

2. 货币的价值贮藏职能对现代经济发展的意义何在？

3. 简述不兑现银行券的基本性质。

4. 货币具有哪些基本职能？

5. 下表为存款性金融机构 2019 年末部分统计数据，数据源于中国人民银行官方网站。

项目	余额（亿元）
货币和准货币 Money & Quasi Money	
货币 Money	
流通中货币 Currency in Circulation	77189.47
单位活期存款 Corporate Demand Deposits	498819.68
准货币 Quasi Money	
单位定期存款 Corporate Time Deposits	363486.04
个人存款 Personal Deposits	819161.84
其他存款 Other Deposits	227831.79

根据以上数据：

（1）分别计算 M_0、M_1、M_2。

（2）假设受疫情影响，国内大量投资者抛售其持有的股票和债券，并将所获资金以现金形式持有，请问此举将对 M_1 和 M_2 造成怎样的影响？

6. 谈谈你对数字货币的看法，Facebook 的 Libra 会成为加密货币时代的国家货币吗？

7. 什么是格雷欣法则？结合欧元的诞生和美元化现象谈谈你对今天的货币替代问题是如何看待的。

8. 国际货币体系主要涉及哪些重要内容？自美国 2008 金融危机以来，国际上改革现行国际货币体系的呼声日益强烈，请结合所学知识，并在参阅专业文献的基础上说说你的观点。

第二章

信用、利息与利率

本章导读

当今社会被称为信用社会，当今经济被称为信用经济，是因为信用活动和信用关系已经渗透到了社会经济活动的方方面面。随着经济活动的繁荣，人类社会发展出了多种多样的信用形式，形成了类型丰富的信用工具。利息伴随信用活动产生，而衡量利息水平的重要指标便是利率。那么，信用的本质是什么？有哪些表现形式？其与货币、金融之间具有何种内在联系？上述问题是理解利息、利率乃至所有金融活动的基础，本章第一节将对上述问题做出解答。

利率作为金融市场中资金的价格，能够提高资源的配置效率，是经济活动中的重要变量。那么利息从何而来？其本质是什么？利率体系中存在哪些利率类型？在现实中有哪些应用？利率水平的高低是如何决定的？利率结构及其成因又是什么？本章将在第二节至第五节给出上述问题的答案。

为不断完善利率在宏观调控中的作用，改革开放以来我国一直致力于利率市场化改革。那么，什么是利率市场化改革？其改革历程、改革内容及改革成效如何？本章第六节对我国的利率市场化改革进行系统介绍，以期帮助读者形成从国情出发观察、分析乃至解决我国金融领域现实问题的基本立场、观点和方法。

学习目标

掌握 利率的主要类型；单利、复利和连续复利的计算；不同类型收益率尤其是到期收益率的计算；主要利率决定理论的基本思想；利率风险结构及其影响因素；利率期限结构及其理论解释

理解 信用的内涵；主要信用形式；货币的时间价值；马克思与凯恩斯的利息理

论；终值和现值的关系；利息与利率的概念

了解 信用与货币、金融的关系；利率的地位和作用；利率体系；终值和现值的应用；中国利率市场化改革

第一节 信用与信用形式

一、经济学中的信用

（一）信用的内涵

“信用”的应用非常广泛，具有多层含义，可以从道德层面、经济层面对其进行解读。其中，道德层面的信用是经济层面的信用赖以形成的基础。信用产生的根源是商品货币经济的发展，在信用发展的过程中，形成了各种不同的信用形式。在现代商品经济中，信用关系已经成为各经济主体间的一种极为普遍的关系，现代经济被称为信用经济。

1. 道德层面的信用

道德层面的信用主要是指诚信，即通过诚实履行自己的承诺而取得他人的信任。《辞海》列出了信用的三种释义：信任使用；遵守诺言，实践成约，从而取得别人对他的信任；价值运动的特殊形式。信用的英文单词为“credit”，其含义更为丰富。在《朗文当代英语词典》列出的关于“credit”的名词和动词释义中，与汉语“信用”一词释义接近的主要有：信仰或相信某事物的正当合理性，在还债或处理货币事务中受信任的品质，购买商品或服务后一段时间内偿付的制度。从历史上看，对信用的研究最集中的时期是在18世纪和19世纪，但或许由于这个时期的研究者多数是实践家出身，所以其对信用一词的含义不能给出完美的解释，一般把信用定义为“信任”。

2. 经济层面的信用

经济层面的信用是指以还本付息为条件的借贷活动。也就是说信用这种经济行为是以收回本金并获得利息为条件的贷出，或以偿还本金并支付利息为前提的借入，它代表着一种债权债务关系。由于18世纪和19世纪的银行信用十分发达，且在民商法中确立了“债”的概念，“credit”越来越多地被理解为“信贷”或“借贷”，涉及“credit”的当事人也被称作“债权人”和“债务人”，或称“授信人”和“受信人”。马克思就曾说过，这个运动——以偿还为条件的付出——一般地说就是贷和借的运动，即货币或商品的只是有条件让渡的这种独特形式的运动。

（二）信用与货币

信用与货币是两个不同的经济范畴。信用是一种借贷行为，是不同所有制关系之间调剂财富余缺的一种形式；货币是一般等价物，作为价值尺度，是商品所有者之间的商品交换媒介。但是两者之间有着紧密的联系。

信用和货币的产生都与私有制紧密相关，信用和货币表现的都是不同商品生产者之间的经济关系，都是价值运动的形式。在现代商品经济中货币借贷的出现使信用获得更大发展：一方面，货币借贷扩展了信用的范围和规模；另一方面，信用也促进了货币形式和货币流通的发展。信用的出现发展了货币的支付手段职能，使货币能在更大范围内作为商品流通的媒介，信用还加速了货币的流动。由此可以看出，货币与信用是相互促进发展的。在金属货币退出流通领域，实行不兑现信用货币制度条件下，信用与货币的关系又进一步发展了。在信用货币制度下，信用和货币不可分割地联系在一起，整个货币制度是建立在信用制度基础之上的。从货币形式看，信用货币本身就是一种信用工具，货币是通过信用程序发行和流通的，任何信用活动都会导致货币的变动。信用扩张会增加货币供给，信用紧缩将减少货币供给，资金在不同主体之间的调剂将影响货币流通速度和货币供给的结构。货币与信用相互渗透则形成新范畴——金融。

（三）信用与金融

金融是信用与货币流通的融合。从产生时间上看，信用产生于原始社会末期，是产品剩余及商品交易发展的产物；金融则是在信用经济发展到了相当程度后，货币借贷已经成为信用的主要形式的条件下诞生的。从内涵上讲，凡有债权债务关系的经济活动都应被纳入信用的范围，它既包括实物信用，又包括货币信用；而金融专指货币融通和资金运动，包括货币信用和股票融资，不包括实物信用。目前信用活动通常意味着资金的融通。实物信用已变得不足以对经济发展产生较大影响；对投资者来说，买卖转让股票，也同债券一样，是一种提供信用的工具。信用和金融在一定条件下能相互替代。因此，尽管信用与金融并非同一概念，但在人类经济活动高度发达的今天，信用与金融在实践层面有着极高的重合度，如信用活动与金融活动、信用工具与金融工具等几乎可以通用，而信用体系则是金融体系的重要制度基础。

二、信用形式

随着经济活动的繁荣，人类社会发展出了多种多样的信用形式。根据信用授受主体的不同，可以分为商业信用、银行信用、国家信用、消费信用和国际信用五种类型。

（一）商业信用

商业信用（Commercial Credit）是工商企业之间以赊销或预付货款等形式相互提供的信用形式。其具有以下特点：一是商业信用的参与主体是工商企业。商业信用产生于商品交易过程，是通过商品赊销或预付方式实现的，所以只有在从事商品生产和流通的工商企业之间才有可能发生商业信用关系。二是商业信用中授信企业和受信企业之间既是借贷关系又是买卖关系，而且借贷行为是建立在商品买卖行为基础之上的。三是商业信用的规模大小一般与商业周期动态一致。由于商业信用是和再生产过程中商品资本的运动结合在一起的，在经济繁荣时期，商业信用会随着生产和流通的发展及产业资本的扩大而扩张。四是商业信用的载体是各类商业票据。

商业信用对加快商品销售速度，促进经济增长发挥着重要作用。在市场经济中，工商企业之间存在着相对稳定的经济联系，如原材料工业与加工工业之间、工业和商业之间所发生的各种联系。对经济的稳定发展来说，这种联系是十分必要的。但不论是商品的供给方还是需求方，都有可能因缺乏资金而使这种联系产生阻滞。因此，商业信用为资金短缺方提供了信用支持，使经济能够更平稳发展。但商业信用也有其局限性，主要表现在以下几个方面：一是商业信用规模受产业资本规模限制，商业信用规模大小是由参与商业信用活动的企业的生产能力决定的。二是商业信用具有方向上的局限性。它只能向商品直接需求者提供赊销，或者需求者向供给者预付货款，而那些相互没有买卖关系的企业之间则不容易发生商业信用。三是商业信用的期限受到限制。企业在向对方提供商业信用时，一般受企业生产周转时间的限制，期限较短，所以商业信用只能解决短期融资的需要。四是商业信用受企业信用能力的限制。如果交易一方的信用能力不能被另一方接受，那么商业信用就很难成立，其商业票据的流通范围也十分有限。

（二）银行信用

银行信用（Bank Credit）是银行及其他金融机构以货币形式提供的信用。银行信用是商业信用发展到一定阶段的产物。它克服了商业信用的局限性，对商品经济的发展具有极大的推动作用。银行信用具有如下特点：一是广泛性。银行及其他金融机构具有很高的信用水平，而且银行信用不受企业所在行业的限制，因此其运用范围十分广泛。二是间接性。因为银行和其他金融机构是信用活动的中间人，而货币资金的所有者和需求者之间不发生直接的债权债务关系。三是灵活性。银行等金融机构将分散的小额货币聚集成巨额的资金供给，以满足经济发展对资金的需求。银行信用不受方向和规模的制约，信用范围广，灵活性强。

银行信用的产生根植于商业信用，并且在发展自身的同时也为商业信用的运行提供了更广阔的空间。由于两者在满足工商企业资金需求方面各有所长，因此银行信用的发展壮大并未替代或消灭商业信用，而是与商业信用的发展相得益彰、互为补充。但不可否认的是，银行信用无论在规模、范围拓展以及期限灵活性上都大大超过了其他信用形式，在信用结构中占主导地位。国家信用、商业信用以及消费信用等日益依赖于银行信用，在很多国家，银行信用是企业外源融资最重要的渠道。

（三）国家信用

国家信用（State Credit）是以国家为债务人或者债权人的信用活动，主要表现为政府作为债务人而形成的负债，其主要形式是国债。国家信用分为国内信用和国外信用。国内信用是国家以债务人的身份，向国内居民、企业团体等取得的信用，形成一国的内债，其主要形式有公债（National Debts、Public Debts）和国库券（Treasury Bills）。国外信用是国家以债务人的身份向国外居民、企业团体和政府取得的信用，形成一国的外债，其主要形式有国际债券（International Debts）和政府借款（Governmental Debts）。

国家信用在现代市场经济活动中起特殊作用：一是调节政府财政收支的不平衡，弥补财政赤字。在一个财政年度内，即使在财政收入正常的情况下，也常常产生收支不平衡的现象。在财政收支的过程中，先支后收是经常发生的。国债可以将购买力由非政府部门转移到政府部门，既能缓解财政赤字，又不会对经济产生不利影响。二是调节经济运行。宏观经济的运行离不开政府的调节。当私人投资下降，经济运行出现衰退时，政府就需要通过国家信用筹集资金，以扩大政府支出，防止经济继续萎缩。三是调节投资方向和优化投资结构。一些关系国计民生的基础性行业，由于利润回报率低或风险较大，难以吸引足够的私人投资。国家通过信用的方式集合社会上的闲散资金，向基础性产业投资，可以实现国民经济的协调发展。

（四）消费信用

消费信用（Consumption Credit）是指由工商企业和金融机构向消费者个人提供、用来满足其消费支出的一种信用形式。消费信用有很多形式：一是企业直接以赊销的方式，特别是以分期付款的赊销方式，对顾客提供信用；二是银行和其他金融机构直接贷款给个人以购买耐用消费品、住房等；三是银行或其他金融机构通过信用卡方式对个人提供的信用。客户持有信用卡，便可在接受该种信用卡的商店购买商品。

消费信用能使消费者提前享受目前无力购买的消费品，提高人们当前的消费水平，并且能够促进消费商品的生产与销售，进而促进经济增长。一些企业可以利用消费信用的优惠条件推销自己的产品，加速商品资本向货币资本转化。但是消费信用对经济也有一些负面影响，包括消费信用过度扩张带来的经济的虚假繁荣，以及消费者过度负债带来的金融风险等。

（五）国际信用

国际信用（International Credit）是指跨越国界或地区的信贷活动，体现的是国与国之间的债权债务关系，直接表现为资本在各国间的流动。随着国际贸易和全球化的发展，国际信用成为进行国际结算、扩大出口贸易的主要手段之一。国际信用具有以下特点：一是规模性。国际信用关系中的授信方通常是资金实力较为雄厚的国际金融机构、跨国银行、跨国公司或发达国家政府，有充裕的资金来源，而受信方往往存在大额的资金需求且仅靠国内信用筹资难以得到满足。二是复杂性。国际信用本身的程序较为复杂，约束条件较多。有些国际信用还带有较强的目的性，其动机也较为复杂。三是风险性。如果授信者对外国政府、企业的资信没有进行慎重的评估，将面临极大的信用风险。四是方向性。国际信用的提供方一般是国际金融组织、国际商业银行、发达国家政府及跨国公司，而大多数发展中国家、新兴市场国家从总体来看仍然是净债务方。

当前国际信用的形式多种多样，主要有国际商业信用、国际银行信用、国际资本市场融资及国际金融机构信用等。其中，国际商业信用指出口方以延期付款的方式向进口方提供的信用。国际间流行的来料加工和补偿贸易也属于国际商业信用的性质，只不过是以商品形式提供的信用。国际银行信用是进出口双方银行为进出口商提供的信用，主要以出口信贷的方式出现。出口信贷是出口国政府为支持和扩大本国产品的出口，以提供利息补贴和信贷担保的方式，鼓励本国银行向本国出口商或外国进口商提供的中长期信贷。国际资本市场融资指在国际资本市场上，发行债券、股票及其他有价证券，向国外投资者筹集资金。国际金融机构信用即国际金融机构为其成员国提供的信用。这些金融机构的贷款一般期限较长、利率较低、条件优惠，一般用于受信国的经济发展和基础设施建设。

第二节　利息与利率

利息和利率是借贷活动中的重要概念，而理解利息和利率，离不开另外一个重要概念——货币的时间价值。

一、货币的时间价值与利息

（一）货币的时间价值

在借贷活动中，当借方归还贷方借款时，其归还的资金数额往往大于其取得贷款时的数额。由于借款人从获得贷款到归还贷款存在一定的时间差，因此西方经济学理论认为货币随着时间的推移而产生了增值，产生这种现象的原因在于货币的时间价值（Time Value of Money），即同等金额的货币，其当前的价值要大于其未来的价值。货币的时间价值是西方经济学理论体系中理解利息和利率的钥匙，也就是说，利息和利率是货币时间价值的重要表现和衡量指标。究其原因，西方经济学理论认为，贷款人因为让渡了货币的使用权而放弃了当前的消费（或者投资），理应获得一定的补偿，而且补偿的额度与货币使用权的让渡时长成正比。关于货币为何会随着时间的推移而增值，我们将在本节稍后关于利息的来源和本质的内容中展开介绍。

（二）利息与利率

利息（Interest）是借贷活动结束时借方向贷方支付的超过借贷本金的一部分资金。对贷方而言，利息是资金所有者让渡资金的使用权而获得的补偿；对借方而言，利息是资金使用者取得资金使用权而应当付出的代价。由于贷款和归还贷款存在时间差，因此西方经济学认为利息是源于货币的时间价值，是货币的时间价值的具体体现。

利率（Interest Rate）即利息率，是一定时期内利息额同贷出资本额（本金）的比率，即：

$$利率 = 利息/本金$$

由于利率是让渡一段时间的货币使用权所获得的报酬（利息）与所让渡的货币数量（本金）的比率，因此，也可视利率为货币资金的价格，利率也被西方经济学视为衡量货币时间价值的良好指标。但是，利率作为货币的价格与物质资产（一般商品）价格不同的是，支付一般商品价格购买的是商品的所有权（包括使用权），而支付利率获得的只是一段时间货币的使用权。因此，借款不仅要支付利息，而且要归还本金。

二、利息的实质

利息的实质即利息究竟从何而来，这是理解利息和利率的首要问题。从重商主义开始把利率当作经济运行中的一个变量加以研究以来，不同学派关于利息的实质形成了不同的观点和学说。下面就其主要学说进行简要介绍。

（一）马克思的利息理论

马克思对利息实质进行了深入剖析。他从借贷资本运动的全过程来分析利息的产生和起源，而不仅仅是将其作为运动的起点和终点来分析。他认为借贷资本运动的全过程是双重支出和双重回流，连接双重支出和双重回流的是生产过程。

$$G - G \cdots W\{^{P_m}_{A} \cdots W' - G' - G' \quad (2-1)$$

由此可以看出，借贷资本的运动与现实资本的运动和社会再生产有着非常密切的关系，借贷资本只有转化成现实资本，进入生产过程，才能繁衍。因此，利息来源于生产过程，是生产力创造的剩余价值的一部分，体现了职能资本家与借贷资本家共同剥削工人以及共同瓜分剩余价值的关系。由此，企业的利润被分割成两部分：企业收入和利息。

（二）古典学派的利息理论

1. 早期的利息理论

早期的利息理论主要包括三种学说：一是威廉·配第与约翰·洛克（J. Locke）提出的“利息报酬说”，二是巴本（N. Barbon）、达德利·诺思（D. Norgh）和约瑟夫·马西（J. Massie）的“利息源于实物资本说”，三是亚当·斯密的“利息剩余价值说”。

生活在重商主义盛行时期的配第和洛克虽然都是“利息报酬说”的倡导者，但他们论述的重点却不同。配第认为利息是因暂时放弃货币的使用权而获得的报酬。① 因为借贷货币会给贷出方带来诸多不便，所以贷出方可以索取补偿，对这种补偿，我们通常叫利息。② 洛克也认为利息是贷款人借出货币的报酬，但他认为利息是贷款人因承担了风险而得到的报酬，并认为报酬的多少应与承担风险的大小相适应。

配第和洛克的利息理论盛行了 30 年，并获得了约翰·劳、孟德斯鸠等著名经济学家的推崇和宣传。到 17 世纪末，巴本和诺思先后发表专著，提出人们借贷的不是货币而是资本，是实物；利息并非产生于货币，而是产生于资本，这就是“利息源于实物资本说”。其中，诺思采用的分析方法类似于配第和洛克，也是从地租引出利息。由于他已经把作为资本的货币和作为货币的货币区别开来，因而成了“第一个正确理解利息的人”。马西进一步提出，利息的来源是利润，利息是运用资本所得利润的一部分。利息的支付并不取决于借者是否赚得了利润，而取决于借款者在借入资本后如适当加以运用就能够产生利润这一可能性。马克思认为这是一个伟大的发现。

“利息源于实物资本说”所论述的资本概念仅限于商业资本，利息也仅被视作商业利润的一部分，因而是比较片面的。直到 1776 年，英国古典政治经济学的主要代表人物亚当·斯密融合了巴本、诺思、马西等人的重要见解，并融合了自己的鲜明观点，提出了“利息剩余价值说”。斯密认为，资本是包括工业资本和农业资本等在内的产业资本，出借人贷出产业资本所获得的利息是产业利润的一部分。这种利息是出借人因放弃

---

① 威廉·配第：《赋税论献给英明人士货币略论》，陈冬野等译，商务印书馆，1978。

② 马克思、恩格斯：《马克思恩格斯全集（第一卷）》，中共中央马克思恩格斯列宁斯大林著作编译局译，人民出版社，1956，第 395 页。

产业资本获利的机会所得到的一种报酬。它是企业家所获利润的一部分，是一种由利润派生出来的收入。

2. 近现代的利息理论

近现代的利息理论主要包括纳骚·西尼尔的“节欲论”、庞巴维克的“时差利息论”和欧文·费雪的“人性不耐说”等。

西尼尔的“节欲论”认为，价值取决于生产费用，生产费用由工资和利润两部分组成，工资是工人劳动的报酬，利润则是资本家节欲的报酬。工人放弃了安逸和休息而去劳动，这就作出了牺牲，工资就是这种牺牲的报酬；资本家放弃了个人消费，利润就是对这种牺牲的报酬。借贷资本只是总资本的一部分，利息也只是总利润的一部分，所以利息也是资本家节欲的结果。

庞巴维克的“时差利息论”是西方经济学中颇具代表性的理论。他认为，利息是因现在物品和未来物品之间在价值上的差别产生的。一般情况下，对于同一数量、同一质量的商品而言，消费者可以有两种选择：现在消费和将来消费。消费者普遍认为现在消费更能给他带来消费的满足感，因此如果要他推迟消费，就必须要给他一块额外的补偿，这就是利息。因此，利息是时间偏好的产物。

费雪完全从心理因素出发来解释利息现象，提出了“人性不耐说”。他认为人性具有偏好现在就可提供收入的资本财富，而不耐心地等待将来提供收入的资本财富的心理。不耐程度高的人倾向于借债，而不耐程度低的人倾向于放款。因此，“利息是不耐的指标”。

（三）凯恩斯的利息理论

凯恩斯提出的流动性偏好理论是当代西方经济学界最有影响力的利息理论。凯恩斯认为将利息看成等待或延期消费的报酬是完全错误的，因为等待或延期消费本身并不一定能够带来利息收入。人们保存财富的方式有两种：一是持有货币，二是持有有价证券等生息资产。由于货币具有完全的流动性和最小的风险性，所以人们在考虑财富的持有形式时，大多倾向于选择货币。但是在一定时期内，货币生产的弹性很小，货币供给量是有限的，人们要取得货币，就必须以支付一定的报酬为条件来诱使他人让渡一部分货币。在凯恩斯看来，这种为取得货币而支付的报酬就是利息，它是对社会公众在一定时期内放弃流动性所支付的报酬。

三、利率的地位和作用

利率在微观层面能够直接影响家庭、企业等经济主体的行为，并且通过影响金融机构决策和金融市场运行而进一步影响金融资源配置，通过影响汇率进一步影响进出口和国际资本流动。因此，利率不仅是联结实体经济和金融体系的纽带，而且是政府宏观经济调控的重要抓手，对于宏观经济均衡和宏观经济目标的实现发挥着不可替代的作用。所以说，利率是经济中最重要的变量，其地位和作用如图 2-1 所示。

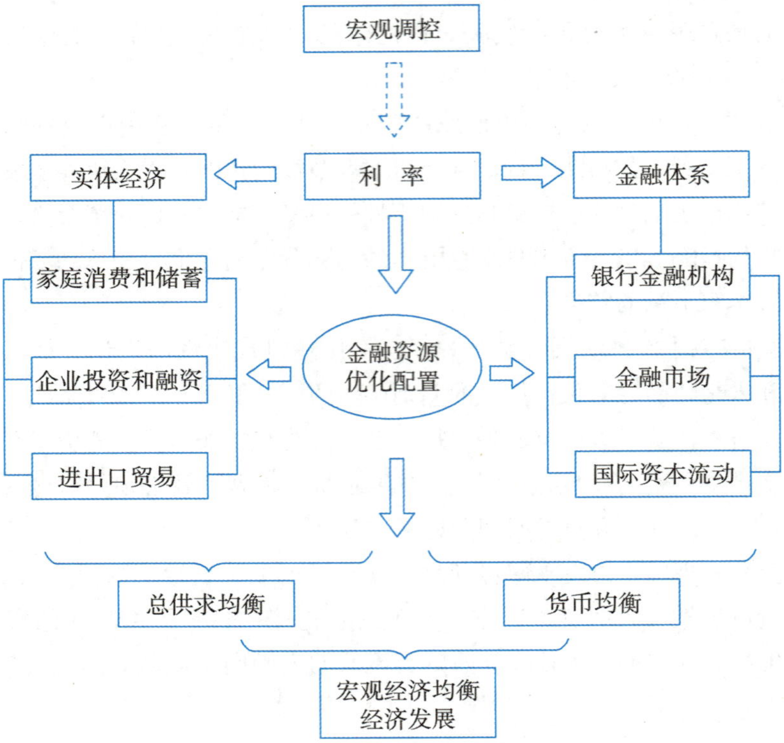

图 2-1 利率在经济中的地位和作用

四、利率体系与利率的类型

（一）利率体系

利率体系是一个国家在一定时期内各种利率互相联系而构成的整体，主要包括利率结构、利率形成及传导机制。不同国家由于经济发展水平和金融体系构成的差异，形成了各具特色的利率体系。我国当前的利率体系可分为三个层次，且从上到下形成了复杂的传导机制。从利率结构来看，包括央行政策利率、市场基准利率和市场利率三个层次。从传导机制来看，央行政策利率首先影响市场基准利率，市场基准利率则会进一步影响市场利率。（如图 2-2）

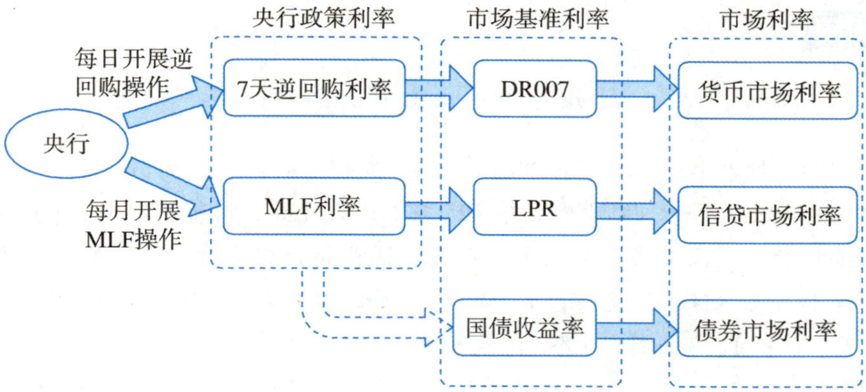

图 2-2　我国的利率体系和调控框架

资料来源：易纲《中国的利率体系与利率市场化改革》，《金融研究》2021 年第 9 期。

完善的利率结构及利率形成和传导机制是市场经济条件下发挥利率作用的先决条件。改革开放以来，我国致力于利率市场化改革，利率对于调节宏观经济运行和促进经济发展方面的作用愈发突出。本章第五节将对我国利率市场化改革做详细介绍。

（二）利率的类型

现实中的利率种类众多、相互影响，共同形成了庞大而有序的利率体系。根据不同的标准，可以对利率进行分类概括。以下介绍几种比较重要的利率类型。

1. 基准利率与一般利率

基准利率是指在多种利率并存的条件下起决定性作用的利率，能够充分反映金融市场中货币资金的供求状况。基准利率是通过市场机制形成的无风险利率，在整个利率体系中处于主导地位，当基准利率变动时，其他利率也相应发生变化。与基准利率相对应，一般利率是金融机构面向最终客户存贷款等服务时使用的利率或者金融市场交易中的利率。

在西方国家，基准利率通常是中央银行的再贴现率（如美国联邦基准利率，FFR）或银行间同业拆借利率（如伦敦银行同业拆放利率，Libor）。我国以往的基准利率主要是央行再贷款利率（中国人民银行向金融机构发放再贷款采取的利率）和再贴现利率（金融机构将所持有的已贴现票据向中国人民银行办理再贴现所采用的利率）。随着利率市场化改革的推进，我国的市场化利率形成机制日趋成熟。目前，图 2-2 所示的央行政策利率和市场基准利率中的利率类型都具有基准利率的特征。此外，我国 2007 年 1 月 1 日正式发布的上海银行间同业拆放利率（Shibor），则被视为商业银行信贷业务的市场基准利率。

拓展阅读 2-1

上海银行间同业拆放利率①

上海银行间同业拆放利率（Shanghai Interbank Offered Rate，简称“Shibor”），以位于上海的全国银行间同业拆借中心为技术平台计算、发布并命名，是由信用等级较高的银行组成报价团自主报出的人民币同业拆出利率计算确定的算术平均利率，是单利、无担保、批发性利率。目前，对社会公布的 Shibor 品种包括隔夜、1 周、2 周、1 个月、3 个月、6 个月、9 个月及 1 年。

Shibor 报价银行团现由 18 家商业银行组成。报价银行是公开市场一级交易商或外汇市场做市商，在中国货币市场上人民币交易相对活跃、信息披露比较充分的银行。中国人民银行成立 Shibor 工作小组，依据《上海银行间同业拆放利率（Shibor）实施准则》确定和调整报价银行团成员、监督和管理 Shibor 运行、规范报价行与指定发布人行为。

全国银行间同业拆借中心授权 Shibor 报价计算和信息发布。每个交易日根据各报价行的报价，剔除最高、最低各 4 家报价，对其余报价进行算术平均计算后，得出每一期限品种的 Shibor，并于 11：00 对外发布。

2. 市场利率、官定利率和公定利率

市场利率是指由市场上货币资金的供求关系决定的利率。货币资金供大于求，市场利率下跌；反之，则上升。

官定利率则是由政府金融管理部门或中央银行确定的利率，是国家实现宏观调控的一个政策手段。

公定利率是指由银行公会、行业协会等非政府组织确定的利率，旨在维护行业公平竞争和成员自律。

一般来说，利率的市场化形成机制建立之前，官定利率发挥着决定性作用，随着利率市场化形成机制的建立和完善，市场利率逐渐占据主导地位。

3. 年利率、日利率与月利率

年利率、月利率与日利率是按照计息的时间长短分类的。年利率以年为单位计息，通常用百分之几表示；月利率以月为单位计息，通常用千分之几表示；日利率（拆息）以日为单位计息，通常用万分之几表示。年利率与月利率之间的换算关系是：年利率除以 12 为月利率。月利率与日利率之间的换算关系是：月利率除以 30 为日利率。

我国的习惯是不论年息、月息、日息都用“厘”作单位，但年息的厘是指百分之

① 上海银行间同业拆放利率官方网站（http://www.shibor.org/）。

一，月息的厘是指千分之一，日息的厘是指万分之一。如贷出1万元，日息2厘意味着每日利息为2元，不计复利，每月利息为60元，每年利息为720元。

4. 长期利率与短期利率

长期利率与短期利率是按照借贷的期限分类的。长期利率是指借贷期限在一年以上的金融工具的利率，如各种中长期债券利率、各种中长期贷款利率等。短期利率指的是借贷期限在一年以下的金融工具的利率。

5. 固定利率与浮动利率

固定利率与浮动利率是按照借贷期间利率是否调整分类的。固定利率是指在借贷期内不做调整的利率。实行固定利率对于衡量债权债务双方的收益与成本比较方便。但是由于近几十年来，通货膨胀成为经济运行的普遍现象，实行固定利率给债权人，尤其是长期放贷的债权人带来较大的损失。为了降低债权人的风险，浮动利率就应运而生。

浮动利率是在借贷期间可定期调整的利率。根据借贷双方的协定，由一方在规定的时间依据某种市场利率进行调整，一般调整期为半年。由于浮动利率降低了债权人的利息损失，因此以浮动利率计息的借贷规模不断扩大。浮动利率的调整要依据权威的短期利率。例如，在欧洲货币市场上，浮动利率多以伦敦银行同业拆放利率（Libor）为根据。我国浮动利率的报价依据是上海银行间同业拆放利率（Shibor）。

	期限	Shibor（%）		涨跌（BP）
➡	O/N	1.7830	▼	5.50
➡	1W	1.9030	▼	10.30
➡	2W	1.9070	▼	11.50
➡	1M	2.1160	▼	0.90
➡	3M	2.2090	▼	0.80
➡	6M	2.3170	▼	0.70
➡	9M	2.3810	▼	0.30
➡	1Y	2.4740	▲	0.00

图2-3　上海银行间同业拆放利率报价（2022年5月5日数据）

资料来源：上海银行间同业拆放利率官方网站（http://www.shibor.org/）。

6. 名义利率与实际利率

名义利率与实际利率是按照利率的真实水平分类的。在借贷过程中，债权人不但要承担债务人到期无法归还本金的信用风险，还要承担货币贬值的风险，即通货膨胀风险。名义利率与实际利率的划分就是从这个角度进行的。

名义利率也称货币利率，是以货币为标准计算出来的利率。它是投资者根据借贷契约应该收到的利息率或债务人应该支付的利率。显然，名义利率并没有考虑借贷期内的通货膨胀因素，我们在经济生活中直接接触到的合同上的利率都是名义利率。

实际利率，也叫真实利率，是对名义利率按货币购买力的变动修正后的利率。粗略地讲，实际利率＝名义利率－通货膨胀率。最早对上述现象进行详细分析的是美国货币经济学家欧文·费雪，因此名义利率随预期通货膨胀率的上升而上升的现象被称为“费雪效应”。

但上述名义利率与实际利率的关系仅仅考虑了本金随通货膨胀而贬值的问题，如果进一步考虑本金产生的利息也将一同贬值，则精确的计算公式为：

$$1+\text{实际利率}=\frac{1+\text{名义利率}}{1+\text{预期通货膨胀率}} \tag{2-2}$$

或

$$\text{实际利率}=\frac{\text{名义利率}-\text{预期通货膨胀率}}{1+\text{预期通货膨胀率}} \tag{2-3}$$

从公式2-2和2-3可以看出，名义利率随预期通货膨胀率的升高而升高，随预期通货膨胀率的下降而下降。但名义利率一般不可能为负，这是因为利息不仅包含对通货膨胀风险的补偿，而且包含对机会成本和信用风险的补偿。但是，若借贷合约到期后实际的通货膨胀率远高于双方根据预期通货膨胀率而设定的名义利率，则实际利率可能为负。此时，计算实际利率只要将公式2-2和2-3中的预期通货膨胀率替换为实际的通货膨胀率即可。

判断利率水平的高低不能只看名义利率，而必须以实际利率为主要依据，因为实际利率虽然难以操作，却对经济有实质性的影响。如在1988年，中国的通货膨胀率高达18.5%，而当时的银行存款利率远低于物价上涨率，所以1988年前三个季度居民在银行的储蓄存款的实际购买力在日益下降，存款的实际利率为负。老百姓的反应就是到银行排队取款，然后抢购，以保护自己的财产，因此1988年夏天银行挤兑和抢购之风就产生了，银行存款急剧减少。

五、利率的计算

（一）单利

单利指不管期限长短，仅以本金为基数计息，本金所产生的利息不再加入本金重复计算。

单利的计算公式为：

$$I=P\times r\times n \tag{2-4}$$

$$S=P+I=P(1+r\times n) \tag{2-5}$$

其中，I 为利息额，P 为本金，r 为利率，n 为与利率指标相对应的期限，S 为本金与利息之和。

单利的特点是计算方法简单，债务人利息负担较轻，适合于短期借贷。

（二）复利

复利也称利滚利，是将每一期的利息加入本金，一并计算下一期的利息。

复利的计算公式为：

$$I = P[(1+r)^n - 1] \tag{2-6}$$

$$S = P(1+r)^n \tag{2-7}$$

其中，S、P、n、I 的含义与前面相同，r 为复利。

复利的特点是考虑了资金的时间价值因素，有利于提高资金的使用效益，并强化利率的作用，适合于长期借贷。

（三）连续复利

连续复利是指不断缩短计算复利的时间间隔，所得到的按复利方法计算的利息。

设本金为 P，年利率为 r，每半年支付一次利息，则 6 个月末的本利和为：

$$S = P(1+\frac{r}{2}) \tag{2-8}$$

年末本利和为：

$$S = P(1+\frac{r}{2})^2 \tag{2-9}$$

显然，如果一年中计息的次数增加，则年末本利和会增多。

更一般地假设，每年的计息数为 m，则 n 年末的本利和公式为：

$$S = P(1+\frac{r}{m})^{nm} \tag{2-10}$$

第三节 终值与现值

一、终值与现值的含义

终值与现值是一对相互对应的概念，终值是未来某一时点上的本利和，一般是指到期的本利和，而现值是指未来本利和的现在价值。现值与终值的关系是：在终值公式中，现值被当作投资本金看待；在现值公式中，终值被当作未来的本利和看待。两者使用同一参照利率，利率在现值公式中是被当作贴现因子使用的。现值是终值的逆运算。

现值与终值是可以相互换算的，但换算是通过复利方法来完成的。根据现值计算终值，就是前面介绍过的本利和公式。设：现值为 PV，利率为 r，终值为 FV，期限为 n，则：

$$FV = PV(1+r)^n \tag{2-11}$$

根据终值计算现值，称为贴现，因而计算现值的利率，也被称为贴现率。公式为：

$$PV = \frac{FV}{(1+r)^n} \tag{2-12}$$

式中，r 为贴现率。

一般来讲，随着贴现率的升高，现值开始下降，但以递减的速度下降，因此两者之间是非线性关系。现值概念在实践中的应用非常广泛，如银行票据贴现业务中贴现额的计算、不同投资方案的比较选择等。

二、终值与现值的应用

（一）年金的计算

1. 年金的定义

年金指的是一系列均等的现金流。年金有两个基本特点：一是每次发生的金额相同，二是每次发生的时间间隔相等。在现实生活中，年金的例子随处可见，如零存整取、均等偿付的住房抵押贷款，养老保险金以及住房公积金，等等。最常见的年金类型为普通年金和即时年金。其中，普通年金也称后付年金，是在现期的期末才开始的一系列均等的现金流；即时年金也称为先付年金，是在每期期初开始的一系列均等现金流。

2. 年金的终值

普通年金终值指一定时期内，每期期末等额收入或支出的本利和，也就是将每一期的金额，按复利换算到最后一期期末的终值，然后加总即得该年金终值。

例如：在某银行开设了一个零存整取的账户，存期五年，每年年末存入 1 万元，每年计息一次，利率为 6%，那么到第 5 年结束时，你的账户上会有多少钱呢？

首先，根据前面的终值公式，我们可以得到各年存入账户的终值如下：

第一年：$10000 \times (1+6\%)^4$

第二年：$10000 \times (1+6\%)^3$

第三年：$10000 \times (1+6\%)^2$

第四年：$10000 \times (1+6\%)^1$

第五年：$10000 \times (1+6\%)^0$

将各年存入金额的终值相加，就得到第五年结束时账户上的余额为：

$$10000 \times [(1+6\%)^0 + (1+6\%)^1 + (1+6\%)^2 + (1+6\%)^3 + (1+6\%)^4]$$

如果设普通年金的终值为 AFV，利率为 r，期限为 n，每期发生的等量现金流为 C，则普通年金的终值计算公式为：

$$AFV = \frac{(1+r)^n - 1}{r} C \tag{2-13}$$

即时年金由于是在每期的期初付款，因此，其每期现金流的终值应该比普通年金多计一次利息。所以，即时年金的终值公式为普通年金终值公式乘上（$1+r$），即：

$$AFV=(1+r)\frac{(1+r)^{n}-1}{r}C=\frac{(1+r)^{n+1}-(1+r)}{r}C \tag{2-14}$$

3. 年金的现值

年金现值计算是其终值计算的逆运算。假定利率为6%，存期为5年，以后每年末支取2000元，存入资金满一年后在每年的年末支取，这属于普通年金。设第 i 年年末支取的2000元年金的现值为 PV_i，根据终值公式，分别得到如下关系式：

$PV_1\times(1+6\%)=2000$

$PV_2\times(1+6\%)^2=2000$

$PV_3\times(1+6\%)^3=2000$

$PV_4\times(1+6\%)^4=2000$

$PV_5\times(1+6\%)^5=2000$

现在所要存入的金额就是未来5年中每年支取2000元的现值的和，即

$$PV=\sum_{i=1}^{5}PV_i=2000\times\left(\frac{1}{1.06}+\frac{1}{1.06^2}+\frac{1}{1.06^3}+\frac{1}{1.06^4}+\frac{1}{1.06^5}\right)=8424.73$$

此时，我们仍设普通年金为 C，利率为 r，年限为 n，现在一次存入的金额即一系列未来年金的现值，其计算公式如下：

$$APV=C\cdot\frac{(1+r)^{n}-1}{r(1+r)^{n}} \tag{2-15}$$

特殊的存款方式——整存零取即属于上述普通年金现值，即一次存入一定的金额，在以后的预定期限内每月（或每周、每年）提取相等金额的货币。

例如，三年期的整存零取的年利率为年复利15%，某存款者存入10000元，则此人在每年年底零取的金额是多少？

根据已知条件 $APV=10000$ 元，$r=15\%$，$n=3$，代入公式2-15，则

$$C=APV\cdot\frac{r(1+r)^{n}}{(1+r)^{n}-1}=10000\times\frac{15\%(1+15\%)^{3}}{(1+15\%)^{3}-1}=4379.8$$

即时年金由于是每期的期初付款，因此，其每期现金流的现值应该比普通年金少贴现一次。所以，即时年金的现值公式为普通年金现值公式乘上（$1+r$），即：

$$APV=C\cdot\frac{(1+r)^{n}-1}{r(1+r)^{n}}(1+r) \tag{2-16}$$

（二）现值在投资决策中的应用

现金流贴现方法既考虑了投资项目的现金流量，又考虑了现金流量产生的时间，即时间价值，是一种非常重要的微观金融决策分析方法，在投资决策中被广泛应用。其中最基本的决策方法包括净现值法、现值指数法和内含报酬率法。

1. 净现值法

净现值（Net Present Value，NPV）是指一项投资产生的未来流入的所有现金的现值和与未来流出的所有现金的现值和之间的差额。如果一个投资项目的净现值为正值，则说明该投资项目是有效益的，方案可行；若净现值是负值，则说明该投资方案不可行。在多个项目比较中，净现值越大，投资方案越好。

净现值法的优点是充分考虑了货币的时间价值，使不同时间发生的净现金流量的差异得到体现，并考虑了全过程的净现金流量，体现了流动性与收益性的统一。但是，净现值法也存在一定的缺点，如净现值的计算较麻烦，并且一般只能应用于各备选方案投资额相等的情况，如果各备选方案项目投资额不相等，则无法准确判断方案的优劣。

2. 现值指数法

现值指数（Present Value Index，PVI）是指投资项目在整个计算期内，经营期净现金流量现值之和与投资额的总现值之比。如果投资项目现值指数大于1，投资方案可行；现值指数等于1，投资方案恰好保本；现值指数小于1，投资方案不可行。如果两个或两个以上投资方案的现值指数均大于1，应选择现值指数最大的方案。净现值法、现值指数指标都考虑了现金流量和产生的时间，但现值指数是一个相对指标，可以用来对投资额不同的多个方案进行评价选优。

3. 内含报酬率法

内含报酬率（Internal Rate of Return，IRR）是指投资方案实际希望达到的报酬率，它是在生产经营期内净现金流量的现值正好等于投资额现值的假设条件下所求出的折现率，也就是使投资方案的净现值等于零时的折现率。其决策规则为：当投资项目内含报酬率高于其预期收益率或资本成本时，该项目是可行的，否则是不可行的。在多个项目的内含报酬率都高于其预期收益率时，内含报酬率最高的项目最优。

内含报酬率指标考虑了货币时间价值，对投资方案现金流量的折现不必事先选择折现率，而是以项目本身的内含报酬率为折现依据，该指标能够反映出项目本身的获利水平，对于评价不同投资额的投资方案是一种较好的方法。但该方法计算较为复杂。

三、衡量利率的确切指标——到期收益率

通过上面内容的学习我们知道，利息是资金所有者借出资金而取得的报酬，利率作为利息与本金的比率，可以衡量出借资金的收益率或回报率。其实在现实生活中，利息已经被人们看作不同类型投资所获得的收益的一般形态，而利率则可以用于衡量一笔投资的收益率或回报率。例如，房屋所有者出租房屋、企业家投资建设工厂，可以将房租或生产经营收益视为利息，求得其相对于投资本金或资本品市场价格的比率，从而快速计算出该笔投资大致的收益率。其计算公式为：

$$r=\frac{C}{P} \tag{2-17}$$

其中，r 为收益率，C 为一定时期如一年内的收益，P 为投资本金或资本品市场价格。根据上述计算公式分母的不同，分为名义收益率和当期收益率两种：如果 P 为投资品的名义价格，如付息债券面值，则 r 为名义收益率；如果 P 为投资品的市场价格，则 r 为当期收益率。例如：

某种债券面值 100 元，到期期限为 2 年，每年支付利息 8 元，则该债券的名义收益率为 8%；如果该债券当前的市场价格为 95 元，则当期收益率为 8.42%。因此，名义收益率是金融资产票面收益与票面额的比率。当期收益率是金融资产的年收益额与其当前市场价格的比率。如果投资者能够以低于债券面值的价格购入债券，则在其他条件不变的情况下将获得更高的投资收益。因此，在债券发行过程中，债券发行主体可以通过折价发行的方式吸引投资者。反之，如果投资者以高于债券面值的价格购入债券，其收益率将低于按面值购入债券时的收益率。

但是，现实生活中仅仅考虑一期的收益和本金来计算收益率是远远不够的。大多数情况下投资者持有债券可能是长期的，也可能是分期获得利息，这就需要考虑到货币的时间价值，以便于更确切地度量某笔借贷或投资的真实回报率。

此外，投资者买入债券时的价格和卖出债券时的价格很可能不相等。因此在利息收益以外，其投资本金有可能遭受损失或者获得额外收益。为此，我们需要引入到期收益率和持有期收益率两个概念。

到期收益率是使得债务工具在未来收入的现值与其今天的价值相等时的利率（贴现率）。到期收益率考虑了货币时间价值对收益率的影响，因此被认为是最精准的收益率指标。以付息债券为例，其计算公式如下：

$$P=\frac{C}{(1+r)^1}+\frac{C}{(1+r)^2}+\cdots+\frac{C}{(1+r)^n}+\frac{F}{(1+r)^n} \tag{2-18}$$

其中，P 为投资者买入或者卖出债券的价格，即债券当前的市场价格，F 是债券面值，C 是票面年利息（面值乘以票面利率），n 为距离到期日的年限，r 为债券的到期收益率。可见，到期收益率的计算要弄清这样几个问题：首先，你现在投下去的钱是多少；其次，债务工具什么时候到期，到期时你将得到多少钱；再次，在到期之前你将得到多少利息。方程的左边是你今天投下去的钱，右边是将来收回本利的现值之和，未知数就是要求的到期收益率。

下面我们通过四个具体的例子展示到期收益率在现实中的具体应用。

例题 2-1 简易贷款

简易贷款是指贷款人向借款人按双方约定的利率提供一笔一定期限的资金，贷款到期时，借款人向贷款人一次性偿还本金和利息。这是一种最常见的融资方式。例如，某企业从银行获得600万元的贷款，期限为1年，1年后该企业连本带利还给银行630万元，则这笔贷款的到期收益率可通过下述方程求得：

$$600=\frac{630}{1+r}$$

$$r=5\%$$

例题 2-2　分期付款的贷款

分期付款的贷款是指贷款人向借款人按双方约定的利息提供一笔一定期限的资金，在贷款期限内，借款人分期偿还贷款。在每次偿还的金额中，既包括一部分本金，也包括当时应付的利息。消费信贷和抵押贷款通常采取这种形式。例如，某消费者申请到一笔10000元的分期付款贷款，期限为5年，要求每年偿付2400元，则这笔贷款的到期收益率可通过下列方程求得：

$$10000=\frac{2400}{1+r}+\frac{2400}{(1+r)^2}+\frac{2400}{(1+r)^3}+\frac{2400}{(1+r)^4}+\frac{2400}{(1+r)^5}$$

即：

$$10000=\sum_{n=1}^{5}\frac{2400}{(1+r)^n}$$

$$r=6.4\%$$

例题 2-3　息票债券

息票债券是一种附有息票的债券，其发行人按照债券的本金和票面利率定时向债券的持有者支付利息，在债券到期时，将本金连同最后一期的利息一并支付。中长期国库券和公司债券通常采用这种方式。例如，某投资者花950元购买面值为1000元的息票债券，期限为5年，票面利率为6%，则该息票债券的到期收益率可通过下述方程式计算：

$$950=\frac{1000\times6\%}{1+r}+\frac{1000\times6\%}{(1+r)^2}+\cdots+\frac{1000\times6\%}{(1+r)^5}+\frac{1000}{(1+r)^5}$$

即：

$$950=\sum_{n=1}^{5}\frac{1000\times6\%}{(1+r)^n}+\frac{1000}{(1+r)^5}$$

$$r=7.23\%$$

显然，这种息票债券的到期收益率高于息票债券的票面利率，这是因为该债券的市场价格低于面值；如果息票债券的市场价格等于面值，则可计算出到期收益率等于债券的票面利率；如果息票债券的市场价格高于面值，则可计算出到期收益率低于债券的票面利率。由此我们得到一个非常重要的结论：到期收益率与债券的市场价格成反方向变化。

例题 2-4　贴现债券

贴现债券是指债券发行人以低于债券面值的价格发行，在债券到期前不支付任何利息，债券到期时以债券面值偿付的一种债券。美国的短期国库券、储蓄债券和零息债券通常采取这种形式。例如，一张面值为1000元、期限为一年的贴现债券，发行人以900元的价格出售，期满后，债券发行人按债券面值1000元偿付。贴现债券的利息实际上等于折扣价与面值之差。该贴现债券的到期收益率可通过下述方程式计算：

$$900=\frac{1000}{1+r}$$

$$r=11.1\%$$

比较当期收益率与到期收益率的计算公式，我们可以发现：债券价格越接近债券面值，期限越长，则其当期收益率就越接近到期收益率；反之，则当期收益率就越偏离到期收益率。

持有期收益率是衡量投资者从买入资产到卖出资产的整个持有期内平均收益率的指标，在到期收益率的基础上，其进一步考虑了投资本金在投资期限内的损益，是一种使利息的现值与卖出价的现值之和等于买入价的贴现率，其计算公式如下：

$$P=\frac{C}{(1+r)^1}+\frac{C}{(1+r)^2}+\cdots+\frac{C}{(1+r)^n}+\frac{P'}{(1+r)^n} \tag{2-19}$$

其中，P'是投资品的卖出价，它替代了到期收益率计算公式中的F。还是以债券为例，现实生活中投资者往往会在债券价格较高的时候卖出，因为相对于持有到期按面值回收本金，投资者可以获得更高的收益。

例题 2-5　持有期收益率计算

在例题2-3的基础上，我们假定投资者并未将债券持有到期，而是在第四年债券市场价格较高的时候将其卖出，此时债券的市场价格是1200元，高于债券1000元的面值。其他条件与例题2-3相同，即债券买入价格为950元，期限5年，票面利息率6%。此时，投资者的持有期收益率可通过下述方程式求得：

$$950=\sum_{t=1}^{4}\frac{1000\times 6\%}{(1+r)^t}+\frac{1200}{(1+r)^4}$$

$$r=10.59\%$$

第四节　利率理论

一、利率决定理论

（一）马克思的利率决定论

马克思的利率决定理论是以剩余价值在不同资本家之间的分割为起点的。马克思认为，利息是贷出资本家从借入资本家那里分割来的一部分剩余价值，剩余价值表现为利润，因此利息的最高界限就取决于利润总额，利息率取决于平均利润率，否则借入资本家将无利可图。利率也不可能为零，否则贷出资本家将无利可图。因此，利率的变化范围是在零与平均利润率之间。当然，利率超出平均利润率或为负数的情况也在某些特殊条件下存在。

马克思认为，既然利润率决定利率，因此当平均利润率随着技术发展和资本有机构成的提高而呈下降趋势时，平均利率也呈下降趋势。但平均润率的下降是一个非常缓慢的过程，就某一阶段来考察，是相当稳定的，从而使得平均利率相当稳定。马克思还认为，利率的高低是两类资本家对利润分割的结果，因而利率的决定具有很大的偶然性。

（二）古典利率理论

西方利率决定理论都从供求关系来解释利率的决定，但不同学派对供求关系的分析是不同的。

古典利率理论在凯恩斯理论出现之前广为流行，主要代表人物是庞巴维克、马歇尔和费雪。古典利率理论的主要观点是强调资本供求关系对利率的决定作用。资本的供给来源于储蓄，资本的需求来源于投资，因此利率是由储蓄和投资决定的。他们认为通过利率的变动，储蓄和投资能够自动地达到一致，从而使经济始终维持在充分就业水平。

资本的供给来源于储蓄，而储蓄取决于“时间偏好”“节欲”“等待”等因素。在这些因素既定的条件下，利率越高，储蓄的报酬越多，储蓄量就会增加；反之，就会减少。因此，储蓄是利率的增函数，即：

$$S=S(r),\frac{ds}{dr}>0 \tag{2-20}$$

其中，S 为储蓄，r 为利率。

资本的需求取决于投资，影响投资的最主要的因素就是资本边际生产力。所谓资本边际生产力，是指增加一个单位的资本投入引起的产出增加额。在资本边际生产力既定的条件下，利率水平提高时，企业的利息支出增加，预期收益下降，投资就会相应减少；反之，如果利率水平下降，投资将会增加。因此，投资是利率的减函数，即：

$$I=I(r),\frac{dI}{dr}<0 \tag{2-21}$$

其中，I 为投资，r 为利率。

既然储蓄与投资都是利率的函数，那么将它们结合起来，便可以决定均衡利率。如图 2-4 所示，储蓄曲线 S 和投资曲线 I 的交点 E，即均衡利率。

按照这一理论，只要利率是灵活变动的，它就和商品的价格一样，具有自动调节功能，使储蓄和投资趋于一致。因为当储蓄大于投资时，利率就会下降，从而使储蓄减少，投资增加，最终两者趋于一致；反之亦然。因此古典学派坚持认为，经济不会出现长期的供求失衡，它将自动趋于充分就业水平。

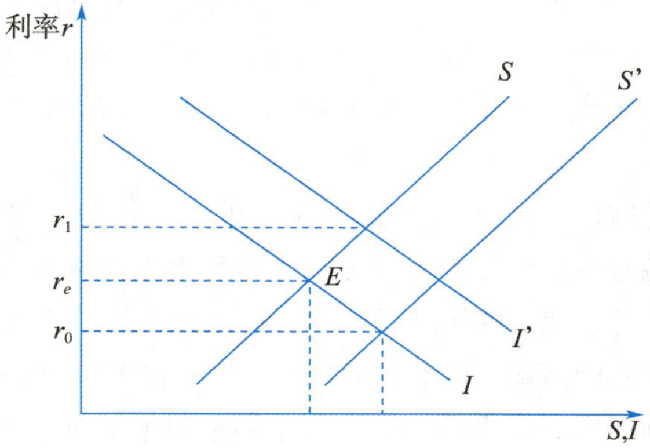

图 2-4　古典利率决定论

当投资需求曲线与储蓄供给曲线发生位移时，均衡利率可能会发生相应的变化。在图 2-4 中，当储蓄曲线没有发生位移时，如果投资曲线右移，则均衡利率上升；反之，如果投资曲线没有发生位移，但储蓄曲线向右移动，则均衡利率下降。根据前面的分析，引起投资曲线发生位移的主要因素就是资本边际生产力；引起储蓄曲线移动的主要因素是边际消费倾向或边际储蓄倾向，与人们的时间偏好、节欲等因素有关。

古典利率论具有如下特点：

第一，从实际经济变量说明利率的决定，认为利率的决定同货币量、货币流通速度无关，因此又称实际利率论。

第二，储蓄和投资决定利率，与收入无关。人们的节约意识、时间偏好、资本的边际生产力等成为决定利率的重要因素。

第三，采用流量分析法，用储蓄和投资流量的变化来解释利率的变化。

（三）流动性偏好理论

20 世纪 30 年代，西方经济大危机摧毁了以利率自动调节为核心的古典利率论。随着凯恩斯经济思想的盛行，其流动性偏好利率论逐渐占据上风。凯恩斯的利率理论对古典利率论提出了尖锐的批评。首先，他认为将利息看成等待或延期消费的报酬是根本错误的，利息是牺牲流动性的报酬。其次，根据古典学派的储蓄和投资曲线并不能得出均衡利率水平，因为它们都是和实际收入相关的，因而不可能独立地变动。

凯恩斯认为，既然利息是牺牲流动性的报酬，那么利率便是使公众愿意以货币形式持有的财富量等于现有货币存量的价格，即利率纯粹是一种货币现象，取决于货币的供给和需求。

货币供给由货币当局决定，是一个外生变量，故没有利率弹性。货币需求则取决于人们心理上的流动性偏好，即货币具有完全的流动性，人们会对货币产生偏好，而流动性偏好又是由交易动机、预防动机和投机动机三种动机决定的。

交易动机是指企业或个人为了应付日常的交易而愿意持有部分货币。这种动机的货币需求主要取决于收入的多少，随收入的增加而增加。预防动机是指企业或个人为了应付突然发生的意外支出而愿意保留一部分货币，这部分货币需求也同收入成正向相关关系。

投机动机是凯恩斯理论中的真正创新之处，是指人们为了在将来某一适当时机进行投资活动而愿意持有一部分货币。因为凯恩斯认为人们可以以两种方式持有财富：货币或以长期政府债券为代表的生息资产。影响人们在这二者之间进行选择的因素就是影响投机性货币需求的因素。影响人们选择的因素在于两种资产的预期报酬率。凯恩斯假定，货币的预期报酬率为零，债券的预期报酬率却有两种：利息与资本利得。利息的高低显然取决于利率的高低，资本利得取决于买入价与卖出价之间的差额，而债券的价格与利率是负相关的。因此，利率越高，持有生息资产越有利，生息资产的吸引力变大，投机性货币需求便减少，由此可以得出结论，投机动机的货币需求是利率的减函数。

如果用 L_1 代表满足交易动机和预防动机的货币需求量，Y 代表收入，则：

$$L_1 = L_1(Y), \frac{dL_1}{dY} > 0 \tag{2-22}$$

如果用 L_2 代表满足投机动机的货币需求量，r 代表利率，则：

$$L_2 = L_2(r), \frac{dL_2}{dr} < 0 \tag{2-23}$$

因此，货币总需求为：

$$L = L_1 + L_2 = L_1(Y) + L_2(r), \frac{dL_1}{dY} > 0, \frac{dL_2}{dr} < 0 \tag{2-24}$$

如果用 M 代表货币供给，那么均衡利率取决于货币供求的平衡关系：

$$M = L = L_1(Y) + L_2(r) \tag{2-25}$$

如图 2-5 所示，利率就取决于 L 和 M 的均衡点。

流动性偏好利率论与古典利率论相比，有鲜明的特点：

第一，凯恩斯把利率看作一种纯粹的货币现象，利率的高低取决于货币的供求，与储蓄、投资等实际变量无关。

第二，如果货币供给曲线与货币需求曲线的平坦部分相交，则货币供给的增加不会对利率和物价产生任何影响，这就形成所谓的“流动性陷阱”。

第三，采用存量分析方法，货币供求都是存量概念，利率则由某一时点上的货币供求量决定。

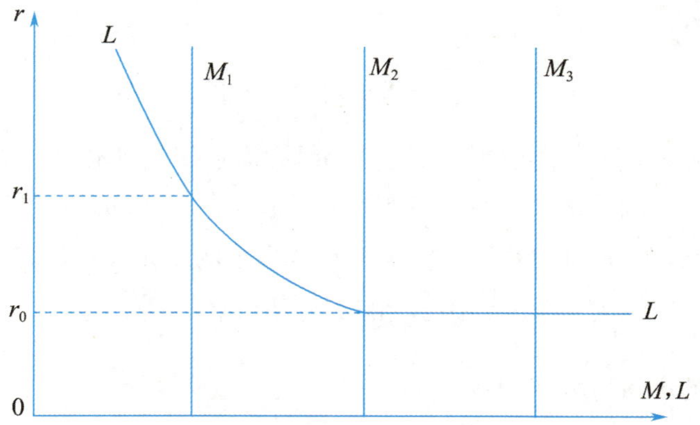

图 2-5　流动性偏好利率论

（四）可贷资金理论

凯恩斯的《通论》发表以后，遭到了许多人的批评，他们认为流动性偏好利率论将利率纯粹视为一种货币现象是比较片面的，同时也认为古典利率论忽视货币现象也是比较片面的，因此试图建立一种将实物因素与货币因素结合在一起的利率理论。凯恩斯早年在剑桥大学任教时教的学生罗伯逊（D. H. Robertson）提出了可贷资金利率论，后来得到瑞典学派经济学家俄林（Ohlin）和米尔达尔（Myrdal）的支持，该理论后来由英国经济学家勒纳（A. P. Lerner）公式化而成为现代流行的一种利率决定理论。可贷资金利率论者认为既然利息产生于资金的贷放过程，那么就应该从可用于贷放的资金的供给和需求来考察利率的决定。因此，利率是由可贷放资金的供求决定的。

可贷放资金的供给和需求是由什么决定的呢?

从现实来看，可贷放资金的需求并不完全来源于投资，还有可能来源于窖藏（Hoarding）。这是因为一方面货币不只是交易媒介，也是贮藏手段，储蓄者有可能窖藏一部分货币而不借出；另一方面借款者也可能窖藏一部分资金而不用于投资，因此可贷资金的需求包括投资和窖藏两部分。投资 I 与利率成反比关系，故有：

$$I=I(r),\frac{dI}{dr}<0 \tag{2-26}$$

窖藏 H，也与利率成反比关系，因为窖藏货币会牺牲利息收入，形成窖藏货币的机会成本。显然，利率越高，窖藏货币的机会成本就越大，窖藏的货币数量就越少，故有：

$$H=H(r),\frac{dH}{dr}<0 \tag{2-27}$$

可贷资金的需求可表示为：

$$L^d=I(r)+H(r) \tag{2-28}$$

可贷资金的供给不仅限于储蓄，还包括新增货币量和货币的反窖藏。储蓄 S 与利率成正比关系，故有：

$$S = S(r), \frac{ds}{dr} > 0 \qquad (2-29)$$

新增货币量 ΔM，包括中央银行增发的货币和商业银行所创造的信用，是一个关于利率的外生变量，与利率无关。货币的反窖藏 DH（Dishoarding）是指将上一年的窖藏货币拿出来用于投资，这部分货币的增加与利率水平成正比关系，故有：

$$DH = DH(r), \frac{dDH}{dr} > 0 \qquad (2-30)$$

则可贷资金的供给可表示为：

$$L^s = S(r) + \Delta M + DH(r) \qquad (2-31)$$

但在进行分析时，一般把货币的窖藏和反窖藏合并起来，从而得出在一定时期内的货币净窖藏 ΔH，它是一定时期内新增的货币需求，与利率负相关。按照可贷资金利率理论，利率取决于可贷资金的供应与需求的均衡点，故可以用以下公式表示：

$$L^d = L^s \qquad (2-32)$$

图 2-6 中的 r_e 即为在可贷资金供求均衡条件下决定的均衡利率：

$$I(r) + \Delta H(r) = S(r) + \Delta M \qquad (2-33)$$

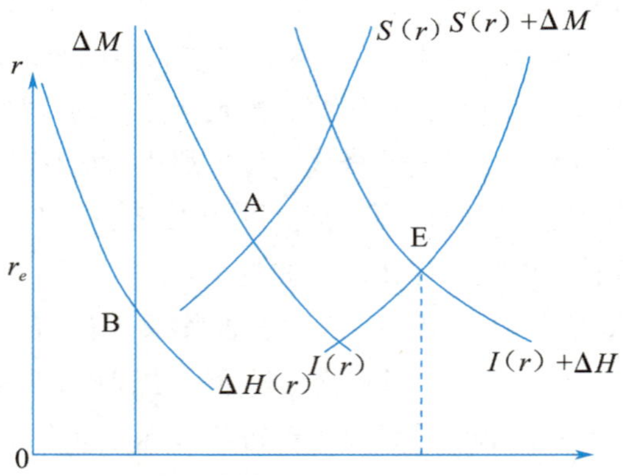

图 2-6　可贷资金利率论

可贷资金利率论认为，可贷资金供求均衡时决定的利率为市场利率，而由储蓄与投资决定的利率为自然利率。从长期的或整个经济的角度来看，使可贷资金供求相等的市场利率也必然会使储蓄和投资相等。

可贷资金利率理论与流动性偏好利率理论有很大区别，主要表现在：

第一，流动性偏好利率理论强调短期货币供求因素对利率的决定作用，实际上是一种短期货币利率理论；可贷资金利率论虽然考虑了货币因素对利率决定的影响，但强调了实际经济变量如储蓄、投资对利率的决定作用，是一种长期利率理论。

第二，流动性偏好利率理论的货币供求都是存量，对利率决定的分析是存量分析；而可贷资金利率论把流量分析和存量分析相结合，不仅有存量分析，而且有流量分析。

第三，流动性偏好利率理论主要分析短期市场利率，而可贷资金利率论重点在于说明实际利率的长期变动。

（五）IS-LM 模型中的利率决定

古典利率理论和流动性偏好利率理论分别从商品市场和货币市场的均衡来说明利率的决定，可贷资金利率论则试图把两者结合起来。但是英国著名经济学家希克斯（J. Hicks）等人则认为以上三种利率理论都没有考虑收入因素，因而无法确定利率水平，不能明确得出利率究竟是多少的结论。为此，希克斯于 1937 年发表《凯恩斯先生与古典学派》一文，提出了 IS-LM 曲线模型。该模型后来经美国的凯恩斯主义者汉森加以推导和阐释，并易名为 IS-LM 模型，从而使得这一模型盛行于世。在 IS-LM 模型中，利率与收入是在储蓄和投资、货币供应和货币需求作用之下同时决定的。

IS 曲线是产品市场均衡时利率与收入相互影响的曲线。由于 $Y=S+C=I+C$，因此 $S=I$ 是产品市场的均衡条件，储蓄 S 是收入 Y 的递增函数，故有：

$$S=S(Y),\frac{ds}{dY}>0 \tag{2-34}$$

投资 I 是利率的递减函数，故有：

$$I=I(r),\frac{dI}{dr}<0 \tag{2-35}$$

IS 曲线的位置受储蓄 S 和投资 I 的影响。当边际储蓄倾向增大时，IS 曲线将向左下方移动；当边际储蓄倾向降低时，IS 曲线将向右上方移动。当投资的边际收益增大时，IS 曲线将向右上方移动；当投资的边际收益下降时，IS 曲线将向左下方移动。从图 2-7 可以看出，IS 曲线向右下方倾斜，表明 IS 曲线的斜率为负，这是因为利率的上升会引起私人投资需求的下降，从而使总需求及收入水平也随之下降。

LM 曲线是货币市场均衡时利率与收入相互影响的曲线。货币市场的均衡条件为 $M=L=L_1(Y)+L_2(r)$，其中 $L_1(Y)$ 为交易和预防动机的货币需求，$L_2(r)$ 为投机动机的货币需求。

LM 曲线的位置受货币供给 M 和货币需求 L 的影响。当货币供给增加时，$L_1(Y)$ 不变，而 $L_2(r)$ 将增大，因此利率将下降，LM 曲线将向下移动。而货币需求 L 是由流动性偏好决定的。当流动性偏好增强，即相同的收入对应的 L_1 增大时，L_2 将减小，从而利率将提高，LM 曲线向上移动。当 L_2 发生变化，如向上移动时，表明相对同样的投机需求，利率却提高了，LM 曲线将向上移动。

从图 2-7 可以看出，LM 曲线向右上方倾斜，LM 曲线的斜率为正，这是因为当货币供给 M 不变时，只有收入水平上升引起的货币需求 L_1 的增加必须通过由利率上升引起的货币需求 L_2 的下降来加以抵消，才能使货币市场继续保持平衡。

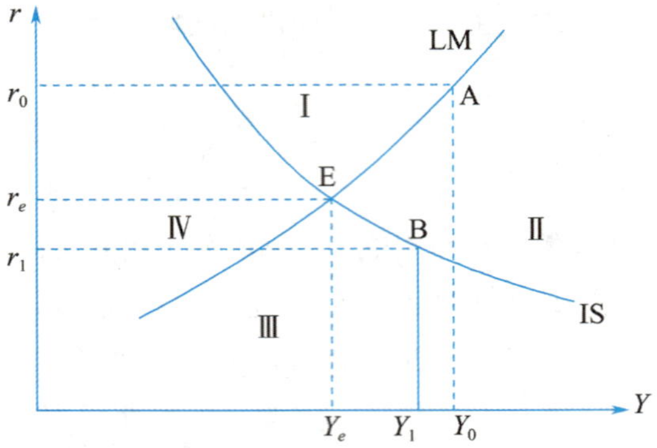

图 2-7　IS-LM 模型中的利率决定

由于 IS 曲线和 LM 曲线都表示利率和收入之间的函数关系，它们的交点必然就是利率与收入共同决定的均衡点，并且在这个均衡点上，不仅投资与储蓄处于均衡状态，而且货币供给与需求也处于均衡状态。也就是说，利率不仅取决于投资与储蓄的均衡状态，而且也取决于货币供给与货币需求的均衡状态。图 2-7 就是这样决定的均衡利率。

除了 IS 曲线和 LM 曲线相交决定的均衡利率 r_e之外，其余各点都意味着产品市场和货币市场处于非均衡状态。如图 2-7 所示，IS 曲线和 LM 曲线把坐标平面分成四个区域：Ⅰ、Ⅱ、Ⅲ、Ⅳ。在区域Ⅰ中的任何一点，一方面在 IS 曲线的右上方，因此产品市场中有投资 I 小于储蓄 S 的非均衡；另一方面又在 LM 曲线的左上方，因此有货币需求 L 小于供给 M 的非均衡。同理，在区域Ⅱ中的任何一点，有 $I<S$，$L>M$；在区域Ⅲ中的任何一点，有 $I>S$，$L>M$；在区域Ⅳ中的任何一点，有 $I>S$，$L<M$。

IS-LM 模型与前面几种利率决定理论不同，并不是从经济的某一方面的均衡去论述利率的决定，而是从商品市场和货币市场（即整个经济）的全面均衡状态去阐述利率的决定。该模型的这一特点无可争辩地显示出其优越性，因而它受到西方经济学家的普遍赞誉，并逐渐成为当代西方经济学中占据主导地位的利率理论和宏观经济学中的一个重要的分析工具。

二、利率结构理论

上述利率决定理论和对利率变动影响因素的分析只阐释了市场平均利率，反映了利率的总体走势。但由于现实生活中存在的利率种类繁多，因此必须了解各种利率之间的关系，也就是利率的结构。

（一）利率风险结构

利率风险结构即期限相同的金融资产因风险差异而产生的不同的利率。这一定义中的风险主要是指违约风险、流动性风险和税收风险。

1. 违约风险

违约风险是指债务人不能按期偿还本金和支付利息的风险。就债券而言，指债券发行者的经营状况不稳定导致不能及时偿还债券的本息。例如，中央政府发行的债券，通常被认为是无风险的。因为中央政府会通过征税甚至发行货币等方式来偿付债券的本息。地方政府也有一定的征税能力，但其偿债的能力显然不如中央政府，因而被认为有一定的风险（如美国的奥兰治县，曾经因为金融衍生工具而破产）。风险更大的是公司债券，因为公司没有征税权，只能在竞争中生存。而竞争又是非常残酷的，任何经营决策的失误或外部经济环境的变化，都可能使一家信誉卓著的公司面临资不抵债的境地，因而不确定性高，违约风险也大。显然，债券的违约风险越大，它对投资者的吸引力就越小，因而债券发行者所应支付的利率就高。有风险债券与无风险债券利率之差被称为风险升水。

2. 流动性风险

流动性风险是指资产变现速度慢或变现时发生损失而引起的风险。一般来讲，政府债券发行量大，交易量大，变现能力强，且费用较低，因此流动性较强；而公司债券交易量相对政府债券而言较小，在紧急情况下难以迅速找到买主，交易成本较高，变现能力差，流动性相对较低。流动性强的债券，流动风险较小，利率相对较低；流动性弱的债券，利率相应较高。公司债券的利率一般高于政府债券。流动性风险往往与违约风险相伴而生，因此，风险溢价中包含着违约风险溢价和流动风险溢价。

3. 税收风险

根据各国规定，债权人获得的利息必须纳税，债权人真正关心的是税后的实际利率，因此如果利息收入的税收待遇存在差异，那么这种差异必然要反映到税前利率上来。税率越高的债券，税前利率也应该越高。自 20 世纪 40 年代以来，违约风险为零且有着极高流动性的美国联邦政府债券，其利率却始终高于有一定的违约风险且流动性更低的地方政府债券。究其原因，在于两种债券所得税不同。正如前面章节所讲到的，在美国地方政府债券的利息收入可以免交联邦所得税，因而其税前利率自然要低于利息收入要交联邦所得税的联邦政府债券。

（二）利率期限结构

利率期限结构研究的是风险结构相同的各种债券的利率与期限的关系，即研究在风险相同情况下，期限不同的债券之间的利率差异是由哪些因素决定的。

在研究利率的期限结构方面，收益率曲线是一种十分有用的工具。收益率曲线是根据在其他方面相同、唯独期限不同的债券的收益率所绘制的曲线。收益率曲线有向上倾斜、水平、向下倾斜三种可能的形状，基本上反映了利率期限结构的三种类型。（图 2-8）向上倾斜的收益率曲线表示长期利率高于短期利率，水平的收益率曲线表示长期利率等于短期利率，向下倾斜的收益率曲线表示长期利率低于短期利率。一般来讲，各种期限债券的利率往往是同向波动的，并且长期债券的利率往往高于短期债券的利率。为了解释上述现象，我们介绍几种颇具代表性的理论。

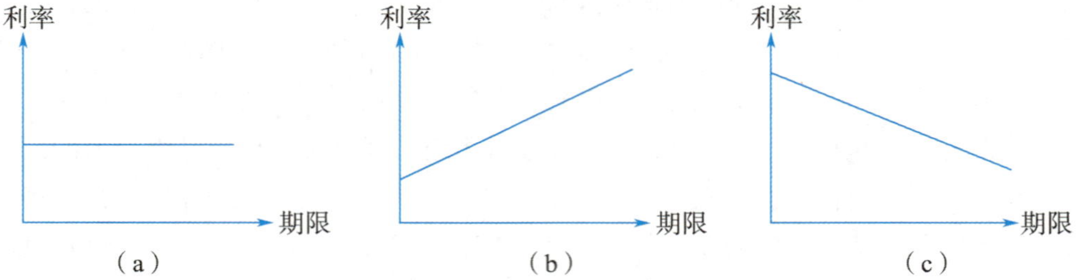

图 2-8　收益率曲线

1. 预期理论

预期理论是最容易应用的可以量化分析的期限结构理论。它认为长期债券的利率等于该债券到期前人们对短期利率预期的平均值。当人们预期将来的短期利率要上升时，长期利率就高于短期利率，即收益曲线向上倾斜；当预期未来的短期利率要下降时，则长期利率就低于短期利率，曲线向下倾斜；当人们预期未来短期利率不变时，则收益曲线是水平的。

预期理论假定投资者对债券的期限没有偏好，总是倾向于购买预期收益率较高的债券，并且收益率相同而期限不同的债券之间完全可以互相替代。

假设从时点 t 在第 1 年的短期利率为 r_t，第 2 年的预期短期利率为 r^e_{t+1}，第 3 年的预期短期利率为 r^e_{t+2}，以此类推，从第（$n-1$）年末到第 n 年末的预期短期利率为 r^e_{t+n-1}，从时点 t 起到第 n 年末的长期利率为 r_{nt}，则有：

$$(1+r_t)(1+r^e_{t+1})+\cdots\cdots+(1+r^e_{t+n-1})=(1+r_{nt})^n \tag{2-36}$$

$$r_{nt}=\sqrt[n]{(1+r_t)(1+r^e_{t+1})+\cdots\cdots+(1+r^e_{t+n-1})}-1 \tag{2-37}$$

从上式可以看出，当预计未来短期利率呈上升趋势时，则长期债券的利率大于短期债券的利率，从而收益率曲线向上倾斜；当预计未来短期利率呈下降趋势时，则长期债券的利率小于短期债券的利率，从而收益率曲线向下倾斜；如果预计未来短期利率保持不变，则长期利率等于短期利率，收益率曲线呈水平状。

但如前所述，长期债券的利率大于短期债券的利率是金融市场上更为常见的现象，那么是否意味着人们总是预计未来短期利率呈上升趋势呢？这显然是不现实的。于是，有的经济学家提出了市场分割理论。

2. 市场分割理论

与预期理论正好相反，市场分割理论认为各种期限的债券之间毫无替代性，它们的市场是完全分离的，每种债券的利率仅仅取决于各自市场上对该债券的供给和需求，不受其他期限债券预期收益率变动的影响。

根据市场分割理论，收益率曲线的不同形状是由不同期限债券的供求差异造成的。

一般说来，如果投资者偏好期限较短、利率风险较小的债券，则对短期债券的需求相对高于对长期债券的需求，所以长期债券价格较低，利率较高，收益率曲线向上倾斜。反过来，当投资者长期债券的需求相对高于对短期债券的需求时，长期债券具有较高的价格和较低的利率，则收益率曲线向下倾斜。

市场分割理论虽然可以解释收益率曲线向上倾斜的原因，但由于它将不同期限的市场视为完全分割，所以一种期限债券利率的上升不会影响其他期限债券的利率，因而它无法解释为什么不同期限的债券利率往往是同向波动的。于是有的经济学家便试图提出能对上述两种常见现象同时作出解释的理论，这就是期限选择理论。

3. 期限选择理论

期限选择理论认为，长期债券的利率等于该债券到期前人们对短期利率预期的平均值加上该种债券随供求条件的变化而变化的期限补偿。

期限选择理论假定，市场由具有不同期限偏好的投资者组成，但这种偏好并不是绝对的。投资者在对某种期限的债券进行投资时，仍然关心那些非偏好期限债券的预期收益率的变动。当不同期限债券之间的预期收益率的差距达到一定程度时，投资者就会放弃其所偏好的债券，转而去购买非偏好期限的债券。

期限选择理论对不同形状的收益率曲线是这样解释的：

如果投资者对短期债券有着较强偏好，则为了使投资者偏离这种偏好，转而持有长期债券，必须向他们支付正值的期限补偿。因此，即使短期利率在未来的平均水平保持不变，长期利率仍然会高于短期利率，所以收益率曲线往往是向上倾斜的。如果投资者更偏好长期债券，则期限补偿为负值。但这并不是常见的情况，原因在于长期债券的价格对利率较为敏感，波动性较大，所以期限补偿一般为正值。

如果投资者预计未来短期利率会下降，当未来短期利率预期的平均值加上正的期限补偿仍然小于现行的短期利率时，则长期利率低于短期利率，收益率曲线将向下倾斜；当未来短期利率预期的平均值加上正的期限补偿大于现行的短期利率时，则长期利率仍然高于短期利率，收益率曲线将向上倾斜。

由此可见，期限选择理论既能比较好地解释为什么长期利率往往高于短期利率，又能解释为什么不同期限的利率往往同向波动，因而它是被接受最广泛的利率期限结构理论。

第五节　中国利率市场化改革[①]

利率市场化是我国经济金融领域最核心的改革之一。改革开放以来我国一直在稳步

---

① 易纲:《中国的利率体系与利率市场化改革》,《金融研究》2021 年第 9 期。易纲:《中国改革开放三十年的利率市场化进程》,《金融研究》2009 年第 1 期。

推进利率市场化，为发挥好利率对宏观经济运行的调节功能创造条件。

一、利率市场化的含义

利率市场化是指利率的形成应当由市场而不是由政府或中央银行来决定。利率市场化有两方面的含义：

一是商业银行存贷款利率市场化。存款利率要由商业银行根据以同业拆借利率为代表的市场利率，银行自身对资金的需求，资产负债的期限结构、成本结构、风险结构匹配等因素自主决定；贷款利率要由商业银行按照央行规定的波动幅度和基准利率，根据市场基准利率的变动、贷款质量、期限、用途、客户状况等因素自主决定。

二是中央银行通过间接调控方式影响市场利率。一方面，中央银行通过再贷款、再贴现、公开市场业务等货币政策工具间接调控货币市场资金供求，调节市场利率，由此影响商业银行存贷款利率；另一方面，中央银行应保留对存款利率上限、基础贷款利率或最优惠贷款利率的窗口指导权。

二、利率市场化改革的背景、目标与路径

我国的利率市场化改革是在建设和完善社会主义市场经济体制过程中提出来的。首先，改革开放之后，市场价格机制已经深入人心，货币系统的资金价格即利率在客观上有了市场化的要求。其次，由于管制利率难以趋于市场利率，利率的宏观调控作用难以有效发挥，因此金融宏观调控需要进行利率市场化改革。最后，在加入世贸组织后，金融领域的逐步开放已是不争的事实，按照国际惯例行事，放松利率管制将是利率改革的目标。与其将来被动地接受市场利率，还不如主动地进行利率市场化改革。

1993 年《关于社会主义市场经济体制改革若干问题的决定》和《国务院关于金融体制改革的决定》最先明确提出利率市场化改革的基本设想，1995 年《中国人民银行关于“九五”时期深化利率改革的方案》初步提出利率市场化改革的基本思路，1996 年开始了对利率市场化的探索。2003 年，党的十六届三中全会《关于完善社会主义市场经济体制若干问题的决定》对利率市场化改革进行了纲领性的论述：“稳步推进利率市场化，建立健全由市场供求决定的利率形成机制，中央银行通过运用货币政策工具引导市场利率。”至此，利率市场化的改革目标得以确立，强调了市场在利率形成中的决定性作用，明确了政府（中央银行）作为间接调控者的定位。

我国利率市场化改革的目标是：建立以中央银行利率为基础、货币市场利率为市场中介，由市场供求决定金融机构存贷款利率水平的市场利率体系和形成机制。换言之，就是将金融产品的定价权交给金融市场交易主体，存贷款利率由商业银行和金融机构自

主决定，中央银行通过货币政策工具调控货币市场利率间接影响商业银行和金融机构的利率水平。

三、我国利率市场化改革的内容

我国利率市场化改革的内容涵盖了利率管理权限、利率调控方式、利率定价机制、利率体系建设等内容，具体可以概括为三个方面：

第一，推动存贷款利率市场化。依次开展了人民币贷款利率市场化、人民币存款利率市场化、境内外币利率市场化改革，并逐步放开利率管制，开展金融机构定价机制建设。

第二，建立市场利率体系。先行放开了银行间同业拆借市场利率，然后放开了债券市场利率，培养金融市场基准利率体系。

第三，完善中央银行利率体系。该项措施旨在实现中央银行利率调控由直接方式向间接方式转变，建设货币政策调控和传导机制，包括实行再贷款利率浮动制度，优化央行存款利率结构，改革邮政储蓄转存款利率制度。

在推进上述改革的过程中，我国采用了渐进式改革路径：首先从货币市场利率改革起步，其中二级市场先于一级市场；存贷款利率改革路径是先外币、后本币，先贷款、后存款，先长期、后短期，其中贷款利率先扩大浮动幅度，再全面放开，存款利率先放开大额长期存款利率，再放开小额和活期存款利率。利率逐步放开后，充分发挥银行同业公会的作用，中央银行将通过再贷款、公开市场业务等来调节、影响利率水平，保持改革进程与商业银行自我约束能力和中央银行对利率的宏观控制能力相适应。

四、我国利率市场化改革成效

目前我国已基本形成了市场化的利率形成和传导机制，以及较为完整的市场化利率体系，主要通过货币政策工具调节银行体系流动性，释放政策利率调控信号，在利率走廊的辅助下，引导市场基准利率以政策利率为中枢运行，并通过银行体系传导至贷款利率，形成市场化的利率形成和传导机制，调节资金供求和资源配置，实现货币政策目标。

拓展阅读 2-2

贷款市场报价利率（LPR）改革历程

LPR 即贷款市场报价利率，是由央行授权全国银行间同业拆借中心发布，由主要商业银行根据市场供求等因素报出的优质客户贷款利率，并由市场利率定价自律机制在央行的指导下负责监督和管理。从国际经验看，不少发达国家都曾建立起类似 LPR 的报价机制，其作为金融机构贷款利率定价的参考，在推动贷款利率市场化改革过程中发挥了重要作用。

2013 年 10 月 25 日，我国的 LPR 集中报价和发布机制正式运行。但是，原有的 LPR 多参考贷款基准利率进行报价，市场化程度不高，未能及时反映市场利率变动情况。2019 年 8 月，人民银行推进 LPR 改革，报价行在 MLF 利率的基础上，综合考虑资金成本、风险溢价等因素报出 LPR。经过两年多的持续演进，LPR 已代替贷款基准利率，成为金融机构贷款利率定价的主要参考基准，贷款利率的市场化程度明显提升。改革后，各报价行在公开市场操作利率的基础上加点报价，市场化、灵活性特征更加明显。目前我国个人住房贷款定价基准也已从贷款基准利率转换为 LPR。

改革完善 LPR 形成机制，可以起到运用市场化改革办法推动降低贷款实际利率的效果。一方面，前期市场利率整体下行幅度较大，LPR 形成机制完善后，将对市场利率的下降予以更多反映。另一方面，新的 LPR 市场化程度更高，银行难以再协同设定贷款利率的隐性下限，打破隐性下限可促使贷款利率下行。同时，各银行在新发放的贷款中主要参考 LPR 定价，并在浮动利率贷款合同中采用 LPR 为定价基准。

本章小结

1. 经济层面的信用是指以还本付息为条件的借贷活动。信用与货币是相互促进和发展的。金融是信用与货币流通的融合。根据授受主体的不同，信用活动可以分为商业信用、银行信用、国家信用、消费信用和国际信用五种类型。

2. 货币的时间价值是利息产生的重要基础，利率是利息与本金的比率。马克思认为，利息来源于生产过程，是生产力创造的剩余价值的一部分，体现了职能资本家与借贷资本家共同剥削工人以及共同瓜分剩余价值的关系。凯恩斯认为利息是对社会公众在一定时期内放弃流动性所支付的报酬。

3. 利率是重要的宏观经济变量。利率体系是一个国家在一定时期内各种利率互相联系所构成的整体，主要包括利率结构和利率形成及传导机制。基准利率是多种利率并存的条件下起决定性作用的利率。

4. 利息的计算方法分为单利、复利和连续复利。单利是指不管期限长短，仅以本金为基数计息，本金所产生的利息不再加入本金重复计算。复利也称利滚利，是将每一期的利息加入本金一并计算下一期的计息。连续复利是指不断缩短计算复利的时间间隔，所得到的按复利方法计算的利息。

5. 终值是未来某一时点上的本利和，一般是指到期的本利和，而现值是指未来本利和的现在价值。现值是终值的逆运算。利率可以作为衡量收益率的指标。到期收益率考虑了货币时间价值对收益率的影响，是最精确的收益率衡量指标。

6. 马克思的利率决定论是以剩余价值在不同资本家之间的分割为起点的。古典利率理论、流动性偏好利率理论、可贷资金利率理论、IS-LM 模型中的利率决定都是从供求角度分析利率决定，但他们对货币供给和需求的认识不同。

7. 利率的风险结构是指期限相同的金融资产因风险差异而产生的不同的利率。这一定义中的风险主要是指违约风险、流动性风险和税收风险。利率的期限结构研究的是风险结构相同的各种债券的利率与期限的关系，预期理论、市场分割理论和期限选择理论对利率期限结构的形成进行了解释。

8. 我国的利率市场化改革旨在建立由市场供求决定金融机构存贷款利率水平的市场利率体系和形成机制，中央银行通过货币政策工具调控货币市场利率间接影响商业银行和金融机构的利率水平，为发挥好利率对宏观经济运行的调节功能创造条件。

重要概念

信用　货币的时间价值　利息　利率　利率体系　基准利率　市场利率　官定利率　公定利率　名义利率　实际利率　单利　复利　连续复利　现值　终值　年金　净现值　名义收益率　当期收益率　到期收益率　利率风险结构　利率期限结构　利率市场化

复习思考题

1. 如何理解经济层面信用的内涵？

2. 什么是基准利率？

3. 名义利率与实际利率有何关系？为什么人们在经济生活中更关心实际利率？

4. 假设某银行向其客户发放了一笔金额为 1000 万元、期限为 3 年、年利率为 5% 的贷款，请用单利和复利两种方法分别计算该银行发放这笔贷款可以获得的本利和。

5. 如何利用连续复利进行计息？

6. 一张 10 年期的公司债券，票面利率是 10%，面值是 1000 元，每年支付一次利息。有 3 个投资者分别在距离到期日 1 年时买入该债券。

（1）如果甲买入的价格是 1000 元，则甲的到期收益率是多少？

（2）如果乙买入的价格是 1010 元，则乙的到期收益率是多少？

（3）如果丙买入的价格是 990 元，则丙的到期收益率是多少？

（4）从这三个人买入价格和到期收益率的对比中，可以得出什么结论？

7. 华为公司于 2020 年 3 月上市了 5G 全网通折叠屏手机华为 mate Xs，京东商城“618”期间该手机的售价为 20000 元。如果买家采用三年三期分期付款的方式购买，每期需要支付的金额为 7400 元。假设市场利率水平为 5%，请运用货币时间价值理论分析全款购买和分期付款购买哪种方式更合算。

8. 试比较一般利率决定理论的差异。

9. 谈谈你对流动性陷阱的理解。

10. 简述利率期限结构三种理论的内容和假设。

11. 全球利率水平自20世纪80年代以来持续下降。2020年6月末，美国、德国、英国和日本10年期国债收益率为0.66%、-0.5%、0.21%和0.04%，分别较2007年末下降约340、500、430和150个基点，显著低于2008年国际金融危机前水平，较1981年高点大幅下降约10个百分点。请论述至少两个利率水平决定理论，并分析近年来全球利率水平下降的主要原因。

12. 简述利率风险结构的概念及其影响因素。

第三章

外汇与汇率

本章导读

全球共有近200个国家和地区，经过联合国认定的法定货币有上百种。每一种货币都拥有不同的币值，也就是说，货币的面值可能会相同，但是通过各国货币之间的兑换计算，它们在国际上的“价值”却是大有不同的，这背后的原理就在本章要讲述的内容中。

自20世纪80年代以来，随着新技术革命的发展，地球上的空间距离明显“缩短”，信息“时间差”也趋于消失，经济生活的国际化速度日益提升，整个世界变得空前开放。在这种全球经济一体化的背景下，各国间的经济往来越来越密切，对外经贸、资本流动已经成为各国经济增长中不可忽视的组成部分，并导致各国在外汇市场的活动也越来越频繁。

那么，什么是外汇？在很多经济新闻报道中出现的汇率标价代表什么意思？我国的人民币和美元之间的兑换比率为什么在不同的时期会出现很大的差异？哪些因素在影响汇率的变动？这些问题，不仅是开放经济下，一国商品与要素在国际流动时必然会涉及的，而且也越来越与普通人的生活联系在一起，因此我们很有必要了解外汇、汇率以及与之紧密相关的汇率制度等专业知识，这也是国际金融领域中非常重要的基础部分。在本章的三节内容中，我们将依次对以上内容进行简要阐述。

学习目标

掌握 外汇静态和动态概念的界定及外汇的分类；汇率的概念和不同的标价方法及汇率的分类；一价定律的概念，购买力评价学说和利率平价学说的核心观点

理解 远期汇率的报价及基本计算原理；主要汇率决定理论的学术地位

了解　固定汇率制、浮动汇率制和中间汇率制的优缺点；汇率的影响；中国汇率制度改革

第一节　外　汇

货币收支行为不仅仅发生在一国之内，国际间的经济、政治、文化、体育、卫生等诸多领域中也时时刻刻发生着个人、企业、国家等多方面的交往，而这些交往自然也需要货币收支如影随形。在今天这样一个全球化趋势日益加强、国家之间的联系日益密切的现代货币经济社会中，跨国交往对货币的依赖就更加突出了，这促使我们越来越重视这个金融范畴——外汇。

一、外汇的定义

外汇（Foreign Exchange）的本质是对外国商品和劳务的要求权，可以从静态和动态两个角度来理解。静态的外汇是指以外币表示、能用来清算国际收支差额的资产。主要包括以外币表示的信用工具和有价证券。人们通常所说的外汇，是就其静态含义而言的。动态的外汇等同于国际结算，是指把一国货币兑换成另一国货币，用以清偿国际间的债权债务以及进行资金转移活动。

但是，并不是所有的外国货币资产都是外汇，它必须可用于国际收支的清算。一种外币资产成为外汇要同时满足以下三个条件：第一，自由兑换性，即这种外币资产能与主要的国际货币进行自由兑换；第二，普遍接受性，即这种外币资产在国际经济往来中能被各国普遍地接受和使用；第三，可偿性，即这种外币资产是可以得到保证的。

按照我国2008年8月1日国务院通过的《中华人民共和国外汇管理条例》的规定，外汇是指下列以外币表示的可以用作国际清偿的支付手段和资产：

一是外币现钞，包括纸币、铸币；

二是外币支付凭证或者支付工具，包括票据、银行存款凭证、银行卡等；

三是外币有价证券，包括债券、股票等；

四是特别提款权；

五是其他外汇资产。

拓展阅读 3–1

人民币加入 SDR 货币篮子

特别提款权（Special Drawing Right，简称“SDR”），也被称为“纸黄金”，是一种国际储备资产的记账单位，由国际货币基金组织在 1969 年创设，初创的目的是支持布雷顿森林体系，维护国际汇率稳定。初始价值被设为 1 单位 SDR 兑 1 美元，相当于 0.888671 克黄金。1973 年布雷顿森林体系解体后，特别提款权被重新确定为一篮子货币，起初是 16 种货币，后改为美、英、德、法、意五国货币，日元在 1980 年被纳入 SDR 篮子，欧元在 1999 年出现后，代替三个欧洲大陆国家货币，与美元、英镑、日元一起组成了新千年前 15 年内的货币篮子。成员国拥有的特别提款权可以在发生国际收支赤字时，向国际货币基金组织指定的会员国换取其货币用于外贸支付，偿付国际收支逆差或者偿还基金组织的支持贷款。特别提款权也可作为国际外汇储备，与黄金、自由兑换货币有一样的效力。

2016 年 10 月 1 日，人民币正式加入 SDR 货币篮子，成为国际储备货币，由此人民币成为有史以来第一个新增的 SDR 篮子货币。人民币入篮后，SDR 货币篮子包括美元、欧元、人民币、日元和英镑五种货币，其权重将分别为 41.73%、30.93%、10.92%、8.33% 和 8.09%。人民币入篮是中国融入全球金融体系的重要里程碑，体现了国际社会对中国改革开放成就的充分认可，改善了以往单纯以发达国家货币为储备货币的格局，在促进我国对外经贸合作、推动人民币国际化等方面有重要意义。

2022 年 5 月 11 日，国际货币基金组织执董会完成了五年一次的特别提款权定值审查。经过审查，执董会一致决定，维持现有 SDR 篮子货币构成不变，即其仍由美元、欧元、人民币、日元和英镑构成，并将人民币权重由 10.92% 上调至 12.28%（升幅为 1.36 个百分点），将美元权重由 41.73% 上调至 43.38%，同时将欧元、日元和英镑权重分别由 30.93%、8.33% 和 8.09% 下调至 29.31%、7.59% 和 7.44%，人民币权重仍保持在第三位。执董会同时决定，新的 SDR 货币篮子在当年 8 月 1 日正式生效。

二、外汇的种类

（一）按照外汇自由兑换的程度划分

1. 自由兑换外汇

自由兑换外汇又称自由外汇，是指不需要经货币发行国外汇管理当局批准，可自由兑换成其他货币或者可向第三者办理支付的外国货币及其支付手段。例如美元、英镑、欧元、日元等货币以及用这些货币表示的各种有价证券和支付凭证。

根据货币基金组织协定第八条“会员国的一般义务”规定，一国货币成为自由外汇，必须符合三个条件：（1）对本国国际收支中的经常往来项目（贸易和非贸易的付款）和资金转移不加限制。（2）不采取歧视性的货币措施或多种货币汇率。（3）在另一个会员国要求下，随时有义务购回对方经常项目往来中所结存的本国货币。

2. 有限自由兑换货币

有限自由兑换货币是指只有经过货币发行国货币管理当局批准，才能自由兑换成其他货币或对第三者进行支付的外汇。目前，世界上多数国家的货币属于有限自由兑换货币。

有限自由兑换外汇又大体分为两种形式：（1）在一定条件下的可自由兑换外汇。人民币不是自由兑换外汇，但我国于 1996 年 12 月 1 日起接受国际货币基金组织协定第八条的义务，实行人民币经常项目下的可兑换，人民币是有限制的可自由兑换货币。（2）区域性的可自由兑换外汇。在一些货币区域内，各成员国的货币盯住区域内关键货币，同其保持固定比价，并可自由兑换为关键货币，区域内资金移动不受限制。但如果将各货币区域内的货币兑换成关键货币以外的货币，或将资金转移到区域外的国家或地区，则要受到各种不同程度的限制。

3. 记账外汇

记账外汇又称双边外汇、协定外汇或清算外汇，是指在两国政府签订的双边贸易或多边清算协定中，进出口贸易引起的债权债务不用现汇逐笔结算，而是通过对方国家银行专门账户进行相互冲销所使用的外汇。这种外汇不能兑换成自由外汇或对第三者进行支付，只能在双方银行专门账户上使用。记账外汇的使用有利于促进国际贸易的发展，同时节省了现汇，是国际贸易活动中普遍使用的一种国际清算手段。

拓展阅读 3–2

人民币经常项目下的可兑换的实践①

新中国成立后，西方国家对我国实行了经济封锁，结果造成国家外汇极端短缺，我国不得不采取严格的外汇管制。改革开放以后，中国恢复了在联合国的合法地位，并在保留经常项目汇兑管制的条件下，于 1980 年 4 月 17 日恢复了在国际货币基金组织的合法席位。不过，为了便利与世界各国的经济贸易往来，更好地融入国际经济体系，改革中国的汇率制度和汇兑管制就成了不可回避的问题。其中，一个关键问题就是实现人民币经常项目的可兑换。

① 吴晓灵：《见证中国承诺经常项目可兑换》，《中国金融》2021 年增刊第 1 期。

为此，1993 年 11 月，党的十四届三中全会审议通过的《中共中央关于建立社会主义市场经济体制若干问题的决定》提出：改革外汇管理体制，建立以市场为基础的有管理的浮动汇率制度和统一规范的外汇市场，逐步使人民币成为可兑换的货币。

1994 年 1 月 1 日，我国开始外汇管理体制改革，从这一天起，人民币汇率实行并轨，取消官方汇率，以 1993 年底外汇调剂市场汇率 1 美元合 8.72 元人民币作为全国统一的人民币市场汇率，并实行以市场供求为基础、单一、有管理的浮动汇率制。

1994 年 4 月 4 日，中国外汇交易中心系统正式运营，人民币汇率由国内外汇市场上的外汇供给水平决定。于是，人民币汇率的确定进一步走向市场化。

1995 年 9 月，外汇管理局局长周小川表示推动经常项目可兑换，先从将外商投资企业纳入银行结售汇做起。在 1996 年第一季度试点工作顺利推进、人民币汇率稳步上升、外汇储备增加等因素推动下，国务院决定从 1996 年 7 月 1 日起将外商投资企业全部纳入银行结售汇体系，消除当时剩余的经常项目汇兑限制，实行经常项目可兑换。同时完善了相关法规：一方面，发布了《结汇、售汇及付汇管理规定》，修订了 1994 年 3 月 26 日发布的《结汇、售汇及付汇管理暂行规定》，更加体现了经常项目可兑换原则；另一方面，中国人民银行、国家外汇管理局抓紧修订 1996 年颁布实施的《外汇管理条例》，重点是明确经常项目可兑换原则和取消剩余的经常项目汇兑限制。

1996 年 11 月 27 日，人民银行行长戴相龙代表中国人民银行正式致函基金组织总裁康德苏，宣布中国自 1996 年 12 月 1 日起正式接受国际货币基金组织第八条第 2、3、4 款的义务，实现人民币在经常项目下可兑换。国际货币基金组织也于当天发布了新闻公告。

（二）按照来源和用途划分

1. 贸易外汇

贸易外汇是指因进出口贸易及其从属费用而收付的外汇。从属费用包括与商品进出口直接关联的运输、保险、样品、宣传、推销等所用的外汇。

自 2012 年 8 月 1 日起施行的《货物贸易外汇管理指引实施细则》规定的企业贸易外汇收支包括：（1）从境外、境内保税监管区域收回的出口货款，向境外、境内保税监管区域支付的进口货款。（2）从离岸账户、境外机构境内账户收回的出口货款，向离岸账户、境外机构境内账户支付的进口货款。（3）深加工结转项下境内收付款。（4）转口贸易项下收付款。（5）其他与贸易相关的收付款。

2. 非贸易外汇

非贸易外汇是指与进出口贸易无关的外汇，如捐赠、侨汇、旅游、海运、保险、银行、海关、邮电、工程承包、资本流动等所收付的外汇。

1993 年 1 月 1 日起，财政部在中国银行总行建立非贸易外汇收入总账户，各地财政部门在当地相应的中国银行分、支行建立非贸易外汇收入分账户。我国通过以上账户进行非贸易外汇的核算。

（三）根据交割期限划分

1. 即期外汇

即期外汇又称现汇，是指外汇买卖成交后，交易双方于当天或两个交易日内办理交割的外汇。

即期外汇交易是按照买卖外汇在交易当日的汇率成交的。在外汇市场上，报价银行在报出外汇交易价格时采用双向报价法，即同时报出该银行的买入价和卖出价。客户直接在报价银行柜面上与银行进行外汇买卖，按照银行报出的买入价将手中的外汇卖给银行，按照银行报出的卖出价从银行手中买入相应外汇。如客户 A 持有 100 美元现钞并且想要将这 100 美元兑换成人民币，那么，按照表 3-1 给出的外汇牌价，他将以 659. 54 的现钞买入价将这 100 美元的现钞卖出，得到 659. 54 元人民币。

表 3-1　2022 年 5 月 7 日 10:30:00 中国银行外汇牌价

货币名称	交易单位	现汇买入价	现钞买入价	现汇卖出价	现钞卖出价	中行折算价
英镑	100	819. 32	793. 87	825. 36	829. 01	820. 96
港币	100	84. 70	84. 03	85. 04	85. 04	84. 51
美元	100	664. 95	659. 54	667. 77	667. 77	663. 32
瑞士法郎	100	671. 32	650. 61	676. 04	678. 93	674. 07
新加坡元	100	479. 09	464. 30	482. 45	484. 86	479. 53
瑞典克朗	100	66. 69	64. 63	67. 23	67. 55	66. 74
日元	100	5. 0852	4. 9272	5. 1226	5. 1305	5. 0967
加拿大元	100	514. 46	498. 21	518. 25	520. 54	517. 57
澳大利亚元	100	469. 99	455. 39	473. 45	475. 55	472. 90
欧元	100	700. 73	678. 96	705. 90	708. 17	699. 78

资料来源：中国银行官网外汇牌价（http://www. boc. cn/sourcedb/whpj/）。

2. 远期外汇

远期外汇又称期汇，是指交易双方在外汇买卖成交后并不立即办理交割，而是事先签订买卖合约，规定外汇买卖的币种、数量、期限或交割时间、汇率等，到约定日期才按合约规定的汇率进行交割的外汇。在签订合同时，除交纳 10% 的保证金外，不发生任何资金转移。远期交易的期限有1个月、3个月、6个月和1年等，其中3个月最为普遍。

人们选择远期外汇交易的目的主要有两方面：一是套期保值以规避汇率变动风险；二是投机以从汇率变动中赚取利润。

（四）按照表现形式划分

1. 外汇现钞

外汇现钞是指外国钞票、铸币，主要从境外携入。由于它具有实体，当客户要把现钞转移出境时，可以通过携带或汇出（客户必须承担运输费）的方式。

2. 外汇现汇

外汇现汇是指其实体在货币发行国本土银行的存款账户中的自由兑换外汇。外币现汇主要由国外收入，或境外携入、寄入的外币票据，经银行托收，收妥后存入。由于它只是账面上的外汇，不具有实体，所以它的转移出境可以直接汇出，进行账面上的划转。

第二节 汇率和汇率制度

在货币服务于国际交往的过程中，由于不同主权国家的经济发展基础和水平都存在一些差异，并且不同的国家或地区也都采用不同的货币，因此在跨国贸易和非贸易交往中必然面临本国货币与其他国家或地区货币的折算比率问题，而这就是汇率问题。

一、汇率的概念

汇率（Exchange Rate）又称汇价、外汇行市、外汇牌价、货币兑换率等。它是指一国货币折算成另一国货币的比率或比价，或以一种货币表示的另一种货币的相对价格。

我们可以将汇率理解为一种价格，这种价格与我们平时所说的物品之间的交换比率是一样的，只不过汇率是货币之间的互换比率。如北京时间2022年5月9日06：22的USD/CNY6.6665表示的是想要获得1美元就需要用6.6665元人民币来兑换，或者想要获得1元人民币就需要用1/6.6665美元来兑换。

二、汇率的标价方法

汇率的标价方法是指基准货币的确定方法。那么，我们在学习汇率的标价方法之前要清楚两个概念——基准货币和标价货币。基准货币（Based Currency）是指在各种标价法下数量固定不变的货币。标价货币（Quoted Currency）是指在各种标价法下数量变化的那种货币。于是，在各种标价方法下都有一定单位的基准货币 = ××单位的标价货币。

基准货币是本国货币、外国货币还是美元，将决定着不同的汇率标价方法。据此，国际上主要有三种汇率标价方法：直接标价法、间接标价法和美元标价法。

（一）直接标价法

直接标价法（Direct Quotation）又称应付标价法。在直接标价法下，外国货币为基准货币，本国货币为标价货币。它是以一定单位（1、100、10000、100000 等）的外国货币为基准，折算这些单位的外国货币应付多少单位的本国货币。目前大多数国家采用直接标价法，如日本、瑞士、加拿大等，我国人民币的牌价也是采用了直接标价法。

在直接标价法下，一定单位的外国货币 = ××单位的本国货币，我们可以将这一定单位的外国货币看作一种商品，把本国货币看作可以购买这种特殊商品的货币，那么直接标价法下的汇率就是一定单位外国货币值多少钱（本国货币）。

按照以上的理解，在直接标价法下：若汇率上升，也就是在当前时期一定单位的外国货币折算成的本国货币比前一个时期多了，即当前时期的外国货币较前一时期更“值钱”，则说明外国货币相对于本国货币升值了，本国货币相对于这种外国货币贬值了；反之，如果汇率下降，当前时期的外国货币不如前一时期“值钱”了，则说明外币贬值，本币升值。综上所述，在直接标价法下，我们得到以下结论：外汇汇率的升降同本币对外价值的增减方向相反。

（二）间接标价法

间接标价法（Indirect Quotation）又称应收标价法。在间接标价法下，本国货币为基准货币，外国货币为标价货币。它是以一定单位（1、100、10000、100000 等）的本国货币为基准，折算这些单位的本国货币应收多少单位的外国货币。美国、英国、欧元区、新西兰、澳大利亚和爱尔兰等国家采用间接标价法。

在间接标价法下，一定单位的本国货币 = ××单位的外国货币。可见它与直接标价法下的汇率表示外国货币的价格不同，表示的是本国货币的对外价格。那么，在间接标价法下的汇率就是一定单位的本国货币值多少钱（外国货币）。

在间接标价法下，外汇汇率升降同本币对外价值的增减方向相同：若汇率上升，也就是在当前时期一定单位的本国货币折算成的外国货币比前一个时期多了，即当前时期的本国货币较前一时期更“值钱”，则说明本国货币相对于外国货币升值了，外国货币相对于本国货币贬值了；反之，如果汇率下降，当前时期的本国货币不如前一时期“值钱”，则说明本国货币贬值，外国货币升值。

虽然上述两种标价方法的基准货币不同，但表示的一国货币对同一种外国货币的升降意义并无不同，两者只是在数值上互为倒数。如北京时间 2022 年 5 月 8 日 10:04:33 的我国外汇市场上 USD1 = CNY6.6640，2022 年 5 月 9 日 17:14:25 的 USD1 = CNY6.6624，在直接标价法下汇率下降，人民币升值；在间接标价法下，两个时间段的汇率分别是 CHY1 = USD0.1500 和 CHY1 = USD0.1501，汇率上升，人民币升值。可见无论是用哪种标价法，都会得到人民币升值的结论。

（三）美元标价法

美元标价法（U. S. Dollar Quotation）又称纽约标价法，是以一定单位的美元为基准折合多少其他国家货币单位（除欧元、英镑等极少数货币外）的一种直接标价法。它由美国在 1978 年 9 月 1 日制定并执行，目前是国际金融市场上通行的汇率标价方法，世界各大国际金融中心的货币汇率和世界各大银行的外汇标价均采用美元标价法。

在国际金融市场中的交易涉及的货币可能都不是本国货币，这样就很难用前文提到的直接标价法和间接标价法来进行相应的换算与兑换。全球化的外汇交易需要统一的汇率表示方式，美元标价法由此产生，它的出现简化了报价并使广泛地比较各种货币的汇价变得可能。

拓展阅读 3-3

货币名称、货币符号和汇率标价的国际惯例

按照国际市场惯例，汇率标价由 5 位有效数字组成，精确到小数点以后的第 4 位。在小数点以后的 4 位有效数字中，从右边向左边数过去，第一位称为个（基本）点，简称基点，它是汇率变动的最小单位；第二位称为十个（基本）点；第三位称为百个（基本）点。如 USD/HKD 汇价由 7.8900 变为 7.8910，表明汇价上升了 10 个点。

主要货币制定的货币符号可见表 3-2。

表 3-2 主要货币名称及世界标准化组织制定的货币符号

货币名称	货币符号	货币名称	货币符号
人民币	CNY	美元	USD
英镑	GBP	日元	JPY
瑞士法郎	CHF	港元	HKD
法国法郎	FRF	德国马克	DEM
欧元	EUR	加拿大元	CAD

三、汇率的分类

（一）按照汇率制度划分

1. 固定汇率

固定汇率（Fixed Rate）是指基本固定、波动幅度限制在一定范围以内的不同货币之间的汇率。固定汇率在货币当局的调控之下并且在法定幅度内波动，因而具有相对稳定性。在第二次世界大战至 20 世纪 70 年代初期，世界各国的货币间都采取了固定汇率。

2. 浮动汇率

浮动汇率（Floating Rate）是指可以自由变动的、听任外汇市场供求决定的汇率。在布雷顿森林体系崩溃后，大部分国家货币之间的汇率采用了浮动汇率。

直接标价法下，当外汇市场上的外汇供给大于需求时，外国货币的价格下跌，汇率下浮；反之，当外汇市场上的外汇供给小于需求时，外国货币的价格上涨，汇率上浮。

（二）从银行买卖外汇角度划分

1. 买入汇率

买入汇率（Buying Rate）是指银行向同业或客户买入汇率时所使用的汇率。

2. 卖出汇率

卖出汇率（Selling Rate）是指银行向同业或客户卖出汇率时所使用的汇率。

3. 中间汇率

中间汇率（Middle Rate）是买入价和卖出价的算术平均数，即中间价 =（买入价 + 卖出价）/2。它一般被用于新闻媒体报道中，可以让公众了解汇率的基本水平。

在进行外汇交易时，报价银行普遍采用双向报价法向询价者报出价格，即同时报出两个价格——买入价（买入汇率）和卖出价（卖出汇率）。值得注意的一点是，这里提到的买和卖都是针对银行来说的。银行买价低、卖价高，买卖差价就是银行进行外汇交易的收益，一般为 1‰—5‰。

（三）按照汇率制定方法划分

1. 基本汇率

基本汇率（Basic Rate）是指一国货币对关键货币的汇率。一国选择关键货币一般来说要遵循以下三个原则：一是关键货币必须是在该国国际收支中，尤其是在国际贸易中使用最多的货币；二是关键货币必须是在该国外汇储备中所占比重最大的货币；三是关键货币必须是自由兑换、在国际上可以普遍接受的货币。世界上大多数国家将美元作为关键货币，将本国货币和美元之间的汇率作为关键汇率。

一个国家的各银行在报出外汇汇率时，通常只报出基本汇率，至于其他国家的货币与本国货币之间的汇率，则需要通过各国的基本汇率进行换算。

2. 套算汇率

套算汇率（Cross Rate）又称交叉汇率，它是指两种货币通过各自对第三种货币的汇率推算出来的汇率，也就是通过基本汇率套算出来的汇率。通常情况下是根据世界上各主要外汇市场上公布的美元对各种其他国家货币的汇率套算出来的两种非美元货币之间的汇率。

（四）按照价格期限划分

1. 即期汇率

即期汇率（Spot Rate）是指适用于即期外汇交易的汇率，即外汇买卖成交后，买卖双方在当天或在两个营业日内进行交割所使用的汇率，由当场交货时货币的供求关系决定。

2. 远期汇率

远期汇率（Forward Rate）是指适用于远期外汇交易的汇率，即外汇买卖成交后，在未来的某个确定时间内办理交割手续的外汇交易所使用的汇率。目前，远期汇率的报价方法主要有两种：

（1）完整汇率报价方法

完整汇率报价方法又称直接报价方法，与即期汇率报价方法相同。它直接将各种不同交割期限的外汇的买入价和卖出价表示出来。这种报价方法常用于银行对客户报价，在银行同业交易中瑞士、日本等国也采用这种方法。表 3-3 为中国银行报出的人民币远期外汇牌价。

表 3-3　2022 年 5 月 6 日中国银行人民币远期外汇牌价

单位：人民币/100 美元

期限	美元兑人民币		
	买入价	卖出价	中间价
7 天（7D）	666.06	669.16	667.61
1 个月（1M）	666.45	669.72	668.08
2 个月（2M）	666.94	670.21	668.57
3 个月（3M）	667.16	670.48	668.82
4 个月（4M）	667.26	670.58	668.92
5 个月（5M）	667.46	670.77	669.12
6 个月（6M）	667.72	671.04	669.38

续表

期限	美元兑人民币		
	买入价	卖出价	中间价
7 个月（7M）	667.63	671.15	669.39
8 个月（8M）	667.64	671.16	669.40
9 个月（9M）	667.65	671.17	669.41
10 个月（10M）	667.61	671.23	669.42
11 个月（11M）	667.62	671.24	669.43
12 个月（12M）	667.63	671.25	669.44

资料来源：中国银行官网。

（2）远期差价报价法

远期差价报价法又称掉期率报价法。在这种报价方法下，银行不直接报出远期汇率，而是只报出远期汇率和即期汇率之间存在的差价，然后由交易者自己根据即期汇率和远期差价来计算远期汇率。英、美、德、法等国均采用此报价方法进行远期汇率的报价。由于远期差价是远期汇率与即期汇率的差额，因此该报价法常用的一个计算公式是：

某一时点的掉期率或远期差价 = 该时点的远期汇率 − 该时点的即期汇率

远期差价分为升水和贴水：升水无论在直接标价法下或是在间接标价法下，都有外国货币远期升值；贴水无论在哪种标价法下，都有外国货币远期贬值。当远期汇率和即期汇率相等时，称为远期平价。升贴水的幅度一般用点数表示，通常万分之一为 1 点。

（五）按照指定汇率的方法划分

1. 单一汇率

单一汇率（Single Exchange Rate）是指一种货币（或一个国家）只有一种汇率，这种汇率通常用于该国所有的国际经济往来。

2. 复汇率

复汇率（Multiple Exchange Rate）是指一种货币（或一个国家）有两种或两种以上的汇率，不同的汇率用于不同的国际经贸活动。

我国曾存在两种汇率并存的时期。1979 年 8 月，国务院决定改革外汇管理体制，除官方汇率外，决定从 1981 年 1 月 1 日起开始试行贸易内部结算汇率，从而形成了人民币双重汇率。1985 年 1 月 1 日，我国取消了贸易内部结算汇率，恢复单一汇率。虽然这个时候在名义上实行单一汇率，但由于外汇调剂市场汇率的存在，形成了官方汇率与外汇调剂汇率共存的局面，实际上又形成了新的双重汇率。由于双重汇率的存在引发的问题愈发严重，我国决定于 1994 年初对外汇管理体制进行重大改革，通过改革实现人民币官方汇率与外汇调剂市场汇率并轨，并轨后的人民币汇率实行以市场供求为基础、单一、有管理的浮动汇率制度。

（六）按照与物价的关系划分

1. 名义汇率

名义汇率（Nominal Exchange Rate）也就是汇率的市场标价，我们平时所见到的公布的汇率基本上都是名义汇率。

2. 实际汇率

实际汇率（Real Exchange Rate）是对名义汇率用两国价格水平调整后的汇率。实际汇率的计算公式：

$$q = eP^{*}/P \text{（直接标价法）}$$

其中，q 为实际汇率，e 为名义汇率，P^{*} 为以外币表示的外国商品价格水平，P 为以本币表示的本国商品价格水平。

实际汇率反映的是以同种货币表示的两国商品价格水平的比较，从而反映了本国商品的国际竞争力：$q\uparrow$，意味着本国商品国际竞争力增强，国际收支账户将得到改善或进一步顺差；$q\downarrow$，意味着本国商品国际竞争力下降，国际收支账户将趋向于均衡或继续恶化。

3. 有效汇率

有效汇率（Effective Exchange Rate，EER）是以贸易比重为权数，计算的本国货币兑一组外国货币的汇率的加权平均数。有效汇率反映的是一国货币汇率在国际贸易中的总体竞争力和总体波动幅度。有效汇率的计算公式：

A 国货币有效汇率 = Σ［A 币对 i 国货币的汇率指数 ×（A 国同 i 国的贸易值/A 国全部贸易值）］

其中 A 国货币对 i 国货币的汇率指数的基期为 100。

之所以使用有效汇率来观察某种货币在国际贸易中的总体竞争力和总体波动幅度，是基于以下事实：一个国家的产品出口到不同的国家可能使用不同的汇率；一国货币在对某一种货币升值时也可能同时在对另一种货币贬值，即使该种货币同时对所有其他货币贬值（或升值），其程度也不一样。

四、汇率制度的概念及主要形式

汇率制度（Exchange Rate Regime）是指一国货币当局对本国汇率水平的确定、汇率变动方式等问题所作的一系列安排或规定。汇率制度的内容包括：确定汇率的原则和依据，维持与调整汇率的办法，制定、维持与管理汇率的机构，管理汇率的法令、体制和政策等。

按照汇率变动方式，汇率制度最主要的两种形式是固定汇率制和浮动汇率制。

（一）固定汇率制

固定汇率制度是政府用行政或法律的手段确定、公布、维持本国货币与某种参考物之间固定比价的汇率制度。这里的参考物可以是黄金，也可以是某种外国货币。历史上存在两种典型的固定汇率制度——金本位制下的固定汇率和布雷顿森林体系下的固定汇率。

1. 金本位制下的固定汇率制度

在金本位制下，黄金是国际货币制度的基础，各国货币都规定有含金量，各国货币含金量之比所形成的金平价决定了它们之间的兑换比率，即汇率。并且，外汇市场上的实际汇率就环绕着金平价而在一定限度内上下波动。

2. 布雷顿森林体系下的固定汇率制度

在布雷顿森林体系下，实行“双挂钩制度”，即美元与黄金挂钩、各国货币与美元挂钩。人为规定美元按 35 美元等于 1 盎司黄金与黄金保持固定比价，各国政府可随时用美元向美国政府按这一比价兑换黄金。各国货币则与美元保持可调整的固定比率，各国货币对美元的波动幅度为平均上下各 1%，这样的固定汇率制被称为可调整的钉住汇率制（Adjustable Pegging System）。各国当局有义务在外汇市场上进行干预以保持汇率稳定，只有当一国国际收支发生根本性不平衡时，才允许升值或贬值。

（二）浮动汇率制

浮动汇率制是指汇率水平完全由外汇市场上的供求关系决定，政府不加任何干预的汇率制度。但是，在当今世界是不存在完全、纯粹的浮动汇率制度的，采取浮动汇率制的国家或多或少地对其汇率水平加以干预或指导来达到自己国家的经济目标。按照不同的分类标准，浮动汇率制有以下分类：

1. 按照一国政府是否对外汇市场进行干预划分

（1）自由浮动汇率制

自由浮动汇率制（Free Floating Exchange Rate Regime），又称清洁浮动汇率制（Clean Floating Exchange Rate Regime），也就是完全、纯粹的浮动汇率制，政府不对汇率进行任何干预。

（2）管理浮动汇率制

管理浮动汇率制（Managed Floating Exchange Rate Regime），又称肮脏浮动汇率制（Dirty Floating Exchange Rate Regime），是指货币当局出于一定的经济目的，或明或暗地对外汇市场进行干预或指导，使汇率朝对自己国家有利的方向变动。管理浮动是目前浮动汇率的主要形式。

2. 按照一国货币价值是否与其他国家保持某种特殊联系划分

（1）单独浮动汇率制

单独浮动汇率制（Independent Floating Exchange Rate Regime）是指本国货币不与任何外国货币发生固定联系，其汇率根据外汇市场的供求状况单独浮动。如美元、日元、澳元、加元等。

（2）联合浮动汇率制

联合浮动汇率制（Joint Floating Exchange Rate Regime），是指某些国家出于保护和发展本国经济的需要，组成某种形式的经济联合体，在联合体内，各成员国之间使用制定出来的固定汇率，规定上下波动界限；而对成员国以外的国家的货币汇率则采取共同浮动的办法。如1999年1月欧元启动前，欧洲经济共同体成员国的货币一直实行联合浮动汇率制。

（3）钉住浮动汇率制（Pegged Floating Exchange Rate Regime）

钉住浮动汇率制是指一国货币与另一国货币挂钩或与另几国货币组成的“篮子货币”挂钩，制定出它们之间的固定汇率，然后随所挂钩的货币汇率的波动而波动。目前，世界上采用钉住浮动汇率制的国家大多是发展中国家，其货币大都钉住美元、日元、法郎等。

（4）弹性浮动汇率制

弹性浮动汇率制（Elastic Floating Exchange Rate Regime）是指一国根据自身发展需要，规定钉住汇率在一定弹性范围内可自由浮动，或按一整套程序对汇率进行调整，从而避免钉住汇率制的缺陷，获得在外汇管理和货币政策等方面更多的自主权。

表 3-4　2014—2020 年汇率制度类型国家占比

单位：%

	2014 年	2016 年	2018 年	2020 年
无法定独立货币的汇率安排	6.8	7.3	6.8	6.8
货币局制度	6.3	5.7	5.7	5.7
传统钉住	23.0	22.9	22.4	21.4
稳定化安排	11.0	9.4	14.1	12.0
爬行钉住	1.0	1.6	1.6	1.6
类似爬行安排	7.9	5.2	7.8	12.0
水平带内的钉住汇率制度	0.5	0.5	0.5	0.5
浮动	18.8	20.8	18.2	16.7
自由浮动	15.2	16.1	16.1	16.1

资料来源：国际货币基金组织官网（https://www.imf.org/）。

（三）固定汇率制和浮动汇率制的比较

由于汇率的特定水平及其调整对经济有着重大影响，并且不同汇率制度本身也意味着政府在实现内外均衡目标的过程中需要遵循不同的规则，所以比较上述两个最主要的汇率制度类型——固定汇率制和浮动汇率制的优劣是十分有必要的。到目前为止，学术界对于固定汇率制和浮动汇率制的优劣比较仍处于激烈的争论当中。许多经济学家赞成浮动汇率制，如弗里德曼（M. Friedman）、约翰逊（H. Johnson）、哈伯勒（G. Haberler）等，但纳克斯（Nurkse）、蒙代尔（R. Mundell）、金德尔格（C. Kindleberger）等则赞成固定汇率制。从本质上来说，对这两种汇率制度的比较与选择是各国货币当局对汇率安排的可信度和灵活度的权衡。

1. 固定汇率制与浮动汇率制的自动调节机制比较

固定汇率制与浮动汇率制的最大区别在于出现国际收支不平衡后经济恢复内外均衡的自动调节机制。它们各自的调节机制如下：

固定汇率制下，若一国出现国际收支顺差，此时外汇的供给大于需求，汇率有下浮的压力。这时，为维持本国政府公布的固定汇率就需要动用外汇储备，政府应该增加外汇储备以消除外汇市场上供给与需求的缺口，即买入外汇的同时向市场上抛出本币，相应地，本币货币供应量增多，可以使萧条的经济复苏。反之，若出现国际收支逆差，政府就要减少外汇储备以维持固定汇率，相应地，本国货币的货币供应量减少，可以给过热的经济降温。

浮动汇率制下，若出现国际收支顺差，此时的外汇供给大于需求，那么汇率会下降，本币升值重新达到外汇供求平衡状态。反之，若出现国际收支逆差，此时的外汇供给小于需求，汇率就会上升，本币贬值，恢复外汇供求平衡的状态。

2. 浮动汇率制相对于固定汇率制的利弊分析

大多数人认为，与固定汇率制相比，浮动汇率制既有优势，也有劣势。

（1）浮动汇率制的有利方面

第一，浮动汇率制更有助于发挥汇率对国际收支的自动调节作用。当一国发生国际收支不平衡时，在浮动汇率制下，只需听任汇率进行自主、连续的微调，调整的时间快、成本低。当一国国际收支出现顺差时，外汇供给大于外汇需求，本币汇率上升，进口商品以本币计算的价格下跌，而出口商品以外币计算的价格上涨，因此出口减少，进口增加，贸易顺差减少，国际收支不平衡得到缓和。反之，当一国国际收支出现逆差时，外汇需求大于外汇供给，本币汇率下跌，出口商品的价格以外币计算下跌，而以本币计算的进口商品的价格上升，于是刺激了出口，抑制了进口，贸易收支逆差逐渐减小，国际收支不平衡得到缓和。

第二，浮动汇率制能够减少国际游资的冲击和对国际储备的需求。在固定汇率制下，国际游资尤其是投机性资金往往通过抛售软货币、抢购硬货币而从中谋利。这对软货币经济体汇率冲击很大，并可能导致国际储备快速大量消耗，也使得国际金融市场动荡不安。浮动汇率制下的投机主要是一种稳定性投机，投机者低买高卖，对市场价格的影响是稳定的，倾向于降低市场价格波幅。同时，在浮动汇率制下，汇率根据外汇市场的供求状况随时进行调整，并且政府也不承诺维持某一汇率水平，因此投机性资金不易找到汇率明显高估或低估的机会，同时还必须承担汇率反向变动带来的风险。

第三，浮动汇率制在内外均衡中更易于协调。在一国出现经济衰退和国际收支逆差时，固定汇率下只能通过紧缩性财政或货币政策来改善国际收支，但这会加剧经济衰退，且政策的有效性也常常因为跨境资金流动而受到削弱和抵消。相反，在浮动汇率制下，国际收支可由汇率来调节，避免跨境资金流动对政策效应的不利影响，从而实现对外均衡；同时，国内均衡则可依赖财政或货币政策，内外均衡不致发生冲突。

（2）浮动汇率制的不利方面

与固定汇率制相比，浮动汇率制也被认为存在一些弊端。

首先，浮动汇率制不利于国际贸易与投资的发展。浮动汇率的不确定因素使得国际贸易和投资成本收益不易测算，进行各项规避风险的交易本身也有成本，当成本比较高时就会对国际经济活动产生影响，而且很多经济活动是无法规避汇率风险的，例如跨国的实物投资、人力资源投资等。此外，发展中国家由于金融市场不发达，缺乏远期交易等规避风险的工具，浮动汇率制对它们尤其不利。

其次，浮动汇率制会助长国际金融市场上的投机活动，不利于价格稳定性。由于投机者心理往往非理性，浮动汇率制下盛行的是非稳定性投机，追涨杀跌的行为决策会扩大市场价格波幅，于是浮动汇率制下对未来汇率预期的不确定性使外汇市场很容易成为投机者的乐园。而固定汇率制下政府的介入至少使市场交易者心理上存在名义锚，可以通过改变投机者预期对汇率稳定施加影响，在一定程度上消除不确定性。

再次，浮动汇率制可能引发货币之间竞相贬值。一般认为，在浮动汇率制下，由于缺乏关于汇率的有约束力的协议，各国将国内经济目标摆在首位，易于利用汇率的自由波动而推行竞争性贬值这一“以邻为壑”的政策，会造成国际经济秩序的混乱。

最后，浮动汇率制可能诱发通货膨胀。在浮动汇率制度下，当本币贬值时，进口成本上升，物价上升；当本币升值时，进口成本则因价格刚性而不容易下降或下降不足，其净效应是物价的上升。也就是说本币升值时物价上升幅度要大于本币贬值时物价的下降幅度。扩大到两个国家的相互关系看，一国货币的升值便是另一国货币的贬值，贬值国的物价上升幅度要超过升值国的物价下降幅度，其净效应便是世界物价水平的上升。这被称为不对称效应或棘轮效应（Ratchet Effect）。固定汇率制可以防止对货币政策的滥用，如扩张的货币政策使本国利率降低，会引起外汇储备外流，对固定汇率制构成威胁。但在浮动汇率制下，一国可以更加自主地使用货币政策，不会顾及本国货币的价值。

（四）中间汇率制度

除汇率制度最主要的分类——固定汇率制和浮动汇率制外，还存在处于固定汇率制与浮动汇率制之间的汇率制度，也就是所谓的中间汇率制度，如爬行钉住汇率制度、汇率目标区制度和货币局制度等。

爬行钉住汇率制度（Crawling Pegging Exchange Rate Regime）是指汇率可以经常性、小幅度调整的固定汇率制度。20 世纪 60 年代，爬行钉住汇率制在国际范围内引起了较为广泛的重视，自那时起，一些国家相继采取了这一制度，如智利、韩国等。该种汇率制度中的“爬行”，有别于可调整钉住汇率制度的偶然、突发性、跳跃性的大幅度调整，是经常、小幅度的调整；“钉住”指的是，国家负有维持某种平价的义务或使市场汇率保持在这一平价上下的一定范围内。以上两点也就是爬行钉住汇率制的基本特征。

汇率目标区制度（Exchange Rate Target-zone Regime）的含义有广义和狭义两种。广义的汇率目标区制泛指将汇率浮动限定在一定区域内（如中心汇率的上下各 10%）。狭义的汇率目标区制特指美国学者威廉·森姆（John Williamson）于 20 世纪 80 年代初提出的以限制汇率波动范围为核心的，包括中心汇率及变动幅度的确定方法、维系目标区的国内政策搭配、实施目标区的国际政策协调等一整套内容的国际政策协调方案。

货币局制度（Currency Board Regime）是指在法律中明确规定本国货币与某一外国可兑换货币保持固定的交换比率，并且对本国货币的发行做特殊限制以保证履行这一法定义务的汇率制度。它通常要求货币发行必须以一定的（通常是百分之百）这种外国货币为准备金，并且要求在货币流通中始终满足这一准备金要求。历史上有一些小国或小经济体曾采用过货币局制，目前爱沙尼亚和中国香港仍实行货币局制。

拓展阅读 3–4

IMF 对汇率制度种类的修订①

自 1998 年以来，国际货币基金组织的工作人员公布了各国汇率安排的分类，但该分类系统工作受到了两个突出挑战，即管理浮动制度的其他类别比重和异质性逐步上升以及用于确定安排特征的干预做法变得越来越复杂。具体来说，近年来积极地管理其汇率的国家数量不断增加，这导致 1998 年分类中浮动汇率制度和固定汇率制度之间的区别过于依赖判断，并且这些国家认为它们没有承诺捍卫特定的汇率水平，因此拒绝将本国汇率制度分类为管理浮动制度或固定挂钩制度。与此同时，

① Karl. H et al:“Revised System for the Classification of Exchange Rate Arrangements”,IMF working paper。刘晓辉，张璟:《汇率制度与货币政策框架:演变、特征与启示》,《国际金融研究》2018 年第 1 期。崔瀚中:《全球汇率制度动态演变趋势与中国汇率制度选择》,《制度经济学研究》2021 年第 2 期。

越来越多的国家现在能够以商业条款在本币和外币债务之间切换，还有部分国家有收入流动，特别是来自石油行业，一直在以石油稳定基金或长期投资基金的形式建立储备资产池。因此，传统的干预措施可能低估了一些国家对浮动汇率的管理程度，再加之缺乏有关外汇干预的数据，这些问题可能更加严重。在此背景下，国际货币基金在2009年对汇率制度种类进行了修订，提出无单独法定货币的交易安排、货币局制度、传统钉住制度、稳定化安排、爬行钉住、类似爬行安排、水平带钉住、浮动、自由浮动和其他有管理安排十个分类。其中无单独法定货币的交易安排和货币局制度属于强钉住制度（Hard Pegs），传统钉住制度、稳定化安排、爬行钉住、类似爬行安排、水平带钉住属于软钉住制度（Soft Pegs），浮动和自由浮动属于浮动汇率制度。为了应对上面提到的挑战，2009年汇率制度分类的改变主要体现在两点：一是用浮动和自由浮动两种新的类别取代管理浮动和独立浮动；二是区分正式的爬行钉住与仅仅是类似爬行钉住的汇率制度。

在学术界，不同学者对现有汇率制度进行分类的标准亦不相同。如刘晓辉、张璟（2018）将“无独立法偿货币的汇率制度”“货币局制度”“其他传统钉住安排”“传统的钉住制度”归入固定汇率制度，将“水平带内钉住”“爬行钉住”“爬行带内钉住”“稳定化安排”“类爬行钉住”“水平带内钉住制度”划分为中间汇率制度，将“事先没有宣称汇率路径的管理浮动制度”“独立浮动汇率制度”“浮动汇率制度”“自由浮动汇率制度”等划分为浮动汇率制度。崔瀚中等（2021）则将传统钉住稳定化安排、爬行钉住、类似爬行安排、水平带钉住和其他有管理安排划分为中间汇率制度。

第三节 汇率决定理论

汇率决定是汇率理论中的核心问题，也是非常复杂的问题：一方面在现代不可兑现的信用货币制度下，各国流通的都是没有价值的纸币，它们之间之所以可比，是由于它们都具有购买力，然而如何比较购买力却十分困难；另一方面，外汇供求的变化始终是汇率波动最根本的影响因素，可是外汇供求变化背后的因素又是复杂多变的。于是，学术界出现了各种汇率决定理论，从不同角度对汇率的形成和变动进行探究，这里仅简单介绍比较有影响力的三个理论。

一、购买力平价学说

购买力平价学说（Theory of Purchasing Power of Parity，简称“PPP”）是由瑞典经济学家卡塞尔（G. Cassel）在其代表作《1914 年以后的货币与外汇理论》中系统提出的，自 1922 年该书出版以后，购买力平价学说的观点得到了广泛关注，至今都是汇率决定理论中最具有影响的理论之一。

购买力平价学说的基本思想是货币的价值在于其具有的购买力，因此不同货币之间的兑换比率取决于它们各自具有的购买力的对比，也就是汇率与各国的价格水平之间具有直接的联系。

（一）开放经济条件的“一价定律”

首先，按照同一商品在不同区域间的价格差异能否通过套利活动予以消除分类，我们可以将一国内部的商品划分为可贸易商品（Tradable Goods）和不可贸易商品（Non-tradable Goods），区域间的价格差异可以通过套利活动予以消除的是可贸易商品，否则就是不可贸易商品。不可贸易商品一般主要包括不动产和个人劳务项目，这两种商品具有不可移动性或套利活动交易成本无限高的特点，这就决定了它们不会发生套利活动。

一价定律（One Price Rule）针对的是可贸易商品，它与不可贸易商品是无关的。除此之外，一价定律还必须满足以下几个条件：一是位于不同地区的同一种商品是同质的，不存在任何商品质量及其他方面的差别；二是商品的价格可以灵活调整，不存在任何价格上的黏性；三是不考虑交易成本。

1. 封闭经济下的一价定律

对于可贸易商品，套利活动将它的地区间的价格差异完全消除。那么，封闭条件下的一价定律指的就是同种可贸易商品在各地的价格都是一致的。

2. 开放经济下的一价定律

在开放经济下，我们要讨论的是某一可贸易商品在不同国家的价格之间的联系。涉及的国家不同，其使用的货币也是不同的，因此不可避免的是，商品价格的比较必须要折算成同一种货币才能进行。于是，在商品的买卖过程中，一定会有不同货币之间的兑换问题。

由封闭经济下的一价定律可以推知开放经济下的一价定律：以同一种货币衡量的不同国家的某种可贸易商品的价格应该是一致的，用公式 3-1 表示：

$$P_i = e \times P_i^* \tag{3-1}$$

其中 e 表示直接标价法下的汇率，P_i 为第 i 种可贸易商品在一国内部的价格，P_i^* 表示第 i 种可贸易商品在其他国家的价格。

（二）购买力平价学说的基本形式

购买力平价有两种形式，即绝对购买力平价和相对购买力平价。

1. 绝对购买力平价

绝对购买力平价有两个前提假设：

一是对任何一种可贸易商品，一价定律均存在。于是，对于 n 种可贸易商品均有：

$$P_1 = e \times P_1^*, P_2 = e \times P_2^*, \cdots, P_i = e \times P_i^*, \cdots, P_n = e \times P_n^* \tag{3-2}$$

二是在两国物价指数的编制中，各种可贸易商品所占的权重相等。

假设两国都有 n 种可贸易商品被编入各自的物价指数，第 i 种可贸易商品在其中所占的权重为 a_i。根据以上条件可以得到：

$$a_1 \times P_1 = a_1 \times e \times P_1^*$$

$$a_2 \times P_2 = a_2 \times e \times P_2^*$$

$$\cdots$$

$$a_i \times P_i = a_i \times e \times P_i^*$$

$$\cdots$$

$$a_n \times P_n = a_n \times e \times P_n^*$$

将其加总得：

$$\sum a_i P_i = \sum a_i P_i^* \tag{3-3}$$

如果用 P 表示一国国内的物价指数，用 P^* 表示其他国家的物价指数，那么就可以得到：$P = e \times P^*$。这个式子的含义是不同国家的可贸易商品的物价水平以同一种货币计量时是相等的。将其变形，得到

$$e = \frac{P}{P^*} \tag{3-4}$$

这就是绝对购买力平价的一般形式，它意味着汇率取决于不同货币衡量的可贸易商品的价格水平之比，即取决于不同货币对可贸易商品的购买力之比。

2. 相对购买力平价

相对购买力平价聚焦于价格变化而不是绝对的价格指标，认为汇率的变化等同于两个国家的价格变化之差。将绝对购买力平价公示写成对数形式，再取变动率，即可推导出相对购买力平价的一般形式：

$$\Delta e = \Delta P - \Delta P^* \tag{3-5}$$

其中，Δe 为汇率的变动率，ΔP 为本国的通货膨胀率，ΔP^* 为其他国家的通货膨胀率。

相对购买力平价意味着汇率的升值与贬值是由两国的通货膨胀率的差异决定的。如果本国通货膨胀率超过外国，本币将贬值；反之，外国通货膨胀率超过本国，本币将升值。由于相对购买力平价避开了绝对购买力平价过于脱离现实的假定，同时通货

膨胀率的数据更加易于得到，因此与绝对购买力平价相比，相对购买力平价更具有实际的应用价值。

（三）对购买力平价学说的评价

1. 购买力平价学说的地位

购买力平价学说是最有影响力的汇率理论，它被普遍作为汇率的长期均衡标准而被应用于其他汇率理论的分析中。它是从货币的基本功能（具有购买力）角度分析货币的交换问题，符合逻辑，易于理解，表达形式最为简单，对汇率决定这样一个复杂问题给出了最简洁的描述。它所涉及的一系列问题都是汇率决定中非常基本的问题，处于汇率理论的核心位置。

2. 购买力平价学说的缺陷

第一，忽略了国际资本流动对汇率的影响。尽管购买力平价理论在揭示汇率长期变动的根本原因和趋势上有其不可替代的优势，但在中短期内，国际资本流动对汇率的影响越来越大。

第二，忽视了非贸易品因素，也忽视了贸易成本和贸易壁垒对国际商品套利的制约。

第三，计算购买力平价的诸多技术性困难使其具体应用受到了一些限制，例如物价指数的选择不同，可能会导致不同的购买力平价，而对采用何种指数最恰当尚存争议；商品分类上的主观性会扭曲购买力平价，不同的国家很难在商品分类上做到一致和可操作；计算相对购买力平价时，很难准确选择一个汇率达到或基本达到均衡的基期年。

二、利率平价学说

利率平价学说是由凯恩斯于 1923 年在《货币改革理论》一书中首次系统阐述的，他提出了远期差价决定的利率平价学说。后来，英国学者艾因齐格在其 1931 年出版的《远期外汇理论》和 1937 年出版的《外汇史》中进一步提出动态利率平价的“互交原理”，揭示了即期汇率、远期汇率、利率、国际资本流动之间的相互影响。经过凯恩斯和艾因齐格等人完整阐述后的利率平价学说突破了传统的国际收支和物价水平的范畴，从资本流动角度研究汇率与利率之间的关系，奠定了现代汇率理论的基础。

利率平价学说所讨论的汇率与利率之间的关系，比购买力平价说讨论的汇率与价格之间的关系要更加密切。购买力平价学说与利率平价学说的关系可分别表示为：就购买力平价学说（中长期分析、在商品市场上）而言，传导过程是“货币数量—购买力（商品价格）—汇率”；就利率平价说（短期内分析、在金融市场上）而言，传导过程是“货币（资金）供求数量—利率（资金价格）—汇率”。

（一）利率平价关系的机制——一价定律

与购买力平价关系的机制相似，利率平价关系的机制也是“一价定律”。假设资金在国际间的流动不存在任何限制和交易成本，投资者可以在本国投资，也可以在外国投资，这将取决于国内外的投资收益率：如果两个国家的投资收益率存在差异，则存在套利机会，资本就会从低投资收益率国家流向高投资收益率国家，直至两国投资收益率相等才达到均衡。这种投资收益率的相等就是利率平价说所涉及的“一价定律”。

在这里，由于涉及了两种货币的兑换，套利者在考虑收益的同时也会考虑到外汇风险从而进行远期交易，所以我们一定要注意到资本的投资收益不仅仅与利率有关，还与即期汇率、远期汇率、预期汇率等有关。

（二）利率平价的两种形式

假设资金在国际间移动不存在任何限制与交易成本，本国投资者可以选择在本国或外国金融市场投资一年期存款，利率分别为 i 和 i^*，即期汇率为 S（直接标价法），一年期远期汇率为 F，投资者预期一年后的汇率为 Ef。

若投资者手中持有一笔资金，不妨设其为一单位的本国货币。对于这一单位的货币，他可以进行以下两种操作：

一是投资于本国金融市场，则一年后资金增值到：$1\times(1+i)=1+i$。

二是投资于外国金融市场，步骤如下：首先，将这一单位的本币在即期外汇市场上换成外币，可换得$\frac{1}{S}$单位的外币；其次，将这$\frac{1}{S}$单位的外币存入外国银行，存期一年，期满可获得本利和$\frac{1}{S}(1+i^*)$；最后存款到期后，将外币存款的本利和在外汇市场上换成本币。

由于一年后的汇率是未知的，于是投资国外金融市场的投资收益率是不确定的，投资者面临着一定的汇率风险。那么，进行怎样的投资操作还要看投资者对风险的态度。众所周知，投资者对于风险的态度一般有风险厌恶、风险中立和风险偏好三种，其中风险厌恶者或风险中立者既想获得国际利差，又想将国际套利风险降到最低，于是他们可以选择远期交易以降低汇率风险，也就是采用套补套利操作，而风险偏好者会根据自己对未来汇率变动的预测而计算预期收益，在承担一定汇率风险的情况下进行投资活动，即进行非套补套利操作。显然，根据投资者套利活动的不同，利率平价学说可分为套补的利率平价和非套补的利率平价。

套补利率平价一般公式①的经济含义是汇率的远期升贴水率等于两国货币利率差：如果本国利率高于外国利率，本币在远期贬值；如果本国利率低于外国利率，本币在远期将升值。换言之，高利率国家的货币即期升值、远期贬值，低利率国家的货币即期贬值、远期升值。套补利率平价具有很高的实践价值。根据对市场交易者的实际调查，套补利率平价作为指导公式被广泛应用于交易中，做市商基本上是根据各国间利率差异来确定远期汇率的升贴水额。在实证检验中，除了外汇市场激烈动荡时期，套补的利率平价基本能较好成立。当然，实际汇率变动与套补的利率平价间也存在着一定的偏离，这一偏离被认为反映了交易成本、外汇管制以及各种风险等。

非套补利率平价公式的经济含义是，预期的未来汇率变动率等于两国货币利率之差：如果本国利率高于外国利率，则意味着市场预期本币在远期将贬值；反之，则意味着市场预期本币在远期将升值。于是，本国政府提高利率，则当市场预期未来的即期汇率不变时，本币的即期汇率将升值。

需要注意的是，外汇市场上的投机者会促使两种利率平价统一起来。当他们预期的未来汇率和当前对应的远期汇率不一致时，会认为存在投机机会。当 $Ef>F$ 时，表明投机者认为现行远期汇率值低估了未来的外币价，因此他们将买入远期外汇，并在期满后以合约规定的价格 F 买入外汇，当汇率变到预期水平 Ef 时，再以 Ef 的价格卖出这些外汇，从而获得这一差价形成的利润。投机者在远期外汇市场上的交易会使 F 增大，直到与 Ef 相等为止。可见，投机者的活动使远期汇率完全由预期未来汇率决定，此时套补的利率平价和非套补的利率平价同时成立。基于此，人们可以将远期汇率这个客观指标，作为相对应的未来即期汇率预测值这个主观指标的替代物，即远期汇率是对未来即期汇率的无偏预测。

（三）对利率平价学说的评价

首先，利率平价说的研究角度从商品流动转移到资本流动，这对于正确认识外汇市场上，尤其是在资本流动非常迅速、频繁的外汇市场上的汇率形成机制是十分重要的。

其次，它并不是一个独立的汇率决定理论，而只是描述出了汇率和利率之间存在的关系。汇率和利率之间是相互作用的，不仅利率的差异会影响到汇率的变动，汇率的变动也会通过资金流动而影响不同市场上资金供求关系，进而影响利率。更为重要的一点是，利率和汇率可能同时受到更为基本的因素的作用而发生变化，利率平价只是这一变化过程中表现出来的利率和汇率两者间的联系。因此，利率平价理论与其他汇率决定理论之间是相互补充而不是相互对立的，它常常作为一种基本的关系式而被运用在其他外汇决定理论的分析中。

再次，它具有特别的实践价值。它为中央银行对外汇市场进行灵活的调节提供了有

---

① 具体推导过程可参见任何一本正式出版的国际金融学教材相关章节。

效途径，即培育了一个发达的、有效率的货币市场，中央银行在货币市场上利用利率尤其是短期利率的变动对汇率进行调节。

最后，利率平价学说也存在一定的缺陷，如没有考虑资本流动的交易成本、资本流动障碍、套利资金规模的有限性等。

三、国际收支学说

国际收支学说是从国际收支角度来分析汇率决定的一种理论，考虑了国际收支对外汇的影响。它的理论渊源可以追溯到 14 世纪，之后 1861 年英国学者葛逊（G. L. Goschen）较为完整地阐述了汇率与国际收支的关系，形成国际收支学说的早期观点。在第二次世界大战后，随着凯恩斯主义的宏观经济分析被广泛运用，很多学者应用凯恩斯模型来说明影响国际收支的主要因素，进而分析了这些因素是如何通过国际收支作用到汇率的，从而形成了国际收支学说的现代形式。下面就分别介绍这两种理论。

（一）国际借贷学说

国际借贷学说是国际收支学说的早期形式。该学说认为，汇率是外汇的价格，是由外汇市场的供求关系决定的，而外汇供求是由国际收支状况决定的。然而，商品的进出口、资本买卖等都会记入国际收支，但并不是所有的国际收支都会影响外汇供求，只有已进入实际收支阶段的国际收支才符合要求，包括流动债务（进入支出阶段的外汇）和流动债权（进入收入阶段的外汇）。所以，只有一国对外流动借贷状况才会影响外汇供求。

于是，当一国进入支出阶段的外汇支出大于进入收入阶段的外汇收入时，外汇需求大于外汇供给，此时汇率增大；反之，汇率减小；若进入收支阶段的外汇供求相等，汇率便处于均衡状态。

国际借贷学说存在的主要缺陷是没有说清楚哪些因素具体影响到外汇的供求，从而大大限制了这一理论的应用价值。国际借贷学说的这一缺陷在现代国际收支学说中得到了弥补。

（二）现代国际收支学说

假定汇率完全自由浮动，于是汇率就是外汇市场上的价格，它可以通过自身变动实现外汇市场供求平衡，从而使国际收支始终处于平衡状态。国际收支账户包括经常账户（CA）和资本与金融账户（KA），当国际收支处于均衡状态时，有：

$$BP = CA + KA = 0 \tag{3-6}$$

如果将经常账户简单地视为贸易账户，则它主要由商品和劳务的进出口决定。那么，影响经常账户进口的主要因素有本国国民收入 Y、汇率 e、相对价格 P、P^*，影响经常账户出口的主要因素有外国国民收入 Y^*、汇率 e、相对价格 P、P^*。其中的汇率 e、相对价格 P、P^* 主要是以实际汇率（eP^*/P）的形式来影响进出口的。公式 3-7 表现了以上这些因素对经常账户的影响：

$$CA=f(Y,Y^*,P,P^*,e) \tag{3-7}$$

假定资本与金融账户的收支取决于本国利率 i、外国利率 i^* 和对未来汇率水平变化的预期 Ef，公式 3-8 表现出以上这些因素对资本与金融账户的影响：

$$KA=g(i,i^*,Ef) \tag{3-8}$$

综合起来，影响国际收支的主要因素及国际收支均衡条件为：

$$BP=f(Y,Y^*,P,P^*,i,i^*,e,Ef)=0 \tag{3-9}$$

如果将除汇率以外的其他变量都视为给定的外生变量，则汇率将在这些因素的共同作用下变化至某一水平，以平衡国际收支，即：

$$e=g(Y,Y^*,P,P^*,i,i^*,Ef) \tag{3-10}$$

通过公式 3-10，我们可以清晰地看到影响汇率变化的主要因素有国内外的国民收入、国内外的价格水平、国内外的利率水平和人们对未来汇率的预期。

与国际借贷学说相同，现代国际收支学说也认为，汇率是由外汇市场的供求关系决定的，而外汇供求是由国际收支状况决定的。但是，它比国际借贷学说更加完备的一点是，它分析了哪些具体因素通过影响外汇供求影响到了汇率，并简单说明了是如何影响的。

（三）对国际收支学说的评价

首先，国际收支是重要的宏观经济变量，国际收支学说从宏观经济角度而不是货币数量角度研究汇率，是现代汇率理论的一个重要分支。

其次，国际收支学说不能被视为完整的汇率决定理论，它只是反映汇率与其他宏观经济变量之间的联系，影响国际收支的众多变量之间及其与汇率之间的关系是错综复杂的。

最后，国际收支学说是关于汇率决定的流量理论，认为国际收支引起的外汇供求流量决定汇率水平及其变动，但并没有进一步分析是哪些因素决定了这一流量。

四、其他汇率决定理论

除了上述影响力较大的汇率决定理论外，还有一些理论从其他角度探析影响汇率水平的因素。例如，法国学者阿夫特里昂（Aftalion）于 1927 年提出汇兑心理学说（Psychology Theory of Exchange），将人们的主观心理因素引入了汇率分析，为解释汇率的决定和变动提供了独特的视角。这一学说也认为汇率取决于外汇的供给与需求。人们对外汇的需求是为了满足某种欲望或获得效用，例如对外国商品和服务的购买和支付、投资、外汇投机、跨境资金流出等，而这种欲望或效用是由人们的主观评价决定的。人们评价的综合即市场评价，人们需求的综合即市场需求，因此外汇的价值是由供求双方对外汇边际效用所作出的主观评价决定的。特别是在经济不正常或市场异常波动的情形下，人们的心理预期的确有一定的影响作用。不过这一学说可能过分强调主观心理因素，也难免失之偏颇。

1973 年，布雷顿森林体系瓦解，固定汇率制度崩溃，开始进入浮动汇率制度时代，汇率决定理论有了更进一步的发展。资本市场学说在 20 世纪 70 年代中后期被提出并成为汇率理论的主流。与传统的理论相比，汇率的资本市场学说更强调了资本流动在汇率决定中的作用，汇率被看作资产的价格，由外汇资产的供求决定。依据对本币资产与外币资产可替代性的不同假定，资产市场学说分为货币分析法与资产组合分析法，货币分析法假定本币资产与外币资产两者可完全替代。而资产组合分析法假定两者不可完全替代。在货币分析法内部，依对价格弹性的假定不同，又可分为弹性价格货币分析法与粘性价格货币分析法。

汇率由哪些因素决定是一个复杂的系统问题，前人在研究中提出的各种理论都有优点，但也都有不足。一种理论往往只能针对汇率决定的某一方面进行深入详尽的阐述，且同一种理论在不同时期的解释能力也是不同的。到目前为止，还没有一种全能的汇率决定理论。但是已有的汇率决定理论是相互补充、相互替代的，它们一起构成了多姿多彩的汇率决定理论体系。近些年来，固定汇率制下汇率理论的新发展主要体现在把汇率调整融入政府政策优化分析的框架中进行研究；浮动汇率制下汇率理论的新发展主要体现在将现代经济学的最新发展应用到汇率决定理论研究中，如将预期、不完全信息、博弈论、有效市场理论、行为金融学及微观市场结构理论等引入汇率决定理论研究。

第四节　汇率的影响与中国汇率制度改革

汇率决定理论主要分析汇率受什么因素决定和影响，而汇率作为两种货币之间兑换的比率，在现代开放经济运行中，对一国的进出口贸易、物价水平、资本流动诸多方面会产生不可忽视的作用。同时，汇率又是各个国家的一个极其重要的金融手段，我国亦不例外，自新中国成立以来，汇率制度经历了一系列的改革，对我国经济社会的发展起到了重要影响，也在探索符合我国国情的汇率制度的道路上不断前进。

一、汇率的影响

汇率是重要的价格指标，不仅会影响经济主体的行为、本国（及贸易伙伴）的国际竞争力水平，还会影响进出口、物价和利率，进而通过影响一国的产出和就业，对整体的宏观经济状况产生重要影响。

（一）汇率与进出口

重商主义者托马斯·孟最早对汇率变动与进出口进行了研究。随后，古典经济学家大卫·休谟提出在金本位制下，如果一国处于贸易逆差，外汇储备会相对减少，直接导致国内市场上央行对本币供给的减少，而本币供给减少会促使国内平均价格水平降低，本国商品竞争力增强，从而促进出口，改善一国贸易收支水平。

一般说来，本币贬值时，意味着可以提高本国商品的国际竞争力，能起到刺激出口、抑制进口的作用；本币升值时，则有利于进口，不利于出口。下面以一个本币名义汇率升值的例子做进一步说明。

假设中国某厂商制造并出口玩具，出口成本是单价人民币 6.5 元，出口到国际市场，可卖 1 美元。按当时 1 美元兑 6.9 元人民币的汇率，一件玩具可赚人民币 0.4 元（即售价 6.9 元减去成本 6.5 元），利润率约是 6.2%；如果人民币升值到 1 美元兑 6.6 元的水平，那么出口一件玩具只能赚 0.1 元（即售价 6.6 元减去成本 6.5 元），利润率下降至约 1.5%。可见，在其他条件都不变的前提下，本币汇率升值导致出口商品的利润率下降，结果会抑制出口；相反，本币汇率的升值则意味着进口商品相对便宜了，将有利于进口。

上面的例子说明名义汇率的变化会影响进出口，而前文讲过，实际汇率可以更好地测量两国产品相对（价格）竞争力的强弱，因此应该进一步考察国内价格上涨的因素，以更深入地认识实际汇率的影响。仍以中国某厂商制造并出口玩具为例，人民币汇率从 1 美元兑换 6.9 元人民币上升至 1 美元兑换 6.6 元人民币，会降低玩具单价（售价从 6.9 下降至 6.6 人民币），由于原材料或工资上涨等因素还会带来玩具成本上升，假如玩具成本由 6.5 元上涨到 6.6 元，这时出口玩具的利润率下降至 0。进一步假设同样的玩具原材料在美国售价为 1 美元，以玩具原材料价格作为物价指数，人民币名义汇率从 6.9 上升至 6.6，而人民币实际汇率则从 1.062（即 $e=\frac{E\times p_{美国}}{p_{中国}}=\frac{6.9\times 1}{6.5}$）上升至 1（即 $e=\frac{E\times p_{美国}}{p_{中国}}=\frac{6.6\times 1}{6.6}$），实际汇率上升幅度大于名义汇率。也就是说，本币名义汇率升值和国内价格相对上涨的双重因素将会导致出口竞争力大大降低。

拓展阅读3–5

马歇尔—勒纳条件[①]

马歇尔—勒纳条件揭示了汇率变动对进出口影响的伴随条件。一国货币相对于他国货币贬值，能否改善该国的贸易收支状况，主要取决于贸易商品的需求和供给弹性，这里要考虑4个弹性：（1）他国对该国出口商品的需求弹性；（2）出口商品的供给弹性；（3）进口商品的需求弹性；（4）进口商品的供给弹性（指他国对贬值国出口的商品的供给弹性）。在假定一国非充分就业，拥有足够的闲置生产资源使出口商品的供给具有完全弹性的前提下，贬值效果便取决于需求弹性。需求弹性是指价格变动引起的进出口需求数量的变动程度，如果数量变动大于价格变动，需求弹性便大于1；反之，数量变动小于价格变动，需求弹性便小于1。只有当贬值国进口需求弹性大于0（进口减少）与出口需求弹性大于1（出口增加）时，贬值才能改善贸易收支。

（二）汇率与物价

如前所述，实际汇率体现了物价变动对汇率的影响，即本国物价上涨，导致实际汇率下降；另一方面，本国物价上涨，可减轻本币名义汇率的升值压力，或者说将导致本币名义汇率有贬值的压力。

反过来看，汇率也会影响一国的物价水平。从进口商品和原材料来看，本币（名义）汇率贬值可能引起进口商品和原材料在国内的价格上涨。至于它对物价总指数影响的程度，则取决于进口商品和原材料在国内生产总值中所占的比重。反之，本币汇率升值，其他条件不变，进口商品的价格有可能降低，从而可以起到抑制物价总水平的作用。从出口商品看，本币汇率贬值有利于扩大出口，但在出口商品供给弹性小的情况下，出口扩大会引发国内市场对此类商品的抢购，从而抬高其国内价格，甚至有可能进一步波及国内的物价总水平。若出口商品由于汇率贬值而国内收购价格提高，那么，对于这类出口商品而言，汇率贬值刺激出口增加的作用将会部分乃至全部被抵消。这就意味着价格的变动抵消了汇率变动的作用。

本币汇率的变动导致物价总水平的波动，其后果并不仅限于进出口，而是将影响整体经济。例如，对于消费品主要依靠进口的经济体来说，如果进口消费品价格因本币贬值而上涨，那不仅会引起物价总水平的上涨，可能还会引发社会矛盾。由此可见，单纯从进出口角度考虑汇率政策是不够全面的。

---

① 上海银行间同业拆放利率官方网站（http://www.shibor.org/）。

（三）汇率与利率

利率和汇率是本国货币资金在国内外市场上的价格体现，是国内外金融发展的重要纽带和传导渠道，二者相互影响，形成利率和汇率联动机制。

在开放经济下，汇率波动会通过跨国资本流动，改变不同市场上的资金供求关系，进而影响市场利率。从经常账户和资本账户来看，汇率通过商品市场和金融市场两个渠道引起利率变动。在有管理的浮动汇率制度下，由于货币当局对外汇市场的适时干预，汇率还会通过外汇储备的增减影响本外币资金供求关系，进而引起利率变动。

从经常账户角度看，汇率对利率的影响主要通过贸易余额变动实现，即通过商品市场渠道传导。当汇率上升时，本币贬值，如前文所述，进口商品和劳务相对价格上升而出口商品和劳务价格则会下降，进而变得更有竞争力，于是出口增加、进口减少，贸易余额上升，经常项目盈余增加，国内产出增加，物价上升，实际利率下降。反之，当汇率下降时，本币升值，进口商品和劳务相对价格下降，进口增加、出口减少，贸易余额下降，经常项目盈余减少，国内产出下降，物价下降，实际利率上升。可见，通过商品市场传导渠道，汇率的变动会引起实际利率的反向变动。

从资本账户角度看，汇率对利率的影响主要通过跨境资本流动实现，即通过金融市场渠道。汇率的变动会通过货币替代效应和资产组合效应引起国际资本的跨国套利活动，即以升值或具有升值预期的货币替代贬值或具有贬值预期的货币，以投资收益率较高的货币替代投资收益率较低的货币，导致资本项目发生变动，从而影响利率。在本币贬值预期下，境内外投资者持有以本币计值的各种金融资产的意愿降低，并会将其转兑成外币计值的资产，发生跨境资金流出现象，于是国内市场上资金供给减少，引致利率上升；反之，在本币升值趋势下，投资者会力求增持以本币计值的各种金融资产，引发资金流入，于是国内资金供给增加，引致利率下降。通过金融市场传导渠道，汇率的变动对利率变动的影响具有不确定性，这主要取决于投资者的心理预期。

在有管理的浮动制度下，货币当局会根据本国经济发展需要，适时干预外汇市场，使汇率在一定区间内波动，所以汇率对利率的影响渠道除金融市场渠道和商品市场渠道外，还有外汇储备渠道。当外汇汇率上升时，本币贬值，货币当局为了维持汇率稳定会在外汇市场上买入本币、出售外币，从而减少市场上的本币资金供给，使利率上升。可见，在外汇储备渠道的传导机制下，汇率的变动会引起利率同向变动。

总体来看，汇率变动对利率变动的影响在商品市场、金融市场以及外汇储备渠道中有所不同，最终汇率对利率影响的程度取决于以上三个渠道的相对关系。

此外，汇率变动引起的跨境资金流动还会在金融市场上买入或卖出证券，或是投资房地产等实物资产，因此汇率也可能影响有价证券、房地产等资产的价格。根据利率平价理论，若本币有升值趋势或压力，则国内可以保持较低的利率水平以应对之（当然在实践中，货币当局也可能综合考虑其他经济因素）。这也正是 2005 年至 2013 年人民币对美元名义汇率明显升值期间，为应对人民币的升值压力，在多数时期国内的利率水平低于以美国为代表的国际利率水平的重要原因之一。

二、中国汇率制度改革[①]

新中国成立 70 余年来，伴随着中国外汇市场从无到有，人民币汇率制度也在不断调整变迁。由最初官方主导固定汇率制逐渐转变为市场主导、有管理的浮动汇率制。70 年间，人民币汇率形成机制大致经历了行政定价的单一汇率体制、人民币汇率形成机制的探索以及人民币汇率形成机制的市场化改革推进的三个历史时期。

（一）行政定价的单一汇率体制（1949—1978 年）

1. 单一浮动官定汇率阶段（1949 年前夕—1953 年初）

此阶段中国的汇率调整比较频繁，1 美元兑换人民币在 2. 1—2. 8 元不断变化。当时正处于新中国成立初期，物资非常匮乏，国内物价高居不下，经济复兴刻不容缓，需要大量进口。根据汇率决定理论，本币高估（升值）对进口和物价稳定有利，因此在这一阶段人民币主要表现为升值。

2. 单一固定官方汇率阶段（1953—1972 年）

这一时期，我国实行社会主义计划经济体制。对内，私人资本主义工商业完成了社会主义改造；对外，国营进出口公司按国家计划统一经营，对外贸易基本被政府掌控。此时的人民币汇率对进出口不起调节作用，仅仅是对外贸易中作为内部结算和规划编制的一种会计工具。同时在国际上，各国的货币在布雷顿森林体系下保持稳定，实行的是固定汇率制，即各国货币与美元挂钩、美元与黄金挂钩。因此，1953—1972 年，人民币汇率基本稳定。

3. “一篮子货币”为基础的单一浮动官定汇率阶段（1972—1978 年）

1971 年 8 月，美国单方面宣布美元与黄金脱钩，标志着布雷顿森林体系解体，各主要外汇的价格频繁浮动。鉴于此，中国于 1972 年 6 月 23 日开始改按“一篮子货币”计算调整人民币汇率的机制，构成“货币篮子”的主要货币是美元、日元、英镑和德国马克。1975 年 11 月，人民币汇率主要定在了美元集团和当时西德马克集团货币汇率的中间线上，选取美元、马克等 13 种货币加权平均（后来，又逐渐以美元为主导）。以“一篮子货币”计算的单一浮动官定汇率，参照了主要西方国家货币汇率的变动情况进行调整，以保障出口收汇不会因西方国家货币贬值而遭受损失。此阶段，人民币兑美元

---

① 这部分主要摘自三篇论文，分别为于凤芹、王智明：《中国汇率制度改革 40 年：变迁与发展》，《经济与管理研究》2018 年第 12 期；王国刚、林楠：《中国外汇市场 70 年：发展历程与主要经验》，《经济学动态》2019 年第 10 期；Sonali D："China's evolving exchange rate regime"2019，IMF working paper.

的年平均汇率由 1972 年的 1 美元兑 2. 2401 元调至 1. 5771 元。

（二）人民币汇率形成机制的探索时期（1978—2005 年）

第二个历史时期为 1978 至 2005 年的 27 年，是人民币汇率形成机制的探索时期。1979 年之后，随着中国对外开放的日益扩大和对外经济活动的展开，外部平衡问题逐步显现，由此，汇率问题日显重要。这一时期大致可分为两个阶段。

1. 汇率双轨制阶段（1978—1994 年）

这一时期牙买加体系取代了布雷顿森林体系，黄金非货币化，除了美元和英镑之外，西德马克、日元等货币地位不断上升，国际货币呈现多元化趋势，西方国家也进入汇率制度多元化时代。在此期间，中国对内改革、对外开放，开始实行外贸体制改革。为了鼓励出口、抑制进口，必须解决人民币被高估的问题，进一步发挥人民币汇率对外贸的调节作用。但是，由于这一时期大部分西方国家处于物价高、工资高和通货膨胀严重的时期，从非对外贸易的角度看，要改变非对外贸易外汇兑换不合理的情况，增加第三产业收入及其他非对外贸易外汇收入，反而要将人民币汇率升值。一种汇率无法同时解决两方面的问题，所以必须实行复汇率制。

鉴于此，1979 年 8 月，国务院颁布了《关于大力发展对外贸易增加外汇收入若干问题的规定》，决定从 1981 年 1 月 1 日起，除人民币的公开牌价 1 美元兑换人民币 1. 5 元用于非贸易收支之外，实行一种有利于出口贸易结算和外贸单位经济效益核算的汇率，称贸易外汇内部结算价格，即 1 美元兑 2. 8 元人民币，这是根据 1978 年全国平均出口换汇成本 2. 53 再加 10% 的利润计算出来的。与官方汇率相比，内部结算价的实施实际上是对人民币进行了贬值，标志着人民币汇率重新开始对中国的出口贸易发挥积极的作用。但复汇率制同时带来了一些问题，例如国际社会对于复汇率制不利的舆论和政策反应、现实经济生活中内部结算价和公开牌价使用时难以划分清楚等。

2. 单一汇率基础上的市场化探索阶段（1994—2005 年）

改革开放后，中国经济发展取得了举世瞩目的成就。经济增长速度和对外贸易总量得到巨大的提升，计划经济向市场经济的转型越来越深入人心，各项体制的改革进行得有条不紊，国民生活水平稳步上升，在国际上的号召力也愈来愈强，这为汇率并轨提供了最基本的前提。同时，中国大力发展的劳动密集型产业，利用廉价劳动力的优势，迅速在国际市场上占领了一席之地，经常账户积累的贸易盈余为汇率并轨奠定了一定的基础。改革开放推行出口导向型经济，政府鼓励、支持出口政策，陆续建立经济特区、沿海开放城市和开发区等特殊经济区域，这些都使得中国的外汇储备得到大量积累，为汇率并轨提供了经济支持。1994 年 1 月 1 日，人民币官方汇率与外汇调剂价格正式并轨，同时在全国建立统一的银行间外汇市场，这标志着人民币汇率形成机制开始转向以市场供求为基础的新阶段。在这一阶段，企业和个人可以按规定向指定银行买卖外汇，银行进入银行间外汇市场进行交易，推进市场汇率的形成，同时，中国人民银行运用行政机制设定汇率浮动范围，通过调控市场保持人民币汇率稳定。此后，虽然还有一些技术层面的后续改革举措出台，但企业部门和居民部门的持汇限制、外汇交易限制这两个基础性特征始终未变。

从 1994 年起，中国开始实行以市场供求为基础、单一、有管理的浮动汇率制。在汇价变化方面，1994 年汇率并轨时，汇率为 1 美元 =8.7 元人民币；1997 年亚洲金融危机后，升值为 1 美元 =8.28 元人民币，累计升值 5%。1997 年到 2005 年 7 月，人民币事实上钉住单一美元并在较窄的范围内波动。在外汇管理方面，1996 年 12 月实现了人民币经常项目基本可兑换，但同时实施强制性结汇和有条件售汇的外汇管理机制。

2003 年 10 月，党的十六届三中全会确定了人民币汇率改革的总体目标，即建立健全以市场供求为基础、有管理的浮动汇率体制，保持人民币汇率在合理、均衡水平上的基本稳定。2005 年 7 月 21 日央行发布《关于完善人民币汇率形成机制改革的公告》，中国迈出了汇率市场化改革的关键一步，正式开启了汇率改革的新篇章，开始实行以市场供求为基础、参考一篮子货币进行调节、有管理的浮动汇率制。人民币对美元升值 2%（从之前的 1 美元 =8.28 元人民币调整为 1 美元 =8.11 元人民币），人民币汇率不再钉住单一美元，而是按照中国对外经贸发展的实际情况，选择若干主要货币，赋予相应权重，组成货币篮子，以市场供求为基础，参考一篮子货币计算人民币有效汇率的变化。在此基础上，对人民币汇率（人民币兑美元名义汇率）进行管理和调节，维护人民币汇率在合理均衡水平上的基本稳定。此后，汇率形成机制灵活性不断提高，人民币汇率弹性不断增强，外汇市场不断发展。

（三）人民币汇率形成机制市场化改革推进时期（2005 年以后）

第三个历史时期为 2005 年以后，是人民币汇率形成机制的市场化改革推进时期。其中在 2005 年 7 月至 2015 年 6 月，我国放弃固定汇率制度，但保持人民币兑美元的相对稳定，此阶段人民币逐渐升值。2005 年 7 月 21 日，中国人民银行宣布，中国实行“实行以市场供求为基础、参考一篮子货币进行调节、有管理的浮动汇率制度”。宣布了对汇率制度进行重大改革，从人民币兑美元的固定汇率转变为更加灵活的安排。然而，央行对于一篮子参照货币并没有具体说明，宣布的制度依然是与美元汇率紧密挂钩的。具体而言，在交易日开始前宣布的每日汇率将作为当日人民币兑美元汇率区间的中间值。虽然汇率改革公告表明人民银行允许非美元货币的汇率比人民币兑美元汇率在更广的范围内波动，但实际上这很难操作。例如美元兑欧元的汇率经历一个巨大波动，这就要求人民币兑欧元汇率有一个类似的大幅波动（因为要保持人民币兑美元汇率的相对稳定），不然只能突破人民币兑美元稳定汇率的限制。在此汇率制度下，人民币兑美元汇率的波动性远远低于中国其他主要贸易伙伴（欧洲和日本）货币。同时，在强大的外汇干预下，人民币兑美元以及其他货币的汇率在 2015 年 7 月以前仍然有大幅逐步升值。这种“有管理”的升值反映当局在持有大量外部盈余以及生产率提升的背景下，对提高均衡汇率的一种看法。有管理地升值制造了广泛的预期：汇率将继续朝着同一方向发展，并且会导致资本流入和套利交易的发生。相对于美元，人民币从 2005 年 7 月至 2015 年 7 月升值 26%。总结来看，在此期间，尽管汇率弹性有所增加，但人民币基本还是与美元挂钩，市场实际的汇率并没有展示出浮动制度的特征，人民币逐渐升值。

在 2015 年 8 月至 2016 年 12 月，我国尝试增加弹性和市场波动，此阶段人民币有管理地贬值。在 2015 年 8 月 11 日的公告中，中国人民银行改变了人民币兑美元的中间价报价机制，旨在提高市场力量在人民币汇率变动中的决定性作用。在新机制下，银行被要求提交报价，报价需要将前日收盘价汇率、外汇市场供需关系和主要货币的汇率变动纳入考虑。该制度的意外变化被许多市场参与者解读为人民币大幅贬值的前兆从而导致全球金融市场波动激增，我国资本外流。公告的发布导致芝加哥期权期货交易所使用的市场波动性指数 VIX 升至四年来最高点。我国资本外流加速，资本外流量从 2014 年第三季度和第四季度的平均约 1000 亿美元到 2015 年下半年的季度平均值约为 2000 亿美元，翻了一番。公告发布当日引起人民币兑美元贬值 1.9%，发布公告次日再次贬值 1%，在 8 月中旬到 9 月底，人民币都在非常窄的区间内交易。2015 年 12 月和 2016 年初，人民币兑美元汇率再次经历贬值，导致中国和全球市场出现新一轮波动。鉴于此，一方面，央行在 2016 年 1 月和 2 月进行了大量的外汇干预以稳定货币；另一方面，通过发展汇率制度的窗口指导，来解释清晰制度并且缓解贬值预期。2015 年 12 月，中国外汇交易中心（China Foreign Exchange Trade System，CFETS）公布可追溯 2014 年 12 月 31 日的“CFETS 汇率指数”，指导市场按照一篮子货币参照运行是政策的焦点；2016 年年初，当局详细阐述了新的制度是如何发挥作用的，并向市场保证没有大幅贬值的目标或者预期，同时向银行提供窗口指导，包括如何制定每日人民币兑美元中间价报价等内容，从而缓解贬值预期。

在 2016 年中至 2017 年底，人民币对 CFETS 一篮子货币保持稳定性。人民币压力在 2017 年初得以缓解，因此外汇干预在 2017 年初开始逐渐减少，外汇储备在 2017 年 2 月开始增加。随着 CFETS 指数的公布和新的中间价报价公式的发布，人民银行对中间价机制的指导更加清晰，外加外汇干预和资本流动管理措施（Capital-flow Management Measures）的帮助，我国逐渐过渡到与实际可调整的篮子货币挂钩阶段，人民币在 2016 年中到 2017 年底与 CFETS 篮子汇率大体保持稳定，正如 2005 年改革公告中指出的那样。为了减少“非理性”贬值预期和“顺周期”的羊群效应，进一步引导市场走向稳定，2017 年 5 月 26 日，公告显示中国外汇交易中心已经调整了他们对做市银行中间价报价的指导。银行被要求在其报价中加入“逆周期因子”（Counter-cyclical Adjustment Factor，CCAF）。

2018 年以来，我国继续追求汇率的弹性。在美元走强、贸易紧张局势的加剧、经济增长放缓的迹象显露的背景下，人民币贬值压力在 2018 年加剧。人民币兑美元汇率从 4 月中旬到 6 月中旬贬值 2.5%，到 8 月中旬再贬值 7.5%，而人民币对 CFETS 篮子货币汇率在6月中旬之前贬值1%，到8月中旬再贬值5.5%。2018年7月初，中国人民银行提供窗口指导，表明人民币将基本稳定，并没有使用外汇储备进行重大干预的迹象。与之前的大幅贬值不同，2018年第二季度也没有出现大量资本外流。在8月中旬之后，人民币兑美元和CFETS篮子货币有所升值并趋于稳定。人民币现在与CFETS一篮子货币挂钩，相对于与美元挂钩更加灵活了，使中国能够对更多的贸易伙伴管理货币竞争力，而不仅仅是盯着美国。人民币兑美元汇率在每天的窄幅范围内继续交易，特别是从2018年初以来，人民币汇率弹性有所提升。

本章小结

1. 外汇的本质是对外国商品和劳务的要求权，它是指以外币表示、能用来清算国际收支差额的资产。一种外币资产能成为外汇需要具备三个条件：自由兑换性、普遍接受性、可偿性。

2. 汇率是指一国货币折算成另一国货币的比率或比价，或以一种货币表示的另一种货币的相对价格。汇率的标价方法是指基准货币的确定方法，国际上主要有三种汇率标价方法：直接标价法、间接标价法和美元标价法。根据不同角度，汇率可分为多种类型，如固定汇率和浮动汇率、基本汇率和套算汇率、买入汇率和卖出汇率及中间汇率、即期汇率和远期汇率、名义汇率和实际汇率及有效汇率等。

3. 汇率制度是指一国货币当局对本国汇率水平的确定、汇率变动方式等问题所作的一系列安排或规定。汇率制度最基本的两种类型是固定汇率制和浮动汇率制，作为汇率制度的两极，完全的固定汇率制和完全的浮动汇率制的优劣一直是学术研究的焦点，其他中间汇率制的优劣可以从浮动汇率制和固定汇率制的争论中延伸出来。

4. “一价定律”在汇率决定理论中具有举足轻重的地位。“一价定律”指的是在不考虑交易成本、商品的价格可以灵活调整等假定基础上，对于可贸易商品，套利活动将它的地区间的价格差异完全消除。封闭条件下，一价定律意味着同种可贸易商品在各地的价格都是一致的；开放经济下，一价定律表明以同一种货币衡量的不同国家的某种可贸易商品的价格应该是一致的。

5. 购买力平价学说是汇率决定理论中最具有影响的理论之一。它的基本思想：货币的价值在于其具有的购买力，因此不同货币之间的兑换比率取决于它们各自具有的购买力的对比，也就是汇率与各国的价格水平之间具有直接的联系。与绝对购买力平价相比，相对购买力平价更具有实际的应用价值。

6. 凯恩斯和艾因齐格等人完整阐述后的利率平价学说突破了传统的国际收支和物价水平的范畴，从资本流动角度研究汇率与利率所存在的关系，奠定了现代汇率理论的基础。利率平价学说可分为套补利率平价和非套补利率平价，投机者的活动使这两种利率平价统一了起来，从而对远期汇率的形成起到了决定性的作用。

7. 国际收支学说是从国际收支角度来分析汇率决定的一种理论，考虑了国际收支对外汇的影响，弥补了利率平价学说忽略的国际贸易在汇率决定中的作用。它是由国际借贷学说发展而来的。

重要概念

外汇　直接标价法　间接标价法　美元标价法　固定汇率　浮动汇率　中间汇率　基本汇率　套算汇率　即期汇率　远期汇率　名义汇率　实际汇率　有效汇率　固定汇率制　浮动汇率制　一价定律　购买力平价学说　利率平价学说　国际收支学说

复习思考题

1. 外汇和外币的区别是什么？
2. 汇率的基本分类有哪些？
3. 试对固定汇率制和浮动汇率制进行比较。
4. 简述开放经济条件下的“一价定律”。
5. 简述购买力平价学说和利率价学说的基本观点，并简要评价一下这两种汇率决定理论。

第二篇

金融资产：投资与融资

第四章 金融资产

本章导读

金融资产是投资和融资活动的载体和工具，也是金融交易的对象。随着经济的发展，金融资产的类型日渐丰富。目前，金融资产不仅是家庭财富的重要组成部分，而且是家庭、企业、政府等主体融资的工具，还是各类市场主体流动性管理和风险管理的工具。只有充分了解各类金融资产的特征和功能，准确评估金融资产价值，方可实现投资、融资和风险管理等目标。

那么，金融资产有哪些主要类型？其功能和特征是什么？远期、期货、期权和互换等衍生金融资产的交易机制和基本功能是什么？如何评估金融资产的价值？围绕上述问题，本章第一节将介绍金融资产的特征与种类。第二节介绍原生金融资产。第三节将介绍几种常见的也是最重要的衍生金融工具：远期合约、金融期货、期权和互换。第四节将介绍金融资产价值评估的基本方法。

学习目标

掌握 金融资产的含义及特征；金融远期、金融期货、金融期权、金融互换的含义及其功能，金融远期和金融期货的联系与区别，金融期权的类型；债券和股票价值评估的方法

理解 金融衍生工具的交易原理；金融资产价值评估的基础

了解 主要的原生金融资产类型

第一节 金融资产的特征与种类

金融资产与实物资产都是持有者的财富。随着经济的发展和人们收入的增加，经济主体持有金融资产的比重会逐步提高。了解金融资产的特性和种类，有助于人们做出科学的投资选择。

一、金融资产与金融工具

金融资产与金融工具事实上是描述一个事物的两个角度。金融工具（Financial Instruments）是资金短缺方为了筹集资金而发行的各种书面凭证，它一般规定了资金盈余方向短缺者转让金融剩余的金额、条件和期限等。金融工具对于交易双方所应承担的义务与享有的权利均具有法律效力，通常具有规范化的书面格式和社会的广泛接受性。金融工具的持有者可以在未来某个时间凭借该凭证向其发行者索取规定的收益，因而金融工具对其持有者而言就是金融资产（Financial Assets）。金融资产作为一种未来收益的索取权，还可以于到期之前在不同的投资者之间进行转让，即对金融资产的所有权进行买卖，由此又形成了金融资产的流通市场价格。这种价格反映的是投资者对金融工具未来收益的预期变化，因而其转让的市场价格往往具有较大的波动性和不确定性，所以一般将金融资产界定为具有现实价格和未来估价且具有特定权利归属关系的金融工具的总称。但抛开持有者，孤立地考察金融工具，它们便不能被称为金融资产，如中央银行所发行的货币和企业所发行的债券，对于发行它们的中央银行和企业来说，货币、债券是它们的负债而不是资产。由于金融资产可以像商品一样在金融市场上转让、流通，人们也称这些金融资产为金融商品（Financial Products）。

金融资产具有两个重要的经济功能，即资源配置功能和风险转移功能。正是通过金融资产的发行和交易，资金从盈余方转向短缺方，从而实现了社会金融资源跨越时空的优化配置；而通过金融资产的流通转让，在资金重新分配的过程中，风险也被分散或转移了，例如通过股票的出售可以将单个股票价格下跌的风险转移给其他投资者。

资产是指任何具有交换价值的所有物，金融资产与实物资产都是持有者的财富，但两者存在显著不同：（1）金融资产是典型的无形资产，没有一定的物理形状，触摸不到；实物资产是指以住宅、大宗耐用消费品、工厂、设备等物理形式存在的资产。（2）实物资产可以直接为我们带来效用或服务，你拥有一台电视机，你就可以在周末收看足球比赛，拥有一台电脑，你就可以上网对弈；而金融资产以价值形态存在，代表了对商品和服务的请求权，并不能给持有者带来直接的效用和满足。（3）与实物资产相比，金融资产具有较强的流动性和较低的保存成本，当然在高通货膨胀环境下，金融资产的保值性较差。

二、金融资产的特征

一般而言，金融资产都有期限性、流动性、风险性和收益性四个基本特征。不同类型的投资者正是根据金融资产在这些方面的特殊性质进行资产选择的。

1. 期限性

也称偿还性或到期期限，是指金融资产在进行最终偿付前的时间长度。在种类繁多的金融资产中，偿还期限存在两种特例，一是现金和活期存款的期限可以视为零，因为它们基本上可以随时实现清偿；二是如股票这种权益性资产和永久性债券的偿还期限为无穷，无论持有多长时间，发行者都不可能偿还本金。在金融资产的收益计算中，应该特别注意投资者的有效持有期限，因为在实际投资过程中，投资者并不总是在金融工具的发行之日就持有并一直持有至到期日。

2. 流动性

流动性是金融资产在本身价值不受损失的前提下，转化为现实购买力的能力。一般来说，资产的流动性主要包括三个方面：第一，在资产持有者想用钱时，是否可以把它合法地抛掉？第二，出卖资产的过程是不是很麻烦？是否需要付佣金或者费劲地去寻找买主？第三，资产的市场价格是不是起伏很大？当资产持有者想出售资产时，会不会因正赶上资产价格很低而蒙受损失？所以考察金融资产的流动性强弱一般会对其变现成本加以衡量，如资产变现所付的佣金、变现难易和快慢（时间成本）、资产自身价格的稳定性和可预测性等。变现期限短、成本低的金融资产流动性较强，交易活跃的金融资产流动性较强，自身价格稳定性强的金融资产流动性较强，如债券的流动性强于股票。当然，在所有的金融资产中，货币资产的流动性最强。

3. 风险性

风险性是指购买金融资产的本金和预定收益遭受损失的可能性，通常表现为融资方的违约风险和金融资产价格波动而带来的市场风险。违约风险是指债务人不履行约定按期还本付息的风险，如发行债券的公司破产，债券持有者得不到偿还的风险。市场风险是指金融资产价格下降可能带来的风险，如发行股票的公司经营恶化或股市低迷，股票持有者面临价格下跌的风险。

4. 收益性

收益性则是指持有金融资产能够带来一定的收益，这是投资者因放弃资金使用权而承担了机会成本和风险应得的补偿。例如债券持有者可以获得利息，股票持有者可以获得股息和红利等。一般来说，收益性和风险性成正比，风险大的资产预期收益高。收益的高低由收益率表示，即持有金融资产所获得的收益与本金的比率。

三、金融资产的类型

现实中金融资产种类繁多，图4-1罗列了目前存在的主要金融资产。从图中可以看出，每一大类金融资产下又有许多具体的金融资产品种。一方面，各种金融资产各有其特点，以适应不同的投资者和融资者的需要；另一方面，这些金融资产又有许多共同的地方，因而可以在某些方面互相替代，从而为投资者和融资者提供众多可供选择的工具。

近几百年来种类繁多的各种传统金融工具为各国金融市场和国民经济的发展做出了重要的贡献。但是，这些传统工具仍然不能完全满足金融和经济迅速发展的需要。自20世纪60年代以来，金融创新特别是金融工具的创新层出不穷、不胜枚举。概括起来，主要有金融远期、金融期货、金融期权和金融互换等基本类型。通常我们将传统金融资产称为原生资产或原生工具，而将这些建立在原生工具基础上的新型金融资产称为衍生资产。随着金融和经济的发展，金融工具方面的创新还将不断涌现。

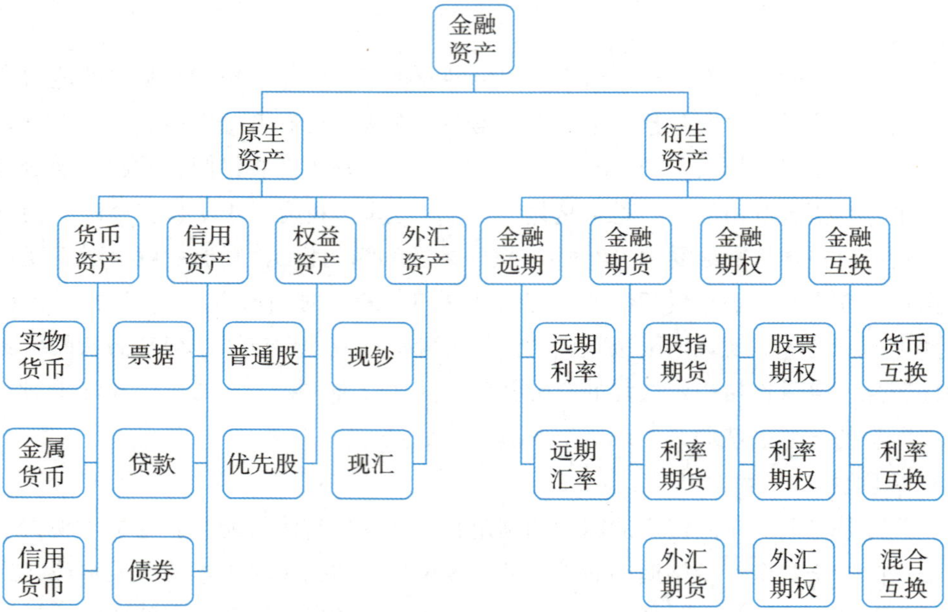

图4-1　金融资产的类型

第二节　原生金融资产

原生金融资产种类主要包括货币资产、信用资产、权益资产三大类，还有用于国际间支付结算的外汇资产，下面逐一予以介绍。

一、货币资产

货币资产作为交易媒介和财富贮藏手段，是最基本的和最重要的金融资产，在金融和经济发展中扮演着极为重要的角色。根据第一章的讲述，我们知道历史上货币经历了实物货币、金属货币、信用货币和电子货币等，在目前的信用货币制度下，货币资产包括现金和银行存款。相对于其他资产，货币资产的收益比较稳定，可以预测，其一般不会受到资产损失，流动性较强，风险主要来自通货膨胀的变化。

二、信用资产

信用资产是借贷行为产生而形成的对债务人在未来某个时间收回本金和获取利息的索取权，是早期在货币资产基础上产生的重要的传统金融工具。从广义上说，信用货币制度下的货币资产也属于信用资产，客户在银行的存款也是其对银行的债权。我们这里的信用资产是较为狭义的，主要特指商业票据、银行票据、银行贷款和债券等信用资产。信用资产不仅在其初次借贷行为发生时形成一种债权债务关系，而且这种债权债务关系还可以在金融市场上转让。因此，信用资产也是一种重要的金融市场工具。相对于货币资产而言，大部分信用资产的流动性差些，而且有可能遭受本金的损失。

1. 商业票据（Commercial Paper）

商业票据是由工商企业发行的无抵押品的短期债务凭证，是对发行企业未来还本付息的索取权。商业票据的签发通常是与商品交易活动相联系的。具有较好信用的工商企业，在赊购商品时，签发延期付款的商业票据，以获得赊销商品企业提供的商业信用。商业票据包括商业本票和商业汇票。本票是出票人签发的，承诺自己在见票时无条件支付确定的金额给收款人或者持票人的票据，是一种书面承诺书。汇票是出票人签发的，委托付款人在见票时或者在指定日期无条件向持票人或者收款人支付确定金额的票据，是一种书面命令书。按承兑人不同，商业汇票又可分为商业承兑汇票和银行承兑汇票。商业承兑汇票是由收款人或付款人签发，经作为付款人的企业承兑的票据。而银行承兑汇票是由收款人或付款人出票，经付款人委托其开户银行承兑的票据。承兑是指汇票的付款人在汇票上签字承诺在票据到期日支付汇票金额的行为。被签发的票据通常可以通过背书的方式在票据市场流通，也可以向银行申请贴现，以获得其所需要的资金。而银行可以将其持有的有效票据向其他银行进行转贴现，或向中央银行申请再贴现。因此，商业票据是一种重要的货币市场工具。

商业票据在流转过程中，可能会经历贴现、转贴现和再贴现三个环节。贴现是指持有票据的持票人在票据到期日前，为了取得资金，贴付一定利息将票据权利转让给银行的票据行为，是持票人向银行融通资金的一种方式。这相当于一种抵押借款，以该项票据做抵押，从其他金融机构提前借取款项，并支付一定利息。转贴现是指商业银行在资金临时不足时，将已经贴现但仍未到期的票据，交给其他商业银行或贴现机构贴现，以取得资金融通。再贴现是指中央银行通过买进商业银行持有的已贴现但尚未到期的商业汇票，向商业银行提供融资支持的行为。

经过近40年的探索与实践，我国票据市场在支持实体经济特别是在拓宽中小企业融资渠道，解决中小企业融资难、融资贵问题上发挥着重要作用。以商业汇票为载体的票据融资具有操作简便、灵活便利的优势，可适应中小微企业资金需求规模小、期限短、周转性强等特点，成为解决中小微企业融资难、融资贵问题的有效途径。票据兼具支付功能和融资功能，它不仅是社会经济主体经常使用的非现金支付工具，还是商业银行重要利润增长点，以及传导央行再贴现等货币政策的重要载体。与其他金融工具相比，通过票据的签发、承兑、背书、贴现、转贴现和再贴现等业务流程，票据市场把企业、商业银行、中央银行有机地联系在一起，成为商品流通、社会资金循环和货币政策传导的重要通道。

2. 银行票据（Bank Paper）

早期的银行票据主要是指银行券，是在商业票据的基础上产生并使用，以代替商业票据的银行家的票据。银行提供贷款和贴现的资金首先来自其吸收的存款，当这些资金不足以满足其资金需求时，银行发现可以通过签发自己的票据来筹集资金，于是商业银行纷纷签发自己不定期的银行票据，即银行券。随着银行券发行权向中央银行集中，这个意义上的银行票据也就消失了。现在日常经济生活中存在的银行票据主要有银行支票、银行本票和银行汇票，它们要么是银行签发，要么是银行承担付款义务。

3. 贷款（Loan）

贷款是银行按一定利率向借款人提供资金，并约定到期还本付息的资金借贷凭证，是银行对借款人未来还本付息的索取权。发放贷款是商业银行主要的信用资产业务。由于贷款是建立在借款人到期能够还本付息的承诺之上的，但到期后借款人能否完全还本付息具有一定的不确定性，因此贷款业务的信用风险是商业银行面临的主要风险之一。贷款期限的固定性或相对固定性还使提供贷款的银行面临流动性风险和利率风险，为了降低这些风险，银行推出了可变利率贷款和贷款证券化等新的金融工具。有关贷款的知识，本书将在第八章商业银行部分做进一步介绍。

4. 债券（Bond）

债券是由债务人发行的承诺在未来某个时间以约定的利率还本付息的债务凭证。债券不同于一般的借款凭证，它可以将借款总额划分为很多单位，通过标准化的设计，在同一时间，以同一条件，从众多的投资者那里筹措资金，并可以与当时的平均收益率相当的价格转让，从而使债券发行者能够在短期内筹集到较多的资金，也使投资者面临较低的流动性风险，因此近几十年来债券市场获得了迅速发展。

（1）根据发行主体的不同，债券可分为政府债券、公司债券和金融债券。政府债券是由一个国家中央政府为弥补预算赤字发行、具有一定面额和偿还条件的债务凭证。政府债券又可分为中央政府债券和地方政府债券（也称市政债券），前者简称国债，其中短期国债又称国库券，流动性强、信誉好，是货币市场的重要工具。公司债券是由公司企业发行的融资工具，以中长期债券居多，其利息多采用固定利率、每年定期支付的方式。金融债券则是由银行等金融机构发行的债券。我国商业银行发行金融债券始于1985年，其他非银行金融机构于1988年开始发行金融债券。

（2）按照债券的偿还期限，可以分为短期债券、中期债券和长期债券。较为通行的划分是期限在1年以下的为短期债券，在1至10年的为中期债券，在10年以上的为长期债券。

（3）按照债券是否有担保，可以分为担保债券和信用债券。担保债券是以某种抵押品为担保而发行的，当发行人不能按期支付利息和本金时，债券持有人可以将抵押品出售；信用债券则完全是凭发行人的信用发行的。

（4）按照债券的利率是否固定，可以分为固定利率债券和浮动利率债券。前者的利率在整个期限内都是固定不变的，后者的利率会随市场利率的变化而进行相应调整。

（5）按照债券的利息支付方式，可以分为息票债券和贴现债券。息票债券，也称附息债券，附有各期的利息票，上面载有付息的时间和金额。息票到期时，债券持有人凭从债券上剪下的息票领取利息。贴现债券则不附息票，也不按规定的利率支付利息，而是采取折价出售的方式发行，到期再按票面金额偿还，其利息体现在债券面值与其出售价格的差额上。

三、权益资产

权益资产是指不用偿还本金但有权益要求权的金融资产，这类资产的持有者拥有对公司在偿付债务后的收益进行分配的收益索取权和对公司经营决策的投票权。典型的权益资产就是股票。

股票是股份有限公司在筹集资本时向出资人公开发行、用来证明出资人的股东身份和权利，并根据股票持有人所持有的股份数享有权益和承担义务的可转让的书面凭证。同一类别的每一份股票所代表的公司所有权是相等的。每个股东所拥有的公司所有权份额的大小，取决于其持有的股票数量占公司总股本的比重。

一般而言，股票这种权益资产具有以下几个方面的特点：（1）期限上具有永久性。如果你花了10万元购买了某家公司的股票，以后要求该公司退还你购买股票所花的10万元本金是不可能的，但你可以分得该公司相应比例的利润，也可以通过转让收回或部分收回你的投资。（2）公司利润分配上具有剩余性。你购买股票的这家公司今年赚取了2亿元的利润，但要在支付完债务利息和应付税金之后，才能给你分配相应的利润。（3）清偿上具有附属性。如果你购买股票的这家公司出现了2亿元的亏损，资不抵债，那么，它就要破产了。只有当该公司所欠的全部债务清偿完了以后，如果还有剩余资产，你才能按照你所持有股份的比例，得到相应份额的剩余资产。所以相对于债券而言，股票的风险性较高。（4）权利与责任上具有有限性。股东是公司的所有者，以其出资额为限对公司负有限责任，承担风险，分享收益。如果公司的总资本为2亿股，你所购买的股份只占总股本的万分之一。若公司所赚2亿元的利润在支付债务利息和应付税金、提取公积金后，还有1亿元的利润可以分配，那么，你就能得到其中1万元的红利。如果该公司经营很差，出现了巨额亏损，你所承担的损失也只以你所购买股票时的支出为限，不会超过10万元，即责任是有限的。

股票通常分为普通股和优先股两种。普通股是指在公司的经营管理和盈利及财产的分配上享有普通权利的股份，代表满足所有债权偿付要求及优先股东的收益权与求偿权要求后对企业盈利和剩余财产的索取权。普通股构成公司资本的基础，是股票的一种基本形式。相对于普通股而言，优先股则是在利润分红及剩余财产分配的权利方面优先于普通股的股票。

当然，相对于信用资产而言，股票流动性较差，具有较高的风险性和较高的预期收益，其价格波动性较大，但也为愿意承担风险的投资者提供了一种较好地应对通货膨胀风险的金融工具。

第三节　金融衍生资产

金融衍生资产（Financial Derivative Asset）是在金融原生资产基础上派生出来、价值依赖于原生金融资产的金融资产。所谓“衍生”就是在各种金融原生资产（股票、外汇、债券等）的基础上设计而派生出新的金融资产。这些金融衍生资产是以某种金融原生资产的存在为前提，并以其为标的物进行交易的。因此，金融衍生资产与其原生资产之间存在紧密的联系，特别是二者价格之间的相互影响极为密切。另一方面，金融衍生资产作为原生资产的派生物，其功能并非其原生资产的简单重复，而是有许多新的扩展，从而使其具有许多新的特点，其主要功能不在于调剂资金的余缺和直接促进储蓄向投资的转化，而是管理与原生工具相关的风险暴露。

一、金融衍生资产的产生与发展

金融衍生工具的迅速发展是20世纪70年代以来的事情。由于20世纪70年代高通货膨胀率以及普遍实行的浮动汇率制度，规避通货膨胀风险、利率风险和汇率风险成为金融交易的一项重要需求。

在金融衍生工具的迅速拓展中，还有一个极其重要的因素，那就是期权定价公式的问世。对于期权如何定价，曾是一个多年悬而未决的题目。1997 年诺贝尔经济学奖金获得者斯科尔斯和默顿在 20 世纪 70 年代初，推出了他们据以获奖的定价公式，解决了这一难题。许多相关领域的定价问题也连带获得解决。迄今为止，金融衍生工具已经形成一个新的金融产品“家庭”，其种类繁多、结构复杂，并且不断有新的成员进入。

迅速发展的金融衍生工具，使规避形形色色的金融风险有了灵活方便、极具针对性且交易成本日趋降低的手段，这对现代经济的发展起了有力地促进作用。但衍生工具的发展也促成了巨大的世界性投机活动。目前世界性的投机资本，其运作的主要手段就是衍生工具。衍生工具的交易实施保证金制度，这种交易中的保证金是用来承诺履约的资金。相对于交易额，对保证金所要求的比例不超过 10%，因而投机资本往往可以支配 5—10 倍于本身的资本进行投机操作，具有巨大的杠杆投资效应。如 1995 年，英国具有 200 多年历史的巴林银行，竟然由于它的一个分支机构的职员进行衍生工具投机失败而宣告破产。

根据合约标的不同划分，衍生资产可以分为商品衍生资产和金融衍生资产。商品衍生资产是以实物商品为标的资产的衍生资产，如大豆期货、黄铜期权等。金融衍生资产是指以金融资产为标的资产的衍生资产。目前主要的金融衍生资产包括金融远期合约、金融期货合约、金融期权合约和金融互换合约。其他任何复杂的合约都是以此为基础演化而来的。

拓展阅读 4-1

中国衍生品市场发展历程①

中国衍生品市场是改革开放以来在政府主导下发展起来的，具有从计划经济向社会主义市场经济转轨的特点。第一阶段：早期试点探索阶段（1987—1993 年）。中国从 1987 年底开始推进期货市场理论研究并逐步开展试点；1992—1993 年，期货交易所从不足 10 家迅速扩张到 60 多家，期货经纪公司达到 300 余家，期货兼营机构 2000 多个，交易的品种上百个。在此期间，中国期货市场发展过快，出现了一系列问题，交易品种重复性比较高，很多品种不符合期货特点，给投机提供了温床；境外期货交易盲目发展，造成国家外汇流失；地下交易、欺诈行为屡有发生，引发诸多经济纠纷和社会问题。

① 姜洋:《中国期货市场发展回顾》,《中国金融》2019 年第 19 期。

第二阶段：清理整顿阶段（1993—1999 年）。1993 年，针对期货市场的投机炒作和恶性竞争，国务院推动实施了第一次清理整顿，建立了统一的期货监管机构，确立试点阶段期货交易所的数量为 15 家，减少期货品种数量至 35 个。1998 年第二次清理整顿后，仅保留了上海、郑州、大连三家期货交易所，并再次减少期货品种至 12 个。

第三阶段：规范发展阶段（2000—2012 年）。此阶段中国衍生品市场获得了较为全面的发展，伴随相关法律和配套管理办法的颁布实施，市场法规体系得到完善；成功抵御了 2008 年国际金融危机以及各类风险事件的冲击，风险防控体系不断健全；金融衍生品、期权品种的开发上市使服务实体经济的工具和领域得到实质性拓展，衍生品市场的经济功能逐步得到有效发挥，服务实体经济能力持续增强。

第四阶段：创新发展阶段（2013 年至今）。党的十八大以来，我国期货市场新上市期货、期权品种大大超过了之前 20 多年上市产品的总和。目前我国的期货期权上市品种已近 70 个。期货品种创新与对外开放加速，一些准备多年的战略性大宗商品期货品种如铁矿石期货、原油期货相继上市并允许国际投资者参与交易，实现了境外投资者直接参与境内期货市场的重大突破，我国期货市场正式走向国际化。金融期货发展步伐加快，股指期货品种体系进一步完善，除沪深 300 股指期货外，还增加了上证 50、中证 500 股指期货两个品种；国债期货市场起步，推出了 10 年期、5 年期、2 年期国债期货三个品种。场内期权实现“零”的突破，2015 年，上市了首个金融期权——上证 50ETF 期权；2017—2019 年，商品期权——豆粕、白糖、铜、天然橡胶、棉花、玉米等期权先后上市。

二、金融远期合约

金融远期合约（Financial Forward Contracts）是指交易双方约定在未来的某个时间，按照预先签订的价格买卖一定数量的某种金融资产的合约，通常是在金融机构之间或金融机构与公司客户之间签订，且在场外进行交易。

远期合约是适应规避现货交易风险的需要而产生的。现货交易的最大缺点在于无法规避价格风险，一个农场主的命运完全掌握在他的农作物收割时农作物现货市场价格手中。如果在播种时就能确定农作物收割时的卖出价格，农场主就可以安心致力于农作物的生产了。远期合约正是满足于规避现货交易风险的需要而产生的，从最初的农产品远期合约发展到为规避金融交易中的风险而产生的金融远期合约。

在远期合约中，用于交易的资产称为标的资产，又称基础资产。许诺在未来某一特定时间以确定的价格购买标的资产的一方称多头（Long Position），而许诺以约定价格在未来出售标的资产的一方称空头（Short Position），远期合约所确定的交割时间即到期日，合约中规定的未来买卖的标的资产价格称交割价格（Delivery Price），使得远期合约价值为零的交割价格称远期价格（Forward Price）。这个远期价格显然是理论价格，它与远期合约在实际交易中形成的实际价格（即双方签约时所确定的交割价格）并不一定相等。

远期合约的特点是，在签署远期合约之前，双方可以就交割地点、交割时间、交割价格、合约规模、标的物的品质等细节进行谈判，以便尽量满足双方的要求，因此形式简洁、灵活性较大，是非标准化合约，远期合约期初支付金额几乎总是零；远期合约千差万别，因此流动性较差；同时交易在私下进行，信用风险较大，所以参与者多为信用高的金融机构和企业。

在远期合约的有效期以内，合约的价值随标的资产市场价格的波动而变化。但是到了到期日双方进行交割时，如果市场价格高于合约价格，则空方应向多方支付价差金额；如果市场价格低于合约价格，则多方应向空方支付价差金额。通过图 4-2 可以看出，参与这种交易方式的多空双方的收益和损失关系。

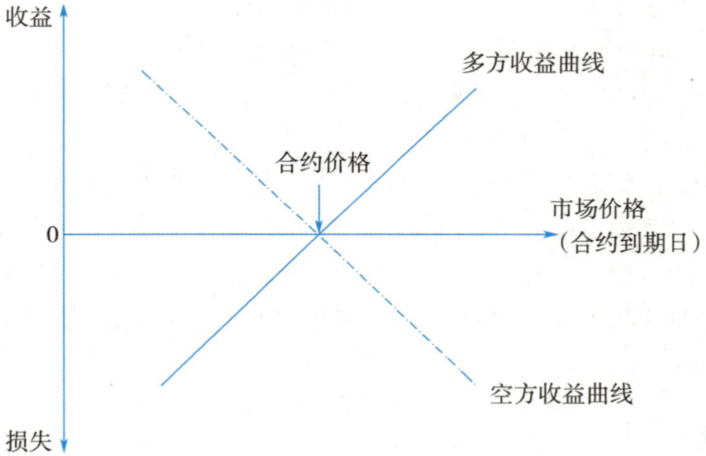

图 4-2　远期合约买卖双方的收益/损失图

常见的金融远期合约主要有远期外汇合约和远期利率协议。

远期外汇合约是指双方约定在将来某一时间按约定的远期汇率买卖一定金额的某种外汇的合约。远期外汇合约在外汇市场上十分普遍，因为它能够有效防范汇率波动的风险。例如一家外贸公司预计将在三个月后收到一笔外汇货款，为了避免外币贬值的风险，它就可以同银行签订一个三个月的远期合约，约定在三个月后以某一既定的价格向银行出售这笔外汇。这样，无论三个月后该种外汇的汇率如何变动，该外贸公司都可以得到既定的本币收入。显然，若三个月后该种外汇在现汇市场上的汇率等于远期合约中规定的汇率，则该外贸公司是否进行这笔远期交易都一样，换句话说，该远期合约的价值为零；若前者小于后者，则外贸公司就可以从这笔远期合约中获益，或者说该远期合约对它有正的价值（相应地，对银行有负的价值）；反之，若前者大于后者，则外贸公司如果不签订远期合约，直接在现汇市场卖出外汇就更有利，也就是说，该合约对它有负的价值。这就是衍生金融工具的价值取决于其标的资产价格变动状况的原因。

远期利率协议是买卖双方同意从未来某一商定的时期开始在某一特定时期内按协议利率借贷一笔数额确定，以具体货币表示的名义本金的协议。

例题 4-1

假定你是某公司的财务经理，打算在3个月后为你所在的公司借款5000万元，当前的市场利率为5.25%。但是，你预计3个月后的市场利率可能会上升到5.75%。同时，有一家银行预计3个月后的市场利率会下降到5.00%。为了规避市场利率上升的危险，你就可以与某一家银行签订一份远期利率协议，约定在三个月后以5.25%的利率从该银行借入5000万元的资金。如果3个月后，市场利率真的上升到了5.75%，那么，由于你事先与该银行签订了远期利率协议，你就可以以5.25%的利率为公司借入资金，成功地通过远期利率协议规避了利率上升的风险。反之，如果市场利率没有像你预期的那样上升，而是下跌到了5.00%，那么，公司也必须以5.25%的利率借入5000万元。由此可见，该银行就通过远期利率协议而规避了利率下降的风险。

实际上，上述签订远期利率协议的财务经理，由于未来需要资金，通过签订远期利率协议，使自己处于多头地位（简称买入远期利率协议），其结果是将未来的利率水平固定在某一水平上，避免了未来利率上升给自己造成损失，这是一种典型的买入套期保值行为。而与他做交易的银行实施的是卖出套期保值。套期保值是所有衍生金融工具产生的最主要动因之一。

例题 4-2

假定在6月1日，某公司有100万暂时闲置的美元，可以进行3个月的短期投资。当时英镑的存款利率高于美元，所以该公司打算把美元换成英镑存款，但是又担心3个月后英镑贬值，反而得不偿失，则这个时候就可以利用期货市场来套期保值。该公司可以在现货市场上买进价值100万美元的英镑，并把它变成3个月的存款，同时在期货市场上卖出金额大致相当的9月份英镑期货。这样一旦3个月后英镑真的贬值，那么它的期货价格也将下降，该公司就可以在现汇市场卖出英镑的同时，在期货市场上买进与先前卖出数量相同的9月份英镑期货，从而消除其英镑期货的空头地位，并获得差价，以此弥补在现货市场上的损失。

例题 4-3

美元兑人民币汇率，2021 年 8 月底为 1:6.5，预计 2022 年 2 月底将变动为 1:6.3。B 企业在 2021 年 8 月底出售了 100 亿美元的 1 年期美元期货，价格为 1:6.5，保证金比率为 5%。B 企业实际支付保证金为：6.5×100×5%=32.5 亿元人民币。如果 2022 年 2 月底美元汇率实际为 1:6.3，则该企业可以通过购买美元现汇来进行期货的现货交割，也可以通过买进同期的外汇期货进行平仓。其盈利为：(6.5-6.3)×100=20 亿元人民币。盈利率为：20/32.5=61.54%。而同期人民币升值为 (6.5-6.3)/6.5=3.08%，可见其巨大的杠杆放大效应。

三、金融期货合约

金融期货合约（Financial Futures Contracts）是指协议双方同意在约定的将来某个日期按约定的条件（包括价格、交割地点、交割方式）买入或卖出一定标准数量的某种金融资产的标准化协议。合约中规定的价格就是期货价格，期货价格是所有参与期货合约交易的人对未来某一特定时间的现货价格的期望或预期。期货合约是在远期交易基础上发展起来的，实际上就是由交易所推出的标准化的远期买卖合同，能够克服远期交易中存在的信息不对称和违约风险高的缺陷。

正式的期货交易开始于 1865 年的芝加哥交易所（Chicago Board of Trade，简称“CBOT”）。当时芝加哥是美国最大的谷物集散地。随着谷物交易的不断集中和远期交易方式的发展，1848 年，82 位谷物交易商发起组建了芝加哥期货交易所，该交易所成立后，对交易规则不断加以完善，于 1865 年用标准的期货合约取代了远期合同，并实行了保证金制度。20 世纪 70 年代以前，期货交易仍主要局限于农产品的交易，但是到 70 年代以后，期货交易的品种大大增加，首先是一些非农产品，如有色金属等成为交易的对象，其次是各种金融期货开始出现，并取得了迅速发展，交易量超过了传统的商品期货。金融期货的交易对象包括外汇、债券、利率和股票价格指数等金融资产或工具，交易目的主要是套期保值或投机获利。

（一）金融期货合约的特征

金融期货合约的交易具有以下显著特征：（1）期货交易在交易所内进行，买卖双方不直接接触，而是各自跟交易所的清算部或专设的清算公司结算。（2）交易集中在交易所内以公开竞价的方式进行价格决定。（3）期货合约采用标准化形式，合约规模、交割日期、交割地点等都在合约上有明确规定，交易双方无须再商定。（4）期货合约一般在交割日之前采取对冲交易来结束期货头寸（平仓），只有很少比例的交易进行实物交割。（5）期货交易每天进行结算，而不是到期一次性进行结算，而且买卖双方在交易之前都必须在经纪公司开立专门的保证金账户。（6）具有显著的杠杆投资效应，买卖双方只需在经纪公司存入一定量的保证金，就可以进行数倍以上资金的交易活动，这样扩大了交易规模，但同时也增加了交易风险。

期货是在远期基础之上发展起来的，它们的特征差别总结如下：

表 4-1　远期与期货的特征比较

主要区别	期货合约	远期合约
标准化程度	标准化	非标准化
交易场所	交易所内进行	无固定交易场所
价格确定方式	公开竞价	讨价还价
履约方式	平仓方式了结交易	到期实物交割

（二）金融期货的交易方式

1. 开仓与平仓

开仓是指投资者最初买入或卖出某种期货合约，从而确立自己在该种合约交易中的头寸位置。期货合约的买入者处于多头头寸，卖出者处于空头头寸。原先拥有多头或空头头寸的投资者可以通过进行一笔反向的交易来结清其头寸，这叫作平仓。例如在 3 月份的某一天买入一份 9 月份到期的玉米合约的投资者，可以在 4 月份的某一天卖出一份该种合约，从而使自己的净头寸为零；在 4 月份卖出一份 6 月份到期的玉米合约的投资者，也可以在该种合约的最后交易日之前买入一份该种合约来冲销其原先的空头头寸。当然在这期间，合约的价格会发生某种变化，由此而导致的损益也就是投资者从事期货交易的损益。交易所每天都会统计当日没有被平仓的期货合约的数量，这被称为“未平仓量”。

实际上，绝大部分的期货交易都是以上述方式冲销的，只有很少的部分会进行实际的交割，这是期货交易高效率的一个体现，也是期货交易和远期交易的重要区别之一。

2. 最小变动价位和每日最大价格变动幅度

期货交易所规定了每种期货的报价单位，这种报价单位也就构成了该种期货的最小变动价位。例如，上海期货交易所的燃料油（代码 fu）期货是以每手 10 吨为交易单位，最小跳动价位是 1 元，合约月份是未来 1—12 月，最大下单手数是 500 手。郑州商品期货交易所的棉花（代码 CF）期货是 5 吨/手为交易单位，最小跳动价位是 5 元，合约月份是未来 1、3、5、7、9、11 月，最大下单手数是 1000 手。

为了维护价格的稳定，国内各交易所还规定了每种期货的每日最大价格变动幅度，一旦价格变动超出该幅度，当天的交易就自动停止，这和我国股市上的涨停板制度是一样的。

3. 保证金制度

期货合约和股票一样在交易所公开竞价成交，并且价格随市场行情的波动而波动。

不同的是，在期货交易中，不是期货合约的购买者马上向其出售者交纳现金，并获得相应的资产，而是买卖双方都在各自的经纪商那里存入一定比例的保证金；同时经纪商必须在交易所所属的结算所存入一定比例的保证金（如果经纪商不是结算所的会员，那就应在某一会员经纪商处存入保证金）。从这个意义上来说，期货合约的买卖双方不是交易了一笔资产，而是签订了一个未来交易的合约。对于投资者来说，保证金还有初始保证金和维持保证金之分。初始保证金是投资者开仓时应存入的保证金，它一般只占投资者所买卖的期货合约价值的 10%—20%，交易所会根据不同品种的市场风险进行适当调整。维持保证金则是在投资者平仓之前，投资者必须始终保留在其保证金账户上的最低金额，一般约占初始保证金的 75%。由于期货交易实行的是每日结算制度，投资者每天的损益都立即计入投资者的保证金账户，所以可能发生保证金不足或过剩的情况。在投资者的保证金账户中，超过初始保证金的部分，投资者可以支取；而一旦保证金余额低于维持保证金，投资者就应该在 24 小时内将保证金追加到初始保证金的水平，否则经纪商就会强行对它进行平仓（即抛售其先前买进的期货合约，或者买进其先前出售的期货合约，从而消除其多头或空头的地位）。

4. 每日结算制度

期货交易和其他交易方式的最大不同，在于实行每日结算制度，也就是要在每个交易日结束时，根据当天的收盘价，将投资者的损益计入其保证金账户。例如，在 2022 年 3 月 7 日，某投资者在纽约商品交易所（COMEX）以每盎司黄金 2000 美元的价格买入一张 12 月份的黄金期货合约，由于在该交易所内，每张黄金期货合约代表的黄金数量为 100 盎司，所以这笔交易所涉及的总金额为 200000 美元。假定该投资者的经纪商规定的保证金比例为 20%，则该投资者应在其经纪商处至少存入 40000 美元的初始保证金才能开仓，并且在平仓之前，始终在保证金账户上保有不低于 40000 美元的余额。若 2022 年 3 月 8 日收盘时，12 月份的黄金期货价格上涨到每盎司 2050 美元，则该投资者就有 $50\times100=5000$ 美元的盈利。这 5000 美元就马上增加到他的保证金账户中去，并且该投资者还可以将这部分多余的保证金提走。

通过实行保证金和每日结算制度，交易所实际上充当了买卖双方的交易中介。交易双方无须知道他们卖出的期货合约是被谁买入的，或者他们买进的期货合约又是谁卖出的，而只需把他们所进行的买卖活动看成和交易所发生的交易，所以不必担心履约问题，这就大大提高了期货交易的效率。

（三）金融期货的功能

金融期货具有价格发现、套期保值和投资三大基本功能。

1. 价格发现

金融期货价格是交易双方在期货市场上以公开竞价的方式形成的，反映了参与人对未来某一特定时间的现货价格的期望或预期。金融期货市场近似于完全竞争市场，每个参与人根据其所掌握的信息和立场做出买卖委托，其价格较为真实地反映了市场的供求状况，反映了市场供求双方对交易的金融资产未来价格变动趋势的预期。该价格变动与金融资产的现货价格变动紧密相连，同时它的变动又对金融资产的现货价格变动趋势具有预测和指导作用，因而具有价格发现功能。

2. 套期保值

套期保值是指已面临价格风险的主体利用一种或几种套期保值工具，试图抵消其所冒风险的行为。金融期货的套期保值指在现货市场和期货市场对同一种类的金融商品同时进行数量相等但方向相反的买卖活动。由于期货价格与现货价格具有很强的趋同性，因此在未来有现货出售的投资者，可以通过事先出售相应金融期货将其未来要出售的金融资产价格固定，从而规避未来现货价格可能下跌的风险（称卖出套期保值或空头套期保值）；在未来有需要购进现货的投资者，可以通过事先购进相应的金融期货将其未来要购进的金融资产价格固定，规避未来现货价格可能上涨的风险（称买入套期保值或多头套期保值）。

3. 投资

金融期货价格的变动也为投资者进行投资获利提供了可能。特别是金融期货交易成交时并不需要支付所有的货款，而只需要交纳一定比例的保证金，因而其投资盈利和亏损具有巨大的杠杆放大效应。这对于那些对某一期货市场非常了解而且愿意冒险的投资者提供了一个方便快捷的投资工具。

（四）金融期货的基本类型

金融期货的基本类型主要有外汇期货、利率期货和股票指数期货。

1. 外汇期货

外汇期货是以某种外汇为标的物的金融期货。它在期货市场进行交易。它的产生源于外汇市场巨大的汇率风险。外汇期货是最早出现的金融期货。其主要品种有美元、英镑、加元、欧元、瑞士法郎、日元、墨西哥比索等主要可兑换货币。外汇期货是回避汇率风险、套期保值的重要工具。

2. 利率期货

利率期货是以某种利率为标的物的金融期货。它的产生源于金融市场巨大的利率风险。投资者为了控制利率风险而需要相应的套期保值工具。最早出现的利率期货是1975 年芝加哥交易委员会推出的政府全国抵押协会（GNMA）抵押担保证券期货合约。主要的利率期货品种有 3 个月国库券期货、3 个月欧洲美元存单期货、1 个月伦敦银行同业拆借利率（LIBOR）、30 天联邦基金期货、中期国债期货和市政债券期货。中国金融期货交易所 2022 年 3 月的数据显示，我国现有 2 年期国债期货、5 年期国债期货和10 年期国债期货三个种类。

3. 股票指数期货

股票指数期货是以股票指数为标的物的金融期货。由于股票指数是当期股票价格平均值与基期价格平均值之间的比率，并不是实在性的金融资产，其本身无法进行交割，所以这种交易通常采用的是现金交割方式。股票价格的急剧波动使投资者面临极大的价格风险。股票指数期货的基本功能是套期保值和作为投资工具，投资者可以在现货市场买进股票的同时卖出相应数量的股票指数期货，当未来大多数股票价格实际下降时，股票指数也相应下跌，可以达到套期保值、规避系统性风险的目的。我国在2006年下半年设立了中国金融期货交易所，现有沪深300股指期货、中证500股指期货和上证50股指期货等品种。

拓展阅读 4-2

"327国债期货"风波①

1995年2月23日，上海证券交易所爆发了震惊中外的"327国债期货"事件，该事件被称为"中国的巴林银行事件"。时隔18年，国债期货整装待发，重出江湖。2013年7月4日，中国证监会批准中国金融期货交易所上市国债期货。

"327国债期货"合约对应的品种是1992年发行的3年期国库券，该券发行总量240亿元，1995年6月到期兑付，交易标的物是9.5%的票面利息加上保值贴补率。"327"国库券到期的基础价格已经确定，即票面价值100元加上3年合计利息28.50元，合计128.50元。但到期的价格还要受到是否加息和保值贴补率高低的影响，市场对此看法不一。因此，对是否加息和通胀率及保值贴补率的不同预期，成了"327国债期货"品种多空双方的主要分歧。以上海万国证券为首的机构在"327国债事件"中做空，以中经开为首的机构在此国债期货品种中做多。

1995年2月22日晚，财政部发出公告，公布了"327国债期货"品种具体的贴息办法，证实了"327国债"到期还本付息时，将按同期银行储蓄存款利率计息并实行保值贴补。这对国债期货多头方来说是一个好消息，可使空头方面临巨额亏损。但是，他们并不甘心承认失败。1995年2月23日下午4点22分后，在短短的8分钟之内，空方的主要代表万国证券公司在并无交易保证金的情况下违规抛出大量的卖单。"327国债期货"收盘时价格被打到147.40元。为制止事态进一步恶化，上海证券交易所做出了"最后8分钟交易无效"的决定，并随后宣布国债期货交易从2月27日开始休市，同时组织协议平仓。

"327国债期货"事件引起了高层的极大关注。国务院责成监察部、中国证监会

① 叶永刚、黄河:《从无套利定价理论看我国国债期货市场的过去与未来——兼析"327"国债期货事件的深层次原因》,《经济评论》2004年第3期。

等部门对这一事件进行了4个多月的调查。1995年9月20日，监察部、中国证监会等部门公布“327国债期货”事件查处结果，认定此事件系一起严重的蓄意违规事件——在国债期货市场发展过快、交易所监管不严和风险管理滞后的情况下，上海万国证券公司、辽宁国发（集团）股份有限公司等少数大户蓄意违规、操纵市场、扭曲价格、严重扰乱市场秩序引起的金融风波。

“327国债期货”风波之后，证监会和财政部发布了《国债期货交易管理暂行办法》，其后又出台了一系列通知。各交易所也采取了提高保证金比例、设置涨跌停板等措施以抑制国债期货的投机气氛。但从当时的情况来看，交易中仍然风波不断。1995年5月17日，经国务院同意，中国证监会做出了暂停国债期货交易试点的决定。至此，中国第一个金融期货品种在推出30个月后宣告夭折。

四、金融期权合约

（一）金融期权的基本概念

金融期权（Financial Option）就是在未来某时间内按照约定的价格买或不买、卖或不卖某种金融资产的选择权利，这种选择权的交易是通过在期权交易所或证券交易所买卖期权合约来进行的。期权合约是一种标准化的合约，它规定买卖的标的物的规格、品种、期限、买卖价格和买卖双方各自的权利和义务。只有期权本身的价格，即期权费（Option Premium）是随市场上供求变化而不断变化的。期权的买方在付出一定的期权费后，便获得合约规定的相应权利，而期权卖方则在收取期权费后承担相应的义务。金融期权作为一种新的金融衍生工具，其标的物既包括作为原生资产的股票、债券、利率、汇率和股票指数等，也包括作为衍生工具的金融期货等。期权合约中标的物的交易价格为敲定价格（Strike Price）或约定价格。

按期权买者的权利划分，期权可分为看涨期权和看跌期权。根据期权到期之前是否可以行使期权将其分为欧式期权和美式期权。欧式期权只有在期权到期时才能够选择行使期权，而美式期权则是在到期日之前的任何时候均可选择行使期权。

（二）看涨期权

看涨期权（Call Option）也叫买入期权，其赋予期权买方在未来约定的时期内按敲定价格买或不买某种金融资产的权利。看涨期权的卖方则只有在对方选择买进时以敲定价格卖出相应金融资产给对方的义务；当对方不行使买权时，他就不能卖。看涨期权中，买卖双方的收益和损失见图4-3。从图中可知，看涨期权的买方随着标的资产价格的上涨可实现无限的收益，在合约到期日，当标的资产的价格高于敲定价格加上期权费时，买方开始盈利；随着标的资产价格下降，买方因放弃期权的行使而将损失限定在期权费之内。

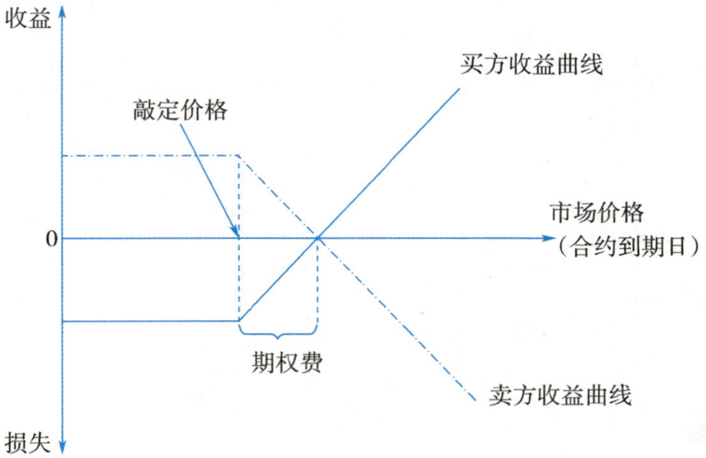

图 4-3　看涨期权的买卖双方收益/损失图

例题 4-4

假定投资者 B 在股价为每股 28 美元时，预计某股票会继续上涨很多，从而花 500 美元买了一份看涨期权（每股股票的期权费为 5 元），该期权允许他在 3 个月内以每股 25 美元的价格买入 100 股股票。假定 3 个月内，股价上涨至每股 40 美元，B 行使其看涨期权，可以获得 1000 美元[(40－25)×100－500＝1000]的净剩余，利润率达 200%(1000/500＝200%)。反之，如果 B 不是利用期权进行投资（投机），而是在开始的时候直接买进股票，那么他投入 500 美元只能买到约 18 股(500/28＝18)股票，从而获利仅为 216 美元[(40－28)×18＝216]，利润率仅为 43.2%(216/500＝43.2%)。所以作为一种投资手段，期权交易也有其独特的优点。

（三）看跌期权

看跌期权（Put Option）也叫卖出期权，其赋予期权买方在未来约定的时期内以敲定价格卖出或不卖某种金融资产的权利。看跌期权的卖方则只有在对方选择卖出时以敲定价格从对方买进相应金融资产的义务；当对方不行使卖权时，他就不能买。看跌期权中，买卖双方的收益和损失见图 4-4。从图中可知，随着标的资产价格的下降，看跌期权买方的收益增加，当标的资产的市场价格降为 0 时，看跌期权买方可获得最大收益（敲定价格－期权费），而随着标的资产价格的上涨，看跌期权买方可放弃期权的行使而将损失限定在期权费之内。

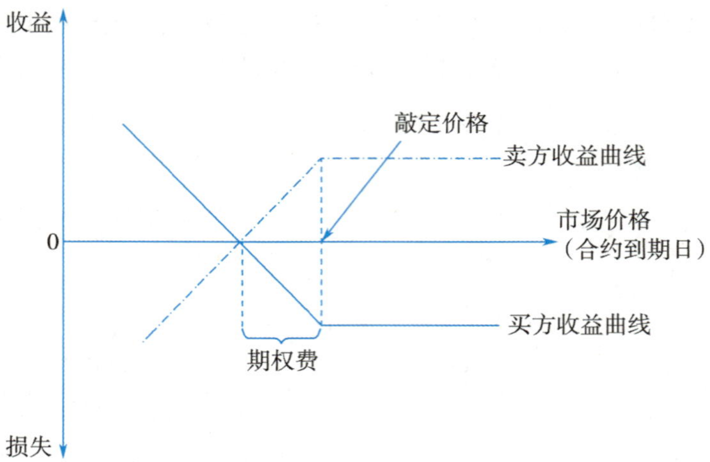

图4-4　看跌期权的买卖双方收益/损失图

例题 4-5

假定目前IBM公司的股票价格为每股50美元，投资者A估计它会上涨，所以打算买进100股，但是又担心会因股价下跌而损失惨重。这时候他便可以在以每股50美元价格买进100股股票的同时买进一份该股票的看跌期权。假定该期权允许A在3个月内以每股50美元的价格出售100股IBM股票，且期权费为每股5美元，则A共需支付期权费500美元。若三个月内IBM公司的股价果真上涨至每股60美元，则A在现货市场盈利1000美元［100×(60－50)＝1000］，同时放弃行使看跌期权，损失500美元的期权费，净剩余为500美元。若股价降至每股30美元，则A行使看跌期权，以每股50美元价格卖出，与原来的股票买入价持平，同时净损失500美元的期权费。无论股价下降多少，A的损失都不会超过500美元。换一个角度将现货交易和期权交易分开看，当股价降至30美元时，其现货市场亏损2000美元［(50－30)×100＝2000］，期权交易获利为1500美元［(50－30－5)×100＝1500］，净损失500美元，与前面的分析结论一致。

（四）金融期权的基本功能

1. 避险

金融期权可以规避非对称性金融风险。利用期权进行避险时，既可以规避标的资产不利价格变动的风险，又可以对其有利价格变动加以利用。

2. 投资

利用期权进行投资有两大优点，一是可以以小博大（即较高的杠杆率），因为购买期权进行投资时只需要支付一定的期权费，而不需要支付全部金融资产价格；二是较低的风险性，购买期权投资的最大损失就是支付的全部期权费。

五、金融互换合约

金融互换（Financial Swaps）是交易双方约定在一定时间内按商定条件交换一系列现金流的合约。金融互换的产生源于20世纪70年代发展起来的平行贷款和背对背贷款。当时，许多国家实行外汇管制，限制了众多公司海外融资和投资机会。如美国的母公司不能直接给其在日本的子公司融资，日本的母公司也不能直接给其在美国的子公司融资。但是，美国的母公司可以给日本在美国的子公司融资，日本的母公司也可以给美国在日本的子公司融资。这样的平行贷款和背对背贷款就绕开了外汇管制的限制，从而给双方带来便利。但是，这两种贷款方式都不能够消除汇率波动的风险，特别是随着浮动汇率的实行、外汇管制的放松，汇率风险成为阻碍国际投融资活动发展的重要因素，于是可以回避汇率风险的货币互换应运而生，并获得了极为迅速的发展。目前，金融互换已经成为降低长期资金筹资成本和资产、负债管理中防范利率风险和汇率风险的重要工具。互换的动因是比较优势。

根据互换的金融资产的类型可以将金融互换划分为三种基本类型：货币互换、利率互换、混合互换。

货币互换（Currency Swap）是指互换双方将自己持有的以一种货币表示的资产或负债换成以另一种货币表示的资产或负债的行为。签订货币互换合约时并不一定立即支付货币，既可以向对方提供新的资金，也可以不提供资金，它都可以用来规避汇率风险。

货币互换的主要原因是双方在各自国家中的金融市场上具有比较优势。假定英镑和美元汇率为1英镑=1.5美元，A想借入5年期的1000万英镑借款，B想借入5年期的1500万美元借款。假设A在美元市场上有比较优势，而B在英国市场上有比较优势，这样，双方就可以利用各自的比较优势借款，然后通过互换得到自己想要的资金，且通过互换降低筹资成本。

利率互换（Interest Rate Swap）是指互换双方将自己持有的以一种计息方式计息的资产或负债换成以同种货币表示的，但采用另一种计息方式计息的资产或负债的行为。利率互换只交换利息而不交换本金。利率互换合约上的本金只是一种概念上的本金而非实际的本金。互换合约到期时，一方只向另一方支付利息差额而不用支付计息用的本金。

货币利率互换（Currency and Interest Rate Swap）又称混合互换，是指互换双方将自己持有的以一种货币表示、以一种计息方式计息的资产或负债，换成以另一种货币表示、采用另一种计息方式计息的资产或负债的行为。它是货币互换和利率互换的综合。互换双方可同时改变资产或负债的货币种类和计息方式，因此它可以被用来规避汇率和利率风险。

拓展阅读 4-3

中国人民币货币互换网络的建立和发展[①]

货币互换始于20世纪70年代，起初主要是在商业机构之间进行，商业机构相互利用比较优势，降低各自融资成本，锁定各自汇率风险。2008年美国金融危机之后，货币互换开始盛行于各国央行之间。中国与其他国家签订的货币互换协议的历史则可以追溯到“清迈协议”，当时中国与韩国、日本和四个东盟国家签署了货币互换协议。然而，这些协议的主要目的是加强亚洲国家对潜在金融冲击的防御能力，避免1997—1998年亚洲金融危机的再次发生。中国在“清迈协议”体系下的六个货币互换协议中有三个以美元计价；其余三个尽管以人民币计价，但是规模仍以美元计算。

中国人民银行与韩国中央银行在2008年12月签订了第一个真正的人民币双边互换协议。此后，中国积极推动与其他国家和地区签订货币互换协议，其为在全球范围内推广人民币国际化的重要手段之一。从2008年12月至2019年底，中国人民银行先后与近40个国家和地区的中央银行签署了双边货币互换协议，目前有效的双边货币互换总值超过3.3万亿元人民币。

对于这些人民币货币互换的目的，中方和互换伙伴有着一致的认识。人民银行在其2012年度报告中明确表示，这些人民币互换协议的签署是为了促进人民币在跨境贸易和投资交易中的使用。这些人民币货币互换协议的对手伙伴也在不同场合表达了类似的看法。例如，在与中国人民银行签署协议之后，时任巴基斯坦国家银行行长Yaseen Anwar（2011年）指出，（人民币货币互换）“是为了提升人民币在国际贸易和投资中的作用”。

第四节　金融资产的价值评估

人们进行金融投资决策时，需要遵循的一个基本原则就是价值最大化，即选择能够给其带来最大收益的投资项目或方案。有价证券的价格随行就市，似乎变幻无常，但无论怎样变化，均会围绕其内在价值形成一定的变化区间。有价证券的价值评估是决定投资方案的关键因素之一，金融分析师的任务之一就是挖掘并推荐人们购买价值被低估的金融资产，发现并提醒人们卖出价值被高估的金融资产。

---

① 夏乐：《央行间货币互换比较》，《中国金融》2020年第9期。

一、金融资产价值评估的基础

（一）金融资产的内在价值

金融资产的内在价值并不等同于实物资产的账面价值。在金融分析中，金融资产的内在价值被定义为信息充分的投资者在完全竞争的市场上购买该资产时必须支付的价格。只有在信息充分、完全竞争的市场上，资产价格才能充分反映其价值，也可以说金融资产的内在价值是其合理价格。现实市场的信息可能是不充分的，竞争可能是不完全的，资产的市场价格通常并不等于其内在价值，而是围绕其价值波动。信息充分的专业人士努力寻找价格偏离价值的资产，减少了该资产的市场价格与内在价值之间的差别。著名的投资家本杰明·格雷厄姆说，“内在价值是一个非常难以把握的概念，一般来说，内在价值是指一种有事实（如资产、收益、股息、明确的前景）作为根据的价值，它有别于受到人为操纵和心理因素干扰的市场价格”。

（二）金融资产价值评估方法

1. 现金流贴现法（绝对定价法）

现金流是指投资于一项金融资产而预期每期将获得的现金。一个被普遍使用的评估资产内在价值的方法是现金流贴现法，即资产的内在价值或合理价格应该等于持有者在资产持有期间预期获得的所有现金流的贴现值之和。这种方法的基本理念是，既然投资的目的是在未来取得投资收益，那么未来可能形成收益的多少就在本质上决定了投资对象内在价值的高低。根据我们前面学过的现值的含义，如果贴现率为10%，1年后100元的现值是90.91元，对于是选择今天的90.91元，还是1年以后的100元，投资者完全无所谓，这体现了资金时间价值的本质。当前资产的价值也必须处于这样的水平，使得出售者对于是继续得到由资产提供的现金流还是接受资产的卖出价感到无所谓。

用现金流贴现法计算证券价值包括如下三步：第一，估计投资对象的未来现金流量，金融资产的种类和发行人的特征决定了预期现金流的确定性程度，估计权益类金融资产的现金流与债务类相比有较大的难度；第二，选择可以准确反映投资风险的贴现率，风险相同的资产采用相同的贴现率，投资者察觉到预期现金流风险越大，就会要求越高的风险报酬，进而选择较高的贴现率，最终投资者选择的贴现率等于无风险利率与投资者要求的风险溢价之和；第三，根据投资期限对现金流进行贴现，计算金融资产的合理价格。后面我们对债券和股票进行价值评估时主要用的就是这种方法。

2. 一价定律、套利与相对定价法

证券市场上的一价定律是指在竞争性的市场上，如果两种资产的内在价值相等，那么这两种资产的市场价格会趋于一致。

套利是指买入某种资产后立刻卖出以赚取差价利润的行为。如果证券 A 和证券 B 内在价值相等，A 的市场价格高于 B 的市场价格，投资者就会更多地投资于 B 而放弃投资于 A，最终使两者的市场价格趋于一致，从而保证了一价定律的实现。

一价定律和套利机制保障了一个完善的金融市场会自动稳定在无套利均衡的状态，一旦偏离这种均衡，套利行为就会发生，并在很短的时间内回到原来的均衡状态，这就是金融学中典型的无套利定价原则。这样，金融资产在市场的合理价格（内在价值）是这个价格使得市场不存在无风险套利机会，研究者唯一需要确定的是：当市场中其他资产价格给定的时候，某种资产的价格应该为多少，才能使市场中不存在套利机会？

相对定价法就是以一种资产的价格来确定另一种资产的价格。如果两种资产的收益是相同的（假设风险相同），那么理论上两种资产的市场价格也应该是相同的，否则就会出现套利行为。相对定价法是建立在绝对定价法基础之上的，在相对定价法中被用作参照物的证券价格，被默认为体现了其内在价值。本章股票价值评估的市盈率法就是相对定价法。

二、债券价值评估

要决定债券在某一时点的价值，必须知道债券的到期期限、面值、票面利息，以及具有类似风险和偿还期的债券利率（即投资者对该债券所要求的必要收益率）。有了这些数据，就可以计算现金流量的现值。下面分别介绍零息债券和附息债券的内在价值评估。

（一）零息债券的价值评估

零息债券（Zero-Coupon Bond）是一种贴现发行的债券，承诺只在未来期末以面值清偿债券，现在则以低于面值的价格发行。从性质上看，零息债券属于到期一次性还本付息的债券。

根据我们前面学过的利率的风险结构和期限结构的有关理论，市场上具有类似风险和偿还期限的债券，应该具有相同的到期收益率，这个收益率就是投资者进行债券价值评估时所采用的贴现率，下面行文时我们用市场利率来统称。

当零息债券的面值和市场利率（当前市场上具有类似风险和偿还期的债券利率）确定之后，其销售价格理论上应该等于多少呢？其销售价格理论上等于其未来收益的现值。

$$PV=\frac{FV}{(1+r)^n} \tag{4-1}$$

上面公式中，PV 为债券的理论价格（或内在价值），FV 为债券面值，n 为债券到期时间，r 为市场利率。

零息债券的价格随到期时间的缩短而上升，随市场利率的提高而下降。由于零息债券价值评估是其他债券价值评估的基础，据此可得出已知现金流的资产价值评估的基本原则：市场上所有已经存在的那些承诺在未来支付固定金额的资产，其价格会因市场利率的变化而反向变化，也会随到期时间的缩短而上升。由于债券到期之前的市场利率变动是不确定的，因此，固定收入债券的价格在到期之前也是不确定的。

（二）附息债券的价值评估

附息债券是在证券期限内定期向债券持有人支付利息，最后一次还本的债券，又称息票债券。附息债券往往有息票利率的规定。附息债券的息票利率为按面值支付利息使用的利率。同样地，市场上具有类似风险和偿还期限的附息债券，也应该具有相同的到期收益率。

1. 附息债券的内在价值评估模型

当附息债券的面值、息票利率和市场利率（当前市场上具有类似风险和偿还期的债券的到期收益率）确定之后，其销售价格理论上应该等于多少呢？其销售价格理论上等于其未来收益的现值。

$$PV=\sum_{t=1}^{n}\frac{PMT}{(1+r)^{t}}+\frac{FV}{(1+r)^{n}} \tag{4-2}$$

其中，PV 为债券的内在价值；n 为债券到期前支付利息的次数；PMT 为每次支付的利息；r 为到期收益率（也称市场利率），可以参考当前市场上具有类似风险和偿还期的债券的到期收益率确定；FV 为债券到期的面值。利用公式 4-2，我们可以在购买债券前，参考类似风险的其他债券的收益率，合理地估计债券的理论价格。

例题 4-6

假设 A 公司计划发行 10 年期的债券，该债券的年票面利息是 80 元，同类债券的到期收益率为 8%。A 公司将在接下来的 10 年中，每年支付 80 元的票面利息。10 年后，A 公司将支付给债券持有人 1000 元。问：这张债券的理论价格是多少？

将已知条件代入上面的公式 4-2，可得：

$$PV=\sum_{t=1}^{10}\frac{80}{(1+8\%)^{t}}+\frac{1000}{(1+8\%)^{10}}$$

求解，PV 为 1000 元，即债券理论上能够以面值 1000 元出售。

债券是否总能够以面值出售呢？假定 1 年后，上例中 A 公司的债券还有 9 年就要到期。但这时，市场上具有类似风险的新债券的收益率（即市场利率）为 10%，这张债券的理论上的销售价格是多少？

依条件，求解

$$PV=\sum_{t=1}^{9}\frac{80}{(1+10\%)^{t}}+\frac{1000}{(1+10\%)^{9}}$$

可得这张债券的价值为 884.82 元，即这张票面利率 8% 的债券应该定价在 885 元。

2. 等价债券、溢价债券和折价债券

事实上，当市场利率水平上升时，息票利率低于市场利率的老债券的出售者必须把价格下降到使得老债券的购买者获得的收益率正好等于类似的新债券的收益率。由于债券的息票利率是事先确定好的，且在整个债券存续时间内不能变动，这就意味随着市场利率上升，固定利率债券的价值将会下降，反之亦然。结果造成附息债券的价格与其面值出现三种情况：

（1）等价债券

市场价格等于其面值的附息债券称为等价债券（Par Bond）。当债券息票利率等于市场利率时，债券的价格等于其面值。

（2）溢价债券

溢价债券（Premium Bond）是债券价格高于其面值的债券。当市场利率低于其息票利率时，债券价格将高于其面值。

例题 4-7

如上例中，A 公司的债券发行 1 年后，市场利率降为 6% 时，则该债券的交易价格理论上等于多少呢？

$$PV=\sum_{t=1}^{9}\frac{80}{(1+6\%)^{t}}+\frac{1000}{(1+6\%)^{9}}$$

求解，可得这张债券的价格为 1136 元，该投资者能够以高于面值 1000 元的价格将其出售。

可见，溢价债券的到期收益率低于其本期收益率，本期收益率低于息票利率。溢价的幅度越大，到期收益率低于其息票利率的幅度越大，反之亦然。

（3）折价债券

折价债券（Discount Bond）是债券价格低于其面值的债券。当市场利率高于其息票利率时，债券价格将低于其面值。折价债券的到期收益率高于其本期收益率，本期收益率高于息票利率。折价的幅度越大，到期收益率高于其息票利率的幅度越大，反之亦然。

三、股票价值评估

股票价值评估的方法主要有两种：股利贴现模型和市盈率法。

（一）股利贴现模型

股利贴现模型是通过计算股票的未来预期现金流的现值来估计股票价值，是利用现金流贴现方法评估普通股价值的基本方法之一。投资者购买股票后，可以获得股息，股息的支付水平通常由董事会参考公司管理层的建议确定；股东还有权出售股票。同其他资产一样，我们通过计算所有未来的现金流的现值来对普通股票定价。

股东从股票得到的现金流或者来自股息，或者来自股票的出售，或者来自这两者。最简单的定价模型假定，你购买股票，持有一个时期，享受一次股息支付，然后将其出售。例如，你得知奔腾公司股票目前每股售价 50 元，每年付息 0.16 元，证券分析师预测该股票一年后的每股售价将为 60 元，你应该购买该股票吗？

要回答这个问题，首先要确定它现在的售价是否准确反映了分析师的预测。公式 4-3 可用于计算股票的价格

$$P_0=\frac{D_1+P_1}{1+k} \tag{4-3}$$

P_0表示股票的现价（零下标表示时期为零或现在）；D_1表示年末所付股息；P_1表示在第一个时期末的价格；k 为适当的贴现率，是经风险调整的贴现率，也称市场资本报酬率，是为吸引投资者投资于该股票而应达到的预期收益率，一般通过“无风险利率＋风险溢价”求得，反映了股东所要求的必要收益率，该收益率可以根据资本资产定价模型（CAPM）计算求得。

假定你在仔细考虑后，认为股票投资比债券投资风险大，该收益率 k 高于债券利率（假定为 10%）你才会满意。你认为你会对 12% 的收益率感到满意，将有关数据代入公式 4-3，得到以下结果：

$$P_0=\frac{0.16}{1+0.12}+\frac{60}{1+0.12}=0.14+53.57=53.71$$

根据你的分析，你发现该股票值 53.71 元，目前市场定价偏低，你会购买它。只有时间能够验证究竟是你还是市场上的其他人正确。

可见，要计算股票当前价格，必须先预测年末股票价格。根据公式 4-3，当年末股票价格计算公式可写为：

$$P_1=\frac{D_2+P_2}{1+k} \tag{4-4}$$

将公式 4-4 带入公式 4-3，得：

$$P_0=\frac{D_1}{1+k}+\frac{D_2+P_2}{(1+k)^2}$$

无限推导下去，可得到股利贴现模型的一般表达式：

$$P_0=\sum_{t=1}^{\infty}\frac{D_t}{(1+k)^t} \tag{4-5}$$

所以，股票的内在价值就是用市场资本报酬率贴现的未来所有预期股利的现值之和。股利贴现模型的一般表达式虽然揭示了股票价值的基本决定因素，但是，直接用它估计股票价值是不现实的，因此需要对它做一些变形处理。以下从股息保持零增长、股息保持稳定增长和部分盈余用于再投资三种情况讨论。

1. 股息零增长的股票价值评估

假设某种股票每期分红股息相等，如优先股就是一种典型的股息保持零增长的股票，现实中一些公司对普通股也采取每期分配等额股息的政策。

由于该种股票每期分红股息相当，即：$D_1=D_2=D_t=D$。因此，公式 4-5 可改写为：

$$P_0=\sum_{t=1}^{\infty}\frac{D}{(1+k)^t} \tag{4-6}$$

可见，这是一个无限期年金现值。根据无限期年金现值公式，公式 4-6 可改写为：

$$P_0=D/k \tag{4-7}$$

如果某公司股票每年固定分配股息 0.40 元，而市场资本报酬率为 8%，则该公司股票的内在价值为：$P_0=0.4/0.08=5$ 元。

2. 股息稳定增长的股票价值评估

一些公司采取股利分配稳定增长的政策。假设上期股利为 D_0，每期股利增长率为 g，则每期股利为：

$$D_t=D_0(1+g)^t \tag{4-8}$$

将公式 4-8 带入公式 4-5，得：

$$P_0=D_0\sum_{t=1}^{\infty}\frac{(1+g)^t}{(1+k)^t} \tag{4-9}$$

由于 $\sum_{t=1}^{\infty}\frac{(1+g)^t}{(1+k)^t}$ 为幂级数，当 $g<k$ 时，该式收敛。利用幂级数求和公式得，$\sum_{t=1}^{\infty}\frac{(1+g)^t}{(1+k)^t}=\frac{(1+g)}{(k-g)}$，带入公式 4-9 得：

$$P_0=D_0\frac{(1+g)}{(k-g)}=\frac{D_1}{(k-g)} \tag{4-10}$$

例如某公司今年已发放股利为每股 0.20 元，今后每年将按 5% 的比率增长，市场资本报酬率为 6%，则目前该股票每股理论价格为：

$$P_0=\frac{0.2\times(1+0.05)}{0.06-0.05}=21$$

该式不仅可以用于股票价值评估，也可用于对保持稳定增长率的无期限现金流进行估值。但应注意使用该公式时，必须 $g<k$，这是合理假定，在理论上如果股利增长率高于股东所要求的必要收益率，那么从长期看公司会扩大到不可能的程度。

3. 公司盈余用于再投资时的股票定价

上市公司并不会把所有的盈利都分配给股东。在股利分配前，管理层可能会将部分利润提取用于扩大公司的生产规模。设在每股收益 E 中，管理层决定将其中的 h 部分以留存利润的形式保留下来用于再投资，那么股东实际上得到的每股收益为 $E(1-h)$。再设再投资的收益率为 r，市场资本报酬率为 k。根据这些条件，得到：

分配给股东的初始每股收益为：

$$E(1-h) \tag{4-11}$$

每股收益的增长率为：

$$g=h\times r \tag{4-12}$$

将这些变量带入股息稳定增长的股利贴现模型（公式4-10），可得到将部分利润用于再投资时的股票定价模型：

$$p_h=\frac{E(1-h)}{k-h\times r} \tag{4-13}$$

例题 4-8

某公司当前每股收益为1元，预计若不扩大规模，以后每年能保持这一水平。假设管理层决定将每股收益的30%用于投资，扩大公司物质资本，另外的70%分配给股东。用于再投资的资本收益率为20%，同时假定市场资本报酬率为8%。这样就有，第一年分配给股东的每股收益0.7（$E=1\times0.7=0.7$）元，股利增长率为6%（$g=0.3\times20\%=6\%$），该种情况下股票价格就是：

$$p_h=\frac{0.7}{8\%-6\%}=35$$

与公司不进行再投资相比，股票价格（35元）比将利润全部分配给股东时要高（若全部分配给股东，其股票理论价格为1/8%＝12.5元）。股票价格高的原因是再投资时获得的收益率20%高于市场资本报酬率8%。

若上例中再投资的资本收益率为5%，低于市场资本报酬率8%，则股票价格为：

$$p_h=\frac{0.7}{8\%-0.3\times5\%}=10.77$$

该价格（10.77元）低于将利润全部分配给股东的价格（12.5元）。可见，增加投资本身并不能增加公司股票价值，关键在于投资收益，只有投资收益率高于市场资本报酬率时才能增加公司股票价值。

拓展阅读 4-4

定价的困难与定价误差：极端事件冲击下的国际股票市场[①]

在学习了股利定价模型后，我们真的能够将其运用到真实公司定价吗？

① 伦敦证券交易所。

1. 估计增长的困难。不变增长模型要求分析师估计公司将保有的不变增长率，你可能通过计算股息、销售额或净利润的增长率来估计未来的增长，但是没有考虑公司的变化或可能影响增长率的经济情势变化。罗伯特·霍金在他的《新金融》一书中写道，竞争将使高增长的公司不能维持其历史的增长率。

2. 估计风险的困难。股息定价模型要求分析师估计公司股票的必要收益率，这通常使用资本资产定价模型来完成。但正如第五章强调的那样，该模型可能没有考虑到影响公司价值的所有风险，而且计算出来的贝塔系数可能没有反映公司现在的真实风险。

2022 年 2 月底至 3 月初，在俄乌冲突升温、欧美将俄剔除出 SWIFT 等因素的推动下，全球金融市场出现剧烈波动，资金风险偏好受冲击显著。受此影响，2022 年 3 月 1 日，多家在伦敦上市的俄罗斯公司股价跌剩不足 1 美元，较之前基本跌超 90% 以上。

例如俄罗斯卢克石油公司 2 月 16 日报收 92.64 美元/股，截至 3 月 1 日收盘，已经跌到 0.31 美元/股，跌幅接近 99.7%。俄罗斯卢克石油公司，是全球最大的纵向一体化石油天然气公司之一。按储量规模来算，卢克石油公司是世界上第二大私营石油公司。该公司占全俄石油开采量的 19%，全俄石油加工冶炼的 18%。

Novatek 公司 2 月 16 日报收 215.4 美元/股，截至 3 月 1 日收盘，已经跌到 0.86 美元/股，跌幅超过 99.6%。这是俄罗斯最大的独立天然气生产商。公司主要经营区域集中在西西伯利亚亚马尔—涅涅茨自治区。这个区域是俄罗斯最著名的天然气生产地区，占俄产量的 90% 和全球产量的约 17%。

Nornickel 公司 2 月 16 日报收 29.62 美元/股，截至 3 月 1 日收盘，已经跌到 7.6 美元/股，跌幅超过 74.3%。这是全球最大的钯金生产商和领先的镍供应商。据统计，其去年产量为 260 万金衡盎司，占全球产量的 40%。

（二）相对定价法

1. 市盈率法

从理论上讲，股票定价的最好方法就是股息定价法。但有时候，该方法难以在实际中被运用。如果一家公司不支付股息或者股息的增长率极不稳定，那么运用这种方法得到的结果就可能不令人满意。市盈率定价法是比较流行的方法之一。

市盈率是公司股票市场价格与其每股收益之比，又称价格收益比或本益比。即：

$$MER_t = P_t / E_t \tag{4-14}$$

其中，MER 为市盈率，P 为股票价格，E 为每股收益。

市盈率是股市上投资者每天言及的一个概念，不同公司和行业之间市盈率的变动非常大。处于同行业的公司从长远看会有相似的市盈率。

市盈率之所以是衡量一只股票价值的重要指标，是因为当每股收益不变时，它在静态上反映了投资者完全靠现金股利来收回投资本金所需要的时间，市盈率越高，收回投入的本金所花的时间就越长；反之，市盈率越低，收回投资所花费的时间就越短。

对于高市盈率一般有两种解释：高市盈率可能意味着市场预期公司盈利在未来会上升。公司盈利上升将会使市盈率回落到比较正常的水平；高市盈率可能表明市场感觉该公司收益的风险非常低，因此愿意为其付出溢价。

市盈率定价法就是将被评估公司近期的每股收益乘以多个可比公司的平均市盈率以估计该公司股票价值的方法，是一种相对定价法。

$$股票价格 = 可比公司的平均市盈率 \times 每股收益$$

市盈率定价法对于私人持股的公司和不支付股息的公司定价非常有用。如果我们持有某个交易并不活跃的家族公司股份，那么这些股票的价值如何呢？如果我们可以找到一家上市公司，其盈利能力、风险状况和成长机会都与这家公司基本相同，我们就有可能得到令人满意的估计结果，只要将该公司的利润与参照公司的市盈率相乘即可。

在市盈率定价法中被用作参照物的证券价格，被默认为体现了其内在价值，或者认为可比公司的市盈率是合理的，因此该定价法的弱点是，使用行业的平均市盈率，可能造成一家公司长期市盈率高于或低于平均值，一些特殊的因素在分析中被忽略了。

2. 市净率法

市净率（Price-to-Book Ratio，简称“P/B”或“PBR”）指的是每股股价与每股净资产的比率。市净率可用于股票投资分析，一般来说市净率较低的股票，投资价值较高；相反，则投资价值较低。但是，在判断投资价值时还要考虑当时的市场环境，以及公司经营情况、盈利能力等因素。

3. 市销率法

市销率（Price-to-Sales，“PS”）指的是总市值与主营业务收入之比，或者股价与每股销售额之比。市销率越低，说明该公司股票的投资价值越大。

收入分析是评估企业经营前景至关重要的一步。没有销售，就不可能有收益。这也是最近两年在国际资本市场新兴起来的市场比率，主要用于创业板的企业或高科技企业。在 NASDAQ 市场上市的公司不要求有盈利业绩，因此无法用市盈率对股票投资的价值或风险进行判断，而用该指标进行评判。同时，在国内证券市场运用这一指标来选股可以剔除那些市盈率很低，但主营业务没有核心竞争力而主要依靠非经营性损益而增加利润的股票（上市公司）。因此，该项指标既有助于考察公司收益基础的稳定性和可靠性，又能有效地把握其收益的质量水平。

拓展阅读 4-5

中国移动的股票定价①

2021 年 8 月 18 日，中国移动发布公告，公司首次公开发行 A 股股票的申请材料已获中国证监会受理。根据中国移动招股书，公司拟公开发行不超过 9.65 亿股 A 股股份。募集资金将围绕“新基建、新要素、新动能”，推进数智化转型，构建新型数智生态，用于 5G 精品网络建设、云资源新型基础设施建设、千兆智家建设、智慧中台建设以及新一代信息技术研发及数智生态建设项目。

中国移动是全球领先的通信及信息服务企业，致力于为个人、家庭、政企、新兴市场提供全方位的通信及信息服务，是我国信息通信产业发展壮大的科技引领者和创新推动者。根据中国移动中期业绩公告，2021 年上半年，公司转型升级成效显著、经营业绩表现良好，通信服务收入达到 3932 亿元，同比增长 9.8%，增速创十年新高；新业务收入达 801 亿元，同比增长 38.3%，占通信服务收入比达 20.4%；股东应占利润 591 亿元，同比增长 6.0%。

2022 年 1 月 5 日，中国移动登陆 A 股市场，其 A 股发行价 57.58 元/股。作为国内三大电信运营商巨头之一，其上市发行价格的估值可以参考中国联通和中国电信的定价。根据其 2020 年每股盈利 5.27 元计算，发行静态市盈率为 10.9 倍。而作为参照系的中国联通，当天股票价格开盘价 3.99 元，2020 年每股盈利 0.18 元，其静态市盈率为 22 倍。中国电信当天开盘价格为 4.36 元，2020 年每股盈利为 0.26 元，其静态市盈率为 17 倍。

从静态市盈率看，中国移动股票发行定价具有一定的估值优势和较高的安全边际。事实上，从 2022 年 1 月 5 日到 2022 年 3 月 15 日收盘，上证综指跌幅大约 15%，中国联通跌幅大约 13%，中国电信跌幅约为 10%，中国移动股价上涨约 3%，股票回报率明显高于其他两只股票。

考虑三家不同企业的成长性，估值差别不大。如表 4-2 所示，从营业总收入增长速度来看，中国移动和中国电信是中国联通的两倍；但是从净利润增长速度来看，中国移动明显落后于另外两家企业。因此，未来股价表现很大程度取决于企业盈利的成长性。

表 4-2　上海证券交易所上市的 3 家中国电信运营商 2020 年的主要财务指标

	中国移动	中国联通	中国电信
总股本（亿股）	213.78	309.88	915.07

① 根据“自选股”App 收集的财务数据整理。

续表

	中国移动	中国联通	中国电信
营业收入（亿元）	7680.7	3038.4	3899.4
净利润（亿元）	1021.8	55.21	208.55
每股净收益（元）	5.27	0.18	0.26
市盈率（倍）	11	22	17
营业总收入同比增长率（%）	12.92	7.9	12.28
净利润同比增长率（%）	6.63	14.20	24.7
净资产收益率（%）	9.68	3.74	5.74

本章小结

1. 金融资产是具有现实价格和未来估价，且具有特定权利归属关系的金融工具的总称，是对某种收益的合法索取权。金融资产的两个重要功能是资源配置功能和风险转移功能。金融资产具有期限性（偿还性）、流动性、风险性和收益性，这些特性决定了资产对不同类型投资者的吸引力和价值。

2. 金融资产包括传统型金融资产和金融衍生资产。传统金融资产包括货币资产、信用资产、权益资产和外汇资产，现代信用货币制度下的货币资产也属于信用资产，金融衍生资产主要包括金融远期、金融期货、金融期权和金融互换等基本类型。

3. 金融远期合约是指交易双方约定在未来的某个时间，按照预先签订的价格买卖一定数量的某种金融资产的合约，是非标准化合约，远期合约多方和空方的到期损益正好相反。

4. 金融期货合约是指协议双方同意在约定的将来某个日期按约定的条件（包括价格、交割地点、交割方式）买入或卖出一定标准数量的某种金融资产的标准化协议。金融期货具有价格发现、套期保值和投资三大基本功能。金融期货的基本类型主要有外汇期货、利率期货和股票指数期货。

5. 金融期权就是在未来某时间内按照约定的价格买或不买、卖或不卖某种金融资产的选择权利。金融期权交易是通过在期权交易所或证券交易所买卖期权合约来进行的。金融期权合约是一种标准化的合约，它规定买卖标的物的规格、品种、期限、买卖价格和买卖双方各自的权利和义务。期权可分为看涨期权和看跌期权。金融期权的基本功能包括避险功能和投资功能。

6. 金融互换合约是交易双方约定在一定时间内按商定条件交换一系列现金流的合约。互换的动因是比较优势。

7. 金融资产的内在价值被定义为信息充分的投资者在完全竞争的市场上购买该资产时必须支付的价格。现金流贴现法认为资产的内在价值或合理价格应该等于持有者在资产持有期间预期获得的所有现金流的贴现值之和。

8. 当零息债券的面值和市场利率（当前市场上具有类似风险和偿还期的债券利率）确定之后，其内在价值（理论价格）等于未来收益的现值，零息债券的价格随到期时间的缩短而上升，随市场利率的提高而下降。

9. 附息债券的内在价值等于其未来收益的现值。由于附息债券的息票利率是事先确定好的，且在整个债券存续时间内不能变动，所以随着市场利率的变化，附息债券的价格与其面值出现三种情况：平价债券、溢价债券和折价债券。附息债券的票面利率、当期收益率和到期收益率有不同的含义。

10. 股利贴现模型是通过计算股票的未来预期现金流的现值来估计股票价值。根据对未来股息增长率的不同假定，将股利贴现模型分为：零增长模型、股息稳定增长模型和盈余用于再投资时的股票定价模型。

11. 市盈率是公司股票市场价格与其每股收益之比，在静态上反映了投资者完全靠现金股利来收回投资本金所需要的时间。市盈率法也是股票估价的常用方法，是将被评估公司近期的每股收益乘以多个可比公司的平均市盈率以估计该公司股票价值的方法。

重要概念

金融资产　信用资产　权益资产　金融远期　远期利率协定　远期外汇合约　金融期权　看涨期权　看跌期权　金融期货　套期保值　金融互换　利率互换　货币互换　金融资产内在价值　股利贴现模型　市盈率定价法

复习思考题

1. 什么是金融资产？它有哪些基本特征和基本功能？

2. 什么是信用资产、权益资产？各有哪些基本类型？股票有哪些特征？

3. 金融衍生资产有哪些基本类型？它们各自具有什么特点与功能？利用期权与期货避险有何不同？

4. 一价原则是什么经济行为的结果？为什么？

5. 什么是市盈率？如何用它对股票进行价值评估？

6. 债券和股票价值评估的基本方法是什么？

7. 你有两张除了票面利息和价格外，完全一模一样的债券，面值都是 1000 元。到期期限都是 2 年，第一张的票面利率是 10%，销售价格为 935 元。如果第二张的票面利率是 12%，你认为它应该卖价多少？

8. 某投资者持有 X 公司股票 1000 股，该股票当前购买价格是 25 元，该投资者担心股票价格下跌，于是以每股 2 元的期权费购买了该股票的看跌期权，他有权在 3 个月后以每股 25 元的价格向期权的卖方卖出 1000 股 X 股票。（1）若 3 个月后 X 股票的市场价格是 20 元，则该投资者是否执行权利？其期权投资的盈亏如何？（2）若 3 个月后 X 股票的市场价格是 30 元呢？请画出其期权投资的损益曲线。（3）若 3 个月后 X 股票的市场价格是 30 元，综合考虑股票现货和期权投资后，该投资者总的盈亏如何？

9. 某公司发行 2 年期附息债券，票面价格是 100 元，票面利率是 10%，若发行价格是 95 元，请问：若发行当天你以 95 元买入并持有到期获得的到期收益率是多少？该投资的当期收益率是多少？

第五章

风险与资产选择

本章导读

人们在没钱的时候千方百计挣钱，有了钱之后就开始关心资金的保值增值问题。事实上，资金盈余者在进行投资时考虑的最主要的是两个维度——收益和风险。脱离风险只谈收益，可能会使投资者过于激进，从而遭受重大损失，甚至陷入血本无归的境地；而脱离收益只谈风险，则可能使投资者过于保守，难以对财富进行有效管理，最终也无法实现投资目标。在本章，我们将深入探讨资金盈余者在投资过程中面临的收益和风险之间的权衡问题。

首先，什么是金融风险？投资者在投资过程中常见的金融风险有哪几类？这是我们第一节的内容，对这些问题的解决有助于我们进行风险的识别和管理。明确了风险之后，接下来如何管理风险呢？管理风险的目的是彻底消除风险吗？在第二节中，我们将介绍金融风险管理的逻辑思路和主要方法。通过构造资产组合进行分散化投资是风险管理的重要方法之一，那么，投资组合是如何分散风险的呢？在第三节中，我们将聚焦资产组合原理，探讨如何选择金融资产并构造投资组合，才能在控制风险的前提下实现投资收益的最大化。进一步地，我们将着重分析资产组合降低非系统风险的原理。在第四节中，我们将基于资产组合原理推导出资本资产定价模型（CAPM）这一现代金融市场价格理论的支柱，从而为我们今后分析风险资产的价格打下基础。

学习目标

掌握 金融风险的定义，金融风险的种类；资产组合原理，资本市场线的含义，证券市场线的含义，资本资产定价模型公式

理解 价格风险的度量方法；金融风险管理方法；影响资产需求的因素；资产组合

收益与风险的度量

了解 信用风险的度量方法；金融风险管理过程

第一节 金融风险的种类及度量

一、金融风险的种类

（一）金融风险的内涵

风险产生的根源是不确定性。所谓不确定性是指事物的未来发展或变化有多种可能状态，而人们无法事先准确预知将来会是何种状态。

金融风险（Financial Risk）是指投资收益的不确定性，即金融变量的各种可能值偏离其期望值的可能性和幅度，也可以理解为金融投资过程中发生意外损失或额外收益的可能性。人们通常关注不确定性带来的投资损失的可能性。

金融风险是风险的一个子集。关于金融风险的基本含义有两种观点：第一种观点认为，金融风险是指金融资产价格的波动，造成投资收益率的不确定性或易变性，这种易变性可用收益率的方差或者标准差度量。第二种观点认为，金融风险是资产价格波动而给投资者造成损失的可能性或损失的不确定性。该观点认为只有在价格波动给投资者造成损失时才有风险，不造成损失的任何波动都不应被视为风险。

（二）金融风险的分类

金融风险的种类很多，按照不同的分类方法可以分为不同的类型。

1. 按照风险的来源划分

按照风险的来源，将金融风险划分为三大类，分别是信用风险、市场风险和操作风险。

信用风险（Credit Risk）一般指受信方拒绝或无力按时、全额支付所欠债务时，给信用提供方带来的潜在损失。其实，受信方有时也面临来自信用提供方的风险，如供货方或银行可能因资金而无法提供商品、服务和使受信方的交易持续进行的融资活动。

市场风险（Market Risk）指市场价格（包括利率、汇率、股票价格和商品价格等）的不利变动造成损失的风险。这类风险与金融市场本身的成熟程度相关，市场越成熟，市场风险就越小。市场风险一旦大规模发生，不仅给投资者带来极大的损失和伤害，而且给整个金融市场带来灾难性破坏。广大投资者很难进行市场风险的管理，必须通过政府规范市场，打击恶意操纵市场的各种违规行为，进行综合治理，使市场在公开、公平、有序的条件下进行。

市场风险可以分为利率风险、汇率风险和价格风险等。利率风险（Interest-rate Risk）是指利率的变动给投资者带来损失的可能性，或是指预期利率水平和到期时的实际市场利率水平产生差异而给投资者带来损失的可能性。利率风险是固定收益证券持有者面临的主要风险。汇率风险（Exchange-rate Risk）是指汇率变动给投资者带来损失的可能性。这是持有外汇现金流的投资者面临的主要风险。例如，如果一种货币的汇率下降，这种货币的持有者将遭受损失；反之，如果一种货币的汇率上升，这种货币的需求者将遭受损失。价格风险（Price Risk）是指商品或金融资产价格不确定变化造成投资收益率的不确定性或易变性，而给投资者造成损失的可能性。证券价格的变化直接影响投资者买卖证券的损益情况，证券价格风险主要来自股票市场上空头市场和多头市场的交替出现引起的行情变化。证券市场价格变动的影响因素是十分复杂的，如企业的经营状况、经济周期、投资者心理状态等，证券价格的波动很难准确预料，因而也就很容易给市场交易者带来损失。

操作风险（Operational Risk）是指由不完善或有问题的内部程序、人员及系统或外部事件而造成损失的风险。操作风险的主要种类包括：内部欺诈风险、外部欺诈风险、就业政策与工作场所安全的风险、客户产品和业务操作风险、灾害和其他事件、业务中断与系统失败风险、执行交割和内部流程管理等风险。

2. 按照风险是否可被分散划分

按风险是否可被分散将金融风险分为系统风险和非系统风险。

系统风险（Systematic Risk）又称不可分散风险，是指某种全局性因素引起的投资收益下降的可能性，市场中所有证券资产的收益都会受到这些因素的影响。系统风险与市场的整体运动相关联，如购买力风险、利率风险、汇率风险和国家风险都是系统风险。系统风险是所有投资者共同面临而无法避免的风险，该类风险的重要特征是不能通过分散化投资消除，也就是说，投资者不可能通过多元化的投资消除或降低系统风险。

非系统风险（Non-systematic Risk）是个别资产本身的各种因素造成的收益不稳定性，是与特定公司或行业相关的风险，与经济、政治和其他影响所有金融变量的因素无关。违约风险、经营风险、操作风险等均属此类风险。该类风险的重要特征是可通过分散化投资降低，而且如果分散是充分有效的，这种风险还能被消除，因此，又称可分散风险，也就是说，投资者可以通过多元化的投资消除或降低非系统风险。

一般来说，总风险等于系统风险与非系统风险之和。需要指出的是，上述分类是相对和有条件的，同时在内容上存在交叉，这主要是各种不确定因素相互交织在一起的缘故。

二、金融风险的度量

金融风险度量是金融风险管理的前提，只有科学度量风险的大小，才能为金融风险管理奠定良好的基础。准确评估金融风险对最大限度地减少损失和获取利润都十分重要。不同种类的金融风险的度量方法也有差异，价格风险和信用风险是金融风险中最重要的两种风险，下面我们着重讨论这两种风险的度量问题。

（一）价格风险的度量

金融资产价格风险与金融资产的预期收益率紧密相关，因而，度量价格风险先从预期收益率的计算开始。

1. 预期收益率

预期收益率可以理解成投资者在投资前对收益率的估计，为其所有可能收益的加权平均数，权重为每种可能收益出现的概率。预期收益率实际上是个平均值，是收益率这个随机变量的数学期望值，是以概率为权数的平均收益率，公式为：

$$E(r) = \sum P_i \cdot r_i \tag{5-1}$$

其中，$E(r)$ 代表某种资产的预期收益率，$i(i=1,2,\cdots\cdots,n)$ 代表可能遇到的 n 种情况，r_i 代表该资产在第 i 种情况下的收益率，P_i 代表第 i 种情况出现的概率，n 种情况的概率之和应该等于 1。

例题 5-1 单个证券预期收益率与风险的计算

假设有一只股票 A，它现在的价格是 10 元，一个月后价格上涨到 16 元的可能性是 0.25，上涨到 12 元的可能性是 0.5，价格还是 10 元的可能性是 0.25，若投资者投资于该股票，依据公式 5-1，其投资的预期收益率是：

$$E(A)=0.25\times\frac{16-10}{10}+0.5\times\frac{12-10}{10}+0.25\times\frac{10-10}{10}=25\%$$

假设另有一只股票 B，它现在的价格也是 10 元，但该公司出现了亏损，正在设法重组。如果重组很快且取得成功，B 的价格将在一个月后上涨到 22 元，这种情况发生的可能性是 0.25；如果重组缓慢，一个月后其价格可能上涨到 11 元，这种情况发生的概率是 0.5；如果重组失败，B 的价格将在一个月后下跌至 6 元，这种情况发生的可能性为 0.25。则投资者投资于 B 的预期收益率为：

$$E(B)=0.25\times\frac{22-10}{10}+0.5\times\frac{11-10}{10}+0.25\times\frac{6-10}{10}=25\%$$

2. 风险

选择投资项目时，不仅要考虑收益，还要考虑风险。一般我们以预期收益率的方差或标准差来衡量风险的大小。方差就是各种可能收益的概率乘以可能收益与期望收益之差的平方和。以 σ^2 表示方差，r_i 表示状态 i 下的收益率，P_i 表示状态 i 发生的概率，$E(r)$ 表示预期收益率，则方差的计算公式为：

$$\sigma^2 = \sum [r_i - E(r)]^2 \cdot P_i \tag{5-2}$$

方差可以较好地反映资产收益率相对于其平均值的离散程度，方差越大表明风险越大，收益率波动的幅度就越大，一旦出现了投资者不希望的变化，就可能出现较大幅度的亏损。许多金融资产的收益率概率被假设符合正态分布，因此2/3的估计收益率分布落在 $E(r) \pm \sigma$ 之内，95%的收益率分布落在 $E(r) \pm 2\sigma$ 之内。

例题 5-2

在例题5-1中，虽然股票A和股票B的预期收益率相同，但它们的风险相差很大。依据公式5-2计算，股票A和B预期收益率的方差分别为：

$\sigma_A{}^2 = 0.25 \times (0.6 - 0.25)^2 + 0.5 \times (0.2 - 0.25)^2 + 0.25 \times (0 - 0.25)^2 = 0.0475$

$\sigma_B{}^2 = 0.25 \times (1.2 - 0.25)^2 + 0.5 \times (0.1 - 0.25)^2 + 0.25 \times (-0.4 - 0.25)^2 = 0.3425$

标准差是方差的平方根，与方差同向变化。根据前面的计算结果，股票A和股票B的收益率的标准差分别约为0.2180和0.5852。股票B的方差和标准差均比股票A的大得多，表明它的收益率波动幅度要比股票A的收益率波动幅度大得多，即B的风险大。

人们对待风险的态度有三种：风险规避型（风险厌恶型）、风险中立型和风险偏好型。对于风险规避者来说，在预期收益率相同的情况下，一种资产相对于另一种资产的风险增加，对这种资产的需求就会减少；反之，对风险偏好者来说，对这种资产的需求就会增加。最重要的一点是我们在选择资产时，要充分考虑自己的风险承受能力。衡量一个人是风险规避者还是风险偏好者的一个简单标准是，是否愿意参与“公平的赌博”：一种是直接给你50元钱，另一种是让你掷一枚硬币，当币值朝上时给你100元，但币值朝下时分文不给。如果你选择前者，你就是一个风险规避者；如果你觉得这两种选择无差异，那你就是一个风险中立者；如果你选择后者，则说明你是一个风险偏好者。在上面的例子中，风险规避者倾向于选择股票A，而风险偏好者倾向于选择股票B。

一般而言，人们都不喜欢风险，风险越小越好，如果风险大就必须由收益高来补偿，风险和收益总是一对孪生兄弟。收益高而风险低的投资一般是不会长时间存在的，因为好事大家都会争着去做，竞争必然会使收益率下降。

（二）信用风险的度量

1. 单个借款者信用风险的评估——信用评级

信用评级（Cresit Rating）是信用风险的传统度量方法，一般由专业评级机构对债务人发行的债务工具的信用风险（违约概率）进行评价。国际著名的外部评级机构有穆迪、标准普尔等。银行较多使用内部评级方法。信用评级适用于单个借款者的信用风险的评估，而对于分散化投资来减低非系统风险的资产组合来说，并不能有效地反映其信用风险。

信用评级指标包括定量指标和定性指标。定量指标主要用于对被评估人运营的财务风险进行评估，考察会计质量，包括资产负债结构、盈利能力、现金流量充足性、资产流动性等。定性指标主要分两大内容：一是行业风险评估，即评估公司所在行业现状及发展趋势、宏观经济景气周期、国家产业政策、行业和产品市场所受的季节性、周期性影响以及行业进入门槛，技术更新速度等。通过这些指标评估企业未来经营的稳定性、资产质量、盈利能力和现金流等。一般说来，垄断程度较高的行业比自由竞争的行业盈利更有保障，风险相对较低。二是业务风险评估，即分析特定企业的市场竞争地位，如市场占有率、专利、研究与开发实力、业务多元化程度等，具体包括基本经营和竞争地位、管理水平、关联交易、担保和其他还款保障。

内部评级法即 IRB 方法。IRB 方法根据违约概率（PD）、给定违约概率下的损失率（LGD）、违约的总敞口头寸以及期限（M）等因素来决定一笔授信的风险权重，IRB 按照复杂程度可以分为初级法和高级法。按照内部评级法的规定，银行将银行账户中的风险划分为以下六大类：公司业务风险、国家风险、同业风险、零售业务风险、项目融资风险和股权风险。然后，银行根据标准参数或内部估计确定其风险要素，并计算得出银行所面临的风险。这些风险要素主要包括：违约概率（PD），指债务人违反贷款规定，没有按时偿还本金和利息的概率；违约损失率（LGD），指债务人没有按时偿还本金和利息给银行带来的损失状况，它表现为单位债务的损失均值；违约风险值（EAD），指交易对象违约时，对银行面临风险的估计；期限（M），指银行可以向监管当局提供的交易的有效合同期限。IRB 方法的主要目标就是使得资本的配置更加精确，与银行内部的信用风险更加匹配。这与拥有完善的风险管理体系的银行对信用风险和资本充足率的内部评估框架是一致的。

2. 资产组合的信用风险评估——信用风险模型

资产组合的信用风险以潜在损失来度量。到目前为止，如何利用信用风险模型来模拟违约概率和刻画资产组合的信用风险仍然是摆在我们面前的两大难题。现代信用风险度量模型主要有 KMV 模型、Creditmetrics、麦肯锡模型和 CSFP 信用风险附加计量模型四类。

KMV 模型是由 KMV 公司开发的一种信用风险度量模型，即信用监控模型（Credit Monitor Model），是估计借款企业违约概率的方法。首先，它利用 Black-Scholes 期权定价公式，根据企业资产的市场价值、资产价值的波动性、到期时间、无风险借贷利率及负债的账面价值估计出企业股权的市场价值及其波动性，再根据公司的负债计算出公司的违约实施点（Default Exercise Point，为企业 1 年以下短期债务的价值加上未清偿长期债务账面价值的一半），然后计算借款人的违约距离，最后根据企业的违约距离与预期违约率（EDF）之间的对应关系，求出企业的预期违约率。

Creditmetrics 是 J. P. 摩根公司等 1997 年开发出的模型，运用 VAR 框架，对贷款和非交易资产进行估价和风险计算。该方法是基于借款人的信用评级、次年评级发生变化的概率（评级转移矩阵）、违约贷款的回收率、债券市场上的信用风险价差计算出贷款的市场价值及其波动性，进而得出个别贷款和贷款组合的 VAR 值。

麦肯锡模型则在 Creditmetrics 的基础上，对周期性因素进行了处理，将评级转移矩阵与经济增长率、失业率、利率、汇率、政府支出等宏观经济变量之间的关系模型化，并通过蒙特卡洛模拟技术模拟周期性因素的冲击来测定评级转移概率的变化。麦肯锡模型可以看成对 Creditmetrics 的补充，它克服了 Creditmetrics 中不同时期的评级转移矩阵固定不变的缺点。

CSFP 信用风险附加计量模型与作为盯市模型（MTM）的 Creditmetrics 不同，它是一个违约模型（DM），不把信用评级的升降和与此相关的信用价差变化视为一笔贷款的 VAR（信用风险）的一部分，而只看作市场风险，在任何时期只考虑违约和不违约这两种事件状态，计量预期到和未预期到的损失，而不像在 Creditmetrics 中度量预期到的价值和未预期到的价值变化。在 CSFP 信用风险附加计量模型中，违约概率不再是离散的，而被模型化为具有一定概率分布的连续变量。每一笔贷款都被视作小概率违约事件，并且每笔贷款的违约概率都独立于其他贷款，这样，贷款组合违约概率的分布接近泊松分布。CSFP 信用风险附加计量模型考虑违约概率的不确定性和损失大小的不确定性，并将损失的严重性和贷款的风险暴露数量划分频段，计量违约概率和损失大小可以得出不同频段损失的分布，对所有频段的损失加总即贷款组合的损失分布。

第二节 金融风险管理过程与方法

一、金融风险管理过程

在金融投资与融资过程中，既然面临着风险，就应该积极地管理风险。金融风险管理的目标不是完全消除风险，而是在能容忍的金融风险水平下实现投资目标。任何经营主体想取得长期成功必须承担风险，因此金融风险管理系统只能确保经营主体的合理目标得以实现，但并不能消除管理决策失误、人为错误、不可预见的差错等的发生。具体来说，金融风险管理的目标有：对风险进行评估（使风险在一个可接受的限度内），避免不必要风险造成的损失，在风险发生概率较高的情况下降低不利结果出现的频率，在不利结果较严重的情况下降低其影响。

风险管理过程一般包括风险识别、风险评估、风险管理方法的选择、风险管理方案的实施和风险管理评价五个步骤。

（一）风险识别

风险识别就是将分析对象作为一个整体来观察，把所有对结果可能产生不良影响的不确定性考虑在内，然后筛选出对象所面临的重要风险是什么，最后识别出风险暴露程度。识别常用的方法有：找出导致损失的风险因素，画出什么因素又导致风险产生的因果关系图，目的是找到面临的主要风险；列出机构面临的所有潜在风险及其相互关系的矩阵列表，目的是确定风险暴露程度。

（二）风险评估

金融风险识别之后，需对风险进行度量，以便确定其危害的严重性。准确评估风险的大小对于加强风险管理、尽可能地减少损失和获取利润都十分重要。风险评估就是评价风险的严重性，主要从两个方面进行：一是从不利事件发生的频率或概率的角度，评估不利事件发生的可能性；二是评估风险的严重性或影响程度，即评估一旦不利事件发生将造成的损失。

（三）风险管理方法的选择

在识别了风险并对风险大小有了定量描述后，风险管理的下一个主要任务就是选择合适的风险管理方法来降低风险发生的可能性，减少风险造成的损失。由于风险管理是企业一种有计划、有组织降低风险的系统化工作过程，风险管理方法的选择要具体问题具体分析，选择一种合适的方法。有时应对一个风险往往需要综合应用多种管理方法。常用的方法有风险回避、风险损失的预防与控制、风险留存以及风险转移。

（四）风险管理方案的实施

在完成了风险的识别、评估以及选择了风险管理的方法后，接下来就是在保证其费用最小化的原则下实施该方案。例如，在选择投保信用保险时，选择保险费率低的保险公司。当有多种风险管理方案时，从中选择综合费用比较低的方案。具体地说，金融风险管理方案的实施必须遵循三项基本原则：成本最低原则、效率最高原则、保护收益原则。

（五）风险管理评价

风险管理是一个动态反馈过程，在这一过程中需要对风险管理过程中的各个环节的工作进行定期的评价和完善。通过风险管理的评价，将有关的信息反馈至风险管理过程中的各个环节，补充、改进和完善风险识别、风险评估、风险管理方法的选择、风险管理方案的实施等管理步骤，提高风险管理的水平和效率。

二、金融风险管理方法

金融风险管理的方法很多，主要有风险回避、风险损失的预防与控制、风险留存和风险转移四种类型。

（一）风险回避

风险回避是指行为人知道有可能发生风险损失，在既不能有效降低风险发生概率，又无法降低风险损失，更无法直接承受风险损失时，采取回避的策略，不从事或及时终止可能引起特定风险损失的行动方案。根据现代投资学理论，预期收益与风险成正比，因而投资者在选择投资项目时，必须对收益和风险进行全面权衡。采取风险回避方法也会失去获得目标收益的机会，与获得高收益的目标相冲突。因此，一般在如下情况之一时才采取该策略：有别的较低风险的途径实现同样的目标，本身无能力将风险消除或转移，无能力承担该风险或承担风险得不到足够的收益补偿等。

简单的风险回避是一种消极的风险处理办法，更常用的是通过消除风险暴露来回避风险。在银行和其他金融机构的金融风险管理中，头寸管理是一种常用的回避策略。例如，通过资产结构的调整，缩短资产的平均期限或提高短期资产占总资产的比重等，来规避流动性风险和信用风险；或者尽量减少外汇持有头寸，以规避外汇风险。

（二）风险损失的预防与控制

有效的风险管理手段就是防患于未然。风险损失的预防与控制就是为了降低风险带来损失的可能性或严重性，在损失发生之前、之中、之后采取措施。换句话说就是指在损失发生前全面尽可能地消除其发生的根源，并通过各项措施降低风险事故发生的概率，在损失发生时和发生后减轻损失的严重程度。总之，风险损失的预防与控制贯穿于风险管理的全过程，其根本出发点就是预防损失发生和降低风险发生后损失的严重程度。

风险损失的预防通常要通过加强教育培训与完善管理来降低不利事件发生的概率，甚至彻底消除引起风险发生的诱因。风险损失的控制主要通过设立预防措施或降低损失的行动方案、降低该项风险行为对组织整体目标的影响、减少风险暴露三个方面的策略来降低风险发生后所造成的损失。

在金融领域，风险损失的预防与控制是一个有效的管理方法。例如，银行为了降低信用风险，要经常对员工进行培训，建立全员的信用风险文化；审批贷款时贯彻优质贷款原则；积极推行抵押、担保等贷款方式；采用与风险挂钩的贷款利率；协助企业挖掘资金潜力，节约使用资金等；当发现借款企业经营恶化时，密切关注，及时采取措施，力争使贷款违约损失降到最低。

（三）风险留存

风险留存也叫自担风险或保留风险，是一种由企业或单位自行承担风险损失的方法。当无法避免风险又不能完全控制和预防风险，或者因为预防或控制的成本很高而得不偿失，或者权衡风险与预期收益发现承担风险有利可图时，风险承担是一种有效的风险管理策略。实际风险有大有小，预防风险发生和降低风险损失的措施往往首先要求投入资金，所以在许多情况下人们愿意自己承担风险。事实上人类的每一项经济活动都有一部分风险是由自己承担的。风险承担只是意味着当风险一旦实际发生时，行为人承担相应的风险损失，但损失只要在一定的程度内，就不一定是坏事，还可能是商业机会。例如，保险业就是通过留存并承担风险来获得风险管理过程中的分工收益。

（四）风险转移

风险转移是风险管理方法中最重要的一种，是指有意识地将风险或与风险有关的财物损失后果转嫁出去的方式，其目的是将可能由自己承担的风险损失转由其他人来承担。风险转移的实质是将风险出让给别人，这种出让通常是有偿的，即在让别人承担风险时，必须将相应的利益也转让给对方，或者向对方支付一定的费用，所以，这实际上是一种风险交易。风险转移可以通过套期保值、保险和分散投资三种途径来实现。

套期保值是一种转移风险的方法，该方法在采取降低风险的措施时也使人们放弃潜在的收益。具体操作是买进（卖出）与现货市场数量相当，但交易方向相反的商品期货合约，以期在未来某一时间通过卖出（买进）期货合约而补偿现货市场价格变化所带来的实际价格风险。其基本原理在于某一特定商品的期货价格和现货价格受相同的经济因素影响和制约，两者的变动方向基本是一致的，并且具有市场趋合性，即当期货合约临近交割期时，现货与期货的价差趋于零，否则便会有套利来消除差价。实际上，套期保值者正好利用两个市场间的相关性进行交易，从而达到回避价格风险和锁定成本的目的。

保险是一种通过支付一定保费避免可能的损失的方法。作为一种风险管理的策略，保险有着悠久的历史，即使在金融风险管理中也是如此。近年来，利用保险来管理金融风险的形式愈来愈多，其中，较常见的主要有存款保险、贷款保险、商业信用保险、出口信用保险以及投资保险等。人们如果想采用保险的方法来转移风险具体可以通过三种途径：购买保险合约、财务担保、期权。

分散投资策略也是人们常用的一种金融风险管理策略。所谓分散化投资，也就是指投资者在进行投资时将资金分配到两个以上的项目或品种上。例如，证券投资时，并不把全部资金集中投资于某一证券，而是将其分散地投资于多种证券，也就是我们通常所说的“不要把全部鸡蛋放在一个篮子里”。通过投资分散化，一些证券的意外收益可以抵补另一些证券的意外损失，能够避免集中投资单一品种时一旦失败全盘皆输的情况发生，从而在总体上达到降低风险的目的。必须注意的是，分散化效应所能分散的风险是非系统风险，即指发生于个别公司的特有事件造成证券价格下跌的风险，而系统风险是指那些影响所有公司的共同因素引起的所有证券价格下跌的风险，如战争、经济衰退、通货膨胀、利率等因素，它们引起的风险无法通过分散投资分散掉。

拓展阅读 5-1

社保基金为啥“业绩”这么好？①

2020年，我国社保基金的投资收益率达15.84%，比该年度上证指数涨幅高约2个百分点，也是2009年后各报告期内基金权益投资收益率最高的一期。这一业绩在国内外引起了广泛关注。

全国社保基金理事会采取直接投资与委托投资相结合的方式开展投资运作。前者由全国社保基金理事会直接管理运作，主要投向银行存款、信托贷款、股权投资、股权投资基金、转持国有股和指数化股票投资等；后者则由全国社保基金理事会委托投资管理人管理运作，主要投向境内外股票、债券、证券投资基金，以及境外用于风险管理的掉期、远期等衍生金融工具等。

自2003年全国社保基金理事会在年报中披露报告期末直接投资和委托投资资产比例以来，委托投资资产在社保基金资产总额中所占的比重一直呈上升趋势。到2020年，该比重达到近2/3，资产总额超19000亿元。业内人士指出，社保基金能取得较好“业绩”，和其投资理念、资产配置体系和风险管理体系有关。

在投资理念方面，全国社保基金理事会坚持长期投资、价值投资和责任投资的理念，按照审慎投资、安全至上、控制风险、提高收益的方针进行投资运营管理，确保基金安全，实现保值增值。

在资产配置方面，全国社保基金理事会在投资运营中形成了较为完善的资产配置体系。在该体系中，战略资产配置计划旨在确定各类资产中长期目标配置比例和比例范围；年度战术资产配置计划在战略资产配置计划规定的各类资产比例范围内，确定各类资产年度内的配置比例；季度资产配置执行计划则通过对形势分析和年度资产配置计划的审视，确定季度具体的执行计划，进行动态调整。

在风险管理方面，围绕总体投资目标，针对管理运营各环节可能出现的各类投资风险，通过专门的风险管理手段和方法进行风险的识别、衡量、评估、监测和控制应对，覆盖投资管理活动全领域、全过程，建立业务部门、风险管理职能部门、风险管理委员会和投资决策委员会的风险管理责任制度，形成了较为健全的风险管理体系。

---

① 汪文正:《社保基金为啥“业绩”这么好?》,《人民日报》(海外版)2021年9月8日第11版。

第三节 资产组合原理

一、影响资产选择的主要因素

一般来说，市场经济越发达，资产的形式就越多、越复杂，人们的资产选择也就越多。面对种类丰富的资产，人们究竟会如何进行决策呢？也就是说，影响人们在不同资产之间做选择的主要因素是什么呢？

新古典经济理论在经济人假定、完全信息假定等一系列苛刻的假设条件下，导出了在充分竞争的市场上，套利行为将导致居民跨时消费效用最大化的结论。但现实经济中有限理性、信息障碍、厂商垄断等现象的存在，表明新古典经济学家们所描述的美好景象只能是一个可望而不可即的目标，人们在选择金融资产时必须考虑许多现实的因素，这些因素从总体上可以概括为如下几点：

第一，财富总量。财富总量越大，人们对某种资产的需求便越多。但是不同资产对财富变化的敏感程度是不一样的，因此财富的变化会影响人们所持有的各种资产的比例。

第二，该资产相对于其他资产预期收益率的高低。人们总是希望一定数额的资产能够带来最大的收益，因而预期收益的大小将直接影响人们的资产选择行为。预期收益分固定性预期收益与变动性预期收益。前者如银行存款，居民在投资的时候，已经能算出未来的收益；后者如股票等有价证券，在决定投资的时候，人们只能有一种预期，而无法知道未来的确切收益。投资者选择固定性预期收益的资产还是选择变动性预期收益的资产，主要取决于投资者本人的风险偏好。

第三，该资产相对于其他资产的流动性的高低。流动性是指当投资者需要用钱时，将资产变成现金的难易程度。在其他条件相同的情况下，人们总是喜欢流动性更高的资产。在金融资产中，流动性最高的是现金，虽然它会产生一定的机会成本损失，但由于支付方便而受到居民的青睐。在银行存款中，定期储蓄的流动性差，活期储蓄的流动性介于手持现金和定期存款之间。由于股票具有只能买卖、不能退股的特点，因而股票的流动性比较差。债券虽然到期可以取回本金（当然也有永续债券），但同股票的变现情况类似，如果在到期之前变现要受到众多因素的制约。

第四，该资产相对于其他资产的风险的高低。风险是对投资安全性高低的度量，投资安全性越高，风险越小；相反，投资的安全性越低，风险越大。在经济学中，风险与不确定性是紧密联系在一起的。如果一种资产的预期收益是确定的，那么我们就称之为无风险资产。相反，如果一种资产的预期收益是不确定的，那么我们就称之为风险资产。如银行存款，尤其是保值储蓄，投资者在存款的同时就已经知道了利息数额的大小和回收利息的时间，而且连通货膨胀因素也考虑了进来，因而通常情况下，银行存款是一种风险非常低的资产品种。

对大多数人来说，总是存在回避风险的偏好。也就是说，在其他情况相同的条件下，人们总是希望购买风险最小的资产。然而，竞争的市场中没有“免费的午餐”，风险和收益总是结伴而生的，高收益的资产必然存在较高的风险，无风险资产通常只能获取较低的收益。在实际中，人们只能根据自己主观的风险偏好倾向进行风险与收益的权衡，从而在不同类型的资产中做出选择。

二、资产组合的收益与风险

马科维茨于1952年发表的论文《组合的选择》奠定了现代投资组合理论的基础。马科维茨认为投资者的目标并非收益的最大化。如果仅以收益最大化为投资目标，那么投资的资产应该是投资者认为能够获得最大收益的唯一的资产。事实上，绝大多数投资者并非仅仅持有一种资产。相反，他们大多建立了资产组合。这表明投资者在追求收益最大化的同时，追求着风险的最小化。资产组合的建立，通过投资的分散化，能够在降低风险的同时维持原有的收益率水平。现在我们假定一个投资者持有多种资产，形成一个资产组合，那么如何衡量它们的收益和风险呢？

（一）资产组合的收益

资产组合预期收益率 $E(r_p)$ 的计算公式如下：

$$E(r_P) = \sum E(r_j) \cdot A_j \qquad (5-3)$$

式中，$E(r_j)$ 是 j 资产的预期收益率，A_j 是 j 资产在资产组合中所占比重。此式表示，资产组合的预期收益率是资产组合中所有资产预期收益率的加权平均值。

（二）资产组合的风险

资产组合的风险，同样是用方差和标准差来表示的，但是资产组合的风险并不是单个资产标准差的简单加权平均，它不仅与一种证券的风险有关，还与各种证券之间的关系有关。

资产组合收益率的标准差公式是：

$$\delta_m = \sqrt{\sum \sum A_j A_k \delta_{jk}} \qquad (5-4)$$

公式5-4中，m 是资产组合中的资产种类数，A_j 是组合中 j 资产所占的比重，A_k 是组合中 k 资产所占的比重，δ_{jk} 是 j、k 两种资产收益率的协方差，两个 $\sum$ 的含义是需要计算所有可能的证券组合的协方差。比如，假设 $m=4$，那么协方差矩阵包括4个方差和6

个计算两遍的协方差。上式给出了一个非常基本的原理：资产组合的标准差不仅依赖于各个资产本身的方差，还依赖于各资产之间的协方差。随着资产组合中资产种类的增加，协方差项相对于方差项变得越来越重要，这可以通过对矩阵的检验看出。

具体而言，只有两种资产的资产组合，沿矩阵对角线有两个方差项 δ_{11} 和 δ_{22}；另外还有两个协方差项 δ_{12}、δ_{21}。如果是四种资产的组合，有 4 个方差项和 12 个协方差项。对于资产种类更多的资产组合，方差项主要依赖于协方差项，如 30 种证券的资产组合，方差项只有 30 个，而协方差项有 870 个。如果把资产组合进一步扩大，慢慢地就只有协方差项是重要的。

两种资产收益率的协方差是用来度量它们共同变化或独立变化程度的。更一般地讲，协方差公式是：

$$\delta_{AB} = \sum P_i[r_{Ai} - E(r_A)] \cdot [r_{Bi} - E(r_B)] \tag{5-5}$$

其中，δ_{AB}表示它们之间的协方差，$E(r_A)$为风险资产 A 的预期收益率，$E(r_B)$为风险资产 B 的预期收益率，r_{Ai}为资产 A 在状态 i 下的收益率，r_{Bi}为资产 B 在状态 i 下的收益率，P_i为状态 i 发生的概率。

协方差还可以通过以下公式计算：

$$\delta_{AB} = \gamma_{AB} \cdot \delta_A \delta_B \tag{5-6}$$

这里，γ_{AB}是资产 A、B 收益率的相关系数，它的值在 -1 至 $+1$ 的区间内，δ_A 和 δ_B 分别为资产 A 和 B 的标准差。

相关性是各种资产的变量之间的联动程度。各种变量之间的相关性可以分为正相关、负相关和不相关三类。如果相关系数为 +1，则两种资产完全正相关，它是指一个变量与另一个变量发生同向变化；如果相关系数为 -1，则两种资产完全负相关，负相关是一个变量与另一个变量发生反向变化；如果相关系数为 0，那么两种资产是相互独立的，即不相关，它是指一个变量的变化与另一个变量的变化之间没有任何联系。

例题 5-3　资产组合预期收益率与风险的计算

沿用本章第一节例题 5-1 中的股票 A 和股票 B，我们进一步假设未来共有三种可能出现的状态，每种状态出现的概率和每种状态下两只股票的收益率如表 5-1 所示。

表 5-1　股票 A 和股票 B 未来每种状态下的收益率

未来可能的状态	发生概率	股票 A 收益率	股票 B 收益率
1	25%	60%	120%
2	50%	20%	10%
3	25%	0%	-40%

如果用这两只股票构造投资组合，根据公式 5-5 可以首先计算各状态下两只股票离

差乘积：

状态1：$[r_{A1}-E(r_A)]*[r_{B1}-E(r_B)]=(60\%-25\%)*(120\%-25\%)=0.3325$

状态2：$[r_{A2}-E(r_A)]*[r_{B2}-E(r_B)]=(20\%-25\%)*(10\%-25\%)=0.0075$

状态3：$[r_{A3}-E(r_A)]*[r_{B3}-E(r_B)]=(0-25\%)*(-40\%-25\%)=0.1625$

计算得到股票A和股票B的协方差为：

$\delta_{AB}=25\%*0.3325+50\%*0.0075+25\%*0.1625=0.1275$

股票A和股票B之间的相关系数 γ_{AB} 为：

$\gamma_{AB}=0.1275/(0.2180*0.5852)=0.9994$

可以看出，股票A和股票B是高度相关的。

如果我们进一步假设，投资者使用股票A和股票B构造的投资组合中，两者的权重分别为30%和70%，则由公式5-3和公式5-4可以得到，投资组合的预期收益率和标准差分别为：

$E(r_p)=30\%*25\%+70\%*25\%=25\%$

$\delta_p^2=30\%^2*0.0475+2*30\%*70\%*0.1275+70\%^2*0.3425=0.2257$

$\delta_p=0.4751$

三、有效资产组合

马科维茨的资产组合理论特别强调建立证券组合时的各种证券收益的相关程度，即相关系数。

该理论依据以下四个假设：投资者在考虑每一个投资选择时，依据的是某一持仓时间内的证券收益的概率分布；投资者根据证券的预期收益率估测证券组合的风险；投资者的决定仅仅依据证券的风险和收益；在一定的风险水平上，投资者希望收益最大，相对应的是在一定的收益水平上，投资者希望风险最小。

根据以上假设，马科维茨确立了证券组合预期收益、风险的计算方法和有效边界理论。根据他的假定和西方经济学的效用理论，投资者的行为将是一个寻找有效组合的过程。所谓有效组合（Efficient Portfolio），是指该证券组合与其他证券组合相比，在同样的风险水平下，具有最高的收益率；或者在同样的收益水平下，有最小的风险。有效边界（Efficient Frontier）就是由所有的有效组合在风险—收益平面上所形成的曲线。把上述分析概括成一条定理：一个投资者将从在各种风险水平上能够带来最大收益率的，以及在各种预期收益率水平上风险最小的证券组合集合中选择出最佳证券组合。这条定理就叫做有效边界定理。满足这个定理的证券组合边界，叫做有效边界。马科维茨有效资产组合理论认为，对于一定的资产组合，在合法的前提下，如果在不增加收益变动性的情况下可以得到更高的预期（或平均）收益，或者在不减少预期（或平均）收益的情况下可以得到更高稳定性的资产组合，那么这个资产组合是无效组合（无效率）。相反的情况是，有效资产组合是在合法的前提下，预期（或平均）收益下的最小化收益变动性的资产组合。

有效资产组合是在一定风险程度下，为投资者提供最高的预期收益率的投资组合。一定量的资金投资于多种风险资产，可以有无数个比例，对它们的任何一种组合都可以形成特定的组合风险与组合收益，如图 5-1，落在 BAC 区间的任何一点都代表在多种资产范围内所组成的某一特定组合的组合收益和组合风险关系。假如投资者必须对所有这些可行的组合进行评价和比较，那无疑是一件令人不安的事情。实际上，投资者只需要考虑可行集的一个子集合即可。先列出几个有特殊意义的点：C 点代表预期收益率最高的组合；A 点代表投资风险最小的组合。从整体上讲，理性的投资者通常遵循以下两个准则：相对于同等的风险水平，预期收益率要求最大；相对于同等的收益水平，风险要求最小。显然，在区域 BAC 中，只有组合收益与组合风险的交点落在 A—C 线段上的组合才是有效的组合，它是在同等风险上的最高收益率的组合，其他点都不具备这样一种效果，因此是无效的资产组合。

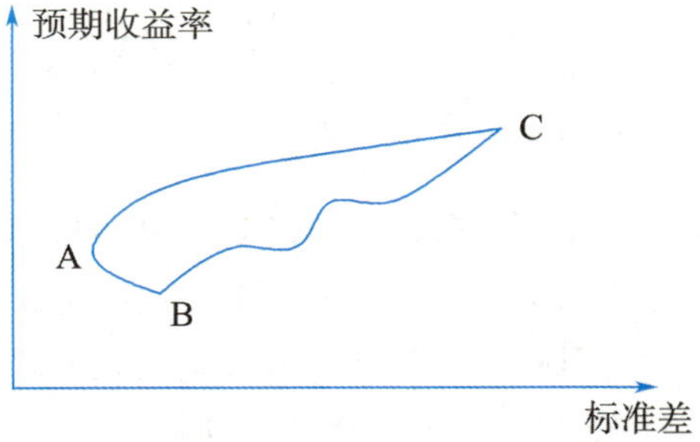

图 5-1　资产组合的曲线与有效边界

假如一定量的资金投资于两种风险资产，也可以有无数个比例，由于二者的相关系数一定，因此，就可以在资产组合的预期收益率与标准差的坐标上绘出一条轨迹，它包括了所有可能的收益与风险，形成“机会组合”。图 5-2 表示了不同相关系数下两种资产组合的机会组合和有效组合，所谓的有效组合是指在相同风险下的最高的收益率所形成的轨迹。

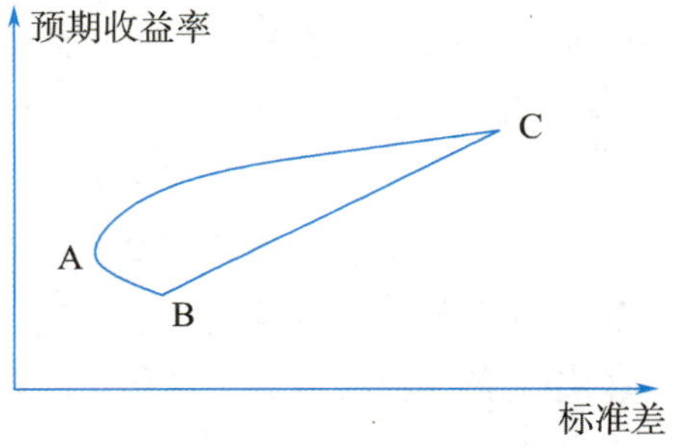

图 5-2　两种资产组合的机会组合

四、最佳资产组合

在两种资产组合中，如图5-3所示，机会组合曲线向左弯曲的程度越大，通过资产组合降低风险的效果越好。但两种资产的收益率完全正相关时，机会组合曲线会变成一条直线，此时，任何预期收益率的上升都伴随着风险的上升，因而多样化并不能使风险降低。当两种资产收益率完全负相关时，多样化可以明显降低风险，甚至可以使风险降低到零。由此可见，多样化的避险效果是随着资产收益率负相关程度的上升而上升的。

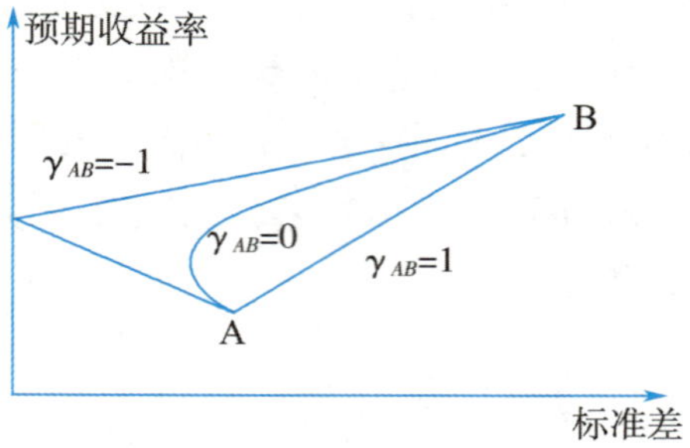

图5-3　不同相关系数下两种资产组合的机会组合

在投资组合中，选择存在正相关关系的资产达不到分散风险的目的。这是因为，存在正相关的资产收益之间会“一荣俱荣、一损俱损”。相互独立或存在负相关关系的资产才能较好地达到分散风险的目的，因为在相互独立的资产之间，它们的收益或风险互不影响；在存在负相关的资产之间，可以通过一种资产的盈利来弥补另一种资产的亏损。但是，在投资的时候，追求的主要目标是盈利，投资存在负相关关系的资产时，盈利机会大大减少，尤其是当投资完全负相关的资产时，一种资产的盈利就会刚好被另一种资产的亏损抵消，这恰恰是投资者不希望看到的。因此，在构建资产组合时，为了实现盈利和分散风险的双重目标，最好是选择基本独立的资产。

值得注意的是，在寻找风险资产的最优组合的过程中，我们不需要知道投资者的财富和偏好等方面的情况。该投资组合的构成仅仅取决于两种风险资产的预期收益率和标准差以及它们之间的相关性。这意味着，认同收益率概率分布的所有投资者都将希望持有同样的切点组合，再与无风险资产进行组合。然而，不同的投资者对风险的厌恶程度和对收益的偏好程度是不同的，为了更好地反映收益和风险对投资者效用的影响程度，这里引入无差异曲线（Indifference Curve）的概念。一条无差异曲线代表给投资者带来同样满足程度的预期收益和风险的所有组合，由于风险给投资者带来的是负效用，而收益带给投资者的是正效用，因此为了使投资者的满足程度相同，高风险的投资必须有高的预期收益率。所以投资者利用无差异曲线与有效集相切的点就可以确定其具体的投资组合。

拓展阅读 5-2

美国耶鲁大学组合投资“理财经”①

美国名牌学府耶鲁大学是中国股市第40家合格境外机构投资者（QFII）。作为私立大学，耶鲁大学的经费来源主要包括向学生收取的费用、项目资助和合同收入、医疗服务收入、捐赠等，其中捐赠在每年经费来源中占近30%的比重。

美国私立大学每年募集的捐款多不胜数，它们成立捐赠基金，通过投资实现保值增值。耶鲁大学捐赠基金最初源自1822年不足3万美元的捐款，到2005年该基金规模已达152亿美元，当年投资收益率高达22.3%，是美国运作最成功的学校捐赠基金。

耶鲁大学捐赠基金的壮大，时任首席投资执行官的大卫·斯文森可说是居功至伟。斯文森曾在华尔街纵横六个春秋，导演过不少投资大手笔。不过，他却在1985年“倦鸟归林”，放弃高薪，回到母校，管理耶鲁大学捐赠基金。

斯文森管理下的耶鲁大学捐赠基金保持了年均净收益率近17.4%的业绩。他坚守投资组合理论，将原本投在国内股票、债券上的大约3/4的耶鲁大学捐赠基金分散到一系列其他投资项目中，包括购买公司控股股权和基金，购买地产、木材、石油、汽油等资产。尽管部分投资项目具有很大风险，但它恰恰验证了投资组合理论所预料的：投资组合降低了波动性，从而提高了收益率。

据统计，2005年耶鲁大学捐赠基金约有25%投资于对冲基金，25%投放在物业、木材和能源等资产上，17%投资于私人证券，约31%投资于股票。斯文森不强调对债券和现金的投资，认为债券和现金只能带来低于市场平均值的回报。

斯文森有一个著名的“耶鲁懒人投资组合”方案。这种投资组合的特色是：分散化、以股票为导向、请专家打理。其资产配置为30%的先锋整体股市指数基金，20%的先锋整体国际股票指数基金，20%的先锋不动产投资信托股票指数基金，15%的公债指数基金，以及15%的先锋通胀保护债券指数基金。

第四节　资本资产定价模型

资本资产定价模型（Capital Asset Pricing Model，CAPM）是关于风险资产在金融市

① 卢怀谦:《听听美国耶鲁大学组合投资“理财经”》,《新华每日电讯》2006年5月5日第3版。

场中的均衡价格的理论，是帮助我们找到适当的贴现率并确定资产价值的一种有用工具，是基于组合投资理论推演出的在市场均衡状态下预期收益与风险之间的关系。该模型是由夏普（Sharpe，1964）、林特纳（Lintner，1965）和莫辛（Mossin，1966）三人共同提出来的，这个模型以及有关的资本市场理论是建立在马科维茨奠定的资产组合理论基础上的。

在金融市场上，风险资产的价格是由供求决定的。在特定时期内，证券市场的供给是固定的，市场上投资者的共同行为影响了市场需求，进而导致风险资产的价格波动。那么，在市场处于供求均衡的理想状态下，风险资产的价格如何决定呢？CAPM 模型就为精确计算风险资产的均衡价格提供了理论依据。历经半个多世纪，尽管 CAMP 模型的准确性不断受到学术研究和市场应用等方面的质疑，但其依然保持着在现代金融学理论中的核心地位，并不断演绎出以之为基础的新的资产定价理论模型。

一、基本假设

现实世界复杂多变，如果不能忽视、弱化或者剥离那些没有重大影响的因素，就无法清晰地刻画金融市场的运行和资产价格的变化规律，因此，资本资产定价模型首先对资本市场的均衡条件给出了一系列的基本假设条件：

第一，存在大量的投资者，每个投资者的财富相对于所有投资者的财富总和来说是微不足道的。投资者是价格的接受者，单个投资者的交易行为不会对证券价格造成影响。

第二，所有投资者都在同一证券持有期内计划自己的投资行为。这种行为是短视的，因为它忽略了在持有期结束的时点上发生的任何事件的影响，而短视行为通常不是最优行为。

第三，投资者的投资范围仅限于公开金融市场上交易的资产。这一假定排除了投资于非交易性资产的可能。而且，资产的数量是固定的。同时，所有资产均可交易而且可以完全分割。

第四，存在无风险资产，投资者能够以无风险利率不受限制地借入或者贷出任何额度的资产。

第五，不存在市场不完善的情况，即投资者无须纳税，不存在证券交易费用，包括佣金和服务费等。

第六，投资者都是理性的，是风险厌恶者，他们追求投资资产组合标准差的最小化，也就是风险的最小化，他们期望财富的效用达到最大化。

第七，所有投资者对证券的评价和经济局势的看法都是一致的。无论证券的价格如何，所有投资者的投资顺序都一样，符合马科维兹模型。给定一系列证券的价格和无风险利率，所有投资者证券收益的预期收益率与协方差矩阵相等，从而产生了有效率边界和一个独一无二的最优风险资产组合。这一假定被称为同质期望。

这一假定虽然与现实世界存在很大差异，但是通过这个抽象的假定，可以了解证券市场均衡关系的基本性质。

二、分离定理与市场资产组合

如果存在按无风险利率借款或贷款的机会，投资者构建有效资产组合的方法将是，把无风险资产投资与风险资产组合投资结合起来。所有投资者都持有无风险资产与市场资产组合组成的资产组合的理论被称为资金分离定理。按照该定理进行投资，有利于将风险控制在一定水平，实现预期收益的最大化。

因而，我们可以得出：投资者对风险和收益的偏好与投资者最优风险资产组合的构成是无关的，这就是分离定理。表现在图形中，如图 5-4 所示：I_1代表风险偏好型投资者的无差异曲线，以无风险利率（A 点）融入资金投入风险资产组合，最优投资组合由切点 F 表示。I_2代表风险规避型投资者的无差异曲线，保留一部分资金投资于无风险资产，部分资金投资于风险资产组合，最优投资组合由 E 点表示。尽管 E 点和 F 点的位置不同，但是都是由无风险资产 A 和风险资产组合 T 构成。

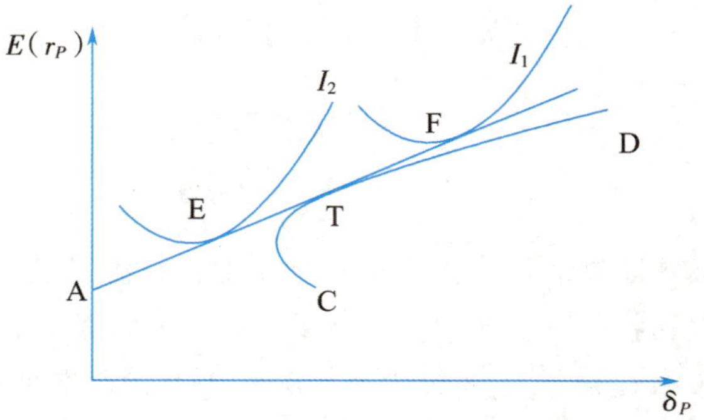

图 5-4　资金分离定理

习惯上，人们把切点组合 T 称为市场资产组合，以下用 M 代替 T 来表示。所谓市场资产组合（Market Portfolio）是指投资者所能获得的所有资产中，每一资产持有比率等于该资产的市场价值占所有资产总市值的比重。在这个组合中，每一种证券的构成比例等于该证券的相对市值，一种证券的相对市值等于该证券市值除以所有证券的总市值。从理论上来讲，市场组合不仅包括股票，还有债券、房地产等其他资产，但是在现实的运用中，我们把 M 仅局限于普通股。比如，在股票市场投资的 M 组合，投资者必须投资于所有股票，每一种股票持有的比率等于该股票的市值占全部股票市值的比重。

在现实生活中，按上述比重进行投资是不切合实际的，但指数基金正是按此比重进行组合投资的，指数法投资就是按照一个主要的市场指数中相同的资产比例，进行多样化的投资。如果投资者的范围仅限于股票市场和债券市场，而且市场是有效率的，那么市场资产组合大致就等于T点所代表的组合，可以由指数基金来代替；A点代表无风险资产，可以由货币市场基金代替。投资者选择最优投资组合显得轻而易举——只要根据自己的风险偏好把资金合理地分配于市场指数基金和货币市场基金即可，这就是共同基金定理。

三、资本市场线

如果用r_f代表无风险利率，从r_f出发画一条经过M的直线，这条线就是在允许无风险利率借贷情况下的线性有效集，在此，我们称之为资本市场线（Capital Market Line，CML），如图5-5所示。

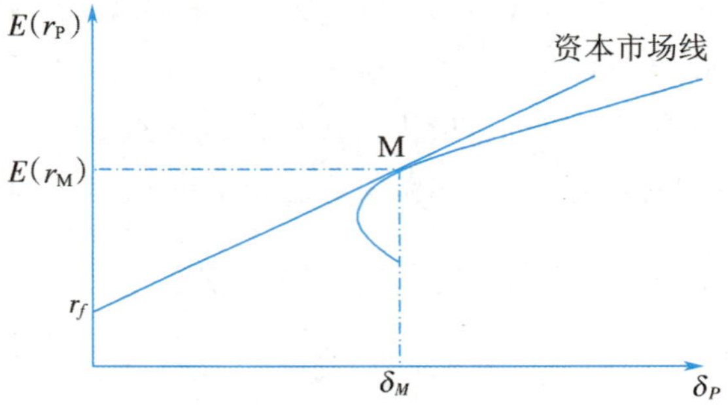

图5-5　有效边界和资本市场线

因为有且仅有有效证券组合落在资本市场线上，在满足基本假设的均衡状态下，有效证券组合的风险和收益率之间的关系是线性的，因而资本市场线对有效证券组合的风险与收益率的关系提供了完整的解释。从形式上，资本市场线表示为下列直线方程。

$$E(r_P)=r_f+b\,\delta_P \tag{5-7}$$

式中，$E(r_p)$为任意有效证券组合P的预期收益率；r_f为无风险收益率；b为资本市场线的斜率；δ_p为有效证券组合P的标准差（风险）。

因为市场证券组合M本身作为一个证券组合是一个有效的证券组合，因而落在资本市场线上（图5-5），即有$E(r_M)=r_f+b\delta_M$。由此可算出资本市场线的斜率b为$\dfrac{E(r_M)-r_f}{\delta_M}$，因此资本市场线的方程为：

$$E(r_P)=r_f+\frac{E(r_M)-r_f}{\delta_M}\delta_p \tag{5-8}$$

式中，$E(r_M)$为市场证券组合M的预期收益率；δ_M为市场证券组合收益率的标准差。

资本市场线在纵轴上的截距 r_f是无风险收益率，它表示放弃即期消费的补偿，也称 r_f为资金的时间价值。资本市场线的斜率指出了预期收益率与风险的关系。斜率表示承担单位风险所能获得的预期收益率上的奖励，因此可将斜率看成风险的价格，故将斜率 $\frac{E(r_M)-r_f}{\delta_M}$称为风险的价格（通常称为风险溢价），这个价格对每一个投资于有效证券组合的投资者是一样的。

时间价格、风险价格与其他价格一样，依赖于供求关系。时间价格、风险价格在不同时期是不同的：如果人们更倾向于即期消费，将减少资金的供给，从而提高时间价格；如果人们更厌恶风险，那么降低风险的需求便会扩大，从而会提高风险的价格。随着时间价格与风险价格在不同时期的变化，资本市场线也将变化，因而一条资本市场线只反映特定时期风险与预期收益率之间的关系，这个特定的关系由当时的时间价格和风险价格决定。

四、证券市场线

资本市场线反映的是有效组合的预期收益率和标准差之间的关系，因此资本市场线并不能告诉我们单个证券的预期收益与标准差之间存在怎样的关系。为此，我们要做进一步分析。

在资本资产定价模型下，单个证券的风险中对有效证券组合的贡献部分才与投资收益率密切相关。在有效证券组合中，我们对单个证券的风险只需测定这部分贡献。证券 i 对市场组合方差 ${\delta_M}^2$的贡献为 $cov(r_i, r_M)$，记作 δ_{iM}。单个证券的预期收益率与风险的线性关系可以由公式 5-9 描述：

$$E(r_i)=r_f+\frac{E(r_M)-r_f}{\delta_M^2}\delta_{iM} \tag{5-9}$$

公式 5-9 就是著名的证券市场线（Security Market Line，SML），它反映了单个证券与市场组合的协方差和其预期收益率之间的均衡关系。

令$\beta_{iM}=\frac{\delta_{iM}}{\delta_M^2}$，我们可以得到：

$$E(r_i)=r_f+[E(r_M)-r_f]\beta_{iM} \tag{5-10}$$

其中，β_{iM}称为证券 i 的 β 系数，它是表示证券 i 与市场组合协方差的另一种方式。我们通常用 β 值来衡量系统性风险的大小，它是一种资产的回报率对整个市场价值变动的敏感性指标。公式 5-10 是证券市场线的另一种表达形式。如果用纵轴表示$E(r_i)$，用横轴表示 β_{iM}，则证券市场线也可表示为截距为 r_f，斜率为 $E(r_M)-r_f$的直线，如图 5-6 所示。

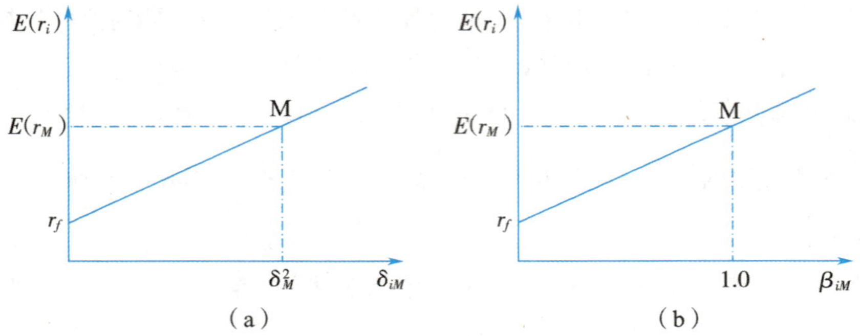

图 5-6　证券市场线

通过比较资本市场线和证券市场线可以看出，只有最优投资组合落在资本市场线上，其他组合和证券则落在资本市场线的下方；而对于证券市场线而言，无论是有效组合还是非有效组合，它们都落在证券市场线上。

到这里，我们就基本解决了通过资本资产定价模型寻找与资产匹配的贴现率问题：只要给定特定资产的 β 系数，以及无风险利率和市场风险溢价，就可以求出该资产的预期收益率。

资本资产定价模型以及资本市场线表示的是市场均衡状态下单个资产的预期收益率与风险的关系，但市场并不总是处于均衡状态的，这时，资产价值或被高估、或被低估，表现为按照市场价格计算出来的真实投资收益率高于或者低于用 CAPM 模型计算出来的合理预期收益率，在图中表现为相关的点落在证券市场线的上面或下面。如果这种股票的投资收益率大于或者小于用资本资产定价模型计算出来的收益率，则意味着该股票的价值已经被低估或者高估，投资者就可以据此决定是买进还是卖出该股票。

五、资本资产定价模型在实践中的应用

资本市场理论说明市场投资组合是一个有效投资组合，因此，投资者只要将无风险资产投资与某一指数基金投资相结合，其效果基本等同于积极研究并试图“战胜”市场的投资者。在国际上有人经过长期研究发现，这种消极投资策略的投资业绩比基金投资的业绩还要高，因此越来越多的家庭和养老基金采用这种消极投资策略进行投资。

本章小结

1. 金融风险是指投资收益的不确定性。按照风险的来源可将金融风险划分为信用风险、市场风险和操作风险；按照风险是否可被分散，可将金融风险分为系统风险和非系统风险。

2. 系统风险又称不可分散风险，是指某种全局性因素引起的投资收益下降的可能性，市场中所有证券资产的收益都会受到这些因素的影响，不可能通过多元化投资消除或降低风险。

3. 非系统风险是个别资产本身的各种因素造成的收益不稳定性，是与特定公司或行业相关的风险，它与经济、政治和其他影响所有金融变量的因素无关，可以通过多元化投资消除或降低。

4. 金融资产的价格风险可以用预期收益的方差或标准差来衡量，单个金融资产的信用风险可通过信用评级衡量，资产组合的信用风险则需要通过信用风险模型度量。

5. 风险管理的目的是在能容忍的金融风险水平下实现投资目标，过程一般包括风险识别、风险评估、风险管理方法的选择、风险管理方案的实施和风险管理评价五个步骤。其中，金融风险管理的方法主要有风险回避、风险损失的预防与控制、风险留存和风险转移四种类型。

6. 人们在选择金融资产时必须考虑财富总量、资产的收益性、风险性和流动性。财富总量越大，人们对某种资产的需求便越多。一种资产相对于其他资产收益性越高、风险性越低、流动性越强，人们对该资产的需求也越大。

7. 资产组合的风险同样是用方差和标准差来表示的，但是资产组合的风险并不是单个资产标准差的简单加权平均，它不仅与构成组合的每一种证券的风险有关，还与各种证券之间的相关系数有关。

8. 一个投资者将从在各种风险水平上能够带来最大收益率的，以及在各种预期收益率水平上风险最小的证券组合集合中选择出最佳证券组合。满足上述条件的资产组合叫做有效组合。由所有的有效组合在风险—收益平面上形成的曲线叫做有效边界。

9. 在投资组合中，选择存在正相关关系的资产达不到分散风险的目的，选择相互独立或存在负相关关系的资产才能较好地达到分散风险的目的，而为了实现盈利和分散风险的双重目标，最好是选择基本独立的资产。

10. 如果存在按无风险利率借款或贷款的机会，所有投资者都持有无风险资产与市场资产组合组成的资产组合，这有利于将风险控制在一定水平，实现预期收益的最大化。

11. 资本市场线的截距表示资金的时间价值，斜率指出了预期收益率与风险的关系。一条资本市场线只反映特定时期风险与预期收益率之间的关系，这个特定的关系由当时的时间价格和风险价格决定。

12. 证券市场线反映了单个证券与市场组合的协方差和其预期收益率之间的均衡关系。我们通常用β值来衡量系统性风险的大小，它是一种资产的回报率对整个市场价值变动的敏感性指标。

13. 只有最优投资组合才落在资本市场线上，其他组合和证券则落在资本市场线的下方；而对于证券市场线而言，无论是有效组合还是非有效组合，它们都落在证券市场线上。

14. 资本资产定价模型表明，当证券市场处于均衡状态时，资产的预期收益率等于无风险利率加上风险溢价。风险溢价由以下两个因素决定：一是市场组合的预期收益率与无风险利率之差，这是单位风险的溢价；二是用 β 系数表示的风险值。

重要概念

风险　金融风险　信用风险　市场风险　利率风险　汇率风险　价格风险　操作风险　系统风险　非系统风险　预期收益率　风险回避　风险留存　风险转移　有效组合　有效边界　有效边界定理　资金分离定理　市场资产组合　共同基金定理　资本市场线　证券市场线　β 系数

复习思考题

1. 什么是金融风险？它有哪些基本种类？
2. 什么是系统风险和非系统风险？它们具有什么特点？
3. 如何度量单一资产的风险？
4. 金融风险管理的过程是怎样的？
5. 金融风险转移的方法有哪些？试举例说明套期保值与保险的不同。
6. 组合化投资为什么能够降低金融风险？
7. 请画出资本市场线，并简述其含义。
8. 请写出证券市场线的公式，并简述其含义。
9. 现有两种资产的收益率概率分布如下表所示，请根据表中数据计算：（1）资产 X 和 Y 的预期收益率与方差分别是多少？（2）如果投资 X、Y 的比例分别为 1:1，两种资产构成的组合的预期收益率是多少？

	资产 X	资产 Y
出现的概率	收益率	收益率
0.5	10%	4%
0.5	-6%	-2%

10. 已知无风险资产的收益率为 5%；某一风险证券的预期收益率为 8%，方差为 0.04。请计算：（1）如果无风险资产投资比重为 60%，风险证券投资比重为 40%，这种资产组合的预期收益率和标准差是多少？（2）该投资者为了实现 7.1% 的预期收益率，在投资组合中风险证券的投资比重是多少？

第六章

融资与资本结构

本章导读

借贷是资金短缺者在筹集资金时选择的主要方式，商业银行是最重要的信贷资金供给者。除此之外，很多财务和资信状况良好的企业还可以通过发行股票、债券等有价证券获得其生产和发展所需要的资金。那么，这些不同的融资方式对企业的影响是否存在区别？资金短缺者在筹集资金以及选择融资方式时需要考虑哪些因素？在本章中，我们将把分析的视角从资金盈余者转移到金融系统的另一个终端——资金短缺者，并聚焦于金融体系中最重要的资金短缺者——公司，分析其可以选择的融资方式以及不同融资方式选择的结果——资本结构对公司价值的影响。

我们首先需要了解的是，一般工商企业在面临资金需求时可供选择的融资方式主要有哪些？不同融资方式有何差异？这是本章第一节和第二节的内容。在第一节中，我们将从融资体系中的内源融资和外源融资出发，重点分析和比较外源融资中的债务融资和权益融资；在第二节中，我们将探讨近年来发展较快的几种创新性融资工具，包括可转换债券、永续债、认股权证、资产证券化和融资租赁等。对融资方式和融资工具有了基本了解后，我们在第三节引入资本结构、资本成本与公司价值的概念，沿着资本结构理论经典研究的脉络，深入分析资本结构与公司价值之间的关系，理解企业选择不同融资方式并形成不同资本结构的内在逻辑。

学习目标

掌握 长期债务融资的形式，短期债务融资的形式，权益融资与债务融资对公司影响的差异；资本结构的含义，MM 定理，修正的 MM 理论，资本结构的权衡模型

理解 内源融资与外源融资的差异，普通股融资的特点，优先股融资的特点；资本

成本的含义，财务杠杆及其对股东回报率的影响；风险资本的特点

了解 可转换债券的特点，永续债的特点，认股权证的概念，资产证券化融资的特点，融资租赁的优势；资本结构的非对称信息理论

第一节 债务融资和权益融资

资金短缺者的融资方式有很多种，如按照期限可以分为长期融资和短期融资，按照是否通过金融中介机构分为直接融资和间接融资，按照所有权关系的不同分为权益融资和债务融资，按照资金是来源于资金需求者自身的积累还是其他资金盈余者分为内源融资与外源融资。本节重点介绍后面两种角度的融资方式。

内源融资（Internal Financing）是指资金使用者通过自身的资金积累为自己的支出融资。比如，家庭通过储蓄为自己购买房屋或汽车等财产积蓄资金；公司通过将未分配利润（未做股利分配的利润）用于投资等。

在内源融资过程中，融资者具有很大的自主性，基本不受外界的制约和影响。内源融资不稀释原有股东的每股收益和控制权，且可以节约很多与外源融资相关的成本，并为公司未来的外源融资提供保障。[①] 但同时，内源融资也存在局限性，如其融资规模要受到公司盈利能力及积累的影响，无法满足大量、急切的资金需求，可能导致支付给股东的股利减少，影响企业未来的外源融资等。[②]

外源融资（External Financing）是指资金短缺者通过一定方式向其他的资金盈余者筹措资金。比如，个人或公司向银行借款，政府发行债券弥补财政赤字，公司通过向银行借款、发行债券或股票来筹措资金等。外源融资的基本方式包括债务融资、权益融资、赠予和礼物等，其中我们主要关注公司层面的债务融资和权益融资。

债务融资就是资金的需求者承诺在未来按照一定的方式和条件向资金供给者偿还债务、支付利息的融资方式。该种融资方式的基本特点是资金供给者和资金需求者是债权债务关系，以未来还本付息为前提。债务融资的方式包括向银行借款、发行债券、票据融资、商业信用等。

权益融资是指作为资金需求者的公司以一定的股权让渡作为支付给出资人的报酬，以获得长期资金投入的融资方式。权益融资方式的基本特点是不用归还本金，但是需要让渡相应的公司经营决策权和剩余索取权。权益融资一般采取吸收直接投资、发行股票

---

① 内源融资属于股东权益资本，可为债权人提供保障，增加公司的信用价值。

② 公司用未分配利润进行投资会导致支付给股东的股利减少，不利于吸引股利偏好型机构投资者，可能影响未来的外源融资。

等方式。

债务融资和权益融资是公司外源融资的主要方式，它们对公司的资本结构、资本成本和控制权等方面会产生不同影响，理论上来说，公司会在权衡这些影响的差异后做出理性选择。下面，我们分别分析债务融资和权益融资的主要形式和特点，并进一步分析两类融资方式对公司的影响。

一、债务融资

债务融资按使用期限可分为短期债务融资和长期债务融资两种。短期债务融资是指期限在一年以内的债务融资，长期债务融资是指期限在一年以上的债务融资。

（一）短期债务融资

短期债务融资是为了满足公司临时性的资金需求而进行的融资，具有融资快、融资成本低、偿债风险高的特点。短期债务融资最主要的形式是商业信用和短期借款。

1. 商业信用

商业信用是指在商品交易中由于延期付款或预收货款而形成的公司间的借贷关系。商业信用产生于商品交换之中，是所谓的“自发性融资”，即公司在日常经营活动中自然产生的融资方式，如应付账款、应计费用等。它运用广泛，在短期债务融资中占有相当大的比重。

商业信用的具体形式有应收账款、应付票据、预收账款。应收账款是公司购买货物暂未付款而欠对方的款项，即卖方允许买方在购货后一定时期内支付货款的一种形式，这种信用形式由于没有正式的法律凭证，通常是依靠买方的信用。应付票据是公司进行延期付款商品交易时开具的反映债权债务关系的票据，包括商业承兑汇票和银行承兑汇票。预收账款是卖方公司在交付货物之前向买方预先收取部分或全部货款的信用形式，一般是适用于紧俏商品或用于生产周期长、资金需要量大的货物销售。

商业信用融资的特点包括：获得手续简便，一般没有筹资成本（如果没有现金折扣或使用不带息票据），融资期限较短，金额有限。

随着商业票据应用范围的扩大，一些知名的大企业还通过发行商业票据来融通资金，这是在商业信用基础上的票据融资，能够在短期内帮助企业筹集大量资金。

2. 短期借款

短期借款是指公司向银行和其他非银行金融机构借入的期限在一年之内的借款。短期借款的特点包括：与长期借款相比手续简便，融资速度较快；筹资的弹性大，灵活性强；银行提出的限制条件较多。

（二）长期债务融资

筹措长期债务资金可以解决公司长期资金的不足问题，满足长期性固定资产投资等的需要。长期债务的归还期长，债务人可对债务的归还作长期安排，还债压力或风险相对较小。但长期债务融资的成本相对于短期债务融资一般较高，面对的限制也较多——债权人经常会向债务人提出一些限制性的条件以保证其能够及时、足额偿还债务本金和支付利息。

长期债务融资主要有长期借款和债券融资两种形式。

1. 长期借款

长期借款是指公司从银行或其他非银行金融机构借入的偿还期限在一年以上的借款。长期借款主要用于固定资产投资、更新改造借款、科技开发和新产品研制等。

长期借款的特点包括：（1）融资速度快，可以在短期内解决公司的资金需求。（2）借款弹性大，在借款之前，借贷双方可就借款数额、偿还时间、利率、偿还方式等进行充分协商，在借款到期后，公司如有正当理由，可以申请展期。（3）财务风险较高，如借款者经营不善，较高的利息支出会加重公司的负担，严重时有引发公司破产倒闭的风险。（4）限制条件较多。长期借款的合同中有许多限制性条款，可能影响公司对借入资金的灵活运用，并在一定程度上限制了公司的再融资能力。

2. 债券融资

声誉良好的大型工商企业、金融机构可以通过发行债券筹集资金。债券融资的优点包括：（1）具有抵税效应，债券利息费用税前扣除，使得该种方式的融资成本一般低于权益融资成本。（2）具有财务杠杆作用，债券持有者不参与公司超额利润的分配，有利于实现股东财富最大化。（3）可以维护公司经营政策的连续性，债券持有人不参与企业决策，发行债券不影响企业控股权。（4）便于调整公司的资本结构，特别是当公司发行可转换债券或可提前赎回的债券时，更便于公司主动地调整资本结构，及时降低公司的财务风险。

债券融资的缺点包括：（1）筹资风险高，债券有固定的到期日和固定的利息费用，财务风险较高。（2）限制条件多，债券一般要比长期借款的限制条件严格，可能对公司财务的灵活性和未来的融资能力带来不利影响。（3）融资数量有限，如我国《公司法》规定，发行公司累计在外的债券总额不得超过公司净资产的40%。

二、权益融资

权益融资可以分为股票形式的资本筹资、非股票形式的资本筹资。股票形式的资本筹资包括有普通股融资和优先股融资；非股票形式的资本筹资包括独资、合伙、合资等形式。下文仅就普通股和优先股融资展开分析。

（一）普通股融资

普通股（Common Stock）是公司发行股票的最基本的、最标准的形式，普通股股东享有对公司的经营管理权、收益分配权、优先认股权和剩余财产分配权。

普通股融资的优点包括：(1) 没有固定期限，不需偿还。发行普通股筹措的资金即普通股股本是公司的永久性资本，除非公司清算时予以偿还，否则无须偿还。(2) 没有固定的股利负担。公司发行普通股筹资，每年支付给股东多少股利，取决于公司的盈利水平和股利政策。(3) 增强公司的举债能力。发行普通股筹集自有资本可以降低公司的负债比率，改善公司资本结构；较多的自有资本有利于提高公司的信用价值，增强公司的举债能力。(4) 提高公司的知名度。公司向社会公开发行股票需要发布招股说明书，会引起许多投资者的关注，公司的股票上市交易同样提高了公司的知名度。

普通股融资的缺点包括：(1) 资本成本较高。普通股的股利在税后利润中支付，股利不能抵扣所得税，同时股东要求的回报率高于债权人，普通股的发行成本也较高。(2) 分散公司的控制权。发行普通股筹资会增加新股东，分散公司的控制权。(3) 稀释每股收益，降低股票价格。新股东分享公司未发行新股前积累的盈余，会降低普通股的每股收益，因而可能导致股价下跌。

（二）优先股融资

优先股（Preferred Stock）是股份公司发行的在分配股利和剩余财产时比普通股具有优先权的股份，它兼具普通股和债券的特点，属于权益性资本，却具有债券的特征。优先股一般没有到期日，可以享有固定的股利，在分配公司盈利和剩余财产时优先于普通股股东，但是优先股股东一般不能参与公司的经营管理，没有选举权和被选举权，对公司的重大决策没有表决权。

优先股融资的特点包括：(1) 一般没有固定的到期日，不用偿付本金。(2) 股利的支付既固定又有一定的灵活性。(3) 不分散公司的控制权。(4) 所筹资金为自有资本，可以提高公司的举债能力。(5) 股利水平一般高于债券利息，且无抵税效应。(6) 发行限制较多。

为了适应不同投资者的投资需求，优先股衍生出很多分类，如有权要求公司补发往年未发放股利的累积优先股和无权要求补发的非累积优先股；除固定股利外还可以跟普通股共同参与利润分配的参与优先股与不能参与分配的非参与优先股；允许持有人在特定条件下将优先股转换成为普通股的可转换优先股与不允许转换的不可转换优先股；允许发行企业按原来的价格加补偿金将已发行的优先股收回的可赎回优先股与不允许赎回的不可赎回优先股等。

（三）风险资本融资

20 世纪 80 年代以来，风险投资体系发展迅速，并在为中小企业筹集权益性资本方面发挥了重要的作用。风险资本（Venture Capital，VC）是指由专业投资人提供给快速成长并且具有很大升值潜力的新兴公司的一种权益资本，其基本特征是：（1）投资周期长，一般为3—7年。（2）除资金投入外，风险投资家还向投资对象提供企业管理等方面的咨询和帮助，为企业提供增值服务。（3）当被投资企业增值后，风险投资家会通过上市、收购兼并或其他股权转让方式撤出资本，获得投资回报。

风险资本对高成长型中小企业权益性资本融资的需求有较强的亲和力，是中小企业生存发展的一条有效融资渠道：第一，以权益性资本方式进入企业，能有效地解决风险—收益不对称问题；第二，风险投资能有效地解决风险投资家和创业者之间存在的信息不对称问题；第三，风险投资机制使企业能够获得持续的资金支持；第四，风险投资还会给中小企业带来增值服务。

拓展阅读 6-1

2021年全球风投融资“狂奔”①

在各国央行史无前例的宽松货币政策与过剩的流动性趋势下，疫情并没有阻碍2021年风投脚步。尽管统计方式不同，但多家分析机构均得出了较为一致的结论：2021年全球风投融资再创纪录。风投数据库CB Insights最新发布的报告显示，2021年全球风投融资达6210亿美元，较2020年的2940亿美元增长逾一倍；调研机构Dealroom和伦敦发展促进署（L&P）的报告也显示，2021年初创企业获得的总融资达到史无前例的6750亿美元，相比2020年翻了一番。Dealroom的报告显示，在2021年创纪录的6750亿风投融资中，近6000亿美元流入了以中国为核心的亚洲地区、美国以及以英国伦敦为核心的欧洲各地。

美国是风投最热衷的区域，2021年吸引了3290亿美元风投，几近全球风投融资总额的一半；紧随其后的是亚洲地区，共吸引了1690亿美元的风投；欧盟位居第三，为1150亿美元。亚洲区域的风投融资增速在2021年最显著，达89%。在亚洲，约1/3、共620亿美元的风投融资流向了中国，其中，北京（136亿美元）、上海（134亿美元）为风投最追捧的城市。英国私人投资数据公司普雷钦（Preqin）的报告也显示，过去两年（指2020年和2021年）中国风投金额连续显著增加。该报告指出，与以往风投主要集中于电子商务等行业不同，2021年中国风投主要集中于半导体、生物科技和信息技术等领域。根据PitchBook的数据，虽依旧未上市，但背靠红杉资本（Sequoia）的字节跳动估值已达1800亿美元。

① 潘寅茹：《史上最好一年？2021年全球风投融资“狂奔”》，《第一财经日报》2022年1月21日第A10版。

三、权益融资和债务融资对公司的影响

选择权益融资还是债务融资是公司重要的融资决策，那么权益融资和债务融资比重的不同对公司会有什么影响呢？我们需要引入一个重要概念——财务杠杆，并通过举例来探讨负债经营对公司所有者的影响，理解债务融资和权益融资的差异。

（一）财务杠杆

财务杠杆（Financial Leverage）是指公司对债务的依赖程度，用公司债务与权益之间的比率（债务权益率）来衡量。公司使用负债筹资越多，它运用的财务杠杆就越大。在资产收益率大于借款利率的条件下，通过适度的债务融资，可以提高股东的回报率。这个概念形象地借用了物理学中的杠杆原理，利用一根杠杆和一个支点，就能用很小的力量抬起很重的物体。

举一个简单的例子：王小二想开一家餐馆，总投资需要 20 万元，但他自己只有 10 万元的积蓄。赵小三也想开一家餐馆，他也只有 10 万元的积蓄，不能满足他开餐馆的资金需求。于是，他们俩达成协议，共同出资，刚好够 20 万元。他们商议，合伙开设的这家餐馆由他们共同经营，收益均分，也共同分担风险。如果每年赚了 3 万元，那么王小二和赵小三就各自分得 1.5 万元。这时总的投资回报率为 15%，他们各自的投资回报率都为 15%。

如果王小二不是和赵小三合伙，而是从赵小三处借得这 10 万元，自己开餐馆呢？我们分三种情况分析负债经营下王小二的投资回报率。

假设这笔 10 万元借款的年利率为 10%，如果餐馆每年仍赚 3 万元。在这种情况下，王小二的自有资金的回报率是多少呢？王小二每年从获得的 3 万元中扣除 1 万元用于向赵小三支付利息，剩余 2 万元，则他的投资回报率就由原来的 15% 上升到 20%，这就是财务杠杆的作用，即通过负债可以提高股东的回报率。

假设从赵小三处借得 10 万元借款的年利率为 15%，如果餐馆每年仍赚 3 万元。那么，王小二每年从获得的 3 万元中扣除 1.5 万元用于向赵小三支付利息，剩余 1.5 万元，则王小二的投资回报率就是 15%。

假设从赵小三处借得 10 万元借款的年利率为 20%，如果餐馆每年仍赚 3 万元。那么，王小二每年从获得的 3 万元中扣除 2 万元用于向赵小三支付利息，剩余 1 万元，则王小二的投资回报率就是 10%。

这三种情境下王小二的自有资本回报率情况见表 6-1。

表 6-1　王小二不同融资方式的回报率

融资方式选择	合资（1:1）	借款 10 万元		
		利率 10%	利率 15%	利率 20%
股东回报率	15%	20%	15%	10%

通过此表可以看出，财务杠杆会给公司权益资本带来额外收益，但同时会加大权益资本的风险，在总资产回报率不变但债务利率可能变化（或债务利率不变但总资产回报率可能有较大变化，道理一样）情况下，财务杠杆增大了权益资本投资回报率的波动性。财务杠杆是否会增大权益资本的回报率，关键看总资产回报率是否大于借款利率水平，当总资产回报率大于借款利率水平时，负债融资会提高权益资本（或股东）的实际回报率，当总资产回报率小于借款利率水平时，负债融资会降低权益资本（或股东）的实际回报率。可见，财务杠杆是一把双刃剑。

（二）权益融资和债务融资对公司影响的差异

第一，在是否具有财务杠杆作用方面，债务融资具有财务杠杆作用。通过借债，在资产收益率大于借款利率的条件下，适度的债务融资可以提高股东的回报率，但也增加了股东承担的风险，而权益融资不具有财务杠杆作用。

第二，在是否会影响原有股东（或经理人员）控制权方面，债务融资一般不会导致控制权的丧失。公司发行股票会影响股东持股比例，有可能导致原有股东（或经理人员）丧失控制权；而只要公司能够保证向债权人按期还本付息，债务融资不会影响公司控制权。

第三，在筹集资本的期限方面，债务通常有确定的到期日，股权通常没有确定的到期日，具有永久性的特点。

第四，税法对利息费用和股利的处理不同：世界各国税法基本上都准予债务利息支出在税前列支，而股利则必须在税后支付，所以债务融资具有利息抵税的好处。

第五，在是否会稀释所有者权益方面，债务融资不会稀释所有者权益。因为债权人并非公司所有者，不具有所有者权益；而权益融资可能会稀释所有者权益，公司发行新股，如果原有股东不购买，就会导致原有股东持股比例降低。综合的比较见表 6-2。

表 6-2　权益融资和债务融资的比较

	债务融资	权益融资
是否具有杠杆作用	有	无
是否稀释所有者的权益	否	是

续表

	债务融资	权益融资
是否会丧失控制权	否	可能丧失
是否有到期日的约束	有	无
税法的处理	利息税前列支	股利税后列支

第二节　创新性融资工具

近几十年，随着金融市场的发展和企业竞争的加剧，各种创新性融资工具应运而生。在本节中我们将介绍几种发展较快的创新性融资工具——可转换债券、永续债、认股权证、资产证券化和融资租赁。

一、可转换债券

可转换债券（Convertible Bond）是公司发行的、可以在规定的期限、按规定条件转换成公司普通股票的债券。可转换债券授予持有人在未来某个时间成为股东的选择权利。可转换债券售出后，通常要随股票拆细而调整转换比例和转换价格。截至 2022 年 5 月 18 日，我国可转换债券存续数量 434 只，总存量 7512.18 亿元。①

可转换债券的特点包括：（1）债务性。与普通债券一样，可转换债券具有规定的期限和利率，投资者可以选择持有债券到期，发行公司有义务还本付息。（2）股权性。原有债券投资者选择了转换之后，持有人的身份就由债权人变成了公司的股东，享有普通股股东的权益。（3）可转换性。可转换债券赋予了持有者一种选择权，投资者可以根据公司的发展状况，选择在合适的时机，以约定的价格把债券转换成公司股票。

发行可转换债券筹集资金的优点包括：（1）筹资成本较低。可转换债券给予了债券持有人以优惠的价格转换公司股票的好处，故而其利率低于相同条件下普通债券的利率；当可转换债券转换为普通股时，公司无须另外支付筹资费用。（2）可以降低权益投资者和债券投资者之间的利益冲突，便于筹集资金。可转换债券持有人是公司的潜在股东，与公司原有股东有较大的利益趋同性。可转换债券既可能使投资者获得固定利息，也为其提供进行债权投资或股权投资的选择权，对投资者具有一定的吸引力。（3）有利于

① 数据来源：万德数据库（https://www.wind.com.cn/）。

稳定股票价格。可转换债券规定的转换价格一般要高于其发行时的公司股票价格，因此在发行新股或配股时机不佳时，可以先发行可转换债券，然后通过转换来实现较高价位的股权筹资。这种做法对公司股价的影响比较温和，有利于稳定公司的股票价格。（4）减少对每股收益的稀释。可转换债券的转换价格高于其发行时的股票价格，转换成的股票股数会较少，降低了增发股票对公司每股收益的稀释度。[①]

二、永续债

永续债（Perpetuity，or Consol）指的是没有明确还款日期或期限非常长的债券，持有人按期获得利息，但不能要求清偿本金，发行人可以提前赎回或有权将到期日延期。

永续债券是混合债务工具的一种，被视为“债券中的股票”。作为对投资者不能收回本金的补偿，永续债一般会支付高于普通债券的利息。历史上最经典的永续债是英格兰银行在18世纪发行的英国统一公债，英格兰银行保证对该公债的投资者永久性地支付固定的利息。

永续债的特点包括：（1）期限是无限的，可以满足企业的长期融资需求，同时缓解发行人还本付息的压力。[②]（2）筹集的资金计入其他所有者权益之中，一方面，不增加股本，不摊薄每股收益；另一方面，可以降低企业负债率，改善资本结构和调节财务杠杆。（3）永续债持有人不参与公司经营，也不具有选举权和被选举权，在清偿顺序上优先于优先股和普通股。（4）永续债的票息水平一般较高，且多数设置了“可变票息”，即对永续债在进入赎回期之前和赎回期设置不同的票面利率，后者一般高于前者，以达到刺激发行人赎回债券的效果。

拓展阅读 6-2

我国银行永续债的发展现状[③]

银行永续债是由银行发行的无固定期限、用于补充资本金的债券，投资者可以定期、永久地获取利息收益。当前我国银行永续债的发行主体主要为商业银行。银行永续债具有以下特点：一是债券期限均为“5＋N”，即债券发行5年后银行有权全部或部分赎回，但赎回须满足相关条件并得到监管部门批准；二是债券属性偏权

---

① 张亦春、许文彬：《金融学》，高等教育出版社，2011。

② 实际上，永续债券一般都带有赎回条款，即发行人在条款约定的时间点或者时间段内拥有按某种价格赎回永续债券的权利，比如发行结束3年、5年或10年以后开始设置发行人赎回权。不少永续债的赎回权还不止一个，这使得多数永续债的实际存续期并非“永久”。

③ 王进：《我国银行永续债发展现状、展望及建议》，《债券》2022年第3期。

益性，永续债兼具股、债属性，目前永续债募集的资金全部用于补充银行其他一级资本；三是票息不固定、不累计，永续债票面利率均以国债收益率（5年期）加固定点差确定，每5年调整一次票面利率，同时银行有权取消派息且不构成违约，对于债券投资者来说，票息不固定、不累计，具有一定的利率风险；四是具有损失吸收能力，目前银行发行的永续债大多为减记型，即在发生触发事件时，银行可以不经投资者同意而减记债券本金。

截至2021年末，全国共有85家银行发行了134只永续债，发行规模合计18635亿元，发行主体和发行规模均呈现明显的区域集中和机构类别集中现象。

从区域分布来看，经济较发达地区的银行发行永续债通常较多。山东、浙江两省各有13家银行发行了永续债，紧随其后的是北京、广东、江苏三个省份（直辖市），分别有11家、8家、7家银行发行了永续债，其他大部分省份发行永续债的机构数量不足2家。北京地区的银行发行永续债规模高达11600亿元，其他大部分省份的银行发行永续债的规模不足100亿元。从机构类别来看，上市银行和大型银行是永续债发行的主力军。大型银行、上市银行的绝对数量虽然不及中小银行、非上市银行，但从相对数量来看占有绝对优势。上市银行发行永续债16113亿元，而非上市银行的发行金额不足上市银行的1/5，大型国有商业银行、股份制商业银行分别发行9215亿元、5960亿元，占全部发行规模的49%和32%。

三、认股权证

认股权证（Warrants）是公司发行的、允许持有人按规定价格购买特定数额股票的权利证书。认股权证通常和公司长期债券一起发行，以吸引投资人购买利率低于正常水平的公司长期债券。当债券与认股权证不可分离时，持有人只能同时持有或者售出债券与认股权证；当债券与认股权证可分离时，意味着持有人可以分开出售债券与认股权证。

认股权证的特点包括：（1）认股权证本身不是股票，而是一种“权利证明”，其持有者在未认购股份前不是公司股东，此时认股权证对公司股份不具有稀释作用。（2）并不是所有认股权证均会被兑现，因此公司最终的募集资金金额是不确定的。（3）认股权证规定有认购价格和每份权证对应的认购股票数量，因此对于公司而言，通过认股权证融资，其最大融资额是固定的。（4）当认股权证和公司长期债券一起发行时，债券的利率通常比其他条件相同的普通债券利率低，公司的筹资成本会降低。（5）当公司希望实现权益筹资时，会努力满足认股权证的行使条件，因此认股权证可以提高公司募集权益资本的主动性。

四、资产证券化

资产证券化是指以基础资产未来所产生的现金流为偿付支持，通过结构化设计进行信用增级，在此基础上发行资产支持证券（Asset-backed Securities，ABS）的过程。资产证券化的实质是融资者将被证券化的金融资产的未来现金流收益权转让给投资者，而金融资产本身的所有权可以转让，也可以不转让。

资产证券化是近 30 年来金融领域最重大的创新之一，很多商业银行通过该方式将缺乏流动性的贷款资产证券化以获取可用资金。根据中国证券登记结算公司的数据，截至 2022 年 4 月，其存管的证券中资产证券化产品共 6152 只，面值超过 23519 亿元。①

通过资产证券化融资具有以下特点：（1）提供了将相对缺乏流动性、个别的资产转变成流动性高、可在资本市场上交易的金融商品的手段，资产证券化的发起者能够以此筹资。（2）筹资成本比通过银行或其他资本市场筹资的成本要低许多。（3）有利于发起者将风险资产从资产负债表中剔除出去，进而改善各种财务比率，满足风险资本监管指标的要求。（4）拟证券化的资产必须能产生可预见的现金流，因此对底层资产的质量依赖性很强。（5）被证券化了的资产自身可以再次作为底层资产被无数次证券化形成衍生品，但如果其中任意一环出了问题都可能引起连锁反应。

拓展阅读 6–3

资产证券化与美国次贷危机②

次贷危机就是次级抵押贷款所引起的危机。次级抵押贷款，是相对于优质抵押贷款而言的。美国房地产抵押贷款市场分为三类：优质贷款市场、“ALT-A”贷款市场和次级贷款市场。优质贷款市场主要面向信用等级高（信用分数在 660 分以上，收入稳定可靠，债务负担合理）的优良客户，主要采用最为传统的 30 年或 15 年固定利率按揭贷款，较少采用复杂的创新按揭工具。“ALT-A”贷款市场主要面向信用分数在 620—660，缺少或完全没有固定收入、存款、资产等合法证明文件的客户。次级贷款市场面向信用分数低于 620、收入证明缺失、负债较重的客户。因信用要求程度不高，贷款利率通常比一般抵押贷款高出 2%—3%。

申请次级贷款的购房者一般而言属于低收入阶层，往往不能承受较高的首付，在贷款初期也难以承受较高的本息支付。为此，抵押贷款机构开发了形形色色的新

---

① 数据来源：万德数据库（https://www.wind.com.cn/）。

② 王保岳：《美国次贷危机引发的对中国资产证券化的冷思考》，《首都经济贸易大学学报》2008 年第 3 期。

兴的抵押贷款产品，出现了一系列的抵押贷款产品创新。所有这些创新的抵押贷款产品都有一个特点，那就是在还款的头几年内，还款额很低。但是过了这段时间以后，还款压力将陡然上升。购房者之所以选择以上贷款品种，一个很重要的原因是预期房地产价格将会持续上升，即使到时不能偿付本息，也可以通过出售房地产或者再融资来偿还债务，但这是以市场利率不会出现大幅上升和房地产价格持续上升为前提的，一旦市场利率上升和房地产价格下跌同时出现，则次级抵押贷款市场出现动荡也在情理之中。

美国次级抵押贷款在住房抵押贷款中所占的份额并不大，至2006年第四季度，该比例接近15%，则可以估算其在美国资本市场中的份额更低，但为何能引发全球金融市场的动荡呢？这源于以次级抵押贷款为基础的产品的证券化及衍生品的发展。这其中最典型的就是债务抵押担保证券（CDO）。

债务抵押担保证券是指一种新兴的投资组合，以抵押债务信用为基础，基于各种资产证券化技术，对债券、贷款等资产进行结构重组，重新分割投资回报和风险，以满足不同投资者需要的创新性衍生证券产品。CDO的资产组合不同于传统的ABS，传统的ABS资产组合中的资产是同质的，而CDO的资产组合则包括ABS、MBS、垃圾债券、新兴市场债券、银行贷款等固定收益资产的分散组合。正是通过CDO这种产品的创新，把以次级抵押贷款为基础资产的MBS与其他类证券汇集构成资产池，按照MBS、ABS的信用增强模式，一部分CDO优先级证券被评为AAA级，由养老基金、保险资金等机构投资者持有，而CDO次级证券，则由追求高风险、高收益的对冲基金持有。对CDO产品的强烈追捧刺激了全球CDO市场的发展，反过来带动了对次级抵押贷款这种高风险高收益产品的需求，2006年，CDO一共吸收了1500亿美元的MBS，其中大部分是次级抵押贷款支持。但如果这条链条最原始的次级抵押借款人出现还款问题，则整个链条都会产生问题，美国自2005年四季度起，房价上涨速度开始明显下降，到2007年3月房价停止上涨，随后出现明显下跌，这也直接导致自2005年起，美国住房抵押贷款违约率开始上升，2007年第二季度，美国抵押贷款违约率达5.12%，次级抵押贷款违约率达14.82%，在房地产价格下降和次级抵押贷款违约率大幅上升的情况下，次级抵押贷款的风险开始向以此为基础发行的证券持有人扩散，并蔓延到了法国、德国、荷兰、澳大利亚、日本等国家和地区，次贷危机全面爆发。各国中央银行不得不向市场注资，以缓解金融市场的流动性不足。

五、融资租赁

融资租赁是一种集信贷、贸易、租赁于一体，以租赁物品的所有权和使用权分离为特征的新型租赁方式。融资租赁在经济发达国家已经成为设备投资中仅次于银行信贷的第二大融资方式。

融资租赁中一般涉及三方当事人：作为出租人的金融租赁公司、作为承租人的设备需求（使用）企业、设备供货商。设备使用企业选中某种设备后，即可委托金融租赁公司出资购得，然后租赁公司再以租赁的形式将设备交付企业使用。当企业在合同期内把租金还清后，最终将拥有该设备的所有权。通过融资租赁，设备需求的企业可用少量资金获得所需的先进技术设备，然后边生产边还租金，因而这是一种加速投资、扩大生产的好办法；就设备供货商而言，融资租赁也是一种促进销售、拓展市场的好手段，可加快产品销售。

融资租赁本身就是融资与融物的结合，作为一种特殊的债务融资，其优势在于：(1) 灵活性高，作为承租人的企业无需面对自身营运资金情况、股利政策等方面的限制（与其他债务融资相比）。(2) 全额筹资，企业无需准备设备的初始购买资金。(3) 降低税赋，税法规定固定资产的折旧或租金均可以在税前扣除，而租赁筹资中企业所负担的租金一般要大于其直接购买固定资产而计提的折旧，因此可以获得更大的节税效应。

融资租赁的劣势在于：(1) 租赁期满前租赁合同不可撤销。(2) 承租人的租赁成本较高。(3) 作为承租人的企业可能失去享受资产增值的机会。

第三节　资本结构

公司的基本资源是其资产带来的现金流，如果公司完全用普通股融资，那么其全部现金流就都属股东所有；如果公司既通过债务融资又发行权益证券，则现金流一部分流向债权人，一部分流向权益所有者。公司应该选择怎样的债务权益的融资组合以最大化公司价值？资本结构理论为财务管理者通过资本结构的选择来影响公司价值提供了理论依据和方法。要了解资本结构理论，有必要先了解资本结构、资本成本与公司价值之间的关系。

一、资本结构和资本成本

（一）资本结构

资本结构是指公司长期资本的构成及比例关系。广义资本结构指全部负债与所有者权益之间的比例，狭义资本结构指公司长期负债与所有者权益之间的比例。本文所讲的资本结构是狭义的，我们可以用公司的资产负债表来形象地表示（这里资产负债表中的不同项目的价值是基于市场价值而非账面价值），如下表所示：

表 6-3　资本结构示意

流动资产价值	流动负债价值	
	长期负债价值	资本结构
固定资产价值	所有者权益价值	

公司不同的融资渠道和融资方式，形成不同的融资结构，从而决定了公司的资本结构。如果一个公司以债务融资方式为主，则在公司债务资本与股权资本的比例中债务资本的比率就会比较大，反映资本结构的指标——资产负债率或债务权益率就会偏高；反之，如果资产负债率偏低，则说明该公司的资本结构中股权资本占的比重较大，从而可以知道，该公司主要采用的是股权融资方式。

（二）资本成本

投资者通过购买公司发行的股票、债券等提供资本给公司，然后获得报酬，这些报酬就是公司融资的成本，即公司为获得资本的使用权而支付的价格。投资者购买特定类型的证券获得的报酬和公司通过出售证券获得资本的代价实际上就是一个问题的两个方面。我们从两个视角来概括资本成本（Cost of Capital）的内涵：

从筹资者的角度看，资本成本是筹资者使用投资者的资本所付出的代价，即筹资者支付的资本使用费，体现在使用债权人的资本支付的利息、使用股东的资本支付的股利（均以相对数表示）；从投资者的角度看，资本成本是其要求获得的预期收益率。

根据资本的性质划分，公司资本可分为权益资本和债务资本，所以公司资本成本也可划分为权益资本成本和债务资本成本，分别表示股东要求获得的预期收益率和债权人要求获得的预期收益率。由于承担风险的差异，权益资本成本高于债务资本成本。

假设一家公司同时利用债务资本和权益资本，这个总体资本成本就将是补偿它的债权人所需的报酬和补偿它的股东所需的报酬的组合。关于债务资本成本和权益资本成本是如何决定的，我们在以后的《公司金融》里要详细讲解。总的原则是债权人或股东承担的风险越大，债务资本成本或权益资本成本就越高。

按照资本成本在公司决策中的用途，资本成本可分为个别资本成本、加权平均资本成本和边际资本成本。

1. 个别资本成本

个别资本成本是单种筹资方式的资本成本，包括长期借款成本、长期债券成本、优先股成本、普通股成本和留存收益成本等。个别资本成本一般用于比较和评价各种筹资方式。

2. 加权平均资本成本

加权平均资本成本是公司的资本结构中不同组成部分的成本的加权平均数。加权平均资本成本一般用于资本结构决策。

设债务融资的成本为 k_d，股权融资成本为 k_e，不考虑所得税因素，则加权平均资本成本为：

$$k = \omega_d k_d + \omega_e k_e \tag{6-1}$$

其中，ω_d、ω_e分别为债务融资和股权融资在融资总额中各自所占的比重，$\omega_d + \omega_e = 1$。在有所得税存在的条件下，债务资本成本 k_d 要调整为 k_d（$1-T$），T 为企业所得税税率。

现在举例说明如何计算加权平均资本成本。

例题 6-1

假定传奇公司的资本结构如下，试根据表中数据计算传奇公司的加权平均资本成本（不考虑所得税因素）。

表 6-4 传奇公司的资本结构

资本要素	价值	成本
债务	¥70000	8%
优先股	¥40000	10%
普通股	¥90000	15%
价值总计	¥200000	

首先根据给定的市场价值计算公司的债务、优先股和普通股的权重：

债务的权重为：$\dfrac{70000}{200000} = 35\%$

优先股的权重为：$\dfrac{40000}{200000} = 20\%$

普通股的权重为：$\dfrac{90000}{200000} = 45\%$

接下来将每种资本要素的成本与各自的权重相乘，然后加总，得出加权平均资本成本：

$$35\% \times 8\% + 20\% \times 10\% + 45\% \times 15\% = 11.55\%$$

加权平均资本成本是公司现有资产使用的机会成本，即公司进行项目投资占用资本所要求的必要回报率，该成本的高低主要与项目的风险和资本结构的选择相关。

3. 边际资本成本

边际资本成本是指新筹集部分资本的成本，在计算时，也需要进行加权平均。边际资本成本一般用于追加筹资决策。

二、公司价值与资本结构

（一）公司的经营目标：公司价值最大化

经济学研究经常将利润最大化作为公司的目标。但在现实世界中，利润最大化目标往往会导致公司的短期化行为，势必影响公司的长远利益和长期发展。目前普遍接受的公司经营目标是公司市场价值最大化。所谓公司市场价值，是指公司全部资产的市场价值，是公司债务市场价值与公司股本市场价值之和，理论上等于公司资产未来预期创造的收入现金流的现值。

由此，决定公司价值的核心因素是公司资产未来预期创造的收入现金流量和作为贴现率的资本成本，而资本成本的高低与风险有关，所以公司价值最大化目标考虑了利润最大化目标没有包含的时间价值和风险因素，同时协调了股东和债权人、雇员、政府、管理当局等利益集团的关系。一般来说，最大化公司价值的决策同时也将最大化股东权益价值。因此，财务经理探寻使公司价值最大化的资本结构，也同时能够实现股票价值最大化或股东财富的最大化。

（二）资本结构与公司价值的关系

公司价值是公司债务市场价值与权益股本市场价值之和，且等于公司资产未来预期创造的现金流的现值。我们就可以得到公式 6-2 到公式 6-6。

首先，公司价值用公式表示即为：

$$V = V_d + V_e \tag{6-2}$$

其中，V_d是公司的债务市场价值，V_e是公司的权益市场价值，V 是公司总的市场价值。

在前面几章中，我们已经学过，证券的价值都是其自身现金流量的现值。所有支付给债权人和股东的现金都来源于公司未来收益，因此公司未来收益最终决定公司价值。

在此，我们作几个假设：公司的息税前收益（$EBIT$）是预期全部分给债权人和股东的现金流量，它包括利息（I）和股利（E）两部分。假设公司没有留存收益，公司的息税前收益保持不变，公司债务的期限是永久的，不论什么时候公司偿还了本金，都会立即借入相应的债务，因此每年的利息是固定的。由于公司的息税前收益保持不变，股东的股利支付也是不变的。

由以上假设可知，公司的债务市场价值和权益的市场价值是各自永续年金的现值。

计算公式为：

$$V_d = \frac{I}{k_d} \tag{6-3}$$

$$V_e = \frac{E}{k_e} \tag{6-4}$$

所以，公司的市场价值可以写成：

$$V = \frac{E}{k_e} + \frac{I}{k_d} \tag{6-5}$$

由于公司价值是公司息税前利润（$EBIT$）以加权平均资本成本（k）为折现率折现后的现值，公司的市场价值也可以写成（我们这里不考虑企业所得税）：

$$V = \frac{EBIT}{k} \tag{6-6}$$

所以，

$$V = \frac{E}{k_e} + \frac{I}{k_d} = \frac{EBIT}{k} \tag{6-7}$$

由公式6-7可知，在公司息税前收益一定的情况下，要实现公司价值最大化，必须使 k 下降到最小。而加权平均资本成本 k 的变化取决于债务资本成本、权益资本成本的大小以及两者所占的比重，尤其在考虑企业所得税以及其他市场非完美因素下，资本结构中债务和权益比例的变化对资本成本产生的重要影响，合理的资本结构会降低资本成本，进而增加公司市场价值。

由此可见，公司价值与公司的资本结构、资本成本是紧密联系的。财务杠杆如何影响公司价值和资本成本？如果存在一个特定的债务权益率能够带来最低的加权资本成本，那么理论上我们可以说它代表了最优的资本结构，那么是否存在最优的资本结构呢？

三、资本结构理论

资本结构理论是指研究资本结构与公司价值之间关系的一种理论。实际上讨论的是债务资本和权益资本占多大比重，才能使公司市场价值达到最大，或资本成本达到最小。在这一部分，我们将介绍资本结构与公司价值（资本成本）关系的主要理论，这些理论有助于理解所得税、财务危机成本及代理成本的存在对公司资本结构选择或者融资决策的影响。

（一）MM 理论

1958 年，弗朗哥·莫迪利亚尼（Franco Modigliani）和莫顿·米勒（Mertor Miller）发表《资本成本、公司理财和投资理论》，提出了著名的“MM 定理”（MM Theorem）。作为现代资本结构理论的基石，MM 定理首次用严格、科学的经济学分析方法得出资本结构与公司价值的内在联系，极大地推动了现代资本结构理论研究的发展。

MM定理认为：在理想的、无摩擦的市场环境下，企业的市场价值与其资本结构无关，即企业不论是选择债务融资还是权益融资，都不会影响企业的市场价值，企业价值取决于其资产的盈利能力和实际资产的风险水平。

莫顿·米勒用一个有关比萨饼的类比来解释他的理论。你不会在走进一家比萨饼店去定一个比萨饼时说："我今天特别饿，请将饼的每一片切得再小些。"比萨饼的大小不会因为如何切片而改变。类似地，公司价值也不会因为资本结构的改变而改变，如下图：

图6-1 完美市场假设下资本结构对公司价值的影响

所谓无摩擦环境是指没有所得税，没有破产成本，资本市场是完善的，即没有交易成本而且所有证券都是无限可分的，投资者个人和公司以同等的利率借款，所有的投资者可以平等、免费获得市场信息，公司的股利政策不影响公司价值，现在和将来的投资者对公司未来的息税前收益（EBIT）的估计完全相同，公司的EBIT不变，即公司的增长率为零，所有现金流量都是固定年金，公司的经营风险可用EBIT的方差来衡量，有相同经营风险的公司处于同一风险等级。

MM定理的成立是建立在套利基础上的。套利是投资者在一个市场上购买相同或等价的证券，同时在另一个市场上销售，通过在不同市场之间的短期内存在的价差来获取利润的过程。例如，有U、L两个公司，两公司经营环境相同，有相同的经营风险，公司息税前收益相同，唯一的区别是U公司是无负债公司而L公司是有负债公司。如果两公司的市场价值不相同（假设U公司股价小于L公司股价），在上述严格假设条件下，套利是无风险的，投资者就会借款，卖掉L公司股票，然后买进U公司的股票，通过套利使两个公司的股价趋于相等。套利过程发生非常迅速，使有负债公司和无负债公司市价相同。所以，MM定理的结论是：在无所得税时的完美资本市场中，公司价值与资本结构无关。

无摩擦环境的假设过于严格，这在现实中是不存在的。但是MM定理给我们提供了一个严格假设条件下的简单模型，为人们探讨资本结构理论打开了一个全新的视野和角度。在MM定理的基础上，两位作者对其原先的假设条件改变后，首先提出了修正的MM定理。

（二）考虑公司所得税后的 MM 理论

MM 定理发表后，在经济理论界引起了极大的争议。在现实生活中，公司的负债率有着明显的行业特征。究其原因，其中 MM 定理的一个重要假设是没有所得税，但在现实世界中，政府都要对公司征收所得税。一般而言，政府在对公司征收所得税时，规定债务的利息支出可以当作成本支出。公司在盈余中首先支付债务利息，把盈余扣除利息的剩余作为税基，在支付税金后还有盈余才向股东支付股息红利。如果考虑公司所得税，负债对公司市场价值会有何影响呢？

1963 年，莫迪利亚尼和米勒在 *Taxes and Cost of Capital：a Correction* 一文中指出：将公司所得税考虑进去，在公司所得税的影响下，负债会因为利息可以减少税收支出而增加公司价值。这就是修正的 MM 理论。

修正的 MM 理论认为，引入公司所得税后，有负债公司的价值会超过无负债公司的价值，当负债达到 100% 时，公司价值最大。具体而言，引入公司所得税后，有负债公司价值应等于无负债公司价值加上利息抵税效应的现值。

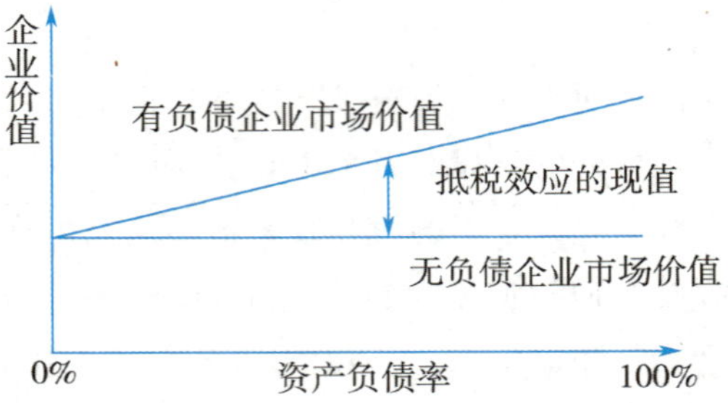

图 6-2　考虑公司所得税时，资本结构对公司价值的影响

（三）考虑个人所得税后的米勒模型

修正的 MM 理论将公司所得税纳入了公司价值的估算模型，但是，仍未考虑个人所得税，而且实际中的股票收益所得税税率与债券利息所得税税率又不一致。为此，1976 年，米勒在美国财务联合会上所做的一次报告中提出了将公司所得税和个人所得税都包括在内的公司价值估算模型，这就是米勒模型。

该模型认为修正的 MM 理论高估了负债的好处，实际上个人所得税在某种程度上抵消了个人从投资中所得的利息收入，有负债企业中个人（债权人）因利息收入所缴纳的较高的个人所得税与公司由于负债融资而减少公司所得税的好处大体相等。当然，最终负债率的高低与公司价值的关系取决于个人债券利息所得税税率、个人股票收益所得税税率以及公司所得税税率的相对高低。

（四）权衡模型

修正的 MM 定理以及米勒模型只是单方面考虑了负债为公司带来的减税效应，而没有考虑负债可能给公司带来的预期成本和损失。对债务融资构成约束的限定因素之一来自破产成本。权衡理论就是同时考虑负债的减税收益和预期成本或损失，并将收益与成本进行适当衡量以确定公司资本结构的理论。权衡理论实际上是在 MM 定理基础上引进财务危机成本和代理成本后修正的一种理论。

1. 财务危机成本

财务危机成本包括财务危机直接成本和财务危机间接成本。财务危机直接成本，也称破产成本，是指公司在破产清算时发生的各种费用，如法律诉讼费用、管理费用和公司资产清算价值小于资产实际价值的差额等。财务危机间接成本是指公司发生财务危机时，顾客、供货商、债权人、股东、职工等主体的避险选择所引致的成本。如职工因为公司面临破产风险而不专心工作导致工作效率降低，顾客不购买公司的产品，银行等贷款人拒绝为公司进一步提供融资，供货商不愿给公司提供商业信用等。

如果考虑财务危机成本，随着公司负债率的提高，破产的可能性会增加，债权投资人、股票持有者要求的风险溢价会越来越高，银行会采用信用配给等，这些都会提高资本成本，相应地会减少公司市场价值。

2. 代理成本

在所有权和经营权分离的条件下，公司所有者委托经营者管理公司，公司管理者为搞好经营而举借债务，由此产生了股东和管理者之间、股东和债权人之间的各种代理关系。代理关系中不同主体利益冲突的存在，会引发代理成本。代理成本可以分为两类：一是股权筹资代理成本，即管理层和全体股东的利益冲突；二是债务筹资代理成本，即全体股东和债权人的利益冲突。

股权筹资代理成本包括：股东为了使经营者按照股东的利益进行最优决策，既要对经营者进行适当的激励，如工资、奖金、股权激励、额外津贴等，又要对其进行监督，如用契约对经营者进行约束、审计财务报表和直接对决策进行限制等。但公司负债增加会强迫经营者按约定期限将债务的利息和本金分配给债券的持有人，减少管理者可支配的现金流，降低股权筹资代理成本，即股权筹资代理成本随公司负债率的增加而降低。

当股东向债权人借入资本后，两者就形成一种委托代理关系。资本进入公司，债权人基本上就失去了控制权，股东和经营者可能为了自身利益而损害债权人利益。当公司债务的金额很大时，股东和债权人之间的冲突也会加大，债权人会意识到这一问题，就会在债务合同中增加某些限制和监督条款，这些无疑会限制和阻碍公司的经营活动，可能会丧失投资机会，降低公司的经营效率。这些都是债务筹资的代理成本，该类成本随公司负债率的增加而增加。

综上，从代理成本角度看，当公司负债率增加时，债务筹资代理成本会随之增加，公司市场价值会随之下降，而股权筹资代理成本会降低，这又会引起公司价值上升。最后结果就要取决于两者的对比，资本结构选择应该使总代理成本最小。

3. 权衡模型的主要观点

权衡模型是在 MM 定理基础上考虑所得税、财务危机成本和代理成本后修正的一种理论。由于债务融资具有利息抵税效应，同时债务融资可以降低股权筹资的代理成本，公司负债率的提高有利于增加公司的市场价值；但随着公司债务的增加，其财务危机成本和债务筹资代理成本会随之增加，使公司市场价值下降。因此，在财务杠杆增加的初始区间内，由于债务融资避税的效应大于财务危机成本和代理成本上升的效应，公司的价值会随着财务杠杆比率的上升而上升。当超过某一个临界值时，财务危机成本和代理成本增加较快，财务杠杆比率的上升反而会使公司的市场价值下降。如图 6-3 所示：

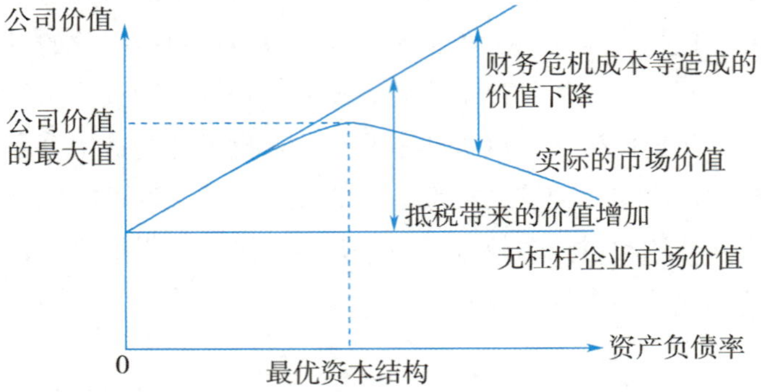

图 6-3　权衡模型

根据权衡理论，不同公司的目标负债率可以不同，如果公司拥有有形的安全资产和大量欲待避税的应税利润，公司就应该具有较高的目标负债比率；如果公司拥有高风险的无形资产且又尚未盈利，那它就应该主要实施权益融资。因为资产的类别差异会影响陷入财务困境可能带来的价值损失，一些资产，如质优的商业不动产，经过破产和重组可以基本不受损失，而其他资产的价值可能就要缩水很多，破产中损失最多的是诸如技术、人力资本和品牌形象之类的无形资产。这可能也是高科技成长性公司以及医药行业负债率较低的原因所在，而有形资产占比较高的航空公司确实承担着大量负债。

权衡理论成功地解释了资本结构的行业差异，但该理论无法解释为什么一些很成功的公司几乎没有多少债务，从而放弃了极有价值的利息税盾，下文的非对称信息理论能够在一定程度上解释这一现象。

（五）非对称信息理论

MM 定理的假设条件之一是资本市场是完善的，投资者可以平等、免费地获得信息，即所有投资者能得到公司未来的盈利信息。但是现实世界中，公司的高级管理人员和经理能够得到外部投资者无法得到的有关未来盈利和现金流量的信息，这种情况便是信息不对称。信息的不对称影响了公司在内部融资和外部融资之间的选择，也影响了发行新债与发行新股之间的选择。基于非对称信息视角的资本结构理论主要包括罗斯（Ross）的债务信号传递理论，迈尔斯（Myers）和马吉夫（Majluf）的优序融资理论。

1. 债务信号传递理论

信号传递理论探讨在不对称信息条件下，企业如何通过合适的方式向市场传递有关企业价值的信号，以此来影响投资者的决策。罗斯建立了“激励—信号”模型来分析企业资本结构的决定问题。罗斯认为不论在怎样的负债水平下，低质量企业总是比高质量企业有更高的边际预期破产成本，低质量企业的管理者不能模仿高质量企业以高杠杆率（因为高杠杆意味着较高的破产成本）来传递关于公司价值的信号，因此在信息不对称条件下，资本结构可被用作内部人关于公司价值的私人信息的信号，只有高质量的企业才有较高的负债率。

2. 优序融资理论

当公司为新的投资项目进行股权融资时，如果股权价值被过于低估，新股东就会获得超过新项目净现值的收益，而使原有股东出现净损失。这种情况下，即使项目的净现值为正也可能被拒绝接受，由此引发投资不足等问题。很显然，如果公司有足够的内部现金流则可以克服投资不足的问题，但公司的内部现金流通常是有限的，在很多情况下不得不进行外部融资。在这种情况下，公司如果能以一种不会被市场低估其价值的证券为新项目融资，也可以克服投资不足的问题。

迈尔斯（Myers）和马吉夫（Majluf）认为，如果公司寻求外部融资，则相对于发行股票而言，发行债务应是一种更为优先的选择。因为在较为有效的资本市场上，发行新股会给资本市场传递一个不好的信号，往往会导致股票价格下跌。这里的内在逻辑是：经理人员对公司拥有内幕信息而且总是试图谋求原有股东的利益最大化，经理人员会根据内部信息选择融资方式，只有在股票价格被高估时才会发行股票以有利于现有股东而损害新股东的利益，外部投资者（潜在股东）也会意识到这一点，那么当公司发行新股时，外部投资者就会认为公司现有股票价格被高估了，会使股票价格下跌。

所以，精明的财务经理在决定筹资顺序和确定最佳资本结构时，会考虑投资者对公司价值的不同预期这一重要因素。公司应尽量以一种不会被市场低估其价值的证券为新项目融资，即公司的资本结构应表现为一定的融资优序：内部融资优于债务融资，债务融资优于股权融资。公司首先以内部产生的资金筹资，包括留存收益、折旧等，提高权益资本比重，并保持未来筹资的储备能力。如果需要外部筹资，公司首先会发行低风险债券，然后是可转换债券，最后万不得已才是普通股票。迈尔斯（Myers）和马吉夫（Majluf）将此称为资本结构的啄序理论。

优序融资理论并没有明确地给出最佳的目标负债权益比率，因为内部权益和外部权益，一个位居融资次序的最顶层，另一个却落在融资次序的最底部，公司所呈现出的负债比率正是对其外部融资需求的集中反映。该理论很好地解释了为什么效益最好的公司通常负债更少，因为其内部产生的大量现金使它们根本不需要发售任何种类的证券（包括债券），而效益比较差的公司发行债券是因为它们没有足够的内部资金去进行资本投资，同时在外部融资的等级次序中优选了负债融资。

拓展阅读 6-4

观察到的资本结构①

表 6-5 中最引人注目的是各行业资本结构的差异非常大：从药品、因特网、计算机软件公司的几乎没有债务，到运输、供水行业的高负债。这是因为不同产业有不同的经营特点，如有不同的收益的波动性和资产类型，这些特点和资本结构之间有一定的关系。我们所讲的关于负债的纳税优势与财务困境成本的故事，无疑为其提供了部分的理由。但到目前为止并没有完全令人满意的理论可以解释资本结构的这些规律。

表 6-5　美国不同行业的资本结构

行业名称	负债占市场价值的比重（财务杠杆）
空中运输	43.83%
服装	34.50%
银行	35.89%
饮料	20.03%
建筑材料	33.08%
计算机软件	2.16%
药品	3.17%
食品	27.85%
因特网	1.22%
零售店	17.02%
证券经纪业	51.88%
烟草	22.59%
化妆品	13.56%
卡车运输	59.06%
供水	46.00%

① 斯坦利 · G. 伊肯思：《金融学（第二版）》，曹廷贵译，西南财经大学出版社，2005。

本章小结

1. 融资方式按照资金来源于资金需求者自身的积累还是其他资金盈余者，可以分为内源融资和外源融资。公司外源融资的基本方式包括债务融资、权益融资、赠予和礼物等。其中，债务融资和权益融资是公司融资的主要方式。

2. 权益融资和债务融资对公司有不同的影响，表现在：债务融资具有财务杠杆作用；债务融资不会影响公司原有股东（或经理人员）的控制权变化；债务融资有确定的到期日；税法对利息费用和股利的处理不同；债务融资不会稀释所有者权益等。

3. 财务杠杆是指公司对债务的依赖程度，财务杠杆会给公司权益资本带来额外收益，但同时会加大权益资本的风险。财务杠杆是否会增大权益资本的回报率，关键看公司的资产收益率是否大于负债的利率。

4. 除了传统的权益融资和债务融资方式外，公司还可通过一些创新型融资工具实现融资，如可转换债券、永续债、认股权证、资产证券化、融资租赁等。

5. 资本结构是指公司长期资本的构成及比例关系。公司不同的融资方式，形成不同的资本结构，进而影响公司的市场价值。

6. 莫迪利亚尼和米勒提出的关于资本结构的 MM 定理认为：在理想、无摩擦的市场环境下，企业的市场价值与其资本结构无关，企业价值取决于企业资产的盈利能力和实际资产的风险水平。

7. 考虑公司所得税后，负债公司的价值会超过无负债公司的价值，当资产负债率达到 100% 时，公司价值最大。这就是修正的 MM 定理。

8. 米勒模型认为，修正的 MM 定理高估了负债的好处，实际上个人所得税的存在在某种程度上抵消了负债公司所得税带来的税盾效应，负债率与公司价值的关系取决于个人债券利息所得税税率、个人股票收益所得税税率以及公司所得税税率的相对高低。

9. 权衡模型是在 MM 定理基础上考虑所得税、财务危机成本和代理成本后的一种理论。认为在财务杠杆增加的初始区间内，由于债务融资避税效应大于财务危机成本和代理成本上升的效应，公司的价值会随着财务杠杆比率的上升而上升。当超过了某一个临界值时，财务危机成本和代理成本的增加较快，财务杠杆比率上升反而会使公司的市场价值下降。

10. 非对称信息理论主要包括债务信号传递理论与优序融资理论。债务信号传递理论认为，资本结构可被用作内部人关于公司价值私人信息的信号，只有高质量的企业才有较高的负债率。优序融资理论认为在非对称信息条件下，企业内部融资优于债务融资，债务融资优于股权融资。

重要概念

内源融资　外源融资　债务融资　权益融资　财务杠杆　资本结构　资本成本　公司市场价值　MM 定理　修正的 MM 理论　米勒模型　财务危机成本　代理成本　权衡模型　优序融资理论

复习思考题

1. 企业长期债务融资的方式有哪些？
2. 债务融资和权益融资对公司的影响有哪些不同？
3. 什么是 MM 定理？
4. 权衡模型是如何分析负债对公司价值的影响的？
5. 优序融资理论认为公司内部人员优先选择的融资顺序是怎样的？
6. 什么是资本结构？结合我国实际谈谈中国上市公司资本结构的情况以及背后的原因。
7. 银保监会主席郭树清在 2019 年第十一届陆家嘴论坛上演讲时称，不同发展阶段的企业具有不同性质和特点的融资需求。风险投资适合初创期企业融资特点，银行信贷更能满足成长期企业融资需求，债券、股票等直接融资对发展相对成熟的企业十分重要。目前我国信贷在企业融资结构中占比 80% 以上，股权融资不超过 10%，债券市场基本是一个准信贷市场，参与主体主要是商业银行，债券品种单一且交易不够活跃，市场深度较差。企业过度依赖银行，与企业的生命周期和生产周期不能很好匹配，既容易造成大中型企业过度挤占信贷资源的情况，又使小微企业和创新型企业缺少必要的孵化资金支持。

请阅读上述材料，并结合所学的金融学知识回答以下问题：（1）从资金来源上看，当企业缺乏资金时，可供选择的融资方式有哪些？这些融资方式各有何特点？（2）对于缺乏资金的企业而言，选择权益融资和债务融资对其的影响有何区别？（3）为了更好发挥金融对实体经济的支持作用，你认为我国应如何进一步建设与优化融资体系？

第三篇

金融体系：机构与市场

第七章

金融机构体系

本章导读

在导论中我们知道，金融体系是金融市场、金融机构、金融工具和金融制度等一系列金融要素的集合，并具有重要功能。实际上，金融功能是由金融机构和金融市场的运作来实现的。那么金融市场和金融机构在金融体系中又有怎样的连接点？它们在促进盈余方向短缺方的资金转移过程中存在哪些差异？金融市场和金融机构在未来的融资格局中可能有怎样的趋势？我们将在本章的第一节围绕这些问题展开阐述。

金融机构是现代金融体系的重要运作载体，这些金融机构种类繁多，如何分门别类地了解它们在整个金融机构体系中的地位和职能？具体到我国，现阶段中国金融机构体系是怎样的？它们又是如何随中国经济改革的推进而不断变革和发展的？未来中国金融机构体系改革的趋势是什么？这是本章的核心内容，这些问题将在学习完本章第二、三节后找到答案。

学习目标

掌握 直接融资，间接融资，直接融资的优缺点，间接融资的优缺点；政策性金融机构的主要类型，我国的政策性金融机构和监督管理性金融机构

理解 商业性金融机构的四种类型，存款型金融机构与契约型储蓄机构资金来源与运用的差异；中国金融机构改革的逻辑及未来改革的方向

了解 中介和市场的渗透发展趋势；中国金融机构体系的演变，中国金融机构体系的构成；国际性金融机构

第一节　金融体系中的直接融资与间接融资

一、直接融资和间接融资

从图 7-1 可以看出，根据资金融通的渠道差异，可以将金融体系的融资方式分为直接融资和间接融资两种类型。

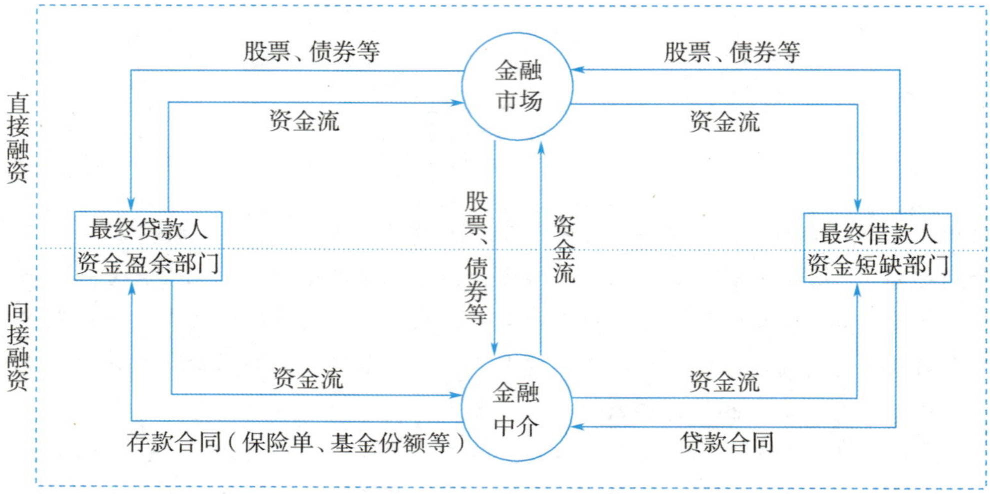

图 7-1　金融体系中的资金流动

（一）直接融资

直接融资（Direct Finance），也称直接金融，是指资金盈余者通过在金融市场上直接购买资金短缺者发行的金融工具（如股票、债券等）进行融资的方式。股票或公司债券的发行者售出股票、债券取得货币资金，资金所有者买进股票、债券付出了货币资金。

需要指出的是，虽然私人之间的借贷、企业之间的商业信用，都是资金供给者和资金需求者面对面的融通资金，符合“直接”的字面含义。但是我们现在所说的直接融资概念，则是在股票市场、债券市场发展到一定水平才形成的。

直接融资的优点在于：一是资金供求双方之间构成直接的债权债务关系或股权关系，使得资金需求者的资金使用状况与资金供给者的利益紧密联系；二是它避开了银行等金融中介机构，剔除了金融中介的价差收益，使资金短缺者可节约一定的融资成本，资金盈余者可获得较高的回报；三是资金供求双方，可根据各自不同的融资要求或条件，尤其是在投资规模和风险承担方面进行灵活组合，以满足不同投资者的风险偏好与收益要求，有利于对高风险、创新性投资项目提供资金支持。

但直接融资也有其严重的局限性，主要表现在：

第一，直接融资的便利程度及其融资工具的流动性，会受到金融市场发达程度的制约。

第二，直接融资对资金盈余者而言，具有较高的“知识门槛”。它要求投资者具有一定的金融专业知识和技能，需要花费大量的收集信息、分析信息的时间和金钱成本，才有可能在金融市场上寻找到较好的投资品种，把握好投资机会。

第三，直接融资对资金需求者而言，具有较高的“准入门槛”。资金实力雄厚或知名度高的企业，更容易将自己的证券发行出去，且能卖出好的价格，而这对于中小微企业来说却很难实现。

第四，直接融资中资金需求方凭借自己的信用度筹集资金，当筹资者的信用等级不高时，资金供给者通常需要承担较高的风险。

第五，在以债券和股票等公开发行方式筹集资金的直接融资活动中，公开信息披露通常会与筹资方保守商业秘密的要求相冲突。

直接融资的上述局限为间接融资的发展留下了巨大的空间。

（二）间接融资

间接融资（Indirect Finance），也称间接金融，是指资金盈余单位和资金短缺单位通过商业银行等金融中介机构而间接融通资金的方式。在间接融资方式下，金融中介机构扮演着重要角色。中介机构从盈余方那里融入资金，建立债权债务关系，然后再与短缺方建立债权债务关系，向短缺方提供资金。更为重要的是，在间接融资过程中，金融中介机构是融资风险的直接承担者。当然，金融中介机构也会从中获取相应的报酬，即从资金短缺单位获取的收益扣除向盈余单位支付的成本之后的剩余收益。

若从企业融资的角度来观察与统计，无论是发展中国家还是发达国家，间接融资都是工商企业最重要的融资方式。即使在美国和加拿大这些拥有世界上最发达证券市场的国家，金融中介机构贷款依然是公司融资的重要来源，比通过证券市场发行股票和债券重要得多。在德国和日本的公司融资中，通过金融中介机构的融资量几乎是证券市场融资量的 10 倍。[①] 这可以从间接融资的优点中找到原因。

间接融资的优点主要表现在：

第一，容易实现资金供求期限和数量的匹配。银行等机构通过吸收公众大量分散的短期资金，形成一个稳定而巨大的资金来源，源源不断地满足企业等资金短缺单位数额巨大的长期资金需求。这种“续短为长”“集零为整”的功能有利于不同资金供求的匹

① 弗雷德里克·S. 米什金：《货币金融学（第十一版）》，郑艳文、荆国勇译，中国人民大学出版社，2016。

配，促进储蓄向投资的顺利转化。

第二，有利于降低信息成本和合约成本。资金盈余方向资金短缺方直接进行投资，不管是通过提供贷款的方式还是购买证券的方式，都必须对资金短缺方的资信和投资价值等进行调查分析，这必然花费大量的信息成本。如果采取贷款方式，还必须谈判、签约、监督合约的执行等，花费大量的成本。金融中介机构通过规模化、专业化的经营，就可较大幅度地降低融资活动的信息成本和合约成本。

第三，间接融资中的资金盈余方具有更高的资金安全性。由于间接融资的风险主要由金融中介机构承担，且中介机构可通过分散化的投资组合来分散风险，因而社会公众具有更高的资金安全性。

第四，间接融资活动不需要资金短缺方进行公开的信息披露，有利于保护筹资方的商业秘密。

正是间接金融具有的这些优越性，使其在资金融通过程中扮演着极其重要的角色。

当然，间接融资也存在一定的局限性，体现在：

第一，隔断了资金供求双方的直接联系，减少了最终供给方对资金使用状况的关注和压力，资金运用和资源配置的效率，更多依赖于中介机构的素质。

第二，中介机构要获取包括服务收费和利差在内的收益，这会增加资金短缺方的成本并降低盈余方的收益。

第三，对间接融资中介机构的监管通常会比较严格保守，筹资者通过间接融资获得的资金，在使用过程中会面临诸如资金规模、期限等方面的限制，很难满足新兴产业和高风险项目的融资要求，不利于对创新性企业的发展提供资金支持。

二、对两种融资方式的进一步分析及其融资结构的演进

（一）对直接融资与间接融资的进一步分析

最初使用“间接融资”概念时，界定的“中介机构”指的基本是银行类机构，典型的间接融资形式就是指通过存款与贷款的银行信贷融资，典型的直接融资形式是股票融资和债券融资，两者的区别在于资金由供给方向需求方的转移是否经由金融中介再配置。而随着金融专业分工不断细化，金融中介机构的种类越来越多，这里的中介机构是否可以扩展到投资基金、保险公司、信托公司等？如何界定间接融资？

一些研究者强调，直接融资与间接融资的区分应该以融资过程中是否改变金融工具为决定性标志。根据这样的思路，公司发行股票和各种债券的交易，无论经过多少机构（投资银行、证券公司等），均应该划入直接融资范围；而基金公司，虽然其持有的是股票、债券之类，但其投资时所需资金是通过出售自己的基金单位（基金份额）给资金盈余方，这一过程中金融工具改变了，应该划入间接融资；人寿保险公司通过发售人

寿保单从盈余方手中筹集资金，再买入股票、债券等，这一过程中金融工具改变了，也应该划入间接融资。

也有学者强调，区分直接融资与间接融资应该重点看金融中介是否参与投资收益分配和风险分担。[①] 传统的银行信贷间接融资中，风险主要由银行承担；而典型的股票和债券等直接融资方式中，收益和风险都由投资者自担，金融中介不享受投资收益也不分担风险。但是资金经由非银行金融中介的转移则不能简单归为间接融资，从资金经由保险公司、投资基金公司等机构到最终资金需求方的两种渠道（一是这些中介机构直接购买股票和债券为最终短缺方提供资金，二是资金通过股权或债券投资基金等形式转移给资金短缺方）来看，金融中介并没有直接承担风险，而是以转移和受托管理风险方式为主，这些渠道的融资应该属于间接融资与直接融资嵌套的混合融资模式。甚至银行也不再是承担吸收存款、发放贷款的单纯间接金融中介，表现为银行资金用于购买债券的比例大幅升高、银行理财业务大规模扩张（根据理财产品的合约设计，投资收益与风险通常由客户承担，银行只是接受客户的委托授权管理资金），说明银行越来越深刻地“嵌入”直接融资体系中，表现为混合融资模式。[②]

至此，银行信贷融资与间接融资画等号、间接融资与金融市场（直接融资）非黑即白的简单“二分法”已经难以适用于近年来不断发展的金融实践。

资金盈余方的资金除了通过银行等机构转移给短缺方外，越来越多的资金盈余方通过购买基金、保险单等方式，由基金公司、保险公司在金融市场上投资股票、债券等（即图 7-1 中纵向箭头所代表的资金流）转移给资金短缺方。从图 7-1 的左半部分看，通过银行、基金公司、保险公司的资金融通属于间接融资；但同时，从图 7-1 的右半部分看，这些资金中较大一部分最终通过金融市场转移到资金短缺方，反而促进了更多的资金短缺方通过金融市场获得资金。

在美国，发行股票和债券占企业外源融资来源的 43%，这实际夸大了金融体系中直接融资的重要性。自 1970 年以来，在美国直接由居民购入的新发行的公司债券和商业票据的份额小于 5%，而由居民直接购入的股票份额小于 1/3。其余的部分主要由保险公司、养老基金、互助基金等金融中介机构购买。[③] 从这一数据可以看出，间接融资中金融中介机构尤其是基金公司、保险公司、信托公司等发展的同时，金融市场也取得更快发展，机构与市场并非此消彼长的关系。

---

① 易纲（2020）将通过资本市场的融资都归为直接融资，股票、债券（包括企业债券、政府债券、金融债券等）等证券市值的增加即意味着直接融资的增加。他将通过代客理财、资金信托和投资基金等参与资本市场的份额概括为“特定目的载体份额”，归为直接融资，并认为直接融资最明显的特征是金融风险主要由投资者直接承担，而间接融资主要指银行贷款等，银行作为金融中介把资金贷给企业部门等，贷款的风险主要由银行承担，强调从风险承担的角度划分直接融资和间接融资。（参见易纲：《再论中国金融资产结构及政策含义》，《经济研究》2020 年第 3 期。）

② 何德旭、冯明：《中国宏观融资结构的转型特征》，《经济学动态》2021 年第 8 期。

③ 弗雷德里克·S. 米什金：《货币金融学（第十一版）》，郑艳文、荆国勇译，中国人民大学出版社，2016。

（二）融资结构的演进和中介与市场的渗透发展趋势

依据金融中介机构（银行）和金融市场在金融体系中发挥作用的不同，学者们从银行主导与市场主导的角度研究融资渠道结构，并将其划分为两类：以美国、英国为代表的市场主导型金融体系和以德国、日本为代表的银行主导型金融体系。

20世纪70年代以来，市场主导型体系似乎代表了金融体系演进的趋势：金融市场的发展趋势极为强劲，而商业银行的发展却步履蹒跚。造成该变化的主要原因可以归结为：

第一，信息技术的革命极大地提高了金融体系的效率，降低了融资的交易成本和信息成本，商业银行等金融中介越来越多地受到直接金融市场融资的竞争压力。

第二，随着可交易债务工具的增加，商业银行在债务市场的主导地位有所下降。譬如，融资性的商业票据可直接进入货币市场，贷款的证券化则使商业银行的传统业务变成了资本市场上的债务工具。

第三，随着通货膨胀和汇率风险的加剧，衍生金融工具市场得到了极大的发展，这些衍生金融工具交易急剧扩大了资本市场的规模。

第四，虽然商业银行在金融市场的压迫下，不断突破政府的各种管制，创造和使用新的金融产品，但在更为迅猛的资本市场发展和支付体系日益电子化的背景下，家庭以银行存款形式持有财富的需要减少。

这是否意味着全世界各国的金融体系会“一直”朝着这个方向收敛到底？金融市场是否会逐渐替代金融中介机构在融资过程中扮演主要角色？

要使这样的判断成立，必须假定金融市场上的所有交易者都有能力自己构造投资组合，但显然，在实际生活中是不可能出现这样的假设条件的。伴随金融市场交易增多，实际生活显见的趋向并非个人直接参与市场交易增多，而是个人借助于金融中介参与市场交易的行为越来越多，当然这里的金融中介包括商业银行、基金公司和保险公司等各类机构投资者，银行存款份额的下降并不意味着间接融资中介机构的整体削减或衰退。

至此，大家较为一致的观点是，未来将形成金融中介与金融市场相互渗透发展的趋势。具体表现为：大量的非银行金融中介，如保险公司、基金公司、信托公司等，它们目前已经是资本市场的重要参与者，小额资金盈余方通过更加多样化的投融资工具（公募及私募基金、信托投资计划等）间接参与金融市场也是未来趋势；银行不再局限于传统的存贷款业务，而是越来越多地参与资本市场，银行资产（尤其是抵押贷款）业务的证券化使得银行的运作与资本市场的运作交叉在一起，许多大银行为了获得衍生金融交易的高额利润，已成为场外金融衍生交易的主要交易商；原来服务于金融市场直接融资的证券公司等开始开展支付业务和提供储蓄产品服务等，体现出市场向中介机构的渗透。

关于银行主导型和市场主导型融资结构的差异，是各国金融体系发展历史和产业发展阶段决定的，应考虑到各国的经济发展阶段、产业结构特征、技术水平与世界前沿的距离、要素禀赋等方面对金融服务的具体需求，并不能形成孰优孰劣的结论。

拓展阅读 7-1

直接融资和间接融资的结构变化①

按照金融市场和金融中介孰轻孰重的标准，金融体系可划分为市场主导型和银行主导型。中国的金融体系正在经历由银行主导型向市场主导型的转变。我国从“十三五”开始，明确提出了“提高直接融资比重，降低杠杆率”的发展规划。2020 年 10 月，在十九届五中全会通过的《中共中央关于制定国民经济和社会发展第十四个五年规划和二〇三五年远景目标的建议》中，进一步提出“提高直接融资特别是股权融资比重”。通过图 7-2 可以发现，尽管中国间接融资在社会融资规模中的占比在 2021 年仍高达 70%，但是直接融资占比正在逐年提升。直接融资占比从 2015 年的 14% 上升到了 2021 年的 30%。

中国直接融资占比正处于逐步上升的阶段。但需要强调的是，这一变化并非表明间接融资在我国不重要了，相反，我国间接融资占比依然较大，如图 7-2 所示，间接融资占比在 2021 年仍高达 70%。因此，间接融资在支持我国经济发展过程中的作用仍然较大。只是在进入新发展阶段后，我们需要直接融资为创新性企业和新兴产业提供更多支持。

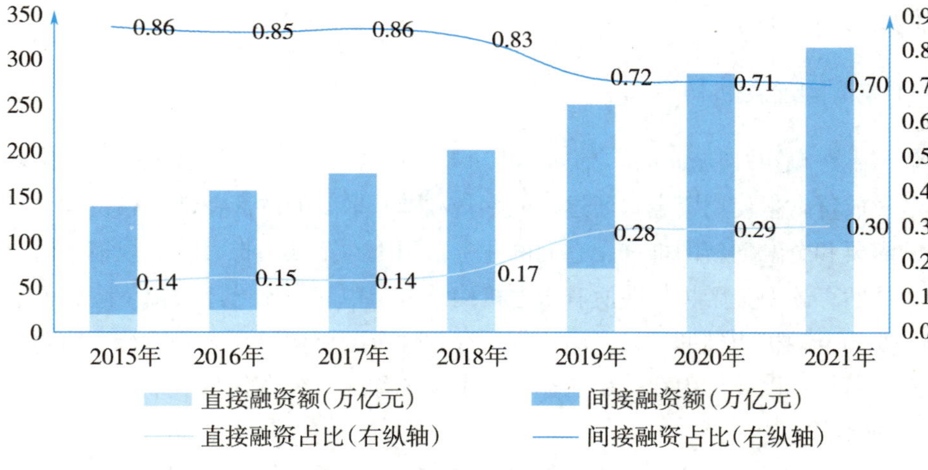

图 7-2　中国直接融资和间接融资变化

注：直接融资额为企业债券、政府债券、非金融企业境内股票、存款类金融机构资产支持证券的存量之和；间接融资额为人民币贷款、外币贷款(折合人民币)、委托贷款、信托贷款、未贴现银行承兑汇票的存量之和。

① 中国人民银行官网调查统计板块(http://www.pbc.gov.cn/diaochatongjisi/116219/index.html)。

第二节 金融机构的类型

金融机构是从事金融活动的组织，业务和功能特点各异的金融机构之间分工协作、相互联系，形成了整体功能健全的金融机构体系。虽然各国的金融机构因国情和经济金融发展水平的差异而各有特点，但在机构种类和构成上大致相同。依据金融机构的功能差异，可以将其大致分为四类：商业性金融机构、政策性金融机构、监督管理性金融机构和国际金融机构。

一、商业性金融机构

商业性金融机构是指以盈利为目的的经营性金融机构。它们通过其业务经营，向政府部门、企业和居民等提供各种金融产品和服务，从中获取利润。其种类繁多、规模庞大，是金融机构最主要的类型。根据商业性金融机构资金来源与运用的特点和功能差异，我们将其分为四类，主要包括在间接融资中发挥重要功能的存款型金融机构、契约型储蓄机构、投资型金融机构和在直接融资过程中提供金融服务的其他商业性金融机构（或称证券市场机构）。

（一）存款型金融机构

存款型金融机构（Depository Financial Institutions）是指主要通过吸收存款来获得资金，通过发放贷款来使用资金，通过赚取存贷利差获取利润的商业性金融机构。随着经济发展的需要和金融创新的推进，它们的业务范围也在不断地扩大。从规模上看，近几十年来，虽然存款型金融机构在所有金融机构总资产中的占比已经大幅下降，但它们仍然是最主要的金融机构类型。以美国为例，存款性金融机构包括商业银行、储蓄贷款协会、互助储蓄银行以及信用社，后三类有时也被统称为“储蓄机构”。

1. 商业银行

商业银行（Commercial Bank）是以吸收存款、发放贷款和办理转账结算为主要业务，以盈利为目的的商业性金融机构。在传统金融体系中，以商业银行为中介的间接融资占整个金融体系融资总额的80%—90%。即使在当今资本市场发达的美国，商业银行持有的金融资产也占其全部金融机构持有金融资产总额的1/4。因此，商业银行在金融体系中占有极其重要的地位。随着金融创新的发展，商业银行除了有传统存贷款和转账结算等业务外，其业务种类和范围已有了很大的拓展，提供诸如投资理财、证券承销、保险出售等创新性服务。由于提供的金融服务十分广泛，其也被称为“金融百货公司”。在我国，中国工商银行、中国银行、中国建设银行和中国农业银行是国内最大的四家商业银行。

2. 储蓄贷款协会

在美国，最初被称为“建筑和贷款协会”的储贷协会（S&Ls）在19世纪30年代成立于东海岸，由一群试图通过储蓄贷款获得房屋所有权的人发起。他们汇集会员的存款资金，贷款给需要购买住房的会员，是一种互助性合作金融组织。20世纪30年代初，联邦政府通过建立联邦房屋管理局为抵押单据担保，以及鼓励储蓄贷款协会发行分期付款的抵押单据的方式支持这种行动。在分期付款抵押中每个月偿还一部分贷款，这样在25—30年后将还清贷款，房屋完全归自己所有。由于20世纪80年代末期储贷协会发展过快，购买了过多的垃圾债券，许多协会倒闭，许多储贷协会则转变成为商业银行或存款银行，一些则成为其他储蓄机构的分支机构。

3. 互助储蓄银行

互助储蓄银行（MSBs）始于19世纪初期的苏格兰，19世纪中期扎根于美国，以满足小储户的融资需求。和储贷协会一样，这些银行也通过发行储蓄账户聚集资金，并主要投向抵押贷款。互助储蓄银行归存款人所有。在留出必要的准备金后，所有的盈利都要作为所有者股息支付给存款人。互助储蓄银行的主要资金来源为存款，主要资金运用为按揭贷款。由于其资金大量地集中在期限较长的按揭贷款上，与商业银行相比，其适应金融市场变化的灵活性较差，在储蓄贷款服务竞争日益加剧的情况下，互助储蓄银行的发展面临严重的挑战。一些储蓄银行正在通过资金和服务方面的创新来应对这种挑战。

4. 信用社

信用社①是由消费者自发成立的储蓄和贷款机构，始建于20世纪，它向成员发行定期存款（或称为“股份”），并把这些资金贷给其他成员。贷款通常用于房屋改善或购买耐用商品。信用社也发行抵押单据并通过把其资产的1/50投向美国政府债券，适当进行多元化经营。信用社赚取的收入免征联邦收入的所得税，因此，它能提供优越于商业银行和其他储蓄机构的利率。信用社的资产多为短期的，所以在20世纪80年代避免了储蓄贷款协会、互助储蓄银行等机构遭受的几次金融困境。像互助储蓄银行一样，信用社也是“合作性质”的，会员（存款者）拥有并经营信用社。信用社的经营费用较低，会员有时为其无偿工作，办公时间和地点通常由雇主安排。

（二）契约型储蓄机构

契约型储蓄机构（Thrift Institutions）是通过长期契约协议获得资金，并把它们主要投

---

① 注意，目前中国拥有“信用社”名称的农村信用社、城市信用社基本相当于商业银行，并不具有这里所说的信用社的特征。

向长期的股票和债务工具的金融机构。由于契约协议要求保险单持有者和养老基金参与者定期缴纳一定的资金，所以这些机构拥有相对稳定的资金来源。同时由于资金的流入和流出都是相对稳定并可预期的，所以对这些机构的资产管理并无较高的流动性要求。

1. 保险公司

保险公司分为人寿保险公司及财产和意外伤害保险公司两种类型。

人寿保险公司是提供人寿保险服务的契约型储蓄机构，分担风险是其基本功能。它通过发行人寿保险单等长期契约筹集资金，并把资金主要投向低风险的政府债券和公司债券上。人寿保险金就像流向储蓄机构的储蓄资金一样，成为人寿保险公司资金的持续来源。人寿保险单的所有者拥有了一项具有固定面值的潜在流动资产，它可以合法地随时变现。也就是说，多数人寿保险单具有随时间增加的一定的退保金额，保单持有者可以随时得到这部分现金。

财产及意外伤害保险公司是提供财产及意外伤害保险服务的契约型储蓄机构，主要承保火灾、盗窃、意外、自然灾害、渎职诉讼以及其他事故造成的损失。其主要资金来源于保险费收入，并将资金投资于具有较低风险的政府债券、企业债券，少量资金投资于公司股票。由于财产损失比人的死亡更难预测，而且每年都不同，所以这些公司比人寿保险公司拥有流动性更强的资产结构。

2. 养老基金

养老基金分为个人养老基金组织及政府退休基金两种类型。

人们在退休时能够获得资金保障的愿望使得各种类型的退休基金显著增长。退休储蓄有两种方式，即个人的储蓄行为和企业负责的养老金计划。养老基金有几个明显的优势。首先，养老基金比个人能更有效地管理资金，它可以分散化经营，减少交易成本，并拥有金融实践经验。其次，政府鼓励员工和企业执行养老金计划，当企业盈利直接拨付退休基金时，企业可以不缴税——缴纳养老金的资金是免税的。但是如果企业在员工退休时发放的话要缴税。

政府养老基金聚集大量的资金后，其养老金的发放有较长的时间滞后期。其资金的保值增值是一个重大的经营管理问题。作为养老基金，安全是第一位的。因此，养老基金的投资领域主要是风险较低的政府债券和企业债券，少量的资产投资于企业股票，并通常委托一些专业投资管理公司进行投资和管理。

（三）投资型金融机构

投资型金融机构主要包括共同基金、财务公司和货币市场共同基金。这些投资型金融机构的优势是通过较低的交易成本，满足小额客户的投资需要（如共同基金）或融资需要（如财务公司）。

1. 共同基金

共同基金（Mutual Funds）是一种为小额投资者提供投资服务的基金组织，它主要通过向投资者发行受益凭证（基金份额），将社会上的资金集中起来并交由专业的基金管理机构投资于各种资产，实现保值增值。人们可以选择各种不同目标的共同基金，比如有的着眼于长期的资本增长，有的关注较高的当前收入，等等。

投资于普通股股票的共同基金主要有两类：开放式基金和封闭式基金。开放式基金有权自行决定增发份额。投资者可以随时购买增发的份额，也可以随时以其资产净值向基金公司赎回已持有的一部分基金。

封闭式基金的份额是相对稳定的，通常是一次性发行，不能增发份额，基金持有者也不能以市场价格从基金中赎回自己的份额。但封闭式基金可以像股票一样在二级市场（场外交易市场或股票交易所）上交易。投资者只能在二级市场买入其他投资者卖出的基金，基金持有者也只能在二级市场卖出其持有的基金份额来实现其收益。

在我国，共同基金的正式名称为证券投资信托基金，是由投资信托公司以信托契约的形式发行受益凭证，主要的投资标的为股票、期货、债券、商业票据等有价证券。

共同基金通过汇集众多小额资金凑成大额资金，交给专人或者专业机构操作管理以获取利润，降低了小额投资人参与金融市场的门槛，其优点表现为：一是组合化投资以分散风险。共同基金的资产较一般投资人来得庞大，可以将资金分散于不同的股票甚至多种金融资产。二是专业化管理。投资者付出少许基金管理费，就可享受到专家的服务。三是交易成本低。投资者通过大量买入可以获得规模经济。

2. 财务公司

财务公司（Financial Company）是通过发行商业票据、股票或从银行借款获得资金，再利用这些资金对个人和企业进行小额贷款的机构。因为财务公司客户的违约风险高于银行借款者，所以财务公司索要利息高于银行。与商业银行不同，财务公司是大额借款、小额贷款。商业票据市场的成长给财务公司带来的利益超过了银行。因此，财务公司得以维持其在金融市场中的份额，而商业银行的份额则下降。由于财务公司不吸收存款，所以管理当局除了信息披露要求并尽力防止欺骗外，对其几乎没有太多监管要求。

3. 货币市场共同基金

货币市场共同基金（MMMFs）是一种相对较新的金融机构，在20世纪70年代末期利率剧增时兴起的。像大多数共同基金一样，它们出售基金股份获取资金。但资金主要投资于高度流动性的短期（货币市场）债务工具，例如国库券，商业票据、回购协议和银行存单等。这些证券的市场价值虽然有某些波动，但变动非常小。因而这些基金允许持有者将其股份按固定的价值兑现（所投资证券的市场价值的变动，则在基金所支付的利息上显示出来）。同时，这类基金允许其股份持有者通过在商业银行的基金账户上签发支票的方式来兑现，但支票金额不得低于某一限额（通常为500美元）。这样，货币市场共同基金的股份实际上发挥了支票存款的作用。

与商业银行和储蓄机构的存款不同，货币市场共同基金所发行的基金份额没有保险，但是因为其投资的债务工具的违约风险极低，所以它们是比较安全的。

（四）其他商业性金融机构

除了存款型金融机构、契约型储蓄机构和投资型金融机构外，商业性金融机构还包括在直接融资过程中提供金融服务的盈利性机构。这些机构主要包括投资银行（证券公司）和公司制的证券交易所。

1. 投资银行（证券公司）

投资银行（Investment Bank）是专门从事发行长期证券、企业资产重组和代理证券买卖的金融机构。一般情况下，筹措长期资金的公司和经济主体并不是自己在市场上发行证券，而是通过专门的中介机构——投资银行或证券公司进行的。因为这些中介机构熟悉长期资金的市场供求动态、投资者的偏好以及拟发行证券的公司的财务和资信状况，有自己多年来形成的证券营销网络，所以能较好地为长期资金供需者提供金融服务，促进了资金的流动和资本的形成。

投资银行和或证券公司主要以发行股票和债券的办法形成资金来源。一般来讲，它们只拥有较小金额的自有资本，因为投资银行的主要收益来自代理发行各种证券的佣金和服务费等收入，而不是来自自有资金的运用。

投资银行源于18世纪中叶的英国商人银行，最初专事政府债券的销售以及企业票据的承兑与贴现。投资银行在世界各地有不同的称谓，英国、爱尔兰、澳大利亚仍旧沿用商人银行一词，而德国则称之为私人承兑公司，美国一般称之为投资银行，日本和我国则称之为证券公司。现代投资银行产生的标志是1933年摩根士丹利公司的设立。这一年的3月9日，美国国会通过了《格拉斯·斯蒂格尔法》，银行业与证券业完全分离，摩根士丹利于是从J. P. 摩根脱胎而来，作为投资银行与商业银行分庭抗礼。

20世纪以来，随着金融创新的推进，投资银行业成为变化最快、最富挑战性的行业之一。经过2008年金融危机后，美国的投资银行发生了天翻地覆的变化。2008年3月16日，美国第五大投资银行贝尔斯登被摩根大通收购；同年9月15日，第四大投资银行雷曼兄弟向美国破产法院申请破产保护。第三大投资银行美林被美国银行收购；到9月21日，硕果仅存的两大投资银行高盛和摩根士丹利转型为银行控股公司。从金融制度的角度来说，这场风暴标志着美国独立投资银行模式的终结。

早期的投资银行侧重一级市场代理证券发行和企业兼并收购等业务，后来越来越多地参与二级市场的代理证券买卖（经纪业务）和自营业务等。目前投资银行（证券公司）的主要业务有以下几个方面：代理证券发行、代理证券买卖或自营证券买卖、兼并与收购业务、研究及咨询服务、资产管理等。

在我国，证券公司主要分为两种，一是经纪类证券公司。这类公司是指接受客户的委托，以自己的名义从事证券买卖，收取一定佣金的经济组织。公司通常提供交易的基本条件和服务；二是综合类证券公司，这类公司既可从事经纪业务，又可开展证券自营、代理证券发行以及其他业务。

2. 公司制证券交易所

作为集中进行证券交易的证券交易所，其组织形式可分为会员制和公司制两种。其中，会员制证券交易所是证券公司依法自愿设立的、旨在提供证券集中交易服务的非营利法人。公司制证券交易所是指以营利为目的，为证券商提供证券交易所需的交易场地、交易设备和服务人员，以便利证券商独立进行证券买卖的证券交易所形式。随着信息技术的飞速发展和经济、金融全球化进程的加速，全球主要证券交易所纷纷从传统的会员制组织转向公司制企业。

以营利为目的的公司制证券交易所要收取发行公司的上市费与证券成交的佣金，其主要收入来自买卖成交额的一定比例。而且，经营这种交易所的人员不能参与证券买卖，从而在一定程度上可以保证交易的公平。

由于证券交易所是以向证券商提供服务为主要业务的经济实体，故其组织结构与股份公司极其类似，通常都必须设有股东大会、董事会、监事会、董事长和总经理等。同时，因为证券交易所的特殊业务要求，其机构设置也要反映证券交易活动的实际需要，常设有业务部、财务部、仲裁部、研究部和文秘部，分别提供与证券交易有关的各环节服务。

二、政策性金融机构

政策性金融机构是由政府投资设立、根据政府的决策和意向专门从事政策性金融业务的银行，又称政策性银行。它们的活动不以营利为目的，其业务经营目标是配合并服务于政府的产业政策和经济社会发展规划，推动经济的可持续与协调发展，并且根据具体分工的不同而服务于特定的领域。

（一）政策性金融机构的主要类型

1. 开发性金融机构

开发性金融机构是指那些专门为经济开发提供长期投资或贷款的金融机构。这些金融机构多以促进工业化，配合国家经济发展振兴计划或产业振兴战略为目的而设立，其贷款和投资多以基础设施、基础产业、支柱产业的大中型基本建设项目和重点企业为对象。

2. 农业政策性金融机构

农业政策性金融机构是指专门为农业提供中长期低利贷款，以贯彻和配合国家农业扶持和保护政策的政策性金融机构。这些金融机构多以推进农业现代化进程、贯彻和配合国家振兴农业计划和农业保护政策为目的而设立，其资金多来源于政府拨款、发行以政府为担保的债券、吸收特定存款和向国内外市场借款，贷款和投资多用于支持农业生产经营者的资金需要、改善农业结构、兴建农业基础设施、支持农产品价格、稳定和提高农民收入等。

3. 进出口政策性金融机构

进出口政策性金融机构是为促进进出口贸易，促进国际收支平衡，尤其是支持和推动出口的政策性金融机构。这些金融机构既有单纯的信贷机构或单纯的担保和保险机构，也有既提供信贷、又提供贷款担保和保险的综合性机构。其宗旨都是为贯彻和配合政府的进出口政策，支持和推动本国出口。这些机构在经营过程中，以国家财力为后盾，由政府提供必要的营运资金和补贴，并承担经营风险。

4. 住房政策性金融机构

住房政策性金融机构是指专门扶持住房消费，尤其是扶持低收入者进入住房消费市场，以贯彻和配合政府的住房发展政策和房地产市场调控政策的政策性金融机构。这些机构一般都通过政府出资、发行债券、吸收储蓄存款或强制性储蓄等方式集中资金，再以住房消费贷款和相关贷款、投资和保险等形式将资金用以支持住房消费和房地产开发资金的流动，以达到刺激房地产产业发展，改善低收入者住房消费水平，贯彻实施国家住房政策的目的。

5. 中小企业政策性金融机构

中小企业政策性金融机构是指为支持中小企业增强市场竞争实力、开辟就业渠道、推动技术创新与进步，而提供政策性金融服务的金融机构。不论是在发达国家还是在发展中国家，中小企业都是国民经济的重要经济支柱。原因是中小企业在促进科技进步、增加就业、扩大出口等方面，发挥着不可忽视而且不可替代的作用。中小企业在发展过程中普遍存在融资难问题，由于其力量薄弱，商业性金融机构不愿对其提供金融支持，结果必然影响其正常发展。为此，各国政府都通过建立政策性金融机构的方式，支持中小企业的发展。

（二）中国的政策性金融机构体系

1994 年以前我国没有专门的政策性金融机构，政策性金融业务由中国人民银行和四大国有银行承担，国有银行既办理商业性信贷，又办理大量政策性信贷业务，不利于其向商业银行转化，也不利于政策性业务的开展。同时，国有银行从事政策性业务的资金缺口需要中国人民银行弥补，形成资金上对中央银行的倒逼机制，不利于中央银行对货币供应量的调控。为此，1994 年我国先后组建了国家开发银行、中国进出口银行和中国农业发展银行三家政策性金融机构，专门从事政策性金融业务。同时将原四大国有银行所负有的政策性职能分离出来，为加速国有银行的商业化和确立中央银行的独立性创造条件。

国家开发银行于 1994 年 3 月正式成立，总行设在北京，下设总行营业部、27 家国内分行和香港代表处。国家开发银行注册资本金为 500 亿元人民币，由国家财政全额拨付。国家开发银行贯彻“既要支持经济建设，又要防范金融风险”的方针。主要任务是按照国家有关法律、法规和宏观经济政策、产业政策、区域发展政策的规定，筹集和引导境内外资金，重点向国家基础设施、基础产业和支柱产业项目以及重大技术改造和高新技术产业化项目发放贷款；从资金来源上对固定资产投资总量和结构进行控制和调节。

需要注意的是，国家开发银行在最近几年开始进行商业化改革，2008 年 12 月改制为国家开发银行股份有限公司。2015 年 3 月，国务院明确国家开发银行定位为开发性金融机构，意味着将其从政策性银行中剥离。2017 年 4 月，“国家开发银行股份有限公司”名称变更为“国家开发银行”，组织形式由股份有限公司变更为有限责任公司。发展至今，国家开发银行已成为全球最大的开发性金融机构，中国最大的中长期信贷银行和债券银行。①

中国进出口银行于 1994 年 4 月正式成立，总行设在北京，境内设有 9 家代表处，境外设有 2 家代表处。中国进出口银行注册资本金为 33. 8 亿元，由国家财政全额拨付。中国进出口银行实行自主、保本经营和企业化管理的经营方针。主要任务是执行国家产业政策和外贸政策，为扩大我国机电产品和成套设备等资本性货物出口提供政策性金融支持。

中国农业发展银行于 1994 年 4 月正式成立，总行设在北京，国内设有 2276 家分支机构。中国农业发展银行注册资本金为 200 亿元人民币，由国家财政全额拨付。中国农业发展银行实行独立核算，自主、保本经营，企业化管理的经营方针；主要任务是按照国家有关法律、法规和方针、政策的规定，以国家信用为基础，筹集农业政策性信贷资金，承担国家规定的农业政策性金融业务，代理财政性支农资金的拨付。

根据 1994 年我国政策性银行体系建立以来的运作情况分析，我国政策性银行的建立符合市场经济发展运行的基本规律，有效推进了我国商业银行的改革，在贯彻国家宏观经济政策、促进社会发展、支持经济快速增长方面发挥了积极作用，已经在探索和运行实践中形成了具有中国特色的经营机制。

但是，我国三大政策性银行发展过程中也暴露出一些问题，影响其功能的实现。如政策性商业银行的定位不准，资金来源不足，不良贷款规模偏大等。随着我国经济金融形势的发展，三家政策性银行都面临改革转型的任务。继 2007 年初国家开发银行率先进行改革，全面推进商业化运作之后，中国农业发展银行和中国进出口银行则以扎实推进内部改革、大力加强内部机制和风险管理、稳步拓宽业务范围、努力提高市场化水平作为其改革的近期目标取向。

三、监督管理性金融机构

监督管理性金融机构指的是对整个金融机构体系负有监督、管理职能的组织，其构

① 国家开发银行官网(http://www.cdb.com.cn/)。

建目的是维持整个金融体系的顺利运行，并保障金融系统的稳定与安全。

（一）金融监管机构的设置模式

1. 第一种模式：双线多头型

双线多头金融监管机构设置模式中的“双线”是指联邦政府和州政府两条线，“多头”是指一个国家的金融业有多个金融监管机构来进行监管。在世界上实行这一模式的国家主要是实行联邦制的发达国家，比如美国、加拿大等。这种金融监管设置模式的优点有：它能适应于那些地域辽阔、金融机构繁多的国家的实际情况；可以防止一国金融监管权力的过分集中；可以使金融监管机构的监管专业化，提高金融监管的效果；也可以使金融机构根据自身的不同特点来选择不同的监管机构；等等。当然这种设置模式也有不足，如金融监管机构交叉；金融法规不统一；监管分散，有时会对统一金融机构进行重复检查和管理，影响金融机构正常的经营业务活动；金融机构容易钻不同金融监管机构之间的空子，逃避监管，不仅加剧了金融领域的混乱，而且也降低了金融监管和货币政策的效果。

2. 第二种模式：单线多头型

单线多头的金融监管机构设置模式的“单线”是指对金融业监管的权力集中在中央政府这一级，“多头”是指在中央这一级政府有多个机构负责对金融业的监管。一般这种多头监管机构设置模式是以财政部和中央银行为主体来进行设置的。在世界上采用这种模式的国家很多，比如德国、日本、法国等。如果各监管机构之间的制约和平衡良好的话，那么这种模式可以提高金融监管的效率，这也是世界上大多数国家采用这一模式的原因之一，但是在一个不善合作和法制不完善的国家中实行这一模式的话，就可能运行效果不佳，同时也有重复监管的问题。

3. 第三种模式：高度集中型

高度集中的单一金融监管机构设置模式是指一国的金融业由单一的中央级机构如中央银行或专门的监管机构来进行监督和管理。在世界上采用这种模式的国家也很多，如英国、巴西等。这种模式的优点是可使金融监管权力集中，金融法规统一，金融机构不易钻空子；缺点是金融监管机构的任务繁重，并且有可能使金融监管部门作风官僚化，不利于提高整个金融监管的效率，也不利于更好地为金融机构服务。

4. 第四种模式：跨国型

跨国金融监管机构设置模式是指在经济合作区域内，由跨国的监管机构来对区域内的金融业实行统一的监督和管理。一般这种跨国的监管机构是跨国的中央银行，如西非货币联盟和中非国家银行。这种设置模式的优点是有利于该地区的经济金融的合作，节约金融监管的成本和提高金融监管的效果；缺点是这种模式的良好运行要取决于各成员国之间的合作，一旦发生冲突，金融业就会混乱，同时它也使一国的金融管理政策失去独立性。

（二）我国的监督管理性金融机构

1. 我国“分业经营、分业监管”体制的形成过程

改革开放以来，我国金融监管体制的变化可以分成两个阶段：1992 年以前，中国人民银行同时行使金融监管职能，对所有金融机构极其金融活动进行监管，是单一金融监管机构模式。中国人民银行于 1982 年设立了金融机构管理司，负责研究金融机构改革，制定金融机构管理办法，审批金融机构的设置和撤并等。1986 年国务院颁布的《中华人民共和国银行管理暂行条例》突出了中国人民银行的金融监管职责。

从 1992 年开始，监管体制开始向分业监管过渡。1992 年 10 月国务院决定，将证券监督管理职能从中国人民银行分离出来，成立中国证券监督管理委员会（简称中国证监会），对全国证券机构和证券市场进行监管。1993 年 12 月国务院公布的《关于金融体制改革的决定》是分业监管体制形成的政策基础。该《决定》提出，要转换中国人民银行的职能，强化金融监管，并对保险业、证券业、信托业和银行业实行分业管理，在行内设立银行司、非银行金融机构司、外资金融机构司、保险司和稽核监督局，主要负责金融机构的市场准入审批和非现场监管。1995 年全国人民代表大会通过并颁布的《中华人民共和国中国人民银行法》，首次以国家法律的形式赋予中国人民银行金融监管的职权。

分业监管体制正式形成的标志是 1998 年 11 月 18 日成立中国保险监督管理委员会（简称中国保监会），把保险业监管职能从中国人民银行分离出来，确立了金融监管“三分天下”的格局，即中国人民银行、中国证监会、中国保监会分别监督银行信托业、证券业和保险业。

2003 年 3 月，我国的金融监管体制又进行了一次大的调整。根据第十届全国人民代表大会第一次会议的批准，国务院决定设立中国银行业监督管理委员会（简称中国银监会）。根据第十届全国人大常委会第二次会议审议通过的《国务院关于提请中国银行业监督管理委员会行使原由中国人民银行行使的监督管理职权的议案》，由中国银监会统一监督管理银行、金融资产管理公司、信托投资公司及其他存款类金融机构，保障银行业的合法、稳健运行。中国银行业监督管理委员会自 2003 年 4 月 28 日起正式履行职责。

到 2003 年，基本上形成了中国银监会、中国证监会、中国保监会这三个金融监管部门各司其职，分工合作，共同承担金融业的监管责任的分业监管体制。分业监管有利于集中专门监管人才，提高监管效率和监管水平，也有利于更好地贯彻分业经营的原则，与当时的经济金融运行体制是一致的。与此同时，绝大部分金融机构都设立了内部稽核部门，金融同业自律组织和社会中介组织的监督也已起步，政府对金融业的审计监督亦走上经常化、法制化和规范化的轨道。

近十年来，银行、证券和保险交叉经营的趋势越来越明显，银行、证券公司和保险公司纷纷通过建立全面合作关系，不断开拓新业务。同时，国内已出现了一些兼营银

行、证券和保险两种业务以上的金融集团。因此，在金融创新不断涌现的大趋势下，三大金融监管机构之间的协调与合作是十分重要的。为了响应这一趋势，提高监管效率，2018 年 3 月 13 日，国务院机构改革方案将中国银监会和中国保监会合并，组建成中国银行保险监督管理委员会（简称中国银保监会）。

至此，我国金融业的“分业经营、分业监管”体制形成。分业经营即银行业、证券业、保险业各自经营与自身职能相对应的金融业务。分业监管则指形成了“一行两会”的监督管理性金融机构体系，实施分机构监管并加强协调。中国银行保险监督管理委员会承担银行业、信托业和保险业的监督管理，中国证券监督管理委员会承担证券业的监督管理，中国人民银行负责制定和执行货币政策，防范和化解金融风险。具体的金融监督中，中国人民银行与两个监督管理委员会还有一定的业务交叉。

2. 我国监督管理性金融机构的构成

（1）中国人民银行

2003 年 4 月后，中国人民银行将原来的对金融机构的审批监管权力交给了银监会，中国人民银行的首要职责是通过货币政策发挥对国民经济的宏观调控作用，防范和化解金融风险，维护金融稳定。此外，还发行人民币，管理人民币的流通。同时，中国人民银行还承担着监督管理银行间同业拆借市场和银行间债券市场；实施外汇管理，监督管理银行间外汇市场；监督管理黄金市场；持有、管理、经营国家外汇储备、黄金储备等职责。至于中国人民银行如何发挥其职能，我们在第九章将进一步展开。

（2）中国证券监督管理委员会

1992 年 10 月，国务院设立了中国证券监督管理委员会（简称中国证监会），1998 年 6 月，证监会接管全部证券监管业务，依法对我国证券期货市场进行监督。其基本职能包括：负责证券业和期货业的政策制定和相关法律法规的起草；证券业和期货业机构的设立、高管人员任职资格和从业人员资格管理；对有价证券的发行和交易的监督管理；对上市公司信息披露的监督管理，对违法行为进行查处等。

（3）中国银行保险监督管理委员会

2018 年 3 月 13 日，国务院机构改革方案将中国银监会和中国保监会合并，组建中国银行保险监督管理委员会，履行原来保监会和银监会的职责。

一是履行原保监会的职能，根据国务院授权，履行保险行政管理职能，依照法律、法规统一监督管理全国保险市场。基本职能包括：保险业方针政策的制定和相关法律、法规的起草；审批保险公司、保险代理人和保险经纪人机构的设立、变更和终止，参与和组织其机构的破产和清算；制定主要险种的基本条件和费率，建立保险风险评价、预警、监控体系；对保险业务进行监督管理，对违法行为进行查处等。

二是履行原银监会的职能，行使对银行业和信托业的监督管理职能，负责银行业和信托业相关政策的制定和相关法律、法规的起草；银行业和信托业机构的设立、变更、终止的审批，参与和组织其机构的破产和清算；对其机构的日常活动进行监督管理，稽核检查，对违规活动进行查处等。

三是将原银监会和原保监会拟定银行业、保险业重要法律法规草案和审慎监管基本制度的职责划入央行。

拓展阅读 7-2

中国监督管理性金融机构的改革

为了顺应我国金融改革与发展过程对金融监管体系提出的新要求，2018 年 3 月 17 日，第十三届全国人民代表大会第一次会议通过了国务院机构改革方案，决定在整合中国银监会和中国保监会的基础上，组建中国银行保险监督管理委员会（简称“银保监会”）；与此同时，将原来中国银监会和中国保监会拟定银行业、保险业重要法律法规草案和审慎监管基本制度的职责划入中国人民银行。自此，加上 2017 年 11 月 8 日成立的作为国务院统筹协调金融稳定和改革发展重大问题议事协调机构的国务院金融稳定发展委员会（简称“金融委”），以及继续履行中央银行职能的中国人民银行和继续行使我国证券业及资本市场统一监管职能的中国证监会，我国的金融监管体系格局更加完善。

四、国际金融机构

国际金融机构是指从事国际金融管理和国际金融活动的超国家性质的组织。

（一）国际货币基金组织

国际货币基金组织（IMF）根据 1944 年 7 月在美国布雷顿森林召开的联合国货币金融会议上通过的《国际货币基金协定》，于 1945 年 12 月正式成立，总部设在美国首都华盛顿，它是联合国的一个专门机构。国际货币基金组织成立的宗旨是：帮助会员国平衡国际收支，稳定汇率，促进国际贸易的发展。其主要任务是通过向会员国提供短期资金，解决会员国国际收支暂时不平衡和外汇资金需要的问题，以促进汇率的稳定和国际贸易的扩大。

（二）世界银行集团

世界银行集团又称国际复兴开发银行，是 1944 年与国际货币基金组织同时成立的另一个国际金融机构，也是联合国的一个专门机构。它于 1946 年 6 月开始营业，总行设在美国首都华盛顿。世界银行的宗旨是通过提供和组织长期贷款和投资，解决会员国战后恢复和发展经济的资金需要。

（三）国际清算银行

国际清算银行是根据1930年1月20日在荷兰海牙签订的《海牙国际协定》，于同年5月，由英国、法国、意大利、德国、比利时和日本六国的中央银行，以及代表美国银行界利益的摩根银行、纽约花旗银行和芝加哥花旗银行三大银行组成的银团共同联合创立，行址设在瑞士的巴塞尔。国际清算银行的宗旨是促进各国中央银行之间的合作，为国际金融运作提供额外负担外的便利，并作为国际清算的受让人或代理人。

（四）亚洲基础设施投资银行

亚洲基础设施投资银行（简称亚投行）是一个政府间性质的亚洲区域多边开发机构。其宗旨是通过重点支持基础设施建设，促进亚洲区域的建设互联互通化和经济一体化，并且加强中国及其他亚洲国家和地区的合作。此国际金融机构是首个由中国倡议设立的多边金融机构。2014年10月24日，包括中国、印度、新加坡等在内的21个首批意向创始成员国的财长和授权代表在北京签约，共同决定成立亚投行。2015年12月25日，亚投行正式成立。2016年1月16日至18日，亚投行开业仪式暨理事会和董事会成立大会在北京举行。亚投行的总部设在北京，法定资本1000亿美元。截止到2022年4月，亚投行有104个成员国。①

第三节　中国金融机构体系的改革与发展

一、新中国成立至改革开放前金融机构体系的建立与发展

我国现行的金融机构体系是在新中国成立之后逐步发展起来的，总的来看，到改革开放之前，我国金融机构体系经历了以下两个发展阶段：

（一）新中国金融机构体系初步建立阶段（1948—1952年）

1948年12月1日，中国人民银行在原华北银行、北海银行、西北农民银行的基础上成立，这标志着新中国金融机构体系的诞生。新中国成立之初，中国人民银行接管和没收了官僚资本银行，将革命根据地和解放区的银行分别改造为中国人民银行的分支机构，形成了大区分行体制，划分为西北、东北、华东、华北、中南、西南六大区行。同时，对民族资本银行、私人钱庄进行了社会主义改造。通过这些措施，中国人民银行逐渐成为全国

---

① 资料来源：https://www.aiib.org/en/about-aiib/governance/members-of-bank/index.html。

唯一的国家银行，奠定了国有金融机构居于支配地位的金融机构体系的基础。

（二）“大一统”金融机构体系确立阶段（1953—1978 年）

1953 年开始，我国进行计划经济建设，在经济体制与管理方式上实行高度集中统一的计划经济体制及计划管理方式。这一阶段的金融机构则在分分合合中走向中国人民银行一家包揽全部金融业务的格局。在农业合作化中，1955 年 3 月成立的中国农业银行于 1957 年撤销，1963 年 10 月再次成立，1965 年又合并于中国人民银行。同时，在农村建立的大量信用合作社，也在后来演变为中国人民银行在农村的基层机构。1954 年 9 月，交通银行改建为中国人民建设银行，最后成为财政部下属机构。1949 年接管的中国银行，虽保持独立存在形式，但它只经办中国人民银行所划定的对外业务，有一段时间则直接成为中国人民银行办理国际金融业务的一个部门。在经历分分合合后，最终使中国人民银行成为全国唯一一家办理各项银行业务的金融机构，集中央银行和商业银行于一身，内部实行高度集中管理，资金统一计划调度，利润分配实行统收统支。

二、改革开放后中国金融机构体系的改革与深化

改革开放使中国的金融体系发生了深刻变化，金融机构也迎来了蓬勃发展的春天。从改革开放至今，我国的金融机构体系大致经历了以下四个阶段的变革。

（一）多元化金融机构初步形成阶段（1979—1983 年）

1979 年 2 月，中国农业银行再次恢复建立，负责管理和经营农业资金；同年 3 月，中国银行从中国人民银行分设出来，作为外汇专业银行，负责管理外汇资金并经营对外金融业务。1979 年上半年，中国人民建设银行从财政部分设出来，最初专门负责管理基本建设资金，1983 年开始经营一般银行业务。同年 9 月，国务院决定中国人民银行专门行使中央银行职能。1984 年 1 月，单独成立中国工商银行，承担原来由人民银行办理的工商信贷和储蓄业务。

（二）多样化的金融机构体系初具规模阶段（1984—1993 年）

1984 年中国人民银行独立行使中央银行职能和工、农、中、建四大国有专业银行组成的二级银行体制建立以后，金融机构的多元化改革拉开序幕。1986 年以后，增设了交通银行等全国性综合银行，还设立了广东发展银行、深圳发展银行等区域性银行；同时批准成立了中国人民保险公司、中国国际信托投资公司、中国投资银行、证券公司、财务公司、金融公司、城市信用合作社、金融租赁公司等多种类金融机构。此外，对金融业进一步实行对外开放，允许国外金融机构在我国设立代表处。上述改革使我国在 20 世纪 90 年代初期，形成了以中国人民银行为核心，以工、农、中、建四大专业银

行为主体，其他多种类金融机构并存和分工协作的金融机构体系。

（三）市场化金融机构体系建立和完善时期（1994—2012 年）

1994 年，为适应建立社会主义市场经济新体制的需要，国务院决定进一步改革金融体制，建立在中央银行宏观调控下的政策性金融与商业性金融分离、以国有商业银行为主体的多种金融机构并存的金融机构体系。此次改革的措施主要包括：分离政策性金融与商业性金融，成立三大政策性银行；国有四大专业银行向国有商业银行转化；在国有商业银行之外，组建其他商业银行，增加非国有的经济成分；在清理、整顿和规范已有的城市信用社基础上，在各大中城市开始组建城市合作银行，1998 年陆续更名为城市商业银行；大力发展证券投资基金等非银行金融机构；形成了“分业经营、分业监管”的金融监管框架。

2003 年，我国进入深化金融体制改革、完善与社会主义市场经济相适应的金融体制的新阶段，择机推出了一系列酝酿多年、涉及全局、难度很大的金融改革。2003 年 4 月，设立了中国银监会，分离了中国人民银行对银行类金融机构的监管职能。自 2004 年起，国有金融机构改革实现重大突破，交通银行、中国银行、中国建设银行、中国工商银行、中国农业银行先后完成股份制改革并成功上市。2012 年 3 月 28 日，针对民间金融出现的严峻问题，国务院决定设立“温州市金融综合改革试验区”，其中的主要任务是规范发展民间融资，鼓励和支持民间资本参与地方金融机构改革，依法发起、设立或参股村镇银行、贷款公司、农村资金互助社等新型金融组织。与此同时，银行体系高盈利和国有商业银行垄断问题一度引起决策层的关注。这一切都预示着中国整体金融改革进入更为复杂与艰难的阶段。

（四）新时代中国金融机构改革加速推进阶段（2013 年至今）

2013 年 11 月，党的十八届三中全会通过了《中共中央关于全面深化改革若干重大问题的决定》，指出要完善金融市场体系、加速推进利率市场化、落实金融监管改革措施以及加强金融基础设施建设等，我国金融改革自此进入了全面加速推进的新阶段。

在商业银行体制改革方面，2014 年 12 月至 2015 年 5 月，首批五家民营银行（深圳前海微众银行、温州民商银行、上海华瑞银行、天津金城银行和浙江网商银行）先后开业，标志着中国银行业市场化改革开始向纵深推进。2015 年我国与其他金砖国家共同发起成立金砖国家新开发银行，标志着中国参与国际金融制度建设进程迈出了历史性一步。2016 年中国金融改革继续开创新局面，在全球金融体系建设方面，亚洲基础设施投资银行（简称“亚投行”）正式开业，全球迎来首个由中国倡议设立的多边金融机构。

为了加强金融监管协调、补齐监管短板。2017 年第五次全国金融工作会议决定成立“国务院金融稳定发展委员会”，对金融业实行统一管理。我国的金融监管体系的改革迈出重要步伐。同时，为了顺应我国金融改革与发展过程对金融监管体系提出的新要求，2018 年第十三届全国人民代表大会第一次会议通过国务院机构改革方案，决定在整合中国银监会和中国保监会的基础上，组建中国银行保险监督管理委员会。

面对日益严峻复杂的国际形势，特别是中美贸易摩擦，中国金融市场的对外开放稳步推进。在金融机构体系方面，实施进一步开放的策略。具体表现在：2019 年北京银行与荷兰安智银行共同出资设立中外合资银行，其中荷方是第一大股东，因此该银行成为中国第一家外资控股银行。紧接着，银保监会批准了多家外资金融机构市场准入和经营地域业务拓展的申请（如恒安标准养老保险有限责任公司筹建首家外资养老保险公司、美国安达集团增持华泰保险集团股份有限公司股份等）。

拓展阅读 7–3

中国的金融机构体系[①]

目前，中国的金融机构体系是以中国人民银行、中国银行保险监督管理委员会（中国银保监会）、中国证券监督管理委员会（中国证监会）为领导，以商业银行、政策性银行为主体，以非银行金融机构、外资金融机构等为补充，多种金融机构并存、分工协作的多种金融机构体系格局。（详见图 7–3）

- 中国的金融机构
  - 监管机构
    - 中国人民银行
    - 中国银行保险监督管理委员会
    - 中国证券监督管理委员会
  - 银行类金融机构
    - 政策性银行：国家开发银行、中国进出口银行、中国农业发展银行
    - 大型商业银行：中国工商银行、中国农业银行、中国银行、中国建设银行、交通银行
    - 股份制商业银行：全国股份制商业银行、区域性股份制银行的总称。包括中信银行、招商银行等
    - 城市商业银行：以 20 世纪 80 年代设立的城市信用社为基础，组建的城市商业银行
    - 农村金融机构：农村信用社、农村商业银行、农村合作银行、村镇银行、农村资金互助社、贷款公司
    - 中国邮政储蓄银行：在邮政储蓄基础上组建的、为城市和农村提供基础金融服务的银行
    - 外资银行：外商独资银行、中外合资银行、外国银行分行、外国银行代表处
  - 证券类金融机构
    - 证券交易所：上海证券交易所、深圳证券交易所、北京证券交易所
    - 证券公司：普通投资人的证券投资都要通过证券公司进行。
    - 证券服务机构：从事证券投资咨询、资信评估、保管等业务
    - 期货公司：是交易者与期货交易所之间的桥梁
    - 基金管理公司：从事基金的募集、申购、赎回、投资等活动

① 中国人民银行金融消费权益保护局:《金融知识普及读本(第二版)》,中国金融出版社,2017。

- 中国的金融机构
  - 保险类金融机构
    - 保险公司
    - 保险中介机构
  - 其他类金融机构
    - 金融资产管理公司
    - 信托公司
    - 企业集团财务公司
    - 金融租赁公司
    - 汽车金融公司
    - 货币经纪公司
    - 消费金融公司
  - 金融行业自律组织
    - 中国银行业协会
    - 中国证券业协会
    - 中国期货业协会
    - 中国证券投资基金业协会
    - 中国保险行业协会
    - 中国银行间市场交易商协会

图 7-3　中国的金融机构体系

三、未来中国金融机构体系的发展

中国金融改革的目标是建立现代化的金融体系，形成各种所有制共存、竞争更加充分的金融机构体系。需要进一步丰富金融产品种类，提高金融资源配置效率，同时要使金融机构更好地服务于实体经济，尤其是要增强对民营中小微企业的支持力度，促进消费金融的健康持续发展，防范系统性金融风险。未来改革的关键在于开放、竞争、创新，改进和完善金融制度环境和公司治理结构，同时大力发展民营银行等金融机构。从这个意义上看，《中共中央关于制定国民经济和社会发展第十四个五年规划和二〇三五年远景目标的建议》提出的，要"构建金融有效支持实体经济的体制机制，提升金融科技水平，增强金融普惠性。深化国有商业银行改革，支持中小银行和农村信用社持续健康发展，改革优化政策性金融。推进金融双向开放。完善现代金融监管体系，提高金融监管透明度和法治化水平，完善存款保险制度，健全金融风险预防、预警、处置、问责制度体系，对违法违规行为零容忍"，是未来金融机构体系市场化改革的重要方向。

本章小结

1. 根据资金融通的渠道差异，可以将金融体系的融资分为直接融资和间接融资两种类型。直接融资和间接融资各有其优点和局限性；即使在拥有世界上最发达证券市场的国家，间接融资依然是工商企业更为重要的融资渠道；未来将形成金融中介与金融市场相互渗透发展的趋势。

2. 依据金融机构的功能差异可以将其大致分为四类：商业性金融机构、政策性金融机构、监督管理性金融机构和国际金融机构。

3. 商业性金融机构包括间接融资中的存款型金融机构、契约型储蓄机构、投资型金融机构和在直接融资过程中提供金融服务的其他商业性金融机构。

4. 中国的政策性金融机构包括国家开发银行、中国农业发展银行、中国进出口银行。

5. 监督管理性金融机构指的是对整个金融机构体系负有监督、管理职能的组织。中国目前的监督管理性机构包括中国人民银行、中国证券监督管理委员会和中国银行保险监督管理委员会。

6. 新中国成立以来，特别是改革开放以后，中国的金融机构经过改革与发展，形成了“一行两会”监督管理框架下的多元化的金融机构体系，并呈现出竞争更加充分、对外开放力度更大的特征。

重要概念

直接融资　间接融资　存款型金融机构　商业银行　契约型储蓄机构　投资型金融机构　共同基金　财务公司　货币市场共同基金　投资银行　政策性金融机构　监督管理性金融机构

复习思考题

1. 什么是直接融资？直接融资有何优点及局限性？
2. 什么是间接融资？间接融资有何优点及局限性？
3. 请结合实际说明直接融资和间接融资在中国的发展情况。
4. 说明中国“分业经营、分业监管”体制的形成过程。
5. 请说明一国金融机构体系的大致构成。
6. 存款型金融机构与契约型储蓄机构相比较，资金来源与运用有何差异？
7. 财务公司与商业银行相比较，资金来源与运用有何差异？
8. 我国的政策性金融机构和监督管理性金融机构各有哪些？

第八章

商业银行

本章导读

商业银行是各国金融体系中最重要、最具代表性的组成部分。作为一种特殊的金融企业，商业银行在一国金融体系乃至经济体系中的地位都非常重要。从金融体系来说，商业银行是中央银行货币政策的主要传递者，是存款货币的创造者；从经济体系来看，商业银行是现代社会经济运转的枢纽之一。

伴随着经济社会的发展，商业银行是如何产生与发展起来的？在现实世界中，商业银行通过哪些业务参与金融体系和经济体系的运转？面对种类日益繁多的业务类型，商业银行需要遵循哪些经营管理的原则？商业银行的经营管理理论有哪些？商业银行如何对其面临的各种风险进行管理？商业银行自身和监管机构对银行资本充足性有何要求？上述问题是理解商业银行这一特殊金融企业的关键所在，本章将对上述问题做出解答。

学习目标

掌握 商业银行的资产业务、负债业务和资本，商业银行的中间业务和表外业务；商业银行经营管理的“三性原则”

理解 商业银行面临的风险和风险管理，商业银行的资产管理理论、负债管理理论和资产负债综合管理理论，商业银行的资本管理

了解 商业银行的组织形式，商业银行的发展趋势

第一节　商业银行的产生与发展

一、商业银行的产生与形成途径

（一）商业银行的产生

从历史上看，银行起源于意大利。当时的意大利是欧洲各国商业贸易的中心。1272 年，巴尔迪银行在意大利佛罗伦萨设立，1310 年佩鲁齐银行设立。1348 年，这两家银行因债务问题倒闭。1397 年，意大利又设立了麦迪西银行，十年后又成立了热那亚圣乔治银行。这些银行都是一些富有家庭为经商方便而设立的私人银行，比较具有近代意义的银行则是 1587 年建立的威尼斯银行。

英国的银行家起源于为顾客保管金银的金匠。1653 年英国建立了资本主义制度，工业和商业都有了较大的发展。工商业的发展需要可以提供大量资金融通的专门机构与之相适应，金匠业在原来为统治者提供融资服务、经营债券、办理贴现等业务的基础上，又以自己的信誉作担保，开出代替金属条块的信用票据，这些票据得到人们的广泛接受，具有流通价值。至此，更具近代意义的银行便产生了。

（二）现代商业银行形成的途径

早期的商业银行，由于规模小、风险大，所以经营成本比较高，贷款利率也较高，不能满足工商企业的发展需要。1694 年，在政府的支持下，英国出现了第一家股份制商业银行——英格兰银行。英格兰银行向工商企业发放低利率（利率为 5%—6%）贷款，支持工商业发展。英格兰银行是历史上第一家股份制银行，其设立是现代银行业产生的象征。

其他国家现代商业银行的形成主要有两条途径：一是根据资本主义经济发展的需要，按照资本主义原则，以股份公司形式组建。大多数商业银行是按照这一方式建立起来的。二是旧式高利贷银行转变而来。在股份制商业银行成立之后，原有的高利贷银行面临着需求锐减的困境，其中的部分银行降低了贷款利率，转变成商业银行。

拓展阅读 8-1

中国银行业的产生[①]

在我国，关于古代高利贷的记载颇多，关于官府放贷机构的记载也较早，但关于银钱业的记载则较晚。银钱业的较早记载是南北朝之际寺庙经营的典当业。这方面的大量记载始于唐代：有经营典质业的质库，有保管钱财的柜房，有打制金钱饰物和经营金银买卖的金银铺，还有专门放债收息的官府机构。至于汇兑业务，不仅由商人经营，更主要的是由官府经营。经过宋、元、明、清四朝，钱庄、银号和票号先后兴起，银钱业有了长足发展。

由于我国在很长一段时间内以白银为主要币材，因此用“银”代表货币，而“行”是对大的商业机构的称谓，“银行”一词由此而来。

中国最早的新式银行是1847年英国人开设的丽如银行，其前身为西印度银行，总行设于印度孟买，是英国政府特许银行。1845年，丽如银行改名为东方银行，总行迁至英国伦敦，并在香港设立分行。1847年上海分行设立，这是上海最早出现的一家银行，“丽如”是该行在上海的中文名称。早期丽如银行在华的业务活动主要是汇兑。1892年，该行因放款和投资不慎而倒闭。

中国自办的第一家银行是成立于1897年的中国通商银行，它的成立标志着中国现代银行信用事业的开始。这家银行是以商办面目出现的股份银行，但实质上受控于官僚买办。1905年官商合办的户部银行在北京成立，这是继中国通商银行之后，我国出现的第二家新式银行，也是中国历史上最早的中央银行，是为国家银行之始。1908年设立的交通银行则是官商合办。1987年交通银行重新组建，成为新中国第一家全国性股份制商业银行。

二、商业银行的组织形式

（一）单一银行制

单一银行制又称单元制，是指商业银行业务由一个独立的银行机构经营，不设立或不允许设立分支机构。该银行既不受其他商业银行控制，本身也不得控制其他商业银行。这种银行制度在美国较典型，这是由美国特殊的历史背景和政治制度决定的。20世纪70年代后，美国对开设分行的限制有所放松，但由于历史原因，单元制银行在美国仍然占大多数。

---

① 黄达、张杰：《金融学（第五版）》，中国人民大学出版社，2020。

单一银行制的优点主要表现在：（1）可以防止银行垄断，有利于自由竞争，也缓和了竞争的剧烈程度。（2）有利于银行与地方政府的协调，更能适合本地区的需要，集中全力为本地区服务。（3）各银行具有独立性和自主性，没有总行牵制，业务经营的灵活性较大。（4）银行管理层次少，有利于中央银行管理和控制。

单一银行制的缺点主要表现在：（1）业务多集中在某一区域或某一行业，无法分散风险。（2）金融创新的单位成本高，不利于银行采取先进的管理手段和发展新的业务领域。（3）银行规模较小，经营成本高，不利于取得规模经济效益。（4）不利于资本的合理流动。资本不足，遭遇挤兑时，难免孤立无援，给经营者带来较大风险；资本过剩时，又缺乏调剂资金余缺的渠道，不利于提高资本收益。

（二）总分行制（分支行制）

分支行制是指商业银行在总行之下，可在本地或外地设有若干分支机构，这些分支机构都可以从事银行业务。这种商业银行的总部一般设在大都市，下属所有分支行须由总行领导指挥。目前，大多数国家实行的都是分支行制，如英国、法国、德国、意大利、瑞士、日本等。

分支行制按其管理方式不同，又可进一步划分为总行制和总管理处制。总行制是指其总行除管理控制分支行外，还自行兼营对外业务。总管理处制是指总管理处只负责和控制各分支行，不对外营业，总管理处所在地另设对外营业的分支行。

和单一制相比，实行分支行制的优点主要表现在：（1）有利于银行吸收存款，有利于银行扩大资本总额和经营规模，取得规模经济效益。（2）便于银行使用现代化管理手段和设备，提高服务质量，加快资金周转速度。（3）有利于银行调剂资金、转移信用、分散和减轻多种风险。（4）总行家数少，有利于国家控制和管理，其业务经营受地方政府干预小。（5）由于资金来源广泛，有利于提高银行的竞争力。当然，分支行制也有一些缺点，例如，容易加速垄断的形成，并且由于其规模大、内部层次较多，增加了银行管理的难度等。

总的来看，分支行制更能适应现代化经济发展的需要，因而受到各国政府和银行界的青睐，成为当代商业银行的主要组织形式。

（三）银行持股公司制

银行持股公司制又称集团银行制，是指一个集团成立股权公司，再由该公司收购或控制若干独立的银行。这些独立银行的业务和经营决策统属于股权公司控制。持股公司对银行的有效控制权是指能控制一家银行25%以上的投票权。

持股公司制在美国极为流行，发展也非常迅速。由于美国单一制银行资金实力弱、风险高、市场竞争力不强等弊端，为了求得商业银行的发展，银行通过持股公司制来绕开禁止开设分行的法律规定。

持股公司制的优点是能够有效地扩大资本总量，增强银行的实力，提高抵御风险和参与市场竞争的能力，弥补了单元制银行的不足。持股公司制的缺点是容易形成银行业的集中和垄断，不利于银行之间开展竞争，并在一定程度上限制了银行经营的自主性，不利于银行的创新活动。

（四）连锁银行制

连锁银行制是指某一个人或某一个集团购买若干家独立银行的多数股票，从而控制这些银行的组织形式。连锁银行制与持股公司制的相同之处在于其目的都是弥补单一银行制的不足和规避对设立分支行的限制。它们的不同之处在于：连锁银行制没有股权公司的存在，即不必成立持股公司；连锁银行制下的大银行对其他银行的控制不如持股公司制下强，因为单个银行的资金实力一般要小于一个股份公司的资金实力。

三、现代商业银行的发展趋势

（一）银行业务全能化

自 20 世纪 80 年代以来，随着各国金融监管当局对银行业限制的逐步取消，商业银行业务的全能化得到较大的发展。特别是 1999 年美国《金融服务现代化法案》的出台，取消了银行、证券、保险业之间的限制，允许金融机构同时经营银行、证券、保险等多种业务，形成了“金融百货公司”或“金融超级市场”，金融业由“分业经营、分业管理”的专业化模式向“综合经营、综合管理”的全能化模式发展。

（二）银行业务经营证券化

自 20 世纪 80 年代中期以来，西方商业银行业务出现了证券化的趋势。这表现在两个方面：第一，国际金融市场上筹资方式的证券化，即传统型的银行信贷越来越多地被各种各样的证券融资取代。第二，商业银行把资产转换为证券（即资产证券化），出售给投资者。也就是说，商业银行把某笔或一组贷款汇集起来，以此作为抵押发行证券，使其在市场上流通转让。这样做的好处是，银行可以很快地收回贷款资金，加快资金的周转，并且可以把收回的资金投入新的业务，以达到资产结构调整的目的。

（三）银行资本日趋集中

由于竞争的加剧，银行业务的多样化和全球化，银行集中化的趋势非常明显，许多国家的银行业已主要为少数几家大银行所控制。20 世纪 90 年代以后，由于管理法规方面的松动，银行业集中化的进程更是不断加强，银行并购浪潮风起云涌，而且所涉及的金额屡创新高。银行业的合并使银行的规模越来越大，银行的资本日趋集中。

（四）金融工具不断创新

金融工具的创新主要是指商业银行为了避免汇率和利率风险，降低成本，开拓新业务，追求新的获利机会而推出各种新的业务品种。金融工具的创新像一把“双刃剑”，商业银行既可以把创新的金融衍生品当作风险管理的工具，把商业银行所面临的利率、汇率等风险通过市场转移出去，也可以把它作为冒险的筹码，寄希望于赚取巨额利润。这方面既有成功的事例，又有失败的惨痛教训。以后者为例，最为显著的案例莫过于英国巴林银行的倒闭事件。1995 年 2 月，该银行一位年轻的交易员因过分投机日本股票期货造成了 14 亿美元的损失，致使这家历史悠久的英国银行倒闭破产。

（五）银行业经营日趋科技化

科学技术每天都在改变着我们的生活，也改变着金融业。借助于迅速发展的计算机技术，许多新的银行自动化服务项目不断被开发出来，极大地方便了人们的生活。计算机技术还引起了银行内部业务处理的革命，提高了商业银行各项业务管理的水平。商业银行不断加大对金融科技领域的投入，积极强化金融科技运用，推动数字技术与普惠金融深度融合，综合运用互联网、云计算、大数据、人工智能、区块链等现代信息技术手段，通过数字化运营、智慧化运营来提升客户体验，改善流程效率，实现业务赋能，降低服务成本，更好地服务实体经济。

第二节　商业银行的主要业务

一、商业银行的资本及负债业务

（一）商业银行的资本

商业银行资本是银行从事经营活动必须注入的资金，在商业银行经营中起着非常重要的作用。它是银行经营的基础，也是商业银行抵御风险能力高低的标志。为此，世界各国规定商业银行在申请开业时，必须筹集足够的法定资本。

本节中商业银行资本是指权益资本，是商业银行财务报表中显示的所有者权益，大体包括下面几种基本类型：

实收资本。它是商业银行投资者实际投入银行业经营活动的各项财产物资。对于发行股票的股份制银行来说，实收资本等于股票发行数量乘以每股面值。

资本公积。它是指商业银行在经营过程中由于接受捐赠、股本溢价以及法定财产重估增值等形成的公积金。资本公积可以用于转增资本，也可以按规定用来弥补亏损。

盈余公积。它是指商业银行从税后利润中提取的积累资金。盈余公积可以分为法定盈余公积和任意盈余公积。法定盈余公积是商业银行按照国家有关规定必须从税后利润中提取的公积金。任意盈余公积是商业银行根据经营情况从税后利润中提取的公积金。盈余公积既可以用于转增资本，也可以按规定用来弥补亏损。

未分配利润（留存收益）。它是商业银行经过利润分配后还剩余的利润，是商业银行留于以后年度分配的利润。

（二）商业银行的负债业务

商业银行的负债业务是银行在经营活动中尚未偿还的经济义务。商业银行的负债业务主要由存款、借入款项和其他负债三个方面的内容组成。

1. 存款

商业银行存款按不同的标准可以划分为不同的种类。按能否签发支票，可以划分为交易存款和非交易存款两大类。

第一，交易存款。交易存款是可以开出支票的存款，主要有下面几种：

活期存款。它是指可由存户随时存取和转让的存款，它没有确切的期限规定，银行也无权要求客户取款时作事先的书面通知。持有活期存款账户的存款者可以用各种方式提取存款，如开出支票、本票、汇票、电话转账、使用自动出纳机或其他电传手段等。在各种取款方式中，最传统的是支票提款，因此活期存款亦称支票存款。活期存款是商业银行的主要资金来源。

可转让支付命令账户。该账户起源于1970年，是个人、非营利机构开立的计算利息的支票账户。它以支付命令书取代了支票，实际上是一种不使用支票的支票账户。开立这种账户的存户，可随时开出支付命令书，或直接提现，或直接向第三者支付，对其存款余额可取得利息收入。

货币市场存款账户。它是美国商业银行在20世纪80年代初创办的一种新型的活期存款，其性质介于储蓄存款与活期存款之间。该账户的主要特点是要有2500美元的最低限额；存款利率没有上限限制，并可以浮动；存户对象不限，个人、非营利机构和工商企业都可以开户；没有存期最短期限的限制，但银行规定客户提取存款时要在7天前通知银行。

超级可转让支付命令账户。它是可转让支付命令账户的创新发展，是从可转让支付命令账户发展而来的一种利率较高的新型活期存款账户。该账户向客户支付利息的同时，又可通过签发支票或预先授权汇票来支付商品或劳务。该账户对存款人可签发支票数量没有上限限制，但只能由个人和非营利机构持有。

自动转账账户。它从电话转账服务账户发展而来，该账户规定存款人可以在银行开立两个账户：有息的储蓄账户和无息的支票账户。客户对支票账户上的平均余额有一个授权限额，客户的存款平时放在储蓄账户计收利息，当支票账户出现透支时，银行自动将资金从储蓄账户转移到支票账户上。自动转账账户使客户兼得活期账户和储蓄账户的双重优点，既可以利用活期账户开出支票对外支付，又可以利用储蓄账户获取利息收入。

第二，非交易存款。非交易存款是指不能直接签发支票的存款，主要有定期存款、公开账户和可转让定期存单，以及储蓄存款。

定期存款。它是银行与存款人双方在存款时事先约定期限、利率，到期后支取本息的存款。定期存款用于结算或从定期存款账户中提取现金。客户若临时需要资金可办理提前支取或部分提前支取业务。与活期存款相比，定期存款具有较强的稳定性，且营业成本较低，商业银行为此持有的存款准备金的比率也相应较低，因此，定期存款的资金利用率往往高于活期存款。

公开账户和可转让定期存单。公开账户是为存款人的零存整取计划而设立的。存款人为应付将来可预见的大额支付，就必须在支付之前进行存款，制订存款计划。存款人定期将固定的款项存入公开账户，在一定期限后，就可以形成一笔较大的存款余额。到期时，存款人可一次全部提取存款用于指定的支付。可转让定期存单首先在 20 世纪 60 年代由美国纽约花旗银行创办，它是按某一固定期限和一定利率存入银行的资金可在市场上买卖的票证。可转让定期存单的主要特点是存单面额较大，从 10 万至 100 万美元不等；利率一般高于同期储蓄存款，且可随时在二级市场出售转让，因此对客户颇具吸引力。

储蓄存款。它是指为居民个人积蓄货币资产和获取利息而设定的一种存款，一般可分为活期存款和定期存款两种。储蓄存款不使用支票，而是用存折或存单，手续比较简单。活期储蓄存款无一定期限、只凭存折便可提现。存折不能流通转让，存户不能透支款项。

2. 借款

商业银行主要通过同业借款、向中央银行借款、回购协议、欧洲货币市场借款、发行金融债券等途径借入资金。

同业借款。主要形式是同业拆借，除此之外，还有抵押借款和转贴现借款。同业拆借是指商业银行及其他金融机构之间的短期资金融通，它是商业银行为解决短期资金余缺、调剂法定准备金头寸而融通资金的重要渠道。抵押借款是指商业银行遇到资金临时性短缺、周转不灵时，通过抵押的方式向其他商业银行取得贷款。转贴现借款是指商业银行贴现商业票据后，如遇到头寸短缺，可将贴现票据转给票据交易商或其他商业银行进行再次贴现，以抵补其短缺头寸的行为。

向中央银行借款。商业银行向中央银行借款的主要形式有两种：一是再贴现，即中央银行通过买进商业银行持有的已贴现但尚未到期的商业票据，向商业银行提供融资支持的行为。二是再贷款，也称直接借款，是商业银行从中央银行融入资金的重要途径之一，指商业银行以本票或以政府债券等作抵押向中央银行取得贷款。申请再贷款在操作上比再贴现简便灵活，但中央银行对再贷款的限制比再贴现更严格。商业银行通过再贷款获得的资金，一般只允许用于补充银行储备不足和资产临时性调整，不能用于扩大银行资产的规模。

欧洲货币市场借款。欧洲货币市场借款是指商业银行进入国际市场，从某种货币的发行国国境之外借入该种货币。① 欧洲货币市场对各国商业银行有很大的吸引力，因为它是一个完全自由开放的富有竞争力的市场。第一，欧洲货币市场不受任何国家政府管制和税收限制，经营非常自由。第二，欧洲货币市场资金规模极其庞大。第三，欧洲货币市场资金调度灵活、手续简便，资金周转极快，有很强的竞争力。第四，欧洲货币市场有独特的利率体系，其存款利率相对较高，放款利率相对较低，存放款利率的差额很小。第五，欧洲货币市场是一个"批发市场"，大部分借款人和存款人是一些大客户，因此每笔交易数额都很大，一般少则数万元，多则数亿甚至数十亿美元。

回购协议。回购协议是指商业银行在出售证券等金融资产时签订协议，约定在一定期限后按约定价格购回所卖证券，以获得即时可用资金的交易方式。回购协议通常只有一个交易日，协议签订后由银行向资金供给者出售证券等金融资产以换取即时可用资金，在协议期满后，再以即时可用资金做相反交易。回购协议通常在相互高度信任的机构之间进行，并且期限一般很短。

发行金融债券。商业银行可以通过发行金融债券获得资金。金融债券是金融机构为了筹集资金或为补充资本而发行的债券。发行金融债券与吸收存款不同，金融债券是标准化的，同一次发行的金融债券应当有相同的面额、期限和利率等。发行金融债券的一个好处是商业银行不需要向中央银行缴存法定存款准备金。但是发行金融债券的限制性条件较多，例如信息公开、受到证券监督管理部门的监管等。不过，商业银行极少通过发行金融债券来为贷款筹集资金，倒是为补充资本金而发行的金融债券越来越多。

二、商业银行的资产业务

资产业务是指银行运用其吸收的资金，从事各种信用活动，以获取利润的行为。商业银行的资产业务主要包括现金资产、贷款、投资及其他资产业务等内容。

（一）现金资产

现金资产是银行持有的库存现金以及与现金等同的可随时用于支付的银行资产。商业银行的现金资产一般包括以下几类：

库存现金。库存现金指银行为应付每天的现金收支活动而保存在银行金库内的纸币和

① 所谓欧洲货币是指在货币发行国之外形成的该种货币的存款。

硬币。它的主要作用是商业银行用来应付客户提现和银行本身的日常零星开支。由于库存现金是一种非营利性资产，而且保存库存现金还需要花费银行大量的保卫费用，因此从经营的角度讲，库存现金不宜保存太多。库存现金的经营原则就是保持适度的规模。

在中央银行的存款。在中央银行的存款包括法定存款准备金和超额存款准备金两部分。法定存款准备金是商业银行按法定比例向中央银行缴纳的存款准备金，其初始目的主要是使商业银行能够有足够的资金应付提存，避免发生挤兑而引起银行倒闭。法定存款准备金是中央银行实行货币政策的重要手段，商业银行不能随便乱动。超额准备金是指商业银行及存款性金融机构在中央银行存款账户上的实际准备金超过法定准备金的部分。超额准备金是商业银行最重要的可用头寸，是用来进行贷款、投资、清偿债务和提取业务周转金的准备资产。

存放同业存款。存放同业存款是指商业银行存放在代理行和相关银行的存款。在其他银行保持存款的目的，是便于银行在同业之间开展代理业务和结算收付业务。由于存放同业的存款属于活期存款的性质，可以随时支用，因此可以视同银行的现金资产。

在途资金。在途资金也称托收未达款，是指在本行通过对方银行向外地付款单位或个人收取的票据。在途资金在收妥之前，是一笔占用的资金，又由于通常在途时间较短，收妥后即成为存放同业存款，所以可将其视同现金资产。

（二）贷款

银行贷款是商业银行作为贷款人按照一定的贷款原则和政策，以还本付息为条件，将一定数量的货币资金提供给借款人使用的一种借贷行为。贷款的种类很多，主要分为以下几种：

按照贷款期限的不同，有短期贷款、中期贷款和长期贷款。短期贷款，是指贷款期限在1年以内（含1年）的贷款。中期贷款，是指贷款期限在1年以上（不含1年）5年以下（含5年）的贷款。长期贷款，是指贷款期限在5年（不含5年）以上的贷款。

按有无担保划分，分为信用贷款和担保贷款。信用贷款是指以借款人的信誉发放的贷款，借款人不需要提供担保。其特征就是债务人无须提供抵押品或第三方担保仅凭自己的信誉就能取得贷款，是以借款人信用程度为还款保证的。担保贷款，是指由借款人或第三方依法提供担保而发放的贷款。担保贷款包括保证贷款、抵押贷款、质押贷款。

按贷款用途划分，依据我国习惯的做法通常有两种分类方法：一是按照贷款对象的部门来分类，分为工业贷款、商业贷款、农业贷款、科技贷款和消费贷款；二是按照贷款的具体用途来划分，一般分为流动资金贷款和固定资产贷款。

按照贷款的偿还方式划分，可以分为一次性偿还贷款和分期偿还贷款两种。一次性偿还是指借款人在贷款到期日一次性偿还其全部本金，不过，贷款的利息可以分期偿还或于还本时一次偿还。分期偿还是指借款人按规定的期限分次偿还本金和支付利息。

按照贷款质量划分，银行贷款可分为正常贷款、关注贷款、次级贷款、可疑贷款、损失贷款。

（三）投资

投资业务是商业银行重要的资产运用业务之一。商业银行投资业务的主要方式是购买有价证券，因此可以把商业银行投资业务说成是商业银行证券投资业务。

商业银行证券投资具有以下几个主要功能：

获取收益。从证券投资中获取收益是商业银行投资业务的首要目标。商业银行证券投资的收益包括利息收益和资本收益。利息收益是指银行购买一定量的有价证券后，依证券发行时确定的利率从发行者那里取得的利益。资本收益是指银行购入证券后，在出售或偿还时收到的现金流高于购进价格的余额。

分散风险。降低风险的一个基本做法是实行资产分散化以分散风险。银行证券投资在分散风险方面有特殊的功效或特殊的作用。第一，证券投资为银行分散风险提供了一种选择。第二，证券投资风险比贷款风险小，更有利于资金的运用。另外，证券投资比较灵活，可以根据需要随时买进卖出。

保持流动性。商业银行保持一定比例的高流动性资产是保证其资产业务安全的重要前提。在现金作为第一准备使用后，银行仍然需要有二级准备（指银行的短期证券投资）为补充。此外，银行购入的中长期证券也可在一定程度上满足流动性的要求，只是相对于短期证券其流动性要差一些。

合理避税。商业银行投资的证券大都集中在国债和地方政府债券上，而政府债券往往具有税收优惠，故银行可以利用证券组合达到避税目的，使收益进一步提高。

（四）其他资产

其他资产主要包括商业银行拥有的实物资产（如建筑、设备）等。

三、商业银行的中间业务和表外业务

（一）中间业务与表外业务的区别

所谓中间业务，是指商业银行以中介人的身份代客户办理各种委托事项，并从中收取手续费的业务，主要包括结算业务、租赁业务、信托业务、信用卡业务等。

商业银行的表外业务，是指对银行的资产负债表没有直接影响，却能够为银行带来额外收益，同时也使银行承受额外风险的经营活动。广义的表外业务泛指所有能给银行带来收益而又不在资产负债表中反映的业务。根据这一定义，我们就可以知道商业银行的所有中间业务均属表外业务。狭义的表外业务，也就是我们这里所讨论的表外业务，则仅指涉及承诺和或有债权的活动，即银行对客户作出某种承诺，或者使客户获得对银行的或有债权，当约定的或有事件发生时，银行承担提供贷款或支付款项的法律责任。这与中间业务既有区别，又有联系。

表外业务和中间业务虽然都属于收取手续费的业务，并且都不直接在资产负债表中反映出来，但是银行对它们所承担的风险却是不同的。在中间业务中，银行一般仅处在中间人或服务者的地位，不承担任何资产负债方面的风险。表外业务虽然不直接反映在资产、负债各方，即不直接形成资产或负债，却是一种潜在的资产或负债，在一定条件下，表外业务可以转化为表内业务，因此银行要承担一定的风险。

（二）中间业务的主要内容

1. 结算业务

所谓结算业务是指交易双方因商品买卖、劳务供应等原因产生的债权债务通过某种方式进行清偿的行为。结算按其收付形式不同，可分为现金结算和转账结算两种。现金结算是指直接用现金进行支付结算，结清彼此之间的债权债务关系。这种结算方式成本耗费大而且不安全。转账结算是指通过转账对债务进行清偿，这种通过银行周转记账的货币收付行为，又称银行结算。这种方式有利于商品流通和资金周转，能够避免现金结算中大量现金运送的风险，而且成本耗费低。同时，银行可以通过办理转账结算，及时从各项货币收付行为中了解资金的运动和市场的动态，有利于调节货币供应量和加强对货币流通的管理，因此在现代经济活动中，现金结算已退居次要地位，约有 90% 的货币收付行为是通过银行转账结算来完成的。

2. 租赁业务

商业银行的租赁业务是指商业银行作为出租人，向客户提供租赁形式的融资业务，主要包括融资性租赁和经营性租赁。这种业务一般由商业银行所控制的分公司（如银行系租赁公司）经营。

融资性租赁是指出租人用资金购置承租人选定的设备，并按照合同将其租给承租人长期使用，承租人定期向出租人支付租金的租赁业务。

经营性租赁是一种短期租赁，指出租人向承租人短期租出设备，在租期内由出租人负责设备的安装、保养、维修、纳税、支付保险费和提供专门的技术服务等，因此其租金要高于融资性租赁。

3. 信托业务

商业银行的信托业务是指商业银行的信托部门接受客户的委托，代替委托单位或个人经营、管理或处理货币资金或其他财产，并从中收取手续费的业务。信托业务一般有委托人、受托人和受益人三个当事人。委托人是将财产信托给别人的一方，受托人是接受委托的一方，而受益人是由委托人指定的享有其信托财产利益的人。

4. 信用卡业务

信用卡是商业银行或专门的信用卡公司发行的一种现代支付工具。持卡人可以凭卡在特约商户中购买商品，或支付交通、旅游费用，还可以凭卡到指定银行兑付现金。信用卡通常有一定的透支额度，当持卡人信用卡账户的余额小于其消费支出额时，差额将自动转成持卡人对发卡单位的负债；透支超过一定期限后，持卡人要支付利息。发卡单位一般只向持卡人收取少量服务费，其主要收入来源于特约商户的回扣费。特约商户之所以愿意接受信用卡支付方式，并向发卡单位支付回扣费，是因为可以借此扩大销售范围。

（三）表外业务的主要内容

1. 贸易融通类业务

贸易融通类业务即商业银行运用金融产品为客户提供贸易项下资金融通的业务。主要包括银行承兑业务和商业信用证业务。

银行承兑业务。银行承兑汇票是由承兑申请人签发，经银行同意承兑，约定承兑人在付款日无条件支付确定金额给持票人的票据。银行承兑汇票的付款期限由双方商定，签发银行承兑汇票必须以合法、真实的商品交易和债权债务关系为基础。银行承兑汇票可以背书转让，但签发人或承兑人在银行承兑汇票上注明“不得转让”字样的汇票不得背书转让。

商业信用证业务。商业信用证业务主要发生在国际贸易结算中。在该业务中，银行以自身的信誉为进出口商之间的业务活动做担保。银行在开立信用证时，往往要求开证申请人（进口商）交足一定比例的押金，一般说来银行为他们做担保不会大量占用银行自有资金，但可以收取手续费，是银行获取收益的一条重要途径。同时，进口商所交纳的押金在降低信用证风险的同时也为银行提供了一定量的流动资金来源。

2. 金融保证业务

主要包括备用信用证业务、贷款承诺业务、贷款销售业务。

备用信用证。备用信用证是银行为其客户开立的保证书。这种业务涉及三方当事人，即开证银行、客户和受益人。通常，客户与受益人之间已达成某种协议，根据该协议，客户对受益人负有偿付或其他义务。银行应客户的申请向受益人开立备用信用证，保证在客户未能按协议进行偿付或履行其他业务时，代替客户向受益人进行偿付，银行为此支付的款项变为银行对客户的贷款。通过向银行申请开立备用信用证，客户可以有效地提高自己的信誉，当然同时也要向银行支付手续费。

贷款承诺。贷款承诺是银行与借款客户之间达成的一种具有法律约束力的正式契约，银行将在有效承诺期内，按照双方约定的金额、利率，随时准备应客户的要求向其提供信贷服务，并收取一定的承诺佣金。贷款承诺的一种形式是商业银行向客户提供一个信贷额度，在这个额度内，商业银行将随时根据企业的贷款需要进行放款。

贷款销售。贷款销售是指银行通过直接出售或证券化的方式将贷款转让给第三方。通过贷款销售，银行不仅可以降低风险资产的比例，提高资产的流动性，还可以通过提供“售后服务”（如为贷款购买者收取本息，监督贷款单位的财务状况等）取得一定的收入。贷款的购买者一般保留对出售银行的追索权，但是根据买卖双方的协议，贷款销售也可以采取买断的形式，在这种形式下，当借款人违约时，贷款购买者无权向出售银行追索。

3. 衍生工具交易

商业银行的衍生工具交易主要包括远期利率协议、金融期货交易、金融期权交易，以及互换协议。

远期利率协议。远期利率协议是一种远期合约，买卖双方（客户与银行或两个银行同业之间）商定将来一定时间点（指利息起算日）开始的一定期限的协议利率，并规定以何种利率为参照利率，在将来利息起算日，按规定的协议利率、期限和本金额，由当事人一方向另一方支付协议利率与参照利率利息差的贴现额。

金融期货交易。金融期货交易是指交易者在特定的交易所通过公开竞价方式成交，承诺在未来特定日期或时期内以事先约定的价格买入或卖出特定数量的某种金融商品的交易方式。金融期货交易具有期货交易的一般特征，但与商品期货相比，其合约标的物不是实物商品，而是金融商品，如外汇、债券、股票指数等。

金融期权交易。金融期权交易是指以金融期权合约为对象进行的流通转让活动。金融期权合约是由交易双方订立的，合约的买入者在支付了期权费以后，就有权在合约所规定的某一特定时间或一段时期内以事先确定的价格向期权卖出者买进或卖出一定数量的某种金融商品或者金融期货合约，当然他也可以不行使这一权利。金融期权合约实际上是在规定日期或规定期限内按约定价格购买或出售一定数量的某种金融工具的选择权。

互换协议。互换协议是当事人之间签订的在未来某一时期内相互交换他们认为具有相等经济价值的现金流的合约。交换的具体对象可以是不同种类的货币、债券，也可以是不同种类的利率、汇率、价格指数等。一般情况下，它是交易双方根据市场行情，约定支付率（汇率、利率等），以确定的本金额为依据相互为对方进行支付。

第三节　商业银行的经营管理

一、商业银行经营管理原则

（一）商业银行面对的风险

商业银行的风险是指商业银行在经营活动中，因不确定因素的单一或综合影响，商业银行遭受损失或获取额外收益的机会和可能性。主要分为信用风险、市场风险、操作风险、国家风险和流动性风险等。

信用风险又称违约风险，是指贷款到期后，借款方不能归还贷款从而使放款方承受损失的风险。虽然银行在发放贷款之前，要对借款方进行信用调查，但是这种调查不可能做到万无一失。同时，在有限责任的情况下，借款方在获得贷款之后，其行为也可能发生变化，他可能承担更大的风险。在这种情况下，由于风险和收益是不对称的，借款方就有较大的积极性去冒险。许多银行的倒闭都是因为发放了巨额的不良贷款，因而信用风险是商业银行必须始终关注的一个问题。

市场风险是指银行的表内和表外头寸由于市场价格的变动而遭受损失的风险。这类风险在银行的衍生品交易活动中表现得最明显。市场风险包括利率风险、汇率风险和其他价格风险等。利率风险是由于市场利率波动造成商业银行持有资产的资本损失和对银行收支的净差额产生影响的金融风险。利率风险是银行的主要金融风险之一，由于影响利率变动的因素很多，利率变动更加难以预测，因此银行日常管理的重点之一就是控制利率风险。利率风险的管理在很大程度上依赖于银行对自身的存款结构进行管理，以及运用一些新的金融工具来规避风险或设法从风险中受益。商业银行的汇率风险是指银行在进行国际业务时，其持有的外汇资产或负债因汇率波动而造成价值增减的不确定性。

操作风险可以分为由人员、系统、流程和外部事件引发的四类风险，并由此分为七种表现形式：内部欺诈，外部欺诈，聘用员工做法和工作场所的安全性，客户、产品及业务做法，实物资产损坏，业务中断和系统失灵，交割及流程管理。

国家风险是指与借款人所在国的经济、社会和政治环境等方面相关的风险。随着银行业的国际化，银行的国家信贷和国际投资活动日益频繁，银行面临的国家风险日益突出。

流动性风险是指商业银行没有足够的现金来弥补客户取款需要和未能满足客户合理的贷款需求或其他即时的现金需求而引起的风险。该风险将导致银行出现财务困难，甚至破产。商业银行具有流动性需求，即客户对银行所提出的必须立即兑现的现金要求，包括存款客户的提现要求和贷款客户的贷款要求。商业银行应进行有效的现金头寸管理，以满足客户不同形式的现金需要，从而体现银行的可靠性与稳健性。

（二）商业银行经营管理的“三性”原则

1. “三性”原则的主要内容

（1）安全性原则。安全性是指商业银行在经营业务时要使其资产免遭损失，保证资产安全。商业银行在经营过程中，应首先考虑自身的安全性，这主要是由于商业银行的经营存在着风险。

（2）流动性原则。流动性是指商业银行能够随时应付客户的提款，满足必要的贷款的能力。流动性实际上是银行清偿能力或支付能力强弱的表现，既包括资产的流动性又包括负债的流动性。

（3）盈利性原则。盈利性是指商业银行为其所有者获取利润的能力。商业银行作为经营性的企业，获取利润既是其最终的目标，又是其生存的必要条件，因为只有获得足够的利润，商业银行才能扩大自身规模，巩固自身信誉，提高自身竞争能力，从而免于被对手吞并。

2. “三性”原则之间的关系

商业银行经营的安全性、流动性和盈利性三个方面既有统一的一面，又有矛盾的一面。一般来说，安全性与流动性呈正相关关系，流动性较强的资产，安全性也好，而安全性和流动性经常和盈利性发生矛盾。一般来说，流动性强，安全性好，则盈利性低；而盈利性较高的资产，往往流动性和安全性都较低。所以，商业银行的安全性、流动性、盈利性的均衡、协调，构成商业银行经营的总方针。也就是说，商业银行经营的总方针是，要在保证安全性和流动性的前提下，追求最大限度的利润。流动性是实现安全性的必要手段，安全性是实现盈利性的基础，追求盈利是安全性与流动性的最终目标。三者之间的关系可以简单概括为：安全性是前提，流动性是保障，盈利性是目标。

二、商业银行经营管理理论

（一）商业银行资产管理理论

在商业银行的发展历史中，逐渐形成了不同的资产管理理论，主要包括商业贷款理论、可转换理论和预期收入理论。

商业贷款理论，又叫真实票据理论，该理论认为，银行的资金来源于客户的存款，而这些存款是要经常被提取的。银行只能将资金短期使用，而不能发放长期贷款或进行长期投资。银行对资产的要求是兼具安全性和收益性，并且具有短期贷款性质，只有商业贷款能满足这些要求。银行一般采用票据贴现方式或者票据抵押方式贷款，因为票据本身是购买商品和流通商品的证据，具有自偿性。因此，该理论又被称为自偿性贷款理论。

可转换理论认为，商业银行资产不一定局限于短期自偿性贷款，其相当一部分还可投资于能够迅速出售的证券资产。显然，这种理论是以金融工具和金融市场的发展为背景的。可转换理论使商业银行资产的范围扩大，业务经营更加灵活多样。但在人们竞相抛售证券的时候，银行也很难不受损失地将所持证券顺利转让以达到保持流动性的预期目的。

预期收入理论认为，商业银行应把借款人的预期收入作为衡量其还款能力的标准，并以此来协调盈利性、流动性和安全性之间的关系。只要借款人的预期收入有保障，通过分期偿还，长期项目贷款和消费贷款同样可以保障银行的流动性；反之，如果借款人的未来收入没有保障，即使短期贷款也有违约风险。

（二）商业银行负债管理理论

最古老的负债管理理论是“银行券理论”。商业银行以贵金属做准备发行银行券，持票人可以持银行券向发行银行兑换贵金属，但是银行家们发现银行券的持有者一般不会同时要求将其换成贵金属，因此，发行银行不必以十足的贵金属为准备。商业银行在拥有一定数量的贵金属时，尽可能多地发行银行券成为一些商业银行获取利润的主要手段。但是过多的银行券会带来通货膨胀，在建立了中央银行之后，商业银行就不再发行银行券了。因此，吸收存款成为商业银行的主要负债，“存款理论”应运而生。

“存款理论”认为，存款是商业银行最主要的资金来源，是其资产业务的基础。为了保证存款的安全性，商业银行应该根据所吸收的存款状况来安排其贷款等资产业务，保持资产较高的流动性，防止出现挤兑，不能盲目扩大贷款和支付高额利息。存款理论是在牺牲商业银行资产盈利性的前提下保持资产的流动性，没有认识到商业银行在扩大存款或其他负债方面的能动性，也没有认识到负债结构、资产结构以及资产负债综合关系的改善对于保证商业银行资产的流动性、提高银行盈利性等方面的作用。

20 世纪 60 年代之后，利率管制和金融创新使得商业银行吸收存款的能力被削弱，商业银行的流动性压力变大，因此，新的负债管理理论便被提出来。新的负债管理理论主张商业银行应该从过去单纯依靠吸收存款的被动型负债向可以向外借款的主动型负债转变。其中影响较大的是“购买理论”和“销售理论”。

“购买理论”是继“存款理论”之后出现的另一种负债理论。“购买理论”认为，商业银行对负债不是消极被动，而是可以主动出击的，在购买外界资金时，除一般公众外，同业机构、中央银行、国际货币市场及财政机构等都可以视为购买对象。商业银行购买资金的基本目的是增强其流动性。通过主动购买负债而获得流动性，商业银行的资产业务就摆脱了存款数额的限制。

传统的负债管理理论着眼于资金来源，“销售理论”着眼于通过多样化的金融创新为客户提供多样化的金融服务。该理论认为，银行是制造金融产品的企业，银行负债管理的中心任务就是围绕顾客的需要，努力推销金融产品，同时将负债业务与资产业务进行整体设计，扩大商业银行的资金来源和收益水平。该理论是金融改革和金融创新的产物，它给银行负债管理注入现代企业的营销观念，即围绕客户的需要来设计资产类或负债类产品及金融服务，并通过不断改善金融产品的销售方式来完善服务。

（三）商业银行资产负债综合管理理论

资产负债综合管理理论产生于 20 世纪 70 年代中后期，是在资产管理理论、负债管理理论的局限性日益明显的情况下出现的。该理论并不是对资产管理理论、负债管理理论的否定，而是吸收了前两种管理理论的合理内涵，并对其进行了发展和深化。资产负债综合管理理论认为，商业银行单靠资产管理或单靠负债管理都难以达到流动性、安全性、盈利性的均衡。银行应对资产负债两方面业务进行全方位、多层次的管理，保证资产负债结构调整的及时性、灵活性，以此保证流动性供给能力。

该理论是资产管理理论和负债管理理论在更高层次上的结合，它将资产和负债两方面联系起来，并置于共同的目标之下、同等的经济环境之中进行全盘考虑，以达到资产与负债的优化配合，使资金结构得到合理调整，并保持银行资金的盈利性、流动性和安全性的均衡，从而谋求经营收益的最大化与经营风险的最小化。其基本原则是，通过偿还期对称、经营目标互相替代、资产分散的方式达到了总量平衡与结构对应。资产负债综合管理理论已成为现代商业银行普遍使用的基本方法和手段。

三、商业银行的资本管理

资本充足性是银行安全经营的要求。此处的商业银行资本是指监管资本。监管资本是由银行业监管机构为提高银行经营的稳健性而设置的资本要求。

存款人都希望银行拥有充足的资本，使它们的债权保障程度得以维护；社会公众及金融管理当局也要求银行资本充足，以防止银行冒险经营，保证金融稳定。从银行自身管理要求而言，保持资本的充足性是其安全经营、稳定发展的前提。银行持有充足的资本是风险管理的要求，也是在安全经营基础上追求更多利润的保障。

所谓银行资本充足性是指银行资本数量必须超过金融管理当局所规定的能够保障正常营业并足以维持充分信誉的最低限度；同时，银行现有资本或新增资本的构成，应该符合银行总体经营目标或新增资本的具体目的。银行资本充足性包括数量和结构两个层面的内容。

资本数量的充足性受银行经营规模和金融部门管理规定等因素影响，因此很难对其适度性进行界定。一般而言，金融当局所规定的开业许可额是最低限额。银行应该维持金融当局所规定的最低限额的资本量，以体现其对金融法规和公众利益的重视。资本量是否充足是银行能否健康、稳定地经营的重要标志。资本量不足，往往是银行盈利性与安全性失衡所致。为追求利润，银行拼命扩大风险资产规模，盲目发展表外业务等，这些必然使银行资本量相对不足，加大银行的经营风险。然而，商业银行资本的充足性同时包含资本适度的含义，保持过多的资本是没有必要的。首先，高资本量会带来高资本成本，特别是权益资本不能省税，权益资本的综合成本大大高于吸收存款的成本，由此降低了银行的盈利性；其次，过高资本量反映银行可能失去了较多的投资机会，缺乏吸收存款的能力以及收回贷款的能力。因此，资本数量的充足性是资本适度，而非越多越好。

资本结构的合理性是指普通股、优先股、留存盈余、债务资本等应在资本总额中占有合理的比重。合理的资本结构可以尽可能降低商业银行的经营成本与经营风险，增强经营管理与进一步筹资的灵活性。规模不同的商业银行的资本结构应该有所区别。小银行为吸引投资者及增强其金融灵活性，应主要以普通股充当资本；大银行可相对扩大资本性债券，以降低资本的使用成本。

从事国际业务的商业银行在资本管理上遵循《巴塞尔协议》的基本原则，尽可能地达到协议所规定的最低资本要求。虽然这些规定并非具有强制性，但这是当今国际银行业最重要的公约之一，对从事国际业务的商业银行来说，它具有很强的约束力。《巴塞尔协议Ⅲ》在2010年12月正式颁布后，我国银监会根据我国银行业实际情况于2012年颁布了《商业银行资本管理办法（试行）》，明确了我国商业银行资本管理的相关规定。我国银行业监管框架的建立和不断完善，显著提升了我国银行业的资本充足水平，银行业风险抵御能力和风险管理能力得到了显著加强。

表8-1　我国《商业银行资本管理办法（试行）》和巴塞尔协议Ⅲ关于商业银行资本管理的规定

指标体系	具体指标	我国《商业银行资本管理办法（试行）》	巴塞尔协议Ⅲ
资本管理指标	核心一级资本	5%	4.5%
	一级资本	6%	6%
	总资本	8%	8%
	储备资本	2.5%	2.5%
	逆周期资本	0—2.5%	0—2.5%
	系统重要性银行的附加资本要求	0.25%—1.5%（国内系统重要性银行）	1%—2.5%（全球系统重要性银行）

注：我国《系统重要性银行附加监管规定（试行）》自2021年12月1日起施行。自该规定施行之日起，系统重要性银行附加资本要求不再适用《商业银行资本管理办法（试行）》（中国银行业监督管理委员会令2012年第1号发布）第二十五条的规定。《系统重要性银行附加监管规定（试行）》规定"系统重要性银行分为五组，第一组到第五组的银行分别适用0.25%、0.5%、0.75%、1%和1.5%的附加资本要求。若银行同时被认定为我国系统重要性银行和全球系统重要性银行，附加资本要求不叠加，采用二者孰高原则确定"。《商业银行资本管理办法（试行）》规定"国内系统重要性银行附加资本要求为风险加权资产的1%"。因此，上表中关于国内系统重要性银行额外资本的规定来自我国《系统重要性银行附加监管规定（试行）》。

拓展阅读8-2

巴塞尔委员会简介和《巴塞尔协议》发展历程

一、巴塞尔委员会简介

巴塞尔银行监管委员会（Basel Committee on Banking Supervision，BCBS），简称巴塞尔委员会，成立于1974年底。最初的成员国包括英国和美国等10个国家，常设秘书处设在国际清算银行（BIS）。巴塞尔委员会虽然不是严格意义上的银行国际监管组织，没有任何凌驾于国家之上的正式监管银行权力，但事实上已成为银行监管国际标准的制定者。中国于2009年加入巴塞尔委员会，同年加入金融稳定委员会（Financial Stability Board，FSB）①。

二、《巴塞尔协议》发展历程

1988年，《关于统一国际银行资本衡量和资本标准的协议》（巴Ⅰ）确立了资本监管框架，资本覆盖信用风险。1996年，《资本协议市场风险补充规定》引入市场风险，资本还必须覆盖市场风险。2004年，《新资本协议》（巴Ⅱ）确立了资本监管的三大支柱，最低资本要求必须覆盖信用、市场、操作三大风险，引入风险计量技术量化风险。2009年，提出巴塞尔协议框架的改进，即巴塞尔协议的2.5版本，对市场风险计量、第二支柱等基本要求进行强化。2010年，《巴塞尔协议Ⅲ》补充了资本和流动性改革的方案，重点关注银行业对抗经济周期冲击和系统性风险、风险加权资产覆盖范围、监管资本吸收损失能力等方面。2017年12月7日，巴塞尔银行监管委员会发布公报称，旨在加强银行业监管的《巴塞尔协议Ⅲ》已完成修订，从2022年1月1日起逐步实施。

三、《巴塞尔协议Ⅲ》产生的背景

2007年美国金融危机的产生和发展充分暴露出此前的银行业监管体系中存在的诸多不足：金融机构过度杠杆化，资本的数量与质量均存在问题；金融机构流动性风险突出，流动性储备严重不足；公司治理和风险管理存在缺陷，激励机制扭曲；宏观审慎监管视角缺失，不能有效防范系统性风险。因此，必须要对银行业的监管标准和方法进行改革。基于此，巴塞尔委员会于2010年12月在《巴塞尔协议Ⅱ》的基础上发布了《巴塞尔协议Ⅲ》。

四、《巴塞尔协议Ⅲ》的主要内容

《巴塞尔协议Ⅲ》的主要内容包括：提高最低资本要求，核心一级资本充足率最低要求提高到4.5%，一级资本充足率最低要求提高到6%，总资本充足率最低要求为8%；建立资本保护缓冲；建立逆周期资本缓冲；对全球系统重要性银行提出了额外的资本要求；引入杠杆比率要求；引入流动性覆盖率和净稳定资金比率两个指标，尝试建立流动性监管的国际标准。《巴塞尔协议Ⅲ》的实施安排了较长的过渡期，允许银行在2013—2019年循序渐进地达到资本监管要求。

① 在2008年全球爆发金融危机的局面下，2009年4月初，伦敦G20峰会决议设立一个全球的金融监管体系，FSB在此背景下应运而生。

四、商业银行的风险管理

（一）商业银行利率风险的管理

所谓利率风险管理，是指商业银行为了控制利率风险并维持其净利息收入的稳定增长而对资产负债采取的积极管理方式。主要管理方法有利率风险的缺口管理和基于套期保值的利率风险管理。

1. 利率风险的缺口管理

利率风险缺口管理，是指商业银行通过调整资产负债规模和结构，来控制和管理缺口，以降低利率波动对银行净利息收入或银行资本净值的不利影响的利率风险管理策略。

按照从简单到复杂的演进，缺口管理又分为以下三种：

一是简单的缺口管理，即只管理即期利率敏感性缺口的管理策略。商业银行利率敏感性缺口等于商业银行所持利率敏感性资产减去利率敏感性负债后的余额。当银行利率敏感性缺口大于零，利率升高，有利于银行净利息收入的增加，利率降低则降低净利息收入；当银行利率敏感性缺口小于零，利率降低，有利于银行净利息收入的增加，利率升高则降低净利息收入；当利率敏感性缺口等于零，无论利率如何波动，银行净利息收入都不变。缺口管理正是基于上述原理来管理利率风险的，其基本思想是，为了减少甚至消除利率变动可能带来的损失，商业银行应尽量缩小甚至消除利率敏感性缺口。

二是多期缺口管理。即分期限区间管理利率敏感性缺口的管理策略。其主要思想是，商业银行把现在到下一次利率风险管理时间点之间的时间长度分成若干个时间区间，区间临界点的选择主要根据商业银行对未来利率最可能变动的时间预测，并结合商业银行未来资产负债集中到期的时间来做出。如果没有明确信息，也就是说无法做出未来利率变动的时间预测，而且商业银行资产负债项目也没有明显集中到期的时间，期限区间也可以通过等分法来选取。

三是持续期（久期）缺口管理。持续期是指某项资产或负债的所有预期现金流量的加权平均时间，也就是指某种资产或负债的平均有效期限。一般来说，当持续期缺口为正时，利率下降将有利于银行资本净值的提高，而利率上升将使商业银行遭受资本净值的损失；当持续期缺口为负时，利率上升将有利于银行资本净值的提高，而利率下降将使商业银行遭受资本净值的损失；当持续期缺口为零时，无论利率如何变动，商业银行资本净值都不会遭受损失。

2. 基于套期保值的商业银行利率风险管理

用远期利率协议对利率风险进行套期保值。其基本原理是，对于利率敏感性资产多于利率敏感性负债的商业银行，为避免利率下跌给商业银行可能带来的损失，可卖出远期利率协议，以保证即使将来利率下跌，商业银行利率敏感性资产扣除负债后的净额仍能以协议利率取得利益；相反，对于利率敏感性资产少于利率敏感性负债的商业银行，为规避利率上升可能给商业银行带来的损失，可买入远期利率协议。

用利率期货对利率风险进行套期保值。其基本原理是，商业银行通过持有与利率敏感性缺口相反的期货头寸来达到消除利率风险的目的。具体来说，如果商业银行利率敏感性缺口为正值，为规避市场利率下跌可能带来的损失，商业银行可以在期货市场上做多头交易进行套期保值。如果未来利率下跌，由于利率期货的价格走向和利率变动的方向相反，利率期货的价格将上升，期货市场的收益将弥补现货市场的损失，商业银行的利率风险也因此消除。相反，利率敏感性缺口为负值，商业银行可以在期货市场上做空头交易进行套期保值。

用利率互换对利率风险进行套期保值。利率互换可以在利率敏感性缺口相反的两个银行之间进行，但更多的情况是，出于降低搜寻成本等交易成本的考虑，商业银行都跟专门从事互换交易的中间机构进行交易。

用利率期权对利率风险进行套期保值。持有利率敏感性正缺口的商业银行，为规避利率下降给商业银行可能带来的损失，可买入看涨期权；相反，则买入看跌期权。

（二）商业银行信用风险的管理

一般而言，商业银行进行信用风险管理时，主要有以下做法：

1. 甄别和监督

贷款市场上存在的逆向选择问题要求贷款人为了获取贷款利润，必须甄别借款人的信用风险。要进行有效的甄别，贷款人必须收集有关潜在借款人的真实信息。有效的甄别和信息收集共同构成了信用风险管理的一条重要原则。

贷款一旦发放，借款人就有动机从事风险较高的活动，使得贷款可能难以归还。要减少这种道德风险问题，金融机构在管理信用风险时必须遵守的原则是要将限制借款人从事风险活动的规定（限制性条款）写进贷款合约中；要确保借款人不以贷款人的利益为代价冒险，可以通过监督借款人的活动，考察其是否遵守限制性条款来做到这一点，如果没有，可以强制执行。

2. 长期客户联系

如果借款人经常在银行借款，银行就有该借款人偿还贷款的记录。因此，长期客户联系可以减少信息收集的成本，从而更容易甄别信贷质量。贷款人进行贷后监督的要求也增加了长期客户联系的重要性。如果借款人曾经向银行借款，银行就已经建立了对该客户监督的程序。因此，监督长期客户的成本要低于监督新客户的成本。

长期客户联系不仅有助于银行，而且有助于客户。曾经与银行有业务联系的企业会发现，他们以较低利率获取贷款更为容易，这是因为银行可以更轻松地确定该潜在借款人的信贷质量，监督借款人的成本也得以降低。

3. 贷款承诺

贷款承诺是银行承诺在未来一个给定的时期向企业提供给定金额以内的贷款，利息则与某种市场利率相关。大部分工商业贷款都是在贷款承诺安排下发放的。对企业而言，贷款承诺的好处是，在企业需要时为其提供信贷资金。对银行而言，好处在于贷款承诺有助于建立长期客户联系，为信息收集提供便利。此外，贷款承诺协议还要求企业定期向银行提供有关收入、资产负债状况、业务活动等的信息。贷款承诺是降低银行甄别和信息收集成本的重要途径。

4. 抵押品和补偿余额

贷款中对抵押品的要求是降低信用风险的重要途径。抵押品是在借款人违约的情况下提供给贷款人作为补偿的财产，抵押品减少了贷款人在违约事件发生时的损失。如果借款人违约，贷款人可以变卖抵押品，并利用所得到的资金来弥补贷款损失。

补偿余额是银行发放商业贷款时所要求的抵押品的一种形式，即得到贷款的企业必须在银行的支票账户中保有最低金额的资金。除了作为抵押品，补偿余额还有助于增加贷款被归还的可能性。具体而言，通过要求借款人使用银行的支票账户，银行可以观察借款人的支票支付活动，这可以提供有关借款人财务状况的大量信息。借款人支付活动的任何重大变化都要求银行深入调查。补偿余额有助于银行更便利和更有效地监督借款人，是信用风险管理的一个重要工具。

5. 信用配给

信用配给是指即使借款人愿意支付给定利率甚至更高的利率，银行也拒绝向其发放贷款。信用配给有两种形式。

第一种是贷款人拒绝向借款人发放任何贷款，即使后者愿意支付更高的利率。对于这一种信用配给方式，银行的目的是防止逆向选择。那些风险最高的借款者通常更积极地用较高的利率来寻求贷款。对银行来说，尽管有较高的合同利率，但由于借款者的风险较高，银行不仅可能收不到利息，甚至可能连本金也难以收回。

第二种是贷款人虽然向借款人发放贷款，但贷款金额低于借款人的要求。银行采取第二种信用配给方式来防止道德风险。因为贷款金额越大，道德风险为借款人带来的利益就越高，借款人就有可能从事那些风险大的活动。贷款金额小的话，为了不损害自己未来的信用等级，借款人可能采取确保归还贷款的行为。

（三）商业银行流动性风险的管理

流动性对商业银行来说非常重要，流动性风险管理历来被商业银行视为重中之重。商业银行的经营管理理论从早期的资产管理理论过渡到负债管理理论，再到资产负债综合管理理论，无不重视流动性风险管理。

20 世纪 60 年代以前的资产管理理论强调流动性为先的管理理念，主张以资产的流动性维持银行的流动性。20 世纪 60 年代和 70 年代前半期的负债管理理论强调银行可以通过主动负债即通过从市场上借入资金来满足银行流动性需求。20 世纪 70 年代中期产生的资产负债综合管理理论在继承资产管理理论和负债管理理论优点的基础上，重新科学地认识了流动性的地位，指出流动性既是安全性的重要保证，又是实现盈利性的有效途径，是“三性”统一的桥梁。这一理论的产生是银行管理理论的一大突破，它为银行业乃至整个金融业带来了稳定和发展。资产负债联合管理的核心内容在于分析资产、负债两方面之间的“缺口”，并围绕缺口探索解决的途径。

近 20 年来金融工程学的发展给商业银行流动性管理增加了许多新的思路。一些新的金融衍生产品为商业银行流动性管理提供了更多的方便。例如，商业银行购买中长期证券作为投资，同时买入一个未来出售该证券的期权。这样，银行在必要的时候就可以按照约定的价格出售证券，解决了以往流动性较差的资产急速变现中需要承担较大损失的问题。总体来说，流动性管理是随着整个商业银行经营管理趋势的变化而变化的，银行经营的经济环境、法律环境、监管环境都将影响商业银行的流动性管理。

在监管方面，我国银行业监管标准中除了包含与《巴塞尔协议Ⅲ》一致的流动性覆盖率和净稳定融资比率的要求外，还建立了流动性比例、核心负债依存度、流动性缺口率、客户存款集中度、同业负债集中度等多个监测指标。

本章小结

1. 银行业是一个古老的行业，它起源于古代的银钱业和货币兑换业。第一家大型股份制商业银行是 1694 成立的英格兰银行，它是现代商业银行产生的标志。

2. 商业银行的主要业务包括负债业务、资产业务和表外业务。商业银行的负债业务主要由存款、借入款项和其他负债构成，资产则主要包括现金资产、贷款、投资和其他资产。广义的表外业务泛指所有能给银行带来收入而又不在资产负债表中反映的业务，包括中间业务和狭义表外业务。

3. 商业银行的管理必须遵循安全性、流动性和盈利性三大原则。商业银行经营的总方针是，要在保证安全性和流动性的前提下，追求最大限度的利润，即安全性是前提，流动性是保障，盈利性是目标。

4. 商业银行的经营管理理论先后经历了资产管理理论、负债管理理论和资产负债综合管理理论三个发展阶段。资产负债综合管理理论认为银行应对资产负债两方面业务进行全方位、多层次的管理，保证资产负债结构调整的及时性、灵活性，以此保证流动性供给能力。

5. 银行持有充足的资本是风险管理的要求，也是在安全经营基础上追求更多利润的保障。银行资本充足性包括数量和结构两个层面的内容。从事国际业务的商业银行在资本管理上遵循《巴塞尔协议》的基本原则。

6. 商业银行对利率风险的管理方法主要采用缺口管理法和基于套期保值的利率风

险管理法。商业银行进行信用风险管理时，主要做法包括甄别和监督、长期客户联系、贷款承诺、抵押品和补偿余额以及信用配给等。商业银行历来重视流动性风险管理，管理措施和手段随着银行管理理论和外部环境的变化而不断变化。

重要概念

商业银行　单一银行制　分支行制　商业银行资本　交易存款　非交易存款　同业拆借　转贴现借款　再贴现　再贷款　回购协议　信用贷款　担保贷款　中间业务　表外业务　“三性”原则　资产管理理论　负债管理理论　资产负债综合管理理论　银行资本充足性　贷款承诺　补偿余额　信用配给

复习思考题

1. 试述商业银行未来的发展趋势。
2. 商业银行资产负债表的主要内容是什么？如何利用商业银行的资产负债表来分析商业银行的经营活动？
3. 目前西方商业银行中间业务收入普遍占其收入来源的40%左右，有的甚至在70%以上，而我国银行业中间业务收入占收入总额的比重较低。试说明商业银行中间业务主要包括哪些。论述商业银行开展中间业务对自身有什么意义。
4. 请说明商业银行表外业务的构成。
5. 如何正确理解商业银行“三性”原则之间的关系？
6. 请介绍商业银行的资产管理理论、负债管理理论和资产负债综合管理理论。
7. 我国商业银行在经营中主要面临哪些风险？应如何管理这些风险？

第九章

中央银行

本章导读

在经典的经济学教科书中，萨缪尔森曾郑重其事地引用美国作家维尔·罗杰斯（Will Rogers）的名言：“自从开天辟地以来，曾经有三项伟大的发明：火、轮子以及中央银行。”三者中的火和轮子对人类生活的重要影响不言而喻，似乎中央银行并不能与两者相提并论，因为其貌似离普通百姓很远。但事实上，中央银行却和人们的生活息息相关：我们每天使用的钞票是中央银行发行的；中央银行制定和实施的货币政策、进行的宏观调控和金融监管及其维持支付清算体系正常运转的作用表现，都直接涉及每个企业、家庭和个人。

那么，中央银行是在怎样的经济金融环境下产生的？在中央银行制度演进过程中各国又有哪些不同？为什么各国一般都由中央银行垄断发行现钞？中央银行与商业银行相比，在性质和职能方面有何特殊性？中央银行具体通过哪些业务活动来实现其职能？中央银行应该如何处理与政府的关系？本章开始，我们将走进中央银行，通过对中央银行的介绍来结束我们对整个金融机构体系的描述，并且为后面关于货币供给、货币政策等方面的讨论奠定基础。

学习目标

掌握 中央银行产生的客观必然性；中央银行的性质，中央银行的职能；中央银行的负债业务，中央银行的资产业务

理解 中央银行的独立性的辩证关系，中央银行与政府部门之间的关系，中央银行与国家其他金融管理部门之间的关系；中央银行资产负债表的构成及其特殊性

了解 中央银行制度的建立和发展，中央银行制度的类型；中国人民银行的资产负

债表、中央银行的清算业务和支付清算系统的作用

第一节　中央银行的历史演进与类型

中央银行制度是经济和金融发展到一定阶段的产物，除极少数特殊情况外，当今世界各国或地区都普遍建立了中央银行制度。中央银行成为现代经济社会中极为重要的经济管理和调控部门。由于不同国家或地区政治体制、经济体制和历史发展背景的差异，中央银行的制度形式也有所不同。

一、中央银行的产生与发展

中央银行（Central Bank）是银行业发展到一定阶段之后的产物。商品经济的快速发展和商业银行的普遍设立，在促进货币、信用与经济不断融合的同时，也引发了经济发展中新的矛盾，迫切需要一种有效的制度安排来稳定信用制度和银行体系，以避免频繁发生的金融秩序混乱和经济运行受阻。从历史视角来看，中央银行的产生以及中央银行制度的建立与发展，都符合经济社会发展的客观要求。

（一）中央银行产生的客观必然性

1. 货币统一的需要

随着经济规模的日益扩大，金属货币的数量远远不能满足生产和交换的需要，于是在金属货币流通的同时，开始出现了一种新的交易媒介，即银行券。早期的银行券可以随时用来向发行银行兑换金属货币，所以它是作为代用货币进入流通的。在中央银行制度确立之前，各商业银行都有权发行自己的银行券。许多银行为了扩大其资金来源，纷纷把发行银行券作为自己的重要业务。随着货币信用业务的迅速扩展，银行不断增多，这种分散的银行券发行越来越暴露出它的不足：一方面，大量资金实力薄弱的小银行发行的银行券往往不能兑现，加剧了货币流通的混乱与危机；另一方面，小银行的活动范围由于受到地区限制，其发行的银行券只能在很小的范围内流通，对生产和流通造成很多困难。这些问题表明，在全国范围内享有较高信誉的大银行来统一银行券的发行，也许是更有效率的。英格兰银行便是这样的典型。

2. 统一票据交换和清算的需要

银行替客户办理业务的结果最终形成银行之间的债权债务关系，这种债权债务关系的清偿，最早是通过银行派专人持客户送来的收款票据到应付款银行要求付款来实现的。随着银行业务的不断扩展，银行每天收受的票据数量日益增多，各银行的收款人员

开始聚集在固定的地点，交换手中所持有的由对方银行的客户开出的票据，并相互结清其差额。在此基础上，产生了世界上最早的票据交换所——1773 年在英国伦敦成立的票据交换所。各银行的收款人员都聚集到票据交换所，每家银行计算其应收应付差额后，与交换所的总结算员办理净额的款项收付，这在一定程度上提高了清算效率。但票据交换所一般仅局限于同城之间的票据清算，不能为所有的银行提供服务，因此需要有一个全国性的统一的清算中心，这便是中央银行。

3. 提高银行支付保证能力的需要

商业银行的大量发展，一方面要防止一些银行为了逐利而无限制扩大贷款，产生流动性不足，甚至导致挤兑；另一方面要保证整个银行体系的支付能力，防止个别银行支付风险的传递与扩散，产生金融危机。个别银行出现流动性不足时，固然可以通过发行银行券、进行同业拆借或同大企业签订证券回购协议等方式予以弥补，但有时仅有这些方式仍是不够的，况且一家银行的经营状况越是不妙，它利用这些方式来筹集资金也就越是困难。因此客观上要求有一家权威性的银行机构，能够在商业银行发生资金困难时，给予必要的贷款支持，发挥“最后贷款人”（Lender of Last Resort，LLR）功能。

4. 对金融业进行监督和管理的需要

金融行业是一个较为特殊的行业，既存在严重的信息不对称，又集中了很高的风险，并且金融企业还联系着千家万户，因而它在竞争中的破产、倒闭给经济造成的震荡要比普通企业大得多。不仅如此，金融业的发展还直接关系到一国的货币供给、经济稳定。因此，需要有专门的机构，代表政府对金融业实施严格的监督和管理，以保证金融业的安全与规范化运营，并通过货币政策对整个宏观经济进行调节。

5. 政府融资的需要

在人类社会发展的过程中，政府的职责不断扩大。政府职责的强化增加了开支，政府融资便成为一个重要问题。在各自独立发展的银行体系中，政府融资要与多家银行建立联系，这种联系也是极其松散的，这就为政府融资带来不便。为了保证和方便政府融资，发展或建立一个与政府有密切联系、能够直接或变相为政府筹资的银行机构，也是中央银行产生的基本经济原因之一。

（二）中央银行制度的建立与发展

世界各国中央银行的形成基本上循着两条渠道：一是由信誉好、实力强的商业银行逐步演变而成，如英国的英格兰银行就是一个典型的例子；二是在政府的设计下直接为担负中央银行职能而设立，如美国的联邦储备系统，以及第二次世界大战后许多发展中国家建立的中央银行。

从 17 世纪中后期中央银行萌芽阶段开始，迄今为止的 300 多年历史中，中央银行制度经历了初步形成、普及时期、完善与健全三个阶段，并且在不断应对金融危机的过程中完成经验的积累和制度的优化。

1. 中央银行制度的初步形成（17 世纪中后期至 1913 年）

从世界范围看，中央银行制度的形成是一个渐进的历史过程。早期的中央银行开始时也是普通的商业银行。随着一些实力雄厚、信誉卓著的大银行的出现，政府为了适应经济发展的客观需要，往往以法律形式规定一家或几家大银行集中发行银行券，同时禁止其他银行擅自发行。这些独享银行券发行特权的银行成为与众不同的“发行银行”，因而独享货币发行垄断权，这是中央银行区别于商业银行的最初标志。

某家大银行在获得了发行银行券的特权后，由于资金实力增强，就能够在其他普通中小商业银行资金不足时，向它们发放贷款或办理票据再贴现，许多商业银行也逐渐把现金准备的一部分存入发行银行。它们彼此之间的清算也通过发行银行来办理，发行银行逐渐成为全国统一、有权威的清算中心。另外发行银行由于资金雄厚，常常在国家遇到财政困难时，为政府融通资金，政府也从需要出发，利用发行银行分支机构较多的优势，委托其代理国库，办理政府的国库收支、财政性存款等业务。这一切都大大巩固了这些银行的特殊地位，久而久之，这些银行便逐渐放弃对普通工商企业的信用业务，专门与商业银行和政府往来，担负起防止金融危机时银行倒闭和破产的重任，成为“银行的银行”和“政府的银行”，最终转化为中央银行。

成立于 1694 年的英格兰银行被世界公认为第一家中央银行。尽管该行最初是商业银行的性质，但是在其成立之初就在接受政府存款、向政府提供贷款以及发行银行券等方面具有一定的特权；1833 年，国会规定英格兰银行发行的银行券具有无限法偿资格；1844 年通过立法（《英格兰银行条例》，也称《比尔条例》）获得发行货币的特权，立法对英格兰银行之外的银行发行银行券进行了限制，由此奠定了其中央银行的基础；1854 年英格兰银行成为英国银行业的票据交换中心，取得清算银行的地位。在 19 世纪出现的多次金融危机中，英格兰银行通过提供贷款有力地支持了其他银行，肩负起最后贷款人的责任，同时也具有相当程度的金融管理机构的特征。

英格兰银行的发展与运行模式，被西方国家视为中央银行的典范而纷纷仿效。至 1900 年，各主要西方国家都设立了中央银行。虽然成立于 1656 年的瑞典银行，早在 1668 年就从一般的私人银行改组为政府出资的国家银行，但其并不能被认为是最早的中央银行，因为直到 1897 年，瑞典政府才通过法案将货币发行权集中于瑞典银行，明确该行发行的货币为唯一的法偿货币，取消了当时瑞典其他 28 家银行所拥有的货币发行权，并责令这些银行逐步收回已发行在外的银行券，从而使瑞典银行独占了货币发行权，完成了向中央银行转变的关键一步。成立于 1800 年的法兰西银行，在 1848 年垄断了全法国的货币发行权，成为法国的中央银行。德国国家银行成立于 1875 年，并于 20 世纪初基本垄断了德国的货币发行权。日本的中央银行，即日本银行，则成立于 1882 年，1889 年统一并独享货币发行权后，逐渐成为中央银行。

美国的情况比较特殊，早期具有中央银行职能的银行，是美国第一银行（1791—1811 年）和美国第二银行（1816—1836 年），这两家银行均在成立之初规定的 20 年营业期满后终止，这也直接导致了美国历史上最黑暗的自由银行时期的到来。进入 20 世纪，美国已是全球第一大经济体，1907 年又一次爆发了全国性的银行大危机，促使美国政府考虑建立中央银行，并于 1913 年通过了《联邦储备法》，“帮助建立联邦储备银行以提供有弹性的通货”，次年正式建立了美国联邦储备系统，美联储下辖 12 个地区的联邦储备银行，美联储是这一阶段最后形成的中央银行制度，同时也标志着中央银行初建阶段的基本结束。

在中央银行制度的初建阶段，世界上约有 30 家中央银行先后相继成立，其中绝大部分产生在欧洲国家，这是因为欧洲的经济、金融发展比其他地区要早得多，也发达得多。另外，从这一阶段中央银行产生的渠道看，除个别例外（美联储），基本上是由普通银行通过国家法律赋予集中货币发行权和对其他银行提供清算服务及资金支持而逐步演变成为中央银行的。

在中央银行制度形成的初期阶段，世界上还是以金属货币制度为主，不论是银本位、金银复本位，还是金本位，银行券的发行与流通，都是以金属货币或金属储备作为基础的，银行券可以与金属货币相兑换。中央银行成立后，通过国家授权逐步垄断了铸币和银行券发行，在解决商业银行分散发行所带来的信誉不同、流通范围不同、支付保证能力不同以及挤兑和银行倒闭引起公众恐慌等问题的同时，也建立了对商业银行资金支持和管理的最初框架，并开始作为政府资金的筹措人，服务政府的资金往来和融资需求。

2. 中央银行制度的普及时期（1914 年至 1944 年）

第一次世界大战后，中央银行的发展开始加快。由于许多国家的金本位制在战争期间都遭到了破坏，各国纷纷停止了银行券与金属货币的自由兑换。实行金本位制度的国家，全部禁止黄金自由输出入，结束了银行券与黄金可以自由兑换的金币本位制，流通货币全部为银行券，政府集中黄金储备，但不再铸造和流通金币，虽然仍规定银行券的含金量，但银行券兑换黄金有了一定限制。所以通货膨胀和剧烈的汇率波动就成为战后初期的一个世界性问题。

为维护国际货币体系和经济的稳定，1920 年在布鲁塞尔召开的国际金融会议，要求尚未建立中央银行的国家要尽快建立中央银行，并提出中央银行应有更大的独立性，按照稳定币值的要求控制货币发行等，从而掀起了一个创建中央银行的高潮。

1914—1944 年的这 30 年，是中央银行制度在世界各国普遍建立的重要时期，也是中央银行经历严峻考验的特殊时期。这一时期，发生了两次世界大战，并经历了 1929—1933 年的“大萧条”，出现了货币制度的重大改变。中央银行作为“政府的银行”的职能更加强化，对政府的贷款支持大幅度增加，为政府发行债券融资的数量成倍增长。这期间有 40 多个国家或地区新设或改组中央银行，典型的如苏联国家银行

(1921 年)，德国国家银行（1924 年）、印度储备银行（1935 年）等，这些国家或地区大都从法律上确认中央银行具有超然地位。

3. 中央银行制度的完善与健全（1945 年至今）

第二次世界大战后，布雷顿森林体系确立，使已经中断了 30 年的相对统一的国际货币体系在新的基础上重新建立起来。该体系下，除美国之外的各国货币发行不再受限于黄金储备，使中央银行提供更多货币成为可能。随着国家垄断资本主义的发展和国家干预主义经济思潮的兴盛，西方国家对经济的干预日益加强，货币政策成为许多国家调节宏观经济的最重要的政策工具，中央银行作为货币政策的制定者和执行者，其地位和作用也得到了进一步加强。具体表现在：

首先，许多国家的中央银行逐步实行了国有化，如法兰西银行于 1945 年、英格兰银行于 1946 年先后实行了国有化。有些国家的中央银行虽然在股权上仍保留部分私有股份，但大部分股权则保持在国家手中。

其次，许多国家纷纷制定新的银行法，明确中央银行的主要职责就是贯彻执行货币政策、维持货币金融的稳定。例如，德国中央银行明确宣称其目的是“保卫马克”；美国 1946 年通过的《充分就业法》规定：“美国中央银行肩负促进最大限度的生产、就业和购买力的责任。”这些法律规定不仅与保持中央银行的相对独立性有关，而且通过立法为中央银行发挥调控作用提供了保障。至此，中央银行越来越成为政府机构的一部分，而不再是一般意义上的银行。

最后，伴随非银行金融机构纷纷设立，金融体系从相对单一的银行体系逐步发展成为多元化金融体系，中央银行服务和管理的对象也就从银行业扩展到整个的金融体系。中央银行一方面需要提供大量货币以促进经济增长和就业，另一方面要保证货币稳定这个最基本职能的实现，同时还要维护多元化金融体系的稳定，如何做到这几方面的平衡，是中央银行面对的新问题。

1973 年，布雷顿森林体系解体，各国都进入了完全信用货币时代。随着金融市场风险急剧上升和各种金融创新爆发式增长，金融创新的浪潮和混业经营趋势日渐明显，各国的中央银行特别是几家具有全球影响力的中央银行，在实践中不断探索在完全信用货币条件下如何使用政策工具调控货币供应量、如何在保持货币和物价稳定基础上促进经济增长和金融稳定。2008 年国际金融危机后，银行监管、金融稳定和政策协调的重要性更加凸显，中央银行制度进一步优化，中央银行的使命也从最初的统一货币发行、防止金融恐慌和为政府融资服务，演进为现今的在货币稳定、金融稳定和经济稳定中承担更多的职责。

拓展阅读 9-1

中央银行：从最后贷款人到最后做市商？①

传统的中央银行最后贷款人（Lender of Last Resort，LLR）职能是金融安全网的重要支柱。当金融机构的流动性需求异常上升且无法从其他渠道获得流动性时，央行可以通过 LLR 措施对其提供流动性救助。传统 LLR 政策主要聚焦于对银行的救助。随着金融市场直接融资占比持续上升、金融工具愈发丰富、传统信贷的替代渠道越来越多，以美联储为代表的几家主要发达经济体央行在危机救助实践中也承担了最后做市商（Market Maker of Last Resort，MMLR）的职能，针对更广泛的金融市场和金融产品进行救助。

MMLR 职能既是 LLR 职能的自然扩展，也与传统 LLR 职能有着不同的作用机制。这里的 MMLR 是指在金融市场出现集中抛售或交易停滞等问题时，通过买卖相关资产或接受相关资产作为抵押品等方式，帮助市场恢复流动性和融资功能的主体。央行充当 MMLR 进行救助主要有两种方式：一是买卖丧失流动性的金融资产；二是接受丧失流动性的金融资产作为回购协议或贴现窗口的抵押品。

传统 LLR 理论认为，金融体系的运作基于对银行和其他中介的信任，LLR 重在救助金融机构，公认的最早由巴吉特明确论证的 LLR 职能，认为央行可以运用其贴现窗口化解金融机构的流动性危机，但同时建议以惩罚性的高利率和基于良好的抵押品发放贷款；而 MMLR 理论则认为，金融体系的运作基于对抵押品的信任，MMLR 重在通过稳定抵押品价值来维护金融稳定。随着金融脱媒的加剧，越来越多的非金融企业和金融机构的外部融资不再通过银行贷款，而是通过各种可交易金融工具直接或间接地进入金融市场，一旦恐慌弥漫市场，某种金融工具的交易出现停滞，此时最为缺乏的是既有能力合理定价、又有足够资金买入卖出的做市商，而央行必须充当此角色，即成为最后做市商和最后购买人（Purchaser of Last Resort）。

不过，对 MMLR 也存有争议，持肯定观点的认为 MMLR 政策能够更直接地在危机中支持非银行金融机构甚至是实体经济，有效应对集中抛售，帮助市场恢复流动性和融资功能，但也有人指出 MMLR 政策存在实施容易而退出难的问题，并且可能引发道德风险，扭曲风险定价和市场需求，甚至导致央行资产负债表恶化，造成公共资金损失，中长期看还可能导致社会资金脱实向虚，从生产性投资转移到金融投资，导致非常规货币政策被迫常态化，难以摆脱“低利率陷阱”，货币政策陷入困境。

① 孙天琦、苗萌萌、阮鹏飞：《从最后贷款人到最后做市商——次贷危机以来国际上的实践和讨论》，《中国金融》2021 年第 11 期。

（三）中国中央银行的发展

中央银行在中国的萌芽是20世纪初清政府建立的户部银行。1905年8月，户部银行正式开业，政府授予该银行铸造货币、代理国库、发行纸币、经理公债等特权，成为中国最早出现的具有部分中央银行职能的国家银行。

最早以立法形式成立的中央银行是国民政府于1928年在上海设立的中央银行。根据规定，中央银行为国家银行，享有经理国库、发行兑换券、铸发国币、经理国债等特权，但尚未独占货币发行权。当时能同时充当清偿货币的，还有中国银行、交通银行和中国农民银行发行的银行券。1942年7月，根据“钞票统一发行办法”，将中国银行、交通银行和中国农民银行三家发行的钞票及准备金全部移交给中央银行，中央银行独享货币发行权。1945年3月，国民政府财政部授权中央银行，统一检查和管理全国的金融机构，使其管理职能得到强化。1949年，国民政府的中央银行撤离大陆，成为中国台湾地区的中央银行。

中国人民银行作为新中国的中央银行，是1948年12月1日在合并原华北银行、北海银行和西北农民银行的基础上组建的，同时开始发行统一的人民币。1949年2月总行迁至北平。从建立之日到1983年9月，它既是行使货币发行和金融管理职能的国家机关，又是从事信贷、结算、现金出纳和外汇业务的金融企业，是典型的复合型中央银行。这种一身二任、高度集中统一的“大一统”金融体系模式，既可满足新中国成立初期制止恶性通货膨胀的需要，也同高度集中的计划经济管理体制相适应。1983年9月，国务院决定由中国人民银行专门行使中央银行的职能，不再对企业和个人直接办理存贷业务，标志着现代中央银行制度在我国确立。这一制度较好地适应了改革开放、经济体制改革和社会主义市场经济不断发展的需要，通胀水平总体较为稳定。1995年，《中国人民银行法》正式颁布，标志着我国的中央银行制度迈向了法治化、规范化的新阶段。

随着我国实行分业经营、分业管理体制，中国人民银行的机构设置发生了几次重大的调整：20世纪90年代，先后设立中国证券监督管理委员会（中国证监会）和中国保险监督管理委员会（中国保监会）；2003年9月，设立中国银行业监督管理委员会（中国银监会）；为了深化金融监管体制改革的需要，2018年4月，保监会和银监会合并为中国银行保险监督管理委员会，简称“银保监会”，从而分拆了中国人民银行传统的金融监管职能。党的十八大以来，党中央、国务院对中国人民银行职能配置作出新规定，强化了中国人民银行宏观审慎管理、系统性金融风险防范、金融基础设施统筹监管等职责，使我国的中央银行制度与高质量发展的需要更相适应。

中国人民银行经历了一系列重大改革，已经逐步迈向了法治化、规范化的新阶段。伴随金融科技迅速发展，各种新型金融业务模式、应用、流程或产品正在重塑金融业态，作为全球最大的新兴加转轨经济体的中央银行，中国人民银行面临的现实约束条件更加复杂，也为我国中央银行制度创新性的优化发展提供了机会。

二、中央银行制度的类型

中央银行制度随各国历史进程、经济结构和政治制度等方面的不同而存在较大的差异，根据中央银行组织形式和组织结构的不同，可以将中央银行制度分成四种类型。

（一）单一中央银行制

单一中央银行制（Unitary Central Bank System）是指一个国家或地区建立单独的中央银行机构，使之与一般的商业银行业务相分离，全面行使中央银行职能的制度。单一中央银行制又可分为一元式和二元式两种中央银行制度。

1. 一元式中央银行制度

它是指一国由独家中央银行及其众多的分支机构来执行央行职能。这种由总分行构成的中央银行的特点是：权力集中、职能齐全、分支机构众多、统一调控与协调能力强。世界上大多数国家，如英国、日本、法国的中央银行都采取这种形式。中国自1984年之后也实行这种中央银行制度。

2. 二元式中央银行制度

它是指在一国内建立中央和地方两级相对独立的中央银行机构。中央级机构是最高权力或管理机构，地方级机构受中央级机构的监督管理，但是在它们各自的辖区内有较大的独立性。中央级中央银行和地方级中央银行在货币政策方面是统一的，但在货币政策的具体实施、金融监管和有关业务的具体操作方面，地方级中央银行在其辖区内有一定的独立性，与中央级中央银行也不是总分行的关系，而是按法律规定分别行使其职能。实行联邦制的国家多采取这种中央银行体制，如美国、德国等。美国联邦储备体系，在中央一级设立联邦储备委员会，在地方一级设立12家联邦储备银行，各联邦储备银行在各自的辖区内履行中央银行职能。

（二）复合中央银行制

复合中央银行制（Composite Central Bank System）是指国家不单独设立专司中央银行职能的机构，而是由一家集中央银行与商业银行职能于一身的大银行兼行中央银行职能，也就是所谓的“一身二任”。复合中央银行制主要存在于过去的苏联和东欧等国家，与国家实行的计划经济体制相对应。我国在1984年以前也实行这种中央银行制度。

（三）跨国中央银行制

跨国中央银行制（Multinational Central Bank System）是指由若干国家联合组建一家中央银行，并由该中央银行在其成员国范围内行使全部或部分中央银行职能。跨国中央银行为成员国发行共同使用的货币，制定统一的货币金融政策，监督各成员国的金融机构和金融市场，对成员国政府提供融资，办理成员国共同商定并授权的金融事项等。

它一般是与一定的货币联盟联系在一起的。第二次世界大战后，一些在地域上相邻、经济上与某一发达国家联系密切的欠发达国家，为促进共同的经济发展，组建了货币联盟。跨国中央银行的典型代表有在欧洲联盟基础上成立的欧洲中央银行，西非货币联盟所设的“西非国家中央银行”、中非货币联盟所设的“中非国家银行”和东加勒比海货币管理局等。

（四）准中央银行制

准中央银行制（Quasi-central Bank System）是指没有通常完整意义上的中央银行，只是由政府授权某个或某几个商业银行或设置类似中央银行的机构，部分行使中央银行职能的制度。新加坡和我国香港地区是其典型代表。新加坡不设中央银行，而由货币局发行货币，金融管理局负责银行管理、收缴存款准备金等业务。我国香港地区则设金融管理局，下设货币管理部、外汇管理部、银行监管部和银行政策部。前两个部门负责港元和外汇基金的管理，后两个部门对金融机构进行监管，港元发钞权则掌握在汇丰银行、渣打银行和中国银行三家银行手中。实行这种准中央银行制度的国家和地区还有斐济、马尔代夫、利比里亚等。

第二节　中央银行的性质与职能

中央银行的性质是指中央银行自身所具有的特有属性，是由它在国民经济中所处的地位决定，并随着中央银行制度的发展而不断变化的。中央银行的职能则是中央银行性质的具体体现或细化，随着国家对中央银行控制的加强，其职能也迅速扩展。

一、中央银行的性质

就世界各国的中央银行而论，现代中央银行已成为一国最高的货币金融管理机构，在各国金融体系中居于主导地位。它负责制定和执行国家的货币金融政策，调节货币流通与信用活动，在对外交往中代表国家参与国际金融活动，并对国内整个金融活动和金融体系实行管理与监督。

首先，中央银行是特殊的金融机构。一方面，中央银行的主要业务活动同样具有银行固有的办理“存、贷、汇”业务的特征；另一方面，它的业务活动又与普通金融机构有所不同，主要表现在其业务活动不以营利为目的，其业务对象不是一般的工商企业和居民个人，而是政府部门和商业银行等金融机构；同时，国家还赋予中央银行一系列特有的业务权利，如垄断货币发行、管理货币流通、集中存款准备金、维护支付清算系统的正常运行、代理国库、管理国家黄金外汇储备等。

其次，中央银行是保障金融稳健运行、调控宏观经济的特殊的国家行政机构。中央银行通过国家特殊授权，承担着监督管理普通金融机构和金融市场的重要使命，中央银行自然具有一定的国家机关的性质，负有重要的公共责任。并且，随着国家对金融和经济实施干预或调控的加强，中央银行的国家机关性质也趋于强化。但其与一般的行政机关又有很大不同：(1) 中央银行履行其职责主要是通过特定金融业务进行的，对金融和经济的管理调控基本上是采用经济手段，如调整利率或存款准备金率、在公开市场上买卖有价证券等，这些手段的运用更多地具有银行业务操作的特征，这与主要依靠行政手段进行管理的国家机关有明显不同；(2) 中央银行对宏观经济的调控是分层次实现的，即通过货币政策工具操作调节金融机构的行为和金融市场运作，然后再通过金融机构和金融市场影响各经济主体，其作用比较平缓，市场的回旋空间较大，这与一般国家机关的行政决定直接作用于各微观主体且缺乏弹性有较大不同；(3) 中央银行在政策制定上有一定的独立性，这在本节的后面部分还将专门论及。

总之，中央银行既是为商业银行等普通金融机构和政府提供金融服务的特殊金融机构，又是国家授权负责制定和实施货币政策、监督管理金融业和规范金融秩序、维护金融稳定、代表国家开展对外金融交往与合作、调控金融和经济运行的宏观管理部门。这可以看作对中央银行性质的基本概括。

二、中央银行的职能

从不同角度观察，中央银行职能可有多种分类方法。如有的归纳为服务职能、调节职能和监督职能三大类；有的归纳为政策职能、银行职能、监督职能、开发职能和研究职能；有的概括为货币稳定、金融稳定和经济稳定。传统、最常见、被大家普遍接受的分类方法是将中央银行的职能概括为“发行的银行”、“银行的银行”和“政府的银行”，下面我们就从这几个方面来进一步了解中央银行的职能。

(一) 发行的银行

中央银行是发行的银行（Banks of Issue），有两方面的含义：首先是指中央银行垄断银行券的发行权；其次是指中央银行作为货币政策的最高决策机构，在决定一国的货币供应量方面具有至关重要的作用。

中央银行制度的一个基本特点便是由中央银行垄断银行券的发行。在实行金本位条件下，货币的发行权主要是指银行券的发行权。对银行券的发行和管理，各国均有通过立法程序确定的严格制度。为了保证银行券的信誉和货币金融的稳定，中央银行必须集中足够的黄金储备，作为支撑银行券发行与流通的信用基础，因此中央银行的黄金储备数量成为银行券发行数量的制约因素。随着金本位制的解体，银行券发行的黄金准备制度也就丧失了它的意义，但为了取信于民，各国政府往往也规定中央银行发行银行券，要以一定数量的国债、特别提款权、外汇及部分黄金做保证。

随着信用制度的发展和现代科技成果在金融领域的广泛应用，货币的存在形式和结构比例发生了很大变化，对货币供给的控制均已扩大到包括存款货币在内的货币供给总量。银行券本身的数量相对就不那么重要了，重要的是货币供给总量。中央银行发行出来的银行券，一部分形成商业银行等存款性机构的库存现金，大部分则形成流通中的现金，它们和存款性机构在中央银行的准备金存款一起，共同构成了一个非常重要的变量，即基础货币（我们将在货币供给一章详加阐述）。因此，在现代经济社会中，中央银行作为发行的银行的功能，更多体现在通过对基础货币的控制，在决定一国的货币供应量方面发挥至关重要的作用。

（二）银行的银行

中央银行是银行的银行（Bank of Banks），是指中央银行充当一国（地区）金融体系的核心，履行为银行及其他金融机构提供金融服务和支付保证，并监督管理金融机构与金融市场业务活动的职能。这一职能具体体现在以下几个方面：

第一，集中保管各商业银行及其他存款机构的存款准备金（Deposit Reserve）。为了保证存款机构的清偿能力，各国的银行法规一般都要求存款机构对其存款保留一定比例的准备金，即法定准备金。这些准备金（包括一部分超额准备金）除一小部分可以库存现金的形式持有之外，大部分要交由中央银行保管。各存款机构在中央银行设立准备金账户，以在中央银行存款的形式持有其绝大部分准备金。这种存款准备制度的意义在于，一方面便于中央银行了解和掌握各存款机构的准备金状况，保证存款机构的清偿能力，应对客户提存需要，从而保护存款人利益和保障存款机构自身安全；另一方面，可使中央银行组织起全国范围内的资金清算，同时为中央银行通过改变存款准备金比率调节信用规模、控制货币供应量创造条件。

第二，充当最后贷款人（Lender of Last Resort）。当某一金融机构面临资金困难，而别的金融机构又无力或不愿对它进行援助的时候，中央银行将扮演最后贷款人的角色。通常是商业银行以其持有的票据要求中央银行予以再贴现，或向中央银行申请信用贷款，从而获取所需资金。中央银行的最后贷款人角色有助于形成一个富有弹性的货币供给机制，同时也是防止银行倒闭的一道重要防线。

第三，组织、参与和管理全国清算业务。商业银行相互间因为业务关系，每天都发生大量的资金往来，必须及时清算。由于各家银行都在中央银行开有存款账户，各银行间的票据交换和资金清算业务，就可以通过这些账户转账和划拨。这不但有利于加快社会资金周转，节约资金成本，而且对于提高资金使用效率具有重要意义。目前大多数国家的中央银行都已成为全国资金清算中心。随着资金清算数量的不断增长和科技成果在清算体系中的运用，中央银行对清算方法也做了技术性的改进，如大量采用电子数据处理系统等，使清算的准确性、时效性有了极大的提高。

（三）政府的银行

中央银行是政府的银行（Government's Bank），是指中央银行作为政府宏观经济管理的一个部门，由政府授权对金融业实施监督管理，对宏观经济进行调控，代表政府参与国际金融事务，并为政府提供融资、国库收支等服务。具体从以下几方面体现出来：

第一，代理国库收支。从世界范围来看，大多数国家中央银行都负有代理国库的职责。各级财政部门在中央银行开立账户，国库资金的收缴、支出、拨付、转账结算等均委托中央银行无偿办理。

第二，代理政府债券的发行。为调剂政府收支或弥补政府开支不足，许多国家的政府经常需要发行政府债券，中央银行通常代理政府债券的发行以及办理债券到期时的还本付息等事宜。

第三，向政府融通资金，提供特定信贷支持。在法律许可的情况下，中央银行通常还采取直接向政府提供短期贷款或购买政府债券等方式，以解决政府的临时性资金需要。

第四，管理、经营包括外汇、黄金和其他形式的国际储备。国际储备数量的多少是一国国力强弱的标志，也是一国维持对外经济活动稳定的物质条件。中央银行负有持有和管理国家国际储备的责任，这些国际储备包括外汇、黄金、在国际货币基金组织的储备头寸、国际货币基金组织分配的尚未动用的特别提款权等。为此，中央银行应随时研究国际收支及外汇市场动态，保持适当的国际储备，及时调整储备结构，负责储备资产的保值及经营收益。

第五，代表政府参加国际金融组织和各种国际金融活动，进行政府间的金融事务往来，与外国中央银行进行交往，代表政府签订国际金融协定等。

第六，制定和执行货币政策，中央银行作为政府的银行不以营利为目的，从国家利益出发，独立制定和执行货币政策，调控社会信用总量，指导、管理、监督、检查各金融机构和金融市场活动，为实现国家经济发展的长远目标服务。

第七，实施金融监管，维护金融稳定，政府一般赋予中央银行监督管理金融业的职责，监管内容包括制定并监督执行有关金融制度、法规和业务活动准则等，管理金融机构的设立和撤并，监督管理金融机构业务活动，管理、规范金融市场等。

第八，提供经济信息服务。中央银行作为一国金融活动的中心，能够及时掌握经济金融活动的基本信息，有义务为政府及社会公众提供或发布经济金融信息。

三、中央银行的独立性及其与各方面的关系

中央银行是具有特殊权力的银行，又是金融管理机关和宏观经济调控主体，中央银行在制定和实施货币政策的过程中，如何合理地协调同政府的关系是一个重要的问题。中央银行是隶属于政府、受政府管辖，还是超然于政府之外、独立地按照自己的意志行事？对此，不仅在理论上人们的观点不一、存有争议，而且在现实中各国央行的实际情况也存在着很大的差异。

（一）中央银行独立性问题

1. 中央银行独立性的含义

中央银行的独立性（Independence）是指中央银行履行自身职责时法律赋予或实际拥有的权力、决策与行动的自主程度。中央银行的独立性问题集中反映在中央银行与政府的关系上。

中央银行虽然从它的诞生之日起，便同政府有着密切的联系，但是第一次世界大战之前的中央银行，还具有很强的私人企业性质，人们普遍认为中央银行应摆脱政府的影响和控制，而享有最高程度的自由，以避免政府滥用权力，无节制地利用中央银行滥发钞票、筹措资金，造成通货膨胀。但是这种信条在第一次世界大战中遭到了严重的破坏，各国纷纷利用印钞机来筹措军费，中央银行的独立性丧失殆尽。第二次世界大战之后，各资本主义国家都加强了对经济的干预，中央银行作为货币政策的执行者，成为政府干预经济的重要工具。到了 20 世纪 70 年代，布雷顿森林体系崩溃，双挂钩制度不复存在，不兑现的信用货币制度普遍实行，货币的价值不再稳定，世界金融市场波动频繁，政府开始尊重央行的独立地位。

关于中央银行独立性问题的争论始终存在。支持中央银行独立性的主要理由之一是，民主社会中的政治家，更关注短期利益，而不考虑政策的长期效果。为了讨好选民，他们不愿意通过增加税收、削减政府支出的方式来减少预算赤字，而更愿意采取增发货币的方式，为政府支出筹措资金，减少失业。因此，如果货币政策较多地受政府意志的影响，便会有较强的通货膨胀的倾向。有些经济学家还提出了所谓的政治商业周期（Political Business Cycle）理论来描述政治家行为对经济活动的影响，该理论认为，在选举之前，政府倾向于采取扩张性的货币政策，从而降低失业率，以获得选民的支持。上台以后，再采取紧缩性的政策，来应对先前货币扩张所导致的通货膨胀和名义利率上升。直至下一任选举时，再重复先前的循环。反对独立性的理由则认为，国家的宏观经济管理是一个统一的整体，货币政策必须和财政政策有效的配合，才能取得预期的效果。况且，有证据表明，中央银行并不一定总能够比政府官员做出更明智的判断，从而有效地使用它所拥有的自由。例如许多国家的中央银行在 20 世纪 30 年代大危机的时

候，都实行紧缩的政策，从而加剧了危机的后果。

美联储前主席伯南克在《金融的本质》中则区分了不同情况下央行的独立性问题："必须认识到，独立的央行所扮演的角色在通货膨胀和通货紧缩的环境下是不一样的。通胀的环境更多与政府债务的过度货币化有关，此时央行的独立性表现在对政府说'不'上。（相反）在长期通缩的环境下，过度创造货币几乎不是问题，此时就更加需要央行采取合作的立场。在这种情况下，短时期内央行和财政部门进行更好的合作并不与央行的独立性相矛盾。"

总体上看，当各国经济社会平稳发展的时候，政府与中央银行的关系是比较协调的，中央银行能够比较自主地履行自己的职责。但当经济金融出现困难甚至危机的时候，政府与中央银行往往出现不协调的情况，政府较多地考虑就业、保障等社会问题，中央银行较多地考虑货币金融的稳定问题。

2. 中央银行独立性的辩证关系

中央银行的独立性需要从以下两个方面来辩证地认识。

（1）中央银行应对政府保持一定的独立性。中央银行在金融体系和国民经济中处于特殊的地位，承担着特殊的职责，要真正发挥中央银行的作用，必须使中央银行具有一定的独立性：一是因为中央银行的业务活动必须符合金融运行的客观规律和自身业务的特点，这是由经济与金融的关系以及金融行业的特殊性质决定的；二是中央银行的运作具有很强的专业性和技术性；三是中央银行与政府两者所处地位、行为目标、利益诉求及制约因素有所不同，如果中央银行完全按政府指令行事而缺乏独立性，可能出现用货币发行弥补财政赤字、降低货币政策稳定性等问题；四是一定程度的独立性，可使中央银行与政府其他部门之间的政策形成一个互补与制约关系，增加政策的综合效率和稳定性，避免某项决策或政策失误而造成经济与社会发展全局性的损失；五是可以使中央银行和分支机构全面、准确、及时地贯彻总行的方针政策，避免各级政府的干预，保证货币政策决策与实施的统一。

（2）中央银行对政府的独立性是相对的。中央银行作为国家的金融管理当局，是政府实施宏观调控的重要部门，中央银行要接受政府的管理和监督，不能完全独立于政府，要在国家总体经济社会发展目标和政策指导之下，履行自己的职责。因此中央银行对政府的独立性只能是相对的：一是虽然金融是现代经济的核心，但在经济社会大系统中它仍是一个子系统，中央银行作为金融系统的核心和金融管理者，自然应当服从于经济社会大系统的运转，服从于国家的根本利益。二是中央银行的货币政策目标和宏观调控目标，要与国家经济社会发展的总体目标一致，目标的实现也需要其他政策特别是财政政策的协调与配合，与其他部门的关系也需要由政府来协调；三是虽然中央银行主要依靠经济手段并通过具体的业务操作来履行职责，但其业务活动和监管都是在国家授权下进行的，具有一定的行政管理部门的性质；四是在特殊情况下，如遇到战争、特大灾害等，中央银行则必须完全服从政府的领导和指挥。

3. 中央银行独立性的实践

中央银行对政府独立性的强弱体现在以下几个方面：一是法律赋予中央银行的职责及履行职责时的主动性大小。二是中央银行的隶属关系，隶属于国会的中央银行，其独立性较强；隶属于政府或政府某一部门（主要是财政部）的中央银行，其独立性就弱一些。三是中央银行负责人的产生程序、任期长短与权力大小。四是中央银行与财政部门的资金关系，主要是中央银行对财政部是否允许透支及透支额的大小，对政府融资的条件是否严格以及弹性大小等。五是中央银行最高决策机构的组成，政府人员是否参与决策等。

目前世界各国中央银行的独立性程度差异较大，主要有三类：一类是独立性较强的，如德国联邦银行、美国联邦储备体系、瑞典银行等；二是独立性较弱的，如意大利银行、法兰西银行等，一些处于经济体制转轨时期的国家的中央银行也属于此类型；三是独立性居中的，如英格兰银行、日本银行等，一些新兴的工业化国家的中央银行，也大致属于这种类型。①

《中国人民银行法》对独立性问题有专门的规定。法律在规定中国人民银行必须接受国务院领导的同时，也对其独立性给予了一定范围的授权。从总体看，中国人民银行在重要事项决策方面的独立性是较弱的，但这只是对中央政府而言，对地方政府和各级政府部门等，法律赋予中央银行完全的独立性。同时在货币政策操作、业务活动等方面，中央银行的独立性就更强一些。从发展的角度看，中国人民银行的独立性明显有进步。

（二）中央银行与政府部门之间的关系

无论中央银行对政府的独立性是强还是弱，中央银行与政府部门之间都有一定的联系，与中央银行联系最为密切的是财政部门。由于财政部门在经济方面最能代表政府，所以中央银行与政府的关系在很大程度上反映在中央银行与财政部门的关系上，政府对中央银行的管理和干预在许多方面是通过财政部门进行的。主要体现在：

（1）中央银行资本金的所有权大都由财政部门代表国家或政府持有；②（2）绝大多数国家中央银行的利润除规定的提存外，全部交国家财政，如有亏损则由国家财政弥补；（3）财政部门掌管国家财政收支，而中央银行则代理或经理国库；（4）中央银行代理政府债券发行，需要时按法律规定向政府财政融资；（5）许多国家财政部门的负

---

① 德国、法国、意大利等参加欧元体系国家的中央银行，其货币政策等方面的权力在欧洲中央银行成立后发生了很大变化。但从这些国家内部中央银行与政府的关系看，仍可将其归入不同的类型。

② 并非所有国家的中央银行自有资本都是国家所有的。从中央银行自有资本的所有权看，大致有三种形式，一种是全部由国家所有，大多数国家采取这种形式；一种是公司股份混合所有，如日本、墨西哥等国的中央银行；最后一种则是完全由私人股东持有中央银行的股权，如美联储的资本全部由会员银行持有，意大利中央银行的股份也只能由储蓄银行、全国性银行、公营信贷机构等认购。（参见易纲、吴有昌：《货币银行学》，格致出版社，上海人民出版社，2014，第287页。）

责人参与中央银行的决策机构有的有决策权，有的则是列席权；（6）在货币政策和财政政策的制定和执行方面，需要协调配合。

中央银行与财政部的资金关系是中央银行能否执行独立的货币政策的关键，是中央银行独立性高低的具体体现。为防止中央银行沦为弥补财政赤字的工具，多数发达国家都对中央银行向财政部提供直接贷款或透支的数额或期限进行严格的限制，政府的财政赤字主要通过发行国债来弥补，中央银行则对国债的发行进行积极的配合，为国债的发行创造有利的条件。同时，中央银行还可通过在一级市场或二级市场上买入国债的形式对政府进行融资。《中国人民银行法》[①] 第四章第二十九条明确规定“中国人民银行不得对政府财政透支，不得直接认购、包销国债和其他政府债券”；第三十条进一步指出“中国人民银行不得向地方政府、各级政府部门提供贷款”。这对于中国人民银行排除外来干预、独立地制定和实施货币政策具有重要意义。

除财政部门之外，中央银行还与其他政府部门具有一定的联系，如经济运行的管理调节部门、贸易管理部门、经济方面的有关决策部门和咨询部门、统计部门等，中央银行与这些部门之间的关系体现在协作、信息交流、政策配合等方面，无隶属关系。在我国，与中国人民银行联系比较密切的政府部门，还有国家发展和改革委员会、国家统计局、商务部等。中国人民银行与这些部门的关系主要是政策协调配合的关系。

（三）中央银行与国家其他金融管理部门之间的关系

由于各国的经济金融发展水平和传统习惯不同，在对金融业的具体管理上各国又有体制上的差异，有些国家对金融业的管理全部由中央银行承担，而有些国家则由中央银行和另外的专门管理机构共同承担。但不管属于什么类型，中央银行都是对金融业实施监督管理的核心机构，与其他金融监管机构的关系极为密切。

中国目前实行分业监管的体制，中国人民银行负责制定和执行货币政策，实施金融宏观调控，防范和化解金融风险，维护金融稳定。同时，中国银行保险监督管理委员会承担银行业和保险业的监督管理，中国证券监督管理委员会承担证券业的监督管理。在具体的金融监督中，中国人民银行与两个监督管理委员会还有一定的业务交叉。如金融机构业务活动涉及的银行间同业拆借市场和银行间债券市场、外汇市场等，中国人民银行负责直接的监督管理；当银行业金融机构出现支付困难，可能引发金融风险时，中国人民银行经国务院批准，有权对这些机构检查监督。为了实现金融业的整体稳健运行和健康发展，中国人民银行与两个监督管理委员会建有信息共享机制和工作联系机制。

---

① 1995 年 3 月 18 日，第八届全国人民代表大会第三次会议通过《中华人民共和国中国人民银行法》。2003 年 12 月 27 日，第十届全国人民代表大会常务委员会第六次会议通过《关于修改〈中华人民共和国中国人民银行法〉的决定》，新修订的《中华人民共和国中国人民银行法》自 2004 年 2 月 1 日起施行。

第三节　中央银行的业务

中央银行的性质决定了其区别于商业银行和其他金融机构的业务，其职能的发挥主要靠其业务活动来实现。中央银行的业务存在着特殊性：一是业务活动的对象是商业银行、其他金融机构以及政府；二是它的业务不以营利为目的，主要是为了实现宏观经济的调控目标。中央银行通过自身的业务操作来调节商业银行和其他金融机构的资产负债。

一、中央银行的负债业务

中央银行的负债是指政府、金融机构、其他经济部门及社会公众持有的对中央银行的债权。中央银行的负债业务主要包括货币发行业务、存款业务和其他负债业务。

（一）货币发行业务

社会上流通的现金都是通过货币发行业务流出中央银行的，货币发行形成中央银行对社会的负债。

1. 货币发行的含义

货币发行（Currency Issue）是指中央银行向社会投放现金的业务。货币发行有两重含义：一是指货币从中央银行的发行库，通过各家商业银行的业务库流入社会；二是指货币从中央银行流出的数量大于从流通中回笼的数量。货币发行的实质是中央银行对现金持有者的一笔负债，货币发行的一部分被社会公众持有，称为流通中的现金，另一部分形成商业银行等金融机构的库存现金。

中央银行作为发行的银行，一方面，可以通过对商业银行提供再贴现、再贷款，向社会收购黄金外汇，在公开市场上购买有价证券（如政府债券、央行票据等）等方式将货币发行出去；另一方面，还可以通过回收再贴现或再贷款资金，在公开市场上卖出有价证券等方式回笼货币。从中央银行流出的数量大于从流通中回笼的数量，形成净投放，反之，则为净回笼。

2. 货币发行的原则

要保证货币发行适度，实现货币稳定，货币发行就必须坚持如下原则：第一，垄断发行的原则，即货币发行权高度集中于中央银行，这样才能统一国内的通货形式，避免多头发行造成的货币流通混乱；第二，信用保证原则，即货币发行要有一定的黄金或有价证券作保证；第三，弹性发行原则，即货币发行要有一定的伸缩性和灵活性，以适应经济状况变化的需要。

（二）存款业务

1. 中央银行的存款业务构成

存款业务是中央银行最重要的负债业务之一，主要有如下形式：

（1）集中存款准备金。存款准备金主要是商业银行等存款性机构按吸收存款的一定比例提取的准备金。它由两部分组成：一部分是自存（或超额）准备，通常以库存现金和在中央银行的超额准备金存款两种形式存在；另一部分是法定准备金，即根据法律规定，商业银行必须按存款的一定比例转存中央银行的部分。

《中国人民银行法》赋予中国人民银行要求银行业金融机构按照规定的比例交存存款准备金，并检查监督银行业金融机构执行存款准备金管理规定的权力。我国还规定，银行的库存现金不能充当法定存款准备金，只有上存中国人民银行的存款才能充当法定存款准备金。

（2）政府存款。包括中央政府和地方各级政府的存款。政府存款中最主要的是中央政府存款，一般包括国库持有的货币、活期存款、定期存款及外币存款等。中国人民银行资产负债表中“中央政府存款”是指各级财政在中国人民银行账户上预算收入与支出的余额。

（3）非银行金融机构存款。一般情况下，非银行金融机构的存款不具有法律强制性，没有法定的存款缴存比率，通常它们将存款存入中央银行的主要目的是便于清算。目前我国各种非银行金融机构在中国人民银行都有存款（称为其他金融性公司存款），主要也是用于清算。

（4）外国存款。这项存款主要包括国际金融机构、外国中央银行或外国政府的存款，它们持有这些债权构成该国的外汇，随时可以用于贸易结算和清算债务，存款数量多少取决于它们的需要，这一点对于本国中央银行来说有较大的被动性。

（5）特种存款。特种存款是指中央银行根据商业银行和其他金融机构信贷资金的营运情况以及宏观调控的需要，向这些金融机构集中一定数量的资金而形成的存款。特种存款业务作为调整信贷结构和信贷规模的重要措施，成为中央银行直接信用控制方式之一。这种存款往往具有非常规性、业务对象的特定性（一般很少面向所有的金融机构）、期限较短和一定的强制性。

2. 中央银行存款业务的目的和特点

与商业银行不同，中央银行吸收存款、组织资金来源的主要目的有三个：（1）有利于调控信贷规模和货币供应量，例如通过对法定存款准备金比率的规定与调整，调控商业银行的信贷规模。（2）有利于维护金融业的安全。中央银行集中保管准备金，可以在商业银行出现清偿力不足时发挥其最后贷款人职能；通过对商业银行存款账户的检测，分析其资金运用状况，督促商业银行在经营管理中注意安全性和流动性。（3）有利于国内的资金清算，各类金融机构在中央银行开户，使之可以开展全国的资金清算，有利于顺利结清各金融机构之间的债权债务关系，加速全社会资金的周转。

中央银行存款业务具有不同于商业银行的特点，具体包括：（1）存款原则的特殊性。中央银行存款业务往往具有一定的强制性，存款准备金制度便是典型的例证。（2）存款动机的特殊性。中央银行吸收存款不是以盈利为目的，而是出于金融宏观调控和监督管理的需要。（3）存款对象的特殊性。中央银行的存款对象是商业银行、非银行金融机构、政府部门等机构。

（三）其他负债业务

中央银行的其他负债业务，包括发行中央银行债券和票据、对外负债和资本业务等。

1. 发行中央银行债券与票据

各国法律一般都赋予中央银行发行债券或票据的权利。中央银行债券是为调节金融机构多余的流动性，而向金融机构发行的债务凭证。这是中央银行的一项主动负债业务，发行的对象是国内金融机构。当中央银行认为社会流动性过于充足，或为了压缩社会货币资金时，会增加央行债券或票据发行；相反，则通过回收债券或票据来向社会增加货币供给。

2. 对外负债

对外负债主要包括从国外银行借款、对外国中央银行的负债、向国际金融机构的贷款、在国外发行的中央银行债券等。中央银行对外负债的主要目的包括：平衡国际收支，维持本币汇率的基本稳定，应对货币危机或金融动荡。

3. 资本业务

中央银行的资本业务是中央银行筹集、维持和补充自有资本的业务。中央银行资本形成的途径，主要有政府出资、国有机构出资、私人银行或部门出资、成员国中央银行出资等。由于中央银行有国家赋予相应的特权，由国家信用做保证，因此中央银行实力的高低与其资本金多少无关，有的国家中央银行甚至没有资本金。中央银行在技术上可以零资本运作（比如韩国银行），也就是其资金运用根本不需要有任何自有资本（本节后文进一步说明）。但现实中大部分国家都或多或少持有一些资本，这有助于吸纳其政策实施所带来的某些经济损失，保证货币政策实施的独立性与有效性。

二、中央银行的资产业务

中央银行的资产业务，是指中央银行运用其资金的业务活动。资产业务是中央银行发挥自身职责的重要手段，包括贴现与放款业务、证券业务、黄金和外汇储备业务及其他资产业务。

（一）贴现及放款业务

中央银行的贴现及放款业务主要包括中央银行对商业银行的再贴现和再贷款，对政府的各种贷款和对国外政府、金融机构的贷款等业务。

其中，中央银行以再贷款方式对商业银行等金融机构提供资金融通和支付保证，既是履行“最后贷款人”职能的具体手段，也是其提供基础货币的重要渠道。在票据业务发达的国家，中央银行办理票据再贴现，成为向商业银行融通资金的重要方式。中央银行开展这些业务的主要目的是解决商业银行临时性的短期资金需要，补充流动性不足，以及在紧急情况下保证商业银行的最后清偿能力，防止出现金融恐慌。

对商业银行等金融机构的放款除了传统的再贷款（再贴现）外，还包含一些创新型的放款业务。例如抵押补充贷款（Pledged Supplementary Lending，PSL），这是 2014 年 4 月中国人民银行创设的一种新型放款业务，期限一般为 3—5 年，主要用于国家政策性银行支持棚户区改造等其他国家政策性支持项目。我国的政策性银行是包括在其他存款性公司范围内的。因此，PSL 在本质上也是一种再贷款，列于央行资产负债表资产端项目“对其他存款性公司债权”项目中。此外，中期借贷便利（MLF）、常备借贷便利（SLF）等也属于创新型的再贷款业务，目的是为国民经济重点领域和薄弱环节提供有力支持。2022 年 4 月，中国人民银行设立科技创新再贷款，引导金融机构加大对科技创新的支持力度，撬动社会资金促进科技创新，发放对象包括国家开发银行、政策性银行、国有商业银行、中国邮政储蓄银行、股份制商业银行等 21 家金融机构，按照金融机构发放符合要求的科技企业贷款本金 60% 提供资金支持。这些结构性贷款的讨论和政策效果，将在货币政策这一章进一步展开阐述。

中央银行对政府的放款，则包括对财政部门的正常贷款和透支等。

（二）证券业务

中央银行证券业务是指在公开市场上进行证券买卖操作的业务，是中央银行货币政策操作三大基本工具之一。此项业务操作在调控货币供应量的同时，也为中央银行调整自己的资产结构提供了手段。中央银行买卖证券最重要的意义在于影响金融体系的流动性，调控基础货币，从而调节货币供应量，实现货币政策目标。中央银行主要买卖的证券种类有政府债券（包括国库券和公债券）、央行票据等。

中央银行可通过两种方式进行有价证券的买卖。一是直接买卖。当中央银行认为需要增加或减少商业银行的超额存款准备金时，就会直接购入或出售某种有价证券，直至达到目的。二是附有回购协议的买卖。中央银行在出售有价证券时就签订协议，即必须在指定的日期将售出的证券按固定的价格购入；而在买入证券时，则必须在指定的日期将所购入的证券按协议价格再出售。前者称为“正回购”，后者称为“逆回购”，目前中央银行的证券买卖业务多以附有回购协议的方式进行。

（三）黄金外汇储备业务

保管黄金外汇储备是中央银行的基本职责之一，也是中央银行主要的资产业务。当今世界各国间经济往来频繁，中央银行保管黄金外汇储备有着特别重要的意义：第一，中央银行所拥有的黄金外汇储备可作为国内货币发行的准备，保持国内货币的币值稳定；第二，中央银行通过买进或抛售国际通货，可以稳定本国货币的汇率；第三，在国际收支发生逆差时，可以动用黄金外汇储备来清偿外债。

（四）其他资产

除以上三项外，未列入的所有项目之和都可列入其他资产，主要包括待收款项和固定资产等。

三、中央银行的资产负债表

（一）中央银行资产负债表的一般构成

中央银行是整个金融体系的中枢，是货币创造的源泉。中央银行的资产负债表是中央银行表内业务的综合记录。目前各国中央银行资产负债表的报表项目结构及其内在含义是逐步演化的结果，其中有些项目的内在含义也并非始终如一。为促进国际金融信息交流，国际货币基金组织定期编制《货币与金融统计手册》，以相对统一的口径提供各成员国有关货币金融和经济发展的主要统计数据，中央银行的资产负债表就是其中之一，称作“货币当局资产负债表”。以国际货币基金组织编制的“货币当局资产负债表”为基础，简化的中央银行资产负债表如表 9-1 所示。

表 9-1　简化的中央银行资产负债表

资产	负债
国外资产	储备货币 货币发行 准备金存款
对政府债权	发行债券
对存款性机构的债权	对外负债
对非货币金融机构的债权	政府存款
对非金融企业的债权	资本项目
其他资产	其他负债
总资产	总负债

1. 资产项目

（1）国外资产。主要包括中央银行持有的外汇、黄金储备、在国际货币基金组织的储备头寸、特别提款权、其他多边合作银行的股权等。

（2）对政府债权。指中央银行持有的国库券、政府债券、财政短期贷款、对国库的垫款或法律允许的透支额等，也包括中央银行持有的地方政府债券和其他证券、贷款和垫款等。大多数国家表现为央行持有的政府债券的数额。

（3）对存款性机构债权。主要是指央行对商业银行等存款性机构的债权。这些存款性机构指那些从事金融中介业务、业务活动与存款货币直接相关的机构。我国存款性机构主要包括各类商业银行、农村（城市）信用合作社、财务公司和政策性银行等，该项目是以“对其他存款性公司债权”表示。

（4）对非货币金融机构的债权。主要是央行所持有的其他金融性公司的债券余额或再贷款余额。非货币金融机构主要指从事金融性业务但不持有广义货币负债的公司，覆盖范围包括证券公司、保险公司、养老基金、金融租赁公司、信托公司、资产管理公司等。我国央行资产负债表中该项目以“对其他金融性公司债权”表示。

（5）对非金融企业债权。指央行持有的对特定机构或私人的债权。我国以“对非金融公司债权”表示该项目，主要是央行为支持老少边穷地区的经济发展而发放的专项贷款等。

（6）其他资产。指央行其他业务形成的资产，包括国际金融组织资产、投资、在途资金占用、暂付款项、待清理资产、待处理损失以及其他资产等。

2. 负债项目

（1）储备货币，也叫基础货币，主要包括货币发行和存款性机构的准备金存款。货币发行的实质是中央银行对现金持有者的一笔负债，表示现金持有者与央行之间的债权债务关系。其中货币发行又分为流通中的现金（即 M_0）和存款性机构的库存现金，准备金存款则包含存款性机构的法定准备金存款和超额准备金存款。

（2）发行债券。指的是中央银行发行、各金融机构持有的尚未到期的央行债券（或票据）。

（3）对外负债。主要指央行对非本国居民的负债，主要来自外国机构存放在本国央行的存款，或央行向国外发行的债券（票据），或者来自国际合作的清算和各国央行之间存在的货币互换协议等。

（4）政府存款。主要指中央政府在中央银行的存款，包括国库持有的货币、活期存款、定期存款以及外币存款等。

（5）资本项目。主要包括中央银行的实收资本、留存收益等。对于国有化的央行而言，这些资本相当于是中央政府存入央行的一笔资产，这笔资本金就是央行对政府的负债。

（6）其他负债。在本表中未做分类的负债。

3. 中国人民银行的资产负债表及其主要项目

中国人民银行从 1994 年起编制中国货币当局资产负债表并定期向社会公布。表 9-2 给出了中国人民银行 2017 年和 2021 年的资产负债表数据，可以直接看出我国央行资产负债的规模和结构。中国人民银行的资产主要是外汇储备、对其他存款性公司债权和对政府债权。2021 年外汇储备余额为 21.29 万亿人民币，占总资产的比重为 53.79%，在中央银行资产中占有重要位置；2008 年金融危机以来，中国人民银行通过加大对金融机构贷款来补充实体经济所需流动性，资产结构呈现外汇占比下降、对金融机构债权占比上升的态势（2007 年外汇占比曾经高达 68.09%，而 2021 年外汇占比为 53.79%）。从中国人民银行的负债结构看，占比前三位的是其他存款性公司存款、货币发行和政府存款。

表 9-2　中国人民银行资产负债表

单位：亿元人民币

项目	2017 年	2021 年
国外资产	221164.12	225102.82
外汇	214788.33	212867.20
货币黄金	2541.50	2855.63
其他国外资产①	3834.29	9380.00
对政府债权	15274.09	15240.68
其中：中央政府	15274.09	15240.68
对其他存款性公司债权	102230.35	128645.47
对其他金融性公司债权	5986.62	4125.22
对非金融性部门债权	101.95	
其他资产	18174.48	22588.05
总资产	362931.62	395702.25
储备货币	321870.76	329487.34
货币发行	77073.58	96164.80
其他存款性公司存款	243802.28	212392.89
非金融机构存款②	994.90	20929.64

① 2021 年 8 月份，由于 IMF 进行特别提款权（SDR）分配，我国 SDR 持有量增加，导致了 2021 年“其他国外资产”较大幅度的增加。

② “非金融机构存款”是非银行支付机构交存人民银行的客户备付金存款。该项目是 2017 年加入，并从 2017 年 6 月开始有数据的，并纳入储备货币（http://www.pbc.gov.cn/diaochatongjisi/resource/cms/2018/01/2018011515315872258.htm）。这源于中国人民银行 2017 年开始对第三方支付机构客户备付金的监管要求，具体见拓展阅读 9-2。

续表

项目	2017 年	2021 年
不计入储备货币的金融性公司存款①	5019.23	6053.40
发行债券		950.00
国外负债	880.00	998.21
政府存款	28626.03	42931.68
自有资金	219.75	219.75
其他负债	6315.84	15061.88
总负债	362931.62	395702.25

资料来源：根据中国人民银行网站(http://www.pbc.gov.cn)所公布的“货币当局资产负债表”数据整理而成。

（二）中央银行资产与负债的关系

1. 资产和负债的基本关系

在中央银行的资产负债表中，由于自有资本也是其资金运用的来源之一。因此将其列入负债方，但实际上自有资本并不是真正的负债。如果把自有资本从负债中分列出来，资产与负债的基本关系可以用以下会计等式表示：

$$资产 = 负债 + 自有资本 \quad (9-1)$$

$$负债 = 资产 - 自有资本 \quad (9-2)$$

$$自有资本 = 资产 - 负债 \quad (9-3)$$

上述三个等式表明了中央银行未清偿的负债总额、资本总额和资产总额之间基本的等式关系。式（9-1）表明中央银行资产持有额的增减，在自有资本一定的情况下，必然导致其负债的相应增减；式（9-2）表明中央银行负债的多少取决于其资产与自有资本之差，在自有资本一定的情况下，中央银行负债总额的增加则必然扩大了等额的资产（主要表现为债权），反之亦然；式（9-3）表明中央银行负债不变时，自有资本增减，可以使其资产相应增减，譬如央行负债不变而自有资本增加，则可以相应增加外汇储备或其他资产，反之亦然。

2. 中央银行资产与负债关系的特殊性

与经济中一般微观主体先有资金来源（亦即自有资本或负债）业务，然后才会发生相应的资产业务（资金运用）不同，中央银行在逻辑上是先有资产业务，然后才形

① “不计入储备货币的金融性公司存款”这个项目反映的是非存款类金融机构，例如证券公司、信托投资公司、金融租赁公司等为满足清算需求在人民银行开立账户存入的款项。由于这些存款的增加与基础货币的投放无关，也与存款货币的创造无关，自 2011 年起中国人民银行采用国际货币基金组织的储备货币定义，不再将其他金融性公司在货币当局的存款计入储备货币而单列为该项目。

成货币发行或基础货币投放这类负债业务。中央银行资产负债表同商业银行资产负债表最本质的区别在于前者并不需要先有存款，就可以进行放贷或其他投资，进而向市场大量投放基础货币。

中央银行资产负债关系的特殊性所隐含的政策含义表现为以下两点。一是中央银行的资产业务对负债业务以及由此引致的货币供应有决定性作用。例如美联储在 2008 危机后大量购入商业银行的资产证券化产品，直接扩大商业银行信贷供给能力。二是中央银行通过增加自有资本或调整负债业务（如发行债券）而相应扩大的资产业务，不会导致货币发行的增加。例如，中国人民银行在 1994 年外汇体制改革后，在被动增加外汇储备的同时，很多时候大量发行中央银行票据进行对冲，则基础货币总量可以不变。

由于央行的自有资本在其总资产形成中的占比极低，中央银行资产与负债的关系更多表现为通过资产业务的扩张创造负债。这就意味着，与一般微观经济主体受资金来源的规模限制、资产总量不可能无限扩大不同，中央银行的资产总量理论上有无限扩大的可能，其最终规模的高低受制于货币政策调控的需要，当然这种操作需要有健全的资产负债表管理。

现实中我们经常说的“扩表”和“缩表”就是针对央行的资产负债表而言的。“扩表”指扩大央行资产负债表中资产端与负债端规模，“缩表”则指缩小央行资产负债表中资产端与负债端规模。只要中央银行买入资产（黄金、外汇或者各种债权），那么就一定会导致央行“扩表”，往往意味着基础货币投放增加；只要中央银行卖出资产（如黄金、外汇等）或者收回债权，则一定会导致央行“缩表”，往往意味着基础货币减少。

在全球大部分央行中，资产方的项目主要是外汇储备、对政府债权和对存款性机构的债权。外汇储备的作用类似于黄金，属于外生的有价资产，央行购买这类资产自然产生了货币供给；对政府债权产生于经济体系内部的政府部门，与财政政策紧密相连，是政府直接或间接地通过中央银行获得融资的结果；对存款性机构债权则不需要任何外在工具，直接扩张资产负债表，中央银行在增加对存款性机构债权的同时，商业银行在央行的准备金存款会增加。

四、中央银行的清算业务

（一）清算业务及其产生发展

中央银行的支付清算（Clearing）业务是指中央银行作为一国支付清算体系的参与者和管理者，通过一定的方式和途径，使金融机构之间的债权债务清偿和资金转移顺利完成，以保证经济活动和社会生活的正常进行。

清算与结算不同。结算（Settlement）是指与支付相关的货币资产的转移，即为实现商品（服务）交易、投资、消费等活动引发的债权债务清偿及资金转移而发生的货币收付。从支付工具的角度划分，结算可分为现金结算和非现金结算两类。清算指通过一定的清算组织和支付系统，实施支付指令的发送与接收、对账与确认、收付数额的统计轧差、全额或净额清偿等一系列程序。在社会生活中，几乎所有商业交易均需要进行结算，因而结算具有广泛的社会性；清算更具专业性，参与者主要是商业银行等金融机构以及提供支付服务的其他中介组织。支付清算的全过程是由两个相互连接的过程——结算与清算组成的，通过结算完成银行、商户与消费者之间债权债务关系清偿和货币收付，通过清算完成银行间债权债务关系清偿。

（二）清算业务的作用

支付清算系统又称支付系统，是支持各种金融工具应用、实现资金清算并完成资金转移的通道，是维系金融机构、金融市场及社会公众之间的纽带。随着信息技术的飞速发展，电子清算网络普遍应用，现代中央银行主要通过直接经营支付清算系统开展清算业务，支付清算系统是各国金融体系中重要的基础设施，直接决定着各类经济金融活动的安全和效率。其具体作用主要有以下几方面：

1. 支持跨行支付清算

商业银行总行及其分行与所在地支付系统的城市处理中心连接，通过支付系统提供的开放的业务处理路径，实现跨行支付业务的快捷、安全、方便处理，并有利于实现其最终清算。

2. 支持货币政策的制定和实施

中央银行负责管理支付清算系统，可以全面及时掌握支付信息，有利于正确地分析金融形势、制定货币政策。同时，支付系统又是实施货币政策的重要渠道。例如，通过公开市场操作业务与支付系统连接，中央银行的债券买卖与金融机构的账户处理同步完成，实现资金的即时转账，可以有效地缩短公开市场业务这一货币政策工具的时滞。

3. 有利于商业银行的流动性管理

商业银行总行及其分行可以通过支付系统实时监控本机构及下辖各分支机构清算账户的变动情况，并灵活地进行头寸调度，提高资金使用效率。

4. 有利于防范和控制支付风险

支付系统通常设置头寸预警功能，金融机构清算账户达到余额警戒线时，系统自动报警，中央银行可对清算账户实施必要的控制。此外，支付系统还具有支付清算信息和异常支付监测等功能。

（三）支付清算系统的主要类型

各国政府和中央银行都对支付系统的建设、运营、维护和监管极为重视。从不同的层面，支付清算系统可以划分为多种类型。

1. 大额支付系统和小额支付系统

大额支付系统主要处理在规定起点以上的大额支付业务，如银行间往来、证券和金融衍生工具交易、黄金和外汇交易、货币市场交易及跨国交易等大额资金转账业务。大额支付系统处理的业务笔数大大低于小额支付系统，但支付金额占各国支付业务总量的绝大部分，如瑞士中央银行的 SIC 系统占 95% 以上，日本中央银行的 BOJ-NET 系统占 75%。

小额支付系统主要处理交易笔数量大、单笔交易金额较小的支付业务，服务对象主要是工商企业、消费者、小型经济交易的参与者。

2. 实时全额结算系统和定时净额结算系统

实时全额结算系统是对支付业务的每笔金额实时进行一一对应结算，即对每笔转账业务及时处理，资金结算连续进行。目前各国中央银行运行的大额支付系统都是实时全额结算。

定时净额结算系统是在清算周期的特定时刻（通常为营业日内的指定时点），将在清算周期内收到的转账金额总数和发出的转账金额总数进行总计轧差，得出净余额，即净结算头寸，通过中央银行（或其他清算机构）提供的支付结算服务实现净结算头寸在付款银行和收款银行之间的账户划转。

总体上看，实时全额结算较定时净额结算更有效率，更有利于规避支付风险。1972年，美国联邦储备系统运行的大额支付系统 Fedwire 率先引入了实时全额结算模式，并成为越来越多的中央银行实施支付政策、执行货币政策、提供金融服务的重要工具。

拓展阅读 9-2

第三方支付机构客户备付金为什么要交存央行？[①]

为加强客户备付金监管，切实保障消费者合法权益，中国人民银行于 2021 年 1 月 22 日发布了《非银行支付机构客户备付金存管办法》（中国人民银行令〔2021〕第 1 号，以下简称《办法》），自 2021 年 3 月 1 日起正式施行，原《支付机构客户备付金存管办法》同时废止。什么是客户备付金？客户备付金为什么要集中于央行？

第三方支付机构客户备付金的特点

我国非银行支付行业发展迅速，支付方式和产品推陈出新，成为支付体系的重要补充。客户大都需预存一定的备付金在非银支付机构，形成非银支付机构数量庞大的临时性结余资金，这些备付金实际上是非银行支付机构为办理客户委托的支付

① 中国人民银行网站《非银行支付机构客户备付金存管办法》；彭扬：《支付宝、微信进一步被规范！央行：非银行支付机构备付金全部集中交存至央行或合规商业银行》（《中国证券报》微信公众号 2021 年 1 月 22 日）；莫开伟：《第三方支付机构客户备付金存管办法的精髓到底在哪？》（新浪财经，2021 年 2 月 5 日）。

业务而实际收到的预收待付货币资金。其具有三个特点：

一是备付金的所有权归属于客户，并不是支付机构的自有财产，但资金转移到支付机构后，消费者无法管理；二是支付机构会以自身的名义将备付金存放至商业银行，拥有事实上的支配权和使用权，备付金存在被占用或挪用的风险；三是备付金不同于客户本人的银行存款，不受《存款保险条例》保护，消费者权益易受侵犯。

事实上，中国人民银行已经多次动议对非银行支付机构客户备付金的存管进行规范。2013 年颁布的《支付机构客户备付金存管办法》，要求支付机构把客户备付金存管在商业银行的专户内，明确和细化人民银行关于客户备付金的监管要求以及备付金银行的监督责任。但金融机构之间为了争夺存款采取各种不公平竞争方式，不少商业银行为了短期利益不得不放弃监管原则，以至非银支付机构的支付业务出现了伪造交易材料、挪用客户资金、卷款跑路等各种乱象，给客户及商户资金带来了严重的安全隐患。中国人民银行针对客户备付金的监管措施不断优化，随着银办发〔2017〕10 号、银办发〔2017〕248 号、银办发〔2018〕114 号等规定的实施，最终实现了客户备付金由缴存商业银行到全部向中国人民银行缴存的过渡。此次颁布《办法》并规定 2021 年 3 月 1 日起施行，不过只是对原有规定加以补充以及具体明确而已。

《办法》明确的主要内容

《办法》主要明确了以下五方面的内容：

一是规定备付金全额集中交存至中国人民银行或符合规定的商业银行；二是规定客户备付金的划转应当通过符合规定的清算机构办理；三是《办法》详细规定了备付金出金、入金以及自有资金划转的范围和方式，明确了支付机构间开展合规合作产生的备付金划转应当通过符合规定的清算机构办理；四是《办法》明确了中国人民银行及其分支机构、清算机构、备付金银行各方对于客户备付金的监督管理职责；五是《办法》增加备付金违规行为处罚条款。

同时，随着支付业务的发展，特别是随着条码支付等新兴支付产品的兴起，支付机构间的合作逐步增加，中国人民银行对支付机构间开展合规合作产生的备付金划转进行了规范。《办法》规定，支付机构之间因合作产生、基于真实交易的客户备付金划转应当通过清算机构办理，支付机构应当提供交易流水、收付款人信息等表明交易实际发生的材料。同时，为提高交易透明度，明确规定支付机构间不得相互直接开放支付业务接口、不得相互开立支付账户，以及由此进行客户备付金划转。

《办法》出台和实施，对非银支付机构客户备付金存管重新进行了一次大洗牌，对客户备付金利益格局进行了重新调整；有效弥补了原存管办法的不足及漏洞，加固了金融风险防范堤坝，为我国金融安全构筑了一道新的安全屏障。

本章小结

1. 中央银行产生有其客观必然性，是基于货币统一的需要、统一票据交换和清算的需要、提高银行支付保证能力的需要、对金融业进行监督和管理的需要以及政府融资的需要。

2. 各国的中央银行制度可以分为四种类型：单一中央银行制、复合中央银行制、跨国中央银行制和准中央银行制。其中，单一中央银行制是最主要、最普遍的中央银行制度形式，它又可以分为一元式和二元式两种类型。

3. 中央银行既是为商业银行等普通金融机构和政府提供金融服务的特殊金融机构，又是国家授权负责制定和实施货币政策、监督管理金融业和规范金融秩序、维护金融稳定、代表国家开展对外金融交往与合作、调控金融和经济运行的宏观管理部门。

4. 中央银行的职能可以概括为发行的银行、银行的银行和政府的银行。发行的银行是指它垄断银行券的发行，在决定一国的货币供应量方面具有至关重要的作用；银行的银行是指它集中保管银行和有关金融机构的准备金、组织和管理全国范围内的清算，并充当最后贷款人；政府的银行则是它充当政府的代理人，为政府提供各项金融服务，对金融业实施监督管理，对宏观经济进行调控。

5. 中央银行的独立性是指中央银行履行自身职责时法律赋予或实际拥有的权力、决策与行动的自主程度。中央银行独立性的辩证关系需要从以下两个方面来认识：一是中央银行应对政府保持一定的独立性；二是中央银行对政府的独立性是相对的。

6. 中央银行职能的发挥主要靠其业务活动来实现：资产业务、负债业务和清算业务是中央银行最主要的业务。其中负债业务主要包括货币发行业务、存款业务和其他负债业务；资产业务包括贴现与放款业务、证券业务、黄金和外汇储备业务及其他资产业务。

7. 中央银行的清算业务是指中央银行作为一国支付清算体系的参与者和管理者，通过一定的方式和途径，使金融机构之间的债权债务清偿和资金转移顺利完成。

8. 中央银行的资产负债表是中央银行表内业务的综合记录。中国人民银行的资产主要是外汇储备、对其他存款性公司债权和对政府债权，负债方面占比前三位的是其他存款性公司存款、货币发行和政府存款。

9. 中央银行资产与负债的关系与一般微观经济主体不同，其政策含义表现为：一是中央银行的资产业务对负债业务以及由此引致的货币供应有决定性作用，二是中央银行通过增加自有资本或调整负债业务（如发行债券）而相应扩大的资产业务，不会导致货币发行的增加。

10. 由中央银行组织的支付清算系统是各国金融体系中重要的基础设施，直接决定着各类经济金融活动的安全和效率。其具体作用包括支持跨行支付清算，支持货币政策的制定和实施，有利于商业银行的流动性管理，有利于防范和控制支付风险。

重要概念

单一中央银行制　复合中央银行制　发行的银行　银行的银行　政府的银行　货币发行　中央银行的独立性　清算业务　最后贷款人

复习思考题

1. 为什么说中央银行的产生有其客观必然性？中央银行的形成有哪两条渠道？请各举例。

2. 中央银行制度有哪些类型？这些类型各有哪些代表性的国家（地区）？

3. 为什么说中央银行是特殊的金融机构？为什么说中央银行是特殊的国家行政机构？

4. 如何正确理解中央银行独立性的辩论关系？中央银行对政府独立性的强弱体现在哪些方面？

5. 什么是货币发行？货币发行要坚持哪些原则？

6. 中央银行有哪些主要职能，这些职能在其资产负债表中是如何体现的？

7. 与一般微观经济主体相比，中央银行资产与负债的关系有何特殊性？

8. 中央银行的清算业务有何作用？

9. 中央银行资产负债表的大致构成如何？

10. 请查阅2015年前后中国人民银行资产负债表的有关信息，并结合我国经济金融改革背景分析其资产规模和结构变化的原因。

11. 2008年金融危机后，世界各国对于中央银行承担职责方面有哪些实践和探索？请举例说明。

第十章

金融市场

本章导读

金融市场最基本的功能就是连接供给与需求，帮助资金从盈余者手中转移到短缺者手中。在现实经济社会中，运转良好的金融市场是经济社会和谐运转的关键要素。在本章中，我们首先介绍金融市场的构成及功能。

金融市场的运转不仅会影响企业利润、商品和服务的产出，还会影响国家的经济福利水平。要探究金融市场在经济中的作用，我们需要了解金融市场的划分方式和市场结构，探寻金融市场各子市场在经济中的角色。这些是本章第二节的内容。

金融市场运行效率和定价效率是大家广泛关注的焦点，尤其是后者，对我们的日常投资行为具有重要理论指导意义。在第三节，我们将探讨有效市场假说及金融市场效率的影响因素。学习这一节内容有助于我们理解金融市场纷繁复杂的价格变化。

近二十年来，我国经济主体多元、经济环境多变、投融资和风险管理需求多样的特征进一步明显。为满足经济社会发展的内在需要，2012 年党的十八大提出“加快发展多层次资本市场”。在第四节，我们将关注我国多层次资本市场的构成及建设意义。

学习目标

掌握 金融市场的主要分类，货币市场和资本市场的特点与主要子市场，货币市场与资本市场的功能差异，一级市场、二级市场及两者之间的关系

理解 金融市场的概念、构成要素及功能；有效市场假说的基本思想；我国多层次资本市场的构成和意义

了解 一级市场的证券发行，二级市场的交易机制；金融市场效率的两种含义，金融市场效率的影响因素

第一节 金融市场构成要素及功能

一、金融市场的内涵

金融市场是指资金供给者与资金需求者从事资金融通活动的场所。由于资金融通是通过便利资金转移的金融工具来进行的，人们也将金融市场定义为交易各种金融工具（或金融资产）的场所。通过金融资产的交易，金融市场把资金从盈余者手里转移到短缺者手里，实现资源的优化配置。广义的金融市场既包括通过发行债券和股票方式融通资金的直接金融市场，也包括通过银行等中介机构进行资金融通的间接金融市场。本章将金融市场限定在有价证券——如股票、债券等的交易，侧重于直接金融市场。实际上，人们金融交易的方式是不断变化的，从商品经济不发达阶段的简单私人借贷发展到以银行为中介的间接融资，再到目前，在很多发达国家，金融交易相当大的部分表现为各类证券的发行和买卖活动。

金融市场为交易双方提供了接触和交易的场所。但是，这个场所既可以是有形的，例如证券交易所、期货交易所等；也可以是无形的，例如外汇市场。外汇交易员就是通过电信网络构成的看不见的市场进行着资金的划拨。随着科学技术的日益发达，越来越多的资金交易通过电话、传真、因特网等方式完成。正因为如此，也有人把金融市场定义为以金融资产为交易对象而形成的供求关系及其机制的总和，或者更简单地认为金融市场就是金融交易的总和。

二、金融市场构成要素

金融市场与普通商品市场一样，由市场主体、市场客体、市场交易中介、市场价格、市场的交易组织形式等基本要素构成，这些要素构成的整体完成金融市场的功能。

（一）市场主体

金融市场主体是指金融市场的参与者，根据参与者的交易特征，它们可以分为最终投资者（投机者）、最终筹资者、套期保值者、套利者、调控和监管者五大类。最终投资者是指为了赚取差价收入或者股息、利息收入而购买各种金融工具的主体，可以是个人、企业、政府部门。最终筹资者则是金融市场上的资金需求者。套期保值者是指利用金融市场转嫁自己所承担风险的主体。套利者则是利用市场定价的低效率来赚取无风险利润的主体。调控和监管者是指对金融市场实施宏观调控和监管的中央银行和其他金融监管机构。

1. 个人

个人和家庭在金融市场上既可以以资金供给者身份，也可以以资金需求者身份参与交易。个人和家庭取得收入后，在扣除一部分资金用以当期消费外还有一定的资金剩余，为了保值增值或者应对未来不时之需，他们将这部分资金存入银行获得利息收入，或者购买债券或股票等金融工具获得投资收益。此时，个人和家庭就成为金融市场上的资金供给者。当然，个人和家庭在金融市场上也时常以资金需求者身份出现，例如借入住房抵押贷款等。

2. 企业

企业在生产经营过程中既可能形成暂时的闲置资金，也可能出现资金短缺。当出现资金的暂时闲置时，企业可以将该部分资金存入商业银行或者进行股票、债券等证券投资，此时企业是金融市场上的资金供给者。当企业出现资金短缺时，可以在金融市场上进行筹资，例如发行债券或股票、直接贷款等，此时企业就成为金融市场上的资金需求者。企业通过金融市场调剂资金的余缺，保证了自身经营的持续性，最终实现收益的最大化。此外，工商企业常常也是套期保值的主体。

3. 政府

各国的中央政府和地方政府在金融市场上主要以筹资者的身份出现。当财政预算出现赤字时，政府及其机构在金融市场上可以通过发行各种债券来取得大量各种期限的资金，从而调整财政收支状况。政府在一定时间也可能是资金供应者，如税款集中收进还没有支出时。

4. 金融机构

金融机构包括存款性金融机构、契约型储蓄机构和投资性金融机构。金融机构在金融市场上既可以是资金需求者也可以是资金供给者，它们也是套期保值和套利的重要主体。例如，存款性金融机构在信贷市场上吸收各个主体的存款，然后向企业、个人等主体进行放款或购买债券，此时的金融机构就是资金供给者。金融机构也可以在金融市场上通过发行债券或股票、同业拆借、贴现等方式获得资金，此时它们是资金需求者。作为契约型储蓄机构的人寿保险公司、养老基金组织等则吸收个人为某种特定目的（保险、养老等）积攒的现期货币收入，购买一些期限较长、收益稳定的金融工具。投资基金则通过向公众出售其股份或受益凭证募集资金，并将所获资金分散投资于多样化的证券组合，降低了人们参与金融市场的门槛。

5. 货币当局

货币当局以中央银行为代表。中央银行参与金融市场不是因为出现了临时剩余资金或暂时资金短缺，而是以实施国家的货币政策、调节经济、稳定货币为目的。它既是金融市场中的行为主体，也是金融市场的监管者。例如，中央银行通过再贴现业务向金融机构发放贴现贷款，此时中央银行为资金供给者；中央银行通过在金融市场上进行有价证券的买卖调节货币供应量，执行相应的货币政策，此时中央银行可以以资金需求者的身份出现，也可以以资金供给者的身份出现。当中央银行作为监管者时，它可以通过制定金融交易的规则，对参加交易的金融机构进行监督和管理，确保金融市场的平稳安全运行。

（二）市场客体

金融市场客体就是金融交易的对象，即通常所说的金融工具或金融资产。金融资产种类繁多，主要包括基础性金融资产和衍生性金融资产。基础性金融资产主要包括货币、股票、债券、商业票据、存单、外汇等；衍生性金融资产主要包括远期、期货、期权、互换等。各个金融市场主体正是借助种类繁多的金融资产的交易实现资金的转移和风险的管理，实现他们作为筹资者、投资者、套期保值者、套利者和监管者的目标。

（三）交易所

证券交易所是专门进行证券买卖交易的固定场所，例如上海证券交易所、深圳证券交易所、北京证券交易所等。它们的主要职能是提供证券交易的场所和设施、保证证券的流通、制定证券交易所的业务规则（如上市退市规则、信息披露规则、报价竞价规则及交割结算规则等）、接受证券上市申请以及对会员和上市公司进行监管等。

（四）市场交易中介

证券公司投行部门的传统业务是作为证券承销商，协助新证券的发行，也参与公司的兼并收购以及基金的管理等活动。证券公司的经纪业务是接受投资者的委托进行证券交易，或者接受融资者的委托发行证券。证券公司通过提供经纪中介服务和相关的信息服务获取收入，而不承担交易的风险和享受交易的收益。证券公司自营业务则是自己投入资金，在证券市场上为自己买入或卖出证券谋取差价收入。有些证券公司（如做市商）自营股票的买卖，除了获得差价收入外，还扮演着市场组织者的角色，保持着市场的有序性。

虽然市场交易中介机构和金融市场主体都参与金融交易，但两者参与市场的目的并不相同。交易中介机构参与市场的目的并不是筹集资金或者进行投资活动，而是获取服务佣金，因而它们并不是最终意义上的资金供给者或资金需求者。金融市场主体进行金融资产交易的目的是进行筹资或者投资，它们是最终意义上的资金需求者或供给者。当然交易中介机构所从事的证券自营业务则体现了其金融市场主体的特征。

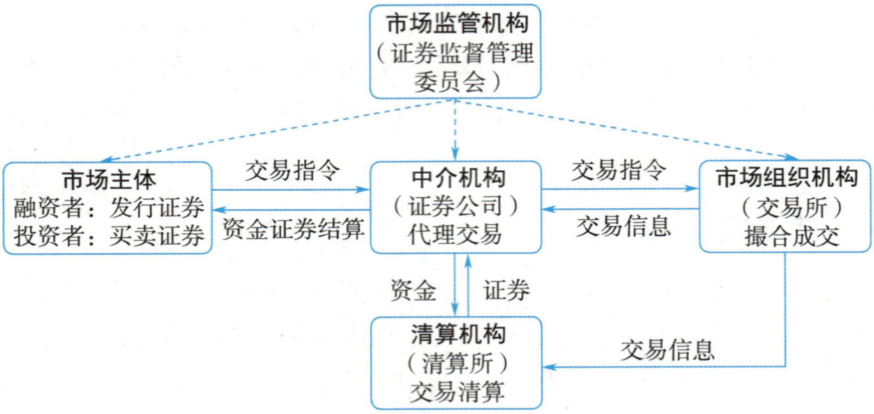

图 10-1　金融（证券）市场组织结构示意

（五）清算机构

一个有效运行的市场既能履行金融产品创新和流通的职能，还必须提供市场交易的完整性，即履行清算职能。因此，金融市场组织中还必须包括清算所等职能机构的设计。清算所作为资本市场重要的金融基础设施，秉承安全、高效的基本原则，健全完善集中统一的登记结算体系，为登记结算系统各类参与者参与场内场外、公募私募以及跨境证券现货和衍生品投融资提供登记、存管、清算、交收等登记结算服务。

（六）市场监管机构

金融市场的监管机构主要为国家授权的行政管理机构，负责对金融市场进行监督管理。金融监管机构对于保障金融市场的规范有序运行、保证金融市场的公平和效率具有重要意义。

三、金融市场功能

金融市场的功能可以分为微观层面的功能和宏观层面的功能。微观层面的功能包括风险管理功能、价格发现功能、提供流动性功能、降低交易的搜寻成本和信息成本功能。宏观层面的功能包括将储蓄转化为投资的功能、优化资源配置功能、宏观调控功能。

（一）风险管理

人们在经济活动中，尤其是在进行投资活动时，由于存在各种各样的不确定因素，面临着多种风险。这些风险的存在有可能使得当事人遭受经济损失，而金融市场上众多的金融资产为当事人管理风险提供了可能。例如当事人可以通过外汇期货、外汇期权交易防范汇率波动所造成的损失；再如当事人可以将资金分散投资于不同行业的数个企业，从而降低非系统风险所带来的损失。同时，金融市场健全的法规对各个交易主体的行为进行监督和规范，也降低了金融资产交易的风险性。利用各种金融工具，较厌恶风险的人可以把风险转嫁给风险厌恶程度较低的人，从而实现风险的再分配。

（二）价格发现

在金融市场上，由于有大量的标准化证券集中进行交易，金融市场能够有效地确定证券价格。买卖双方的相互作用决定了金融资产的价格，从而决定了金融资产的收益率的差异。金融资产价格取决于金融资产供给和需求数量，在价格信号的引导下，资金能够迅速转移到需求最为旺盛、最有效率、能够准确把握投资机会的单位手中，这便是金融市场的价格发现过程。

（三）提供流动性

由于金融市场上存在众多的金融资产买卖双方，持有金融资产的人们需要货币时，可以在金融市场上以较小的代价将其转化为货币，由此金融市场就给投资者提供了流动性。

（四）降低交易的搜寻成本和信息成本

现代金融市场存在大量的资金供给方和需求方，从而扩大了双方的接触机会，拓宽了双方投资、融资渠道。同时，金融市场还可以提供价格信息等各种信息，有利于投资者和融资者迅速、正确地进行决策，降低了交易的搜寻成本和信息成本。

（五）将储蓄转化为投资

金融市场的基本功能就是将社会的储蓄转化为投资。金融市场引导众多分散的小额资金汇聚成可以投入社会再生产的资金，使得投资顺利进行，提高了社会资源的利用效率。因此，金融市场起着资金“蓄水池”的作用。

（六）优化资源配置

金融市场上的投资者和融资者为了谋求自身利益的最大化，前者会选择最适合自己的金融工具，而后者也会根据自己的借款成本和收益，选择最佳的融资渠道。经过市场竞争后，资金必然会流向经济效益高、发展前景好的投资项目，而那些经济效益差的投资项目就较难获得投资者的青睐。这样，有限的社会资源能够得到有效利用，最终社会资源配置会得到优化。

（七）宏观调控功能

金融市场一边连着储蓄者，一边连着投资者，其运行通过对储蓄者和投资者的影响而调节宏观经济。

首先，只有符合市场需要、效益好的投资对象才能获得投资者的青睐，而投资对象在获得资本后，只有保持较好的发展势头才能继续生存并进一步扩张，否则其证券价格下跌，继续在金融市场上筹资就会面临困难，发展就会受到后续资本供应的抑制。

其次，金融市场的存在为政府的宏观调控创造了条件。中央银行应用法定存款准备金政策、再贴现政策和公开市场操作三大货币政策工具通过金融市场调节货币供应量和传递政策意图，影响各个经济主体的经济活动，对本国经济起到扩张性或收缩性作用。同样，财政政策的有效实施和金融市场的联系也日趋紧密，政府可以通过在金融市场上发行国债弥补预算资金不足，对各经济主体的行为加以引导和调节，同时所发行的国债也为中央银行公开市场业务提供了操作对象。

第二节　金融市场结构

金融市场是由许多功能不同的具体子市场所组成的复杂体系，这些子市场不同的组合方式就构成不同的金融市场结构。根据不同的划分标准，可以将金融市场划分为不同的种类。例如，按照融资期限的不同，可以将金融市场分为货币市场与资本市场。按照金融资产交割时间的不同，可以将金融市场分为现货市场和衍生市场。按照金融资产的发行和流通，可以将金融市场分为一级市场和二级市场。按照交易对象的不同，可以将金融市场分为股票市场、债券市场、金融衍生品市场以及拆借市场、票据贴现市场、大额可转让定期存单市场、回购协议市场、黄金市场、外汇市场等。按照交易的地域范围，可以将金融市场分为国内金融市场和国际金融市场。按照交易场所，可以将金融市场分为交易所市场和场外市场。按照金融交易中金融中介机构的作用，可以将金融市场分为直接金融市场和间接金融市场。按照所交易证券的资信及特点，可以将金融市场分为主板市场和二板主场。把金融市场划分为不同类型的目的是可以更深入地分析某些特征，本节重点从几个角度进一步探讨每一种类型的金融市场。

一、货币市场与资本市场

金融市场按照融资期限可以划分为货币市场与资本市场。

（一）货币市场

货币市场又称短期金融市场，是指以期限在一年或在一年以内的金融工具为标的物的短期资金融通市场。该市场一方面满足个人、企业、金融机构及政府等市场主体的短期性、临时性的资金需求，另一方面也为资金盈余者的暂时闲置资金提供了能够获取盈利机会的出路。货币市场上的交易工具主要包括国库券、商业票据、大额可转让定期存单、银行票据、回购协议等。货币市场的子市场主要包括同业拆借市场、国库券市场、票据市场、证券回购协议市场、大额可转让定期存单市场等。

1. 货币市场的特点

（1）货币市场交易工具期限较短、安全性较高、流动性较高、收益率较低。由于货币市场的交易工具期限较短，短期内债务人的经营状况、偿债能力以及该国宏观经济指标，例如通货膨胀指标、就业率、市场利率等具有较高的稳定性，因而投资者预期未来资本损失可能性较低，该市场交易工具市场价格较为稳定。在货币市场上进行交易的金融资产在不遭受损失或者损失较少的情况下，转让较为容易，因而具有很强的流动性。资金盈余者参与货币市场的主要目的是保持资金的流动性，以便随时可以获得现实的货币。

（2）货币市场是一个批发市场。货币市场上工具的交易都是以巨额交易来进行的，通常在 100 万美元以上，这是货币市场与其他市场相区别的重要特征之一。因此，其参与者主要是商业银行、中央银行、大公司、财政部和其他政府机构，以及保险公司、基金公司等机构投资者和一些专业交易人员，个人投资者无法直接参与。

2. 货币市场的作用

（1）货币市场提供一种将闲置资金用于投资的场所，从而降低了持有现金的机会成本。货币市场上的投资者通常不打算从该市场获取不寻常的高收益，他们把货币市场当作过渡性的为以后谋取更高收益做准备的投资场所，从而不必单一地持有现金。投资基金的经理经常在货币市场上持有一定量的资金，以便能抓住每一个他们发现的投资机会。

（2）货币市场证券的销售者则通过该市场获取低成本的临时性资金。政府和企业等都面临现金流入和流出不一致的矛盾，货币市场提供了一个低成本的有效解决这些问题的方法。

3. 货币市场的主要参与者

货币市场的参与者主要是机构参与者和专业的交易人士。机构参与者主要有中央银行、商业银行、非银行类金融机构、大型工商企业以及政府机构。货币市场交易工具的特殊性，对参与交易的专业人士的交易资格（如资信程度和交易经验等）都有严格的限制条件，因而，个人投资者无法直接参与货币市场交易，而需要委托证券经纪人、证券承销商和证券交易商等有交易资格的专业交易人士从事货币市场的交易活动。

中央银行参与货币市场的目的并不是盈利，中央银行的三大货币政策工具都会对货币市场产生影响。例如法定存款准备金率的改变最终可以影响货币市场上资金的供给。公开市场业务则是中央银行通过在货币市场上买卖有价证券来调整基础货币量的多少，从而改变货币供给量和利率水平，以实现紧缩性或者宽松性货币政策，对宏观经济发展状况进行调控。再贴现政策的改变也会影响货币市场的资金供给和利率的高低。

商业银行参与货币市场的主要目的是管理头寸。所谓头寸，是指商业银行在某一时点上可以加以运营的资金量，一般按天进行计算，头寸的量等于商业银行前一天增加的资金量与到期金融工具资金量的差额。商业银行在日常经营中业务资金量巨大，经常会出现多头寸和少头寸的情况，如果商业银行持有的头寸过多会降低银行的盈利水平，如果持有的头寸过少又会不利于银行的正常经营。同时，现代商业银行进行负债综合管理时，也要求其更多关注和调节短期资金流量池，以优化本身的资产负债结构、降低其面临的整体风险、提高总体流动性并提高盈利水平。因此，商业银行通过在货币市场上买卖金融资产，可以将头寸保持在适当的规模上。由于商业银行参与货币市场交易非常频繁并且交易数额往往较大，因而商业银行是货币市场上的交易大户。

除商业银行之外，大量的非银行类金融机构也参与货币市场的交易，包括证券机构、保险公司、基金、财务公司等。它们参与货币市场的目的是增强流动性、降低风险、增加收益，从而实现投资的最优组合。

大型工商企业参与货币市场的目的是调整流动资产的组成和谋取短期收益。由于工商企业在日常经营活动中可能会产生大量的短期闲置资金，这些企业可以在货币市场上购买流动性较高且收益率也比银行存款利率高一些的金融资产。

个人投资者将收入扣除必需部分之后如有剩余，也可以在货币市场上购买金融工具，在获得一定利息的同时承担相对较低的风险。如前所述，个人投资者和一般工商企业都不能直接参与货币市场交易，而需要通过金融中介机构参与金融工具的买卖。

政府机构参与货币市场的目的主要是筹集资金从而弥补财政赤字或者解决急需的短期资金。政府所发行的短期债券（例如国库券）是货币市场上的重要金融资产，国库券为广大投资者提供了一种无风险的投资工具，同时，它也是中央银行进行公开市场业务理想的操作对象。

专业交易人士主要包括证券经纪人、证券承销商和证券交易商等，他们一般是供职于证券公司和投资银行的专业交易员。他们既可以接受客户的委托代替客户进行交易，也可以直接进行证券交易。他们参与市场的目的是赚取佣金和取得证券的价差收入。

4. 货币市场主要子市场

（1）同业拆借市场。同业拆借是指银行等金融机构之间进行的短期资金借贷转移活动。同业拆借市场是货币市场最重要和最基础的组成部分，该市场交易量巨大，对社会资金周转和货币流通产生重要影响，市场上的同业拆借利率也是利率体系中的重要利率之一。参与同业拆借市场的主体主要是银行等金融机构。金融机构在日常经营中业务资金量巨大，经常会出现多头寸和少头寸的情况，需要通过频繁的短期资金融通来保持合适的头寸规模。例如，商业银行可以通过拆借市场来调整准备金的余缺。持有准备金多的商业银行可以通过拆借市场将超额准备金出借来获利，而持有准备金不足的银行则通过拆借市场借入资金来弥补不足，这样在满足法定存款准备金要求的同时，也降低了银行的运营成本，增加了收益。目前，同业拆借市场已经成为各类金融机构弥补流动性不足和充分运用资金进行有效资产负债管理的有效场所。

同业拆借市场拆借期限较短，大多为1—7天，最短也可能是几个小时，如日本的半日拆，拆借期限从上午票据交换后到当天营业终了；最多的是隔夜拆借。同业拆借期限最长不超过一年。

同业拆借市场拆借金额巨大，具有批发性质，这是因为金融机构日常交易量巨大，一旦出现资金短缺，往往金额也较大。同时，同业拆借不需要担保和抵押，完全是金融机构之间凭借信用进行的交易。拆借市场无形化程度较高，交易手段先进。拆借市场利用先进的通信网络将各类金融机构联系在一起，各个交易主体通过网络进行报价、询价和成交，由此节约了交易成本，提高了交易效率。银行间同业拆借利率市场化程度很高，变动较为频繁，能够较为灵敏地反映资金的供求状况。

（2）国库券市场。国库券是中央政府发行的期限在一年或者一年以内的政府债券。国库券的发行一般采用贴现发行方式进行。国库券因为有政府的信誉为保证，由国家的税收为担保，其本身具有风险性低、流动性高的特点，对广大投资者来说具有极高的吸引力。广大投资者的参与又提高了国库券的流动性，使得国库券市场成为交易最活跃、最发达的证券交易市场。国库券市场的交易主体主要包括商业银行、中央银行、非银行金融机构、非金融公司以及个人等。其中，中央银行选择国库券市场来开展公开市场业务，目的是实现特定的货币政策目标。

（3）票据市场。票据市场就是以票据为金融工具，通过票据的发行、承兑、转让及贴现而形成的资金融通市场。票据市场上交易比较活跃的主要是商业票据（商业本票）和银行承兑汇票。商业票据是货币市场上历史最悠久的工具。商业票据的投资者主要包括中央银行、非金融性企业、投资公司、政府部门、基金公司等。银行承兑汇票是一种风险性较低、流动性较强的短期金融资产。借款人利用银行承兑汇票融资较银行贷款的利息成本及非利息成本之和低，借款者运用银行承兑汇票比发行商业票据筹资更为方便。

（4）证券回购协议市场。证券回购协议市场是指通过证券回购协议进行短期资金融通交易的市场。证券回购协议（Repurchase Agreement）是在证券现货市场基础上产生的一种金融创新工具，是指卖方在出售证券时与证券的买方约定在未来一定时间按照规定的条件再购回所卖证券的合约。从本质上说，回购协议是一种短期抵押借款。证券回购协议的期限一般是隔夜到 7 天，较长期限例如 1—3 个月的证券回购则为定期回购。回购协议的交易对象主要是信用等级比较高、风险较低、流动性较强的证券，例如国库券、银行承兑汇票、可转让定期存单等，因而回购协议利率较低。证券回购实际上由两笔完全相反的交易组成，如图 10-2 所示。

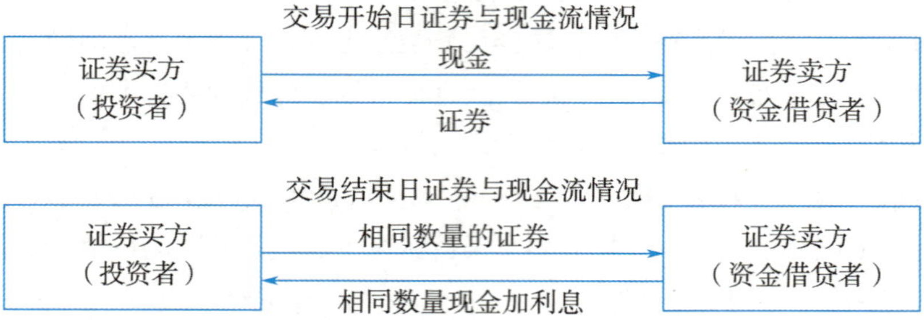

图 10-2　证券回购协议中的证券与现金流

（5）大额可转让定期存单市场。大额可转让定期存单（Negotiable Certificates of Deposits，NCDs）是指商业银行发行的具有较大固定面额的，并可以在市场上进行转让交易的存款凭证。它是 20 世纪 60 年代以来产生的金融创新工具。当时创设的背景是：20 世纪 60 年代市场利率不断上升，而美国商业银行“Q 条例”对存款利率上限又进行了限制，银行对存款不能支付较高的利率，从而导致了大量存款外流，这部分存款转而购买安全性较高、收益性较好的短期国库券、商业票据等金融工具。为了阻止银行存款的减少，商业银行必须创设新的金融工具来吸引客户。第一张大额可转让定期存单是在 1961 年由美国花旗银行创设。它兼顾了定期存款的收益性和活期存款的流动性，也合理规避了当时的金融管制。

与一般的银行定期存款相比，大额可转让定期存单有以下特点：①期限较短，在 14 天到一年以内，其中最多的是在 1—4 个月。②面额较大，属于批发性工具，在美国面值在 10 万美元以上。③不记名，不能提前支取，但持有者可以在二级市场上进行转让。④利率既有固定的，也有浮动的，浮动利率随着市场利率的变化而进行调整。

大额可转让定期存单的发行者主要是大型商业银行集团，一般通过银行柜台方式发行，也可以通过承销商代理发行。发行价格采用平价发行，有时也会采取贴现发行的方式，目的是增加销量。大额可转让定期存单的投资者主要是机构投资者，例如，大型企业可以将暂时闲置的资金投资于商业银行发行的大额可转让定期存单，在保证必要流动性的同时获得一定的利息收入。同时，中央银行、政府机构、商业银行、信托机构及个人也是大额可转让定期存单的重要投资者。

拓展阅读 10-1

上海票据交易所成立①

近年来票据市场在快速发展的同时，一些风险和问题也逐渐暴露出来。例如，市场基础设施和法律法规制度相对滞后、电子化水平低、信息不对称、票据中介业务比较混乱、部分金融机构内控薄弱等。2016 年前后，票据市场产生了一系列重大的风险事件，各种乱象浮出水面，亟待治理。

2016 年 5 月 25 日，票据交易平台筹备组在上海成立，票据市场基础设施的建设正式拉开帷幕。2016 年 12 月 8 日，上海票据交易所举行开业仪式，中国票据交易系统正式上线。票交所成立，被业界誉为中国票据市场一件里程碑式的大事，它标志着中国票据市场的发展进入了统一规范、透明高效的全面电子交易时代。作为票据市场基础设施，票交所是中国人民银行指定的提供票据交易、登记、托管、清算结算和信息服务的机构，同时承担着中央银行再贴现操作等货币政策职能。上海票据交易所的建设和发展对于我国票据市场意义深远。目前全国统一的票据交易平台已初步形成，随着对纸质票据、电子票据的统一管理和系统融合，原来分割的、不透明的、风险案件频发的票据市场正被改造为统一、安全、高效的市场，杜绝了票据造假及操作等方面的重大风险。中国票据交易系统还可以为再贴现业务提供高效便捷精准的平台，为货币政策传导渠道和机制建设提供帮助。

（二）资本市场

资本市场又称中长期金融市场，指偿还期在 1 年以上的金融工具交易的市场。该市场主要是满足市场主体（主要是政府或企业）对长期资本的需求，满足其为资本性投资进行融资的需要。资本市场的主要职能：一是将储蓄转化为投资，促进物质资本的形成，二是为已经发行的证券提供具有充分流动性的二级市场。广义的资本市场包括中长期存贷款市场、长期政府票据和债券市场、公司债券市场、股票市场，狭义的资本市场则指包括股票市场和债券市场在内的有价证券市场。资本市场上的交易工具主要有股票、债券、抵押贷款等。这些金融工具的共同特征是偿还期限长、流动性较低、风险性较大、安全性较差及收益率较高。

1. 股票市场

股票市场上的参与者主要有：（1）股票发行者，即在股票市场上募集资金的上市公司。（2）股票投资者，即股票的购买者和转让者。（3）股票交易所，即股票市场的

① 宋汉光:《构建全国统一的票据交易市场》,《中国金融》2018 年第 1 期。

组织者，其主要职能是：提供证券交易的场所和设施；制定证券交易的业务规则；接受证券上市申请，安排证券上市；组织和监督证券交易；管理和提供市场信息；对会员和上市公司进行监管等。（4）股票发行中介，包括为股票发行提供中介服务的投资银行或证券公司。（5）有资格进入证券交易所进行交易的经纪人和自营商等，经纪人通过促成投资人和筹资人的交易来赚取服务佣金，自营商则参与金融资产的交易，通过赚取金融资产的买卖差价来获得利润。（6）参与证券场外股票交易的金融机构等。

2. 债券市场

债券市场是以中长期债券为交易对象的长期资金市场。债券按照发行主体的不同进行划分，可以分为公司债券、金融债券和政府债券。

债券市场的主要参与者有：（1）债券发行人，即债券的发行者。（2）债券投资者，即债券的购买者。（3）债券发行中介，主要指以投资银行为主的金融机构，还包括债券签证人、债券保证人及信用评级机构等。（4）证券交易所内的经纪人和自营商。（5）场外债券交易的金融机构等。

拓展阅读 10–2

新中国成立70年金融市场建设成就①

伴随着经济体制转轨，我国逐步建立了功能相互补充、交易场所多层次、交易产品多样化的金融市场体系，配置资源和服务实体经济的能力持续增强。

债券市场方面：1981年，我国重新发行国债，结束了开始于20世纪50年代末的长达二十多年的“无债”时代。1982年，为满足信贷资金之外的生产资金需求，企业债券开始发行。2005年以来，银行间债券市场明确了“放松行政管制、面向合格机构投资者、依托场外市场”的发展方向，实行备案制，建设步伐明显加快。目前，我国已经形成了以银行间债券市场为主导，包括交易所市场、商业银行柜台市场在内的多元化、分层次的债券市场体系，债券市场托管余额超过90万亿元，成为全球第二大债券市场。

股票市场方面：1984年，我国第一只股票公开发行。1990年，上海证券交易所和深圳证券交易所先后成立，标志着我国股票集中交易市场正式形成。2005年的股权分置改革解决了长期困扰资本市场发展的问题，结束了上市公司两类股份、两种价格并存的历史。近年来，我国在先后设立了中小板、创业板、新三板后，2019年6月在上海证券交易所推出科创板，开始探索股票市场注册制改革，逐步形成了多层次的股权市场体系。目前，沪深两市上市公司近3700家，总市值54万亿元，成为全球第二大股票市场。

① 易纲：《新中国成立70年金融事业取得辉煌成就》，《中国金融》2019年第19期。

货币市场方面：同业拆借市场起步于1984年，武汉、广州、西安等大城市率先建立同业拆借网络，随后形成各地的同业拆借市场。1994年，为适应市场经济发展的需要，建立了全国统一的同业拆借市场，并不断扩大同业拆借市场参与主体，同业拆借市场成为金融机构调剂头寸余缺、中央银行进行公开市场操作的重要场所。2018年，同业拆借业务成交139万亿元，增长76%。同时，票据市场迅速扩大。自20世纪70年代票据业务诞生开始，陆续建成中国票据网、电子商业汇票系统。2016年建立了全国统一的票据交易平台即上海票据交易所。2018年，全国共发生票据业务2.22亿笔，金额150万亿元。

二、一级市场和二级市场

根据所交易的金融工具是否初次发行，金融市场可以分为一级市场和二级市场。一级市场又称初级市场或者发行市场，是指资金需求者将新证券首次出售给投资者所形成的市场。二级市场又称次级市场或者流通市场，是指已发行的证券在不同投资者之间进行转手买卖的市场。

一级市场与二级市场既相互联系、相互影响，又有显著区别。区别表现为：一级市场的基本功能是融资，即将资金从盈余者手中转移到短缺者手中，促进物质资本的形成；二级市场上的交易只表示为现有金融工具所有权的转移，并不代表社会资本存量的增加。但是，二级市场的存在使金融工具具有流动性，为证券投资者提供了变现和转移投资的场所和条件。

两者之间的相互影响表现为：一级市场是二级市场存在的前提，如果没有一级市场发行的金融工具，二级市场也就没有交易对象。同时，二级市场是一级市场发展的保证，无论从流动性上还是从价格的确定上，一级市场都要受到二级市场的影响：一是由于二级市场的存在提高了金融工具的流动性，增强了人们持有有价证券的意愿。如果二级市场流动性较低，则新证券在一级市场的发行也较为困难。二是二级市场金融工具的交易价格是企业选择发行时机和为新发行的金融工具定价的基础，二级市场提供给投资者相关资产的公平或公认的信息，使证券价格较为充分的反映公司经营的收益、风险等相关信息，从而提高了证券价格的合理性。

1. 一级市场与证券的发行

一级市场的主要功能是创生金融工具，如普通股和优先股、债券、抵押贷款等，从而把资金从储蓄者直接转移到投资者，实现资金的余缺调剂。具体来说包括两方面：一是资金需求者（例如企业）筹集资金的场所；二是资金盈余者进行投资的场所。一级市场是金融市场的基础环节，是经济中储蓄向投资转化的关键。

一级市场上的参与者主要有证券发行者、证券购买者和担任发行中介的证券公司、投资银行及各种经纪人等。新证券的发行有两种方式：一是公募发行，即资金需求者通过中介机构将新证券广泛地向不特定的社会公众进行发售。公募发行包括两种形式：一是包销，二是代销。包销又分为全额包销和余额包销两种。全额包销是指证券发行人与银行等承销商进行协商，由承销商按照协议将全部有价证券承接下来对公众进行销售，全额包销期满后，如果证券没有全部销售出去，则银行等承销商都要如数付给证券发行商相应的资金。余额包销是指银行等承销商接受证券发行人的委托，代理证券的发行，如果证券在规定时间之内没有全部销售出去，则承销商负责购买剩余部分证券。代销是指证券发行人承担全部证券发行风险，承销商仅接受证券发行人的委托，代理发售证券。此时承销商对证券的销售不承担任何风险，销售多少算多少，它只收取一定的手续费。

公募发行的优点是：可以扩大股票的发行数量，增加筹资的力度；股票发行后可以申请在证券交易所进行上市交易，扩大公司的知名度和增加股票的流动性；发行公司无须提供优惠条件，公司具有较大的经营管理独立性。其缺点是：发行程序较为复杂，发行成本较高；发行公司需要公开大量公司信息。

私募发行即非公开发行，是指发行公司只向特定的少数投资者发行股票。其优点是：由于发行对象是特定的，手续较为简单，同时可以节省委托中介机构的手续费，节省发行时间；可以调动股东和公司内部的积极性，巩固和发展公司内部各个主体之间的关系；无须向社会公众公开公司的信息，有利于公司的信息保密。缺点是：投资者数量有限，公司筹资潜力较小；通过私募发行的股票往往存在限售条件，流动性较差；发行公司必须向投资者提供高于市场平均收益率的优厚条件；发行公司的经营管理易受到干扰。

2. 二级市场的交易机制

二级市场通过一定的方法或方式使买卖双方的订单匹配成交，即为二级市场的交易机制。全球证券市场的交易制度主要分为竞价交易制度和做市商制度。竞价交易又称指令驱动制，是指投资者通过网络把买卖指令传输到交易所，交易所的电脑主机根据价格优先、时间优先的原则，将买卖指令撮合成交，形成连续的成交价格。在这种交易制度下，所有的买卖交易都在投资人与投资人之间直接发生，因此可以简称为C2C交易。做市商制度又称报价驱动制，是指具备一定实力和信誉的法人充当做市商，不断地向投资者提供买卖价格，并按其提供的价格接受投资者的买卖要求，以其自有资金和证券与投资者进行交易，其中的买卖价差就是做市商的利润。由此可见，做市商制度下的交易是在投资人与做市商之间发生的，因此可以称为C2B交易。

现实中证券交易机制主要有集合竞价机制、连续竞价机制和连续性做市商机制。

（1）集合竞价机制

集合竞价机制是所有的交易订单不是在收到之后立刻予以竞价撮合，而是由交易中心将在不同时点收到的订单积累起来，到一定时刻再进行集中竞价成交的。集合竞价机制根据买方和卖方在一定价格水平的买卖订单数量计算并编制供需表，当表上供给数大于需求数时，则减价以调节供求量；当表上的供给数小于需求数时，则调高价格以刺激供给，最终实现在某一价格水平上的供需平衡，形成均衡价格，且在该价格下成交的证券数量最大。许多证券市场每日交易的开盘价都是由集合竞价决定的，交易不活跃的证券通常也采用集合竞价。目前我国上海证交所 A 股股票、基金的开盘价都是通过集合竞价方式产生的。

（2）连续竞价机制

连续竞价机制是证券交易可在交易日的各个时点连续不断地进行的机制。投资者向其经纪商发出买卖委托，经纪商将该订单输入交易系统，交易系统即根据市场上已有的订单进行撮合，一旦按照有关竞价规则有与之相匹配的订单，该订单即可以成交。投资者在交易时间内随时有买卖证券的机会，而且能根据市场的瞬息变化进行决策调整。传统的竞价交易方式是由证券公司派驻交易所的交易员在交易大厅内集中报价交易，而现在随着网络和计算机通信技术的发展，投资者在任何地方都可以通过电话或者互联网下达交易指令，通过证券公司与交易所的计算机联网，在交易所的计算机自动进行撮合交易。撮合交易的原则是“价格优先、时间优先、最大优先”。我国的上海证交所和深圳证交所在正常的交易时间采用连续竞价机制，但收盘时为三分钟收盘集合竞价。

（3）做市商制度

做市商制度是指在证券市场上，由具备一定实力和信誉等资格条件的证券经营者就某一证券持续地向公众投资者发布买卖双向报价，并在其报出的价位和数量范围内以自有资金和证券履行与投资者成交义务的一种证券交易制度。从发达国家交易制度的发展历程来看，做市商制度可以为处于成长阶段、流动性差的证券市场提供流动性和估值指引，同时提高场内证券交易的效率。

按照每只证券所承载的做市商数量，做市商制度可分为垄断型做市商制度和竞争型做市商制度两种类型。前者是指每只证券有且仅有一个做市商，后者是指每只证券有多个做市商。一般来说，全球各国股票市场中主板市场的交易比较活跃，因此像纽约证券交易所等都实行垄断型做市商制度。相较主板市场，一些衍生板市场的交易活跃度较弱，因此像纳斯达克市场等都选择竞争型做市商制度，单只股票的做市商数目往往多达 10 家甚至更多。

总体看来，竞价交易制度与做市商交易制度各有优劣，且彼此之间并不是对立和不相容的，因此，全球证券市场均采用了竞价交易与做市商交易两种机制的混合搭配模式。就国内证券市场而言，沪深主板、创业板、科创板的股票交易采用的是竞价交易制度，而在新三板市场除了竞价交易外，创新层和基础层还引入了做市商交易制度①。

---

① 2012 年 9 月成立以来，新三板市场在迅速扩容的同时，也面临着流动性不足的难题。为盘活市场，新三板自 2014 年 8 月起实行竞争型做市商制度，该制度是新三板目前的核心交易制度。

三、交易所市场和场外市场

根据证券交易场所的差别，可以将金融市场分为交易所市场和场外市场。交易所市场是指具有固定交易场所（如证券交易所）的金融市场。交易所市场的特点是：在固定场所内集中交易（受交易席位的限制）；交易证券是经批准的上市证券，且交易数量达到规定的成交单位；采用经纪制，即委托—代理制形式；成交价格以竞价方式或做市商机制产生。

场外交易市场又称柜台交易，即证券经纪商通常在他们的办公室的柜台上完成证券交易手续。事实上，支撑场外交易市场的是自营商通过计算机、电话、电传、报刊等通信工具建立起来的一个无形交易网络。通过这些通信工具，自营商持续地报出某种证券的买入价和卖出价，并随时准备应客户的要求以该价格向客户买入或卖出证券。场外市场无交易席位的限制也没有上市标准，任何证券均可交易且不必公开发行公司的财务状况。

国内股票交易所市场包括上交所、深交所主板（含中小板）、创业板（俗称二板）和科创板；场外市场包括全国中小企业股份转让系统（俗称新三板）和区域性股权交易市场（俗称四板），以及各类权益交易市场（俗称五板）。

金融衍生品以场外市场和交易所市场两种方式共存。场外市场即面向机构的银行间柜台市场，以透明度差及个性化产品为特征；交易所市场以公开透明及标准化期货、期权为特征。

债券市场也以交易所市场和场外市场两种方式共存，并且以场外市场交易为主，这也是发达国家债券市场发展的经验。在发达国家的债券市场，尽管市场形态分为场内和场外，但是并不禁止特定发行人和投资群体进入。但我国场外债券市场的主体——银行间债券市场，由于最初是由中国人民银行组建并且主要为银行类金融机构进行债券交易服务的，个人投资者至今仍被禁止进入。市场中的债券发行人最初仅包括政府、中央银行和金融机构，近年来才开始逐渐增加非金融企业。

第三节　金融市场的效率

金融市场功能的实现依赖于金融市场的效率（Efficiency of Financial Market）。《韦氏词典》将“有效”定义为胜任行动和发挥作用，只有最小的浪费和最少的冗余动作。该词在“有效市场”中保留了同样的含义，一个有效率的市场必须胜任地发挥其作用，没有浪费或无用功，有效率的市场以最小的交易成本，能够使价格迅速而准确地进行调整，并使价格可以反映证券真实的内在价值。投资者或融资者在任何时候购买或出售证券都能获得一个公平的价格，实现效用最大化，同时也能使有限的社会资源得到有效利用。

一、金融市场效率的含义与分类

根据著名经济学家芝加哥大学尤金·法玛（Eugene Fama）教授的观点，金融市场效率分为两种，即运行效率和定价效率。

运行效率主要通过投资者买卖证券时所支付交易成本的多少来衡量，如证券商索取的手续费、佣金与证券买卖的价差等。在运行有效率的金融市场中，获得同样的服务，投资者可以支付尽可能少的交易成本。提高金融市场运行效率的关键在于减少由于金融市场不完全竞争所导致的各种摩擦成本，也就是说，金融市场运行效率提升的关键是制度的不断创新与完善。

定价效率则探讨证券价格是否迅速地反映出所有与价格有关的信息，因而，定价效率是对通过市场运行形成的证券价格同其价值相一致程度的衡量。定价效率高的金融市场可以在短时间内传递大量准确的相关信息，使得证券价格迅速调整到位；而定价效率差的金融市场信息传递较慢并存在大量失真现象，因而证券价格调整到位需要相当长的时间，有时还会调整“过头”，须经多次反复，价格才会“到位”。

拓展阅读 10-3

信息与证券价格的确定

设想你在去参加汽车拍卖会时发现了你喜欢的微型马自达，试驾时注意到了奇怪的噪音，但你仍然认为50000元可能是其合理价格。另一个买主注意到噪音完全是某种磨损引起的，他可以付正常的成本进行修理，他认为这车值70000元。谁将买到这辆车？付多少钱？假定只有你们两人对此车感兴趣，你报价40000元，他抬高到45000元，你报出50000元的最高价，他出价51000元，这个价格高于你愿意付出的，这样，车以51000元的价格被卖给了拥有更多信息的买主。

这个例子有以下几个要点。首先，价格由愿意付最高价的买者决定，而且价格并不必然就是资产可能出售的最高价，但是高于任何其他买者愿意付出的价格。其次，市场价格由能够最好地利用该资产的买者决定，想想为什么一家公司常常支付大大高于现行市价的价格去收购另外一家公司的所有权，收购公司可能相信它能够使目标公司的资产比现在利用得更好。最后，该例子表明拥有一项资产的专有信息的重要性，如果关于该资产的所有的信息被众多的买者所拥有，那么，买者之间的竞争将使其价格接近其价值。上例中如果你也知道噪音的原因及其解决办法，你认为其合理价格也是 70000 元，那么你将继续报价，最终汽车在 70000 元的价格成交。

市场上相互竞价的交易者确定市场价格，一旦关于一家公司的新信息被公布，预期就会改变，价格也就随之改变。因为市场参与者不断地得到新信息，不断地校正他们的预期，股票价格的不断变动也就是合情合理的了。

二、有效市场假说

围绕定价效率，尤金·法玛在 1970 年发表的《有效资本市场：对理论和实证工作的评价》一文中，系统提出了著名的有效市场假说。他认为：在一个有效的资本市场上，在某一时点上的证券价格已经充分反映了该证券的全部信息，当有新的信息出现时，证券价格对该信息的反应是迅速而准确的，市场竞争能够使得证券价格从失衡状态快速过渡到均衡状态，最终每种证券的真实价值都通过其价格得到体现。有效市场假说强调套利能够很快消除任何超常获利机会，驱使市场价格回归其合理价值。

法玛根据投资者可得到的信息的不同以及证券价格反映的信息的不同，定义了三种层次的市场有效性，即弱式有效市场、半强式有效市场和强式有效市场。

弱式有效市场（Weak Efficiency Market），是指当前的证券价格已经充分反映了证券过去的历史信息（例如证券过去的交易价格、收益率、交易量等）。如果市场未达到弱式有效，则当前的价格未完全反映历史价格信息，那么未来的价格变化将进一步对过去的价格信息做出反应。在这种情况下，人们可以利用技术分析和图表从过去的价格信息中分析出未来价格的某种变化倾向，从而在交易中获利。如果市场是弱式有效的，则过去的历史价格信息已完全反映在当前的价格中，未来的价格变化将与当前及历史价格无关，投资者基于历史信息来买卖证券谋求超额收益率是不可能实现的。也就是说，当前及未来证券价格的变动完全独立于以前证券价格的变动，对投资者来说，证券的历史价格对未来证券价格的变动没有预测作用。因此，流行的 K 线图等技术分析手段对投资者是没有帮助的，只有新信息的出现才会导致证券价格的变动和帮助投资者获得超额利润。

半强式有效市场（Semi-strong Efficiency Market），是指证券价格完全反映了与证券有关的全部公开的信息。此处公开信息包括证券过去的交易价格、交易状况、上市公司的财务报告、配股方案以及市场宏观信息等。如果市场未达到半强式有效，公开信息未被当前价格完全反映，分析公开资料寻找错误定价的证券将能增加收益。但如果市场半强式有效，价格就会对所有公开信息，如最近一个季度的财务报告、新股发行等迅速做出反应，那么仅仅以公开资料为基础的分析将不能提供任何帮助，因为针对当前已公开的资料信息，目前的价格是合适的，未来的价格变化与当前已知的公开信息毫无关系，纯粹依赖于明天新的公开信息。有内幕消息的投资者则可能获得超额利润。

强式有效市场（Strong Efficiency Market），是指证券价格已经充分反映了所有公开的和不公开的信息（例如内幕信息）。当强式有效市场成立时，即使投资者掌握了所谓的内幕消息，由于该市场可以非常快地吸收内幕信息并迅速将其反映到证券价格上，投资者仍然没有可能因为信息不对称而获得超额收益。如果市场是强式有效的，组合管理者会选择消极保守型的态度，只求获得市场平均的收益率水平，管理者一般模拟某一种主要的市场指数进行投资，因为在有效定价的市场中，考虑到交易成本，积极策略的风险大于简单的“购买并持有”策略。麦基尔在《漫步华尔街》中写道：“股票市场对新信息的反应是如此迅速和完美，以至于业余投资者按现价买卖股票也会和职业投资者不分伯仲，如果真的有‘例外’的投资经理人，那也一定是凤毛麟角。”

有效市场成立的条件较为严格，包括：

第一，在市场上的每个人都是理性的经济人。他们每天都在进行基本分析，以公司未来的获利性来评价公司的股票价格，把未来价值折算成今天的现值，并谨慎地在风险与收益之间进行权衡取舍。

第二，证券市场对新的市场信息的反应迅速而准确，证券价格能完全反映全部信息。由于投资者都利用可获得的信息力图获得更高的报酬，当信息变动而证券价格未动时，投资者会立即用买进或卖出股票的办法使证券价格迅速调整到位。

第三，市场竞争使证券价格从旧的均衡过渡到新的均衡，而与新信息相应的价格变动是相互独立的或随机的。由于新信息内容、发生时间以及对证券价格的影响程度都是不可预见的，所以证券价格是随机游动的。

第四，证券交易成本很低。投资者能够根据证券价格的波动合理地调整持券数量和品种。

拓展阅读 10-4

市场有效性对金融决策意味着什么

如果市场恰好适度地有效，即在绝大多数的时间里绝大多数证券被正确地定价，对投资者和金融经理意味着什么？

1. 不要试图战胜市场。如果市场是有效的，那么证券价格就会反映关于每种证券价值的所有可获得的信息。这意味着，要战胜市场，你不仅必须比其他某个人知道的多，还需要比其他的每个人知道的多。

2. 不要浪费金钱和时间去寻找好买卖。许多投资者花费大量的时间和精力在市场上寻找好买卖。一个学金融的研究生，积蓄多年，将他的家属从印度接到美国，以帮助他攻读一所美国大学的博士学位，当他学习金融数年之后，他相信能够打败市场，他开始每天交易，不断地买进和卖出股票以期获取超常的收益。在第一年的交易之后，他就不得不把他的家属送回印度，到第二年，他也不得不走了。如果市场是有效的，他应该干得和随机购买股票一样好才是，但问题出在交易成本上，频繁的买卖使其必须获取较高的收益才能弥补交易成本。这个故事的意义在于：关于市场有效性的证据表明，最好的投资战略是为长期持有而购买证券，这将使你的交易成本最小化。

三、有效市场假说的争论与行为金融学

现代金融理论是建立在资本资产定价模型（CAPM）和有效市场假说（EHM）两大基石上的。法玛构建并形成的有效市场假说是由三个不断弱化的假说组成的：当投资者是理性时，投资者可以理性评估资产价值，市场是有效的；即使有些投资者不是理性的，但由于交易随机产生，也不会形成系统的价格偏差；即使投资者的非理性行为不是随机的，他们也将遇到理性的套期保值者，从而保证资产价格回归基本价值；非理性交易者在以非基本价值的价格交易时，他的财富将逐渐减少，以致不能在市场上生存。在EMH产生与发展的同时，马科维茨结合期望收益率分布度量资产组合，得出投资者选择给定风险水平上期望收益率最高的资产组合这个合意的结论。夏普、林特纳、布莱克将EMH和马科维茨的资产组合结合起来，以资本资产模型命名，建立了一个以一般均衡框架中的理性预期为基础的投资者行为模型CAPM。CAPM中的投资者有着同质的收益率预期，以相同的方式解读信息。在此假定下，CAPM得出高风险的资产应有高收益率的补偿，投资者的最优投资决策应沿资本市场线这一结论。

这些经典理论承袭经济学的分析方法与技术，其模型与范式局限在“理性”的分析框架中，忽视了对投资者实际决策行为的分析。事实上，金融市场上时常存在各种异常现象，包括：小公司效应——持有小公司股票的人获得较高的收益率；季节效应——股票在上半月的平均收益显著地高于下半月，在节假日的前一天，股票的收益特别高；价值股与成长股现象——低市盈率股票的收益超过高市盈率的股票；等等。

在20世纪60年代至80年代初期，绝大多数的研究似乎支持有效市场假说的观点，即金融市场至少是半强式有效的，这也促进了实践中指数基金的发展。指数基金因为没有被积极管理，管理费用较低，但它们至少提供了与经济管理的共同基金一样高的收益率。然而20世纪90年代，不利于市场有效性的证据大量出现，学者们的研

究进一步发现，市场上好消息有一种使更多的好消息尾随而至的趋势，坏消息也有同样的效应。

资本市场作为一个复杂系统并不像有效市场假说所描述的那样和谐、有序和有层次，有效市场至少在原则上排除了投机泡沫、错误信息及“人群疯狂症”的可能性。但是事实上，股票市场经常发生崩盘性事件。比如，从 2015 年 6 月 15 日起，A 股大盘开始连续跳水，截止到 2015 年 7 月 9 日，上证指数最大跌幅达 34%，许多股票遭“腰斩”；创业板指数从 4037 点暴跌到 2304 点，跌幅高达 40%，很多创业板的股票跌幅超过 70%。在市场最悲观的 7 月 8 日，沪深两市共有 1346 只股票停牌，其他股票几乎全部跌停。显然，有效市场理论不能解释市场恐慌和股市崩盘。

由于有效市场假说与现实世界的冲突以及大量股市异象的出现，一些学者转向新理论的探索。行为金融理论从人们决策时的实际心理活动入手讨论投资者的行为，认为投资者在进行投资决策时常表现出过分自信、损失回避、避免后悔等心理，因而他们的实际决策过程并非有效市场理论所描述的最优决策过程。此外，以非线性、混沌为特征的新理论范式则认为，证券价格对信息的反应过程以及整个经济的动态波动本质上都是非线性的。证券市场具有混沌特征，而混沌系统是一个具有对初始条件敏感依赖性，即蝴蝶效应的复杂动力学系统。

行为金融理论兴起于 20 世纪 80 年代，它从微观个体行为以及产生这种行为的更深层次的心理、社会等动因来解释、研究和预测资本市场的现象和问题，对现代金融理论提出了强有力的挑战。行为金融学是以前景理论为基础，加上其他心理学和行为科学对于投资者行为模式的发现，针对有效市场假说提出质疑。行为金融学的研究主题可归纳为三个层次——有限理性个体、投资者的群体行为、非有效市场，这三个主题正好与传统金融研究的理性个体、随机交易和有效市场假设形成了一一对应的关系。行为金融理论与传统主流金融理论基本是相同的，都是在某种假设的基础上建立模型，并对金融市场的现象做出相应的解释。不同的是，行为金融学关于投资者行为的假设是以心理学对人们实际决策行为的研究成果为基础的。因此，研究行为金融学的理论基础，建立适合金融市场实际情况的行为模型和提供基于行为金融学的投资策略，就成为行为金融学的研究框架。

拓展阅读 10–5

稍显矛盾的 2013 年诺贝尔经济学奖组合①

2013 年 10 月 14 日 19 点（北京时间），当年诺贝尔经济学奖获奖名单正式公布。美国经济学家尤金·法玛、皮特·汉森和罗伯特·席勒，因对资产价格实证分

---

① 网易财经（http://money.163.com/special/nobel2013/）。

析所取得的研究成果，最终荣获2013年诺贝尔经济学奖。

法玛被誉为有效市场假说理论之父，而来自耶鲁的席勒则恰恰是公认的有效市场理论的质疑者。法玛和席勒对市场的理解处于对立的两极。前者认为价格由人的理性计算形成，因此含有丰富的信息，是经济个体进行决策的可靠依据；后者则强调心理因素（动物精神）的作用，认为价格中充满误导性的“噪音”，资本市场往往是非理性的。

希勒教授是行为金融学领域的奠基人之一。有别于传统金融学研究中“理性人”假设，行为金融学研究侧重于从人们的心理、行为出发，来研究和解释现实金融市场中的现象。席勒最为人所称道的是两次准确预言金融泡沫破裂。在2000年出版的《非理性繁荣》中，他准确预言了股市泡沫。几乎在这本书开卖的同时，纽约股市出现暴跌。另外，从2003年开始他就预言美国房地产市场存在泡沫。在雷曼兄弟公司破产前一年的2007年9月，他撰文称，美国即将出现房地产崩盘并将带来严重金融恐慌。

四、影响金融市场效率的因素

金融市场效率主要受市场发育程度（金融市场的广度与深度）、交易成本和市场信息等因素的影响。

（一）市场发育程度

金融市场的发育程度与金融市场效率的高低是正相关的关系。金融市场的有效运行是依赖于一定的市场组织、结构和规模基础的。市场发育程度的高低决定了市场的深度和广度以及市场的组织结构的完善程度，最终会影响金融市场的效率。

金融市场的深度是指市场中是否存在足够大的证券资产经常交易量。如果金融市场日常证券交易量足够大，就可以确保在某一时间、一定范围内的成交量变动不会导致金融资产价格的不正常波动。从另一方面来说，一个有深度的金融市场也必须具有相当规模的市值。

金融市场广度是指市场参与者的类型及数量的复杂程度。若一个金融市场具有广度，则参与金融市场交易的主体类型及数量众多，同时他们入市的目的也各不相同，有的参与者是为了投机，而有的则为了保值。金融市场的广度越大，金融市场被某一部分人进行控制的可能性就越小，则证券的供给和需求数量的变动及交易者对未来的预期就越能在证券市场价格上得到反映。

金融市场的发育程度越高，则金融市场的规模越大，市场结构越合理，市场上的信息越充分、分布越均匀，市场行为相对越规范，则金融市场效率就越高；反之，金融市场发育越不完善，金融市场效率就越低。因此，提高金融市场效率的关键，是必须采取措施推动金融市场的发展。

金融市场的组织结构通过影响交易者的交易成本或市场信息从而最终影响市场效率。在一个国家中，金融系统包括两种组织类型，即中介机构（传统体系中主要是指银行）主导型和市场主导型。一般来说，中介机构在处理标准化信息时具有规模效应，可以降低搜索成本，但中介机构在处理非标准化信息、不确定性及在创新能力方面较弱。而金融市场在搜集和处理非标化信息时比金融中介更具有优势。

（二）交易成本

交易成本的高低直接影响金融市场的运行效率，两者是负相关的关系。

交易成本是指交易者为达成金融交易而在交易价格之外所必须额外付出的时间和金钱成本。它包括以下几个部分：（1）佣金（Commision），即投资者支付给经纪人买卖证券的费用，是交易成本的主要组成部分。（2）买卖价差，指交易者买卖同一种证券时，高价买进和低价卖出之间的差价损失。（3）搜索成本，即交易者为了寻找交易机会和进行交易所必须进行的信息搜集、信息分析、咨询等所耗费的时间和金钱成本。如果投资者进行信息搜索所导致的边际收益小于边际成本时，投资者就有可能更愿意接受非最优的价格。（4）执行成本，也称市场影响成本，相当于证券的执行价格与如果没有这笔交易，市场可能出现的价格之间的差额。执行成本的高低受市场的深度、投资者的流动性需求和交易日的交易活动等因素的影响。当交易商迅速执行大额买进订单时会使价格上升，反之亦然。（5）机会成本，一般被描述为交易的隐含成本，是指投资者愿意进行交易而最终又不能进行交易时失去的最大可能收益。（6）其他成本，包括投资者所支付的法律咨询、交通等方面的花费以及印花税等。

（三）市场信息

信息是交易者进行证券买卖决策的依据，信息的充分性、真实性、对称性及即时性对金融市场定价效率的提高具有重要影响。金融市场信息表现得越真实、越充分、交易双方对信息的掌握越对称以及信息传递越及时，则金融市场效率越高。金融市场信息不对称问题的严重程度远远超过产品市场信息结构失衡造成的后果。金融交易涉及的不确定性因素更多，交易各方更易于隐藏自己的动机和行为，而且监督成本高，信息的搜集、获取、筛选、辨别成本太高，信息不对称的具体表现形式更是复杂。金融市场的信息不对称，导致逆向选择和道德风险问题，影响金融市场的有效运行。

要使有效的市场在现实中得以建立，在假设投资者为理性的前提下，还需要有四个条件。第一是信息公开的有效性，即有关每一只股票的全部信息都能够充分、真实、及时地在市场上得到公开。第二是信息从公开到接收的有效性，即上述被公开的信息能够充分、准确、及时地被关注该股票的投资者所获得。第三是信息接收者对所获得信息做出一致、合理、及时的解读。第四是信息的接收者依据其判断实施投资的有效性，即每一个关注该股票的投资者能够根据其判断，做出准确、及时的行动。因此提高金融市场的有效性，就是要解决证券价格形成过程中在信息披露、信息传输、信息解读以及信息反馈各个环节所出现的问题，包括建立上市公司强制性信息披露制度和通过一定的监管制度安排抑制非法信息披露和信息欺诈、疏通信息传递渠道等。

第四节　中国多层次资本市场

发展资本市场是我国深化改革的重要组成部分，中央明确要求发展多层次资本市场。深入推动对多层次资本市场的改革创新，扩大资本市场的服务范围，更好地服务实体经济对我国金融体系的建设和经济高质量发展至关重要。

一、多层次资本市场的建设背景

跨入21世纪，我国现实经济的投融资需求呈现多元多样态势，在客观上需要多层次的市场体系与之相匹配。2003年十六届三中全会在《中共中央关于完善社会主义市场经济体制若干问题的决定》中提出“建立多层次资本市场体系”。近二十年来，我国经济主体多元、经济环境多变、投融资和风险管理需求多样的特征进一步明显。为满足经济社会发展的内在需要，2012年党的十八大提出“加快发展多层次资本市场”，2013年党的十八届三中全会进一步提出“健全多层次资本市场体系”。2017年习近平总书记在第五次全国金融工作会议上强调，要把发展直接融资放在重要位置，形成融资功能完备、基础制度扎实、市场监管有效、投资者合法权益得到有效保护的多层次资本市场体系。由此可以看出，加快发展多层次资本市场是经济社会发展的必然需要，既充分表明了中国经济的逐步繁荣、日益活跃，也是大势所趋、规律所向。

经过20多年的持续努力，我国多层次资本市场体系已具雏形。主板市场不断壮大，中小企业板、创业板相继推出，全国中小企业股份转让系统试点正在扩大到全国，区域性股权市场定位渐趋清晰，证券公司柜台市场探索开始起步，债券市场和期货衍生品市场也在进一步发展之中。多层次资本市场建设具有了相当成效和一定的基础，为深化经济和金融改革、健全现代企业制度、优化资源配置等发挥了积极作用。

二、多层次资本市场的构成

当前，我国多层次资本市场主要由交易所市场和场外市场两部分构成。其中交易所市场包括上交所、深交所主板（含中小板）、创业板（俗称二板）；场外市场包括全国中小企业股份转让系统（俗称新三板）和区域性股权交易市场（俗称四板），以及各类权益交易市场。

近年来，我国多层次资本市场体系逐渐丰富，市场广度和深度也不断拓展。上述不同的板块及其不同的定位，分别适用于大、中、小型企业和微型企业等不同类型企业的成长和发展，也相应适用于不同行业和不同属性的企业。以服务创新企业为例，尽管上交所的科创板、深交所的创业板以及北交所都服务于创新型企业，但创业板的行业定位要求“三创四新”，即企业符合“创新、创造、创意”的大趋势，或是传统产业与“新技术、新产业、新业态、新模式”的深度融合，原则上不支持传统行业的企业在创业板申报发行上市。科创板属于主板市场，上市门槛相对较高，其上市企业主要定位于已跨越创业阶段、具有一定规模的战略新兴产业企业和创新型企业。北交所虽然也强调创新性，但在企业创新性上有很强的包容性，满足“中小企业＋创新企业”即可，而且在行业面上更注重“专精特新”。

这样，我国多层次资本市场“可升可降”的双向通道全面开启，各层次市场间明确差异化定位，推动形成各有侧重、相互补充的适度竞争格局，同时在功能上层层递进，互联互通，不同板块之间各自发挥其特有的功能，并在一定程度形成良性竞争，最终有利于在错位竞争中推动资本市场有效发挥资源配置功能。

拓展阅读 10-6

新三板与北交所的区别

新三板市场原指中关村科技园区非上市股份有限公司进入代办股份系统进行转让试点，因挂牌企业均为高科技企业而不同于原转让系统内的退市企业及原STAQ、NET系统挂牌公司，故被形象地称为“新三板”。北京证券交易所，简称北交所，是经国务院批准设立的我国第一家公司制证券交易所，受中国证监会监督管理。北交所的经营范围包括依法为证券集中交易提供场所和设施、组织和监督证券交易以及证券市场管理服务等业务。

新三板改革最大的亮点之一就是通过内部分层及转板制度，打通了其与交易所以及区域性股权市场的双向通道，使新三板在多层次资本市场中真正起到了承上启下的作用，也使整个资本市场能够有效发挥多层次资本市场面向不同企业的服务功能。北交所的成立，总体上是平移新三板精选层的制度。北交所上市公司来源于在新三板挂牌满12个月的创新层公司，同时，北交所上市公司满足沪深交易所上市条件的，可以实现转板至科创板或创业板上市。此外，新三板还积极建立与区域性股权市场的对接机制。

值得说明的是，关于北交所与新三板的关系问题，现有“北交所是新三板组成部分”的提法是不准确的。众所周知，“新三板”是个约定俗成的概念，其内涵、外延在市场不同发展阶段是不断变化的，总体可从三个阶段来看。第一个阶段是在2006年北京中关村科技园区股份转让报价系统时代，新三板是场外市场的概念，性质上是区域性股权市场。第二个阶段是2013年全国股转公司成立之后，新三板是《证券法》规定的全国性证券交易场所。第三个阶段是2021年9月3日北交所成后，新三板已经演化为包含两个市场的系统：一个是北交所；另一个是其他全国性证券交易场所，即全国股转系统的创新层和基础层。至于北交所是全国股转公司的全资子公司，仅仅表明全国股转公司对北交所出资上的股本关系。在法人组织形式框架下，北交所与全国股转公司在《公司法》上是两个独立法人，代表了《证券法》下两个独立的证券交易市场。因此，尽管二者关系密切，但它们是两个不同层次的市场，代表两套独立的运行机制。

三、多层次资本市场的意义

实现高质量发展，资本市场肩负着重要使命，要发挥多层次资本市场的枢纽作用，继续加大对实体经济、科技创新、绿色发展的支持。

多层次资本市场枢纽功能的发挥离不开制度的改革完善。近几年来，科创板开板、创业板推行注册制、新三板改革等一系列新政策优化了股权融资渠道，完善了上市公司再融资制度，有效改善了融资结构。

构建多层次资本市场不仅要发展好主板市场，更需要发展好科创板、创业板等市场。只有多层次资本市场各个部分都完善发展，才能够对早期企业、科技创新企业提供强有力的融资支持，同时也能够帮企业分担风险。完善多层次资本市场体系、提升枢纽功能是资本市场为创新驱动提供助力的一个重要方面。以定位于服务创新型中小企业主阵地的北京证券交易所为例，其设立加强了多层次资本市场有机联系，既促进形成各有侧重、相互补充的中国特色多层次资本市场体系，又充分发挥纽带作用，强化多层次资本市场互联互通。

拓展阅读 10-7

股票发行注册制改革[①]

2018 年，习近平总书记在中国国际进口博览会宣布，将在上海证券交易所设立科创板并试点注册制，支持上海国际金融中心和科技创新中心建设，不断完善资本市场基础制度。

实行股票发行注册制是我国资本市场的基础性改革。众所周知，资本市场包括一级市场和二级市场，一级市场正不正常、规不规范，决定了二级市场是否健康和稳定。我国自设立上海、深圳证券交易所以来，没有实行真正的股票发行注册制。股票发行注册制的建设关键在以下几点：

首先，建立以信息披露为中心的招股说明书制度。实行股票发行注册制，必须建立以信息披露为中心的招股说明书注册制度。股票发行注册制的核心原理是什么？股票发行是不用审批的，但必须依据《证券法》和《上市规则》的要求进行股票公开发行和交易注册。证券监管部门或交易所主要是按照《证券法》和《上市规则》的要求，督促股票发行的参与人公开、公正、公平地履行信息披露义务，充分揭示股票发行企业的风险。企业上市一定要让市场选择，股票发不发得出去，由投资者是否认购来决定。注册制不是审批制，但注册制也不是自由放任不监管，注册招股说明书的目的就是充分保证信息披露的公开，让投资者判断风险，由市场决定股票发行上市。

其次，建立以询价制为中心的市场化股票发行与承销制度。实行股票发行注册制，必须建立以询价制（Book Building）为中心的市场化股票发行与承销制度。注册制之所以是市场化的，很重要的一点就是股票发行成功与否是由市场决定的，而不是取决于审批，所以保荐人可以发挥很重要的作用。

最后，完善相关法律制度建设、强化法律监管。实行股票发行注册制，必须建立和完善以严厉处罚证券欺诈和勤勉尽责犯罪为中心的法律制度。实行股票发行注册制，还必须强化对上市公司经营管理和交易行为的法律监管。例如，2001 年，世界最大的能源巨头美国安然公司爆出造假丑闻，其司法处理是相当严厉的：一是美国 SEC 对安然公司罚款 5 亿美元，将该股票从道琼斯指数除名并停止交易；二是安然公司首席执行官（CEO）被判刑 24 年并罚款 2380 万美元，公司创始人在诉讼期间去世，仍被追缴 1200 万美元罚款，投资者获得 71.4 亿美元的和解赔偿金；三是审计机构安达信以妨碍司法公正罪被判处宣告破产，罚款 50 万美元；四是投资银行花旗、美洲银行、摩根大通因涉嫌财务欺诈被判有罪，分别被罚款 20 亿美元、6900 万美元和 22 亿美元。

---

① 聂庆平：《对实行股票发行注册制的几点认识》，《清华金融评论》2019 年第 10 期。

本章小结

1. 金融市场由金融市场主体、金融市场客体、市场交易中介、金融市场价格、市场交易的组织形式五大要素构成。

2. 金融市场的功能可以分为微观层面的功能和宏观层面的功能。微观层面的功能可以分为风险管理功能、价格发现功能、提供流动性功能、降低交易的搜寻成本和信息成本功能。宏观层面的功能可以分为将储蓄转化为投资的功能、优化资源配置功能、宏观调控功能。

3. 根据不同的划分标准，可以将金融市场划分为不同的种类。按金融资产的期限可将金融市场分为货币市场和资本市场；按金融资产的发行和流通可将金融市场分为一级市场和二级市场。

4. 金融市场的效率分为运行效率和定价效率。金融市场效率的影响因素主要是市场发育程度、交易成本和市场信息等。

5. 有效市场假说认为，在某一时点上的证券价格已经充分反映了该证券的全部信息，当有新的信息出现时，证券价格对该信息的反应是迅速而准确的，市场竞争能够使得证券价格从失衡状态快速过渡到均衡状态，最终每种证券的真实价值都通过其价格得到体现。

6. 有效市场假说将资本市场的有效性分为弱式有效、半强式有效和强式有效三种。在弱式有效市场，证券价格能够完全反映出与证券有关的历史信息。在半强式有效市场，证券价格能够完全反映出与证券有关的全部公开信息。在强式有效市场，证券价格已经充分反映了所有公开的和不公开的信息。

7. 我国多层次资本市场的构成包括上交所、深交所主板（含中小板）、创业板、全国中小企业股份转让系统、区域性股权交易市场以及各类权益交易市场。深入推动对多层次资本市场的改革创新，扩大资本市场的服务范围，更好地服务实体经济对我国金融体系的建设和经济高质量发展至关重要。

重要概念

金融市场　货币市场　同业拆借　回购协议　资本市场　一级市场　二级市场　金融市场效率　运行效率　定价效率　弱式有效市场　半强式有效市场　强式有效市场　多层次资本市场

复习思考题

1. 金融市场的构成要素有哪些？
2. 金融市场的主要功能有哪些？

3. 货币市场有哪些子市场？

4. 货币市场和资本市场在功能上有何差异？

5. 一级市场和二级市场的主要联系与区别有哪些？

6. 影响金融市场效率的主要因素有哪些？

7. 什么是弱式、半强式和强式有效市场？

8. 假设公司 A 刚刚宣布了其年收益增加的好消息，但公司的股票价格却下跌了。你可否尝试对这一现象做出合理解释？

9. 试分析我国多层次资本市场的构成和建设意义。

10. 目前在我国，直接融资所占比重要远低于间接融资所占比重。国家金融与发展实验室理事长李扬于 2019 年 11 月 12 日在“《财经》年会 2020：预测与战略”上表示，目前全球遇到的问题很多，其中一个是债务问题，该问题仍在困扰着经济运行。从 2008 年金融危机到现在，全球性的债务危机仍在持续，而走出危机就需要减债。李扬认为，要想跨过“要增长，增加债务，增加风险”这样的困局，就要大力发展金融市场尤其是资本市场。

（1）论述金融市场的功能。

（2）你认为我国发展金融市场尤其是资本市场的策略是什么？

第四篇

货币经济：调控与监管

第十一章

货币需求

本章导读

从第一章的介绍中我们知道，货币能够直接与其他商品相互交换，能够衡量其他商品价值的大小，正是货币的这种特有职能使我们产生了对它的需求。货币可以与其他任何商品交换，主观上我们对货币的需求是无限的，但客观上是这样吗？显然是否定的，那么，货币需求到底是由哪些因素决定的呢？这是货币需求理论一直在探讨的问题。

因此，本章第一节主要介绍货币需求和货币需求量的概念，从宏观和微观两个角度认识货币需求。首先，仅仅把货币视为交易媒介，探讨一个国家、一个经济体在一定时期正常经济发展需要多少货币量的问题；其次，把货币视为一种资产，探讨微观经济主体在既定的社会经济条件下，持有多少货币机会成本最小、收益最大的问题。第二节货币需求理论是本章的重点，分别介绍马克思的货币必要量规律、传统货币数量学说的费雪方程式和剑桥方程式、凯恩斯的流动性偏好理论和现代货币数量学派的弗里德曼的货币需求理论。第三节在对货币需求理论检验和评价的基础上简要介绍货币需求量的测算方式。

学习目标

掌握 马克思货币必要规律的基本思想，费雪方程式和剑桥方程式的异同点，凯恩斯流动性偏好理论的基本内容，弗里德曼货币需求理论及其与凯恩斯流动性偏好理论的区别

理解 货币需求的内涵，货币需求的影响因素，凯恩斯货币需求理论的发展，货币需求理论的发展脉络

了解 货币需求的研究方法，货币需求量的测算与实证研究

第一节　货币需求的内涵与影响因素

一、货币需求的内涵

货币需求是一种由货币需求能力与货币需求愿望相互作用的客观实际需求，是指在一定时期内，社会各阶层愿意以货币形式持有财产的需要，或社会各阶层对执行流通手段、支付手段和价值贮藏手段的货币的需求。同时货币需求包含两个基本要素：一是必须有持有货币的愿望，二是必须有持有货币的能力。如果只考虑人们持有货币的愿望，而不考虑是否有足够的能力持有货币，那么货币需求这个概念就毫无意义了。因为人们总是愿意持有尽可能多的货币，人们产生货币需求的根本原因在于货币所具有的职能，货币具有和其他任何商品相互交换的能力。货币需求包括货币作为流通手段、支付手段与货币作为贮藏手段两大部分。在现实经济生活中，货币更多的是作为一种资产被人们持有，人们持有的资产多种多样，有实物资产、金融资产，在金融资产中，又有货币与非货币之分，各种资产由于其盈利性、流动性和安全性的不同，人们在持有时，会根据自己的偏好和具体情况进行选择，使货币这种资产在各种资产的持有中保持一个恰当的比例。所以，货币需求也可以说，是人们在资产组合中，愿意持有且能够持有的货币数量。

货币需求理论是一种研究人们持有货币的动机、决定或影响货币需求的各种因素以及货币数量决定的理论。研究的内容包括：一国经济发展在客观上需要多少货币量，以及一个经济主体在现实的收入水平、利率和商品供求等经济背景下，持有多少货币机会成本最小、收益最大等问题。

二、货币需求的分类

人们在研究货币需求问题时有不同的视角，从不同视角考察时可以把货币需求分为如下几类：

（一）微观货币需求和宏观货币需求

从货币需求的主体考察，货币需求可以分为微观货币需求和宏观货币需求。前者是指从微观经济主体即个人、家庭或企业的角度进行考察，研究一个微观单位在既定的社会经济条件下，持有多少货币的机会成本最低、收益最大的问题。其内容既包括执行流通手段和支付手段的货币需要量，也包含货币执行贮藏手段时的需要量。后者是指从宏观社会的角度，把货币视为交易的媒介，探讨一个国家在一定时期经济正常稳定发展时所必需的货币量，其内容一般仅指执行流通手段和支付手段的货币需要量。

微观货币需求与宏观货币需求是既有区别又有联系的两个概念，从理论上讲，全部微观货币需求的总和即为宏观货币需求，因此，对货币需求的研究，必须根据需要从两个方面进行相互联系的综合研究。

（二）名义货币需求和实际货币需求

名义货币需求和实际货币需求是用来说明货币数量变动对经济活动的影响所采用的一对经济范畴。所谓名义货币需求是指一个社会或一个经济部门在不考虑价格变动情况下的货币需求。在经济运行过程中，名义货币需求是由中央银行的货币供给决定的。实际货币需求则是经济主体的名义货币需求在扣除价格变动因素以后的货币需求，也就是以某一不变价格为基础计算的商品和劳务量对货币的需求。如果根据过高的通货膨胀所计算的名义货币需求量来安排货币供给，结果是过多的货币供给将成为物价上涨的因素；如果不考虑价格波动而简单按实际货币需求供给货币，则货币供给不足会直接造成对经济增长的抑制。因此，我们不仅要研究现实生活中普遍存在的名义货币需求，也要研究实际货币需求，有时对实际货币需求的研究更有意义。

（三）货币需求与资金需求

所谓资金，是指在社会再生产过程中不断占用和周转的、有特定目的和用途的、可以增值的一定价值量，与资本没有多大差别。货币与资本的区别表现为：货币是一般等价物，是价值尺度、交易的媒介、贮藏价值的载体和进行各种支付的手段，其活动遵循等价交换原则，遵循流通中货币量的规律；资本是带来剩余价值的价值，按照一定规则使物化劳动和活劳动结合，实现新价值的创造和生产资料价值的转移，实现剩余价值、分配剩余价值，并在追逐最大利润的推动下不断循环、周转。资本是一定量的价值，因而总表现为一定的货币金额，但资本并不总是以货币形态存在，货币资本是以货币形态存在的资本，而不是一般的货币。

货币与货币资本又有共同点。货币资本是要用于购买生产资料和支付工资的货币，它之所以能购买和支付，不是因为它是资本，而是因为它是货币。货币成为资本的存在形态，并不意味着失去货币的功能，从流通角度看，二者是没有区别的。

以货币金额表现的国民生产总值、国民收入、消费、积累、储蓄和投资等都是名义量，与它对应的还有实在的财富，而过多的、经济无力补足的资金缺口，反映并无实在的财富存在。既然无实在的商品、服务，那么就不可能产生对货币的需求。所以说，过多的资金需求与货币需求并无关系，但是假如扩大货币供给满足这种需求，那就是向经济供给过多的货币，会产生通货膨胀。正是因为上述货币和资金的联系与区别，我们不能简单地把“资金紧”等同于“货币紧”。对某一经济主体出现的“资金紧”要做具体的分析，因为企业出现资金短缺的原因是多种多样的，产品积压、滞销，新建、扩建或更新改造固定资产、扩大流动资金等都有可能使企业感到资金紧张，但不能根据这些原因得出货币不足的结论。总之，货币需求和资金需求既有联系，又有区别，正确认识它们的差异对合理确定实际的货币需求量有重要意义。

三、影响货币需求的因素

需要说明的是，在这里所讲的影响货币需求的因素，是从微观货币需求的角度而言的，但从理论上说，微观货币需求的总和就是宏观的货币需求数量，因此，这些影响和决定微观货币需求的因素，也以间接的方式影响着宏观的货币需求。我们知道，货币需求是以货币形式持有财富的行为，那么，哪些因素决定人们的这种行为呢？也就是说，货币需求是由哪些因素决定和影响的呢？人们之所以持有货币，是由货币的基本职能决定的，一方面，货币具有同一切商品相互交换的能力，具有流通手段职能，因此，人们持有货币的首要动机就是把货币作为商品交易的媒介。另一方面，货币也是人们保存购买力的一种手段，具有贮藏手段的职能，所以，人们持有货币的又一动机就是把货币作为保存财富的一种形式。

经济学家在研究货币需求的决定、影响因素时，一般利用货币需求函数来进行描述。货币需求函数是一种研究、分析货币需求量的决定因素及其变动规律，阐述货币需求决定理论的方程式，是将决定和影响货币需求的各种因素作为自变量，将货币需求作为因变量而建立的数量变化关系。货币需求函数的建立，对研究货币需求的有关问题具有重要的作用：一是利用货币需求函数可以分析各种因素对货币需求的不同影响，包括影响的方向和影响的程度。在具体的应用中，通过求解货币需求对某一决定因素的一阶导数，根据此导数的符号判断该决定因素对货币需求是产生正的影响还是负的影响。同时以此导数为基础，算出货币需求的各种弹性，各种弹性系数的大小可以反映各个因素对货币需求的影响程度。二是通过建立货币需求函数对历史资料进行计量分析、实证研究，可以得出正确结论，也可以验证理论假设是否正确。三是可以利用货币需求函数来测算一定时期内社会的货币需求量，并作为制定货币政策、供应货币的依据。

由于货币需求受多种因素的影响，因而货币需求函数是一种多元函数。根据各种自变量的性质及其对货币需求的不同影响，我们可以把影响货币需求的因素分为三类，即规模变量、机会成本变量、社会心理及其他变量。

（一）规模变量

所谓规模变量，是指决定和制约货币需求总规模的变量，主要有财富和收入两种。由于货币需求是人们以货币形式持有财富的行为，因此，人们持有的货币量必然低于其拥有的财富总额。假如人们将其所有的财富均以货币的形式保有，货币持有量最多也就是和自己的财富总额一样。所以，财富总额决定了货币需求量的最高限额。在现实生活中，收入和财富是密切相关的，对于财富持有人来说，他所持有的财富是他取得收入的资本，收入是资本的收益，而资本是收入的现值。因此，在现代货币需求理论中，人们通常把收入作为财富的代表而列入货币需求函数。收入对货币需求的决定表现在两个方面：一是收入水平的高低。在其他条件不变的情况下，收入水平的高低与货币需求成正比，也就是说，收入越多，货币需求也越多；反之，收入越少，货币需求也就越少。因为收入的多少意味着财富的多寡，而货币仅是财富的一部分，同时在人们收入与支出的时间间隔一定的情况下，人们持有货币的数量间接地取决于人们定期取得的收入。二是人们取得收入的时间间隔的长短。在收入水平一定的条件下，人们取得收入的时间间隔越长，货币需求越多；反之，人们取得收入的时间间隔越短，货币需求也就越少，也就是说，人们取得收入的时间间隔与货币需求成正比。

（二）机会成本变量

社会经济主体持有的财富，表现为各种资产，既有实物资产，又有金融资产，其中金融资产又可分为货币与非货币资产，如股票、债券等。各种资产在盈利性、流动性和安全性方面各不一样，既有优点，又有缺点，货币只是资产中的一种，货币虽然有高度的安全性和流动性，但盈利性却是最低的。各经济主体是否持有货币，持有多少，取决于他们的实际经济情况和主观偏好，一般来说，人们总是力图把自己持有的货币量保持在最适当的水平，既使持有人获得持有货币的最大满足，又使他们持有货币的成本降到最低，实现效用和经济效益的最大化。这样，人们在选择持有货币时，就必然会对持有货币与持有其他形式的资产所能得到的效益进行比较。

在财富、资产一定的条件下，经济主体持有货币就不能同时持有与这部分货币等量的其他资产，因持有货币而不得不放弃持有其他资产所能取得的收益，这就是人们持有货币的机会成本。持有货币的机会成本变量主要有债券的预期收益率、股票的预期收益率、实物资产的预期收益率。这些非货币的金融资产的预期收益率，又在一定程度上由社会的市场利率决定。一般情况下，市场利率与有价证券的价格成反比，如果市场利率上升，特别是上升到一定高度时，人们一般会预期利率下降，而有价证券的价格上升，于是会做出如下调整，即减少货币持有量，增加有价证券持有量；如果市场利率下降，特别是利率下降到一定低度时，人们又会预期利率上升，有价证券的价格下跌，从而做出增加货币持有量，减少有价证券持有量的决策。

市场利率的变化不仅通过人们的预期对资产选择产生影响，从而对货币需求产生影响；而且市场利率还直接决定着人们持有货币的机会成本，因为市场利率决定和影响着各种金融资产的收益率。市场利率上升，意味着人们持有货币的机会成本增加，从而使货币需求减少；市场利率下降，则意味着人们持有货币的机会成本减少，从而使货币需求增加。

（三）社会、心理及其他变量

这些变量包括信用制度及信用的发达程度、社会的消费倾向以及经济主体的预期和个体偏好。

一般来说，在信用制度健全、信用比较发达的经济中，货币需求相对较少；而在信用制度不健全、信用观念落后的经济中，货币需求相对较多，也就是说，信用制度的健全程度和信用的发达程度与货币的需求是负相关的关系。因为在信用制度健全、信用比较发达的经济中，有相当一部分交易是通过债权债务的抵消来实现的，这样必然减少作为流通手段和支付手段的货币需求量；同时，在这样的经济中，一般金融市场也比较发达，人们可以把暂时不用的货币用来购买短期债券，而在需要变现时，可在金融市场上很容易地出售，这样，人们就可以相对减少经常性的货币持有量。相反，如果没有健全的信用制度和完善的金融市场，人们只能在手中保有较多的货币，以满足自己安全性和流动性的需要，这种情况在广大的发展中国家和落后的农村偏远地区，表现得最为明显，极端的例子就是以窖藏现金的形式进行储蓄。

由于各个国家、各个地区的生活习俗、消费观念不同，各个经济主体及整个社会的消费倾向各不相同。消费倾向是指消费在收入中所占的比例，包括平均消费倾向和边际消费倾向。在一般情况下，消费倾向与货币需求呈现出同方向的变化，即消费倾向越大，则货币需求就越多，反之，消费倾向越小，则货币需求就越少，二者之所以呈现出同方向的变化，是因为在现代市场经济中，绝大部分消费还是以货币作为购买手段的。

由于各个经济主体的生活背景不同、掌握的经济知识不同，他们对未来经济情况的预期以及在资产选择中对货币的偏好也就表现得不一样。这些因素都会对经济主体的货币需求产生不同的影响。

四、货币需求量

货币需求的大小是用货币需求量来衡量的，微观经济主体需要持有多少货币是由自己决定的，完全不用经济学家和政府关心。我们所要关心的是，一个国家在一定时期的货币需求量到底是多少，因为一定时期的货币需求量是国家货币供应政策的基础。因此，货币需求量的概念是从社会的宏观角度而言的，满足商品流通需要的货币量就是货币必要量，也即客观的货币需求量。

通常，我们对货币需求量的分析是从存量意义上来观察和计算的。但由于货币本身固有的流动属性，考察货币需求量仅仅局限于存量概念是不够的，还需同时考察货币需求的流量。货币存量是指某一时点上存在的货币数量，是静止状态的概念，是时点数。货币流量是指在一定时期流动的货币数量，也就是货币存量与单位货币参与交易次数的乘积，是通过一段时期来计算的。同时，由于货币需求理论以及货币政策所关注的并不是某一时点的货币需求量，而是某一时期内货币需求量的大致范围及变动幅度，因此，在对货币需求量的研究中，必须同时考察货币需求的存量指标和流量指标，做静态和动态的分析。

第二节　货币需求理论

货币需求理论是一种研究人们持有货币需求的动机、决定或影响货币需求的各种因素以及数量决定的理论，研究的内容包括：一国经济发展在客观上需要多少货币量，以及一个经济主体在现实的收入水平、利率和商品供求等经济背景下保持多少货币使机会成本最小、收益最大等问题。经济学家对货币需求的动机和货币需求量的确定进行过长期的探索，先后提出了许多有益的见解和结论，形成了各种各样的学说或理论。这些学说或理论从不同的角度出发进行研究，形成了不同的名称和形式，但从其内容来看，都是在探讨货币需求问题，因此，我们在此都视作货币需求理论，下面简要介绍几种较重要和较有代表性的货币需求理论。

一、马克思的货币需求理论

马克思货币需求理论的基本思想集中反映在其货币必要量公式中，马克思货币必要量公式是在总结古典学派对流通中货币数量研究成果的基础上，对货币需求理论从宏观角度的精炼表述。

马克思货币必要量公式为：

$$M = PQ/V \tag{11-1}$$

式中，M 代表执行流通手段职能的货币量，也即客观货币需求量，P 代表商品的价格水平，Q 为流通中的商品数量，V 代表同名货币的流通速度。

这一公式既表达出了货币需求量的决定因素（即宏观货币需求的决定因素），同时也表达出了这三个因素的变动与货币需求量变动的关系。这些关系是：货币需求量与商品数量、商品的价格水平成正比，与货币流通速度成反比。

需要说明的是，马克思在提出这一著名的公式时，是以金币流通为前提的。认为商品价格取决于商品的价值和黄金的价值，而价值取决于生产过程，所以商品是带着价格进入流通的；商品价格是多少，就需要有多少金币来实现它；商品与金币交换后，商品退出流通领域，而黄金却留在流通领域之中继续发挥媒介作用。所以，商品价格总额是一个既定的值，货币需求量就是根据这一既定的值与同名货币的流通速度共同确定的。而且在经济中储藏着数量足够多的黄金，商品流通需要多少货币，就有多少货币存在于流通领域之中。

马克思在分析了金币流通条件下货币需求量的规律后，根据变化了的情况，接着分析了纸币流通条件下货币需求量的决定因素问题。他认为，纸币本身没有价值，之所以能够流通，是由于国家的强力支持，也只有流通，才能作为金币的代表，纸币一旦投入流通，就不会自动退出流通。流通中所能吸收的金币量是由客观的商品价格决定的，那么无论在流通中投入多少纸币，也只能代表客观需要的金币量，纸币投入越多，每一单位纸币所代表的金币量就越少，即纸币贬值，物价上涨。于是，在纸币流通的条件下，纸币数量的增减成为商品价格涨跌的决定因素，把金币流通条件下的金币数量与商品价格之间的决定关系完全颠倒过来了。但这绝不是对金币流通规律的否定，只不过是表现形式的改变而已。

马克思的货币需求量公式，揭示了货币的本质，反映了货币需求量的基本原理，它不是一个简单的算术公式，而是一种高度的理论概括，有重大的理论指导意义。

二、传统货币数量学说

货币数量学说也叫货币数量理论，是一种关于货币数量与货币价值或物价水平之间关系的货币理论，它以货币数量的变化来解释货币价值或一般物价水平的变动。这种学说认为，在其他条件不变的情况下，一个国家的物价水平或货币价值，取决于这个国家向流通中投放的货币数量，货币数量的增减必将引起物价水平同方向同比例的变动。

传统货币数量学说是相对于弗里德曼的新货币数量理论而言的，传统货币数量学说产生很早，流派也很多，其中有代表性的为现金交易货币数量学说和现金余额货币数量学说。

（一）现金交易货币数量学说

现金交易货币数量学说的代表人物是美国经济学家欧文·费雪（Irving Fisher），他在其1911年出版的《货币购买力》一书中，对古典货币数量论观点做了清晰的表述。费雪十分注重货币的交易媒介功能，认为人们需要货币，并不在货币本身，而是因为货币可以用来交换商品和劳务，以满足人们的欲望，人们手中的货币最终都将用于购买。因此，在一定时期内，社会的货币支出量与商品、劳务交易量的货币总值一定相等。据此，费雪提出了著名的交易方程式：

$$MV = PT \tag{11-2}$$

式中，M 表示一定时期内流通货币的平均数量；V 表示货币流通速度；P 表示物价水平，为各类商品价格的加权平均数；T 表示各类商品的交易总量。

从这个方程式来看，商品价格水平 P 的值取决于 M、V、T 三个变量。费雪分析，在这三个变量中，V 主要受支付习惯及货币信用制度等因素的影响和决定，而这些习惯和制度因素变化非常缓慢，因而它可被视为常数。T 与较为稳定的产出水平通常保持一定的比例，大体上也是相对稳定的。因此，只有 P 和 M 的关系最重要，所以，P 值的大小主要取决于 M 数量的变化。

交易方程式虽然主要说明 M 决定 P，但是反过来，如果把 P 视为给定的条件，这个交易方程式也就成为货币需求的函数：

$$M=\frac{1}{V}\cdot PT \tag{11-3}$$

这一公式表明，在给定的价格水平下，全社会一定时期的总交易量与所需要的名义货币量具有一定的比例关系，这个比例就是 $1/V$。换言之，要使价格保持给定水平，只有当货币量与总交易量保持一定比例关系才能实现。

以欧文·费雪为代表的现金交易说认为，影响物价的货币量只是流通中的货币量，是一个流量，是货币存量与货币流通速度的乘积。他的理论不仅是对前人货币数量理论的总结和发展，而且也为后来新的货币数量理论的产生奠定了基础，是货币需求理论研究发展过程中的一个重要环节。

但他的理论也有很大的缺陷和不足：

第一，把货币交易职能看作货币的唯一职能，认为货币只是一种被普遍接受的商品，它的出现只是为了解决物物交换的困难，忽视了货币的贮藏手段职能。事实上，经济主体的货币需求并不仅仅局限于交易和支付目的。他们还将货币视为价值贮藏的手段，作为财富和资产进行保存。现金交易说对货币需求量的分析，没有把这部分应予考虑的货币需求部分包括在内。

第二，现金交易说对货币需求的分析仅仅局限于宏观的、社会的角度，忽视了经济主体，特别是微观经济主体对持有货币的需求，而这往往又是正确分析宏观货币需求的基础，也对货币政策的制定与实施有重要意义。

第三，现金交易说对经济运行过程中的货币使用的复杂性认识不够。现金交易说认为商品交易均通过货币媒介，货币也只是用于商品的交易需要，这是很片面的。因为在实际的经济运行中，有不少的交易并不需要使用货币，而货币也并不全部用作商品交易手段（如债务支付、缴纳税金、发放贷款、购买有价证券等）。

第四，现金交易说的货币需求方程式虽然具有较大的理论意义，但在实践中运用难度很大。也正是因为这一点，在此基础上，出现了收入货币数量理论。

收入货币数量学说是为了克服现金交易学说的不足，并在其基础上产生的，是对现金交易学说的改造。它从国民收入而非货币总量出发，具体分析货币收入变动对各种商品价格的影响，从而分析出其对整个价格水平变动的影响。将收入—支出方法从流通领域深入到生产领域，指出利率是调节投资与储蓄关系的杠杆，并由此出发来论述货币数量变化对价格水平变化的影响。

（二）现金余额货币数量学说

现金余额货币数量学说不是从货币供应量或货币流通量的角度，而是从货币保有量的角度来分析货币需求的一种理论。它是由马歇尔（Alfred Marshal）首先提出，并用文字加以说明，由其嫡传弟子庇古（A. C. Pigou）、凯恩斯（J. M. Keynes）等人加以发挥并使之系统化的理论。由于他们几乎都在英国剑桥学院接受教育和从事学术活动，所以表述这种学说的方程式又被称为“剑桥方程式”。

他们认为，人们保留现金余额的原因不仅在于人们收入和支出之间存在时间差，还在于其他资产的变现要付出代价。货币余额保有量与货币流通量及货币价值呈正比例变化，而与收入水平呈反比例变化。用公式表示，即为：

$$K=\frac{MR}{Y} \tag{11-4}$$

这一公式被称为庇古方程式。式中，K 为以货币形式持有的收入占总收入或财富的比例，Y 为总收入或总财富，R 为单位货币的价值，M 为货币数量。由于币值（R）是商品价格水平（P）的倒数，因此，上式也可写成：

$$M=KPY \tag{11-5}$$

这就是现金余额方程式，也叫剑桥方程式。由此方程式所决定的货币量 M 是停留在人们手中准备用于购买商品或劳务的货币数量，又称为现金余额。该方程式说明，货币需求取决于 K、P、Y 三个变量的值，当 K、P 一定时，总收入越多，则货币需求也越多；当 K、Y 一定时，价格水平越高，货币需求越多；当 P、Y 一定时，系数 K 越大，则货币需求越多。根据剑桥学派的分析，在短期内，K 和 Y 都是相对稳定的，货币数量的变化与一般物价水平的变动是同方向等比例的。这一结论与现金交易学说的结论是一样的。

现金余额数量学说的着眼点是个人对货币持有的需求，重视微观主体的行为，认为处于经济体系中的个人对货币的需求，实质是选择以怎样的方式保有自己资产的问题。这与过去的经济学家主要从整个经济的角度考虑货币数量问题有很大的不同。这一学说在货币需求理论的研究中具有重要的转折意义，为货币需求理论的研究开辟了新的思路。

我们比较现金交易方程式与现金余额方程式，可以看出，假如把费雪方程式中的 T 代替或等同于剑桥方程式中的 Y，再把 V 视作既代表交易货币的流通速度，又代表与收入水平相对应的流通速度，即 $K=1/V$，那就很容易把这两个方程混同起来。实际上，两个方程式存在着很大的不同，主要有以下几点：

第一，对货币需求分析的侧重点不同。费雪方程式强调货币的交易手段职能，而剑桥方程式则把货币视为价值贮藏的手段，人们持有货币的原因，不仅仅在于交易的需要，还在于把货币视为一种资产。

第二，V 被现金交易说看作是一个固定不变的常数，但实际上，它是一个受许多因素影响和制约的变化较大且不易把握的量。现金余额方程中 K 的大小主要取决于经济主体的预期，它的确定要相对容易些。

第三，研究货币需求的角度不同。费雪方程式从宏观角度入手，用货币数量的变动来解释价格的变化，反过来，在商品交易量和价格水平给定的条件下，通过测算货币流通速度，也可以求出货币需求量。剑桥方程式则从微观角度入手，把货币看作财富、资产中的一种，因此考察影响和决定货币需求的因素要比费雪方程式更全面，特别是已经开始把利率这一重要因素考虑在内。

三、凯恩斯和凯恩斯学派的货币需求理论

（一）凯恩斯货币需求思想的演变

凯恩斯的货币需求理论和他的其他经济理论一样，经历了一个演变和发展的过程。

在 20 世纪 30 年代以前，凯恩斯是传统货币数量理论的坚定信仰者。他在出版于 1923 年的现金余额说的经典著作——《货币改革论》中明确表示：货币数量学说是基本规律，它与实际情况的一致性是不可怀疑的。但又在该书中对传统货币数量学说把货币流通速度视为常数的论点表示了怀疑，认为货币数量的变动会影响价格水平，但随着货币数量的变化，货币流通速度也会同时发生变化，这样价格水平的变化虽然与货币数量的变化方向一致，但并不一定呈同一比例。正是这种对待传统货币数量学说的怀疑态度为他后来创建新的货币需求理论奠定了思想基础。

凯恩斯于 1930 年出版了《货币论》一书，在这本书中，他已经开始从微观的角度研究货币问题，逐渐脱离了仅从货币总量出发的传统方法，也不再坚持将货币数量的变动与价格水平的变化紧密联系在一起的观点，而是又提出了著名的货币价值方程式，通过对决定价格水平的各种因素，如投资、储蓄、利率等的分析来论述如何使经济运行处于均衡状态这一问题。

独具特色的、具有创新意义的货币需求理论是从他 1936 年出版的《就业、利息和货币通论》（以下简称《通论》）开始提出，并逐渐形成的。下面我们主要介绍凯恩斯在《通论》中所表述的货币需求理论。

（二）凯恩斯的流动性偏好理论

凯恩斯认为，所谓货币需求，就是指一定时期经济主体能够持有且愿意持有的货币数量。人们之所以需要持有货币，是因为对货币普遍存在一种流动性偏好的心理倾向，而这一流动性偏好就构成人们对货币的需求。因此，凯恩斯的货币需求理论又被称为流动性偏好理论。

凯恩斯对货币需求理论的贡献是他关于货币需求动机的剖析，并在此基础上把利率因

素引入了货币需求函数。他沿着剑桥学派的思路，从人们持有货币的需求出发深入研究，把决定人们货币需求的行为动机归结为交易动机、预防动机和投机动机三个方面。相应地，货币需求也被分为交易动机的需求、预防动机的需求和投机动机的需求三部分。

1. 交易动机的货币需求

交易动机的货币需求是指人们为了应付日常交易需要而产生的货币需求。交易动机可以分为个人的收入动机和企业的营业动机，其强度的大小主要取决于经济主体收入的多少和收、支时间间隔的长度。另外，影响交易需求的因素还有支出习惯、金融制度、经济预期等。这些影响因素中，除了收入因素外，其他因素可视为在短期内不变的常量，收入越多，这种货币需求也越多，因此，凯恩斯将交易动机的货币需求看作是收入的递增函数。

2. 预防动机的货币需求

预防动机的货币需求，是指人们为应付可能突然发生的意外支出，或者突然出现的有利时机产生的货币需求。它的产生主要因为未来收入和支出的不确定性。在凯恩斯看来，预防动机的货币需求也主要决定于收入的数量，也是收入的递增函数。

预防动机的货币需求与交易动机的货币需求既有相同之处，也有不同之处。相同之处在于：二者均是人们对作为流通手段和支付手段的货币的需求；都与收入有关，而且均是收入的递增函数；均对利率不太敏感，因为这两种目的的货币需求是经济主体在生活和生产中必不可少的，机会成本多大都得保留；均相对稳定、可以预计，出于预防动机的货币需求虽然不如交易动机的那么确定，但由于它主要是作为交易的备用金，因此，也是相对稳定、可以预测的。就实质来说，预防动机的货币需求和交易动机的货币需求都可以归入一个范围之内，有时统称为交易性货币需求。在实践中，由这两种动机形成的货币余额也是难以截然分开的。不同之处为：货币需求的交易性动机产生的主要原因是在收入和支出之间存在一定的时间差，而货币需求的预防性动机则主要是因为收入和支出的不确定性，预防动机的货币需求不是为了应付那些经常的、可以预测的交易需要，而是为了应付那些意外支出而产生的货币需求。

3. 投机动机的货币需求

投机动机的货币需求是凯恩斯货币需求理论中最有特色的部分，所谓投机动机的货币需求是指人们为了捕捉投资的有利时机、赚取利润而持有的闲置货币余额，人们这时是把持有的货币当作一种资产来对待的。人们之所以持有这部分闲置货币余额，是因为经济主体相信自己的判断比别人高明，持有这种流动性最强的资产——货币，能够比持有其他类型的资产更能使自己的财富保值增值。

投机动机的货币需求取决于三个因素，即当前市场利率、投机者心目中的正常利率以及投机者对利率变化趋势的预期。其中第三个因素依赖于前两个因素，所以投机动机的货币需求实际上取决于当前市场利率与投机者心目中的正常利率之间的偏差，而不是当前的市场利率。如果当前市场利率高于正常利率，那么人们将预期利率下降；若市场利率低于正常利率，则人们将预期利率上升。虽然这种预期因人而异，但从整个经济来看，如果市场利率较高，就会有较多的人预期利率下降；如果市场利率较低，就会有较多的人预期利率上升。

在一般情况下，市场利率与有价证券的价格呈反比例变化。因此，如果人们预期利率上升，就意味着预期有价证券的价格下降；而预期利率下降，就意味着预期有价证券的价格上涨，这种预期将影响人们对资产的选择，从而影响投机动机的货币需求。假设在只有货币和债券这两种资产的情况下，人们到底持有多少货币，将取决于这两种资产分别能为持有人带来多少预期报酬。货币的预期报酬率一般为零，持有债券可以得到利息收入和资本利得。利息收入取决于利率的高低，资本利得是指债券的买卖差价，也和利率密切相关，利率的高低以及变化会使持有债券的预期报酬率大于零或小于零。两种资产的相对预期报酬率的比较，促使人们做出卖出债券还是买进债券，是多持有货币还是少持有货币的选择。

所以，投机动机的货币需求对利率的变化极为敏感，与利率呈反方向变化，是利率的递减函数。利率越高，投机动机的货币需求就越少；利率越低，投机动机的货币需求就越多。在极端情况下，当利率低到所有人都认为它将上升，从而有价证券的价格将下降时，人们都希望持有货币而不愿持有有价证券，这时投机动机的货币需求趋于无穷大，这就是人们常说的“流动性陷阱”。对于这种情形是否真的存在，经济学家有着广泛的争论。

从以上的分析可知，人们对货币的需求是由以上这三大动机共同促成的。其中交易动机和预防动机的货币需求都是收入的递增函数，而投机动机的货币需求则是利率的递减函数。那么，凯恩斯的货币需求理论可用函数式表示如下：

$$M = M_1 + M_2 = L_1(Y) + L_2(r) \qquad (11\text{-}6)$$

式中，M_1表示交易动机和预防动机引起的货币需求，它是收入 Y 的函数；M_2表示投机动机的货币需求，是利率 r 的函数；L 是作为“流动性偏好”函数的代号，货币最具有流动性，所以流动性偏好函数也就相当于货币需求函数。

在这里应该注意的是，凯恩斯讨论的货币需求是实际的货币需求，而不是名义的货币需求，人们在决定持有多少货币时，是根据这些货币能够买到多少商品来计划的。实际的货币需求可由名义货币需求除以价格水平求得，也就是 M/P。

这个函数式与过去所有函数式的区别在于：如果过去所有的函数式可以概括地表示为 $M=f(Y)$，那么凯恩斯的函数式可表示为 $M=f(Y, r)$。的确，利率与货币需求的联系并非始于凯恩斯，如剑桥学派就有分析，但把 r 明确地视为货币需求函数中与 Y 有等同意义的自变量，则开始于凯恩斯，是凯恩斯的一大创举。

从上述的函数式还可以看出，市场利率的不稳定，使得货币需求也是不稳定的。在货币市场均衡的条件下，由于 $MV=PY$，$V=PY/M$，也就可得：

$$V = PY/P[L_1(Y) + L_2(r)] = Y/[L_1(Y) + L_2(r)] \qquad (11\text{-}7)$$

从上式可知，货币的流通速度与实际的货币需求成反比，这样，当实际的货币需求随着利率的涨落而波动时，货币流通速度也随之波动。传统货币数量学说将货币流通速度视为常数，是一个不符合实际的假设，其原因在于忽略了投机动机的货币需求的存在。

拓展阅读 11–1

预防性货币需求的实例

为了更好地理解预防动机的货币需求，我们举个实际的例子来加以说明：假设你是一个正处在热恋之中的小伙子，你很爱你的女朋友。有一天，你们俩一起逛商场时，你女友想买一套3000元的套装。你决定买下来讨女友的欢心，原来没有想到的“意外”货币需求就出现了。可是，你身上并没有带那么多钱，你的钱都投在股市里，这时你就遇到了非流动性问题。你有两种方法筹到钱：第一，卖出部分股票，取回部分现金；第二，向亲戚好友借。在第一种情况，卖出股票需缴纳一定的佣金和印花税，如果遇到“割肉”情况，你还得遭受资本损失。第二种情况，借钱给你的那个人要求你支付5%的利率，你又要发生一笔额外的支出。虽然你买到了那套套装，女朋友会很高兴，可你心里难免会为遭受的非流动性成本之痛而闷闷不乐。

在这之后你吸取了教训。为了在与女朋友逛街时应付上述那样突发性的意外货币支出，你决定随身带8000元钱，随时准备应付购买1—2套高档服装之需。但是这8000元在你的钱包里闲置了3个月后，你女朋友才再次有想买高档服装的欲望。如果年利率为5%，在这3个月里你损失了100元钱的利息。这时你遇到的是持币的机会成本。

非流动性成本和持有预防性货币余额的机会成本构成了持有谨慎性动机货币余额的总成本。如果你为预防不测持有较多的货币，你就减少了非流动性的逾期成本额，但同时增加了持有货币余额的机会成本；反之，你持有的货币余额较少，这降低了机会成本，但是提高了非流动性成本。因此，你必须在两者之间权衡。如果在急需资金时你的朋友能倾囊相助；或者如果股市处于大牛市，且佣金较低，那么你为了应付这种突发性的支出而持有较多的货币余额的动机就会弱些。另外，利率越高，持币的机会成本越高，持有较多的货币余额的动机也会减弱。总结起来：预防性货币需求随着非流动性成本的上升而增加，随着机会成本的上升而下降。

（三）凯恩斯货币需求理论的发展

凯恩斯的流动性偏好理论是对西方货币需求理论的重大突破，但这一理论本身也有许多缺陷。20世纪50年代之后，一批受凯恩斯影响的经济学家针对凯恩斯理论中某些与现实不符的结论，沿着凯恩斯原来的思路，对他所提出的三种动机的货币需求进行了更为深入的研究，进一步丰富和发展了凯恩斯的货币需求理论。最具有代表性的研究成果是鲍莫尔—托宾的存货模型和托宾的资产选择理论。

1. 鲍莫尔—托宾的存货模型

凯恩斯的流动性偏好理论认为，交易动机的货币需求只是收入的函数，而与利率无关。鲍莫尔（William Baumol）和托宾（James Tobin）通过研究，证明交易动机的货币需求，同样是利率的函数，而且也是利率的递减函数。

他们认为，人们出于交易动机而持有的现金余额如同一个企业保有存货一样，也有一个最佳适度的问题。存货太少会影响正常的生产经营活动，存货过多又会增加不必要的成本。为交易需要持有的货币同样不能太少，也不能过多，因为货币是最后的流通手段，其他资产要变现需要支付佣金，而持有货币要放弃利息收入。

假如一个人在取得收入后，为了获得利息，可以将收入中暂时不用的部分去购买债券等生息资产，在极端情况下，他甚至可以在期初把全部的收入都买成债券，然后在需要支出时卖出等额的债券，以最大限度地获取利息收入。但是在每次卖出时都要支付一定的佣金（包括花费时间和精力的货币化），那么，如果交易次数足够多，交易的费用就可能超过利息收入，因此，一个消费者必须在取得利息收入和支出交易成本之间进行权衡，选择一个最优的货币持有量，使得利息损失和交易成本之和最小。一般来说，手续费是相对固定的，而利率是经常变动的，利率的变动直接影响人们买卖债券的数量和次数，从而影响人们平均持有的货币额。因为利率越高，波动越大，利息超过手续费的机会就越多，也可以更多地购买债券，相应的平均持有的货币量也就越少。由此可见，交易动机的货币需求，也是利率的函数，而且同样是利率的递减函数。

鲍莫尔和托宾在以下假设条件下，推导出了一个著名的平方根公式。这些假设条件是：人们定期获得收入，人们的支出是连续和均匀的，其他资产是短期政府债券，每次的变现额和变现的时间间隔都相等。很显然，在此假定条件下，人们平均持有的现金余额应是每次变现额的一半。

假设一定时期的收入总额为 Y，每次的变现额为 K，每次变现的佣金为 b，r 为市场利率，则持有现金余额的总成本 C 为：

$$C=b\cdot\frac{Y}{K}+r\cdot\frac{K}{2} \tag{11-8}$$

消费者将通过选择 K 来使上式最小化。为此，我们只要求出 C 对 K 的一阶导数，并令其等于 0 即可。

$$\frac{\partial C}{\partial K}=\frac{r}{2}-b\cdot\frac{Y}{K^2}=0 \tag{11-9}$$

同时，我们还可求出 C 对 K 的二阶导数，且可判断其值大于 0。

$$\frac{\partial^2 C}{\partial K^2}=\frac{2bY}{K^3}>0 \tag{11-10}$$

这就证明，$C=b\cdot Y/K+r\cdot K/2$ 有极小值，因此可知：

$$K=\sqrt{\frac{2bY}{r}} \tag{11-11}$$

如上所述，人们平均持有的现金余额是每次变现额的一半，即 $K/2$，所以，名义现金余额应为：

$$M=\frac{K}{2}=\frac{1}{2}\cdot\sqrt{\frac{2bY}{r}} \tag{11-12}$$

这就是著名的平方根公式，此式得到的结论与前面分析得到的结论是一致的，同时我们还可以看出，交易动机的货币需求的收入弹性和利率弹性分别为 0.5 和 -0.5。

沿着鲍莫尔—托宾存货模型大致相同的思路，美国经济学家惠伦（E. Whalen）等人对预防性货币需求同利率之间的关系进行了研究，提出了立方根公式，得出预防动机的货币需求也和利率呈反方向变化的结论。由于交易动机的货币需求和预防动机的货币需求也都是利率的函数，因此凯恩斯的流动性偏好函数写为 $M=L(Y, r)$ 更为准确。“平方根定律”“立方根定律”首次将利率这一经济函数完全纳入货币需求模型之中，并且证明了交易性的货币需求与利率之间有密切的关系，为货币政策的制定提供了理论指导，在金融理论领域有着广泛的影响。

拓展阅读 11-2

假定李四是个金领，每个月的工资是 20000 元，每月 1 日领取工资。李四是个典型的“月光族”，从月初领到工资到下个月初领工资时的一个月内，他正好将这 20000 元花得分文不剩。李四每月的现金余额变动情况如图 11-1 所示。

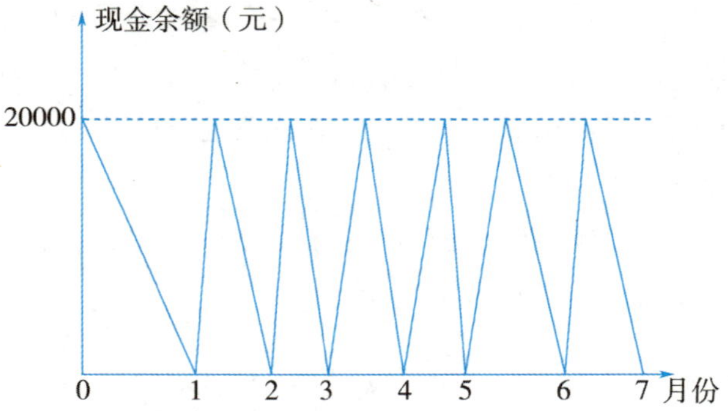

图 11-1　李四的现金余额变动情况

现在假定，存款月利率为 1%。如果李四在月初收到 20000 元的工资收入后，将其中 10000 元储蓄起来，手头留 10000 元现金，但支出流量还是和往常一样。于是李四在月中时手头的现金余额就为零了；为应付接下来的支出，就必须到银行去将月初存入的10000元取出来。月末时，又将这10000元花光了。等到下个月1号，继续这样的花销计划。按这样的计划计算，李四每个月的平均现金余额为5000元。这样对李四有什么好处呢？李四在月初存入的10000元可以得到50元钱的利息收入：$10000\times1\%\div2=50$（元）。

进一步设想，如果李四在月初收到20000元的工资后，将15000元存入银行，手头只留5000元的现金。若每月是30天，过了七天半李四就将这5000元花光了，然后再从银行月初存入的15000元中取出5000元。又过了七天半，李四提取的这5000元又用完了，又必须去提取5000元。如此循环下去，李四在这个月持有的现金余额平均就只有2500元了。在月初存入15000元，这个月里频繁地取款，得到的利息收入总共有多少呢？计算得：$15000\times1\%\div(7.5/30)+10000\times1\%\times(15/30)+5000\times1\%\times(22.5/30)=37.5+50+37.5=125$（元）

这比在月初时只存入10000元多赚了75元的利息收入。推而广之，显然有如下结论：月初持有的现金余额越少，存入银行的钱越多，所得的利息就越多。

既然有这样的好处，李四是否会在月初收到20000元工资后手头只留666.7元的现金，而将剩余的19333.3元存入银行，每天早晨再去取666.7元现金呢？显然是不会的。这样李四是能得到更多一点的利息，但会很麻烦，因为取款是有交易成本的，包括时间和精力。如不将这笔钱存入银行而是用于购买公开交易的债券，买卖债券同样需要缴纳佣金，并且还存在债券下跌的风险。

2. 托宾的资产选择理论

根据凯恩斯的流动性偏好理论，人们是以货币还是以债券的形式持有财产主要取决于它们的预期报酬率，只有在这两种资产的预期报酬率相等的极端情况下，人们才会同时持有货币和债券。按照此理论，在同一时间，人们要么持有货币，要么持有债券，一般不会既持有货币又持有债券，而这显然与事实不符。它既无法解释人们同时持有货币和债券的现象，更无法说明人们同时持有收益率各不相同的其他多种金融资产这一现实生活中普遍存在的事实。为了弥补这一明显的不足，美国凯恩斯学派的经济学家托宾（James Tobin）将马克维茨（Harry Markowitz）等人在20世纪50年代首创的均值—方差分析法应用于货币需求分析，提出了从资产选择角度研究货币需求问题更为切合实际的新理论。

托宾认为，在现实生活中，人们之所以宁愿持有没有收益的货币，而不全部持有有收益的其他金融资产，一方面，因为货币是金融资产中流动性最好的一种；另一方面，人们在选择资产组合时，不仅要考虑各种资产组合的预期收益率，而且也会考虑到风险。资产选择的原则不是预期收益最大化，而是预期效用最大化。对于一个风险规避者来说，他总希望在既定的预期收益下实现风险的最小化，或者在既定的风险下实现预期收益的最大化。一般来说，收益和风险往往成正比例关系，收益高的资产，风险较大，而收益低的资产，风险也较小。货币是一种没有收益的资产，但它同时也是一种没有风险的资产（通货膨胀条件除外）。所以，人们在确定持有资产的组合时，必须对各种资产的预期收益和风险进行衡量和比较，以确定效用最大化的资产组合，其方法可用无差异曲线来描述。托宾在分析时，用某种资产的预期收益的加权平均数作为测量预期收益的尺度，用预期收益的方差作为测量风险的尺度。

根据托宾的理论，当某经济主体的资产组合中只有货币而没有债券时，为了取得收益，他会把一部分货币转换成债券，因为减少货币在资产组合中的比例就可以带来收益。但随着债券比例的增加，收益的边际效用递减而风险的负效用递增，当新增加债券带来的收益正效用与风险负效用之和等于零时，他就会停止将货币转换成债券。同理，如果某经济主体的全部资产都是债券，为了安全，他会抛出债券而增加货币的持有比例，直到抛出的最后一张债券所带来的风险负效用与收益正效用相等为止。这就是通常意义上的资产组合原理。

托宾的资产组合理论如图 11-2 所示。

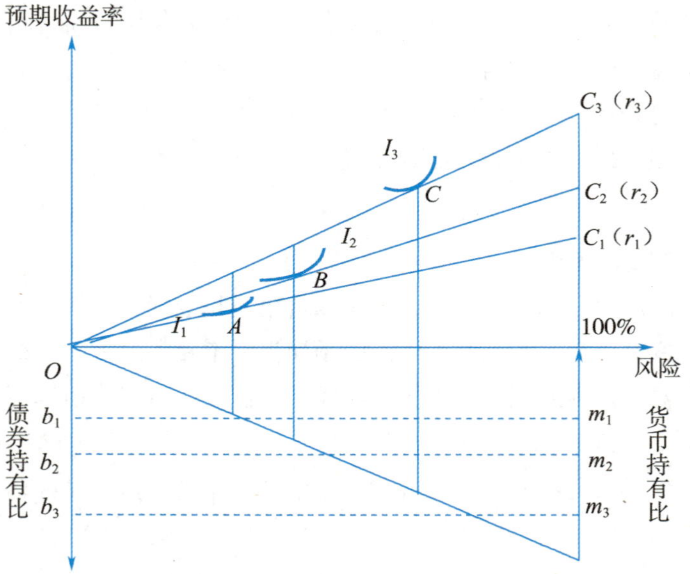

图 11-2　托宾的资产组合理论

图 11-2 中，上半部分的纵轴表示预期收益率，横轴表示风险，OC_1、OC_2、OC_3 线表示在不同利率（r_1、r_2、r_3，$r_3>r_2>r_1$）水平下的投资机会轨迹。I_1、I_2、I_3是一组无差异曲线，在任何一条既定的曲线上，不同的收益与风险的组合都具有等量的效用。A、B、C 三点都是人们资产组合的均衡点，即收益正效用和风险负效用相等之点。

图中的下半部分左纵轴表示风险资产（债券）的构成比例，箭头向下表示从0%—100%；右纵轴表示安全性资产（货币）的构成比例，箭头向上表示由0%—100%。当利率为r_1时，无差异曲线I_1与OC_1相切于A点，此时资产组合的比例是m_1比例的货币和b_1比例的债券。显然，$m_1>b_1$，所以在A点，风险和收益均较小；当利率上升为r_2时，无差异曲线I_2与OC_2相切于B点，此时资产组合的比例随之调整，风险资产的比例从增加b_1增加到b_2，安全资产的比例从m_1减少到m_2，因此在B点的风险与收益均大于A点。如果利率升至r_3时，OC_3与I_3相切于C点，此时$m_3<b_3$，在C点的收益和风险远高于A、B两点。

图11-2说明，在不确定状态下，人们为什么同时持有货币和债券，以及二者比例是根据什么进行选择的；投机动机的货币需求与利率呈反方向变化；投机动机的货币需求的变化是通过人们调整资产组合来实现的。

托宾的研究不仅弥补了凯恩斯关于货币需求理论的某些不足，而且运用资产组合的理论方法，将风险这一重要因素引入到货币需求的决定中来，得出了更为切合实际的相对科学的结论，极大地推动了货币需求理论的发展。

拓展阅读 11-3

电子货币对货币需求的影响[①]

随着互联网技术和互联网金融的发展，电子货币应运而生。而作为支付媒介的电子货币在改变人们持有金融资产形式和结构的同时，也对货币供求产生了巨大冲击，因此，准确把握电子货币对货币需求的影响，对于央行制定准确适度的货币政策具有重要意义。

电子货币作为货币形式演变中的最新形式，不仅能够执行货币职能，而且比使用现金更为便捷，这就会降低现金需求，此外与第三方支付绑定的互联网货币基金的出现，更是提高了这类电子货币的吸引力，进一步降低了对现金的需求。因此，一般来说，电子货币是央行货币的替代物，但这种替代并不完全，不仅会模糊各种货币层次之间的界限，还会改变货币供给结构，从而对货币需求产生影响。

假设一个经济主体持有两类资产，一类是既可用作交换媒介又可作为储藏手段的资产（现金、支票账户等），一类是只用作支付手段的资产（股票、债券、储蓄账户等）。电子货币既是可以便捷交易的交换媒介，又是可以获得可观收益的价值储藏手段，银行卡电子货币与现金无异，没有收益，$r_e=0$，第三方支付电子货币有收益，

① 史新鹭、周政宁:《电子支付发展、电子货币替代对货币需求的影响研究》,《中央财经大学学报》2018年第12期。

利率为 r_e（$r_e>0$），作为储藏手段的资产以债券为代表，利率为 r_b（$r_b>r_e$）。

从交易性货币需求来看，如果电子货币为银行卡电子货币，那么电子货币对现金的交易需求替代情况取决于个人偏好和支付习惯等外生因素（假设网络基础设施建设完备）；如果电子货币为第三方支付电子货币，由于 $r_e>0$，持有现金作为交易货币的成本要高于电子货币，此时电子货币可完全替代现金。与现金相比人们更愿意持有电子货币，并且此时持有电子货币的交易性货币需求还将与其利率 r_e 正相关。

从预防性货币需求来看，如果电子货币为银行卡电子货币，那么电子货币对预防性现金需求替代情况依然取决于个人偏好和支付习惯等外生因素（假设网络基础设施建设完备）；如果电子货币为第三方支付电子货币，由于 $r_e>0$，此时电子货币与债券的资产组合能够带来更高的效用水平，因此第三方支付电子货币对预防性现金需求产生完全替代，与现金相比人们更愿意持有电子货币。

从投机性货币需求来看，如果电子货币为银行卡电子货币，电子货币与现金在收益上没有差别，那么这类电子货币对投机性现金需求替代情况也取决于个人偏好和支付习惯等外生因素（假设网络基础设施建设完备）；如果电子货币为第三方支付电子货币，此时电子货币与现金有同样的风险特征，但比现金有更高的收益，$r_e>0$，且 $r_b>r_e$，这类电子货币对投机性现金需求形成完全替代。

总的来说，无论是何种类型的电子货币，其出现和存在必然会对微观主体的现金需求产生替代，进而影响货币需求中原有的变量关系，增加货币需求的不可预测性。

四、现代货币数量理论

货币主义是一个与凯恩斯主义和凯恩斯理论直接对立的西方经济学流派，它形成了一套独具特色的理论观点和政策主张。到20世纪60年代，它的理论政策主张已发展为一个完整的体系。1956年货币主义学派的代表人物、美国芝加哥大学教授弗里德曼（Milton Friedman）发表《货币数量说的重新表述》一文，标志着现代货币数量论的诞生。

按照弗里德曼的观点，新的货币数量理论，首先是一种货币需求的理论，其次才是产出、货币收入或物价水平的理论。所以，现代货币数量理论是从研究货币需求的影响因素并建立货币需求函数开始的。

（一）弗里德曼的货币需求函数

弗里德曼基本上承袭了传统货币数量论的研究特点，非常重视货币数量与物价水平之间的因果关系，同时接受了剑桥学派和凯恩斯以微观主体行为作为分析起点并把货币看作是一种受利率影响的资产的观点，在吸收前人成果的基础上，根据经济发展的新情况，对决定和影响货币需求量的各种因素进行了深入的分析，在此基础上，建立了独具特色的货币需求函数：

$$\frac{M}{P}=f(Y,W,R_m,R_b,R_e,\frac{1}{p}\cdot\frac{dp}{dt},U) \qquad (11-13)$$

式中，M 为个人财富持有者保有的货币量，即名义货币需求量；P 为一般物价水平；M/P 为个人财富持有者保有的货币所能支配的实物量，即实际货币需要量；Y 为按不变价格计算的实际持久性收入，用来代表财富；W 为物质财富（非人力财富）占总财富的比例；R_m 为货币的预期收益率；R_b 为固定收益的债券预期收益率；R_e 为非固定收益的股票收益率；$1/p\cdot dp/dt$ 为实物资产的预期收益率；U 表示影响货币需求的其他因素。

根据弗里德曼的分析，可把货币需求函数中的各个变量分为以下三类：

1. 恒常收入和财富结构

财富总量是制约人们货币需求的规模变量，也就是说，即使人们将其全部财富都以货币形式持有，其货币需求总量也只能等于其拥有的总财富，而不可能超过财富总额。现代货币数量学说把财富分为人力财富和非人力财富，人力财富也称人力资本，是指人们所具有的为自己获得收入的能力，包括体力、智力以及学习掌握的技巧等，其大小与接受教育的程度密切相关。非人力财富则是指各种能带来收入的实物财富，如房屋、生产资料、耐用消费品以及各种金融资产等。对绝大多数人来说，人力财富均占其财富总量的绝大部分。

由于财富的货币化测量难度很大，而财富又与收入之间有着密切的关系，因此，人们通常以收入代表财富。但因现期收入易受年度波动的影响，因此，在这里所说的收入是一种恒久性收入，也叫恒常收入，是指一个经济主体所拥有的各种财富在相当长时期内所获得收入的平均量，可用能观察到的过去若干年收入的加权平均数代表。根据弗里德曼的分析，对于一个经济主体而言，恒久性收入与货币需求是正相关的关系，收入增加，货币需求也会相应增加；收入减少，货币需求也随之减少。

由于人力财富向非人力财富的转化受到种种条件的制约，人力财富不像债券、股票那样可以随时变现，因此，人力财富在其总财富中占较大比例者只能通过持有较多货币来增强其流动性。也就是说，非人力财富在总财富中占的比例越大，货币需求越小，函数式中的 W 与货币需求是负相关的关系。

2. 持有货币的机会成本

函数式中的变量 R_b、R_e、$1/p\cdot dp/dt$，在弗里德曼的货币需求分析中被统称为持有货币的机会成本。持有货币的机会成本是指其他资产的预期收益率，R_b、R_e包括两部分：一是目前的收益，如债券的利息，股票的股息等；二是由于这些资产的价格上涨而产生的资本利得。$1/p \cdot dp/dt$ 实际上就是物价变动率，是指人们保有实物资产因物价变化可能获得的收入或损失。持有货币的这些机会成本变量与货币需求是负相关的关系。即 R_b、R_e、$1/p \cdot dp/dt$ 越大，货币需求越少；反之，R_b、R_e、$1/p \cdot dp/dt$ 越小，货币需求就会越大。

3. 货币的预期收益率

在前面的分析中，我们一般认为货币的预期收益率 R_m 为零，而在这里货币却是有收益的，这是因为弗里德曼考察的货币已经不再局限于 M_1 层次，而是扩大到了 M_2 范围。它包括两部分：一是银行支付的存款利息，二是银行提供的各种服务。显然，货币的预期收益率与货币需求呈正相关的关系。

4. 其他因素

弗里德曼认为，影响货币需求的因素除以上三大类外，还有很多因素也会对货币需求产生一定的影响，如技术、制度以及人们的主观偏好等。这些综合变量 U 在短期内相对稳定，可能从不同的方向对货币需求产生影响。

上述个人财富持有者的货币需求函数中，只需排除 W 即成为企业的货币需求函数。如果略去 Y、W 在分配上的影响，用 M 代表社会货币需求总量，Y 代表按不变价格计算的国民收入，则公式 11-13 就能应用于全社会。

尽管弗里德曼在他的货币需求函数中所列举的变量很多，但他十分重视恒久性收入的主导作用，强调恒久性收入对货币需求的作用是弗里德曼货币需求理论的一个特点。同时他还认为，在激烈的市场竞争中，R_m、R_b、R_e之间的差额越来越小，因而完全可以用市场利率 r 代替，这样，弗里德曼的货币需求函数就可以简写成：$M/P = f(Y, r)$。

从形式上看，此函数式与凯恩斯的货币需求函数式基本相同，但二者的区别是很大的，主要表现为：

第一，两人虽然都认为影响货币需求的因素可以归结为收入和利率，但在利率的重要性方面分歧很大。凯恩斯认为，利率的变动对货币需求的影响是巨大的；而弗里德曼则十分强调恒常收入对货币需求的重要影响，认为利率对货币需求的影响是微不足道的。

第二，由于弗里德曼认为影响货币需求的主要因素是恒常收入，而恒常收入是相对稳定的，所以，货币需求函数也是相对稳定的。凯恩斯认为影响货币需求的主要因素是利率，利率具有不确定性，所以货币需求函数也具有不稳定性。

第三，两人虽然都从资产选择的角度讨论货币需求，但凯恩斯考虑的仅仅是货币和生息资产（主要为债券）之间的选择，而弗里德曼考虑的资产选择范围要宽很多，不仅包括货币、债券，还有风险资产和实物资产；在凯恩斯的货币需求理论分析中，持有货币是没有收益的，而在弗里德曼的货币需求理论分析中，货币的范围已经不再局限于通货和活期存款，而是扩大到了定期存款。

第四，由于两种理论存在上述的分歧，导致他们对经济运行过程中货币的作用有不同看法，从而提出不同的货币政策主张。

（二）对弗里德曼货币需求函数的进一步分析

为什么说弗里德曼的货币需求理论是现代的货币数量学说呢？我们认为原因有以下几点：

第一，以弗里德曼为代表的现代货币主义者，与传统货币数量学说的研究对象都是货币数量变动与国民收入之间的关系，他们都强调货币存量对名义国民收入的重要影响，都认为经济体系本身存在自我调节机制，对经济不应进行过多的干预。所以，弗里德曼对货币需求问题的研究虽然从形式上看与传统货币数量学说存在较大差异，但实质上二者在研究同一个问题，只不过是由于研究方法与角度的不同，对同一个问题有着不同的看法而已。

第二，对货币流通速度的认识有较大分歧。传统货币数量学说假定货币流通速度是一个固定的常数，而现代货币数量理论则认为货币流通速度是一个稳定的、可以预测的变量。现代货币数量学说的这一分析结论，对分析整个经济社会的其他重要因素如收入或价格水平等具有重要意义，由此导出的只是货币供给对宏观经济运行产生重大影响，货币需求的影响则是微弱的结论，成为现代货币数量学说的理论与政策的基础和依据。

弗里德曼认为，在正常情况下，利率的变动一般与货币的预期收益率、其他资产的预期收益率变化均是同方向的（利率变动直接意味着其他资产的预期收益率的变动，利率变动因银行行为的调整也会使货币的预期收益率相应变动）。影响货币需求的是货币与其他资产的相对收益率的高低，因此，货币需求对利率并不敏感，影响货币需求的主要因素实际上只是持久性收入。在货币均衡（货币供给等于货币需求）的条件下，由传统货币数量学说的现金余额方程式 $M = kPY$，$k = 1/V$，$MV = PY$，可知，$V = Y/(M/P) = Y/f(Y)$。

由于货币需求函数是相对稳定的，因此就可以利用过去的数据，根据货币的数量计算出货币的流通速度。然后再用它来计算货币的需求量以及根据货币供给的变化估算出名义国民收入的变动，而这正是货币数量学说的同一命题。

第三，传统货币数量学说认为经济处于充分就业状态，从而货币供给变化时，实际国民收入保持不变，价格与货币供给将按同一比例变化。现代货币数量理论认为，货币供给的增加将引起名义国民收入的增长，但在多大程度上引起实际国民收入的增加，又在多大程度上引起价格水平的上升，要根据社会的具体条件而定。

拓展阅读 11-4

中国的货币流通速度为什么持续下降？

中国的货币流通速度持续下降引起了经济学家们极大的兴趣。从某种意义上说，这是一件大好事，因为这意味着名义货币可以以高于经济增长率和物价上涨率之和（根据交易方程式，若货币流通速度不变，则名义货币增长率应等于经济增长率加物价上涨率）的增长率上升。换句话说，超过经济增长率的货币增长率不会完全转化为通货膨胀率。这意味着政府可以放出较多的名义货币，从而得到较多的铸币收入，同时却只承担较小的通货膨胀压力。财政收入不足和通货膨胀一直是困扰我国改革进程的两大难题，而货币流通速度的下降则在一定程度上缓解了这对矛盾。

对于这一现象，有三种可能的解释。一种是价格指数偏低假说，即认为中国的统计数字低估了实际的物价上涨率；一种是被迫储蓄假说，即认为中国市场上缺乏足够多的金融资产和商品以供消费者和企业选择，因而消费者和企业只好持有更多的货币；还有一种则是货币化假说，这种观点认为，改革也是一个货币化的过程，即通过货币进行的经济活动的比例不断增加，而与传统的物物交换相联系的非货币化经济比例则不断下降，这一过程刺激了货币需求的急剧上升，从而使货币流通速度不断下降。

在改革的某些年份，中国的官方物价指数无疑在一定程度上低估了实际的物价上涨率，但是，即使用市场的物价指数计算，中国的货币流通速度在改革的大部分年份中仍显著下降，因此物价指数偏低假说缺乏足够的说服力。商品的短缺现象在改革的某些年份中较为突出，在某些年份中则并不突出，因此中国货币流通速度的下降更可能是因为金融资产种类的缺乏和经济的货币化。

值得一提的是，货币流通速度的下降有一个限度，超过这一限度之后，超过经济增长率部分的货币增长率将全部转化为物价上涨率。同许多国家相比，我国的货币化指标（主要是货币同国民生产总值的比率）已经偏高，因此从现在开始，我们必须对名义货币过快增长可能带来的通货膨胀问题保持高度警惕。

五、对货币需求理论的综合评析

第一，考察对象的演变。马克思以及前人所处的时代，基本上是贵金属货币时代，因此十分重视贵金属货币的研究；以费雪为代表的现金交易方程式，已将金币本身排除在外，同时开始注意存款通货；到凯恩斯时，他已经较为明确地指出，他说的货币就是现钞和支票存款；而弗里德曼所研究的货币已是较大口径的 M_2。总之，他们的考察对象是从金币开始，到纸币再到更大口径的货币，研究对象有一个不断演进的过程。

第二，考察范围的扩大。费雪及其前人主要是从宏观总量上考察货币需求，而这之后，研究的思路已开始转向于微观主体的持币动机，从各个经济主体持有货币的角度进行研究，这样对货币需求的研究就建立在坚实的基础之上，从而也就扩大了对货币需求考察的范围。

第三，对影响货币需求变量分析的深化。费雪方程式阐明总支出仅仅决定货币数量的变动，而对利率波动不具有敏感性；剑桥学派认为对实际货币余额的需求是与实际收入成比例的，但不排除利率对货币需求的影响；凯恩斯提出了持有货币的三种动机，他将其归结成流动性偏好理论，并认为货币需求的交易成分和预防成分同收入成比例，而货币需求的投机成分对利率及关于利率未来动向的预期极为敏感；弗里德曼的货币需求理论将货币视作一种资产，运用资产需求理论得出了经济主体的货币需求是持有货币的机会成本和恒久性收入的函数。从上面可以看出，对影响货币需求变量因素的认识，就是从$f(Y)$发展为$f(Y, r)$，并不断纳入更多自变量的过程。

第三节　货币需求量的测算

对货币需求性质及其理论演变的研究是认识货币需求的前提，当然是非常重要的，但对货币需求的研究仅仅停留在质的分析上是不够的，因为理论研究的目的在于指导实践。在一定理论指导下，对货币需求量的分析是制定货币政策以及进行具体操作的依据。对货币需求的实证研究，则是利用过去的有关资料进行统计分析，来检验货币需求理论的正确性。后者所要解决的问题是检验理论与实际现实是否相符，前者是要在正确的理论指导下解决实际问题，二者是紧密联系的同一个问题的两个方面。

一、货币需求理论的实证研究

从前面对货币需求理论的介绍可以看出，不同货币需求理论由于研究的角度和运用的方法不同，对货币需求问题的认识在逻辑上几乎都是合理的，至少都从一个侧面反映了现实经济状况，但到底哪一种理论更符合实际，更能指导实践呢？对此问题的回答，只能求助于实践，实践是检验理论正确与否的唯一标准。就总体而言，对以下三个问题的回答是否符合实际，决定了其理论的正确性，而且涉及货币对经济的作用以及货币政策的重要性等一系列重大的理论和现实问题。第一，货币需求对利率是否敏感？第二，货币需求的稳定性问题。第三，货币流通速度的稳定性如何？第三个问题实际上是前两个问题派生出来的。

（一）货币需求对利率的敏感性问题

对此问题的不同认识，决定了不同理论对货币需求影响因素重要性的看法，决定了货币政策的传导机制问题。凯恩斯主义认为利率是决定货币需求的重要因素，货币政策的传导机制是利率。由于利率的波动性，货币需求也具有不稳定性，因此，货币政策相比财政政策对经济的调节作用要小得多。货币主义认为利率对货币需求有影响，但不是最重要的，最重要的决定因素是经济主体的恒久性收入，而恒久性收入是相对稳定的，因此，货币最重要。货币政策对经济的调节作用比财政政策更有效，实行单一的货币政策就能解决一切问题。

对这一问题最早进行实证研究的是詹姆斯·托宾。他把货币分为交易余额和闲置余额，利用美国1922年至1941年的资料证明，闲置货币余额和利率成明显的反向关系，后来研究证明，交易余额也受到利率的影响。随后又有许多经济学家利用各种资料研究证明，货币需求对利率具有很大的敏感性。

研究结果表明，在货币需求对利率的敏感性问题上，凯恩斯主义的理论可能更为符合实际，但货币需求对利率敏感性是否会无限增大，也就是是否会出现凯恩斯所谓的“流动性陷阱”问题，实证研究得出的结论确是否定的。

（二）货币需求的稳定性问题

此问题与第一个问题有着密切的关系，但又不完全相同。货币需求对利率的敏感性关系到货币需求量是否会随着利率的波动而变化，而货币需求的稳定性则是在说货币需求量是否会随着影响货币需求的综合因素的变化而变化。对此问题的不同认识，直接关系到其政策主张，凯恩斯主义认为货币需求由于主要受利率的影响，因此是不稳定的，与此相对应，货币供给就必须“相机抉择”，充分利用货币政策对经济周期进行调节。而货币主义则认为货币需求主要受恒久性收入的影响，因此货币需求是稳定的，相应的货币供给就应实行“单一规则”。货币需求的稳定性问题是现代货币主义与凯恩斯主义理论和政策分歧的主要方面。

美国是被许多经济学家研究的对象，就美国的情况而言，1974年通常被认为是一个分界点。在此之前，货币需求是基本稳定的，但这之后，利用传统货币需求函数预测的货币需求与现实对照都出现了较大误差，而这正是促使人们加强对新的货币需求理论与方法进行研究的动力。凯恩斯主义和货币主义学者都在原来的基础上，结合变化了的经济现实提出了一些新的观点和政策主张，但在基本的理论政策方面没有重大变化，因此，对货币需求稳定性问题的认识仍然是基本的必须回答的问题。

（三）货币流通速度的稳定性问题

从前面对货币需求理论的分析可知，货币需求和货币流通速度实际上是一个问题的两个方面（如 $MV=PY$）。如果货币需求是稳定的，那么货币流通速度也就是稳定的。大量的实证研究表明，货币流通速度是一个随着时间而不断变化的变量。这样就很明显地看到，把货币流通速度视为一个常数的货币需求理论是不正确的，实际上货币流通速度与货币需求一样，是随着经济周期的变化而变化的。在经济繁荣时期，货币流通速度会上升，在经济萧条时期，货币流通速度会下降或增长率放慢。对此的解释按照凯恩斯主义的观点是：货币需求和利率为反向关系，而利率的变化是顺周期的，所以货币流通速度的变化呈现出上述规律。按照货币主义的观点则是：由于货币需求主要是由恒久性收入决定的，在繁荣时期，持久收入的增长要相对慢于现期收入的增长，货币需求的增长也就相应的慢于当时国民收入的增长，货币流通速度就会加快。同理，在萧条时期，货币流通速度会下降或增长减慢。

货币流通速度的稳定性问题，涉及可否利用过去的统计资料计算统一适用的货币流通数据，从而预测货币需求量，以供应货币的问题，因此是同前面两个问题相连的基本问题。

现代货币需求理论越来越重视实证研究，一方面使理论建立在坚实的经济数据之上，另一方面使理论更加实用化，成为为制定货币政策服务的直接或间接的工具。

二、国外货币需求量的测算方式

对货币需求量的测算，各国的经济学家根据不同的理论，结合各国的经济现实进行了大量的探索，提出了一些有益的思路和方法。下面简要介绍国外凯恩斯主义和货币主义的测算方式。

（一）凯恩斯主义的权变法

凯恩斯主义学派的经济学家认为：国民经济具有内在的不稳定性，不稳定的原因主要是实物部门的内在矛盾（例如投资动机边际收益的变化），而与货币基本无关，而且一旦经济出现失衡，要想恢复则需要较长的时间。因此，为了保持国民经济的稳定发展，必须对经济运行进行国家干预，同时使用财政政策与货币政策。在财政政策上，国家实行“补偿性财政”，即从“周期平衡”的观点出发，在萧条时期进行赤字预算，扩大政府开支，以刺激总需求，推动经济回升；在繁荣时期则进行盈余预算，削减政府开支，以抑制总需求，阻遏经济的过度膨胀。在货币政策上，则采取“相机抉择”的办法，即在经济萧条、失业率上升时期，采取宽松的货币政策（增强货币供给，降低利息率）；而在经济过热、通货膨胀到了不能容忍的程度时，就采取紧缩的货币政策（减少货币供应，提高利息率）。这种依经济周期变动而确定货币供应量的方法被称为“权变法”，即两利相权抉其重，两害相衡择其轻。

在实践中，以这种权变法来确定最适货币量的做法，对走出 20 世纪 30 年代的大危机并促使经济增长起到了很好的作用，但随之带来的是持续的高通货膨胀，并在20世纪70年代出现了凯恩斯主义无法解释的“滞胀”局面（即菲利浦斯曲线揭示的通胀与失业替代关系的消失，出现“双高”现象）。于是凯恩斯主义的货币政策备受责难，面临危机。正是在此之时，以反凯恩斯主义政策面目出现的货币主义的“规则法”开始受到各国的青睐和重视。

（二）货币主义的规则法

货币主义的所谓“单一规则”有两方面的含义：其一是指货币管理当局只有按照一个固定的增长比率供应货币，才能保持经济的稳定；其二是货币政策只应以货币供给量为直接控制目标。它要解决的最大问题是什么样的货币增长率才是合适的？对此问题许多经济学家进行过实证研究，货币主义学派的代表人物弗里德曼也以“最适货币量”为题进行了长期的研究。他在1960年发表的《货币稳定方案》一文中认为，就美国过去90年的情况而言，货币量每年的增长率以稍高于4%比率比较合适，在这4%中，3%的增长率相当于产量的增长率，余下的1%则相当于公众随着实际收入的增加所欲保留的货币量的增加。也就是说，美国长期平均的经济增长率为3%，货币供应量增长率也应为3%。除此之外，还要考虑货币流通速度变化的需要。按照他们的研究结果，货币流通速度每年正常递减1%，故货币供应量增长率在4%的水平才能达到GNP年平均增长3%的需要。

他们认为：由于影响和决定货币需求量的主要因素是具有稳定性的恒久性收入，所以货币流通速度和货币需求也是相对稳定的，为了保证经济的稳定增长，只能按照固定的增长率供应货币；私人经济具有内在的稳定性，经济出现波动的根本原因在于货币干预，货币增长率的相机调整至多能在短期内引起产量的增长，并无长期的稳定增长效果，其长期最终效果却是一般物价水平的普遍上升，因此，政府没有必要对私人经济进行干预，不当的政策不仅无益于经济的稳定运行，反而会助长通货膨胀；由于货币供给量的变化是物价水平及名义收入变动的决定性因素，通货膨胀归根到底是一种货币现象，造成通货膨胀的根本原因就是货币的过度发行，因此货币管理当局应该而且可以通过控制货币的发行来制止通货膨胀的发生，实现经济的稳定增长。

根据货币主义的分析，凯恩斯主义“权变法”的货币需求量确定不仅在理论上是错误的，而且在实践中也存在很大困难，效果不会理想。他们认为：由于人们的经济、货币知识有限，统计资料不全，准确度不高，人们不可能对经济现状做出全面准确地估计；影响经济的外生变量很多，也很复杂，人们要想准确地预测这些变量对经济的影响程度几乎是不可能的，从而也就不可能找到对货币增长率进行有效微调的标准；在决策时由于经济学家的认识不会统一，货币当局将很难进行选择；即使判断决策正确，货币政策效应的产生由于存在时差，也很难把握住“火候”；由货币管理当局相机抉择，既不符合自由社会的准则，也容易受到外力的影响，出现混乱。因此，货币主义学派认为，在货币政策上，政府不可信。

（三）权变法与规则法的比较

权变法的最大优点是可以灵活地调节货币供应量，使之与货币需求量相一致，经常地保持货币供需均衡，这在理论上是正确的，其政策主张也很容易被人接受。它的最大缺点是主观随意性太强，货币管理当局有时可能会出于某些需要而有意识地使货币供应量偏离货币需求量，并且一定时期的货币需求量究竟是多少的确很难正确判断，虽然通过某些方法可以进行计算，但可信度都不高，这样就使得权变法很难达到通过对货币供应量的调节去促成并维持社会总体供需均衡的目的。

规则法的最大优点是简单，便于中央银行控制，货币管理当局无须整天为经济的短期波动而坐卧不安，只要确定一个规则，就可以“高枕无忧”，可以以不变应万变。这个规则就是确定一个适当的货币供应量的增长率。然而，它有一个致命的弱点，那就是不能把货币供应量与货币需求量很好地挂起钩来，因为货币需求量作为一个由各种因素所决定的内在变量，很难说它是有规则地变动的。即使它能有规则地变动，也不能武断地说它就长期按一个固定比率增长。这样，货币供应量就会经常地偏离货币需求量。在经济发展较快的时期，货币供应量就会不足，弗里德曼等人认为这种货币供应量低于需求量的状况可以防止经济过热增长，避免过度繁荣后突然爆发危机，但是，这种人为制造的“货币饥荒”会延缓经济应有的发展速度，有可能扼杀经济的合理增长。相反，在经济发展较慢时期，货币供应量会显得偏多，他们认为这种状况可以刺激经济回升，但这事实上就是搞通货膨胀政策。可见，如果按规则法的主张来控制货币供应量，要么会发生货币饥荒，要么会造成通货膨胀，二者都不利于国民经济的宏观供求均衡。

三、我国货需求币量的测算方式

我国对货币需求问题的研究始于20世纪50年代以后，但基本上限于对马克思货币必要量公式（$MV=PQ$）的理解和应用。我国有名的1:8经验公式的诞生便是明显的例证。

所谓“1:8”，其含义是，每8元零售商品的供应需要1元人民币实现其流通。符合这个标准，说明货币发行量适中；不符合这个标准，则说明货币供给过多或不足。这一公式是20世纪60年代由银行工作者根据对多年商品流通与货币流通之间关系的研究得出的结论。它是依据马克思的货币必要量公式，根据正常年份的货币流通量，运用倒推法，首先计算出正常年份的货币流通速度，然后根据公式计算出预算期的货币需求量。

这个公式是在我国集中计划体制的特定背景下出现的，具有鲜明的时代特征，对于分析我国二十世纪六七十年代的货币流通状况曾起到过一定的作用。因为在那时，生产资料和消费资料的流通明确划分为两个领域，生产资料不是商品，不参与流通，通常是调拨，流通的主要是消费资料。所以商品零售价格总额就是马克思的货币必要量公式中的商品价格总额；货币只是指现金，在谈到货币需求量时，就是指现金需求量，因为存款在国内是通过转账收支进行的。随着我国改革开放的不断深化，这一经验公式也很快失去了实用价值和应有的意义。

自党的十一届三中全会开始，我国开始了波澜壮阔的经济体制改革，经济体制改革对我国的货币需求产生了极为重要的影响。体制变迁引起的经济货币化程度的提高，价格改革引起的物价水平的上升，国民收入向个人收入倾斜以及社会保障体制变革引发的不确定预期，既大幅度增加了我国的货币需求量，也改变了我国的货币需求结构。这些都是以西方成熟市场经济为基本假设前提的货币需求理论所难以解释的，为此，我国学者结合我国经济体制改革的实践，对货币需求理论进行了更深入的研究。在 20 世纪 80 年代中期，人们根据变化了的现实，又提出了一个简明而又易于度量的公式——$M'=Y'+P'$，即货币供应的增长率等于经济增长率加上预期的物价上涨率。

相对于“1∶8”经验公式，这种增长率计算法的思路要宽阔得多，主要考虑了物价的变化。但这种方法存在自身无法克服的矛盾：一是是否应该把物价因素考虑在内。如果供应货币时考虑物价上涨因素，那就等于把货币政策当成助长通货膨胀的工具；如果不考虑物价因素，则既不符合经济现实，也会失去其实用价值，因为对我们更有实际意义的是名义货币需求量。二是在认定公式正确的前提下，如何确定放开物价后的价格上涨率也是一个无法解决的难题。

近年来，我国不少学者提出了让货币需求量与经济增长、物价变动和货币流通速度挂钩的方法，其公式为：

$$RM_p=[(1+R_e)(1+R_p)]/(1+R_v)-1 \tag{11-14}$$

式中，RM_p代表货币需求量增长率，R_e代表实际经济增长率，R_p代表物价上涨率，R_v代表货币流通速度的变化幅度。如果经济增长、物价和货币流通速度的变化幅度都不大，即 R_e、R_p和 R_v的值都很小，那么上面的公式可简化为：

$$RM_p=R_e+R_p+R_v \tag{11-15}$$

其中，货币流通速度的变化幅度 R_v可能为正，也可能为负。这种方法从形式上看是正确的，因为它不过是货币需求量规律（$M=PQ/V$）从增长率角度的变形，但由于三项因素都存在难以确定的问题（如经济增长率用什么指标？采用什么样的物价上涨率更合适？货币流通速度变化幅度如何确定等），因此，该方法虽然在理论上是正确的，但具体运用时难度很大。

经过 40 多年的经济体制改革，我国经济运行的市场化程度大幅度提升，新的社会主义市场经济体制基本确立，使我国现阶段货币需求的决定与影响因素逐渐接近西方货币需求理论的分析。因此，与国外货币主义的“单一规则”相类似，许多学者也在研究我国货币需求量与经济增长之间所存在的系数。这个系数一般来说会大于 1，即经济每增长 1%，货币供应量必须增长 1% 以上才能满足经济发展对货币的客观需要，因为经济的增长需要货币供应的超前增长。这个系数究竟是多大，根据许多人研究的结果，在1.5左右，即如果经济增长率为7%—8%，那么，货币供应量增长率可在13%左右。由于我国正处于经济的转型时期，此系数将会不断变化。

总之，从对货币需求的历史回顾和现实考察可以看出，影响货币需求的因素复杂而多变，要科学确定一个预期的量，是很难的，只能从微观和宏观的角度，以历史和现实的发展过程加以印证。即使这样做，货币需求量也只能是一个理想的“值”。

本章小结

1. 货币需求是一种由货币需求能力与货币需求愿望相互作用的客观实际需求，是指在一定时期内，社会各阶层愿意以货币形式持有财产的需要，或社会各阶层对执行流通手段、支付手段和价值贮藏手段的货币需求。

2. 货币需求理论是一种研究人们持有货币需求的动机、决定或影响货币需求的各种因素以及数量决定的理论。研究的内容包括：一国经济发展在客观上需要多少货币量，以及一个经济主体在现实的收入水平、利率和商品供求等经济背景下，保持多少货币的机会成本最小、收益最大等问题。

3. 货币需求理论是整个货币理论的重要组成部分。西方经济学家对货币需求的动机和货币需求量的确定进行过长期的探索，先后提出了许多有益的见解和结论，形成了各种各样的学说或理论，主要有马克思的货币必要量规律、传统货币数量学说，凯恩斯和凯恩斯学派的货币需求理论，以及以弗里德曼为代表的现代货币数量理论。

4. 对货币需求性质及其理论演变的研究是认识货币需求的前提，但对货币需求的研究仅仅停留在质的分析上是不够的，因为理论研究的目的在于指导实践。在一定理论指导下，对货币需求量的分析是制定货币政策以及进行具体操作的依据。对货币需求的实证研究，则是利用过去的有关资料进行统计分析，来检验货币需求理论的正确性。二者是紧密联系的同一个问题的两个方面。

5. 货币需求的测算方式各有利弊，有些已经过时，有些或正在暴露其固有的缺陷，有些则显现其可取的一面，有待进一步加以探索，由于客观条件的限制，目前只能在相互比较和印证中寻找一个比较理想的答案。随着互联网、大数据的快速发展，货币需求理论有望进入一个崭新的阶段。

重要概念

货币需求　货币需求函数　马克思货币必要量规律　费雪方程式　剑桥方程式　流动性偏好　交易动机　预防动机　投机动机　流动性陷阱　现代货币数量学说　恒久性收入

复习思考题

1. 什么是货币需求和货币需求理论？
2. 影响货币需求的因素有哪些？
3. 宏观货币需求与微观货币需求有何不同与联系？
4. 如何看待马克思的货币需求理论？你认为该理论在今天是否还有意义？
5. 试比较现金交易数量学说与现金余额数量学说的异同。
6. 试述凯恩斯的货币需求理论及其发展。
7. 现代货币数量理论与传统货币数量学说有什么不同？
8. 试述权变法与规则法的主要内容，并比较其异同。
9. 你认为目前影响我国货币需求的因素主要有哪些？
10. 股票市场是如何影响我国货币需求的？

第十二章

货币供给

本章导读

从静态的角度来看，货币供给是指在一定时点上经济社会拥有的货币存量；从动态的角度来看，货币供给则是指货币供给主体向社会公众提供货币的经济行为。货币供给不仅影响着一国经济的总体状况，也影响着我们每个人的生活，因此货币供给的增加或减少必将引起各方的广泛关注。

那么，货币供给是如何进行的？中央银行、政府、商业银行以及社会公众在货币供给过程中各自扮演什么角色？其中，商业银行体系如何进行存款创造？其存款创造能力的大小取决于哪些因素？在整个货币供给过程中，基础货币是怎么来的？货币乘数的大小又受哪些因素影响？就货币供给与经济运行间的关系而言，如何理解货币供给的内生性与外生性？有代表性的货币供给模型是否充分阐释了上述问题？本章将对这些疑问进行解答，以便为正确理解货币均衡与失衡、货币政策操作等奠定基础。

学习目标

掌握 商业银行存款创造的基本原理；基础货币和货币乘数的概念，中央银行体制下的货币供给机制

理解 商业银行存款创造的影响因素；中央银行资产和负债变动对基础货币的影响，中央银行、政府、商业银行体系和社会公众行为对货币乘数的影响

了解 货币供给的内生性和外生性；有代表性的货币供给模型的主要内容

第一节　存款货币的创造

从前面的分析我们知道，货币供给是分层次的，各国中央银行都采用多层次或多口径的方法来计算和定期公布货币供给量。在几个层次的货币量中，除通货之外还有各种类型的存款，它们构成货币的主要部分。那么，这些存款货币是如何创造出来的呢？下面就来解释金融学最基本的原理之一——存款货币创造。

一、存款货币创造的条件

货币的最初职能是作为价值尺度和商品流通的媒介。商业银行的出现（为发放贷款而吸收存款）使市场主体之间债权债务的清偿开始更多地采用转账结算的方式，而银行组织的转账结算则是存款货币创造的前提。在此前提下，存款货币的创造还需要具备两个基本条件，即部分准备金制度和部分现金提取，如果不具备这两个条件，就不会有存款货币的创造。

首先，如果银行必须对它吸收的存款保留100%的准备金，那么自然就不会有存款货币的创造，存款人也就别想从银行获得什么利息，反而要向银行交一笔保管费了。在长期的实践中，银行认识到准备金的需要与存款之间具有一定的比例关系，即只要按存款总额的一定比例保持准备金就可以应付人们的取款要求，其余的可以贷放出去，或者用来购买有价证券。

同时，如果借款人在获得贷款后，立即以现金的形式将它全部从银行取走，而且在贷款归还之前这笔现金始终在公众手中流通，而不被存入银行，那么也就不会有存款货币的创造。但在现实中，100%提取现金并始终在公众手中流通是不大可能的。

因此，在转账结算制度下，部分准备金制度和部分现金提取成为多倍存款货币创造的条件。

二、存款货币创造的过程

（一）最简单的情形

虽然存款货币创造的基本原理在各类存款中都是类似的，但是通过支票存款的创造来说明这一原理却是最为直截了当的。

我们先来考察一个最简单的支票存款多倍扩张的例子。首先假定支票存款的法定存款准备金率为20%，而且为了方便起见，我们还假定：（1）所有银行都将其超额准备金用于发放贷款或购买证券，不持有任何超额准备金。（2）没有现金从银行系统中漏出，即公众不从他们的存款账户上提取现金，或者提取现金用以支付之后，收款的一方又立即将它存入银行。（3）没有从支票存款向非交易存款（包括定期存款和储蓄存款）的转化。

现在假定某人将向中央银行出售政府债券所得的1000元现金以支票存款形式存入A银行，从而使A银行的准备金资产和支票存款负债都增加1000元，用T型账户表示如下：

表12-1　A银行的T型账户

资产	负债
存款准备金 +1000	支票存款 +1000

由于A银行相对于20%的法定准备金还有800元的剩余，因此可以用它来发放贷款或购买有价证券。假定A银行发放的800元贷款被借款人用来购买产品，供货单位收到款项后以支票存款的形式存入B银行。B银行获得支票存款800元后，缴存20%的法定准备金，剩下的640元还可以贷放出去。此时，A、B两家银行的T型账户就变为：

表12-2　A银行的T型账户

资产	负债
存款准备金 +200 贷款 +800	支票存款 +1000

表12-3　B银行的T型账户

资产	负债
存款准备金 +160 贷款 +640	支票存款 +800

如果银行用超额准备金购买有价证券，情形类同。依此类推，这一过程一直继续下去，直到整个银行体系都没有超额准备金存在。为了更清楚地看到所发生的一切，我们将这一过程用表12-4表示出来。

表12-4　存款货币的创造过程

银行	支票存款的增加额	贷款增加额	准备金增加额
A	1000	800	200
B	800	640	160
C	640	512	128
D	512	409.6	102.4
E	409.6	327.68	81.92
……	……	……	……
合计	5000	4000	1000

显然，各银行的支票存款增加额构成一个无穷递减等比数列，即 1000，$1000\times(1-20\%)$，$1000\times(1-20\%)^2$，$1000\times(1-20\%)^3$，……

根据求和公式，可知整个银行系统的支票存款增加额为：

$$1000\times\frac{1}{1-(1-20\%)}=1000\times\frac{1}{20\%}=5000(\text{元})$$

可知，在支票转账系统下，当银行按 20% 的准备金比例时，1000 元的存款可使银行系统发出 4000 元的贷款，加上最初吸收的 1000 元，总存款达到 5000 元。从顺序看，最初的 1000 元是原始存款，后贷出的 4000 元是派生存款，它们之间的关系为存款总额等于原始存款除以法定存款准备金率。

假定支票存款的法定存款准备金率为 r_d，银行的初始准备金（即原始存款）为 ΔR，则在前面三个假定条件下，整个银行系统的支票存款增加额为：

$$\Delta D=\Delta R\,\frac{1}{r_d} \tag{12-1}$$

式中的 $1/r_d$ 被称为简单存款乘数，它代表的是每 1 元的准备金变动所引起的银行系统总存款额的变动。对于整个银行系统来说，通过存贷款的转化，某个银行新增的准备金最终将全部转化为银行系统的法定准备金。

与多倍存款的创造相对应，还有多倍存款的收缩，其道理完全一样，只不过变化的方向相反而已。

（二）现代二级银行体制下的存款货币创造

在前面的分析中，我们没有考虑银行的最初存款是从哪里来的。在现代二级银行体制下，这种最初的原始存款来源于中央银行，它可以是商业银行向中央银行申请贴现贷款，可以是向中央银行出售证券，也可以是某市场主体向中央银行出售证券。不管原始存款来自哪种渠道，存款创造的基本原理一样适用。前面的分析可以看作是纯经验的分析（称之为经验准备金率），在二级银行体制下，这种经验准备金率由中央银行以法的形式确定下来，变成了法定存款准备金率。

从公式 12-1 可以看出，法定存款准备金率越大，存款的扩张倍数越小；法定存款准备金率越小，存款的扩张倍数越大。中央银行就是利用此原理来调节社会货币量大小的。

（三）存款货币的创造：更为现实的考察

由于前面的几个假定不太现实，我们依次放弃这些假定，从而可以得到更为现实的存款乘数，即在有超额准备金、有现金从银行系统漏出（退出存款货币的创造）情况下的存款乘数。如我们假设超额存款准备金率为 e，漏出现金与支票存款的比率为 c，则存款乘数为：

$$d=\frac{1}{r_d+e+c} \tag{12-2}$$

其道理在于，在存款货币的创造过程中，超额准备金和从银行系统漏到社会上的现金与法定准备金的作用一样，会减弱银行体系创造存款货币的能力。

实际上，现实中还有新增的支票存款向其他存款（非交易存款）的转化。假定支票存款每增加 1 元，其中的 30 分便会向非交易存款转化，另有 10 分转变为现金，则流通中现金、支票存款和非交易存款将保持 1∶6∶3 的比例。那么当 A 银行获得 1000 元的支票存款时，除了将会有 100 元转化为现金之外，还会有 300 元转化为非交易存款。但是这 300 元非交易存款是否也会像那 100 元现金一样退出存款创造过程呢？不会的。因为这 300 元仍然保留在银行手中，仅仅是性质发生了变化，银行除了要为它保留少量的法定准备金外，其余的仍可用于贷放。假定非交易存款的法定存款准备金率为 6%，则 A 银行要为这 300 元非交易存款保留的准备金就是 18 元。再加上它为 600 元（1000 × 60%）支票存款所保留的法定准备金和超额准备金 150 元［假设支票存款的法定存款准备金率仍为 20%，超额存款准备金率为 5%，依据 600 × （20% + 5%）得到］，A 银行可以发放的贷款就是 732 元（1000 − 100 − 18 − 150）。根据和前面相同的推理，可知各银行增加的支票存款依次为：

A：$1000\times60\%$

B：$1000\times\{1-[10\%+60\%\times(20\%+5\%)+30\%\times6\%]\}\times60\%$

C：$1000\times\{1-[10\%+60\%\times(20\%+5\%)+30\%\times6\%]\}^2\times60\%$

……

对此求和，可得支票存款创造总额为：

$1000\times60\%/[10\%+60\%\times(20\%+5\%)+30\%\times6\%]$

$=1000/[10\%/60\%+20\%+5\%+30\%/60\%\times6\%]=2238.8$（元）

式中第一个等号后面一项的分母项依次为流通中现金同支票存款的比率、支票存款的法定存款准备金率、支票存款的超准备金率、非交易存款同支票存款的比率以及非交易存款的法定存款准备金率。

在前面假设的基础上，再假定非交易存款同支票存款的比率为 t，非交易存款的法定存款准备金率为 r_t，则存款乘数为：

$$d=\frac{1}{r_d+e+c+r_t\cdot t} \tag{12-3}$$

其实，上述乘数可以用下一节的方法更方便地导出，我们之所以用这种较为烦琐的方法加以阐述，主要是为了更好地说明存款货币创造的具体过程。

第二节　货币供给机制

一、基础货币

（一）基础货币的定义

在上一节的多倍存款创造模型中，我们找出了银行准备金变动额同支票存款变动额之间的关系，即 $\Delta D = d \cdot \Delta R$（$d$ 为存款乘数），并且针对不同的情形分别推导出了相应的存款乘数。从中可以看出，支票存款的变动取决于存款乘数的变动和银行准备金的变动，因此中央银行可以通过控制存款乘数和银行准备金来控制货币供应（M_1）中最重要的部分——支票存款。但是这一公式有两个基本的不足：首先，它未包括货币供给中的另一个重要组成部分，即流通中现金；其次，由于流通中现金和银行准备金的转化是很频繁的，而且取决于公众的行为，因此中央银行很难单独地控制银行准备金的数量，而只能大致地控制流通中现金和银行准备金的总额。我们之所以要研究货币的供应过程，一个很重要的目的便是了解并改进中央银行对货币供给的控制能力。因此，我们希望找出货币供给同一个比较容易为中央银行控制的变量之间的联系。

为此，我们将比较容易为中央银行控制的流通中现金（C）与银行准备金（R）之和定义为一个新的变量，即基础货币。基础货币因其具有使货币供应总量成倍放大或收缩的能力，也被称为储备货币、强力货币或者高能货币，是指流通于银行体系之外被社会公众持有的现金与商业银行体系持有的存款准备金（包括法定存款准备金和超额准备金）的总和（$C+R$）。图 12-1 为近年来我国的基础货币余额。

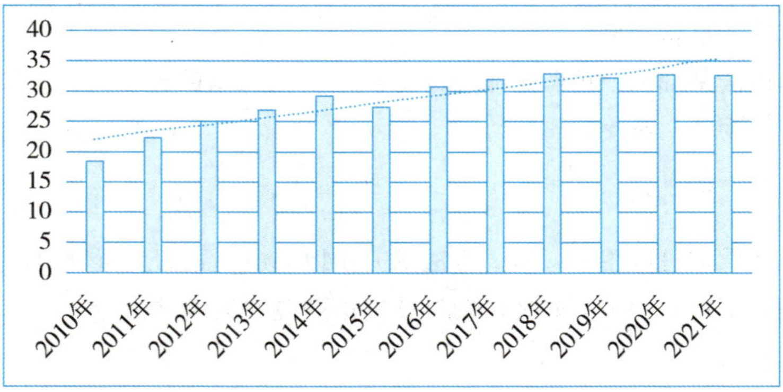

图 12-1　2010 年至 2021 年我国基础货币余额（万亿元）

数据来源：中国人民银行《中国货币政策执行报告》。

然后，我们通过一个乘数（即货币乘数）将基础货币（B）与货币供给（M）联系起来，即：

$$M = mB \tag{12-4}$$

其中，m 即为货币乘数，它代表每 1 元基础货币的变动所能够引起的货币供给的变动。由于一个标量总是可以表示成另一个标量的倍数，所以上式总是可以成立的。但是要使这一表达式具有意义，m 的值就必须是足够稳定的，或者是能够通过别的变量来加以预测的。事实证明，货币乘数确实具有这样的性质。因此，上述表达式是非常有意义的，它使我们可以将对货币供给的分析分解为对基础货币和货币乘数的分析。

从基础货币的定义可以看出，基础货币具有多倍创造功能。在基础货币的组成中，存款准备金具有存款创造的能力，这是显而易见的，但社会公众手持的现金，即通货，从其本身而论，却是不能派生的。那么，又为什么要把不能创造货币的通货看作基础货币呢？这是因为：第一，现金和存款准备金可以相互转化，通货实际上是一种潜在的准备金。人们之所以将流通中的现金纳入基础货币，不是从作为商品交易的媒介这一角度，而是从现金与整个货币供给量的关系，即它在信用创造货币中所起的作用这一角度来认识的。第二，包含通货在内的基础货币比准备金更易为货币管理当局所控制，与经济的联系更直接。银行每天大量进行的现金存入与取出，也是中央银行难以控制和计量的，而包含现金的基础货币可以不受这种频繁行为的任何影响，它所影响的只是基础货币的构成。因此，中央银行很难单独地控制银行准备金的数量，而只能大致地控制流通中现金和准备金的总额，由此可见，基础货币是一个比准备金更易控制的变量。

（二）影响基础货币的因素

在中央银行的资产负债表上，基础货币是中央银行的负债，因此通过中央银行的资产负债表来考察影响基础货币的因素是最为方便的。

表 12-5　简化的中央银行资产负债表

资产	负债
国外资产	储备货币 　货币发行 　准备金存款
对政府债权	发行债券
对存款性机构的债权	对外负债
对非货币金融机构的债权	政府存款
对非金融企业的债权	资本项目
其他资产	其他负债
总资产	总负债

如表 12-5 所示，中央银行的资产业务包括：国外资产、对政府的债权、对存款性机构的债权、对非货币金融机构的债权、对非金融企业的债权以及其他资产。与此相对应的负债项目主要有：储备货币（即基础货币）、发行债券、对外负债、政府存款、资本项目以及其他负债。

按照复式记账的会计原理编制的资产负债表中，中央银行资产负债各项目之间存在这样的恒等关系：资产 = 负债 + 资本项目。由此我们可以得到：基础货币等于全部资产减去除基础货币之外的所有负债。因此，在除基础货币外的中央银行负债不变的条件下，任何中央银行资产的增加都会引起基础货币的增加；在中央银行资产不变的条件下，除基础货币以外的中央银行负债的增加都会引起基础货币的减少。

1. 资产业务对基础货币的影响

如果一家银行收到 1000 万元的外汇，则会在自己的资产负债表增加 1000 万的外汇资产和 1000 万的存款负债。将这 1000 万元的外汇卖给中央银行后，该银行在央行的存款资产增加 1000 万，同时其外汇资产减少 1000 万。中央银行会同时增加 1000 万的外汇资产和银行的存款负债，其结果是基础货币增加了 1000 万元。

如果中央银行从商业银行购买政府债券 1000 万元，商业银行得到 1000 万元的支票后，可以存到中央银行，也可以提现，无论如何都将使基础货币增加 1000 万元。如商业银行存到中央银行，商业银行的债券资产减少 1000 万，央行存款增加 1000 万；中央银行则增加 1000 万的债券资产，同时增加 1000 万的商业银行在央行存款。如果中央银行从公众手中购买政府债券，公众收到支票后存入商业银行，那么公众会减少 1000 万的政府债券，同时增加 1000 万的存款，商业银行收到支票则会同时增加 1000 万的准备金与 1000 万的存款负债，而中央银行则同时增加 1000 万的政府债券资产和 1000 万的商业银行存款负债。如果公众收到支票后不是存入银行而是提现，则公众会减少 1000 万的政府债券，同时增加 1000 万的现金，而中央银行则同时增加 1000 万的政府债券资产和 1000 万的流通中现金。可见，无论是出售者存入商业银行还是提取现金，都会使基础货币增加。

如果中央银行对金融机构进行再贷款，则会使中央银行同时增加 1000 万的贷款资产和 1000 万的商业银行存款负债，而商业银行增加 1000 万的准备金和 1000 万从央行的借款。如果商业银行提取现金，则同时增加商业银行的库存现金与从央行的借款，中央银行则同时增加贷款资产与负债项中的基础货币。

拓展阅读 12-1

外汇占款和对其他存款性公司债权是基础货币投放的主要渠道[①]

投放和回笼基础货币是中央银行一项最重要的职能，相应的行为也体现在货币

① 刘生福、韩雍：《中国货币当局资产负债表结构与货币政策调控方式转变》，《统计研究》2019 年第 9 期。

当局资产负债表当中。基础货币包括现金和准备金存款，在货币当局资产负债表中对应着储备货币科目下的货币发行和其他存款性公司存款两项。我国中央银行投放基础货币的主要渠道有两个，一个是外汇占款，对应货币当局资产负债表资产项下的外汇科目；另一个是对金融机构的债权，包括再贷款和再贴现，以及近年来创新推出的常备借贷便利（SLF）、中期借贷便利（MLF）和抵押补充贷款（PSL）等，对应货币当局资产负债表资产项下的对存款性公司债权科目。1999 年以来，资产项下外汇和对其他存款性公司债权科目之和与负债项下储备货币的余额基本吻合，表明外汇占款和中央银行对存款性金融机构的主动负债的确是我国货币当局过去 20 年投放基础货币的两个主要渠道。

全球金融危机之后，国外资产增速快速下滑，2014 年之后更是出现了外汇资产绝对值的下滑。为弥补外汇占款下降对基础货币投放和宏观流动性造成的缺口，中国人民银行主动创新货币政策工具，设立支农、支小再贷款和扶贫再贷款等信贷政策支持再贷款，增加对其他存款性公司的债权，补充宏观流动性。

2. 负债业务对基础货币的影响

如果财政部发行 1 亿元国库券获得财政资金，先是存入商业银行，然后转入央行账户。那么，财政部将减少在商业银行的存款资产，同时增加在央行的存款资产；商业银行则同时减少 1 亿元的准备金资产和 1 亿元财政部存款负债，而中央银行会增加 1 亿元的政府存款负债同时减少 1 亿元的准备金存款负债。

二、货币乘数

（一）货币乘数的含义

所谓货币乘数，也称货币扩张系数，是指银行系统通过对一定量的基础货币运用之后所形成的货币供给量与基础货币的比值，是用以说明货币供给量与基础货币关系的一种系数。根据货币供给模型 $M=B\cdot m$ 可知，

$$m=\frac{M}{B} \tag{12-5}$$

它代表每 1 元基础货币的变动所能够引起的货币供给的变动。例如，在某一时点上，若基础货币是 1 个单位，而货币供给量为 4 个单位，或者在某一时期，基础货币增加 1 个单位，而货币供给量增加 4 个单位，则说明这时的货币乘数为 4。货币乘数揭示了基础货币与货币供给量之间的决定关系，在基础货币一定的条件下，货币供给量的多少取决于这时的货币乘数。货币乘数越大，货币供给量越多；货币乘数越小，货币供给

量相应越少。

拓展阅读 12-2

2021 年 7 月我国货币乘数创新高①

货币创造能力可以通过货币乘数观察。中国人民银行的数据显示，2021 年 7 月末货币乘数为 7.41，环比上升 0.27，创出历史新高。此前的峰值为 2020 年 8 月的 7.16。

央行资产负债表为研究货币政策提供了丰富的信息。

21 世纪初到 2014 年间，由于外汇的大幅流入带动外汇占款激增，中国央行资产负债表持续扩张：由 2002 年的 4.5 万亿扩张到 2014 年末的 33.82 万亿。2014 年后，外汇流入减少甚至部分时段转为流出，外汇占款一度负增长。近年来在央行退出常态化干预后，外汇占款变动幅度很小。

在中国央行的资产端，外汇占款仍是占比最大的科目。央行数据显示，2021 年 7 月末央行外汇占款余额为 21.2 万亿，约占央行总资产的六成。7 月该科目增加 13.4 亿元，连续 4 个月增加，但幅度很小。资产端第二大的科目为“对其他存款性公司债权”。顾名思义，该科目表示央行将钱借给银行后，形成对银行的债权。数据显示，7 月末“对其他存款性公司债权”余额为 12.16 万亿，相比上月下降 9288 亿，成为带动央行资产负债表收缩的主要原因。该项目主要由逆回购、中期借贷便利、抵押补充贷款、常备借贷便利、再贷款再贴现等货币政策工具操作形成。从 7 月数据看，主要是 PSL、再贷款再贴现、MLF 余额下降所致。

从负债端看，基础货币是规模最大的一项。从央行资产负债表统计角度看，基础货币包括货币发行、非金融机构存款、其他存款性公司存款。后者指银行交存的存款准备金，包括法定存款准备金和超额存款准备金。央行数据显示，7 月末基础货币余额为 31 万亿，相比上月下降 1.3 万亿，占比为 81%。基础货币的下降主要是因为对其他存款性公司债权下降，因为其是提供基础货币的重要方式，而并非降准。

我们知道，基础货币是由通货 C 和存款准备金 R 组成。通货 C 虽然能成为创造存款货币的基础，但其本身量的决定在于中央银行，不可能有倍数的增加，引起倍数增加的只是存款准备金 R。因此，基础货币与货币供给量的关系可用图 12-2 表示：

① 杨志锦:《7 月央行“缩表”约万亿,货币乘数增至 7.41 创新高》,《21 世纪经济报道》2021 年 8 月 25 日第 2 版。

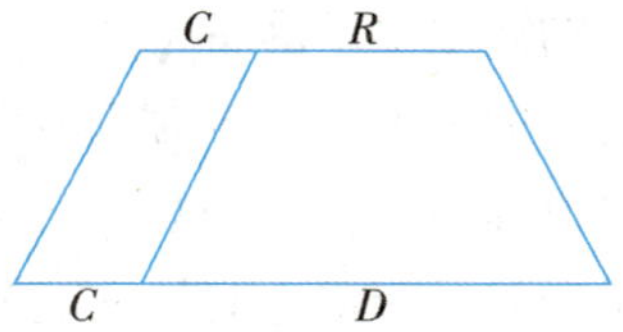

图 12-2 基础货币扩张示意图

在图 12-2 中，D 表示商业银行的活期存款（即通常意义上的存款货币），$C+R$ 为基础货币量，$C+D$ 是 M_1 货币供给量，M_1 货币供给量包括通货和活期存款。则：

$$m_1=\frac{M_1}{B}=\frac{C+D}{C+R} \tag{12-6}$$

如果我们设 r_d 表示活期存款的法定存款准备金率，r_t 表示定期存款的法定存款准备金率，e 表示超额存款准备金率，t 表示定期存款与活期存款的比率，k 表示通货与活期存款的比率。则：

$$m_1=\frac{M_1}{B}=\frac{C+D}{C+R}=\frac{k\cdot D+D}{r_d\cdot D+r_t\cdot t\cdot D+e\cdot D+k\cdot D}=\frac{k+1}{r_d+r_t\cdot t+e+k} \tag{12-7}$$

上式就是 M_1 的货币乘数模型。根据 M_2 货币的概念，商业银行的定期存款和与此类似的储蓄存款包括在 M_2 货币之中，如果设商业银行吸收的定期存款和储蓄存款为 T，则 $M_2=C+D+T$，其货币乘数为：

$$m_2=\frac{M_2}{B}=\frac{C+D+T}{C+R}=\frac{k\cdot D+D+t\cdot D}{r_d\cdot D+r_t\cdot t\cdot D+e\cdot D+k\cdot D}=\frac{t+k+1}{r_d+r_t\cdot t+e+k} \tag{12-8}$$

这里的货币乘数与前面讲到的存款乘数非常相似，所不同的仅仅在于分子，M_1 货币的货币乘数多了一个通货存款比 k，M_2 货币的货币乘数多了一个 k 和定期存款与活期存款的比率 t。从前面存款乘数的推导可知，在那里我们假设的全是准备金，而没有通货，因此，在货币乘数的分子中，自然会多一个通货存款比 k，或者再多一个 t。那么它们的分母又为什么一样呢？

我们假设初始的活期存款、存款准备金、流通中的通货均为零，那么它们的增量也就是全部的存量，由存款乘数 $d=\Delta D/\Delta R$，可得 $d=D/R$。

当我们考虑了通货的漏出之后，上式中的 R 实际上就包含了流通中的现金，就是实际上的基础货币，所以货币乘数和存款乘数的分母是一样的。

（二）影响货币乘数的因素

从上述货币乘数的表达式可知，影响货币乘数的因素主要有：活期存款的法定存款准备金率 r_d、定期存款的法定存款准备金率 r_t、定期存款对活期存款的比率 t、商业银行的超额存款准备金率 e 以及通货占活期存款的比率 k。

1. 存款准备金率对货币乘数的影响

无论是 M_1 货币，还是 M_2 货币的货币乘数，在其公式模型中，商业银行活期存款的

法定存款准备金率 r_d，定期存款的法定存款准备金率 r_t，以及超额存款准备金率 e 等变量都只出现在分母中，因此，它们的变动都必将对货币乘数，从而对整个货币供给量产生负的影响。也就是说，如果它们提高，货币乘数将变小；如果它们降低，则货币乘数会增大。其原因在于：货币供给和基础货币之间的乘数关系是由银行准备金的多倍存款创造引起的。活期存款和定期存款的法定存款准备金是国家法律要求银行保留在中央银行或自己手中不能运用出去的资金，超额准备金则是银行为保证正常经营，自愿保留而不贷放出去的资金。由于它们都没有被贷放出去，所以也就无法进行下一轮的存款创造。r_d、r_t、e 越大，退出下一轮存款创造的部分便会越大，最终形成的货币供给量也就越少，货币乘数也自然越小。所以，它们与货币乘数成反方向的变动关系。

2. 通货存款比对货币乘数的影响

无论是在 M_1 货币，还是 M_2 货币的货币乘数公式中，流通中现金与活期存款的比率 k，不仅出现在分母中，也同时出现在分子中，它的变动对货币乘数的影响比较复杂，我们不能直观地根据公式来判断 k 的变化对货币乘数的影响方向。但是，我们可以从存款货币的创造来大致地判断其影响方向，也可以利用数学方法的推导得出相同的结论。

从存款货币的创造来看，由于社会公众持有的现金可以随时存入银行，也就是 k 变小，存入银行的现金将变为银行的超额准备金。在银行正常经营的情况下，这部分由现金转化而来的资金就可以贷放出去，参与存款货币的创造，从而使货币乘数增大。同样的道理，银行为保证正常经营，必然保留足够的现金，而在客户没有提取现金之前，这部分现金实际上是银行准备金的一部分。如果社会公众从银行提取现金，也就是 k 增大，则意味着银行准备金的减少，也意味着与提现额相等的银行超额准备金退出存款货币的创造，这样货币乘数自然会变小。可见，通货存款比 k 与货币乘数是反方向变动的关系。

我们还可以对 M_1 和 M_2 的货币乘数 m_1、m_2 分别求其对 k 的偏导数，然后根据其数值是否大于 0 来判断 k 的变动对货币乘数的影响方向。如果大于 0，则表示产生正的影响；反之，小于 0，则说明其对货币乘数将产生负的影响。

$$\frac{\delta m_1}{\delta k}=\frac{[(r_d+r_t\cdot t+e+k)-(k+1)]}{(r_d+r_t\cdot t+e+k)^2}$$
$$=(r_d+r_t\cdot t+e-1)/(r_d+r_t\cdot t+e+k)^2 \tag{12-9}$$

$$\frac{\delta m_2}{\delta k}=\frac{[(r_d+r_t\cdot t+e+k)-(k+t+1)]}{(r_d+r_t\cdot t+e+k)^2}$$
$$=\{(r_t-1)\cdot t+(r_d+e)-1\}/(r_d+r_t\cdot t+e+k)^2 \tag{12-10}$$

从 m_1 对 k 的偏导数可以看出，如果 $(r_d+r_t\cdot t+e)>1$，则 $\delta m_1/\delta k>0$；如果 $(r_d+$

$rt \cdot t+e)<1$，则 $\delta m_1/\delta k<0$。由 r_d、r_t、t、e 这几个变量的定义和数学公式可知，在一般情况下，$(r_d+r_t \cdot t+e)<1$，这就说明 $\delta m_1/\delta k<0$。

我们再来分析 m_2 对 k 的偏导数，由于定期存款的存在，r_d+e 必然小于1，r_d+e-1 为负数，又由于定期存款的法定存款准备金率 r_t 肯定小于1，则 $t \cdot (r_t-1)$ 小于0，因此在正常情况下，分子 $\{(r_t-1) \cdot t+(r_d+e)-1\}$ 必为负数，即小于0，那么，$\delta m_2/\delta k$ 也就小于0。可见，通过数学公式的推导，也可以得出与前面论述相同的结论。

3. 定期存款比对货币乘数的影响

在 M_1 货币的货币乘数公式中，定期存款比 t 只出现在分母中，因此，它的变动自然会与货币乘数成反方向变化。由于定期存款并不包括在 M_1 货币中，这个比率越大，则意味着货币供给量越小，因此，M_1 货币的货币乘数也就小，它的变动自然将引起货币乘数 m_1 的反向变动。但在 M_2 货币的货币乘数公式中，t 既出现在分母中，也出现在分子中，那么它的变动与货币乘数究竟是什么关系呢？我们也可以从存款货币的创造和数学公式的推导来简略地进行判断。

从存款货币的创造来分析，活期存款的法定存款准备金率一般要大于定期存款的法定存款准备金率。如果活期存款的法定存款准备金率和定期存款的法定存款准备金率分别为10%和2%，又假定定期存款与活期存款的比率为1，总存款量为100亿，也就是说，在商业银行的存款中，它们各占一半。现在，这个比率提高到3，也就是在总存款中，定期存款占到75%，为75亿，活期存款为25亿。则定期存款与活期存款比率变动前后，商业银行的法定准备金总额分别为：6亿（即 $50 \times 10\%+50 \times 2\%$）和4亿（即 $25 \times 10\%+75 \times 2\%$）。也就是说，随着定期存款比t的增大，商业银行的准备金可以减少，用于贷放出去的资金比例相对增大，从而可以有更多的资金参与存款货币的创造，所以，定期存款比 t 与 M_2 货币的货币乘数成正向变化关系。

我们现在来求 M_2 货币的货币乘数对定期存款比 t 的偏导数：

$$\frac{\delta m_2}{\delta t}=\frac{[(r_d+r_t \cdot t+e+k)-r_t(k+t+1)]}{(r_d+r_t \cdot t+e+k)^2}$$

$$=\frac{[(r_d-r_t)+e+k(1-r_t)]}{(r_d+r_t \cdot t+e+k)^2} \qquad (12\text{-}11)$$

在上式中，分母由于是平方关系，其值必大于0。在分子中，由于活期存款的法定存款准备金率 r_d 一般明显大于定期存款的法定存款准备金率 r_t，而定期存款的法定存款准备金率又小于1，因此，$[(r_d-r_t)+e+k(1-r_t)]$ 必然大于0，所以，$\delta m_2/\delta t$ 也大于0。这说明，定期存款比 t 的变动将引起 M_2 货币的货币乘数同方向变动。

实际上，t 的变动不仅对货币乘数产生直接影响，而且还引起影响货币乘数的其他因素的变动，从而对货币乘数产生间接的影响。例如，t 的上升，会使商业银行原有的准备金变得相对太多，可以把一部分准备金更好地运用起来。同时由于定期存款相对稳定，社会公众的提现率变低，银行的超额准备金也就可以降低，从而对货币乘数产生正向的影响。

（三）对影响货币乘数因素的进一步分析

我们理解了影响货币乘数的因素，以及它们会对货币乘数产生怎样的影响，但是这些因素又是如何决定的呢？

1. 中央银行与法定存款准备金率

商业银行的法定准备金是中央银行以法律形式规定的、商业银行必须保留的部分。由于定期存款的存期是相对固定的，许多国家中央银行针对不同的存款规定了不同的存款准备金率，定期存款的准备金率一般低于活期存款的准备金率。中央银行作为货币管理当局，根据国家的经济发展形势和确定的货币政策目标，将对其进行适时地调整，以改变货币乘数的大小，达到控制货币供给量的目的。法定存款准备金率是中央银行调整货币政策的三大工具之一，但在不同的国家，是否运用、运用到何种程度，各国的货币管理当局会根据具体的经济结构和发展形势而定。一般发达的市场经济国家具有健全的金融市场和足够多的政府债券，可以利用公开市场业务方便地调剂基础货币和其他影响货币供给的指标。法定存款准备金率对货币供给的影响非常剧烈，其较小的变动就会对经济产生巨大的冲击，所以这一工具运用得并不多。但在发展中国家，由于市场经济不发达，公开市场业务操作的条件并不充分，因此，法定存款准备金率仍然是实施货币政策的主要手段之一。

2. 商业银行与超额存款准备金率

超额准备金是商业银行保留的、超过法定要求的那一部分准备金。超额存款准备金率是指超额准备金与活期存款的比率，这一比率的高低主要取决于商业银行的经营行为。商业银行之所以要保留一部分超额准备金，实际上是对成本和收益权衡的结果。持有超额准备金的成本是：超额准备金是不能贷放出去的资金，那么如果贷放出去可能收到的利息便是保有超额准备金的机会成本，因此资金市场利率是决定超额存款准备金率的重要因素。市场利率越高，商业银行为获得较多的收益，将尽量压缩超额准备金的数量，使超额存款准备金率降低；反之，如市场利率下降，超额存款准备金率一般会上升。

持有超额准备金付出成本，也有相应的收益。其收益为：如果不持有超额准备金，在出现流动性不足时会造成损失。这种可能的损失，又取决于出现流动性不足的可能性和在出现不足时从其他渠道获得资金的难易程度与成本。银行出现流动性不足的可能性又与银行的预期存款流出量和不确定性密切相关。当银行真的出现流动性不足时，必须融入资金，否则就会导致破产。为满足流动性要求，银行可以从其他渠道贷款，可以催收自己贷放出去的款项，也可以出售手中的有价证券，但哪一种方式都会付出成本。如果借入资金比较容易，成本较低，则银行就可以少持有超额准备金，超额存款准备金率也就较低；反之，则必须持有较多的超额准备金，超额存款准备金率增大。因此，商业银行的负债管理能力越强，即在必要时获得流动性补充的渠道越多，费用越低廉，它就可以持有较少的超额准备金。

除此以外，决定商业银行超额存款准备金率高低的因素还有：第一，社会公众的资产偏好行为。如果社会大众愿意持有较多的通货，把一部分活期存款转化为现金，则商业银行的库存现金和在中央银行的准备存款将减少，为满足居民提现的需要，防止出现流动性不足，商业银行就要增加超额准备金；如果大众持有现金的偏好减弱，都想把通货存入银行，则商业银行就可以减少超额准备金；如果社会公众偏好定期存款，纷纷把通货或活期存款转为定期存款，由于定期存款的存期稳定，所以，商业银行就可以减少超额准备金，从而使超额存款准备金率降低。第二，商业银行的业务经营类型。如果该商业银行的经营趋于保守，即在流动性、安全性和盈利性的权衡中，侧重于前两者，则会保留较多的超额准备金，从而超额存款准备金率偏高；反之，如果该商业银行勇于冒险，即偏重于盈利性，那么，它通常会保存尽可能少的超额准备金，超额存款准备金率也就较低。第三，中央银行的货币政策意向。在其他条件一定的情况下，中央银行的货币政策意向也会在一定程度上影响超额存款准备金率的高低。如在中央银行实施紧缩的货币政策时，商业银行将会保存较多的超额准备金，导致超额存款准备金率上升；反之，当中央银行实施扩张的货币政策时，商业银行将会保存较少的超额准备金，从而使超额存款准备金率下降。第四，社会对资金的需求程度。商业银行与其他市场主体构成资金供需的双方，商业银行的贷款受到社会经济状况的制约。如果市场资金非常紧缺，市场利率较高，商业银行为了获得尽可能多的收益，将把资金尽量多的贷放出去，从而相应地减少超额准备金；反之，在经济紧缩的时期，社会对资金的需求非常弱，即使商业银行想把资金贷出去，也将因缺乏需求而被迫把资金闲置，从而形成超额准备金，使得超额存款准备金率增大。

可见，超额存款准备金率虽然主要取决于商业银行的经营行为，但由于银行是在一定的社会经济环境中运行的，所以，中央银行、企业及居民的行为也对超额存款准备金率的高低产生间接的影响。

拓展阅读 12-3

客观看待超额存款准备金率下降①

21 世纪以来，我国支付清算系统效率提高、货币市场快速发展、金融机构流动性管理能力增强，加上央行实施存款准备金平均法考核等改革措施，金融机构在确保流动性安全的前提下，超额准备金需求逐步减少，超额存款准备金率（以下简称“超储率”）总体呈下降趋势。21 世纪初，我国金融机构季末超储率总体在 4% 以上，2012—2016 年下降至 2.2% 左右，2019 年下降至 1.9% 左右。

① 2021 年第三季度《中国货币政策执行报告》。

近两年尤其是2021年以来，人民银行通过下调超额准备金利率以及完善流动性管理和短期利率调控框架等措施，进一步降低了金融机构的超额准备金需求，金融机构超储率进一步下降。2021年前三个季度末，金融机构超储率分别为1.5%、1.2%和1.4%，同时货币市场利率运行更加平稳。具体来看：

一是下调超额存款准备金利率，促使金融机构主动降低备付水平。2020年4月，人民银行将超额准备金利率由0.72%下调至0.35%，与金融机构活期存款基准利率相同，消除金融机构吸收活期存款存放央行的套利空间，金融机构持有超额准备金的意愿随之下降。

二是钉住利率精准开展操作，政策目标更加明确清晰。人民银行通过每日开展公开市场操作连续释放短期政策利率信号，及时熨平流动性扰动因素，引导货币市场利率围绕央行公开市场操作利率为中枢平稳运行。同时，通过改革完善常备借贷便利（SLF）操作机制，夯实利率走廊上限，约束市场利率波动幅度。此外，还通过多种渠道加强政策宣传，引导市场主体多关注市场利率，避免对流动性和央行操作数量变化过度解读。

三是降低货币市场利率波动性，减少金融机构预防性资金需求。近两年来，货币市场利率与公开市场操作利率的偏离程度明显收窄。2021年1—9月，银行间市场存款类机构7天期回购加权平均利率（DR007）的均值为2.18%，与央行7天期公开市场操作利率的偏离幅度仅2个基点，这使得央行维护流动性合理充裕和货币市场利率平稳运行的承诺更加可信，金融机构预防性流动性需求也随之进一步减少。

四是做好流动性跨周期调节，提前安排、精准操作。比如2021年春节前，人民银行综合考虑疫情等影响因素，准确预判节前流动性缺口情况，以7天期操作为主精准投放跨节资金，流动性投放量为近年来春节前最低水平，既满足了节前流动性需求，又避免了节后流动性淤积，降低了利率的季节性波动。同时，还在公开市场业务交易公告中提前发布有关操作计划，说明流动性变化情况，引导金融机构前瞻性做好自身流动性安排。

综上，在坚持正常货币政策的背景下，我国金融机构超储率下降既是金融体系不断发展的结果，也是央行货币政策调控机制不断完善的表现。从国际经验看，流动性总量高低与市场利率运行的平稳性并不直接相关。因此，当前不宜单纯根据流动性总量或超储率判断流动性松紧程度，更不能认为超储率下降就意味着流动性收紧，观察市场利率才是判断流动性松紧程度的科学方法。

3. 社会公众与通货存款比、定期存款比的决定

货币乘数的通货存款比和定期存款比主要取决于社会公众的资产选择行为，也就是

财富所有者选择以何种资产组合持有其财富的行为。因此，任何影响和决定社会公众资产选择的因素，都是影响通货存款比和定期存款比的因素。下面我们来分别看一下这两个货币乘数的因素是如何决定的，有什么因素在影响着它们。

（1）通货存款比

根据标准的资产选择理论，财富所有者对某种资产的需求，主要取决于以下几项因素：财富或收入、该资产相对于其他资产的预期报酬率、该种资产的风险、该种资产的流动性。

第一，财富总额及收入变动。随着收入或财富的增加，流通中的现金和活期存款都会增加。但是，这两种资产的收入弹性是不同的。如果人们的流动性偏好特别强，那么，通货存款比将上升；如果人们的流动性偏好不强，或者人们的消费需求已经超过温饱线，更多地追求高档消费品和进行金融资产的投资，那么，通货存款比将下降。因为人们在购买高档消费品和金融资产时，用现金支付越来越不方便，一般用活期存款来支付。财富的增加对通货存款比最终产生何种影响，取决于正反两方面因素力量的消长，和国民经济的发展阶段有密切关系。一般来说，随着收入或财富的增长，通货存款比会下降。

第二，活期存款的收益及得到的服务。一般活期存款是没有收益的，但也有的支付少量利息，能够得到各种服务。由于持有通货没有收益，如果持有活期存款的收益增加，并且能得到更多的服务，那么，人们自然愿意持有更多的活期存款，从而使通货存款比下降。

第三，其他资产预期收益率的变化。通货是人们持有的金融资产中的一种，持有通货一般是没有收益的，而持有其他金融资产都会有一定的收益。那么，当人们预期其他资产的收益率上升时，人们对通货和活期存款的需求一般都将减少，但二者减少的比例是不同的。一般来说，活期存款对其他资产预期收益率的变化较为敏感。也就是说，如果其他资产预期收益率上升，人们将用更多的活期存款去购买其他金融资产，而通货主要满足人们的流动性需要，对其他资产预期收益率的变化不太敏感，会保持相对稳定。因此，当其他金融资产的预期收益率变化时，通货存款比如何变动，取决于它们二者各自变化的幅度。

第四，金融市场的发达程度。一般来说，金融市场越发达，社会信用制度越健全，社会公众持有活期存款的机会成本便越低，社会主体就越愿意使用支票进行购买和支付，社会流通中的现金就越少，从而通货存款比也就越小。

第五，社会其他因素。通货与活期存款作为金融资产，持有它们的风险是不同的，因为活期存款面临着银行破产的风险。在经济动荡不稳定时期，人们自然愿意持有更多的通货，而不愿持有活期存款，致使通货存款比上升；反之，在经济稳定时期，社会预期良好的时期，社会公众将尽可能地少持有现金，从而使通货存款比下降。另外，季节性也会影响到这个指标的变化。例如，节假日和农村收获时显然会有更多活期存款转化为现金。再有，地下经济的存在与猖狂程度也影响这个指标。因为地下经济的特征就是非法和隐蔽，而使用现金对他们来说最安全，因此非法的地下经济活动越猖獗，对现金的需求越大，通货存款比也就越高。

（2）定期存款比

定期存款比是指商业银行的定期存款与活期存款的比率。定期存款与活期存款一样，也是金融资产中的一种，持有哪种以及持有多大比例自然就是一种典型的资产选择行为。影响这个指标的有如下因素：

第一，收入或财富的变动。当收入增加时，一般定期存款和活期存款均会增加，但它们对收入变动的敏感程度不同。一般随着收入的增加，定期存款的增加幅度要大于活期存款的增加幅度。因此，正常情况下定期存款比会变大。

第二，定期存款利率的变化。定期存款利率的高低决定着存款者的收益多少。当定期存款的利率相对提高时，人们愿意持有更多的这种金融资产；反之，当定期存款的利率相对下降时，人们会尽量多持有其他金融资产，而不愿持有定期存款。因此，定期存款利率的变化与定期存款比成正方向变化。

第三，持有定期存款的机会成本的变化。持有其他资产的收益是持有定期存款的机会成本。当其他资产的收益率上升时，也就是人们持有定期存款的机会成本提高时，人们会尽量少持有定期存款，因此定期存款比就会下降；反之，定期存款比会上升。

综上所述，无论是基础货币还是货币乘数，它们都是由中央银行、商业银行和社会公众这三类经济主体的行为决定的。（如图 12-3 所示）一般来说，如果抛开它们之间的相互影响，基础货币和法定存款准备金率取决于中央银行的行为，超额存款准备金率主要取决于商业银行的行为（还受社会其他主体的影响），通货存款比和定期存款比则取决于社会公众的经济行为。这说明，在现代市场经济中，货币供给在很大程度上受到商业银行和社会公众的影响，只能部分地由中央银行来决定和控制，而这些社会经济主体的行为变化是遵循经济运行规律的。所以说，在现代经济中，货币供给并不是一个完全取决于中央银行的外生变量，而是一个具有外生与内生双重性质的变量，货币供给的内生性比外生性更强。

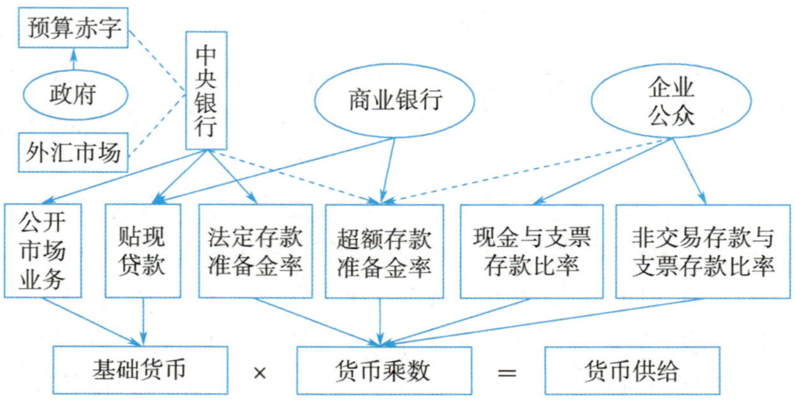

图 12-3　货币供给机制

拓展阅读 12-4

我国 20 世纪末期 21 世纪初期的货币供给调控

目前，我国的货币供给调控仍然采用货币基础调控法：中央银行通过对控制目标期的货币需求和货币乘数的预测，确定基础货币控制目标，然后采用货币政策工具的调整来控制基础货币的供给，再通过货币乘数的放大效应，最后实现对货币供给控制的目标。

我国 20 世纪末期的基础货币供给量增长率呈现逐步下降的趋势，同期货币乘数出现逐步上升的趋势，货币供给量也呈现逐步下降的趋势，但其下降幅度低于基础货币。导致货币乘数逐步上升的原因主要在于其影响因素——法定存款准备金率、现金比率和活期存款比率均呈现下降趋势。法定存款准备金率是货币政策工具，它的下调是中央银行为了改革准备金率制度，减少商业银行的准备成本，增加货币供给而主动下调的。现金比率和活期存款比率下降在于 20 世纪 90 年代中期现金膨胀的逐步下降，使人们对现金和活期存款的需求相对下降、定期存款增长比较快。

我国 21 世纪初期的货币供给总量总体呈现稳定增长、小幅波动的趋势。同期货币乘数仍然延续小幅持续上升趋势，并呈现规则的季节性波动。由于支付结算的电子化水平的提高，现金比率继续小幅下降；定期存款比率略有上升，活期存款比率和储蓄存款比率基本保持稳定，小幅波动；为抑制外汇占款大幅增长带来的流动性过剩，中央银行持续多次提高法定存款准备金率，但超额存款准备金率的大幅下降几乎抵消了法定存款准备金率提高的紧缩作用。货币乘数仍然呈现持续上升趋势。

2006 年开始，中央银行为了冲销国际收支双顺差带来的外汇储备和外汇占款的增长对货币供给的影响，逐步提高法定存款准备金率，使货币乘数开始下降；准备金的增加使基础货币增长率上升。2008 年下半年，美国次贷危机加剧并引发全球金融危机和经济危机。反危机的刺激经济措施导致信贷和货币供给猛增，最高达 38.9%，超过 1994 年的最高水平，虽然较好地阻止了经济的下滑，但也对随后的通货膨胀上升形成较大的推动力。2010 年开始紧缩，到 2012 年 1 月，M_1 增速从最高点的 38.9% 跌倒最低点 3.11%。货币供应的大幅波动，对国民经济的平稳增长带来较大的不利冲击。

三、货币供给的内生性与外生性

就货币供给与经济运行间的关系而言，存在着两种理论上的分歧，即货币供给的内生性（Endogenous）和货币供给的外生性（Exogenous）。货币供给的内生性是指货币供给为经济体系中的内生变量，决定货币供给变动的因素是经济体系中实际变量及微观主体的经济行为，中央银行难以直接控制。货币供给的外生性是指货币供给为经济系统运行的外生变量，并不是由经济因素，如收入、储蓄、投资和消费因素所决定的，货币供给的变动由中央银行的货币政策决定。

从政策含义的角度来考察这一问题，两者的分歧在于：货币政策的调节作用是否有效。如果说货币供给是内生变量，货币供给就是被动地取决于客观经济过程，而货币当局不能有效地控制其变动。所以货币政策的调节作用，特别是以货币供给变动为操作指标的调节，就有很大的局限性，货币政策的效果就会大打折扣。如果认为货币供给是外生变量，货币当局就能有效地通过对货币供给的调节来达到控制经济的目的。

凯恩斯在《就业、利息和货币通论》中将货币的外生性作为宏观研究的一个重要假设前提，即中央银行可以完全控制货币供给，进而认为货币体系只是外加于实物经济上的一层面纱，与实物经济完全没有关系，是独立于实物经济的外生变量。凯恩斯理论盛行后，货币的外生性一直是经济学主流学派的一个基本命题，并得到了货币学派的推崇，一度成为经济学的教条。

弗里德曼是倡言货币供给外生论的典型代表。他认为，货币供给方程中的三个主要因素——基础货币 H、存款准备金率 D/R 和现金比率 D/C，虽然分别取决于货币当局的行为、商业银行的行为和公众的行为，但其中，中央银行能够直接决定 H，而 H 对于 D/R 和 D/C 有决定性影响。也就是说，货币当局只要控制或变动 H，就必然能在影响 D/R 和 D/C 的同时决定货币供给量的变动。在这种情况下，货币供给无疑是外生变量。

后凯恩斯主义经济学家把货币供给的内生性看作货币经济学的主要命题，认为货币的创造起源于经济主体对货币的需求。格利和肖在《金融理论中的货币》一书中讨论了非货币中介的重要作用，并第一次提出了内生货币的概念。区分了内生货币和外生货币，认为内生货币发行反映了私人部门内部生产与消费、生产与生产之间发生的金融活动，是与增长、积累和投资等问题联系在一起的。

后凯恩斯学派的代表人物托宾认为，对于货币供给与基础货币、存款准备金率和现金比率之间的关系不能简单化，这三个变量及其决定因素之间存在着交叉影响关系。特别是后两个变量，D/R 和 D/C，常常随经济环境的变化而变动，因而不应被当成货币供给方程式中的固定参数。从实际经济运行看，现金比率并不是始终处于稳定的状态，而是经常出现周期性的波动。至于存款准备金率的变动，他认为主要取决于商业银行行为。盈利率与风险偏好程度及与此相关的利率结构，是商业银行超额存款准备金率变动的重要决定因素，特别是在经济波动时期，存款准备金率变动与基础货币之间往往具有明显的反向变动关系。同时，托宾在其资产选择理论中进一步考察了影响货币供给的内生因素，认为公众的资产偏好和资产选择结构在很大程度上受社会经济活动和经济环境的影响。因此，不能单独从中央银行角度研究货币供给的决定，真正的存款创造过程应该是一个反映银行与其他私人单位的经济行为的内生过程。

另外，银行和社会公众的自适应机制体现了货币供给内生性的一面。在现代金融经济中，金融深化和金融创新使得企业融资工具多样化，尽管不同金融工具之间的替代性日益增强，但银行贷款仍是主要的融资渠道。在经济繁荣时期，企业信贷需求增加，银行会扩大贷款，这时即使中央银行不增加基础货币供给，有意控制贷款规模，银行也会通过货币市场拆借资金，提高超额准备金的利用率，增强货币创造能力。这将导致银行存款准备金率下降，流动性降低。当挤兑发生时，银行只有出售资产或收回贷款才能应付难关，但有可能引发全面的金融危机。中央银行为了维护金融秩序的稳定，不得不增加基础货币投放。当经济衰退时，公众由于缺乏信心，会自动缩减信贷需求，这时中央银行如采取扩张性货币政策来促进生产和扩大就业也只是一厢情愿，实际的货币供给并不会增加。

第三节　货币供给模型

完整的货币供给理论应该包括货币供给的决定、货币供给影响经济以及如何控制货币供给的理论，但我们在这里所介绍的主要是货币供给的决定理论。对货币供给问题的研究，西方学者都是从基础货币和货币乘数两个方面进行的，而且各个学说中对基础货币的认识基本一致，因此，对货币乘数研究的不同大体代表了货币供给理论的发展进程。下面对西方有代表性的货币供给学说作一下简要介绍。

一、弗里德曼—施瓦茨的货币供给模型

弗里德曼和施瓦茨于 1963 年出版了《1867—1960 年的美国货币史》，在该书的附录中提出了自己的货币供给模型。他们认为，决定货币供给的主要因素有三个：基础货币（H）、存款准备金比率（D/R）和存款通货比（D/C）。

首先，他们把社会的货币存量分为两部分：一是货币当局的负债，即社会公众所持有的通货；二是商业银行的负债，即银行存款，包括活期存款、定期存款和储蓄存款。若用 M 表示货币存量，C 表示社会公众所持有的通货，D 为商业银行的存款，则：

$$M = C + D \tag{12-12}$$

根据基础货币的定义，则有：

$$H = C + R \tag{12-13}$$

式中，H 表示基础货币，R 表示商业银行的准备金。

将式 12-12 除以式 12-13 可得：

$$\frac{M}{H}=\frac{C+D}{C+R}=\frac{\frac{D}{R}(1+\frac{D}{C})}{\frac{D}{R}+\frac{D}{C}} \tag{12-14}$$

即：

$$M=\frac{\frac{D}{R}(1+\frac{D}{C})}{\frac{D}{R}+\frac{D}{C}}H \tag{12-15}$$

由公式 12-15 可以看出，货币乘数为：

$$m=\frac{\frac{D}{R}(1+\frac{D}{C})}{\frac{D}{R}+\frac{D}{C}} \tag{12-16}$$

公式 12-15 为弗里德曼和施瓦茨在分析货币供给的决定因素时所使用的基本方程式。该式表明一国货币供给取决于基础货币 H 和货币乘数 m。货币乘数又进一步取决于商业银行存款与其准备金的比率 D/R，以及商业银行的存款与社会公众持有的现金之比 D/C。由此可以看出，决定货币供给的经济主体有三个：一是货币当局，它决定基础货币 H；二是商业银行，它决定存款对准备金的比率 D/R；三是社会公众，它决定存款对现金的比率 D/C。

弗里德曼和施瓦茨通过实证研究得出：基础货币 H 的变化是货币供给长期性变化和主要的周期性变化的主要因素，D/R 和 D/C 的变化对金融危机条件下的货币运动有着决定性的影响，而 D/C 的变化则对货币的温和的周期性变化起到重要的作用。他们认为，H 是受货币当局直接控制的，因此，他们把货币供给看成是完全由货币当局决定的一个外生变量。

二、卡甘货币供给模型

1965 年，美国经济学家卡甘（P. Cagan）出版《1875—1960 年美国货币存量变化的决定及其影响》一书。在该书中，卡甘使用弗里德曼和施瓦茨对货币供给量和基础货币的定义，并重新对货币供给模型作了推导和分析。具体推导过程如下：

根据货币供给量的定义：$M=C+D$，有：

$$\frac{D}{M}=1-\frac{C}{M} \tag{12-17}$$

$$\frac{R}{M}=\frac{R}{D}\frac{D}{M}=\frac{R}{D}(1-\frac{C}{M}) \tag{12-18}$$

根据基础货币的定义，有：

$$H=C+R \tag{12-19}$$

$$\frac{H}{M}=\frac{C+R}{M}=\frac{C}{M}+\frac{R}{M}=\frac{C}{M}+\frac{R}{D}\left(1-\frac{C}{M}\right)=\frac{C}{M}+\frac{R}{D}-\frac{RC}{DM} \tag{12-20}$$

$$M=\frac{1}{\frac{C}{M}+\frac{R}{D}-\frac{RC}{DM}}H \tag{12-21}$$

公式 12-21 就是卡甘货币供给模型。显然，该模型与上述的弗里德曼—施瓦茨模型基本相似。它们只是形式上的区别，并没有实质上的不同。卡甘模型中以现金比率（C/M）、准备金和存款之比（R/D）分别取代了弗里德曼—施瓦茨模型中的存款与现金之比（D/C）和存款与准备金之比（D/R）。

但是，与弗里德曼—施瓦茨模型相比，卡甘模型更为明显地反映了现金比率（C/M）和准备金率（R/D）这两项决定因素的变化对货币乘数的影响。根据卡甘的定义，C/M 和 R/D 这两项的值必定小于 1，因而此两项的积也必小于其中任何一项的值。所以，现金比率和准备金率中，任何一项的上升必然导致货币乘数缩小；反之，任何一项的下降必然导致货币乘数增大。

卡甘运用其货币供给模型对美国 1875—1960 年货币存量变动的决定因素进行了实证分析，得出了以下结论：长期的和周期性的货币存量变动取决于基础货币、现金比率和准备金率这三个因素，基础货币增长是货币存量长期增长的主要原因，现金比率的变动则是货币存量周期性波动的主要原因。

三、乔顿货币供给模型

20 世纪 60 年代末，美国经济学家乔顿（Jerry L. Jordan）发展了弗里德曼、施瓦茨和卡甘的理论，推导出了较为复杂的货币乘数模型。他们的模型存在着以下两点明显的差异：第一，乔顿的货币定义只包括公众手持现金和活期存款，即狭义的货币定义 M_1；第二，乔顿对不同类型的银行以及具有不同法定存款准备金率的存款类型进行了区分，使其更接近于现实。乔顿模型被视为货币供给决定机制的一般模型，为大多数经济学家所接受。

在推导乔顿的货币乘数公式过程中，我们首先对公式中出现的变量及其符号进行说明：

M_1 为狭义的货币存量（现金 + 活期存款），B 为基础货币（公众手持现金 + 商业银行准备金），C 为公众所持有的现金，R 为商业银行存款准备金（法定存款准备金 + 超额存款准备金），D 为活期存款，T 为定期存款，E 为超额存款准备金，r_d 为活期存款的法定存款准备金率，e 为超额存款准备金率，t 为定期存款比率，k 为现金比率，r_t 为定期存款的法定存款准备金率。

根据定义有：$k=\frac{C}{D}$，$t=\frac{T}{D}$，$e=\frac{E}{D}$

所以：$C=D\cdot k$，$T=D\cdot t$，$E=D\cdot e$

$$B=R+C=r_dD+r_tT+E+C=r_dD+r_ttD+eD+kD$$

因为：$M_1=B\cdot m_1$

$$M_1=C+D$$

将上式处理后得：

$$m_1=\frac{C+D}{B}=\frac{Dk+D}{r_dD+r_ttD+eD+kD}=\frac{1+k}{r_d+r_tt+e+k} \tag{12-22}$$

$$M_1=\frac{1+k}{r_d+r_tt+e+k}B \tag{12-23}$$

这就是著名的乔顿货币供给模型。由此可以看出，货币乘数是由多种复杂因素决定的，而这些因素分别受到货币当局、商业银行和非银行公众等不同经济主体行为的影响。

我们把乔顿模型的中的货币定义扩大为M_2，即广义的货币供给。用m_2来表示相应的货币乘数，则有：

$$m_2=\frac{C+D+T}{R+C}=\frac{Dk+D+Dt}{r_dD+r_ttD+eD+kD}=\frac{1+k+t}{r_d+r_tt+e+k} \tag{12-24}$$

$$M_2=\frac{1+k+t}{r_d+r_tt+e+k}B \tag{12-25}$$

四、伯尔格货币供给模型

20世纪70年代初，美国经济学家伯尔格（Albert E. Burger）在他所著的《美国货币供给的过程》一书中，发展了弗里德曼—施瓦茨、卡甘和乔顿等人的模型，推导出一个更复杂和精密的伯尔格模型。

与以前的货币供给模型不同，伯尔格使用了一个全新的概念：净来源基础货币。所谓净来源基础货币是指从基础货币中减去商业银行向中央银行的贴现和借款后的余额，实际上就是银行系统的非借入准备金与公众所持有的现金之和，也就是货币当局能够直接控制的那部分基础货币。伯尔格以“净来源基础货币”为分析工具，分别导出M_1的货币乘数m_1和M_2的货币乘数m_2。

在推导m_1和m_2之前，对有关的变量及其符号做如下定义：B^a为净来源基础货币，R为银行系统的存款准备金总额，C^p为非银行公众所持有的现金，D^p为活期存款，T为定期存款，D^t为政府在商业银行的存款，A为商业银行向中央银行的贴现和借款，r为准备金率，b为商业银行向中央银行的贴现存款占其存款总额的比率，t为定期存款与非银行公众活期存款之比，d为政府存款与活期存款之比，k为现金比率。

根据以上变量的定义，可知：

$$B^a=R-A+C^p$$

$$R = r\ (D^p + T + D^t)$$

$$b = \frac{A}{D^p + T + D^t}$$

$$t = \frac{T}{D^p},\ d = \frac{D^t}{D^p},\ k = \frac{C^p}{D^p}$$

将上式整理，得：

$$B^a = (r - b)(D^p + T + D^t) + C^p \tag{12-26}$$

将上式两边同除以 D^p，得：

$$\frac{B^a}{D^p} = (r - b)(\frac{D^p}{D^p} + \frac{T}{D^p} + \frac{D^t}{D^p}) + \frac{C^p}{D^p} = (r - b)(1 + t + d) + k \tag{12-27}$$

从而：

$$D^p = \frac{1}{(r - b)(1 + t + d) + k}B^a \tag{12-28}$$

根据 M_1 定义，有：

$$M_1 = D^p + C^p = D^p(1 + k) = \frac{1 + k}{(r - b)(1 + t + d) + k}B^a \tag{12-29}$$

因此，M_1 的货币乘数：

$$m_1 = \frac{1 + k}{(r - b)(1 + t + d) + k} \tag{12-30}$$

根据 M_2 的定义，有：

$$M_2 = D^p + C^p + T = D^p(1 + k + t) = \frac{1 + k + t}{(r - b)(1 + t + d) + k}B^a \tag{12-31}$$

因此，M_2 的货币乘数：

$$m_2 = \frac{1 + k + t}{(r - b)(1 + t + d) + k} \tag{12-32}$$

将式 12-29 与式 12-31 与乔顿模型进行对比，可以发现它们有以下不同：第一，伯尔格用的是净来源基础货币的概念，而乔顿用的是基础货币的概念，根据它们的定义，显然后者大于前者，前者是后者的组成部分；第二，正因为净来源基础货币在量上小于基础货币，所以伯尔格模型中的 m_1 大于乔顿模型中的 m_1。

由上可见，伯尔格模型中的货币乘数取决于以下五个因素：准备金率 r、借入准备金率 b、政府存款比率 d、现金比率 k、定期存款比率 t。伯尔格分析了五个因素对货币乘数的影响，结果如下：

（1）准备金率 r 与货币乘数 m_1、m_2 呈反向变动。即 r 上升，货币乘数 m_1、m_2 下降；r 下降，货币乘数 m_1、m_2 上升。

（2）借入准备金率 b 的变化将引起货币乘数 m_1、m_2 的同向变化。当准备金率 r 一定时，借入准备金率 b 越大，则商业银行的实际准备金率越小。因此，m_1、m_2 为 b 的递增函数。

（3）政府存款比率 d 的变化将引起货币乘数 m_1、m_2 作反向的变化。这可以直接从式 12-30 和式 12-32 中明显看出。

（4）现金比率 k 的变化将对货币乘数 m_1、m_2 起反向作用。通过数学推导，可以发现，无论是 m_1 还是 m_2，都是 k 的递减函数。

（5）定期存款比率 t 的变化将引起 m_1 的反向变化，同时引起 m_2 的同向变化。由于 M_2 包括定期存款，而定期存款的法定存款准备金率低于活期存款的法定存款准备金率，所以 t 越大，m_2 越大。但是，M_1 不包括定期存款，于是 t 越大，m_1 越小。

本章小结

1. 货币供给的定义可以从动态和静态两个角度来考察。从动态上看，货币供给是货币供给主体向社会供给货币的经济行为；从静态的角度来看，货币供给是一个存量概念，通常是指一定时点上一国经济中的货币存量总额。

2. 在部分准备金制度和部分现金提取的条件下，商业银行能够进行多倍的存款创造。存款创造的倍数即存款乘数取决于法定准备金率，并与之成倒数关系。商业银行存款创造的原理适用于存款的收缩。在考虑了超额准备金、现金漏损和定期存款因素后，对简单存款乘数模型进行了修正，修正后的存款乘数小于简单存款乘数。

3. 基础货币是流通中的现金和商业银行准备金之和，是货币供给量中最基本的部分。在发达国家，中央银行主要是在公开市场上买卖政府债券来控制基础货币。货币供给和基础货币之间的倍数被称为货币乘数，其大小取决于活期存款的法定存款准备金率、定期存款的法定存款准备金率、流通中现金与活期存款的比率、定期存款与活期存款的比率以及商业银行的超额存款准备金率。无论是基础货币，还是货币乘数，它们都是由中央银行、商业银行和社会公众这三类经济主体的行为决定的。

4. 货币供给理论起步于20世纪60年代。其中比较有代表性的是：弗里德曼—施瓦茨的货币供给模型、卡甘的货币供给模型、乔顿的货币供给模型、伯尔格的货币供给模型。

重要概念

货币供给　原始存款　派生存款　存款乘数　基础货币　货币乘数　货币供给的内生性　货币供给的外生性　货币供给理论

复习思考题

1. 简述商业银行的存款货币创造机制。
2. 什么是基础货币？影响基础货币的因素有哪些？
3. 什么是货币乘数？影响货币乘数的因素有哪些？

4. 中央银行、商业银行及社会公众的行为是如何影响货币乘数的？

5. 如何理解货币供给的内生性和外生性？

6. 假定存入商业银行的原始存款为 100 万元，如果存款的法定准备金率为 7%，并且商业银行持有 5% 的超额准备金，现金漏损率为 10%，那么：

（1）存款乘数是多少？

（2）银行体系最终将用这 100 万原始存款获得的存款总额是多少？

（3）货币乘数是多少？

（4）通过上面的计算，你如何理解存款乘数和货币乘数？

7. 2018 年以来，我国商业银行平均法定存款准备金率从 15% 降至 9% 左右。降准的过程，体现为商业银行自主使用的资金相应增加，一部分可能用来归还从中央银行的部分借款，体现为中央银行资产负债表“缩表”；另一部分可以用来发放更多贷款、创造更多货币，具有货币扩张效应。与此同时，人民银行通过实施再贷款、再贴现等货币政策工具，又会相应“扩表”，总体上保持了中央银行资产负债表的稳定。在中央银行资产负债表保持稳定的同时，人民银行通过改革和市场化方式疏通货币政策传导机制，货币政策传导效率明显提高，货币供应量和社会融资规模合理增长，金融对实体经济尤其是制造业和中小微企业的支持力度进一步加大。

请阅读上述材料，并结合所学的金融学知识回答以下问题：

（1）中央银行资产负债表的变化如何影响基础货币？

（2）影响货币供给的因素有哪些？

第十三章

货币均衡与失衡

本章导读

前面两章分别讨论了货币需求和货币供给，供求之间大体适应为均衡状态，否则为失衡状态。货币均衡是一种理想状态，而货币的非均衡，即货币失衡反而是一种常态，货币均衡是一个动态的过程，它并不要求在每一个时间点上供求完全适应。货币均衡在实质上是社会总供求均衡的一种反映，因此通过总供求的分析来认识货币均衡问题，对于理解货币政策的效应具有重要意义。

一般而言，货币供给超过了货币需求，就会出现通货膨胀；反之，货币需求超过了货币供给，货币供给不足，就会出现通货紧缩。无论是通货膨胀还是通货紧缩都是货币失衡，对经济主体和宏观经济都具有重要影响，因此本章将分三节分别研究货币的均衡与失衡、通货膨胀和通货紧缩。

学习目标

掌握 货币供求与社会总供求的内在联系；通货膨胀的主要成因及治理对策；通货紧缩的形成机理及治理措施

理解 货币均衡与失衡的含义，货币失衡的主要表现；通货膨胀对社会经济的影响；通货膨胀与通货紧缩的主要类型

了解 我国通货膨胀和通货紧缩出现的原因及治理

第一节　货币均衡与失衡概述

一、货币均衡与失衡的含义

均衡与失衡是现代经济学研究中使用非常普遍的一对概念，均衡一般是人们追求的目标，但失衡却是存在的常态。货币均衡是指货币供给与货币需求之间的一种对比关系，是在经济运行中供给与需求大体一致。一般而言，货币供给量等于货币需求量，即 $Ms = Md$，我们称之为货币均衡；如果货币供求不相等，即 $Ms \neq Md$，则称之为失衡，它可以是 $Ms > Md$，也可以是 $Ms < Md$。

在现代市场经济条件下，一切经济活动都必须借助于货币的运动，社会需求都表现为拥有货币支付能力的需求，即需求都必须通过货币来实现。因此，我们说货币的均衡与失衡，也就是在说社会商品供求的状态是均衡的，还是失衡的。具体而言，货币均衡与失衡包括以下几个方面的含义：

第一，货币均衡是指货币供求的一种理想状态，即货币供给与货币需求在数量上完全相等是一种偶然现象，而货币供求的非均衡，即货币失衡反而是一种经常存在的状态。

第二，货币均衡是一个动态的过程，它并不要求在某一具体时间上供求的完全适应，允许短期内货币供求间的不一致。因为在经济运行中，货币供给具有易变性和确定性，而货币需求具有相对稳定性和模糊性，它们之间的这两对矛盾相互作用的结果往往会使货币供给量偏离货币需求量，但在长期内货币供给与需求应是大体一致的。

第三，货币均衡与社会商品、服务的总供求是紧密联系在一起的，货币供求在一定程度上反映了国民经济的均衡状态。因为货币不仅是商品交换的媒介，而且其本身的均衡还是国民经济发展的内在要求，货币供求与商品供求相互作用、相互制约，在现代经济条件下，我们无法想象离开货币供求的商品供求。

第四，货币均衡的实现过程离不开利率的作用。在市场经济条件下，利率不仅是货币均衡与否的指示器，而且还能成为由货币失衡趋向均衡的自动调节杠杆。因为，对于公众和企业的货币需求来说，与利率变动为负相关的关系，而货币供给，作为一个内生变量，与利率变动成正相关关系，

货币均衡与信贷平衡是两个既有联系又有区别的概念。其联系表现为，银行部门的信贷收支和非银行部门的货币收支可以通过一定的渠道相互转化，货币均衡与信贷平衡都最终取决于货币的流通状况。它们的区别在于，货币均衡反映的是货币运动的状况，

而信贷平衡反映的是信贷资金运动的状况；货币供求运行主要与商品流通过程相联系，而信贷资金的运动主要与生产过程相联系；货币均衡主要反映社会经济主体对货币的需求和银行体系供应到社会的货币量之间的平衡关系，而信贷平衡所分析的乃是社会再生产过程对银行信贷资金的需求与信贷资金的供给之间的平衡关系。

二、货币供求与社会总供求的内在关系

（一）社会总供求平衡的含义

社会总供求包括供给和需求两个方面，社会总需求通常是指一国在一定时期内社会各方面实际占用或使用的全部产品之和。由于在市场经济条件下，一切需求都表现为有货币支付能力的购买需求，所以，社会总需求也就是一定时期社会的全部购买支出。总需求有现实需求与潜在需求之分，现实需求是指有现实购买力的需求，而潜在需求是尚未实现的需求或将要实现的需求。

社会总供给，通常是指在一定时期内，一国生产部门按一定价格提供给市场的全部产品和劳务的价值之和，以及在市场上出售的其他金融资产总量。由于这些商品都是在市场上实现其价值的，因此，社会总供给也就是一定时期内社会的全部收入或总收入。

社会总供求平衡是指社会总供给与社会总需求相互适应的一种状态。可从以下几方面来把握：

第一，社会总供求平衡是货币形态的均衡，而不是实物形态的均衡。实物均衡是自然经济的产物，而货币均衡才是现代商品经济总体均衡发展的重要特征。在社会总需求与总供给的平衡关系中，货币资金的运动起着重要作用。

第二，社会总供求平衡是市场的总体均衡。社会总需求与总供给是否平衡是由货币市场和商品市场的均衡状况决定的，因此，社会总需求与总供给的平衡，也就是货币市场和商品市场的统一均衡。

第三，社会总供求平衡是动态的均衡，是现实的社会总需求与短期内可能形成的总供给的平衡，而不是现实的总需求与现实的总供给的平衡。它允许短期内社会总供给与总需求一定程度的偏离，但从较长一个时期来看，二者应是大体一致的。

（二）货币供求和社会总供求的关系

在现代经济条件下，货币供求与社会总供求是通过以下两条渠道紧密联系在一起的。一是商品的供给决定了一定时期的货币需求。因为任何商品都需要货币来度量并实现其价值，有多大规模的商品供给，就必然要求有相应的货币来作为其流通的媒介。二是货币的供给在一定程度上决定了社会的总需求。因为任何需求都表现为有货币支付能

力的需求，没有货币的需求是无法实现的。因此，在货币流通速度相对稳定的条件下，一定时期的货币供给量也就相应地决定了当期的社会总需求。

货币供给量与社会总需求量是两个相互联系又有差异的概念和指标。一定时期的货币供给量构成了相应时期的社会总需求量，但货币供给量的变动能多大程度上引起社会总需求的相应变动，则取决于货币持有者的资产选择行为。因为，货币供给量是一个存量，它由现实流通的货币和潜在的货币两大部分构成，而社会总需求量是一个流量，是流通性货币与货币流通速度的乘积，因此，货币供给量的变化能否引起社会总需求量的变化，主要取决于供给的货币中有多大比例被公众以资产的形式保存，从而使其成为潜在性货币，以及由社会经济的多种因素共同决定的货币流通速度的变化。另外，货币供给量变动与社会总需求量变动在时间上也不一致。弗里德曼根据美国的实际情况进行的研究表明，货币供给量变动以后，一般要经过 6—9 个月左右才会引起社会总需求的变动，而引起实际经济情况的变动，则需 18 个月左右的时间。

货币供给对社会总供给的影响是通过总需求来实现的。在货币供给如何影响社会总供给的研究中，现在已被广泛认可的是通过联系潜在资源或可利用资源的状况进行分析的方法：第一阶段，只要经济体系中存在着现实可用作扩大再生产的资源，且其数量又比较充分，那么，在一定时期内增加货币供给就能够提高实际产出水平而不会推动价格总水平的上涨；第二阶段，待潜在资源的利用持续一段时期而且货币供给仍在继续增加后，经济中可能出现实际产出水平同价格水平都在提高的现象；第三阶段，当潜在资源已被充分利用但货币供给仍在继续扩张，经济体系中就会产生价格总水平上涨但实际产出水平不变的情况。这三个阶段可用图 13-1 表示：

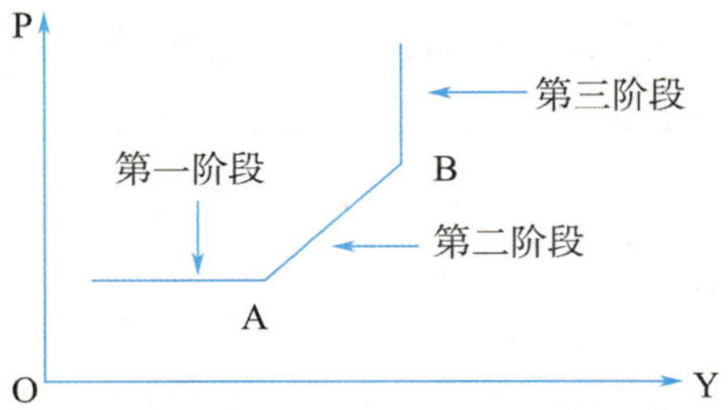

图 13-1　货币供给的效应

通过以上的分析，可以这样认为，社会总供给决定了一定时期的货币需求，但同等的总供给可能有偏大或偏小的货币需求；货币需求决定了货币供给，货币供给必须以货币需求为基础，中央银行控制货币供给量的目的，就是要使货币供给与货币需求相适应；货币供给在货币流通速度稳定的条件下，又在一定程度上决定了社会总需求；而社会总需求与总供给的平衡是我们追求的目标，以货币形式表现的商品价格既是强制总供求平衡的杠杆，又是社会总供求是否平衡的指示器。

如果我们用 Ms、Md、S、D 分别代表货币供给、货币需求、社会总供给和社会总需求，用 P 和 r 表示社会商品的价格水平与市场利率，那么，它们之间的关系可用下图表示：

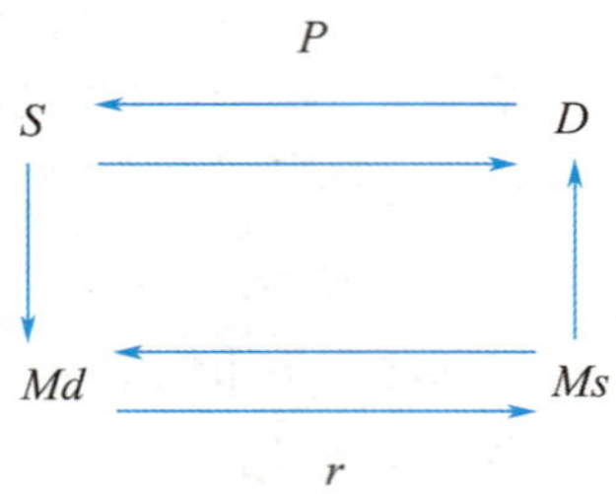

图 13-2　市场供求与货币供求的关系

在这个关系图中，货币供求的均衡是整个宏观经济平衡的关键。也就是说，如果货币供求不平衡，整个宏观经济的均衡就不可能实现。要让货币供求保持均衡，就需要中央银行控制货币的供给，使货币的供给与客观的货币需求经常保持一种相互适应的关系，以保证经济的发展有一个良好的货币金融环境。

三、货币失衡的表现及原因

一般来说，在市场经济条件下，社会总需求表现为一定时期的货币总流量，是货币数量 M 与货币流通速度 V 的乘积，社会总供给表现为一定时期的商品总流量（包括劳务在内的一切商品），是社会价格水平 P 与商品数量 Q 的乘积。虽然就生产、供应的潜力来看，可能大于或小于总需求，但在一定时期内现实的总需求与现实的总供给始终是相等的，即 $MV=PQ$。从此恒等式可以看出，社会总供求的平衡是商品供求与货币供求的统一均衡，货币均衡是整个社会经济平衡的关键，离开货币的供求谈论社会总供求是毫无意义的。

（一）货币失衡的表现

在市场经济条件下，货币失衡，无论是货币供给大于需求，还是货币需求大于供给，都可通过社会的市场利率表现出来。货币的供求在一定程度上决定利率，而利率的变动也可在一定程度上反映货币的供求状况，但均衡利率多高才是最能保证社会总供求平衡、促进经济发展的，而这只能借助于经验的判断。除利率之外，货币失衡还会通过社会总供求的不平衡表现出来，其典型形式就是价格水平的波动，但影响价格变化的因素不仅是货币的供求，因此，价格水平的变动仅仅是货币供求失衡的一种表现，不能只凭价格水平的波动（较小的波动）就做出货币供求失衡的判断。

由社会供求的恒等式 $MV=PQ$ 可知，在市场经济条件下，如果货币流通速度是稳定的，一定时期的社会生产、供应水平变动不大，或至少是可预测的，那么，货币供给的变化只能通过价格水平的变化表现出来。可以说，货币数量与价格水平互为决定，如果货币供给量增加 1 倍，那么，社会的价格水平也将提高 1 倍；反之，如果货币供给减少 1 倍，那么，社会的价格水平也将下降 1 倍。在这里我们所分析的是社会充分就业下的一种状态，但经济现实是复杂的，充分就业只是社会经济的一种理想状态。在现实经济社会中，市场机制并不能保证经济的均衡发展，社会并不是充分就业状态，社会还存在许多潜在资源，货币流通速度不是常数，货币供给变化对价格的影响、对经济的影响也不仅是前面分析的状况，它符合联系资源分析货币供给效应的论断。在社会尚未达到充分就业状态时，货币供给的增加，可以增加产出，价格不变；当社会接近充分就业状态时，扩大货币供给，不仅产出增加，价格也会提高；在出现充分就业的局面以后，货币供给的增加，不会引起产出的任何增加，而是全部通过价格水平的上升表现出来，而价格水平的持续上升就是通货膨胀。

在计划经济体制下，由于实行价格管制，商品价格严重背离价值，也不反映供求，存在表面上的长期稳定，社会商品的供应不仅短缺，而且数量也相对稳定，因此，社会总供给 PQ 是大体不变的，不变的总供给要求稳定的总需求与之相适应。但在计划经济条件下，由于急于求成，实行超赶战略，企业预算约束软化，普遍患有投资饥渴症，因此，货币供给的过多是一种常态，也是传统计划体制下宏观经济运行的一个重要特征。在社会需要的货币总需求量 MV 一定的情况下，过多的货币供给只能由货币流通速度 V 的减慢去消化，而这就是我们经常说到的计划经济所独有的计划定量供应物品的现象。通过这种计划手段，强制储蓄，限制一部分由货币供给过多形成的购买力不能实现，也就是强制压低货币供给中流通性货币的比例，同时减慢货币流通的速度。在计划经济条件下，由于价格的管制和供给的短缺，货币供给过多不会像市场经济条件下通过价格的变化来表现，而是通过扭曲的形式表现出来，比如，票证供应、强制储蓄和黑市交易等，实际上是一种隐蔽性的通货膨胀。

计划经济体制与市场经济体制下的货币均衡与失衡，在表现方面有明显的差异：第一，在计划经济体制国家，货币均衡问题的主要矛盾是货币供给经常偏多，而且货币供给过多带来的失衡程度可以长期保持在较严重的水平上。在市场经济中，货币供给过多或不足一般会经常交替出现，一个阶段可能供给过多，在下一个阶段可能又偏少。第二，货币的均衡与失衡，在集中计划经济体制国家，并不直接表现在价格和利率的变动上，因为国家对价格和利率均实行严格的管制。而在市场经济条件下，如果货币供给增长速度过快，自然会引起物价上涨和利率下跌。第三，在市场经济条件下，价格、利率不仅是货币均衡与否的信号，而且在货币供求由失衡趋向均衡的调整过程中发挥调节功能。在集中计划经济体系中，对于货币供求的调节则主要靠直接的计划方法和行政性措施。

（二）货币失衡的原因

货币失衡不外乎货币供给大于或小于货币需求这两种情况，而引起货币失衡的原因，可以从社会总供求的恒等式 $MV=PQ$ 来进行分析。

1. 货币供给小于货币需求

我们假定在开始的时候，货币供求是均衡的，社会总供求 $MV=PQ$，那么，PQ 的变大或 V 的减小都可使货币供给显得不足。如果货币流通速度 V 不变，商品数量的增长或价格水平的上涨都会引起 PQ 的增大。一般来说，随着经济的发展，商品数量的增长是绝对的，而商品价格的变化由于受到劳动生产率、资源状况和经济结构的复杂影响，可能降低，也可能上升。在金属货币流通条件下，这种情况不止一次地出现过，但在纸币流通条件下，这种情况出现的可能很小。因为在金属货币流通条件下，货币的供给受制于货币金属材料的开采供应，而纸币的供应变得极为容易。

在社会总供给 PQ 不变的情况下，货币流通速度 V 的变小，也会引起货币供给的不足，使货币供给小于货币需求。货币流通速度 V 是一个受多种因素决定的变量，它的变化不仅受到中央银行的影响，还受到商业银行与社会公众行为的影响。一般在经济危机时期，由于信用链条的断裂，货币流通速度会变小，导致货币供给的不足。

如果原来的货币供求是均衡的，中央银行实行紧缩的货币政策，减少货币的供给量，也会使本来均衡的货币走向供不应求的失衡状态。

2. 货币供给大于货币需求

在纸币流通条件下，货币供给的过多是一种经常出现的货币失衡现象。引起货币供给过多的原因是复杂的，如果出现政府财政赤字，政府财政向中央银行的透支，无疑会导致货币供给的过量增加。在经济发展过程中，实行不恰当的经济发展战略，采取扩张性的货币政策，或者对前期货币供给不足矫正的过度，也会形成过多的货币供给。另外，在现代开放经济条件下，外汇收支的不平衡，为增加出口而使本国货币贬值也会迫使中央银行增加货币的供给，造成货币供求的失衡。

事实上，在许多国家，货币供求的失衡除上述两种外，还存在一种货币的结构性失衡，即在货币的供给与需求大体一致的情况下，货币供给的结构与货币需求的结构不相适应。造成这种货币失衡的原因在于，社会经济结构的不合理以及在此基础上的结构刚性。这种类型的货币失衡往往与货币总量的失衡交织在一起，难以分辨。因此，中央银行控制货币的目标，一方面要使货币的供给从总量上适应社会经济对货币的需求，另一方面还要对货币供给的结构进行调控，使之与货币需求的结构相一致。

四、货币失衡的矫正

货币供求的均衡是社会总供求平衡的关键，而社会总供求的平衡又是社会经济稳定发展的基础和前提，因此，在出现货币失衡时，必须进行矫正，使其尽快恢复到均衡状态。从货币失衡到货币均衡的调整对策主要有以下几种：

（一）供应性调整

供应性调整是指中央银行在货币供给大于货币需求时，从紧缩货币供给入手，使之适应货币的需求；在货币供给小于货币需求时，中央银行从扩张货币供给入手，使之与货币需求相适应的一种方式。在调整过程中，它以货币的需求量为参照，通过调整货币供给量，使失衡的货币供求调整到均衡状态。假如现在的情况是货币供给小于货币的需求，那么，社会经济主体可以在中央银行货币政策的引导下做出调整，第一，中央银行可以在金融市场上购买有价证券，向社会投放更多的货币；可以降低商业银行的法定存款准备金率，促使商业银行增加贷款；可以放宽再贴现的条件，降低贴现利率，鼓励商业银行和社会主体的贷款与投资行为。第二，受中央银行货币政策的影响，商业银行会在利益的驱动下采取各种措施，增加贷款。第三，由于银行放款利率的降低，企业会增加投资，加快货币流通的速度。第四，鼓励居民个人增加即期消费，增大货币供给中流通性货币的比例。第五，从政府财政的角度来看，政府可以增加对微观经济主体的财政拨款，减少税种、提高税基、降低税率，加大政府投资的力度等。

（二）需求性调整

需求性调整是指在货币供给量大于货币需求量时，从扩大货币需求入手，使之适应既定的货币供给量；当货币供给量小于货币需求量时，则从压缩货币需求入手，使之与货币供给量保持一致的一种方式。它以货币供给量为参照，通过调整货币需求来实现货币供求的均衡。假如现在的情况是货币供给大于货币需求，那么，社会经济主体可以做出如下调整：第一，动员社会主体增加市场的商品供给；第二，国家动用外汇储备，扩大进口，以增加社会商品的供给；第三，大幅度地提高商品价格水平。以上措施的采用，实际上是在尽量增大商品价格总额，此时，只要货币流通速度不加快，或者货币流通速度加快的幅度不足以抵消商品价格总额增长的幅度，就可以扩大货币需求，从而使失衡的货币供求转为均衡。

（三）混合性调整

混合性调整实际上是供给性调整与需求性调整的有机结合。在货币供给大于货币需求时，不是单纯地压缩货币供给，也不是单纯地扩大货币需求，而是同时从供给和需求两方面入手，既进行供应性调整，也进行需求性调整，从而尽快地使失衡的货币供求转为均衡；反之，中央银行及其他社会主体则进行相反的操作。

（四）逆向性调整

逆向性调整是指面对货币供给量大于货币需求量的失衡局面，中央银行的政策选择并不是直接压缩货币供给，而是增加货币供给，通过对某些商品短缺行业的结构性投放，使货币供求在新的起点达到均衡。它存在的条件是社会具有尚未充分利用的生产要素和某些供不应求的产品，这样，就可以通过对这类产业追加贷款和投资，使其增加生产能力，尽快扩大商品供应，让增加的商品来消化过多的货币供给，达到货币供求均衡的目的。虽然逆向性调整不如供应性调整见效那么快，而且在短期内还会扩大货币供给，使失衡的局面加剧，但只要在调整过程中，把握好时机，掌握好力度，就可能取得事半功倍的效果。

第二节　通货膨胀

一、通货膨胀的定义和衡量指标

（一）通货膨胀的定义

通货膨胀（Inflation）是人们经常提到的一个概念，与我们的生活密切相关。但是，到底什么是通货膨胀，一般人的意识却是模糊的。不仅一般人是这样，就是经济学家要给它下一个准确的、能为人人所接受的定义也是非常困难的。目前较为流行的定义有两大类：一是以马克思为代表的从联系流通中纸币发行量超过实际需求量角度考察的通货膨胀定义，二是现代西方经济学家主要从表象观察的通货膨胀定义。

1. 马克思的通货膨胀定义

根据马克思主义的货币理论，所谓通货膨胀，是指在纸币流通条件下，货币的发行量超过商品流通中的实际需要量，从而引起货币贬值，物价普遍上涨的经济现象。在马克思的这一定义中，强调了以下几点：第一，产生通货膨胀的前提是纸币流通，在金属货币流通条件下，一般不会出现通货膨胀；第二，纸币贬值、物价上涨出现的原因在于纸币的流通量超过了商品流通所需要的金属货币量；第三，物价上涨只是通货膨胀的一种表现形式，不是所有的物价上涨都是通货膨胀，因为物价上涨不仅是货币因素能够引起的，商品价值变动、供求及人为垄断等一些非货币因素也能够引起。

这种定义的优点是指出了通货膨胀产生的原因与条件，缺陷在于考察的货币范围局限于 M_1，而且混同了纸币的发行与货币供给的区别。实际上货币的发行量只是货币供给量的一个较小的部分，更多的是通过信用渠道进行供应，也就是说，纸币发行过多只是引起通货膨胀的条件之一，并不是唯一的原因。

2. 西方经济学家的通货膨胀定义

西方很多经济学家根据自己的理解对通货膨胀下过定义，一般认为通货膨胀是指一般物价水平的持续上涨的经济现象。它强调两点：一是“一般物价水平”，即通货膨胀是指所有商品和劳务价格的上涨，排除了局部物价上涨的情况，也排除了股票、债券等金融资产价格的变动；二是“持续上涨”，短期的、暂时的、偶然的物价上涨，不能视为通货膨胀。

这种定义仅从表象来看待通货膨胀，没有界定其产生的根本原因，有其不足之处，但它概括性更强，也较为贴近社会经济现实。

通过以上的分析可以看出，无论是西方的经济学家，还是马克思，对通货膨胀所下的定义，都从不同的角度解释了通货膨胀这种货币的失衡现象。综合分析，我们认为可以给通货膨胀下一个这样的定义：它是流通中的货币过多，造成货币贬值、物价总水平采取不同形式持续上涨的一种经济现象。

（二）通货膨胀的度量

既然通货膨胀是物价水平持续上涨的经济现象，那么，就可以用一定时期内物价的上涨率，来判断经济生活中是否发生了通货膨胀，以及通货膨胀的程度如何。目前，世界上大多数国家采用以下几种物价指数来测量通货膨胀。

1. 消费者物价指数（Consumer price index）

又称零售物价指数，它是根据家庭消费的代表性商品和劳务的价格变动状况而编制的，反映与人们生活直接相关的衣、食、住、行以及健康、教育等商品和劳务价格的变动情况。该指标的优点是，资料容易搜集，便于及时公布，能够迅速反映公众生活费用的变化。由于它与人们的生活密切相关，所以深受关注。但它也有很大的缺点，比如包括的范围较窄，不能反映各种资本品及中间品的价格变化。

2. 批发价格指数（Wholesale price index）

又称生产者价格指数，是根据原材料和各种制成品的批发价格的变动状况编制而成的一种物价指数。它由于与企业生产密切相关，能较为灵敏地反映企业生产成本的变动趋势，因此，往往为企业所关注，其缺点是没有把劳务价格的变动包括在内。它与消费物价指数的变动一般是一致的，但也可能出现差异。

3. 国内生产总值平减指数（GDP deflator）

它是一种用来衡量一个国家不同时期内所生产的最终产品和劳务的价格水平变动程度的经济指标，是按当年价格计算的国民生产总值与按固定价格计算的国民生产总值的比率。它是一个统计范围很广，包括一切商品和劳务在内的指标，能够较为全面地反映总体价格水平的变化趋势。它的缺点是所需的大量数据不易搜集，难以经常性地公布。

除此以外，衡量通货膨胀率的指标还有许多。由于它们包括的内容各不相同，不同指标反映出来的通货膨胀率也会有所不同，因此，我们在判断通货膨胀及其程度时要通过不同指标进行全面的衡量。

拓展阅读 13-1

津巴布韦发行面额百亿元新钞

2008 年 12 月，由于通货膨胀进一步恶化，津巴布韦央行正式发行面额为 10 亿、50 亿和 100 亿津元的新钞，创下世界之最。津巴布韦发行的面值 100 亿津元的钞票，如果不仔细数，的确很难数清上面究竟有多少个 0。实际上，这张世界上最大面值的钞票上共印有一个 1 和十个 0。就在发行面额百亿元新钞一周以前，津巴布韦央行刚刚发行了面额为 1000 万、5000 万和 1 亿津元的三种新钞。津巴布韦央行表示，发行大面额津元现钞，是为了满足人们每月从银行支取存款的需要。由于通货膨胀，津巴布韦个人从银行取款的最高限额已经从每周 5 亿津元增加到每月 100 亿津元。另外据官方公布的数字，仅 2008 年 7 月该国的通货膨胀率就达到了惊人的百分之二百三十亿。

二、通货膨胀的类型

通货膨胀按照不同的标准和方法，可以从不同角度进行分类，一般包括以下几种类型：

第一，根据通货膨胀的表现形态，可以分为公开型的通货膨胀和隐蔽型的通货膨胀。公开型通货膨胀是指在价格完全放开，价格对供求反应灵敏的条件下，通过价格指数的变动反映出来的通货膨胀，它的前提条件是市场经济的完善。隐蔽型通货膨胀则是指在价格受到政府严格管制的条件下，物价保持表面的稳定，社会的供求矛盾通过非价格的形式反映出来的通货膨胀类型。这些非价格的形式就像我国在二十世纪六七十年代表现的，如黑市交易、凭证购买、排队挨号、有价无货、降低质量等。

第二，按照通货膨胀的严重程度划分，可以把通货膨胀通俗地分为爬行式、奔跑式和恶性通货膨胀。所谓爬行式通货膨胀，一般是指物价上涨率在 10% 以下的通货膨胀。这种类型的通货膨胀通常不会引起经济生活的严重失序，经济能够正常地运行。奔跑式通货膨胀，是指年通货膨胀率达到两位数甚至三位数的通货膨胀。一般来说，这种通货膨胀会严重影响经济的发展，人们对货币失去信心，经济生活的秩序被打破。恶性通货膨胀是指物价持续地、猛烈地上升，月通货膨胀率在两位数以上。在这种情况下，货币成为烫手的物品，人们拼命想把手中的货币花出去，因为它每一分钟都在贬值，经济运行将瘫痪。

第三，按照通货膨胀发生的原因，可以把通货膨胀分为需求拉上型、成本推动型、供求混合型、结构失调型、体制转轨型等。这种分类，实际上是对已经存在的通货膨胀，从其产生的原因角度来划分的，有关它们的含义在后面的部分我们将做详细的讨论。

第四，按照对通货膨胀的预期，可以把它分为预期性通货膨胀和非预期性通货膨胀。预期性通货膨胀是指通货膨胀的发生及其程度已经被社会经济主体预计，从而采取了防范措施的一种类型。因此，这种通货膨胀对经济一般不会产生实质性的影响。非预期性通货膨胀是指未被经济主体所预见的物价上涨现象，会对经济和社会产生实质性影响。这种划分的作用在于考察通货膨胀的效应。

另外，按照一些相关标准，还可以把通货膨胀划分为许多类型，例如，按照政府作用及态度的不同，可以分为主动性通货膨胀和被动性通货膨胀；按照是否与外界有联系，可以分为内生性通货膨胀和外生性通货膨胀等。

三、通货膨胀的成因

通货膨胀是一种物价持续上涨的经济现象，它的发生离不开货币量的扩大，无论何时何地都是一种货币现象。也就是说，形成通货膨胀的原因可能多种多样，但通货膨胀的发生离不开货币的扩张，没有货币供给量扩大的支撑，物价的持续上涨是无论如何都不会出现的。在对通货膨胀形成原因的研究中，影响较大的学说有如下几种：

（一）需求拉上论

它是西方经济学界出现最早的通货膨胀理论。此种学说把通货膨胀发生的原因归结为，经济运行中的总需求大大超过总供给，即过多的货币追求过少的商品。由于供不应求，必然导致一般价格水平的持续上涨。至于需求的变动如何引起物价的上涨，不同的经济学派有不同的解释，其中有代表性的当属凯恩斯学派的需求拉上论和货币数量学派的需求拉上论。

凯恩斯学派认为，根据社会资源的利用程度不同，就业可分为充分就业和非充分就业两种类型。在社会未达到充分就业之前，如果货币供给增加，从而总需求增加，则总需求的增加一般不会使物价水平上升，相反，会使产量和就业增加。当社会接近充分就业状态时，货币供给增加所形成的过度总需求，一般会使产出和物价同时增加与上升，当社会达到充分就业以后，由于社会的资源已经充分利用，再增加货币供给，从而形成的总需求则只能使物价上升，而且是同比例的上升，增加的货币供给完全作用于价格，不会对产出产生正面的积极影响。因此，他们认为，货币供给增加，引起的总需求增加，不一定产生通货膨胀，只有在社会接近充分就业或充分就业以后，货币的增加才会引起通货膨胀。通货膨胀产生的直接原因是总需求的过度增加，货币供给增加只是引起总需求增加的一个原因，导致总需求增加的原因还有许多，如过高的经济发展目标，政府财政收支政策、投资政策等。

在凯恩斯之前的传统货币数量学家认为，社会是充分就业的，社会的产出水平相对稳定，货币流通速度为固定不变的常数，因此，货币供给的增加会导致一般物价水平的同比例上升。以弗里德曼为代表的现代货币数量学派对传统的货币数量学说进行了修正。他们认为，经济是不断发展的，只要增加的货币数量不超过因产出增加所需要增加的货币数量，那么，就不会引起通货膨胀。如果货币数量的增加超过了因产出增加所需要增加的货币数量，就一定会出现通货膨胀。货币供给的扩张是导致总需求过剩的根本原因，由总需求过剩引起的物价上升一旦被人们预期，整个经济就会出现工资、物价螺旋式上升的局面，导致物价水平的持续上升，即需求拉上型的通货膨胀。

（二）成本推动论

成本推动论认为，通货膨胀产生的原因，不是总需求的过度增加，而是生产成本的上涨。这种理论是在20世纪50年代以后，特别是20世纪70年代之后出现的。那时，一些资本主义国家在失业率居高不下、存在大量闲置资源的情况下，却出现了很高的通货膨胀率，即呈现出“滞胀”的局面，对此，需求推上论显然无法解释。因此，许多经济学家转而从供给方面寻找原因，提出了“成本推动”的通货膨胀理论。

引起生产成本上升的原因很多，但主要是经济中存在的某些垄断性因素，如势力强大的工会组织、对市场价格具有操纵能力的团体。他们主要论述了工资推动和利润推动两种类型。所谓工资推动，是指由工资增加引起生产成本增加而导致的通货膨胀。在一些国家，由于工会组织足够强大，工会的参与大大提高了工人的谈判力量，工人的工资明显高于完全竞争条件时的工资。这种过高的工资（超过劳动生产率的提高）引起生产成本的增加，公司为维持既定利润，必须提高价格，从而使物价水平上升，而物价上涨又会引起工资提高，形成工资—物价的螺旋式上升局面，这就是工资推动型的通货膨胀。所谓利润推动，是指一些垄断性的经济组织凭借其垄断地位，为获得超额利润而提高价格出现的通货膨胀。最为典型的是，1973年石油输出国组织利用垄断地位大幅提高油价（提高了4倍），导致世界性的生产成本增加，出现了价格水平提高的通货膨胀。

这种理论的论述，指出了产生通货膨胀的表层原因，有其合理的一面，但也存在很大缺陷，并不能从根本上正确地说明通货膨胀产生的真实原因。正如弗里德曼所分析的那样，只要政府不对由成本上升所引起的物价上涨做出增加货币供给量的反应，那么，这种个别价格的上升就只能是一次性的，而且由于工资上升导致的失业增加，还会对工资和物价水平产生下降的压力，使之恢复到原来的均衡水平。因此，这种个别价格的上升只是相对价格的变化，总体的价格水平不会上升（在货币收入一定的情况下，人们用在一种商品上的支出增加，必然导致用在其他商品上的支出减少。对商品需求的变化，会使某种商品价格上升或下降，但价格总水平将保持不变）。过去经济生活中的通货膨胀，从表面上看，是由成本增加引起的，但实际上是政府对一次性涨价做出增加货币供给带来的结果。

（三）供求混合论

这种理论认为，产生通货膨胀的原因究竟在于需求拉上，还是成本推动，虽然我们能够在理论上加以区分，但现实中却很难分清。单纯将通货膨胀产生的原因，归结为需求拉上还是成本推动都是不准确的，而且无论是需求拉上，还是成本推动，都无法全面地解释通货膨胀形成的原因。实际上通货膨胀的形成，既有需求拉上的原因，也有成本推动的因素，即所谓“拉中有推，推中有拉”。例如，通货膨胀可能从过度需求开始，过度需求引起的物价上涨使工人的实际工资下降，这时工人会在工会的支持下，要求增加工资，而工资的增加，会使商品的生产成本增加，这又会成为物价进一步上涨的理由。另一方面，通货膨胀的产生也可能从成本方面开始，物价的上升迫使政府扩大总需求，而需求的增加又会增加生产的成本。可见，经济生活中的通货膨胀往往是二者共同作用的结果。

供求混合论的模型实际上是将需求拉上和成本推动的模型叠加在一起，我们在这里用一个综合的混合论模型对前面的三种理论概括如下：

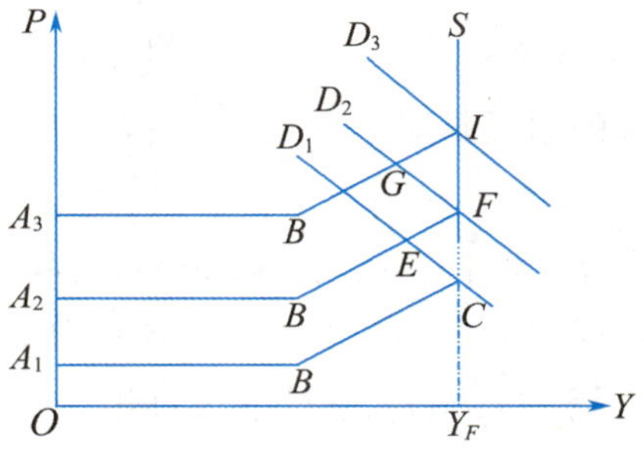

图 13-3　供求混合形成通货膨胀的模型

在图 13-3 中，横轴代表总产出或国民收入（Y），纵轴代表物价水平（P）。AS 代表社会总供给曲线，D 代表总需求，Y_F 为充分就业条件下的国民收入，根据社会的就业状况 AS 曲线可分成 AB、BC、CS 三个阶段，它表明，随着社会总需求的增加，由于社会资源状况的不同，总供给增加的能力逐渐减弱，而物价水平则逐渐上升，到 CS 阶段，已经不存在任何闲置资源，处于充分就业状态，货币供给的增加，不会再增加产出，只会导致物价的上升。

假定总需求不变，由于各种原因使生产成本上升，总供给曲线 AS 发生位移，比如由 A_1S 上移至 A_2S 和 A_3S，则国民收入将逐渐下降，但物价水平却逐步上涨。

一般情况下，通货膨胀的发生既有需求拉上的原因，也有成本推动的影响，二者共同作用，使物价水平沿着 $CEFGI$ 轨迹螺旋式上升。

（四）结构影响论

这种理论是从经济结构的角度来寻找通货膨胀形成的原因，他们认为，即使在社会总供求平衡的条件下，某些结构性的因素也可能导致通货膨胀。这些结构性的因素包括：

1. 需求移动

社会对产品和劳务的需求是不断变化的，随着经济的发展、社会的进步，人们的需求结构会有规律地发生移动，需求结构的变化要求生产结构的相应调整，需要社会生产要素的重新组合。当社会对一些部门的需求增加时，这些部门或地区的工资和物价会因需求增加但供给的相对滞后而上涨，但那些需求减少的部门或地区，其工资和物价因存在刚性而难以相应地下降。这样需求的转移就会使整个经济的物价水平上升，从而导致需求移动型的通货膨胀。

2. 市场失灵

在有些国家，由于社会制度、历史传统、思想文化等因素的影响，市场有效配置资源的机制受到限制，社会资源在各部门之间的配置严重失衡，有的部门生产能力过剩，有的部门生产能力严重不足，如我国过去实行赶超发展战略，使得农业、能源、交通等部门成为经济发展的“瓶颈”。当这些“瓶颈”部门的价格因供不应求而上涨（隐蔽性上涨）时，便引起其他部门，甚至是生产过剩部门的连锁反应，使价格轮番上涨，出现资源配置失衡型的通货膨胀。

3. 部门差异

各部门之间劳动生产率及其增长速度的差异是客观存在的，根据劳动生产率增长速度的不同可以把所有生产部门分为不同的类型，比如分为先进部门和落后部门。如果不同部门的工人的货币工资增长率都与本部门的劳动生产率增长率保持一致，那么，价格水平就不会上涨。但是，由于社会是一个整体，后进部门的工人工资会要求与先进部门的工人工资保持一致，这样，后进部门的工人工资的增长就会超过劳动生产率的提高速度，其结果必然使落后部门的生产成本上升，价格上升，从而推动整体价格水平的上涨，出现部门劳动生产率差异型的通货膨胀。

4. 对外开放

第二次世界大战以来，特别是 20 世纪 70 年代以来，世界经济一体化进程不断加快，一国的通货膨胀越来越受到国外通货膨胀的影响。在世界市场上，一国的商品只是世界商品的一个组成部分，只能对商品价格起到影响作用，基本上是价格的接受者。对外开放国家的经济可以分为开放经济部门和非开放经济部门，开放部门的经济与世界市场紧密相连，而非开放部门的经济与世界市场没有直接的联系。当世界市场的商品价格上涨时，开放部门的商品价格会随之上涨，其工资也会相应提高。由于一国经济是一个整体，开放部门工人工资的提高，会带动非开放部门的工人工资也跟着上升，而非开放部门工资的上涨，必然使其产品成本增加，价格上升，这样整个社会的总体价格水平就会上涨，从而导致外部输入型的通货膨胀。其通货膨胀率的高低取决于国外通货膨胀对开放部门的影响程度和开放部门占整个经济的比例。

一国的结构性因素确实对通货膨胀的产生有重要作用，但就像前面分析的那样，它们仅仅是一些具体原因，如果没有货币供给增加的支撑，它们只能引起相对价格的变化，而不会造成价格水平的总体上涨，出现结构性的通货膨胀。

四、通货膨胀对社会经济的影响

通货膨胀不仅影响到人们的日常生活，而且影响到社会经济的各个方面，这种影响的大小，一方面取决于通货膨胀的严重程度，另一方面还取决于人们对它的预期。一般来说，通货膨胀对社会经济的影响包括以下几个方面：

（一）通货膨胀对收入分配的影响

不同的社会主体由于在社会经济结构中的角色不同，其收入来源存在巨大差异。在通货膨胀时期，不同阶层的人们，其名义货币收入虽然没有变化，但由于物价的上涨，其实际收入会产生不同的变动，有的会下降，有的会提高。这种物价上涨造成的财富、收入再分配，通常被称为通货膨胀的收入分配效应。那么，通货膨胀对不同社会主体会产生怎样的影响呢？

一般来说，通货膨胀对从社会取得固定收入的人会产生不利的影响，如领取退休金的退休人员、企业和公共部门的工薪人员、取得利息与租金的人员以及所有靠政府转移支付维持生活的人们。他们的实际收入因通货膨胀而减少，因为他们在相当长的时间内，所获得的货币收入是固定不变的，货币收入的调整相对于物价上涨的滞后时间越长，遭受通货膨胀损失的程度也越大。通货膨胀对于有浮动收入的阶层，具有有利的影响，如企业和企业主由于工资的增加滞后于价格的上涨，会从利润增加中获得好处。社会主体之间不可避免地存在着债权债务，在通货膨胀时期，债务人是即期购买者，等到偿还债权人时，货币的购买力已经下降，所以通货膨胀对债务人有利，而对债权人不利，相当于一部分财富从债权人手中转移到了债务人手中。政府相对于社会公众来说，往往是最大的债务人，而且随着名义货币收入的增长，在累进税制下，实际的税基会提高，纳税等级会上升，从而政府的税收收入提高，因此通货膨胀对政府有利，而对公众不利。由于实际资产和收益、面值不固定的金融资产会随着物价的上涨提高其价格，不会受到物价上涨的直接影响，而货币财富如现金、存款、债券（其面值和收益固定）等，其实际价值会因物价的上涨而下降，因此，通货膨胀对实际财富的持有者有利，对货币财富的持有者不利。如果通货膨胀被预期，那么，这种收入分配的效应就可被减轻或抵消。

（二）通货膨胀与经济增长

通货膨胀与经济增长之间到底是怎样的关系？对此，目前有三种不同的观点，一是促进论，二是促退论，三是中性论。前面我们分析了通货膨胀时期，物价上涨对不同主体财富、收入的影响，他们在通货膨胀下会做出自己的行动选择，而经济增长实际上是市场主体按照经济规律不断调整经济行为的结果。

促进论者认为，通货膨胀在一定时期，具有正向的产出效应，能够促进经济增长。这是因为：第一，政府可以从通货膨胀中，增加财政收入（减轻债务负担、增加税收收入）。如果政府将通过通货膨胀增加的收入用于实际投资，并采取相应措施保证民间投资不因政府投资的增加而减少，那么，这种通货膨胀就会因增加了实际投资而促进经济增长。第二，一般情况下，通货膨胀在财富和收入的再分配方面有利于富裕阶层，而富裕阶层的边际储蓄倾向比较高，因此，通货膨胀会通过提高储蓄率而促进经济增长。第三，通货膨胀发生后，公众的预期有一个过程，物价的上涨会快于名义工资的提高，这样企业的利润就会增加，而这又会刺激企业增加投资，从而促进经济增长。所以，当经济处于有效需求不足，存在经济增长潜力时，一定程度的通货膨胀能够促进经济增长，特别是在通货膨胀的初期效果更为明显。

促退论者认为，通货膨胀虽然在初始阶段对经济具有一定的刺激作用，但长期的通货膨胀将降低经济效率，阻碍经济增长。这是因为：第一，在通货膨胀时期，由于货币贬值，购买力不断下降，人们不愿持有货币，将减少储蓄，尽力把现金转化为实物资产或增加即期消费，导致整个社会的储蓄率下降，进而使投资减少，经济增长率下降；第二，通货膨胀的发生，将妨碍货币职能的正常发挥，不仅将因币值不稳增加经济核算的困难，影响储蓄和正常的积累，而且在严重时会影响货币作为支付手段和流通手段的职能，使商品交换倒退到物物交换的原始状态；第三，通货膨胀会使价格机制遭到破坏，增加生产性投资的风险和经营成本，从而资金流向生产部门的比重将下降，流向非生产部门的比重将上升，阻碍经济增长；第四，由于通货膨胀对借款者有利，会诱发过度的资金需求，而过度的资金需求会迫使政府及金融机构加强信贷管理，削弱金融体系的运营效率；第五，通货膨胀的加速，会促使政府加强价格管理，从而降低经济发展的活力，影响经济的增长。此外，通货膨胀还会影响商品的出口，由于国内价格高于国外价格，国内商品的国际竞争力会降低，从而不利于出口，进口增加，导致贸易逆差加大，影响经济增长。

中性论者认为，由于存在公众的预期，在一段时间内他们会对物价上涨做出合理的行为调整，从而使通货膨胀正反方面的各种效应相互抵消，因此，从一个较长的时期观察，通货膨胀既不会促进经济增长，也不会损害经济增长。

对通货膨胀的研究，之所以出现以上三种不同的观点，相当一部分原因在于考察时所侧重的阶段不同。一般来说，通货膨胀的过程可分为三个阶段：在通货膨胀的初期阶段，较低的通货膨胀率对人们影响不大，也没有形成通货膨胀的预期，因此能够充分挖掘经济增长的潜力，对经济增长产生积极的正效应；随着人们预期的形成，通货膨胀的速度会加快，第一阶段的正效应将很快减退，直至全部消失；通货膨胀率达到一定程度，会严重破坏正常的经济秩序，对经济增长产生阻碍作用。促进论研究的着眼点是第一阶段，促退论关注的是第三阶段，而中性论则是考察通货膨胀的全过程。

通货膨胀与经济增长的关系，实际上从实证的角度进行研究更为准确，更有意义。大量实证研究的结果表明，通货膨胀在短期内，可以提高产出水平，但从长期来看，对经济增长影响很小，甚至起阻碍作用，弊大利小。

（三）通货膨胀与失业

社会的就业水平在某种程度上代表着社会资源的利用程度，失业和就业是相对的一个概念，通货膨胀与失业都是市场经济下经常存在的经济现象，对它们之间关系的研究是西方通货膨胀理论的重要内容。

最早研究这一问题的人，是执教于英国伦敦大学的新西兰经济学家菲利普斯（A. W. Phillips）教授，他于1958年发表《1861—1957年英国的失业与货币工资的变化率之间的关系》一文，研究发现在失业率与货币工资上升率之间存在一种此增彼减的替换关系，在图上表现为一条向右下方倾斜的曲线。菲利普斯的研究结果问世以后，立即引起经济学界的高度重视，许多经济学家对这一结论进行验证和注释。由于货币工资构成产品成本的一个固定比例，产品价格的变动率基本等同于货币工资的变动率，因此，萨缪尔森等人对菲利普斯曲线进行了修正，认为通货膨胀与失业之间同样存在互为消长的关系。经过修正的菲利普斯曲线表明，要想使失业率保持在较低的水平，就必须忍受较高的通货膨胀率，反之，要保持物价的基本稳定，就必须忍受较高的失业率。政府可以根据这一关系进行相机抉择，选择任何一个位于这一曲线上的通货膨胀率和失业率的组合。

在菲利普斯曲线被提出后的近十年中，人们几乎把它看作“金科玉律”。但从20世纪60年代中期以后，资本主义经济的现实越来越与菲利普斯曲线的结论相背离。著名经济学家弗里德曼等人通过实证研究和理论分析，对菲利普斯曲线提出质疑。他认为，在任何时候，都存在一个不受通货膨胀影响的失业率，称之为自然失业率，政府的扩张性经济政策，只能在短期内尚未被人们充分预期的情况下，使实际失业率降低到自然失业率以下，随着时间的推移，一旦被人们准确预期，通货膨胀与失业之间的这种替代关系便会消失，原来向下倾斜的曲线就会变成一条与纵轴平行的直线，即无论通货膨胀的程度如何，社会的实际失业率都将收敛于自然失业率。

由于人们对通货膨胀及其程度能够做出合理预期，但需要一定的时间和过程，因此，人们对实际通货膨胀率的预期偏差导致了实际失业率与自然失业率的偏离，也就是说，如果人们的预期通货膨胀率等于实际通货膨胀率，那么实际的失业率就等于自然失业率，或者说，当实际失业率等于自然失业率时，通货膨胀的程度完全取决于人们对它的预期。

进入 20 世纪 70 年代（特别是 1973 年后），大多数西方国家都出现了高通货膨胀与高失业并存的“滞胀”现象，菲利普斯曲线似乎变成了一条向上倾斜的曲线。这种情况的出现，究竟是什么原因引起的，对此不同的人有不同的解释，至今尚没有一个令人满意的答案。

（四）通货膨胀与社会经济危机

前面的分析，都是以通货膨胀不太严重为假定前提的，当物价水平持续上涨到一定程度，形成恶性通货膨胀时，就会对社会经济产生重大影响，有可能引发社会经济危机。

在出现恶性通货膨胀时，由于物价飞涨，社会经济主体的预期将变得无法捉摸，生产性投资的比例会越来越小，大量的资源被用于非生产性领域，投机活动盛行。由于地区之间物价上涨幅度的不均衡，必然会造成原有商路的破坏，流通秩序的紊乱，导致经济发展的失衡和社会资源的浪费。迅速上涨的物价使借债更为有利，如果利率的提高难以弥补物价上升给债权人造成的损失，那么，就会使信用制度遭到破坏，信用关系极度萎缩。恶性通货膨胀会导致突发性的商品抢购和银行的挤兑风潮，由于通货膨胀造成不利于劳动者的收入、财富的再分配的局面，人民的生活水平急剧下降，其结果会加剧阶级矛盾，引起政治经济危机。同时严重的通货膨胀还会危及货币本身，造成货币制度的更替和变化。因此，各国都非常重视对通货膨胀的治理和控制。

拓展阅读 13–2

美国通胀正逢 40 年来最高位

2022 年 1 月份美国消费者价格指数（CPI）环比上涨 0.6%，同比上涨 7.5%，达到自 1982 年 2 月以来的最大同比涨幅，处于过去 40 年中的最高位。俄乌冲突发生后，美国及其盟友对俄罗斯采取了一系列制裁行动，但有意避开能源领域，以避免推动全球大宗商品价格上涨及其对美国通胀的副作用。尽管如此，俄乌冲突不仅对石油、天然气、芯片、粮食等产品的全球供应链有直接的冲击作用，而且美国及其盟友还面临着俄罗斯减少或切断能源供应的威胁，市场恐慌情绪已被点燃，石油等商品价格应声上涨。无论俄乌冲突走向如何，该事件都将对美国通货膨胀产生负面影响，短期内美国通胀上行趋势难以避免。

五、治理通货膨胀的对策

由于人们对通货膨胀的成因有着不同的看法，所以他们提出的治理通货膨胀的对策也各不相同。较为常见的措施包括：

（一）抑制总需求

由于社会总需求超过总供给是形成通货膨胀的根本原因，因此，在出现通货膨胀时，只要实行紧缩的财政政策和货币政策，抑制住过旺的总需求，就能够减轻并控制通货膨胀。

总需求的过快增长是由货币供给的增加支撑着的，因此，控制、降低货币供给量的增长率便是抑制总需求的重要措施。中央银行可以运用各种货币政策工具达到这一目标，如通过公开市场业务出售政府债券，通过贴现政策提高再贴现率以及直接调高商业银行的法定存款准备金率等。货币供给量的减少会使市场利率上升，而市场利率的上升，将促使人们增加储蓄，减少投资，从而使社会总需求减少。在仍然实行利率管制的国家，政府可以采取更为直接的方式，如直接规定金融机构的存贷款利率，实行信贷配额管理等，达到抑制总需求的目标。

政府收支是影响总需求的重要方面，紧缩的财政政策包括增加收入和减少支出两种形式。税收是政府取得收入的主要手段，政府通过税种、税率的调整，一方面可以增加收入，减少因财政赤字而引起的货币供给，另一方面可以抑制居民和企业的消费、投资需求。由于政府支出本身就是社会总需求的重要组成部分，因此，削减政府支出直接就能减少总需求，同时，在财政收入一定的条件下，削减支出也可相应减少财政赤字，从而减少货币供给量。

由于人们对国家实行紧缩性的货币政策和财政政策减少总需求的程度缺乏准确预期，或者即使存在准确预期，对工资和物价的调整也要滞后一段时间，因此，实行紧缩政策，在抑制总需求的同时，短期内往往伴随着失业率的大幅度上升和生产的下降。

（二）增加总供给

这是一种与抑制总需求相对应的措施和思路。凯恩斯学派和供应学派的一些经济学家，认为总供给减少是造成经济停滞、物价上涨的主要原因，因此，想方设法地促进生产，扩大供给便成为可以考虑的重要方面。而影响总供给的因素非常复杂，很难找到能立即见效的方式方法，所以，从理论上讲，这是治理通货膨胀措施的重要方面，但在实践中效果并不理想。

（三）控制收入

这一政策的理论基础是通货膨胀的成本推进论，它是通过直接干预工资和物价的方式来进行的。通过强制性的规定工资和物价的上涨幅度，或者直接冻结工资和物价，通过规劝、制定工资—物价指导线（这种指导线是由政府根据预计的全社会平均劳动生产率的增长趋势，确定的工资、物价的最大增长限度），通过特殊的差别税收政策等，来限制工资的过快增长和企业利润的大幅增加。

从各国的实践来看，控制收入的政策只能作为抑制通货膨胀的辅助措施。因为规劝可能陷于无效，强制必然造成价格机制的扭曲，削弱其合理配置资源的能力，同时，人们还会想方设法地规避管制，提出抗议，促使政府放弃管制，导致被压抑部分的突然释放。

（四）收入指数化

它是一种适应性的反通货膨胀措施，是将人们的收入与物价变动直接挂钩，使人们的收入随物价变动而自动调整的一种方法。收入指数化的范围，一般包括工资、利息和其他货币性收入。这种措施：一是可以通过剥夺政府从通货膨胀中获得的收益，来消除政府制造通货膨胀的动机；二是可以抵消或缓解物价波动对人们收入的影响，克服通货膨胀造成的分配不公；三是可以稳定微观经济主体的预期，避免出现抢购商品、挤兑银行等加剧通货膨胀的行为。但由于全面实行收入指数化在技术上有很大难度，而且还会造成工资—物价的螺旋式上升，进一步加剧通货膨胀，因此，它只是一种适应性的消除其影响的措施，不能从根本上控制和治理通货膨胀。这种政策措施对开放条件下小国出现的输入型通货膨胀更有积极意义。

六、我国的通货膨胀

新中国成立以来，由于我国一直坚持稳定物价的方针，因此，在改革开放之前的时期，物价水平基本上是稳定的。但由于我国在这一时期实行的是高度集中的计划经济体制，商品价格并不反映价值和供求，而是由计划决定的。总需求超过总供给时，虽然不会出现物价的全面上涨，但它却以变相的方式表现出来，如黑市交易、凭票供应、排队抢购、强迫储蓄等。这一时期我国的通货膨胀基本属于隐蔽型的。改革开放后，国家逐步调整并放开了被扭曲的商品价格，过去被压抑的通货膨胀逐渐公开化，并在 20 世纪 80 年代中后期和 20 世纪 90 年代中期出现了严重的通货膨胀。

20 世纪 80 年代以来，我国一直面临巨大的通货膨胀压力，其间发生过三次严重的通货膨胀，即 1985 年的通货膨胀、1988—1989 年的通货膨胀和 1993—1995 年的通货膨胀。这三次通货膨胀期间，除了 1985 年消费物价指数为 9.3%，低于 10% 外，其他两次的物价上涨率都达到了两位数。针对1985年出现的通货膨胀，中央银行着手制定相关的货币政策以抑制通货膨胀，但是此轮货币政策的制定是不成功的。1987—1988年又是一个经济扩张的阶段，物价指数在前一期经济扩张的拉动下，持续走高，上升到了改革开放以来的第一个历史高点。1986年的CPI比上年上涨6.5%，1987年上涨7.3%，1988年更是高达18.8%。这一轮上涨一直到1990年才出现明显的回落，与此同时，市场销售低迷，“三角债”蔓延。1991年下半年全国范围内开始清理“三角债”，1992年在邓小平南方谈话的鼓舞下，市场信心开始大增。从1992年第二季度开始，中国经济开始迅速升温，当年10月开始，又出现了新的一轮物价上涨。1993年1月零售物价指数达到8.4%，3月份突破两位数，此后节节攀升，全年达到13.2%；1994年通货膨胀形势进一步加剧，CPI高达24.1%，创20世纪80年代以来的最高水平；1995年物价水平虽然在严厉的调控下有所回落，但仍然达到了17.1%的上涨率。

我国改革开放后出现的通货膨胀，是在体制转轨的大背景下形成的。对其形成原因的分析，其意义主要不在于具体的结论，而在于揭示我国通货膨胀形成的复杂机理，在于介绍分析特殊时期通货膨胀问题的思路和方法。我国许多经济学家，在借鉴国外通货膨胀理论的基础上，对我国通货膨胀的形成原因，进行了较为深入的探讨，提出了一些有特色的理论假说。

1. 需求拉上说

这种理论主要是根据我国的特殊环境从需求角度进行思考。它认为，引起总需求过大的原因在于货币供给量的过快增加，而导致货币供给过快的原因又可归结于两个方面：一是基本建设投资过大造成的财政赤字，二是由我国银行和企业角色不明形成的信用膨胀。二者共同的作用导致总需求的急剧扩大，出现通货膨胀。

2. 成本推动说

这种理论重视成本上升的推动作用，认为改革开放后，工资增长过快和原材料涨价是形成通货膨胀的主要原因。工资是商品成本的重要组成部分，工资的过快增长，源于企业职工的个人收入最大化行为，而职工个人收入最大化的愿望之所以能够实现，又在于企业管理者与职工利益的同构性（过去国有企业运行机制的固有弊端）。国家在改革中为了改变原材料与制成品的不合理比价而对前者价格的多次调高，不仅直接促使物价水平上升，而且导致制成品成本的增加。无论企业产品成本大幅度增加的原因为何，对于企业来说，最简单的办法就是利用提高出厂价来解决，那时由于商品的普遍短缺，提高价格也就成为顺理成章的做法。

3. 体制形成说

这种理论实际上是剖析需求拉上的终极原因。它认为，企业不是真正的企业，在资金上依赖国家、依赖银行，产权不明，不承担风险，企业投资和经营效益与职工无关，在企业停产或半停产时职工工资必须照发，企业生产的产品即使无销路也可得到国家的贷款。这种国有企业与国家之间的不正常关系，必然导致总需求大大超过有效供给，推动物价上涨，出现通货膨胀。

4. 结构导致说

这种理论认为，即使供给与需求总量平衡，由于中国的特殊国情，也会使初级产品严重短缺，其价格受供求影响不断上涨，而初级产品是制成品的原料，其价格的上涨推动制成品的成本上升，从而形成成本推动型的通货膨胀。

5. 摩擦说

这种理论也是从体制角度寻找引起需求过大的原因，与体制说不同的是，它主要分析我国特殊公有制和计划经济运行下，计划者与劳动者追求目标不同所形成的矛盾。一般来说，计划者追求经济的高速增长，而为实现高速增长的目标往往引起货币超发。劳动者追求高水平消费，在没有有效制约机制的情况下，劳动者追求高消费目标就会实现，两者共同作用必然引起总需求的膨胀，导致通货膨胀的发生。

6. 混合因素说

这种理论认为，引起我国通货膨胀的因素是多方面的，既有体制性因素、政策性因素，又有与体制和政策无关的一般因素。如由于我国人多地少，农副产品的生产与需求存在很大矛盾，假如不能从外部进口解决，那么，农产品价格就可能上涨，从而使以农产品为原料的产成品价格上涨，引起成本推动型的通货膨胀。

对通货膨胀的治理，许多人提出的建议以及在实践中采取的措施，实际上都是建立在对通货膨胀原因分析的基础之上。这些措施包括：深化体制改革，转变经济发展的指导思想，严格控制货币的发行，压缩基本建设规模，控制消费基金的增长，调整产业结构，整顿经济秩序，运用货币政策工具，对储蓄提供保值补贴等。

拓展阅读 13–3

新中国成立之初对恶性通货膨胀的治理

20 世纪 30 年代后半期到整个 20 世纪 40 年代，中国的恶性通货膨胀在世界上曾是一个突出的典型。据统计，100 元法币的购买力，1937 年可买两头大牛，1941 年可买一头猪，1945 年可买一条鱼，1946 年可买一个鸡蛋，1947 年可买 1/5 根油条，1948 年可买两粒大米。物价每月平均上涨 24.5%，每年平均上涨 14 倍，其贬值速度简直超出人们的想象。

新中国成立之初，面临许许多多严重的经济困难：生产萎缩、交通堵塞、流通阻滞、物资匮乏、财政入不敷出、投机猖獗、物价迭涨等，在连续十多年恶性通货膨胀的基础上，1949 年 1 月、4 月、7 月和 11 月，出现四次涨价风，如以 1948 年 12 月为 100，1949 年 11 月高达 5376，1950 年 2 月再次出现一次大的涨价风，物价总水平比 1949 年又上涨了 1 倍多。

在这种形势之下，稳定物价成为压倒一切的经济任务，物价能否稳定也对新生的革命政权能否巩固具有关键意义。当时制止恶性通货膨胀的斗争，是在“统一财经工作”这个总口号下展开的，包括三项内容：第一，统一财政收支。在此之前，为了弥补财政赤字，1950 年初，国家发行了 1 亿分折实公债（折实公债是以实物为计算标准的公债，当时其单位为“分”，每分所含实物量为：大米 3 公斤，面粉 0.75 公斤，白细布 1.33 米，煤炭 8 公斤）。与此同时，紧缩行政开支，加强税收，全部收入收归中央，由中央统一支出，以力争减少赤字，压缩弥补赤字的钞票发行，保持财政收支平衡。第二，实行现金管理，力争现金收支平衡。现金管理的内容是规定各公营企业、机关、部队的现金必须全部存入中国人民银行，除规定项目外，一律采用转账结算方法，不得随意使用现金，其目的是回笼货币，减少市场的货币流通量。第三，统一全国物资调度，争取物资调拨平衡。当时粮食、纱布、工业器材等主要物资均由国家集中调剂，控制市场。

在一个具有极高行政效率的决策核心指挥之下，这些要求立即得到贯彻。自 1950 年 3 月起，物价就开始下跌并趋于稳定。批发物价指数如以 1950 年 3 月为 100，则 12 月为 85.4，1951 年为 92.4，1952 年为 92.6。在 20 世纪 50 年代初，许多国家遭受通货膨胀的煎熬，而中国却在制止通货膨胀方面取得成功，成为世界公认的奇迹。

第三节　通货紧缩

一、通货紧缩的含义

对于通货紧缩（Deflation）的含义，与通货膨胀一样，目前在国内外还没有统一的认识，从争论的情况来看，大体可以归纳为以下三种：一种观点认为，通货紧缩是经济衰退的货币表现，因而必须具备三个基本特征：一是物价的普遍持续下降；二是货币供给量的连续下降；三是有效需求不足，经济全面衰退。这种观点被称为“三要素论”。另一种观点认为，通货紧缩是一种货币现象，表现为价格的持续下跌和货币供给量的连续下降，即所谓的“双要素论”。第三种观点认为，通货紧缩就是物价的全面持续下降，被称为“单要素论”。

从上面的介绍可以看出，尽管对通货紧缩的定义仍有争论，但对于物价的全面持续下降这一点却是共同的。一般来说，“单要素论”的观点对于判断通货紧缩发生及其治理更为科学一些。这是因为，通货紧缩作为通货膨胀的反现象，理应反映物价的变动态势，表现为价格的全面、持续下降，表明单位货币所反映的商品价值在增加，是货币供给量相对不足的结果，也就是说，货币供给不足可能只是通货紧缩的原因之一。因此，“双要素论”的货币供给下降的界定，将会缩小通货紧缩的范围；而“三要素论”中的经济衰退，一般是通货紧缩发展到一定程度的结果，用经济衰退的出现来判断通货紧缩就太晚了。根据“单要素论”的观点，判断通货紧缩的标准只能是物价的全面持续下降，其他现象可以作为寻找成因、判断紧缩程度的依据，但作为通货紧缩的构成要素是不妥的。

二、通货紧缩的测度

既然通货紧缩是指物价水平的全面持续下降，那么，判断通货紧缩的程度就必须解决两个以下问题：一是用什么指标来测度物价水平的变化，二是连续下降多长时间才可看作持续下降。

反映物价总水平变化的指标，最为常见的不外乎这么三种：国内生产总值平减指数，生产者价格指数（即批发物价指数），消费者物价指数。在前面通货膨胀一节，我们对其内容已作了较为详细的介绍，在此不再赘述。在此要说明的是，依据不同的价格指数来进行判断，会得出不同的结论，因为不同的价格指数在抽样时覆盖的商品范围不同，不同产品的价格变动对货币变动的反应时滞也不同（一般批发价格的反应快于消费价格），而且不同价格指数的测算都会存在各自的误差。应该说，三种价格指数都可作为测度指标，但综合分析，为了进行国际比较和考虑对居民的影响程度，采用消费者价格指数可能更合适一些。

消费者价格指数又有两种：一种是同比价格指数，另一种是环比价格指数。这两种价格指数对于判断价格走势，有时是一致的，有时又会出现差异。对于一般的分析判断，可以用同比价格指数，但据此得出的结论，对于轻度的通货紧缩可能不太准确。对专业的分析判断，用环比价格指数来衡量和判断通货紧缩的出现、程度更为合理与准确，但限于统计资料的不足，用环比价格指数时要对统计数据进行专业调整。

经济运行是一个动态的过程，难免会有偶然事件的发生。如果因为突发事件导致物价的下降，而据此界定通货紧缩无疑是荒谬的。那么需要多长时间才能确认发生了通货紧缩呢？这是一个需要繁杂论证和计算的过程，但有一个起码的标准是可以肯定的，那就是这个时间，至少应长到能够判定物价的下降并非偶然因素所致。这又与我们对经济形势的认识紧密联系在一起，因此，它将是一个不断缩短的量值。从我国目前的情况来看，如果价格水平连续两到三个季度或以上下降就应视作持续下降。

三、通货紧缩的类型

通货紧缩类型的划分，对于全面准确地把握通货紧缩的性质、机理，针对不同情况寻找不同的治理对策具有重要意义。按照不同的标准，通货紧缩可以划分为不同的类型，主要有：

（一）按照通货紧缩的发生程度，可分为相对通货紧缩和绝对通货紧缩

相对通货紧缩是指物价水平在零值以上，在适合一国经济发展和充分就业的物价水平区间以下，虽然还是正增长，但已经低于该国正常经济发展和充分就业所需要的物价水平，通货处于相对不足的状态。这种情形已经开始损害经济的正常发展，虽然是轻微的，但如果不加重视，可能会从量变到质变，对经济发展的损害会加重。

绝对通货紧缩是指物价水平在零值以下，即物价出现负增长，这种状态说明一国通货处于绝对不足状态。这种状态的出现，极易造成经济衰退和萧条。根据对经济的影响程度的不同，又可以分为轻度通货紧缩、中度通货紧缩和严重通货紧缩。这三者的划分标准主要是物价绝对下降的幅度和持续的时间长度。一般来说，物价出现负增长，但幅度不大（比如 -5%），时间不超过两年的被称为轻度通货紧缩。物价下降幅度较大（比如在 -5%— -10%），时间超过两年的被称为中度通货紧缩。物价下降幅度超过两位数，持续时间超过两年甚至更长的情况被称为严重通货紧缩，20 世纪 30 年代世界性的经济大萧条所对应的通货紧缩，就属此类。

（二）按照通货紧缩产生的原因，可分为需求不足型通货紧缩和供给过剩型通货紧缩

所谓需求不足型通货紧缩，是指总需求不足，使得正常的供给显得相对过剩而出现的通货紧缩。引起总需求不足的原因可能是消费需求不足，投资需求不足，也可能是国外需求减少或者几种因素共同造成的不足。因此，依据造成需求不足的主要原因，可以把需求不足型的通货紧缩细分为消费抑制型通货紧缩、投资抑制型通货紧缩和国外需求减少型通货紧缩。所谓供给过剩型通货紧缩，是指由于技术进步和生产效率的提高，在一定时期产品数量的绝对过剩而引起的通货紧缩。这种产品的绝对过剩只可能发生在经济发展的某一阶段，如一些传统的生产、生活用品（像钢铁、落后的家电等），在市场机制调节不太灵敏，产业结构调整严重滞后的情况下，可能会出现绝对的过剩。这种状态从某个角度来看，并不是一个坏事，因为它说明人类的进步，是前进过程中的现象。但这种通货紧缩如果严重的话，则说明该国市场机制存在较大缺陷，同样会对经济的正常发展产生不利影响。

（三）按照通货紧缩的表现方式，可分为显性通货紧缩和隐性通货紧缩

界定通货紧缩，在一般情况下可以而且能够用物价水平的变动来衡量，因为通货紧缩与通货膨胀一样是一种货币现象。但是如果采取非市场的手段，硬性维持价格的稳定，就会出现实际产生了通货紧缩，但价格可能并没有降下来的状况，而这种类型的通货紧缩就是隐性通货紧缩。隐性通货紧缩的存在为我们的判断带来了困难，但并不影响我们以物价水平的变化为通货紧缩的标准，就像隐性通货膨胀的存在，不影响我们以物价水平作为通货膨胀是否发生的判断标准一样。

四、通货紧缩产生的机理

关于通货紧缩的起因、发展与加深，不同国家在不同时期是不同的，不同的经济学家也有不同的认识，由此形成了不同的通货紧缩理论。在此我们介绍几种影响较大的通货紧缩理论。

（一）马克思对通货紧缩问题的分析

在经济学研究中，较早提出通货紧缩问题的是马克思。他在《资本论》中，多次分析到流通中货币的膨胀和收缩问题。他认为通货的膨胀和收缩可能由经济的产业周期引起，可能由流通中的商品数量、价格变动引起，可能由货币流通速度变化引起，还可能由技术因素引起。但他在研究这一问题时，是以金属货币流通为对象的，由于金属货币本身具有价值，其过多过少都不会引起币值的变化，只有在纸币流通的条件下，货币供给的过多或过少才会引起币值的变动。因此，马克思对通货膨胀和通货紧缩问题的研究，是建立在信用货币（纸币）流通规律的基础上的，实际上是在讨论金币流通与替代金币流通的价值符号的关系，并非在讨论货币供给的多少与物价涨落的关系。

（二）凯恩斯的通货紧缩理论

继马克思之后，联系货币政策来讨论通货紧缩问题的是凯恩斯。他于 1923 年在《币值变动的社会后果》中分析了 1914 年到 1923 年英国物价水平的变动，指出："从 1914 年到 1923 年，所有国家都出现了通货膨胀现象，也就是说，相对于可购买的物品而言，支出货币的供给出现了极大扩张。从 1920 年起，重新恢复对其金融局势控制的那些国家，并不满足于仅仅消灭通货膨胀，因而过分缩减了其货币供给，于是又尝到了通货紧缩的苦果。"他认为，通货紧缩将使社会生产活动陷于低落。他指出："无论是通货膨胀还是通货紧缩，都会造成巨大的损害……两者对财富的生产也同样会产生影响，前者具有过度刺激的作用，而后者具有阻碍作用，在这一点上，通货紧缩更具危害性。"通货紧缩之所以会使社会生产活动陷于低落，是因为通货紧缩的再分配效应不利

于生产者。由于生产者的生产资金大部分是借来的，在通货紧缩的情况下，生产者停止经营，减少借款，把自己的实物资产变为通货，比辛苦经营劳作更有收益。

凯恩斯在他的代表作《就业、利息和货币通论》中，对通货紧缩现象的分析，更多使用的是就业不足和有效需求不足这样的术语。他通过对 20 世纪 30 年代大危机的精辟分析，提出“有效需求不足”的论断，认为有效需求不足是导致通货紧缩的根本原因。治理的对策自然就是扩大有效需求，而在扩大有效需求方面，财政政策比货币政策更有效。在通货紧缩时期，政府要做的就是通过财政政策和货币政策的有机结合，尽可能地扩大有效需求。

（三）欧文·费雪的通货紧缩理论

与凯恩斯的有效需求理论不同，费雪是从供给角度联系经济周期来研究通货紧缩问题的。他通过对 20 世纪 30 年代世界经济危机的研究，于 1933 年提出了“债务—通货紧缩”理论。他认为，企业的过度负债是 20 世纪 30 年代大萧条的主要原因。在经济的繁荣时期，企业家为追求更多利润，会过度负债，而在经济状况转坏时，企业家为了清偿债务会降价倾销商品，导致物价水平的下跌，出现通货紧缩。通货紧缩的出现，又会使企业利润减少，生产停滞，失业增加。失业的增加，会使人们的情绪低落，产生悲观心理，对经济和生活丧失信心，更愿持有较多的货币，居民和企业的这种行为将使货币流通速度下降。因物价下降出现的利润减少和实际利率的上升，意味着企业真实债务的扩大，会使贷者不愿贷，借者不愿借。过度负债和通货紧缩会相互作用。由于过度负债的存在，在经济周期的转型阶段，通货紧缩现象会出现；反过来债务所导致的通货紧缩又会反作用于债务，其结果会形成欠债越多越要低价变卖，越低价变卖，自己的资产越贬值，而自己的资产越贬值，负债就越重的恶性循环。最后，则必然出现企业大量破产，银行倒闭的危机。该理论实际上是将通货紧缩的过程看作是商业信用被破坏和银行业产生危机的过程。

走出“大萧条”，解决通货紧缩的对策要么是自由放任，企业破产后强制恢复，要么是增加货币供给，利用通货膨胀的方式助其恢复。

（四）其他经济学家对通货紧缩的看法

第二次世界大战后，西方许多国家处于通货膨胀之中，因此，理论界对通货紧缩问题的专门论述不多，多是在研究通货膨胀问题时，把通货紧缩作为它的对立面顺带论及。如弗里德曼等人认为，“货币存量的大幅度变动是一般价格水平大幅度变动的必要且充分条件”，货币供给过分低的增长率，更不用说货币供给的绝对减少，将不可避免地意味着通货紧缩，反之，若没有货币供给如此低的或负的增长率，大规模的、持续的通货紧缩绝不会发生。萨缪尔森、布坎南等人也把通货紧缩和通货膨胀一样，都看作是政府干预过多、政策失当的产物。近十几年来，通货紧缩问题开始受到人们的重视，提出了许多很有价值的观点。

美国经济学家保罗·克鲁格曼将近年来出现世界性通货紧缩的原因归结为社会总需求的不足，并强调需求不足在不同国家或在同一国家的不同时期有着不同的社会制度根源。如果实行联系汇率和固定汇率制度的国家的货币被高估，就极易受到其他出口国家货币突然贬值的冲击，出现国内价格下降导致的通货紧缩。他主张用“有管理的通货膨胀”政策来治理通货紧缩，而这一观点则对以稳定物价为目标的传统货币金融理论构成了挑战。美国另一著名经济学家加利·西林则指出通货紧缩具有自我强化的性质。他认为，当购买者采取观望态度，等待物价进一步下跌时，资本将进一步过剩，商品存货将继续增加，从而将使物价进一步下降。物价继续下降的结果，会使消费者产生进一步的观望心理。这样物价就会陷入一个螺旋式的自我强化的下降过程。美联储原主席格林斯潘认为，通货紧缩的发生是由于人们更愿意把持有的实物换成货币。通货紧缩产生的主要原因很可能是资产泡沫破裂对经济产生的消极影响，20 世纪 30 年代经济危机的出现与资产泡沫的破裂有着紧密联系，至少加重了通货紧缩的局面。目前出现的通货紧缩，与技术进步、信息的快速传播导致的结构性变化，有着直接的关系，而这些也是通货紧缩发生的重要原因。

五、通货紧缩的成因和影响

（一）通货紧缩的成因

尽管不同国家在不同时期发生通货紧缩的具体原因各不相同，但从国内外经济学家对通货紧缩的理论分析中，仍可概括出引起通货紧缩的一般原因：

1. 紧缩性的货币财政政策

如果一国采取紧缩性的货币财政政策，降低货币供应量，削减公共开支，减少转移支付，就会使商品市场和货币市场出现失衡，出现“过多的商品追求过少的货币”，从而引起政策紧缩型的通货紧缩。

2. 经济周期的变化

当经济到达繁荣的高峰阶段，会由于生产能力大量过剩，商品供过于求，出现物价的持续下降，引发周期性的通货紧缩。

3. 投资和消费的有效需求不足

当人们预期实际利率进一步下降，经济形势继续不佳时，投资和消费需求都会减少，而总需求的减少会使物价下跌，形成需求拉下型的通货紧缩。

4. 新技术的采用和劳动生产率的提高

技术进步以及新技术在生产上的广泛应用会大幅度地提高劳动生产率，降低生产成本，导致商品价格的下降，从而出现成本压低型的通货紧缩。

5. 金融体系效率的降低

如果在经济过热时，银行信贷盲目扩张，造成大量坏账，形成大量不良资产，金融机构自然会“惜贷”和“慎贷”，加上企业和居民不良预期形成的不想贷、不愿贷行为，必然导致信贷萎缩，同样减少社会总需求，导致通货紧缩。

6. 体制和制度因素

体制（企业体制、保障体制等）变化一般会打乱人们的稳定预期。如果人们预期将来收入会减少，支出将增加，那么人们就会“少花钱，多储蓄”，引起有效需求不足，物价下降，从而出现体制变化型的通货紧缩。

7. 汇率制度的缺陷

如果一国实行钉住强币的联系汇率制度，本国货币又被高估，那么，会导致出口下降，国内商品过剩，企业经营困难，社会需求减少，物价就会持续下跌，从而形成外部冲击型的通货紧缩。

（二）通货紧缩的影响

通货紧缩与通货膨胀都属于货币领域的一种病态，但通货紧缩对经济发展的危害比通货膨胀更严重。首先，通货紧缩会加速经济衰退。物价水平的持续下降，必然使人们对经济产生悲观情绪，持币观望，使消费和投资进一步萎缩，加速经济的衰退。其次，物价的下降会使实际利率上升，企业不敢借款投资，债务人的负担加重，利润减少，严重时引起企业亏损和破产。由于企业经营的不景气，银行贷款难以及时回收，出现大量坏账，并难以找到赢利的好项目，经营也会出现困难，甚至面临“金融恐慌”和存款人的挤兑风险，从而引起银行破产，使金融系统面临崩溃。再次，经济形势的变坏与人们的预期心理相互作用，会使经济陷入螺旋式的恶性循环之中。同时这种通货紧缩还会通过国际交往输出国外，而世界性的通货紧缩又会反过来加剧本国通货紧缩的程度。

六、通货紧缩的治理

通货紧缩形成的原因比较复杂，并非单一的某个方面的原因引起，而是多种因素共同作用的，因此治理的难度比通货膨胀还要大，必须根据不同国家不同时期的具体情况进行认真研究，才能找到有针对性的治理措施。下面以我国目前存在的通货紧缩现象为例，提出治理通货紧缩的一般措施，包括两个方面：

（一）实行扩张性的财政政策和货币政策

要治理通货紧缩，必须实行积极的财政政策，增加政府公共支出，调整政府收支结构。对具有极大增长潜力的高新技术产业，实行税收优惠，尽可能地减少对企业的亏损补贴以及各种形式的价格补贴，利用财政贴息的方式启动民间投资，大力发展民营经济，引导其资金投向社会急需发展的基础设施领域，在继续增加国家机关和企事业单位以及退休人员工资的基础上，更要把增加农民和中低收入者的收入水平当作一件大事来抓。总之，实行积极的财政政策，就是要在加大支出力度的基础上，优化财政收支结构，既要刺激消费和投资，又要增加有效供给。

通货紧缩既然是一种货币现象，那么治理通货紧缩，也就必须采取扩张性的货币政策，增加货币供给，以满足社会对货币的需求。增加货币供给的方式不外乎从基础货币和货币乘数两个方面着手。中央银行可以充分利用自己掌握的货币政策工具，影响和引导商业银行及社会公众的预期和行为。在通货紧缩时期，一般要降低中央银行的再贴现率和法定存款准备金率，从社会主体手中买进政府债券，同时采用一切可能的方法，鼓励商业银行扩张信用，从而增加货币供给。具体操作要根据造成货币供给不足的原因，灵活掌握。

财政政策与货币政策的配合运用，是治理通货紧缩和通货膨胀的主要政策措施，但由于货币政策具有滞后性的特点，而且在通货紧缩时期，利率弹性较小，因此财政政策的效果一般比货币政策更直接有效。

（二）充分发挥市场机制的作用

市场经济是在全社会范围内由市场配置资源的经济，市场经济不是万能的，但实践证明它是最优的。政府对“市场缺陷”的矫正，必须限制在一定的范围，受到约束，否则，对经济的破坏作用是巨大的。因此，必须加大改革力度，充分发挥市场机制的作用，积极推进国有企业的转制工作，建立现代企业制度，打破垄断，使其真正发挥促进经济发展的关键作用，完善市场经济所需要的科技、教育、住房、卫生、医疗、社会保障制度。

拓展阅读 13–4

世界21世纪初期的通货膨胀和通货紧缩

世界进入21世纪初期，各国经济持续稳定增长，通胀也维持在一个较低的水平，世界经济呈现出一个低通胀和高增长的繁荣景象。但这种景象并没有持续多久。在2006年以后，金融创新迅速发展，虚拟经济过度膨胀，流动性过剩，资产泡沫不断膨胀，系统性金融风险急剧上升。2007年美国次贷危机爆发，并在2008年下半年急剧恶化，引发了世界金融危机和经济危机的全面爆发。金融机构大量倒闭，金融市场价格持续暴跌，世界性的通货膨胀迅速转化为通货紧缩，世界经济大幅衰退，失业率大幅上升。

在2008年世界金融危机加剧以后，各国政府为了治理危机，刺激经济，普遍实行积极的扩张性财政政策和货币政策。美国国会通过7000亿美元救市方案，欧盟出台2000亿欧元救市，中国推出4万亿经济刺激计划，等等。各国中央银行为了治理信用危机导致的流动性短缺，除了大幅降低利率外，还采取量化宽松政策（Quantitative easing policy），从商业银行大量购买政府债券和政府担保债券，增加货币供应量。2009年上半年，中国信贷量猛增，贷款同比增长率达到创纪录的34.4%，对于阻止经济增长下滑发挥了积极的作用，但也为随后的通胀留下了隐患，2010年下半年又被迫开始新的一轮治理通胀的任务。欧元区则因救助危机的大量政府支出加剧了原已过度膨胀的财政赤字和政府债务，最终引发了严重的欧洲主权债务危机。

本章小结

1. 货币均衡是指货币供给与货币需求之间的一种对比关系，是货币供求的一种理想状态，是在运动变化中达成的一个动态过程。它与商品、服务的总供求紧密联系在一起，货币供求在一定程度上反映了国民经济的均衡状态。货币均衡与信贷平衡是两个既有区别又有联系的概念。

2. 货币失衡，无论是货币供给大于需求，还是货币需求大于供给，都可通过社会的市场利率表现出来，货币的供求在一定程度上决定利率，而利率的变动也可在一定程度上反映货币的供求状况。除利率之外，货币失衡还会通过社会总供求的不平衡表现出来，其典型形式就是价格水平的波动。通货膨胀与通货紧缩实际上是货币供求失衡的两种表现形式。

3. 通货膨胀是流通中货币过多，造成货币贬值、物价总水平采取不同形式持续上涨的经济现象。判断通货膨胀的发生与程度可以根据需要选择不同的物价指数进行。按照不同的标准，通货膨胀可以分为许多类型，不同类型的通货膨胀形成的原因也各不相同，由此形成了需求拉上、成本推动、供求混合、结构影响的通货膨胀理论。通货膨胀不仅影响人们的日常生活，而且影响社会经济的各个方面，这种影响的大小，一方面取决于通货膨胀的严重程度，另一方面还取决于人们对它的预期。由于人们对通货膨胀的成因有着不同的看法，所以治理通货膨胀的对策也各不相同。

4. 通货紧缩是与通货膨胀相对应的一个概念，虽然在定义上仍有争论，但对于物价的全面持续下降这一点却是共同的。判断通货紧缩的程度也同样利用各种不同的物价指数。关于通货紧缩的起因、发展与加深，不同国家在不同时期是不同的，不同的经济学家也有不同的认识，由此形成了不同的通货紧缩理论。

重要概念

货币均衡　货币失衡　通货膨胀　需求拉上型通货膨胀　成本推动型通货膨胀　供求混合型通货膨胀　结构型通货膨胀　预期通货膨胀　非预期通货膨胀　菲利普斯曲线　收入指数化　通货紧缩

复习思考题

1. 什么是货币均衡？货币失衡的表现是什么？
2. 货币均衡与商品均衡的关系是怎样的？
3. 如何度量通货膨胀？通货膨胀对经济会产生什么影响？
4. 通货膨胀形成的原因有哪些？如何治理通货膨胀？
5. 什么是通货紧缩？通货紧缩可以分为哪些类型？
6. 你认为我国目前是否出现了通货紧缩现象？依据是什么？
7. 我国的通货紧缩现象是如何形成的？应从哪些方面进行治理？
8. 通货紧缩对经济发展有何影响？为什么物价下跌看似有利于消费，但人们还是减少消费？
9. 从通货膨胀与通货紧缩的角度，谈谈2022年俄乌冲突以及新冠肺炎疫情对我国的影响。

第十四章

货币政策

本章导读

现代经济社会中，政府这只“看得见的手”对经济运行进行调控已经成为常态，而货币政策作为最重要的调控手段之一，被认为是平衡经济发展的关键砝码。各国中央银行通过制定和实施货币政策，期望达到“削峰填谷”，缓解经济周期波动、保障经济稳定持续增长的目的。在新闻报道、各大财经网站的页面上，与货币政策相关的消息层出不穷、备受关注，同时货币政策还是宏观经济学中最吸引人、最富争议的领域之一。

中央银行是制定和实施货币政策的主体，在整个运行过程中，一般是先确定自己想要做什么（最终目标），然后考虑自己能够做什么（货币政策工具），最后考虑怎么通过现有的政策工具去实现自己的政策目标（货币政策传导机制），同时在执行中还需要监测一些中间环节（中介变量），而且货币政策工具实施后并不能直接作用于最终目标，因此还要考察货币政策实施的效果，找到影响政策效应的各种因素。本章涉及的货币政策方面的内容，正是对上述这些最基本、最核心的问题的回答。

学习目标

掌握 货币政策最终目标、中介目标的确定与选择标准及代表性指标；常规货币政策工具的种类，特别是一般性政策工具的优劣势和运行原理

理解 主要的货币政策传导机制；影响货币政策效应的主要因素

了解 西方主要经济体在金融危机爆发后采取的非常规货币政策工具；我国近年来推出的结构性政策工具种类及其实施情况

第一节　货币政策目标体系

货币政策（Monetary Policy）是现代国家政府采取的主要宏观经济调控手段之一，具体是指中央银行为了实现既定的经济目标，运用各种政策工具调节货币供应量、信用规模和利率等经济变量，进而影响宏观经济运行的方针和措施的总和。它包括货币政策目标、货币政策工具、货币政策传导机制及政策效果等基本内容。其中，货币政策目标是中央银行制定与实施货币政策首要明确的对象。一般认为，货币政策目标由最终目标、中介目标和操作目标三个渐进式的层次组成，它们是相互联系的有机整体。

一、最终目标及选择

（一）五大目标

从中央银行制定和执行货币政策以来，主要设定了稳定币值、经济增长、充分就业、平衡国际收支和金融稳定五个最终目标，其中的每个目标都有其具体含义和评价标准，且目标之间往往存在着一定的冲突。

1. 稳定币值

稳定币值包括货币价值的对内稳定和对外稳定。前者表现为货币购买力的稳定，即物价稳定，通常是指央行通过货币政策的实施促使一般物价水平在短期内不发生显著波动，从而维持币值对内的稳定。抑制通货膨胀、避免通货紧缩，保持综合物价水平稳定，进而实现币值稳定是目前绝大多数国家或地区公认的货币政策的首要目标。通货膨胀会使债权人遭受额外损失，破坏正常的借贷关系；物价水平的剧烈波动会加剧经济中的不确定性，造成消费者、企业和政府的决策变得困难；严重的通货膨胀还会导致本国货币严重贬值，甚至有可能引发货币体系崩溃。此外，通货膨胀还会加剧社会分配不公，进而可能激发社会矛盾。通货紧缩则会引起企业和公众对经济的悲观预期，制约其有效的投资消费需求，造成企业销售下降、利润减少，结果是企业倒闭、失业增加，经济陷入衰退。

后者是指本国货币的汇率保持相对稳定。在综合考虑本国经济环境和发展阶段的前提下，通过央行对外汇市场的经济干预，实现本国货币在国际市场上的兑换比价不出现显著的波动，且对国内经济的运行和对外贸易及资本流动不产生较大的负面影响。需要提醒的是，保持本币汇率的稳定并不仅仅取决于本国经济运行的情况及政府的决策，也会明显受到其他国家经济状况及其政府行为决策的影响。因此，很多国家的货币政策在稳定币值这一终极目标上更注重物价稳定，不过这并不意味着稳定币值完全等同于稳定物价。

2. 经济增长

经济增长是指一国生产商品和劳务能力的增长，尤其是国民生产总值的增长必须保持合理的、较高的速度。任何一国的政府和中央银行所追求的目标都是在潜在增长水平上的稳定、持续增长。总供求的失衡是引起经济波动的主要原因，低于潜在水平的增长造成资源的浪费，而高于潜在水平增长的后果可能是严重的通货膨胀，因此中央银行宏观调控的目的就是调节总供求的平衡，熨平经济的周期性波动，实现经济在潜在水平上的稳定增长。中央银行可以运用货币政策来影响人们的投资需求和消费需求，在经济过热时紧缩货币供给、提高利率，抑制过热的总需求；在经济衰退时，扩张货币供给、降低利率，刺激总需求，以促进经济复苏、繁荣。

3. 充分就业

充分就业是指有能力并自愿参加工作的人，都能在合理的条件下，随时找到合适的工作。失业的存在表明一部分愿意工作并且有工作能力的人没有工作，说明经济中有一部分资源、特别是劳动力资源没有得到充分利用。经济社会中总是存在着摩擦性失业、季节性失业以及结构性失业等，这类失业一般是短期的，称之为“自然失业”。如果失业率在自然失业率的水平之下，就可以说该经济社会达到了充分就业。中央银行所要解决的不是上述因素造成的短期失业问题，而是由总需求不足而引起的周期性失业。这种周期性的失业率在经济增长速度放慢时上升，在经济繁荣时下降。在经济衰退、失业严重时，中央银行可以通过实行扩张性的货币政策，扩大货币供给，促进社会总需求，从而拉动经济增长，创造更多的工作机会，降低失业率。

4. 平衡国际收支

保持国际收支平衡是保证国民经济持续稳定增长和经济安全甚至政治稳定的重要条件。如果一个国家国际收支出现长期逆差，很可能导致外汇市场对本币的信心丧失，资本大量外流、外汇储备急剧下降，本币大幅贬值，甚至可能引起严重的货币和金融危机。然而，若存在长期、巨额的国际收支顺差，既会使大量外汇储备闲置，造成资源浪费，又会因为购买巨额外汇而增发本国货币，导致或加剧国内通货膨胀。此外，巨额的经常项目顺差或逆差还可能加剧贸易摩擦。不过相比之下，逆差的危害比顺差更大，因此各国调节国际收支失衡主要是为了减少甚至消除国际收支逆差。

货币政策在调节国际收支方面具有重要作用。在资本项目自由兑换的情况下，提高利率将吸引国际资本流入，降低资本项目逆差或增加其盈余；反之亦然。汇率的变动对国际收支平衡也具有重要影响。本币贬值有利于促进出口，抑制进口，降低贸易逆差或增加其盈余，但却不利于资本项目的平衡；而本币升值将吸引国际资本流入，有利于资本项目平衡，但却抑制出口，鼓励进口，不利于经常项目平衡。因此，货币政策的目标之一，就是要通过合理的本外币政策的协调，采取各种措施纠正国际收支差额，使其趋于平衡。

5. 金融稳定

自20世纪80年代以来，国际领域内金融危机频繁出现，特别是1997年的亚洲金融风暴和2007—2008年的美国金融危机，更是对全世界经济带来了巨大的冲击，因此越来越多的国家要求中央银行肩负起稳定金融体系的重任，金融稳定逐渐成为货币政策的最终目标之一。

不过，目前各国对金融稳定还尚无统一、准确的概念界定，更多地是从“金融不稳定”“金融脆弱”等方面来展开对金融稳定及其重要性的分析。达成的共识是：金融稳定是一种金融运行状态，意味着一个国家的整个金融体系没有出现大的波动，不仅能够有效发挥出储蓄向投资的转化功能，而且本身保持稳定、有序、协调发展。一国的货币政策要实现金融稳定的目标，必须在确立“金融、经济、社会”相互依存的系统观基础上，以一个国家或区域的币值稳定、经济稳定发展为目标，以货币供应量、利率、汇率、金融资产价格、信贷、预期为传媒，在货币市场、资本市场、商品市场和外汇市场上实现内外均衡发展，创造良好的金融市场“信心、信用、信息”环境，保证市场参与者对市场的预期和信心，在货币政策内生性和外生性动力机制交互作用于金融活动的过程中，密切注视货币政策要素连续变化时出现的波动与突变，最终实现货币稳定、银行体系稳定、资本市场等整个金融体系的稳定。①

（二）最终目标的选择

要同时实现货币政策的五大最终目标是非常困难的事，这不仅是因为在具体实施中，以某项或某几项货币政策工具来实现任意一个货币政策目标时，经常会干扰到其他货币政策目标的实现，还因为上述五大最终目标之间的关系往往存在着明显的矛盾。正是由于这种矛盾性，中央银行在某一特定时期实施的货币政策不可能同时兼顾各项最终目标，于是出现了如何选择货币政策最终目标的问题。

1. 最终目标间的冲突

大量事实证明物价稳定与充分就业两个目标之间经常发生冲突。若要降低失业率，增加就业人数，就必须增加货币工资，而如果货币工资增加过少，则对充分就业目标无明显促进作用；但若货币工资增加过多，致使其上涨率超过劳动生产率的增长，则会产生成本推进型通货膨胀，必然造成物价与就业两项目标的冲突。经济学中著名的菲利普斯曲线，也有力地证明了失业率与物价变动率之间存在着一种此消彼长的相互替换关系。

一般而言，经济增长能够创造更多的就业机会，但是充分就业和经济增长之间的关

---

① 陈松林:《金融稳定的基石:货币政策要素协调》,《武汉金融》2004年第4期。

系也并不总是一致的。例如，经济增长如果是源于非劳动力要素的增长，或是因为技术水平的提高引发劳动生产率的提高，则伴随着经济增长，就业率不一定会上升，反而会下降。

稳定物价与经济增长之间的关系也充满着争议，从一般经济逻辑上看，只有物价稳定才能维持经济的长期增长势头，但从货币政策实践的结果来看，经济增长却总是伴随着物价上涨，导致两者出现矛盾。

除了上述最受关注的几个目标冲突之外，其他最终目标之间也存在冲突，经济增长与平衡国际收支、物价稳定与金融稳定等之间的矛盾性在理论和实践层面都得到了验证。这些冲突的存在促使央行必须考虑不同的经济发展情况，来选择相应的货币政策最终目标。

2. 选择原则①

各国中央银行在货币政策的最终目标选择方面各有不同，理论界对此形成了三种意见——单目标论、双目标论和多目标论。单目标论认为，货币政策只能以单一目标为己任，要么以币值稳定或物价稳定为唯一目标，要么以经济增长或充分就业为首要目标。双目标论认为，货币政策的最终目标应该同时兼顾稳定物价和经济增长两个目标。多目标论则认为，货币政策作为宏观经济间接调控的主要经济手段之一，对各个宏观经济目标都有十分重要的影响，不能只注重其中一个或两个，应该在总体上兼顾各个目标，并在不同时期以不同的目标作为相对重点。由此牵扯到货币政策实施过程中所采取的两种不同的操作原则，即相机抉择与规则。

相机抉择的货币政策也被称为权衡性货币政策，是指中央银行根据对当前的宏观经济形势的判断，制定与执行权衡性的货币政策措施，实现货币政策的既定目标。所谓权衡性的货币政策措施意味着货币政策只根据当时环境需要而制定，不考虑货币政策过去的历史，以及该政策对未来经济的影响。通常经济下滑或萧条时采取扩张性货币政策，刺激经济；经济过热时采取紧缩性货币政策，使经济保持稳定运行。这种政策是凯恩斯学派的政策主张。这种政策具有逆周期性，通过逆经济风向行事进行货币操作，且表现出灵活性强的特点，还因为相机决策的货币政策思想产生于凯恩斯主义分析框架，天然具有一种静态分析的特点，不考虑当前政策行为对公众预期的影响，也不重视这种预期可能对政策效果产生的作用，因而还是一种静态视角的宏观管理政策。

然而，凯恩斯主义的批评者指出，相机抉择具有很大的主观性，很可能难以实现政策目标。弗里德曼指出，货币政策具有的不确定的时滞的特点往往导致政策过度，无法实现政策目标，甚至可能成为经济波动的扰动因素。有的观点甚至认为，20 世纪 70 年代西方国家出现的滞胀现象就是由相机抉择的货币政策造成的。此外，还有学者证实相

---

① 李健主编《金融学(第三版)》，高等教育出版社，2018，第 516—517 页。

机抉择的货币政策下会出现“时间不一致”① 问题，结果造成货币政策失效。货币主义学派、理性预期学派等经济学流派在批评这种货币政策的基础上，开始强调货币政策规则的重要性，提出了基于规则的货币政策操作框架。

规则型政策的核心是，在方法上遵循计划，不是随机地或偶然地采取行动，而是具有连续性和系统性。其中，系统性是货币政策规则的中心内容。根据这一要求，货币当局必须建立系统性的反应机制，以考虑私人部门的预期行为，使这一时期的货币政策优化。执行货币政策规则的基本原因在于，随意性会导致政策在时间上前后不能一贯甚至互相矛盾，进而影响货币政策的效果，显然货币政策规则是相对于货币政策操作中相机抉择而言的。

3. 我国货币政策的最终目标

根据现行的《中华人民共和国中国人民银行法》② 第一章第三条的规定，我国货币政策目标是：“保持货币币值的稳定，并以此促进经济增长。”这个目标包含以下几层含义：第一，我国货币政策的首要目标是保持人民币币值的稳定，实际上也就是保持物价稳定；第二，我国货币政策的目标并不排斥对经济增长的考虑，而是十分重视对经济增长的促进作用；第三，从顺序来看，稳定货币为先，这是因为币值稳定、物价稳定是经济增长的条件，中国人民银行应该以保持人民币的币值稳定来促进经济增长，即使在短期内货币政策无法兼顾经济增长的要求时，也仍必须坚持稳定货币的基本立足点。③

4. 通货膨胀目标制

自 20 世纪 80 年代以来，伴随着金融全球化的迅速发展，各国金融结构出现了明显的变化，金融创新、货币基数偏移（Monetary Base Drift）、货币流通速度不稳定等制度因素的出现，使货币供应量与最终目标的相关性大幅削弱，造成以货币供应量为代表的货币数量目标制④的作用和效率不断下降；与此同时，汇率、利率等价格目标机制也出现了诸多问题。于是，许多工业化国家和新兴市场国家都试图打破使用中间目标的传统，开始将名义锚直接放在通货膨胀率本身，由此产生了一种新的货币政策框架——通货膨胀目标制。

简单地看，通货膨胀目标制就是一种基于规则的相机抉择制度。它从制度上规定把

---

① 时间不一致是指，事前中央银行承诺的最优货币措施，到了实施时发现不再是最优的，于是央行改变政策措施来实现政策目标，从而引发的一种政策结果。产生时间不一致的原因是货币政策对预期的影响。中央银行对货币政策的事先承诺会影响人们的预期形成，但是预期形成之后，中央银行发现，采取更加激进的货币政策会达到更好的结果。然而，人们也会对货币政策的时间不一致做出反应，最终使得货币政策无法达到最理想的结果。

② 1995 年 3 月 18 日，第八届全国人民代表大会第三次会议通过《中华人民共和国中国人民银行法》；2004 年 2 月 1 日起施行经过修订的《中华人民共和国中国人民银行法》；2020 年 10 月 23 日，中国人民银行就《中华人民共和国中国人民银行法（修订草案征求意见稿）》发布公开征求意见通知，意见反馈截止时间为 2020 年 11 月 23 日。

③ 盛松成：《历史视角下的经济与金融（上篇）——货币政策理论与实践》，中国金融出版社，2021，第 75—79 页。

④ 货币数量目标制假定货币供应量与一般价格水平长期存在稳定的关系，把货币供应总量作为货币政策的中介目标，从而通过实现货币总量目标来间接实现通货膨胀目标。

价格稳定作为货币政策最基本、最主要的目标，并公开宣布一个数量化的通货膨胀目标值和达到该目标的时间表；由于不再盯住货币供应量、利率等传统中介目标，因此其决策过程可以描述为“盯住通货膨胀预测”，且要求中央银行具有操作货币政策的独立性；通胀目标制在选择货币政策工具操作时会考虑尽可能多的信息，并注重通过公告操作方式对基准利率调整和对市场利率引导，政策具有高度的透明性和公开性。1989 年，新西兰率先采用了通胀目标制，之后加拿大、英国、韩国等 40 多个工业化国家和新兴市场国家先后采取了这种货币政策框架。

从实践看，几乎在所有实施通货膨胀目标制的国家，中央银行制定的通胀率目标范围的中间值都在 2% 左右。比如，新西兰央行将该值设定为 1.5%，加拿大和瑞典央行设定为 2%，英国、澳大利亚、西班牙等国则设定为 2.5%。事实表明，在稳定物价、为经济增长提供良好的环境方面，通货膨胀目标制策略取得了显著的成功。在上述这些国家，不但通胀和通胀预期被有效地限制在目标范围之内，而且在短期内由突发事件引起的物价波动的影响也被大大缓和了，从而避免了棘轮效应的产生。因此，通胀目标策略作为一种新的货币政策框架正被越来越多的国家接受和运用。

将通货膨胀率作为货币政策的中间目标有以下几个优点：（1）它可以保持中央银行货币政策独立性，使中央银行能够对国内的经济波动做出相机抉择。（2）货币流通速度的变化对政策效果的影响大大下降，因为该政策允许央行运用各种有用的信息而不单纯是一个货币供应量增长来制定其政策，这样可以抵消金融创新和经济全球化对货币政策实施效果所带来的冲击。（3）它很容易为公众所理解，因此具有很高的透明性，有助于市场形成稳定的通胀预期。（4）由于制定了明确的通胀目标，对中央银行形成了有效的责任约束。

不过，也有不少学者对通货膨胀目标制提出了批评，主要集中在信号迟滞、过于僵化、增加产出波动的可能性以及产出与就业低增长等方面，不过这些质疑或批评本身也存在争议，支持通胀目标制的学者们往往认为批评者并没有真正了解这种货币政策战略，指责来自误解。

拓展阅读 14-1

物价稳定是否应作为最主要的货币政策目标①

物价稳定与其他货币政策目标之间的冲突往往表现在短期内，从长期看并不一定存在不一致的问题。已有研究表明，通货膨胀和就业在长期并不存在此消彼长的关系，且物价、利率和金融市场运行稳定长期都是有利于促进经济增长的。但在短期内，物价稳定常常与高就业和利率稳定等目标发生冲突也是事实。中央银行如何

① 弗雷德里克·S. 米什金:《货币金融学(第十一版)》,郑艳文、荆国勇译,中国人民大学出版社,2016,第 309—310 页。

解决这些冲突呢？

由于物价稳定对于经济体系的长期健康至关重要，许多国家将物价稳定作为中央银行首要的长期目标。英格兰银行、加拿大银行、新西兰储备银行以及欧洲中央银行等明确将物价稳定置于优先地位。只有在实现物价稳定的情况下才能追求其他目标，这被称为阶梯目标（Hierarchical Mandates）。与此相对应，美国联邦储备体系的使命则是将物价稳定和就业最大化（产出稳定）两个目标放到平等的地位上，被称为双重目标（Dual Mandates）。

在实践中，对于两种目标设置方式，一直存有争议。一些公众和政治家认为阶梯目标过分强调控制通货膨胀，对产出稳定的关注不够。因为在这种目标框架下，无论经济形势处于何种情况，中央银行都试图在短期内将通货膨胀率保持在相同的水平上，这就会导致产出可能出现过分波动，且使得中央银行的行为举止看上去像英格兰银行行长默文·金（Mervyn King）所说的“通货膨胀偏执狂”。因此，他们提出物价稳定应该在长期条件下才能被作为货币政策的首要目标。只要物价稳定是长期而非短期目标，中央银行就可以通过允许通货膨胀率在短期内偏离长期目标，实现减少产出波动的目的，即可以依双重目标行事。

然而，在双重目标的情况下，中央银行为增加产出和就业可以实施短期扩张性政策，却不必担心对通货膨胀的长期影响，结果时间不一致性问题就会重新出现。由于担心追求双重目标可能会引发过度扩张性的政策，很多中央银行都支持阶梯目标，这样就又肯定了对物价稳定目标的优先追求了。

总之，中央银行选择哪种类型的目标更为适合并没有一个定论，而是要取决于它们在实践中是如何实施的。不过，有一点可以肯定，物价稳定是各国央行主要关注的货币政策终极目标，且将其作为长期的首要目标是可以接受的。

二、中介目标

（一）中介目标与中介指标

货币政策的中介目标，也称货币政策的中间目标。中央银行不可能通过货币政策的实施而直接地达到其最终目标，而只能通过观测和控制一些具体的指标来影响实际的经济活动，从而间接地达到最终目标。这些能为中央银行所直接控制和观测的指标，就是我们通常所说的货币政策的中介指标。这些中介指标在一定时期所要达到的具体数值就是货币政策的中介目标。中介目标是货币政策作用过程中一个十分重要的中间环节，也是判断货币政策力度和效果的重要指示变量。

目前，充当货币政策中介指标的经济变量主要有货币供应量和利率，同时贷款总量、汇率以及社会融资规模等经济变量也可作为中介指标。

（二）中介指标的选择标准

货币政策的中介指标是通过具体的金融指标来观测和控制的。一般认为，中介指标若能有效地反映货币政策的效果，应具备下面五个条件。需要说明的是前三个是最重要、最基本的条件。

1. 可测性

中介指标的可测性有两个要求：一方面，指标必须有明确的定义并便于观察、分析和监测；另一方面，中央银行要能够迅速地获取这些指标的准确数据。中介指标要比最终目标更快地反映出货币政策的实施情况。比如 GDP 数据是按季统计并在下一个月公布，而货币供给量数据是按月公布的，市场利率的数据更是随时可以观测到。

2. 可控性

中介指标变量必须是中央银行运用货币政策工具可以对其进行有效控制的金融指标。否则，中央银行就不知道其货币政策的运用是否适当，而且即使发现货币政策运用有误也不能把它拉回到正确的轨道上来。对于中介指标选择上的可控性要求反映出该类指标应该具有一定程度的外生性，从而表现出政策变量的性质。

3. 相关性

相关性是指作为中介指标的变量与最终目标之间要有密切联系，它们的变动必然对最终目标产生可预测的影响。这样，中央银行通过调节中介指标就可以影响最终目标，从而达到中央银行宏观调控的目的。相关性反映出中介指标应该具有一定程度的内生性，从而表现出经济变量的性质。

4. 抗干扰性

由于作为中介指标的金融指标应该能够同时表现出政策变量和经济变量的性质，因此如果某个中介指标的变动不能明确区分这两种不同性质变量的影响，那么该指标的抗干扰性就较差。以市场利率为例，这是一个比较常见和重要的中介指标，其可测性、可控性和相关性都很好，但是其抗干扰性却较差。比如在经济高涨时期，投资和消费需求的膨胀导致资金需求上升，进而引起市场利率上升；与此同时，为了抑制通货膨胀，央行也会采取各种政策手段提高市场利率，结果市场利率真的上升了，却难以分辨出到底是货币政策发挥了作用还是经济本身的发展引发了利率的提高。所以，中介指标应该能够较准确地反映货币政策设定的方向和力度，否则会影响货币当局决策的正确性。

5. 适应性

除了上述条件，中介指标变量还应该与当时的经济体制、金融体制有较好的适应性，一个与经济环境和制度无法适应的目标不但不能正确地体现出经济的状况，影响货币当局决策的正确性，而且还会对经济产生负面的影响。

（三）主要的中介指标

1. 利率

作为中介目标，利率的优点是满足可测性、可控性、相关性强等基本条件，但不足的地方是抗干扰性差，如前所述，利率的变动难以区分是经济引发还是政策作用导致的，同时利率还容易受心理预期、金融市场投机活动等各种非货币政策因素的影响而降低其真实性。另外，我们能直接观察到的、可控制的是名义利率，却不是实际利率，而真正对经济能产生影响的是实际利率。根据费雪公式，实际利率等于名义利率减去预期通货膨胀率，然而由于预期通货膨胀率难以计量，所以就难以得到实际利率的数据，并对它进行有效控制，因此如何从大量数据中得出一个代表性利率则并不容易。此外，中央银行的货币政策操作首先影响的是短期利率，对中长期利率的影响较小，波及速度也较慢，但对经济增长有较大影响的却是中长期利率，如固定资产投资、基础设施投资等，于是短期利率和长期利率之间关系的松弛也会影响到货币政策的效果。

2. 货币供应量

货币供应量作为中介目标的优点是满足可测性、可控性、抗干扰性强等条件，但缺陷是相关性存在一定的问题。一方面，一定时期的货币供应量代表了当期的社会有效需求总量和整个社会的购买力，对最终目标有着直接影响，然而对 M_0、M_1、M_2甚至是 M_3来说，哪一个层次的货币供应量指标更能代表一定时期的社会总需求和购买力？指标口径的选择成为货币供应量作为中介目标存在的主要问题。另一方面，金融创新导致原有的货币各层次的界限变得日益模糊，使中央银行越来越难以观察、监测和分析这些变量。此外，随着金融市场的发展和电子信息技术的普及，货币供应量的内生性日益显著，可控性越来越差，在很大程度上影响货币政策的实施效果。

3. 利率和货币供应量不能同时作为中介指标

目前，大多数国家的中央银行都选用货币供给量或者利率作为中间指标，但两者孰优孰劣，尚不得而知。从前面的分析也可看出，两者各有优劣，所以很难从选择指标的标准直接得出货币供应量和利率谁更适合为中介指标。但有一点可以肯定的是，在一般的货币政策框架下，货币供给量和利率不能同时被选择作为中介指标。（见图 14-1a 和 14-1b）

从图 14-1a 可以看出，如果中央银行将货币供给量作为中介指标，则面对货币需求的不断变化，要想保持货币供应量稳定在 M_0的目标状态下，利率必须相应地变动；而从图 14-1b 可以看出，如果中央银行把利率作为中介指标时，同样为了保持利率的稳定状态 r_0就必须变动货币供给量。

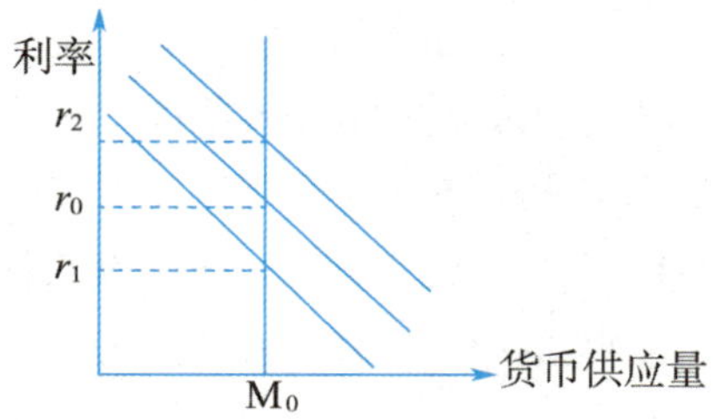

图 14-1a 货币供应量 M_0 为中介目标

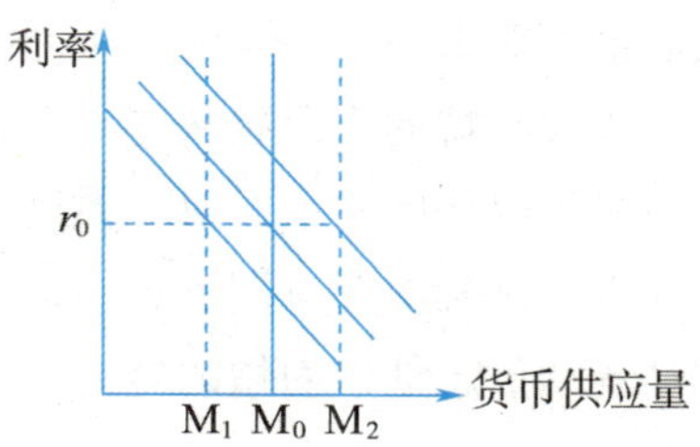

图 14-1b 利率 r_0 为中介目标

一般说来，各国都是根据一定时期的经济状况和中央银行操作的方便来选取中介指标的。当把抑制通货膨胀作为主要任务时，往往选择货币供给量为中介指标；而当通货膨胀不是主要矛盾、经济增长成为主要目标时，多以利率为中介指标。美国在二十世纪五六十年代时，以利率为中介指标，在 20 世纪 70 年代则以货币供给量为中介指标，到 20 世纪 90 年代，由于金融结构的变化，货币供给量已不能作为一个反映经济和金融状况的可靠的指标，美联储又把利率纳入中介指标。目前，大多数国家的货币政策都以利率作为主要的中介指标。

4. 社会融资规模①

社会融资规模指标首创于 2010 年，目前已经被社会各界广泛接受与应用，2016 年的《政府工作报告》首次提出了社会融资规模的调控目标，之后其就被连续写进近几年的《政府工作报告》中，同时国务院常务会议也多次强调这一目标。

区别于传统的、来源于金融机构负债端的货币供应量指标，社会融资规模指标另辟蹊径，从金融机构资产方和金融市场发行方出发，统计一定时期内（每月、每季或每年）实体经济从金融体系获得的资金总额，是全面反映金融对实体经济的资金支持以及金融与经济关系的总量指标。这里的金融体系是整体金融的概念。从机构看，包括银行、证券、保险等金融机构；从市场看，包括信贷市场、债券市场、股票市场、保险市场以及中间业务市场等。有关我国社会融资规模的存量和增量数据可以登录中国人民银行网站查阅。

社会融资规模主要由三个部分构成：一是金融机构通过资金运用直接对实体经济提供的全部资金支持，主要包括人民币各项贷款、外币各项贷款、信托贷款、委托贷款、金融机构持有的企业债券及非金融企业股票、保险公司的赔偿和投资性房地产等；二是实体经济利用规范的金融工具在正规金融市场通过金融机构信用或服务所获得的直接融资或信用支持，主要包括银行承兑汇票、非金融企业境内股票筹资及企业债的净发行等；三是其他融资，主要包括小额贷款公司贷款、贷款公司贷款等。

① 参考盛松成:《历史视角下的经济与金融(上篇)——货币政策理论与实践》,中国金融出版社,2021,第 235—242 页。盛松成:《社会融资规模与货币政策传导》,《金融研究》2012 年第 10 期。盛松成、谢洁玉:《社会融资规模与货币政策传导——基于信用渠道的中介目标选择》,《中国社会科学》2016 年第 12 期。

金融的根本要求是服务实体经济。随着我国金融市场的多元化发展，金融体系向实体经济提供资金支持的方式越来越丰富，社会融资规模指标能够多角度、全方位地反映金融体系与实体经济的联系，对于促进金融支持实体经济具有重要意义。尽管社会融资规模指标的理论基础由西方国家提出，但却是我国独一无二、首次创设的指标，反映出我国为弥补统计信息缺口而做的努力，也得到了很多国际金融组织的认可。

（四）数量型和价格型货币政策框架①

数量型和价格型货币政策框架是中央银行基于对中介目标做出选择而形成的两种不同的货币政策实施形式。其中，数量型货币政策是指中央银行通过公开市场操作、改变法定存款准备金率和控制信贷供应量等方式直接对货币投放量进行调整，重点在于调整货币供应量的大小，存款性公司是最重要的调控对象；价格型货币政策则是指中央银行在对实际经济状况进行解读与判断后，通过资产价格变化影响微观主体的财务成本和收入预期，进而促使微观主体根据宏观调控信号调整其经济行为的政策调整方式，最终实现政策目标。实际上，尽管有关选取数量型还是价格型工具作为货币政策中介目标的争论一直存在，但从国际经验来看，许多发达国家和多数中等收入国家都经历了由数量型中介向价格型中介转变的过程。

表 14-1　数量型和价格型货币政策框架比较

	数量型货币政策框架	价格型货币政策框架
调控工具	法定存款准备金率、公开市场操作、再贷款和再贴现、信贷政策等数量型工具	能够影响利率、汇率等变动的价格工具
调控目标	货币数量（基础货币、货币供应量等）	金融价格（利率、汇率、资产价格等）
传导机制	以存款性公司为主体，中央银行为主导，通过调整货币供给量实现政策目标	以金融机构和企业、居民等微观主体为对象，通过资产价格变化改变其财务成本和收入预期，进而改变其经济行为实现调控目标
调整方式	直接定位于 GDP、CPI、FAI 等宏观经济变量，对微观主体行为的影响力较弱	通过对微观主体的预期来调整其经济行为，进而影响到宏观经济变量
观测重点	聚焦于 GDP、CPI、FAI 等宏观经济变量	专注于微观主体预期与经济行为的调整及其对金融价格的影响

① 李健主编《金融学(第三版)》,高等教育出版社,2018,第 520—522 页。

拓展阅读 14–2

我国货币政策框架由数量型向价格型的转变[①]

改革开放以来，我国主要采用的是数量型为主的货币政策工具。近年来国内外经济金融形势发生了很大变化，金融市场尤其是货币市场日益发展成熟，经济主体的金融意识不断增强，金融价格的形成市场化程度越来越高，强化价格型调控的必要性和迫切性在上升。中国人民银行发布的《2021 年四季度货币政策执行报告》也表示，观察流动性松紧程度最直观、最准确、最及时的指标是市场利率，判断货币政策姿态也应重点关注政策利率，以及市场利率在一段时间内的总体运行情况，而不宜过度关注流动性数量以及公开市场操作规模等数量指标。

为什么我国货币政策框架要由数量型向价格型的转变呢？一方面，数量型货币政策逐渐失效，随着金融脱媒和影子银行的不断发展，大量资金由表内转向表外，导致实际的货币派生情况央行很难控制，货币供给的内生性日益增强；由于货币流通速度难以界定，货币需求也变得不稳定，数量型调控容易出现货币供给与需求的不匹配问题，货币数量的相关指标也在逐渐失效。另一方面，2015 年 10 月中国人民银行放开存款利率上限，标志着我国的利率管制已经基本取消，利率的价格杠杆功能逐渐显现，金融机构自主定价能力逐渐增强；同时央行也通过创设多种新型政策工具用以管理中短期利率水平，建立公开市场每日操作常态化机制，引导市场预期。这些都为货币政策调控方式由数量型为主向价格型为主转变创造了条件。

由于数量制政策难以解决结构问题，我国中央银行货币政策转向价格型的另一个重要原因来自货币政策目标的转变，即由稳增长和防通胀等总量问题，逐渐转向去杠杆和防风险等结构问题。因此，从数量型向价格型货币政策转变，结合新架构的宏观审慎政策框架，形成双支柱的宏观调控体系有利于防范系统风险和降低杠杆率，是针对我国现状做出的切实调整。为此，需要继续改善金融生态环境，发展和规范金融市场活动，建立利率走廊机制以稳定短期利率，完善国债收益率曲线，进一步疏通利率传导机制，进一步促进金融宏观调控向市场化方向转变。

三、操作目标

货币政策中介指标是中央银行通过货币政策操作和传导以后才能达到的政策变量，而中央银行通过货币政策工具操作就能够比较直接、有效、准确实现的政策变量是货币

① 李健主编《金融学（第三版）》，高等教育出版社，2018，第 521—522 页。

政策操作指标，也被称作近期目标或手段变量，如准备金、基础货币、同业拆借市场利率、回购协议市场利率等。中介目标处于最终目标和操作目标之间。操作目标依托的指标有两个特点：一是直接性，即可以通过政策工具的运用直接引起这些指标的变化；二是灵敏性，政策工具可以准确地作用于操作指标，使其达到目标区。操作指标的选择同样要符合可测性、可控性及相关性三个标准，除此之外，操作目标的选择很大程度上还取决于中介目标的选择。主要的指标变量有短期利率、基础货币、准备金。

（一）主要的操作指标

1. 短期利率

短期利率主要是指货币市场上的利率，其可控性、可测性和相关性都比较好。经常被选作操作目标的短期利率是银行同业拆借利率，银行同业拆借市场作为货币市场的基础，其利率是整个货币市场的基准利率。中央银行通过调控银行同业拆借利率可以改变货币供应量，以影响长期利率，不过最重要的条件是要有发达的货币市场。同时，需要注意短期利率对经济的影响作用存有一定的时间间隔，即时滞效应。另外，因为银行同业拆借利率等货币市场上的利率往往是顺商业周期的，作为操作指标的话，还容易造成货币供应的周期性膨胀和紧缩。

除此之外，中央银行的再贴现（再贷款）利率、存款准备金利率、央行票据利率等也可以作为操作指标。这些央行可自行决定的利率在可控性、可测性、抗干扰性等方面都很强，但与货币政策最终目标的相关性较弱。

2. 基础货币

基础货币又称高能货币，是流通中的现金和银行准备金总和。一般认为，基础货币是比较理想的操作目标。首先，就可测性而言，基础货币表现为中央银行的负债，其数额随时反映在中央银行的资产负债表上，很容易为中央银行所掌握。其次，基础货币中的通货可以由中央银行直接控制；中央银行可以通过公开市场操作对银行准备金总量中的非借入准备金随意加以控制；借入准备金虽不能完全控制但可以通过贴现窗口进行目标设定，并进行预测，有较强的可控性。最后，根据货币乘数理论，货币供应量等于基础货币与货币乘数之积，只要中央银行能够控制住基础货币的投放，就等于间接地控制住了货币供应量，也就能够进一步影响利率、价格及国民收入，以实现其最终目标。

3. 准备金

由于银行准备金的变动是银行信用扩张或收缩的前提，而中央银行的主要货币政策工具都能对银行准备金产生直接或间接的影响，因而准备金可以作为货币政策的操作指标。准备金从需求方面看可分为法定准备金和超额准备金，前者是金融机构依照法律规定缴纳的，后者是金融机构为应付临时性的资金需求而储备的。从供给方面看，可将其分为借入性储备和非借入性储备，前者为金融机构通过向中央银行再贴现和贷款取得的，后者为金融机构在公开市场上买卖证券取得的。存款金融机构的准备金越多，其创造信用的能力就越强，反之则越弱。准备金的增加意味着市场银根宽松；准备金的减少，则意味着市场银根紧缩。因此，以准备金为操作指标，有利于监测政策工具的调控效果，并及时调节和控制其方向和力度。

（二）操作指标与中介指标的配合

中央银行选择的中介指标和操作指标既要与其政策工具密切相关，又要与货币政策最终目标紧密联系，中央银行通过对中介指标和操作指标的控制与调节，能够促使货币政策最终目标的实现。如果理想的中介指标是利率，则优先的操作指标将是短期利率；如果理想的中介指标是货币供应量，操作指标应选基础货币这样的储备总量。所以最佳操作指标的选择取决于中介指标的选择。例如，我国货币政策的操作指标选择：如果货币供应量是中介指标的话，操作指标就应为准备金或基础货币。

第二节 货币政策工具

中央银行必须采取相应的手段策略，即货币政策工具，才能实现既定的宏观调控目标。所以，货币政策工具是由中央银行掌握和具体实施的，它们的运用可对基础货币、银行储备、货币供给量、利率、汇率以及金融机构的信贷活动等产生直接或间接的影响。

在正常情况下，货币政策工具从其操作对象来划分，可分为三类：一般性货币政策工具、选择性货币政策工具和其他货币政策工具。其中，一般性货币政策工具是对货币供给量或信用总量或利率进行调节和控制，是最为主要的一类政策工具；选择性货币政策工具是指中央银行针对某些特殊的经济领域或特殊用途的信贷而采用的信用调节工具；其他货币政策工具又可分为两种——直接信用控制和间接信用指导。这些工具的实施通常是可以实现央行稳定经济运行的目标的，被称之为常规货币政策工具。然而，当出现金融危机时，金融体系停摆，无法将资本配置到生产用途中，造成投资支出骤减，经济崩溃，同时受到利率零下限问题的困扰，常规货币政策就失去了调控空间，因此需要采用非常规货币政策工具来刺激经济复苏。

一、常规货币政策工具

（一）一般性货币政策工具

为实现货币政策的最终目标，中央银行主要运用三个传统的货币政策工具——法定存款准备金政策、再贴现政策和公开市场操作对经济进行调控。这三个工具都是针对货币信用总量进行调节的，而不是对特种信用量的控制，所以，我们又将其称为一般性货币政策工具。

1.（法定）存款准备金政策

存款准备金政策是指中央银行通过调整法定存款准备金比率，来影响商业银行的信贷规模，从而影响货币供应量的一种政策措施。目前，凡是实行中央银行制度的国家，都实行法定存款准备金制度。它是一种威力强大、但不宜常用的货币政策工具。

法定存款准备金能够保证商业银行等存款型金融机构的资金流动性和现金兑付能力，为银行资产的流动性提供一个缓冲和保险装置，降低商业银行等金融机构发生流动性危机的可能性。法定存款准备金制度的建立对商业银行的存款创造能力规定了上限。在商业银行储备总量一定时，提高法定存款准备金率会减少其超额准备，从而降低商业银行的存款创造能力；当准备金率较大幅度上升以致完全消化了商业银行超额准备时，将迫使商业银行收回已贷款项和投资，货币紧缩的作用非常明显。

法定存款准备金政策作为一种货币政策工具，其优点在于它对所有存款型金融机构的影响是平等的，并且它对货币供给量有极强的影响力，力度大、见效快。但正是由于存款准备金率威力巨大，所以它不被当作日常的货币政策操作工具。存款准备金率的微小变化都会对银行信贷、货币供给及经济运行产生巨大的影响。于是，各国中央银行在使用这一政策工具时都比较谨慎。同时，存款准备金率是存款型金融机构日常业务统计和报表中的一个重要指标，频繁调整势必会扰乱这些机构正常的财务计划和管理。

值得注意的是，自 20 世纪 80 年代末 90 年代初开始，一些西方国家由于准备金率的调整会冲击短期利率中介目标以及《巴塞尔资本协议》关于资本充足率的监管已能覆盖准备金率的作用，因而逐步弱化了这一政策工具的地位，出现准备金率普遍降低的趋势，甚至取消了法定准备金制度。

就我国而言，法定存款准备金政策始于 1984 年中国人民银行成为真正的中央银行之后。最初十几年，我国的法定存款准备金率变动不大，但后来其作为一项重要调控工具却频繁变化，而且幅度较大，并呈现出持续变动的状态。关于我国法定存款准备金政策的变化情况可以通过有关网站提供的统计数据加以了解，这里不再赘述。当然，法定存款准备金率的每一次变动都与当时经济发展的情况密切相关。例如，1998 年为了应对当时亚洲金融危机对我国经济的影响，经国务院同意，中国人民银行决定对存款准备金制度进行改革，将原各金融机构在中国人民银行的“准备金存款”和“备付金存款”两个账户合并，称为“准备金存款”账户，同时法定存款准备金率从 13% 下调到 8%；而在 2008 年为了应对美国金融风暴的冲击，中国人民银行在 9—12 月期间连续 4 次下调法定存款准备金率，显示出强烈的货币政策转向信号，表明央行对经济冲击做出了迅速反应，为挽救经济下滑及时推出了适当的政策调控机制；又如 2011 年前 4 个月，人民银行 4 次提升法定存款准备金率，表现了货币政策为应对通货膨胀而加强控制信贷投放规模所做出的调整；2020 年为应对新冠疫情冲击，中国人民银行采取的一系列应对措施中就包括 3 次降准，释放出长期流动资金 1.75 万亿元。

拓展阅读 14-3

差别存款准备金政策

中国人民银行于 1984 年开始专门行使中央银行职能时，即建立了存款准备金制度。2003 年以来，金融机构贷款进度较快，部分银行扩张倾向明显，一些贷款扩张较快的银行，资本充足率及资产质量等指标有所下降。因此，借鉴国际上依据金融机构风险状况区别对待和及时校正措施的做法，中国人民银行从 2004 年 4 月 25 日，开始实行差别化政策，至此我国存款准备金率告别了"一刀切"时代。2008 年 9 月，大型金融机构与中小型金融机构的存款准备金率开始出现 1%—2% 的差别，体现出国家对于中小型金融机构的扶持和对金融市场多元化发展的支持。(参见图 14-2)

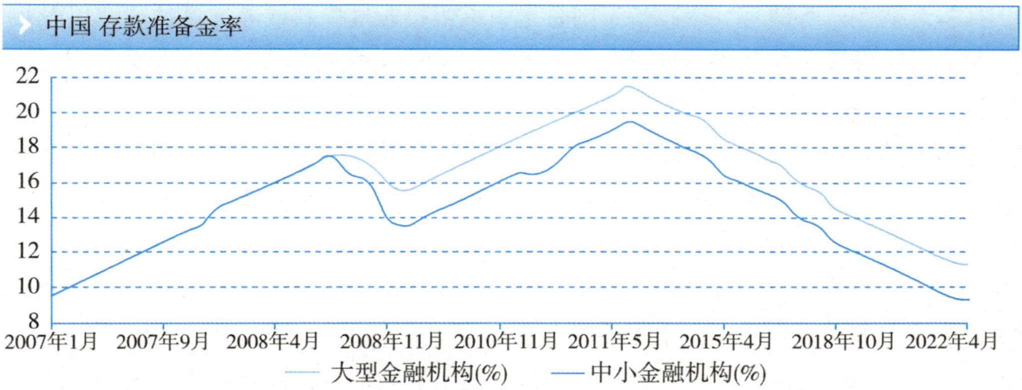

图 14-2　我国法定存款准备金率变动情况（2007 年 1 月—2022 年 4 月）

注：本图节选自东方财富网，具体参见网址 https://data.eastmoney.com/cjsj/ckzbj.html。

所谓差别存款准备金率制度，就是金融机构适用的存款准备金率要与其资本充足率、资产质量状况、金融机构内控状况等指标挂钩。中国人民银行主要关注的是资本充足率和资产质量状况，金融机构资本充足率越低、不良贷款比率越高，适用的存款准备金率就越高；反之，金融机构资本充足率越高、不良贷款比率越低，适用的存款准备金率就越低。不过，现实中差别存款准备金率还可以在很多情况下实施，例如在 2008 年 9 月 25 日的法定存款准备金率下调中，中国人民银行规定下调中小金融机构人民币存款准备金率 1 个百分点，对汶川地震灾区的金融机构存款准备金率下调 2 个百分点，而大型金融机构并不做相应的调整，再次使用了差别化的存款准备金政策，凸显了货币当局对经济有保有压的结构型调控意图，有利于缓减中小企业经营压力，保持经济平稳健康发展。又如，2015 年 4 月 20 日起下调各类存款类金融机构人民币存款准备金率 1 个百分点，但在此基础上，对农信社、村镇银行等农村金融机构额外降低人民币存款准备金率 1 个百分点，对中国农业发展银行额外降低人民币存款准备金率 2 个百分点，对符合审慎经营要求且“三农”或小微企业贷款达到一定比例的国有银行和股份制商业银行可执行较同类机构法定水平低 0.5 个百分点的存款准备金率。显然这种差别化的降准，是为了进一步增强金融机构支持结构调整的能力，加大对小微企业、“三农”以及重大水利工程建设等的支持力度。

2. 再贴现政策

中央银行通过贴现窗口向商业银行提供的贷款，即为再贴现贷款，其利率就是再贴现率。相对于市场利率而言，再贴现率是一种官定利率，常用来表达中央银行的政策意向，具有短期性。所谓再贴现政策，则是指中央银行通过提高或降低再贴现率以及规定有关的可再贴现票据的资格，来影响商业银行的信贷规模和市场利率，以实现货币政策预期目标的一种手段。

再贴现率的变动影响商业银行从中央银行获得贷款的成本，从而影响超额准备金的数量和其贷款规模。当再贴现率提高时，商业银行的再贴现贷款成本上升，将减少再贴现贷款，其超额准备金相应减少，如果准备金不足，商业银行只能收缩对客户的贷款和投资规模，社会的货币供给量将会减少。随着市场货币量的减少，市场利率会上升，社会对货币的需求也相应减少。如果中央银行降低再贴现率，则发生一个相反的反应过程。除此之外，中央银行还可以通过规定再贴现票据的种类，决定何种票据具有再贴现资格，进而影响商业银行的资金投向，并可以通过对要求再贴现的票据实行差别再贴现率，从而影响各种再贴现票据的再贴现数量与成本，使货币供给与中央银行的货币政策意图相符合。

可见，再贴现政策的效果体现在两个方面：一是再贴现率的变动在一定程度上反映了货币政策变动方向和力度，具有告示作用；二是通过再贴现率和再贴现票据资格的变动，可以影响商业银行的资金成本和超额准备，进而影响其投融资决策。不过，这种政策工具的效果在现实中存在很大的不确定性，主要原因在于在实施过程中，中央银行不具有足够的主动性，再贴现行为是否发生以及规模变化取决于商业银行而不是中央银行，再加之再贴现利率的调整还要受到一定限制，进一步增加了告示效应的不确定性。于是，近些年来，再贴现政策更多地被中央银行用于履行其“最后贷款人”的职能，以防止金融恐慌的出现和蔓延。

在我国的货币政策工具中与再贴现有近似功能的还有再贷款，其历史可以追溯至

20 世纪 80 年代，彼时主要用于短期资金融通和不良资产处置。但是，从 2014 年开始，随着《关于调整再贷款分类的通知》正式发布，再贷款被分为四类，即流动性再贷款、信贷政策支持再贷款、金融稳定再贷款和专项政策性再贷款，从而使得再贷款工具的功能变得更加丰富，也能更好地发挥央行引导资金流向、调整信贷结构的作用。

3. 公开市场业务

公开市场业务（也称“公开市场操作”），是指中央银行通过在市场上以平等的经济主体身份，公开买进或卖出有价证券（特别是政府短期债券）来投放或回笼基础货币，以控制货币供应量，并影响市场利率的一种行为。公开市场操作在金融市场发达国家是最重要的、也是最常用的货币政策工具。我国从 20 世纪 90 年代后期开始逐步增加对公开市场操作工具的使用，这也是目前我国央行极为重要的一种货币政策工具。

公开市场操作有两种基本方式：永久性储备调节和临时性储备调节，前者是指中央银行根据经济长期发展的需要，在市场中公开单向性地买进或卖出证券，从而使商业银行的储备在一个较长时期内增加或减少。后者是指中央银行为了消除一些偶然因素对银行储备造成的影响，通过回购性的操作，使银行储备在短期内得到临时性调节，但不会影响银行储备的累计总量。

中央银行在公开市场上买进证券会增加商业银行等存款型金融机构的准备金，扩大基础货币，从而增加货币供应；中央银行在公开市场上卖出证券，会缩小基础货币，从而减少货币供应。同时，中央银行通过在公开市场上买进或卖出证券还可以影响利率水平和利率结构。中央银行买进证券时，该种证券的需求增加，证券价格会上升，相应的利率将降低；另一方面，中央银行买进证券的行为使货币供给增加，市场利率会下降。当中央银行卖出证券时，利率水平将会发生相反的变化。此外，中央银行在金融市场上买卖不同的有价证券，可以直接改变市场上不同证券的供求状况，从而使利率结构发生变化。

与前两种政策工具相比，公开市场操作具有明显的优越性：

（1）主动灵活。公开市场操作的主动权完全在中央银行手中，央行完全可以控制公开市场买卖的规模，并且可以随时根据情况的变化，连续地调整自己公开市场操作的方向、规模和时机，不会使经济发生猛烈的波动。

（2）操作具有双向性，易于逆转。在公开市场操作中，中央银行既可以买入有价证券，也可以卖出有价证券，既可以作正回购协议，也可以作逆回购协议，所以当公开市场操作出现错误时，中央银行可以立即逆向使用这一工具加以纠正。

（3）可实现数量、价格同时调整。如前所述，公开市场操作不仅可以直接影响货币供应量，还可以影响市场利率的平均水平和结构，同时实现价量调控。

但是，公开市场操作要有效地发挥其作用，还必须具备一定的条件：一方面，需要存在一个成熟发达的金融市场，不仅市场规模要大，而且可用以操作的有价证券种类要足够丰富；另一方面，公开市场操作的技术性很强，同时还需要其他政策工具的配合。

（二）选择性政策工具

传统的三大货币政策工具主要是通过对货币总量的调节，进而影响宏观经济运行。但是，在现实经济中，并不总是整个宏观经济出现问题，有时只是个别领域的信用需要加以调节，于是选择性货币政策工具应运而生。这类工具是中央银行针对某些特殊的经济领域或特殊用途而采用的信用调节工具，一般包括消费信用控制、证券市场信用控制和不动产信用控制和优惠利率等。

1. 消费信用控制

消费信用控制是指中央银行对消费者就不动产以外的耐用消费品分期购买或贷款的管理措施，目的在于影响消费者对耐用消费品有支付能力的需求。在消费过度膨胀时，可对消费信用采取诸如首期付款最低限额规定、消费信贷最长期限规定、可用消费信贷购买的耐用消费品种类规定等一些必要的管理措施，从而达到有效控制消费信用的膨胀的目的。相反，在经济衰退，消费萎缩时，则应放宽甚至取消这些限制措施，以提高消费者对耐用消费品的购买能力，刺激消费的回升。

2. 证券市场信用控制

证券市场信用控制是中央银行对有关证券交易的各种融资行为进行限制，目的在于遏制证券交易的过度投机，同时又不至于引起金融市场的剧烈波动。例如，规定一定比例的保证金率或规定保证金限额。

3. 不动产信用控制

不动产信用控制指中央银行对商业银行等金融机构在房地产方面贷款的限制措施，其目的主要在于限制房地产投机，抑制房地产泡沫。2010 年初，中国人民银行根据国务院办公厅发布的《关于促进房地产市场平稳健康发展的通知》规定实行差别化的住房信贷政策，这一政策就是一种比较典型的不动产信用控制措施。

4. 优惠利率

优惠利率指中央银行对国家拟重点发展的某些部门、行业和产品规定较低的利率，以鼓励其发展，有利于国民经济产业结构和产品结构的调整和升级换代。优惠利率主要配合国民经济产业政策使用。现实中，不仅发展中国家多会运用优惠利率，发达国家也普遍采用。

（三）其他货币政策工具

1. 直接信用控制

直接信用控制是指中央银行以行政命令或其他方式，从总量和结构两个方面，对金融机构尤其是商业银行的信用活动进行的直接控制。其手段包括利率上限、信用分配、流动性比率管理和直接干预等。

最常见的直接信用管制工具就是规定存贷款的利率最高限制，如 1980 年之前美国的《Q 条例》。信用分配，是指中央银行根据金融市场状况及客观经济需求，分别对各个商业银行的信用规模加以分配，限制其最高数额。规定商业银行的流动资产和存款的比率——流动性比率，目的也在于限制商业银行的信用扩张。直接干预，指中央银行直接对商业银行的信贷业务放宽范围等加以干预。

2. 间接信用指导

间接信用指导是指中央银行通过道义规劝、窗口指导等办法间接影响商业银行的资产投放和信用创造。道义劝告是指中央银行利用其声望和地位，对商业银行和其他金融机构发出通告、指示或与各金融机构的负责人进行面谈，通过交流沟通促使商业银行和其他金融机构自动采取相应措施来贯彻执行中央银行的政策。窗口指导则是中央银行根据产业行情、物价趋势和金融市场动向，规定商业银行的贷款重点投向和贷款变动数量等，并要求其执行。

间接信用指导的优点是较为灵活，但其发挥作用的大小，取决于中央银行在金融体系中是否具有较强的地位、较高的威望以及是否拥有足够的控制信用的法律权利和手段。

二、非常规货币政策工具①

金融危机前，发达经济体主要采用的是以动态 IS 曲线、菲利普斯曲线和泰勒规则为主要内容的“新共识”货币政策框架，央行根据前两者得出产出与通胀的波动情况，再凭借泰勒规则决定利率的变动。危机前的大缓和时期，“新共识”框架在理论和实践两方面均得到了巨大的发展，泰勒规则的有效性也奠定了利率在货币政策工具中的关键地位。然而，金融危机爆发后，传统的、常规的货币政策工具在实践中遭遇了持续性的失灵，凸显出利率工具的局限性，实践和理论两个方面同时推动了非常规货币政策工具的兴起。从提供流动性、购买资产和对未来货币政策行动的承诺等动机出发，可以将目前出现的非常规货币政策工具划分为以下三类：

（一）提供流动性的工具

在金融危机中，常规货币政策难以解决金融市场面临的流动性骤减难题，于是很多西方国家的央行为了向金融市场提供流动性支持，前所未有地为扩大贷款提供便利，推出了很多新型的贷款项目。较为重要的主要有以下三类：

一是定期拍卖工具（Term Auction Facility，简称 TAF）。其具有公开市场操作和贴现窗口的特征，但与贴现窗口的不同在于 TAF 采用完全竞争式的拍卖方式，且拍卖利

---

① 弗雷德里克・S. 米什金:《货币金融学(第十一版)》,郑艳文、荆国勇译,中国人民大学出版社,2016,第 297—301 页。

率也是市场化的利率。在2007年12月17日至2008年4月21日，美联储使用了10次TAF操作，且从具体实施结果看，商业银行获得28天期的TAF利率略低于从贴现窗口借贷的利率，一定程度上化解了商业银行不愿进行贴现窗口操作所导致的信贷紧缩，并通过维持商业银行的借贷能力稳定了金融市场信心。

二是短期证券融资工具（Term Securities Lending Facility，简称TSLF）。作为旨在缓解信贷市场流动性紧张的TAF工具的补充，美联储于2008年3月设立了TSLF，允许一级证券交易商以抵押证券或其他证券为担保参与拍卖借出国债，并通过销售国债取得流动性。在具体实施中，TSLF接受的抵押品范围逐步扩大，抵押品从一开始的AAA级证券扩容至信用卡贷款、商业地产等风险程度偏高、流动性较差的证券，TSLF的初始期限为28天，后延期至84天，美联储合计提供超过2000亿美元的国债。

三是商业票据融资工具（Commercial Paper Funding Facility，简称CPFF）。CPFF是美联储在雷曼兄弟破产后为应对美国票据市场成交量下滑而设立的融资工具，目的在于为美国的商业票据市场提供流动性。CPFF有效扩大了美联储再贴现的范围，涵盖了从传统商业银行到地方政府和实体企业等领域，并为美国商业票据发行人和公司提供担保，帮助金融中介增加对美国企业和房地产市场的放贷意愿，消除雷曼兄弟破产带来的金融市场扭曲。

除此之外，各国央行在实践中还改良创新出了其他一些非常规政策工具，如欧盟的长期再融资操作（Long-Term Refinancing Operation，简称LTRO）、日本的互助性存款便利（Complementary Deposit Facility，简称CDF）、美联储的资产支持商业票据货币市场基金流动性工具（Asset-Backed Commercial Paper Money Market Mutual Fund Liquidity Facility，简称AMLF）、一级交易商信贷工具（Primary Dealer Credit Facility，简称PDCF）、固定期限贴现窗口计划（Term Discount Window Program，简称TDWP）和定期资产支持证券贷款工具（Term Asset Lending Facility，简称TALF）等。这些创新工具都是在常规货币政策传导有效性受阻的背景下，通过对传统政策工具的改进来增加银行间的流动性、维持金融稳定而推出的。

（二）大规模资产购买

通常情况下，中央银行的公开市场操作只买入政府国债，特别是短期国债。然而，在危机期间，以美联储为代表的西方国家央行发起了大规模的资产购买项目（Large-Scale Asset Purchases，通常被称为LSAP），以降低特定类型信贷工具的利率。以美联储为例，2008年12月设计了政府发起机构购买项目，购买了由房利美和房地美担保的总计1.25万亿美元的抵押支持证券，希望能够刺激抵押支持证券市场，降低住房抵押贷款的利率，推动房地产市场发展；2010年12月，美联储宣布将购买6000亿美元的长期国债（被称为QE2，即量化宽松政策的升级版），目的是降低长期利率，进而增加投资、刺激经济；2012年9月，美联储公布第三个大规模资产购买项目，包含 400 亿美元的抵押支持证券和 450 亿美元的长期国债，且表示只要劳动力市场没有显著改善，购买计划将持续进行下去。

美联储通过给金融市场提供流动性，大规模购买资产项目，导致资产负债表出现前所未有的四倍扩张。（参见图 14-3）

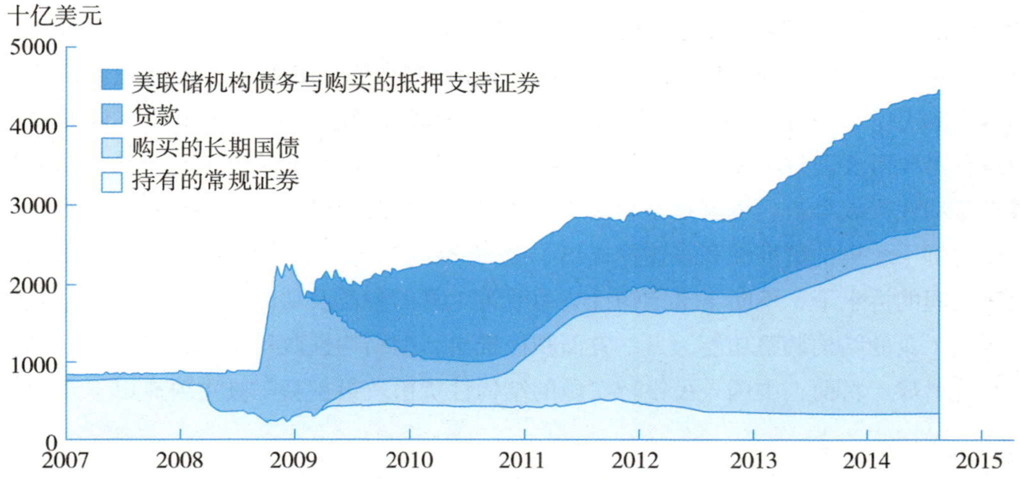

图 14-3　美联储资产负债表的扩张（2007—2014 年）

注：本图摘自弗雷德里克·S. 米什金《货币金融学（第十一版）》第 298 页图 15-7。

（三）前瞻性指引和对未来货币政策行动的承诺

回顾之前学习过的利率期限结构的预期理论，曾提到长期利率等于债券有效期内市场预期短期利率的平均值，于是货币当局的决策者认为，虽然金融危机后短期利率无法降低到低于零的水平，但是如果央行承诺未来较长时期内都保持短期利率的零水平，则可以降低市场对未来短期利率的预期值，从而带动长期利率下降。哥伦比亚大学的迈克尔·伍德福特教授将这种策略称为预期管理（Management of Expectations），但更多的学者称之为前瞻性指引（Forward Guidance）。

这种对未来货币政策行动的承诺有两种类型：附加条件的和不附加条件的。如果央行承诺在未来一定期间内保持利率零水平，意味着央行会根据其对未来经济运行情况的预测而做出决定，因此在经济环境发生变化后，央行很可能就会放弃当前的承诺，这就是附加条件的承诺。如果央行做出的是不附加条件的承诺，则会直接声明保持基准利率的零水平，而不会意味着该政策会根据经济状况的变化而调整。显然，不附加条件的承诺效力要强于附加条件的承诺，会对长期利率产生更大的影响。不过，其缺点也很突出，就是即使经济环境发生变化，放弃原有的承诺会产生更好的效果，货币当局也不能食言，仍要履行承诺。

三、我国的结构性货币政策工具

结构性货币政策是指中央银行为了促进经济的快速有效协调发展，采取的不同于统一货币政策的有差异化的货币政策。由于我国不同行业、不同区域的发展存在显著的不均衡情况，央行在实施货币政策时无法一视同仁，应针对不同行业、不同区域的发展需求来制定相应的货币政策。2014 年以前，我国的货币投放主要渠道是外汇占款，但 2014 年以后，我国国际收支双顺差增长的趋势有所下降，导致外汇流入不断减少，人民银行不再需要通过不断购买外汇来稳定人民币汇率，于是陆续启动了全新的基础货币或者流动性投放渠道，也就是创新型流动性工具。与此同时，近些年来我国经济环境的变化对货币政策的精准性和直达性提出了更高的要求，促使我国央行在珍惜正常的货币政策空间的诉求下，不断丰富结构性货币政策工具的种类及功能，一方面拓展常规性货币政策工具的结构调整功能，另一方面积极推出新型结构性政策工具，以应对日趋复杂的经济形势。目前，中国人民银行实施的结构性货币政策创新工具主要有以下几种：

（一）常备借贷便利

常备借贷便利（Standing Lending Facility，SLF）是全球大多数中央银行都设立的一种货币政策工具，不过在不同的国家有不同的名称。2013 年初，中国人民银行借鉴国际经验，也在我国创设了这一工具，主要功能是满足金融机构短期的大额流动性需求，属于我国央行正常的流动性供给渠道；对象主要为政策性银行和全国性商业银行，期限在 1—3 个月；利率水平根据货币政策调控、引导市场利率的需要等综合确定。

常备借贷便利由金融机构主动发起，根据自身流动性需求提出申请，然后由中央银行与金融机构“一对一”交易，具有很强的针对性；在具体形式上，常备借贷便利以抵押方式发放，合格的抵押品主要是高信用评级的债券类资产及优质信贷资产等。

（二）中期借贷便利

当前，我国的银行体系流动性管理不仅面临来自资本流动变化、财政支出变化及资本市场 IPO 等多方面的扰动，同时也承担着完善价格型调控框架、引导市场利率水平等多方面的任务。为保持银行体系流动性总体平稳适度，支持货币信贷合理增长，中央银行需要根据流动性需求的期限、主体和用途不断丰富和完善工具组合，以进一步提高调控的灵活性、针对性和有效性。于是，2014 年 9 月，中国人民银行创设了中期借贷便利（Medium-term Lending Facility，MLF），其利率发挥中期政策利率的作用，通过调节向金融机构中期融资的成本来对金融机构的资产负债表和市场预期产生影响，引导其向符合国家政策导向的实体经济部门提供低成本资金，促进社会融资成本的降低。

中期借贷便利的对象为符合宏观审慎管理要求的商业银行、政策性银行，可通过招标方式开展。发放方式为质押方式，并需提供国债、央行票据、政策性金融债、高等级信用债等优质债券作为合格质押品。2019 年 8 月，在中国人民银行发布的改革完善贷款市场报价利率（Loan Prime Rate，LPR）形成机制的公告中，明确指出中期借贷便利利率是决定 LPR 的一个重要基础，是我国深化利率市场化改革、提高利率传导效率的一个重要举措。

2018 年 12 月，中国人民银行为加大对小微企业、民营企业的金融支持力度，决定创设定向中期借贷便利（Targeted Medium-term Lending Facility，TMLF），根据金融机构对小微企业、民营企业贷款增长情况，向其提供长期稳定资金来源。TMLF 与 MLF 的主要区别有三个方面：（1）期限不同，MLF 是三个月至一年期，TMLF 是一年期，可续作两次，最长三年期。（2）利率不同，TMLF 的操作利率比 MLF 利率优惠 15 个基点。（3）操作对象不同，MLF 的操作对象更广泛，更具有普适性，主要目的是补充基础货币，而 TMLF 最突出的特点就是定向投放，操作对象更看重金融机构对增加小微企业、民营企业贷款的能力，因为 TMLF 是央行为了支持实体经济，引导银行增加对小微企业和民营企业贷款而专门设立的，因此支持实体经济力度大、符合宏观审慎要求的大型商业银行、股份制商业银行和大型城市商业银行，均可向人民银行提出申请。

（三）抵押补充贷款

2012 年下半年以来，我国外汇占款增速就开始放缓且波动性逐步加大，对基础货币投放格局产生影响，央行流动性管理逐渐具备了从过去十余年的被动对冲外汇流入向主动管理转变的条件，货币政策调控框架也需要逐步从数量型向价格型转变。2014 年 4 月，为了支持国民经济重点领域、薄弱环节和社会事业发展，中国人民银行创设了抵押补充贷款（Pledged Supplementary Lending，PSL），主要目的是借 PSL 的利率水平来引导中期政策利率，以实现央行在短期利率控制外，对中长期利率水平的引导和掌控。

在我国，有很多像基础设施建设、民生支出类的信贷投放，往往具有政府一定程度担保但获利能力差的特点。如果商业银行基于市场利率水平自主定价，则不能满足这类信贷需求。央行 PSL 的推出将引导中期政策利率水平，很大程度上能够直接为商业银行提供一部分低成本资金，进而引导这些资金投入上述领域，最终起到降低这部分社会融资成本的作用。可见，PSL 作为一种新的政策工具，兼具量和价两个层面，前者体现为基础货币投放的新渠道，后者则是指通过商业银行抵押资产从央行获得融资的利率，引导中期利率。

总之，央行通过 PSL 可以调节向金融机构融资的成本，引导其向需要提供支持的实体经济部门注入低成本流动性，以降低特定实体经济部门的融资成本。

（四）定向降准

顾名思义，定向降准（Targeted Cuts to Required Reserve Ratios）就是针对某金融领

域或金融行业进行的一次央行货币政策调整，目的是降低其存款准备金率。定向降准属于金融支持实体经济的正向激励举措，与全面降准相比，它更具有针对性，有利于将金融资源更好地投放到“三农”、小微企业等薄弱环节，从而促进经济结构的调整。

在面对中美贸易摩擦的外部冲击，以及内部金融数据走弱、货币政策收紧预期的背景下，中国人民银行于 2019 年 5 月推出“三档两优”存款准备金率框架与定向降准，用以优化货币政策的结构性调控效应。其中，“三档两优”是中国人民银行首次明确提出的存款准备金制度框架，旨在简化、明确存款准备金率结构，提高流动性调节的精准性。在该框架下，第一档是大型银行，实行高一些的存款准备金率，体现防范系统性风险和维护金融稳定的要求；第二档是中型银行，实行较低一档的存款准备金率；第三档则是服务县域的银行，即将县域农商行与农村信用社、农村合作社、村镇银行等农村金融机构合并为这一档，实行较低的 8% 存款准备金率。“两优”是指在三个基准档次的基础上还有两项优惠：一是大型银行和中型银行达到普惠金融定向降准政策考核标准的，可享受 0.5 个或 1.5 个百分点的存款准备金率优惠；二是服务县域的银行达到一定比例的新增存款用于当地贷款考核标准的，可享受 1 个百分点存款准备金率优惠。

“三档两优”的存款准备金政策框架确立后，人民银行对金融机构的引导作用更明确，定向降准、定向优惠成为常态机制，货币政策调控的灵活性、精准性更高，操作性也更强。据人民银行公告，2019 年 5 月和 9 月的两次定向降准释放资金分别约为 2800 亿元和 1000 亿元，且这些释放资金全部用于发放民营和小微企业贷款，体现出央行对逆周期调节的灵活性；同时，央行主要对后两档尤其是中型银行实施定向降准，在促进小微、民营企业信贷增量的同时，信用派生效果也更理想，体现了央行政策调控的精准性。

（五）其他结构性创新工具

中国人民银行根据经济形势的变化，在确保实现“总量适度”和“结构精准”的稳健货币政策指引下，不断推出新的政策工具，一方面定向支持我国在经济转型和产业结构升级过程中的特定行业和重点领域的发展，另一方面在货币总量合理充裕的条件下，尽可能解决金融机构结构性流动性短缺的问题。所以，除了上述比较常见的几种结构性货币政策工具之外，在我国的货币政策调控手段中，还推出了其他一些新工具，例如作为公开市场常规操作的必要补充，在银行体系流动性出现临时性波动时相机使用的公开市场短期流动性调节工具（Short-term Liquidity Operations，SLO）；为缓解银行“惜贷”现象、改善企业融资状况和货币政策传导机制而推出的民营企业债券融资支持工具 CRMW①；以缓解债务周期下行、银行资产回表的压力而于 2019 年初推出的央行票据互

① 中国人民银行于 2018 年 10 月推出该工具，旨在通过分散风险、提供担保等方式提升投资者认购债券意愿；同时工具箱提供的担保和保险等功能可控制风险稳步释放，改善企业融资状况，改善货币政策在金融市场中的传导机制。

换 CBS①；等。

近几年，两大热点备受世界各国关注，一是新冠疫情席卷全球，二是低碳绿色经济发展趋势。为对冲新冠疫情冲击，我国央行于 2020 年 6 月推出 400 亿普惠小微企业贷款延期支持工具和 4000 亿普惠小微企业信用贷款支持计划，以稳定就业、支持小微企业复工复产和缓解企业资金压力。两个贷款延期工具都实现了大规模的低息释放资金，表现出显著的结构性宽信用特征。而在国际减排的大环境下，为实现双碳目标，碳减排领域需大量资金的支持与引导毋庸置疑；同时，当前中国处于经济底部未现、金融底部将确认的过渡期，货币政策仍倾向于结构性宽松。因此，央行于 2021 年 11 月推出碳减排支持工具，以精准为绿色项目提供支持，是属于类再贷款的结构性货币政策工具，主要特征包括："先贷后借" 机制，期限 1 年（可再展期 2 年），发放对象目前仅限于国有银行和股份制银行等全国性金融机构，金融机构自担风险。

拓展阅读 14-4

我国结构性货币政策工具的作用表现②

今天的中国面临着新冠疫情冲击不断、如何实现双碳目标以及科技强国与应对人口老龄化等核心问题，为此中国人民银行主动作为、靠前发力，积极发挥好货币政策工具的总量和结构双重功能，提高政策精准导向和直达性，助力困难行业和小微企业纾困发展，强化对实体经济的支持力度，以保持经济运行在合理区间。这其中，结构性政策工具发挥了极其重要的作用，具体表现如下：

首先，再贷款再贴现工具为受新冠疫情影响较大的行业提供差异化金融支持，有效支持实体经济恢复发展。新冠疫情以来，人民银行持续加大了再贷款再贴现的政策支持力度。2021 年末，做好两项直达实体经济货币政策工具的接续转换工作，将普惠小微企业贷款延期支持工具转换为普惠小微贷款支持工具，按照普惠小微贷款余额增长给予 1% 的激励资金，将普惠小微企业信用贷款支持计划并入支农支小再贷款管理。2022 年以来，在支持普惠金融的基础上，通过再贷款再贴现政策加强对受疫情影响较大的批发零售、住宿餐饮、物流运输、文化旅游等行业的支持。2022 年 3 月末，全国再贷款再贴现余额达到 2.47 万亿元，同比增加 5263 亿元，其中支农再贷款余额 5161 亿元，同比增加 739 亿元；支小再贷款余额 1.3 万亿元，

① 在信用传导机制不畅、债务周期下行以及监管政策对表外业务存在一定压制力度的大环境下，表外回表和信贷增长都要求银行补充资本以满足资本充足率的约束，而永续债是银行补充一级资本的重要渠道。于是，2019 年初，中国人民银行创设了 CBS，为银行发行永续债提供流动性支持，助力银行补充资本，提高银行放贷、资产回表的能力，加强信贷传导效果。

② 摘自"中国人民银行"微信公众号《政策研究|结构性货币政策工具精准出击 助力市场主体纾困和实体经济发展》，2022 年 5 月 6 日。

同比增加4020亿元；再贴现余额6247亿元，同比增加503亿元。

其次，碳减排支持工具和支持煤炭清洁高效利用专项再贷款加速落地，助力绿色经济发展，科学有序实现碳达峰、碳中和目标。为了助力“双碳”目标的实现和能源结构的平稳转型，2021年11月，人民银行双管齐下地推出了碳减排支持工具和2000亿元支持煤炭清洁高效利用专项再贷款，对符合条件的碳减排和煤炭清洁高效利用贷款本金分别提供60%、100%的再贷款支持，在支持清洁能源发展的同时，支持煤炭煤电的清洁高效利用。2022年5月初，人民银行又增加支持煤炭清洁高效利用专项再贷款额度1000亿元，支持煤炭开发使用和增强煤炭储备能力，保障能源安全稳定供应，支持经济运行在合理区间。

两项工具并行实施以来，人民银行通过两项工具累计发放资金共1611亿元，其中碳减排支持工具为1386亿元，支持煤炭清洁高效利用专项再贷款为225亿元，分别支持金融机构向碳减排和煤炭清洁高效利用领域发放符合要求的贷款2310亿元、225亿元。

最后，创设科技创新和普惠养老两项专项再贷款，支持科技强国和应对人口老龄化战略。按照国务院常务会议决定，人民银行于2022年4月底推出科技创新和普惠养老两项专项再贷款政策，新的两项专项再贷款聚焦新发展阶段中的重点任务。

在新的历史阶段中，科技创新的重要性更加凸显。人民银行创设科技创新再贷款，对于符合要求的科技创新贷款按贷款本金的60%予以低成本再贷款资金支持，引导金融机构进一步加大对科技创新企业的支持力度，为提升我国科技自主创新能力助力。

当前，我国人口老龄化进入快速发展阶段，除政策性、市场化养老模式外，面向普通人群的普惠性养老服务仍有较大缺口。人民银行设立普惠养老专项再贷款，对于符合要求的普惠养老贷款按贷款本金的100%予以低成本再贷款资金支持，引导金融机构向普惠型养老机构提供优惠贷款，降低养老机构融资成本，增加普惠养老服务供给，有助于加快健全我国的普惠养老服务体系，实现“老有所养”。

总的来说，我国已形成一套适合国情的结构性货币政策体系。人民银行在总量性政策框架下灵活运用了各项结构性货币政策工具，根据不同经济发展时期的需要动态调整支持重点，对助力市场主体纾困和实体经济发展起到了重要支持作用。

第三节　货币政策传导机制

货币当局根据宏观经济运行的变化制定并运用相应的货币政策工具，首先会影响商业银行等金融机构的准备金、融资成本、信用能力和行为以及金融市场上资金的供给与需求状况，然后再通过金融机构和市场的行为变化去影响企业、居民等非金融部门的消费、储蓄和投资，最终通过这些经济主体的活动促使社会各经济变量，包括总支出量、总产出量、物价、就业等产生变化。整个过程就是货币政策传导的过程，这一过程是否顺畅、各环节能否发挥出应有的作用直接决定着货币政策的实施效果及其对经济的贡献度。

一、货币政策传导机制的含义

简单地说，货币政策传导机制就是货币当局从运用一定的货币政策工具到达到其预期的最终目标所经过的途径或具体的过程。中央银行在确定货币政策的最终目标之后，要选用一定的货币政策工具进行政策操作，然后经过操作变量、中介变量的变化，进而影响企业、个人和家庭的投资、消费行为，才能实现最终目标，这其中的逐次传递过程及其作用机制正是货币政策传导机制所要研究的内容。更通俗地讲，货币政策传导机制就是中央银行执行货币政策后，通过怎样的途径达到最终目标，图 14-4 反映了这一过程。

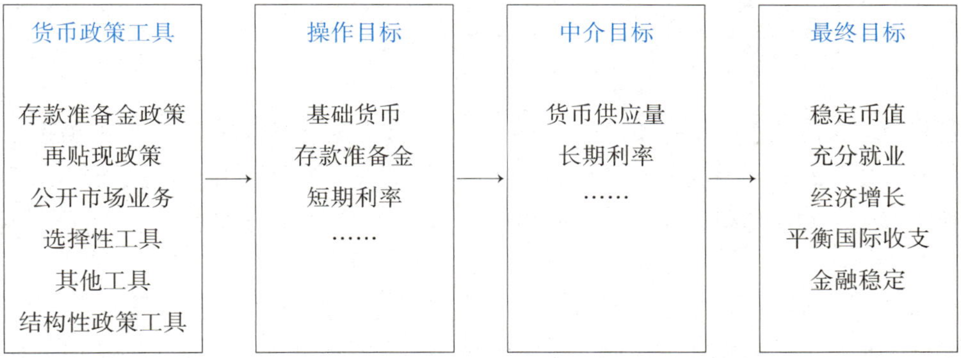

图 14-4　货币政策传导机制示意图

二、货币政策主要的传导机制理论

围绕货币政策传导机制，不同学派有不同的观点，这里依据推动经济增长的三驾马车——投资、消费和国际贸易，阐述主要的货币政策传导渠道。

（一）投资渠道

投资是国民经济增长的重要动力，因此通过货币政策的调控影响投资的变化，就会对整个经济的发展产生作用，进而实现最终目标。在已有的货币政策传导机制的研究中，早期凯恩斯学派的利率传导机制、货币学派传导机制、托宾 q 理论、可贷资金传导、信息不对称传导机制以及近些年出现的银行风险承担渠道都属于投资渠道的传导机制观点。

1. 凯恩斯学派的利率传导机制

这一学派的主要思想是，货币供给 M 的增加会使利率 i 下降，利率下降则促使投资 I 增加，投资增加又会引起产出 Y 的增长。其传导机制是：

$$M\uparrow \rightarrow i\downarrow \rightarrow I\uparrow \rightarrow Y\uparrow$$

显然，在这种传递机制中，如果流动性陷阱出现或是货币供给影响利率的流动性效应弱于其他效应，则货币供给 M 的增加并不能带来利率的下降，进而也就不可能引起投资的增加。同时，如果没有出现流动性陷阱，当投资的利率弹性非常低时，利率的下降也不会对投资的增加有明显的刺激作用，结果会导致增加货币供给，从而使刺激经济增长的货币政策失效或效果不明显。

2. 货币学派的货币传导机制

与凯恩斯学派不同，货币学派认为，利率在货币传导机制中并不发挥重要的作用，他们更强调货币供应量在整个货币政策传导机制上的直接效果。这一点与弗里德曼的货币需求思想密切相关，但货币学派仍然赞同投资对经济增长的重要性，只不过货币政策不是通过利率而是直接以货币供应量 M 作用在社会支出 E 上，再通过变化的支出 E 引起投资 I 的变化，并最终影响社会产出 Y 的变化。其传导机制是：

$$M\uparrow \rightarrow E\uparrow \rightarrow I\uparrow \rightarrow Y\uparrow$$

在货币主义者看来，$E\rightarrow I$ 的过程是资产结构的调整过程。如果货币供给超过人们意愿持有的货币，人们将会投资各种盈利性资产，包括金融资产和非金融资产。人们不同的投资取向会相应地引起不同资产的相对收益率发生变化，于是就会引起资产结构的调整。

3. 托宾 q 理论

耶鲁大学的詹姆斯·托宾发展了凯恩斯的理论，在货币政策传导机制中考虑到了资本市场上的资产价格，特别是股票价格对实际投资的影响，其基本思路是：货币数量的变化直接或间接地影响资产价格，而资产价格的变动又会导致实际投资发生改变，并由此进一步影响实体经济和产出。而资产价格特别是股票价格，之所以能够影响实际投资，是因为股票价格是对现存资本量的价值评估，是评判企业资本市场价值的依据，而企业资本的市场价值与企业资本的重置成本（即按现行物价进行新投资的成本）相比较，将会影响实际投资。于是，托宾提出了一个新的变量 q，将其定义为：q = 企业资本的市场价值/企业资本的重置成本，因此这一理论也被称为托宾 q 理论。

由定义可知，当 q 大于 1 时，企业资本的市场价值高于资本价格，意味着在新厂房和设备上的投资支出可以从发行公司股票上得到回收，并且还有盈余，这时，企业就会增加投资支出；反之，当 q 小于 1 时，企业资本的市场价值低于资本价格，如果这时企业想购买资本品，可以低价购买其他企业已存在的资本品，结果较少发生新投资品的购买，投资支出降低。整个传导机制表现为：

$$M\uparrow\rightarrow P_s\uparrow\rightarrow q\uparrow\rightarrow I\uparrow\rightarrow Y\uparrow$$

前面的论述表明 q 和投资支出 I 有正相关关系，那么为什么 q 的变化与普通股股票价格 P_s 也是正相关关系呢？举例说明，假如实行了扩张性货币政策，那么货币供给量就会增加，结果人们发现手中的货币比他们需要持有的要多，就会按照自己的偏好安排其金融资产，其中一部分货币必然流向股票市场，造成对股票需求的增加，股票价格 P_s 将会上升，于是企业资本的市场价值也会随之上升，在企业资本重置成本不变的情况下，托宾 q 也就增加了。

4. 可贷资金传导机制

货币政策影响投资支出的另一个渠道就是可贷资金。当中央银行采取宽松货币政策时，例如在公开市场上大量购买政府债券或降低再贴现率后，商业银行体系的超额准备金会增加，可用于发放贷款的资金增加。这时，企业的贷款需求就较容易得到满足，从而投资支出增加，投资增加又进一步引起国民收入的增长。反之，如果中央银行减少货币供应量，则有相反的结果。如果以 L 表示贷款量，那么可贷资金的传导渠道之一就是：

$$M\uparrow\rightarrow L\uparrow\rightarrow I\uparrow\rightarrow Y\uparrow$$

即使中央银行没有通过公开市场业务或调整再贴现率来改变商业银行的可贷资金量，在选择性的货币政策工具中，信贷渠道也会发挥重要的作用。当中央银行提高了证券保证金比率时，由于股票投资的贷款量会减少，股票价格会下跌，从而使托宾 q 值下降，这样，在资本市场上的收购活动会增加，全社会的实物资本支出总量会相应减少。反之，如果中央银行降低了证券交易保证金比率，那么，用于购买股票的贷款量增加，股票价格会上升，提高了托宾 q 值，因而，投资支出会增加。所以，可贷资金的另一条传导渠道就是：

$$\text{证券交易保证金比率}\uparrow\rightarrow\text{用于股票投资的贷款}\uparrow\rightarrow P_s\uparrow\rightarrow q\uparrow\rightarrow I\uparrow\rightarrow Y\uparrow$$

5. 信息不对称传导机制

信息经济学的产生引发了人们对信息问题的关注，在金融市场上，进行交易的双方之间并不总是处于信息完全和对称的环境下，交易的一方可能对另一方的情况并不太了解，于是做出的决策可能就会出现失误。交易之前会产生信息不对称下的逆向选择问题，而交易之后会产生信息不对称下的道德风险问题，所以信息不对称传导机制就是指货币政策通过影响股票价格，引起企业资产净值的变化，进而影响银行贷款过程中的逆向选择和道德风险的发生，从而改变投资支出的传递过程。

其传导过程表述如下：

$$M\uparrow\rightarrow P_s\uparrow\rightarrow\text{企业资产净值}\uparrow\rightarrow\text{逆向选择和道德风险}\downarrow\rightarrow\text{贷款}\uparrow\rightarrow I\uparrow\rightarrow Y\uparrow$$

6. 银行风险承担渠道

前述的可贷资金传导机制和信息不对称传导机制其实都凸显出银行信贷的特质以及

银行在金融体系中的重要作用，因此不少学者将它们都归于银行信贷渠道。基于价格黏性理论，经济学者们认为银行等经济主体是风险中立的，对于央行的货币政策只会被动接受。然而，2008年金融危机爆发以后，众多学者意识到以商业银行为代表的金融机构是有风险感知的，会不断主动改变自身的风险承担，于是考虑到商业银行对风险的敏感性，货币政策银行风险承担渠道浮出水面。简单地说，银行风险承担渠道是指货币政策利率的改变，影响了金融机构（主要是商业银行）对风险感知或承受能力，进而对其投资组合、信用风险定价及贷款决策产生影响，并最终对实体经济产生影响。例如，中央银行采取扩张性货币政策，增加货币供应，商业银行等金融机构在资金环境较为宽松的情况下，风险承担意愿和能力会有所提升，进而加大贷款规模，刺激投资，带动经济增长。

$$M\uparrow \rightarrow \text{银行风险承担}\uparrow \rightarrow L\uparrow \rightarrow I\uparrow \rightarrow Y\uparrow$$

显然，银行风险承担渠道和银行信贷渠道都是围绕着银行这一核心部门而阐述货币政策传导途径的，都强调了银行在货币政策传导机制中的重要作用，但这两种渠道存在着明显区别。银行信贷渠道强调信贷资金的充足性，隐含的假设是商业银行信贷资金总量完全取决于资金需求方，对于供给方的决策机制及风险承担意愿不需考虑；风险承担渠道则从市场参与者另一方的风险偏好及风险承担意愿，以及其主动决策的微观角度来分析对货币政策冲击的反应。最重要的是，通过风险承担渠道，货币当局的货币政策与金融稳定政策有理论上的连接桥梁，而银行贷款渠道则没有，银行贷款渠道仅仅考虑了“量”，而没有考虑“质”的因素。

（二）消费者支出渠道

除了投资，带动经济增长的要素还有消费，所以一些经济学家又通过货币政策对人们的收入、财富以及资产流动性的改变，联系到人们的消费支出的变化，进而影响实际经济。

1. 利率与收入渠道

货币供应量增加，会促使利率下降，储蓄意愿降低，消费者的支出增加。同时，货币供应量的增加会使人们的临时性收入增加，而根据恒久性收入原则，临时性收入增加，就会促使消费支出增加。反之，若中央银行利用货币政策减少货币供应量后，则会通过反向的渠道减少消费支出。如果以 C 表示消费支出，Y_t 表示临时性收入，则通过利率和收入的传导机制可表述如下：

$$M\uparrow \rightarrow I,\ Y_t\uparrow \rightarrow C\uparrow \rightarrow Y\uparrow$$

2. 金融资产价格变动下的财富效应传导渠道

储蓄生命周期理论表明，消费者是按时间均匀地安排他们一生的消费支出的，而决定消费者支出的是消费者的毕生财富，而不仅仅是当期的收入水平。消费者毕生财富包括所有的金融资产，如股票或债券等。所以，当股票和债券价格上升后，消费者的财富就会增加，这样就会扩大消费者的支出。因此，财富效应对消费者支出的影响渠道为：

$$M\uparrow\rightarrow P_s\uparrow\rightarrow\text{毕生财富}\uparrow\rightarrow C\uparrow\rightarrow Y\uparrow$$

3. 金融资产价格变动下的流动性效应传导渠道

流动性效应是指货币政策通过影响股票价格，使消费者持有的金融资产价值发生变化，进而改变其财务状况，影响其耐用消费品支出变化的政策效应。人们在进行耐用品消费时，通常会根据自己的资产负债状况得出一个关于资产流动性的判断，当预计到未来的财务状况比较困难时，一般都愿意持有流动性强的金融资产而不是流动性不足的实物资产，于是耐用消费品的需求就会下降，反之，则会增加对耐用消费品的需求。

一般来说，当股票价格上升时，金融资产的价值会上升，人们对发生财务困难的可能性的估计会降低，也就会愿意增加对耐用消费品的支出。这样，流动性效应的传递机制可以表述为：

$$M\uparrow\rightarrow P_s\uparrow\rightarrow\text{金融资产价值}\uparrow\rightarrow\text{财务困难的可能性}\uparrow\rightarrow\text{耐用消费品支出}\uparrow\rightarrow Y\uparrow$$

（三）国际贸易渠道

第二次世界大战之后，伴随着各国经济开放度的不断提高，经济全球化的趋势日益突出，进出口在经济中的地位越来越重要。浮动汇率的出现，则促使汇率对净出口的影响成为一个重要的货币政策传导渠道，这也是开放经济下的必然结果。所谓货币政策的国际贸易传导渠道，是指货币政策的变动通过货币供给量的改变影响到国内利率，而利率变化进而引起汇率变动，最后对净出口产生影响的过程。

一国若出现长期的货币供给增加，将会使国内的真实利率水平下降，并使国内物价水平上升，而这两个因素都会使汇率（以直接标价法计）上升，本国货币贬值。根据有关理论，一国货币贬值，则该国的出口上升，进口下降，净出口将增加，从而总产出会增加。反之，亦然。可见，国际贸易渠道的货币政策传导机制可以表述如下：

$$M\uparrow\rightarrow\text{利率}\downarrow\text{物价水平}\uparrow\rightarrow\text{本币汇率}\downarrow\rightarrow\text{净出口}\uparrow\rightarrow Y\uparrow$$

综上所述，尽管关于货币政策的传导渠道的观点很多，但都只是从某个角度描述了货币政策产生效应的某一个过程。在实际的货币政策实施过程中，由于经济运行的复杂性，可能某一种传导机制在某个国家或地区的某个时期能够非常有效地解释货币政策发生作用的过程，但绝不能由此就认为该种传导机制是有效的，其他渠道是无效的，更何况货币政策的传导机制是内生于经济运行中的。所以，对货币政策传递机制的理解不可失之偏颇。

三、我国货币政策传导机制的模式及特点[①]

经过几十年的改革，中国人民银行执行货币政策实现了从直接调控转向间接调控，

① 毛泽盛、卞志村：《中央银行学（第 2 版）》，人民出版社，2019，第 376—380 页。

货币政策传导开始从单纯的直接信贷传导向信贷、利率和资产价格多渠道、多途径传导过渡。与成熟市场经济国家相比，当前中国货币政策传导机制表现出如下特征：

（一）银行信贷传导仍是主渠道，但其作用正在逐步减弱

与发达市场经济国家不同，长期以来中国的一个重要金融特征是间接融资市场不发达，银行系统在全社会的资金配置中发挥着不可替代的作用，企业也主要通过间接融资方式获取投资所需的资金。从我国金融资产的构成看，银行信贷资产占金融资产总额的比重虽然总体上呈下降趋势，但截至 2021 年底仍然占到 50%①；而随着我国大力发展和完善股票市场，股票资产占比整体上呈上升趋势，债券占比也从 1998 年起开始上升，特别是地方政府债近些年发展速度很快，不过这其中大部分属于国债和政策性金融债，是国家运用稳健的财政政策的结果。总之，间接融资为主、直接融资为辅的金融结构特征决定了银行信贷渠道仍是当前中国货币政策传导的主渠道。

但是，通过很多统计数据也能清晰地看到，随着我国资本市场的快速发展，从 1998 年开始，各项贷款与广义货币 M_2 的比重呈现出逐年下降之势，这说明银行信贷渠道对货币政策的传导作用正在逐步减弱。同时，从近年来货币政策调控的结果来看，信贷渠道对企业和居民行为的调控效应也不甚明显：一是，近年来，面对通货紧缩，中国人民银行多次下调存款准备金率以扩大信贷规模，但银行表现为“惜贷”，而企业则表现为“惜借”，从而使这一时期的扩张性货币政策受阻；二是，自 2003 年开始，面对信贷的超常增长、流动性过剩以及通货膨胀的重新抬头，中国人民银行又先后十几次提高存款准备金率，并实行差别存款准备金率制，但紧缩的货币政策效应并不明显。

（二）通过利率传导的渠道仍受多种因素制约，但其作用正逐步增强

虽然对于美国、欧盟和日本等发达经济体而言，利率传导机制长期以来被当作最重要、最有效的传导渠道，但在中国，这一机制作用的发挥还需假以时日。当前，制约利率渠道作用正常发挥的因素主要有：（1）利率市场化程度。目前，中国货币市场利率、国债利率的市场化程度虽然已经比较高，但在银行存贷款利率等方面仍存在较多管制，商业银行难以根据不同借款者的风险特征收取不同的利率，而企业对利率的敏感程度也不高。（2）金融市场一体化程度。与发达国家相比，当前中国的货币市场仍不发达，市场分割较严重，货币市场利率与金融机构存贷款利率的联动机制尚未打通，中国人民银行难以找到准确的参照系，只能以试错法被动适应经济运行的变化，使利率调节总表

---

① 该数值的计算基础是中国人民银行网站发布的 2021 年金融机构贷款投向统计报告。2021 年末，金融机构人民币各项贷款余额 192.69 万亿元；同时，据中国人民银行初步统计，2021 年末，我国金融业机构总资产为 381.95 万亿元。

现为被动调节而非主动调节。(3) 人民币升值压力。近年来，中国的贸易顺差一直居高不下，在强制结售汇制下，人民币升值压力巨大，这影响了中国人民银行运用利率政策的独立性和灵活性。(4) 收入分配效应。利率调整会带来收入的再分配，这使得中国人民银行在制定利率政策时，除考虑货币政策外，还较多地考虑如何通过利率改变存款人、借款人和金融机构的收入分配格局。特别是在商业银行进入经营体制改革攻坚阶段后，为解决商业银行的历史包袱、保证改革的深入进行，必须对其进行适当的利益倾斜，这种考虑显然会束缚中国人民银行利率政策的制定和实施。不过，随着金融改革的推进和货币政策调控机制的转变，利率渠道在货币政策传导中的地位正日益提高。可以预见，这一渠道将成为中国未来货币政策传导的主渠道。

(三) 通过资产价格传导的作用不显著，其影响有待提高

货币政策影响股票价格，进而影响企业投资和居民消费是建立在成熟的资本市场这一基础上的。这一条件在当前的中国并不完全具备，相对于发达国家，中国的资本市场尚不成熟。主要反映在：资本市场功能错位，尚未形成有效的投资场所；市场规模小，对经济金融影响程度有限；资本市场结构不合理，市场体系结构和市场主体结构不合理，缺乏足够的机构投资者；一、二级市场价差仍然过大，股价波动在很大程度上受制于政策面和消息面的影响，宏观经济形势的好坏和公司业绩的优劣对股价总水平的影响较小；市场投机氛围太浓，大量社会游资追新股；等等。这些都严重制约了资产价格渠道作用的发挥。

(四) 汇率渠道作用扭曲，汇率制度和外汇管理制度改革迫在眉睫

人民币汇率制度几经变迁，形成了现有的有管理的浮动汇制，摒弃了使用行政手段干预汇率的做法，而是运用货币政策等经济手段间接地参与汇率水平的调节，但这只是向市场化迈出的一大步，与其目标仍有着一定的距离。目前，中国的外汇市场依然存在诸多问题，妨碍了货币政策的传导。主要表现在汇率形成机制的非市场因素扭曲了外汇供求，市场准入主体有限且交易工具单一，有管理的浮动汇率制僵化为固定汇率制，严格的资本管制引发资金违规流动，汇率与利率相关性过低等。

正是这些问题的存在限制了货币政策作用的发挥，使得近年来货币政策传导出现了以下扭曲：(1) 购买外汇投放人民币逐步成为基础货币供应的主渠道，只好通过发行中央银行票据进行对冲，造成货币政策操作目标十分被动。(2) 在货币政策较为宽松的情况下，中央银行却在公开市场上卖出证券，对信贷市场形成一定的紧缩效应，有悖于货币政策目标。(3) 企业和居民不能根据市场信号主动进行本币资产的结构调整，人为地割裂了货币市场和资本市场的直接联系，使得利率只能通过贸易和境内外资金流动影响国际收支，然后再影响国内货币供给和国内经济形势，削弱了利率传导机制的作用力度，扭曲了其作用方向。因此，为正常发挥汇率渠道的作用，汇率制度和外汇管理

制度改革已十分迫切。

（五）结构性货币政策下的传导渠道作用凸显，但结构调整任重道远

新常态下的中国经济面临多重结构失衡，传统的总量性货币政策调控难以解决产能过剩和产业结构优化转型等问题。在稳健货币政策导向下，中国人民银行加大结构性货币政策即定向宽松货币政策实施力度，通过普遍调控和精准调控的政策组合有效调控宏观经济，以期实现“保增长、促改革、调结构、惠民生”的政策目标。

中国人民银行迄今为止并没有通过金融市场对特定资产进行大规模购买，更没有大幅扩张央行资产负债表，其推行的结构性货币政策旨在直接降低特定行业的融资成本或直接增加特定金融机构的流动性。正如前文提到的结构性货币政策工具，我国央行通过这些工具的实施，正在逐步提高货币政策的精准导向和直达性效果，但是毕竟这些工具都是新型政策调控手段，其传导过程中涉及的诸多环节都可能发生意料之外的变化，而且中国的普通投资者对降准、降息等高调宽松措施较为敏感，却对借贷便利、抵押补充贷款等新政策工具了解还不多，所以中国人民银行的结构性货币政策的传导效果可能不如传统货币政策的那么明显。

第四节　货币政策效应

自 20 世纪 50 年代西方国家开始有意识地运用货币政策干预宏观经济以来，货币政策实施效果的好坏就成为人们关注的焦点，也是国内外学者们一直致力于研究的重要问题。因为制定和执行货币政策的根本目的就是通过一定的政策手段去有效地影响经济发展，所以货币政策效应问题可谓是整个货币政策研究的关键与核心。

一、影响货币政策效应的因素

（一）货币政策的时滞

时滞是影响货币政策效应的重要因素。任何政策从制定到获得主要的或全部的效果，必须经过一段时间，这段时间被称为时滞。如果时滞很长，则很难评判政策的效果，甚至政策本身是否成立都成了问题。根据发生的先后，时滞可分为内部时滞和外部时滞。

1. 内部时滞

货币政策的内部时滞是在货币政策的决策主体内部发生的，它是指作为货币政策决策和操作主体的中央银行从制定政策到采取实际行动所需要的时间。内部时滞又可以细

分为认识时滞和决策时滞。

认识时滞是指从现实经济运行客观上有实施货币政策的需要开始，到中央银行认识到确实需要实施货币政策所耗费的时间。这段时滞之所以存在，主要因为两点：一是搜集各种信息资料需要耗费一定的时间；二是对各种复杂的社会经济现象进行综合性分析，做出客观的、符合实际的判断需要耗费一定的时间。

决策时滞是指中央银行根据对经济形势的判断而需要制定货币政策所花费的时间。中央银行一旦认识到对经济活动需要采用某种货币政策措施解决矛盾，就要着手拟定政策实施方案，并按规定程序报批，然后才能公布及实施贯彻。决策时滞之所以存在，是因为中央银行根据经济形势研究对策、拟订方案，并对所提方案作可行性论证，最后审定批准，整个制定过程的每一个步骤都需要耗费一定的时间。

内部时滞的长短，取决于中央银行对作为决策依据的各种信息资料的占有程度和对经济、金融形势的分析、判断能力，体现了中央银行决策水平的高低和对金融调控能力的强弱。

2. 外部时滞

外部时滞是指从中央银行货币政策实际执行到这一政策在经济中产生相应效应之间的时间，这也是作为货币政策调控对象的金融部门及企业部门对中央银行实施货币政策的反应时间。外部时滞是由金融部门和企业部门的行为等多种因素综合决定的复杂变量，较为客观，中央银行对这段时滞很难进行实质性控制。外部时滞可以细分为操作时滞和市场时滞。

操作时滞是指从调整货币政策工具到其对操作目标和中介指标发生作用所需耗费的时间。中央银行一旦实施相应的货币政策工具，需要通过操作变量的反应，然后再传导到中介变量，这中间的各个环节都会花费时间。这段时滞的大小主要取决于商业银行及其他金融机构对货币政策的态度、对政策工具的反应能力以及金融市场对央行政策的敏感程度。

市场时滞是指从中介变量发生反应到其对货币政策最终目标变量产生作用所需的时间。金融系统对货币政策的实施产生反应后，其他经济主体如企业、消费者等是否会在相应的投资或消费行为中有所行动也有一个滞后过程。况且各种政策工具对中介变量的作用力度大小不等，社会经济过程对中央银行宏观金融调控措施的反应也是具有弹性的。因此，中介变量的变动是否最终能够对目标变量发生作用，还取决于调控对象的反应程度。

（二）货币流通速度

对货币政策有效性的另一主要限制因素是货币流通速度。货币流通速度是单位货币在一定时期（通常是1年）参与流通的次数，代表了货币总量与整个经济的名义总产出之间的联系，可以表示为 $V=\frac{P\times Y}{M}$，其中 V 代表货币流通速度，P 代表价格水平，Y 代表总产出，*M* 表示货币总量。

有关经验数据表明，即使在短期内，货币流通速度的变化也相当剧烈，因而不能将它看作常数。即使是货币流通速度的一个很小的变动，如果政策制定者未能预料到或估算不准确，都可能造成货币政策效果的严重偏差。假设在预测的年度，GDP 将增长 10%，根据以前一些年份有关数据的实证规律，只要包括货币流通速度在内的其他条件不变，货币供给等比增加即可满足 GDP 增长对货币的追加需求；但如果货币流通速度在预测的期间加快了 10%，不考虑其他条件的变化，货币供给则只需增加 9.1% 即可。要是货币当局没有预见到货币流通速度的变化，而是按流通速度基本保持不变的考虑决策增加货币供给 10%，那么新增的货币供给量则必将成为助长经济过热的因素。但是，在实际生活中，对货币流通速度变动的估算，很难做到不发生误差，因为影响它发生变动的因素太多，这当然也就限制了货币政策的有效性。

（三）微观主体预期的抵消作用

微观主体的预期是影响货币政策有效性的另一个重要因素。任何一项政策的推出，都会引起经济主体的利益分配格局发生变化。在现代经济中，各种微观经济主体都会通过可能获得的各种信息对未来的经济做出预期，并进而引导投资和消费决策。所以，当一项货币政策提出时，各个微观主体立即会预测政策的后果，并很快地做出对策，而且极少有时滞。可见，如果货币当局推出的政策会面对微观主体广泛采取的抵消其作用的对策，那么该政策就可能归于无效。

鉴于微观主体的预期，似乎只有在货币政策的取向和力度没有或没有完全被公众知晓的情况下才能生效或达到预期效果，但是这种可能性不大，货币当局不可能长期不让社会知道它所要采取的政策；即使采取非常规的货币政策，不久之后也会落在人们的预期之内。这就是说，货币政策仍可奏效，但公众的预期行为会使其效应打很大的折扣。

在长期内，经济主体意识到系统性货币政策调整的规律后，会对自己的预期进行相应修正，从而使得关于总需求的预期与实际总需求的变化一致。在这种情况下，总产出水平将始终维持不变，货币政策只能改变价格，而不能改变实际产出。也就是说，面对各经济主体广泛采取的抵消对策，中央银行推出的货币政策可能归于无效。并且，经济主体运用合理预期，把经济活动中可能遭受的所有损失都预算在内，其采取的预防性措施还可能使经济波动不断激化，产生加速器效应：当中央银行的扩张性货币政策导致通货膨胀产生时，经济主体的合理预期会起到加速通货膨胀的作用；当中央银行采取紧缩性货币政策时，经济主体对于紧缩政策后果的预期，也会进一步推动产量的下降和失业的增加。①

---

① 许传华、杨学东:《货币金融学(第二版)》,高等教育出版社,2018,第 216 页。

（四）传导机制顺畅与否

中央银行操作货币政策后，需要经过各种传导机制才能改变物价、就业、产出等最终目标变量，因此货币政策的实施效果与其中的传导机制顺畅与否密切相关。传导机制中的一个环节出现问题都可能会影响货币政策最终的作用效果，而传导机制不畅，中央银行显然是不可能实现其货币政策的目标的。正因为如此，探究货币政策效应的强弱以及各种不对称性问题的文献大部分都是从货币政策传导机制着手展开分析的。

凯恩斯学派的利率传导机制是最具代表性的一个传导渠道之一，而且目前世界上大多数国家也都以利率作为最重要的货币政策调控变量。随着利率市场化改革的深化，我国的货币政策框架也正在由数量型向价格型转变，所以这里以利率传导机制的各个环节为例来说明传导机制不畅会给货币政策实施效应带来的影响。首先，当央行采取货币政策工具增加货币供应量时，市场利率并不一定能够如央行所愿得以下降，这其中一方面是货币供应量对利率的影响不仅存在流动性效应，还存在收入、物价以及通胀预期效应，[①] 货币供应量增加未必会引发市场利率下降，另一方面还要考虑到流动性陷阱的问题。其次，即使第一个环节传导顺畅，央行成功地通过扩张货币供应量引起了利率下降，也并不一定能够推动投资规模的扩大，因为投资的利率弹性较小，尤其是在经济周期处于下行或是经济萧条时期，经济主体往往对未来经济充满悲观预期，不确定性影响会成倍加大。于是尽管利率水平在降低，也仍然难以激发微观主体的投资和消费欲望。通过宏观经济学的 IS-LM 模型也能发现，一切影响到 IS 和 LM 曲线斜率的因素都会影响到货币政策的效应，而其中货币需求的利率弹性投资需求的利率弹性是最主要的两个因素。

（五）货币政策与其他政策的配合[②]

货币政策与其他政策的协调配合问题也是影响货币政策效应的一个关键因素。在当代社会中，货币政策和财政政策是各国政府调控宏观经济的两大主要手段，要使宏观经济的调控获得预期效果，两种政策的协调与配合至关重要。此外，货币政策的实施效果还取决于其与收入政策、产业政策等其他宏观经济政策的配合情况。

众所周知，财政政策与货币政策同属于国家干预社会经济运行的重要手段，尽管两者的实施和操作应当是相互独立的，但所产生的效应却是相互交叉的，并且存在着作用机制复合的可能性。两种政策的实施要达到同一个目标却又经过不同的作用过程，作用于同一个经济范围却又使用不同的工具。可见，财政政策与货币政策的共性，决定了它们之间必须密切配合的客观要求；而财政政策与货币政策的区别，又使它们之间在实施

---

① 可查阅米尔顿·弗里德曼关于货币供应量与利率之间关系的分析论证。

② 王广谦:《中央货币学(第四版)》,高等教育出版社,2017,第 245—247 页。

过程中可能发生偏差。于是，如果能有效协调两类政策，就可以实现 1 +1 大于 2 的效应，自然会促进货币政策效应的提升；反之，则会削弱货币政策的效应。

货币政策是宏观经济调控的重要手段之一，受其自身功能性局限的制约，除与财政政策的协调配合外，货币政策的实施还需要与其他宏观调控政策进行配合，主要是收入政策和产业政策。收入政策是政府为了调整总供给与总需求的均衡关系，从需求面采取的货币政策和财政政策以外的宏观经济决策，主要是为了调节社会有效需求、稳定价格水平或启动经济增长而采取的强制性或非强制性名义工资和价格管理政策。收入政策既有总量的概念，也含有结构因素，是从微观经济领域入手而作用于宏观经济方面的国家政策。在稳定物价和启动经济增长问题上，它与货币政策相辅相成，因而需要密切配合，即货币供给应在收入供给源方面配合收入政策，以利于其实现对收入的总量控制和结构调整。产业政策是国家为了促进国民经济的稳定协调发展，对某些产业、某些企业进行一定形式直接干预的政策。市场机制不能解决资源有效配置的所有问题，特别是在经济结构调整、产业升级换代等方面会表现出相当的盲目性和无序性，因此一国经济的发展必然要求产业政策这类的政府调控手段，介入产业结构领域。在经济结构调整过程中，产业政策是主要的、直接的，而货币政策则是辅助性的、间接的。

（六）其他因素

除上述因素外，货币政策的效果还会受到其他外来的或体制的因素的影响，像客观经济条件的变化、政治因素的影响等。如前所述，一项既定的货币政策出台后总要持续一段时间，在这段时间内，如果一些客观经济条件出现某些始料不及的情况，而货币政策又难以做出相应的调整时，就可能出现货币政策效果下降甚至失效的情况。另外，由于任何一项货币政策方案的贯彻，都可能给不同阶层、集团、部门或地方的利益带来一定的影响。这些主体如果在自己利益受损时做出较强烈的反应，就会形成一定的政治压力。当这些压力足够有力时，就会迫使货币政策进行调整。

此外，在今天这样一个信息化社会中，如果货币政策的透明度高，不仅政策取向、具体目标、执行过程都能公开化，而且决策者在整个决策过程中都能与广大公众之间取得良好的沟通，那么相应的货币政策的公信度就会大大提高，最终的政策效果也会很好。

二、货币政策与财政政策的搭配

货币政策和财政政策作为当代各国调控宏观经济的主要手段，只有相互协调配合，才能保证国家对宏观经济的调控获得预期效果。

研究财政政策与货币政策的最佳配合问题，首先要求理清这两大政策的关系。财政政策与货币政策的共性表现在这样三个方面：一是这两大政策作用于同一个经济范围，即本国的宏观经济方面；二是均由国家机构制定；三是最终目标一致。

财政政策与货币政策的区别也表现在三个方面：一是政策的实施者不同。财政政策是由政府财政部门具体实施，而货币政策则由中央银行具体实施。二是作用过程不同。财政政策的直接对象是国民收入再分配过程，以改变国民收入再分配的数量和结构为初步目标，进而影响整个社会经济生活；货币政策的直接对象是货币运动过程，以调控货币供给的结构和数量为初步目标，进而影响整个社会经济生活。三是政策工具不同。财政政策所使用的工具一般与政府的收支活动相关，主要是税收和政府支出及转移性支付等；货币政策使用的工具通常与中央银行的货币管理业务活动相关，主要是存款准备率、再贴现率、公开市场操作等。

财政政策与货币政策的共性，决定了它们之间必须密切配合；而区别又导致了他们之间在实施过程中会发生偏差。这就产生了如何协调这两类政策的问题。从逻辑上看，财政政策与货币政策有四种配合模式：紧缩的财政政策与紧缩的货币政策的配合，宽松的财政政策与宽松的货币政策的配合，紧缩的财政政策与宽松的货币政策的配合，宽松的财政政策与紧缩的货币政策的配合。

在总量平衡的情况下，调整经济结构和政府与公众之间的投资比例，一般采取货币政策和财政政策“一松一紧”的办法。“紧”财政，使政府的支出和投资直接减少；“松”货币，使公众能够以较低的成本获得较多的资金，并使应纳税而导致的收入减少得到补偿，其结果是调整了政府与私人企业的投资结构。相反，“松”财政，直接扩大了政府的支出和投资；“紧”货币，使企业和公众的借贷数额减少和借贷成本增加，其结果是企业投资和居民的一般性投资减少。在总量失衡的情况下的微量调整，一般单独使用财政或货币政策。根据西方国家的经验，财政政策在短期内见效快，但长期调整还要靠货币政策。因此，当今经济运行因特殊情况出现临时失衡时，采用财政政策解决；而进行长期调整时，多通过货币政策来实现。在总量失衡较为严重的情况下，政府要达到“扩张”或“紧缩”目的，一般同时使用财政政策和货币政策两种手段，即“双松”或“双紧”。在经济萧条后期，设备大量闲置，工厂开工不足，而失业率又很高，为刺激生产和投资，启动闲置的生产能力，一般实行“双松”政策。在社会总需求过度膨胀，物价持续上涨，经济生活极不安定的情况，一般采取“双紧”政策。在总量失衡与结构失调并存的情况下，政府一般采用先调总量，后调结构的办法，即在放松和紧缩总量的前提下调整结构，使经济在稳定中恢复平衡。如我国 20 世纪 90 年代中期为抑制通货膨胀采用了适度紧缩的财政政策和货币政策，实现了经济的“软着陆”。20 世纪 90 年代后期和 21 世纪初为了治理通货紧缩采用了积极的财政政策与稳健的货币政策的配合。

三、货币政策效应的评价

简单地说，货币政策效应就是中央银行操作货币政策工具后所能实现的最终目标的程度。评价货币政策实施效果的好坏，一方面是衡量货币政策发挥作用的大小，即测算货币政策执行后的实际经济结果与预期效果之间的差距，这是货币政策的数量效果；另一方面还要看效应发挥的快慢，这是货币政策的时间效果。所以，衡量货币政策的实施效应就是分析和测算货币政策解决社会经济问题的效力强弱程度，以及这个效力在政策实施后多长时间才会发挥表现出来。如果中央银行执行货币政策后，能够较快地接近货币政策确定的最终目标的目标值，则货币政策的效果就好；反之，如果要等很长的时间才能接近中央银行确定的目标值，则表明实际结果明显偏离了预期目标，货币政策效果就较差。

需要补充说明的是，货币政策与其他宏观政策一样具有明显的外部性，即溢出效应。一国制定的宏观政策不仅可以通过金融市场渠道、贸易渠道、大宗商品价格和信息渠道等对本国国内目标经济变量发挥作用，而且会影响到其他国家金融市场的稳定性和实体经济的发展。在经济全球化、一体化发展的推动下，在互联网通信技术高速发展的今天，货币政策的溢出效应更值得重视。因此，在评价一国货币政策实施效果的时候，不仅需要考虑其数量和时间效果，还需要关注到其他国家，特别是发达经济体货币政策对本国经济金融体系带来的输出影响。

拓展阅读 14-5

美元霸权收割全球财富，向全球转嫁经济危机[①]

——美国货币政策的溢出效应

美国利用其在全球货币市场的主导地位，通过一轮轮货币政策周期，辅以激化地区矛盾造成经济动荡，向全球转嫁经济危机，如“吸血鬼”一般肆无忌惮地收割着全球财富。这恰如美国尼克松政府时期财政部长康纳利所言：“美元是我们的货币，却是你们的麻烦。”自 2022 年 2 月、3 月俄乌冲突发生以来，这一幕再度在全球上演。

在成为全球主要储备货币之后，美国对美元霸权的滥用从未停止。每当面临重大经济危机，美国就以大规模举债印钞的方式应对，这种利用美元低成本融资刺激经济的方式，本质上是以美元所处的优势地位强行向别国借钱。然而，当美元流动性过剩叠加经济复苏预期导致全球通胀后，美联储加息收紧货币政策的操作又会扩

① 郭言:《美元霸权收割全球财富》,《经济日报》2022 年 4 月 3 日。

大美国与其他各国的利率差异，吸引国际资本向美国国内回流，并导致全球资金面紧张和利率水平上升。在这种情况下，其他国家和地区特别是经济结构相对脆弱的经济体往往陷入两难处境：如果本币跟随美元升值，国内经济增长会面临巨大压力；如果不跟随美元，则可能出现严重的资本外流。在此过程中，许多国家无力抵御美国货币政策收紧带来的冲击，出现金融危机和经济动荡，资产价格暴跌，美国则趁机“抄底”，收割其财富。

俄乌冲突发生后，全球资本市场动荡加剧，能源价格大幅攀升，进一步推高全球通胀水平。当地时间2022年3月16日，美联储宣布将基准利率上调至0.25%至0.5%区间。这是美联储自2018年12月以来首次加息，也开启了对其他各国的又一次财富收割。分析人士认为，美国对俄乌冲突不断火上浇油，一个重要目的就是加剧金融市场动荡，进而重振因货币超发而萎靡不振的美元。

历史上，美国的这一手法屡屡得逞。20世纪70年代，美国经济陷入滞胀，开始实施宽松货币政策。在低利率资金诱惑下，拉美国家大力借债发展经济，10年时间内债务总额攀升15倍。随着美联储收紧货币政策，国际资本开始大量流出拉美地区，回流到美国。由于利率水平大幅提高，依靠借债发展的拉美国家逐渐无力偿还债务，债务危机全面爆发，各类资产价格暴跌。随后美国资本便杀了个“回马枪”，趁机抄底，拉美地区则因此掉入“中等收入陷阱”。

霸权思维注定不得人心。越来越多国家意识到将其外汇储备投资多样化的必要性，意识到减少对美国主导的金融秩序依赖的必要性。美国利用美元霸权不断收割他国财富，消耗的是自身信用，终将有凄凉的那一天。

本章小结

1. 货币政策有稳定币值、经济增长、充分就业、平衡国际收支和金融稳定五大最终目标，但往往各个目标彼此之间存在不同程度的矛盾。20世纪90年代开始，通货膨胀目标制作为一种新的货币政策框架越来越受到人们的关注。

2. 货币政策在选取中介指标时要遵循可测性、可控性、相关性、抗干扰性和适应性等标准，常用的中介指标有利率、货币供应量、社会融资规模、汇率等。中央银行通过货币政策工具操作能够比较直接、有效准确实现的政策变量是货币政策操作指标，也被称作近期目标或手段变量，如准备金、基础货币、同业拆借市场利率、回购协议市场利率等。

3. 货币政策为了实现最终目标，可以采取常规货币政策工具，包括最常用的一般性政策工具，即存款准备金政策、再贴现政策和公开市场操作，以及选择性政策工具和直接信用控制或间接信用指导等其他工具。在金融危机期间，非常规货币政策工具开始大量出现，并出现常态化趋势。我国近些年来为了应对复杂多变的经济形势，创新推出了多种结构性政策工具，不断提升货币政策的精准性和直达性。

4. 货币政策的实施过程可以通过传导机制加以描述，从拉动经济的三部马车——投资、消费和净出口角度，可以分析不同学派提出的货币政策影响宏观经济的渠道。

5. 影响货币政策效应的因素主要有政策时滞、货币流通速度、微观主体的预期、传导机制顺畅与否、货币政策与其他宏观政策的配合情况及其他一些经济政治因素。在调控经济时，一国的货币政策应该与财政政策进行合理有效的搭配。

重要概念

货币政策　最终目标　通货膨胀目标制　中间目标　操作目标　常规货币政策工具　非常规货币政策工具　结构性政策工具　货币政策传导机制　内部时滞　外部时滞　货币流通速度

复习思考题

1. 简述货币政策最终目标的含义及其之间的关系。
2. 通货膨胀目标制具有哪些优势和劣势？
3. 货币政策中介指标的选择标准有哪些？并说明各标准的含义。
4. 最重要的常规货币政策工具包括哪些？各自的优缺点是什么？
5. 为应对金融危机，西方国家采用了哪些非常规货币政策工具？
6. 我国近些年的结构性政策工具主要有哪些？
7. 请简要比较银行信贷传导渠道与银行风险承担渠道的异同。
8. 2020 年 11 月 6 日举行的国务院政策例行吹风会上，中国人民银行副行长刘国强提道：“今年以来，由于疫情原因，经济发展面临的不确定性非常大，我国稳健的货币政策更加灵活适度，坚持以制度和政策的确定性应对高度的不确定性。制度和政策的确定性是指坚持总量政策适度、融资成本下降、支持实体经济三大确定性的方向。首先是量上要有一定的数量，当然不能太多，不能溢出来。另外，资金价格总体呈下降趋势，要有确定性的预期。还有，资金要去实体经济，不要去玩‘钱生钱’的游戏”。

请阅读上述材料，并结合所学的金融学知识和你对现实的了解回答以下问题。

（1）我国货币政策的最终目标是什么？

（2）结合新冠疫情对供给和需求两方面的冲击，简述我国货币政策应该采取哪些工具来帮助实体经济尽快恢复发展。

（3）你如何理解上述材料中提到的“坚持以制度和政策的确定性应对高度的不确定性”？

9. 简述影响货币政策效应的各种因素。

第十五章

金融危机与金融监管

本章导读

金融危机和金融动荡逐渐成为世界各国面临的重要问题。认识金融危机的形成机制，有效地预防金融危机，已成为各国共同的任务和经济学家们的重要研究课题。金融监管不力往往是金融危机发生的原因之一，因而为防范金融危机必须加强金融监管，提高监管的有效性。

那么，什么是金融危机？常见的金融危机类型有哪些？如何阐释金融危机的形成机理？金融危机的防范和治理措施有哪些？如何进行金融监管？本章将对金融危机的概念和形成机理进行介绍，并在此基础上，展示金融危机的防范与治理以及金融监管的丰富内容。

学习目标

掌握 金融危机的主要类型，货币危机理论；金融危机的防范措施；金融监管的理论基础，预防性监管和信息披露制度的主要内容

理解 银行业危机理论，外债危机理论；存款保险制度在金融危机防范中的作用，主要的金融危机治理措施；统一监管、分业监管以及不完全统一监管的主要特点

了解 金融监管的主要原则；金融监管的发展趋势，尤其是金融创新对金融监管的影响

第一节　金融危机的概念和形成机理

一、金融危机的概念与类型

（一）金融危机的概念

《新帕尔格雷夫经济学大辞典》将金融危机定义为："全部或部分金融指标短期利率、资产（证券、房地产、土地）价格、商业破产数和金融机构倒闭数的急剧、短暂的和超周期的恶化。"货币主义的代表密尔顿·弗里德曼和施瓦茨在《1867—1960 美国货币史》一书中对金融危机是这样叙述的："在暂时的金融市场管理中，政府必须保证没有'头寸危机'，金融机构有机会获得现金。头寸危机将会损害信心，引起不必要的混乱，甚至造成金融危机，金融危机将产生或加剧货币紧缩效应的银行业恐慌。"简而言之，金融危机就是指一系列金融指标的恶化，是金融脆弱性达到一定程度及当金融风险积累到一定程度爆发的导致整个金融体系或局部金融体系的混乱和动荡。

（二）金融危机的类型

根据金融危机的性质与内容，可将金融危机划分为以下五种：

1. 货币危机

货币危机又称为货币市场危机，是指由于投机冲击导致一国货币大幅度贬值，或迫使该国金融当局为保卫本币而动用大量国际储备或急剧提高利率而出现的危机。这种危机一般出现在实行固定汇率制或钉住汇率安排的国家。这些国家由于汇率没有根据国内经济的变化进行相应的调整而导致货币内外价值的脱节（通常反映为本币汇率的高估），引发投机冲击。市场参与者在外汇市场上大量抛售本币，使本国货币面临严重的贬值压力，结果要么是外汇市场上本币大幅度贬值，要么是该国货币当局动用大量国际储备干预市场（这可能耗尽中央银行的外汇储备）或大幅度提高国内利率，以捍卫本币币值。1997 年亚洲金融危机中的泰国危机和 1998 年的俄罗斯金融危机，便是典型的货币危机。

拓展阅读 15-1

1997 年亚洲金融危机

亚洲金融危机时，受害国主要是泰国、马来西亚、印度尼西亚、韩国四国，它们是这场危机的中心。它们的货币都是钉住美元的。当美元对日元的汇率升值时，它们的货币都对日元升值了。东南亚地区这时的经济增长点是日本在这些国家的投资，日本是它们的资本提供大国。当日元对这些国家的货币贬值时，所有来自日本的投资都枯竭了。日元投资对日元与当地货币的汇率及对它的预期很敏感。投资枯竭使这些国家经常项目出现巨额赤字，从而需要外国资本融资，然后这些国家就被投机者攻击，之后还形成了日元与其他东亚货币轮番贬值的“恶性循环”。经济过热及资产价格过度膨胀，出现投资扩张速度超过消费的情形，并随之产生严重的通货膨胀。当美元收缩时，这些泡沫就会破裂，使这些国家的金融部门陷于土崩瓦解的境地，由此造成生产能力过剩和通货紧缩，政府也往往因债务负担而无法自拔。

2. 资本市场危机

资本市场危机是指一些国家的资本市场（主要是股票市场）由于国内或国外的原因，导致证券价格在短期内出现大幅度下降而形成的危机。在一些国家的证券市场，由于证券泡沫成分过高、发生投机冲击或受国际证券市场下挫的影响，投资者的信心发生动摇，大量抛售证券，导致证券价格出现暴跌。

拓展阅读 15–2

1929 年股市崩盘

在 1929 年之前的五年里，道琼斯工业平均指数的价值增长了 6 倍，从 63 到 381。然后在 1929 年 10 月 28 日的黑色星期一，它暴跌了近 13% 并继续下跌。第二天，黑色星期二，下跌了 12%，一直持续到 1932 年夏天。直到 1954 年 11 月，它才恢复到崩盘前的水平。

3. 银行业危机

银行业危机也称金融机构危机，银行不能如期偿付债务，有可能迫使政府出面，提供大规模援助，以避免违约现象的发生。一家银行的危机发展到一定程度，可能波及其他银行，从而引起整个银行系统的危机，金融市场严重动荡，市场不能有效地发挥作用，整个经济活动受到影响。从 20 世纪 80 年代中期开始，银行货币危机和货币危机就经常同时并发，被称为“孪生货币危机”。

拓展阅读 15–3

20 世纪 90 年代日本银行赤字危机

东京协和信用组合和安全信用组合等大型信用组合在 1995 年破产。接着，宇宙信用组合、兵库银行、太平洋银行、阪和银行业先后破产。从 1994 年以来，日本的金融机构破产倒闭事件如多米诺骨牌一样，接连不断地发生。开始还只是一些中小银行发生破产倒闭，后来就发展到股票公开上市的大型银行，再后来又出现证券公司和保险公司的倒闭。

银行业曾经是日本经济增长的强大后盾，但到了 1996 年底，却出现了连连亏损，20 家主要银行中有 16 家银行赤字飘红，而这 20 家银行的总资产占全国 147 家银行总资产的 74%。其中 10 家银行的经营收益与上年同期相比，除樱花银行略有增长外，其余 9 家均为赤字，平均每家亏损 16139 亿日元（折合人民币 700 多亿元）；3 家长期信用银行如日本兴业、日本长期和日本债券则家家亏损，平均每家亏损 5200 亿日元；7 家信托银行中的三井信托、安田信托和日本信托 3 家也是赤字，亏损金额分别为 133 亿、151 亿和 40 亿日元。

赤字危机导致日本城市银行中历史悠久的阪和银行破产，它与在此之前破产的兵库银行分别成为日本战后第一家倒闭的城市银行和地方银行，开了战后日本大银行破产历史先河，令整个日本金融界震惊。

4. 外债危机

外债危机指的是，一国的支付系统严重混乱，不能按期偿付所欠外债，包括主权债和私人债。债务危机多发生在发展中国家，因为发展中国家的国内收入水平低，储蓄能力不足，往往需要大量举借外债来填补巨大的储蓄缺口。然而，如果这些发展中国家的外债结构安排不合理，对外国债务资金的使用不合理，不注重对外债的管理，加之国内储蓄能力没有相应提高，对外债的依赖程度有增无减，就极有可能出现不能按期支付本息的债务困境。如 20 世纪 80 年代爆发的拉美债务危机。

拓展阅读 15–4

拉美债务危机

拉美债务危机是 20 世纪 80 年代主要发生在拉丁美洲国家的一次债务危机。在低利率资金的诱惑下，阿根廷、巴西、墨西哥和秘鲁等拉美国家借入了大量以硬通货计价的债务。然而，随着利率上升、资本流向逆转、发展中国家货币面临贬值压力，拉美的负债率上升到不可持续的水平。

1982 年 8 月 12 日，墨西哥因外汇储备已下降至危险线以下，无法偿还到期的公共外债本息（268.3 亿美元），不得不宣布无限期关闭全部汇兑市场，暂停偿付外债，并把国内金融机构中的外汇存款一律转换为本国货币。墨西哥的私人财团也趁机纷纷宣布推迟还债。继墨西哥之后，巴西、委内瑞拉、阿根廷、秘鲁和智利等国也相继发生还债困难，纷纷宣布终止或推迟偿还外债。到 1986 年底，拉美发展中国家债务总额飙升到 10350 亿美元，且债务高度集中，短期贷款和浮动利率贷款比重过大，巴西、阿根廷等国家外债负担最为沉重。近 40 个发展中国家要求重新安排债务。

5. 综合性金融危机

综合性金融危机可以称为“全面金融危机”，是指主要的金融领域都出现严重混乱，往往表现为以上几种危机的混合。由于经济是一个联系紧密的系统，因此，在现实社会中，一种危机的爆发往往会带动其他危机的爆发。

拓展阅读 15–5

美国次贷危机引发的全球金融危机①

美国次贷危机是由次级抵押贷款过度发放以及过度衍生化，在外部环境发生急剧变化所引发的危机，并且通过信贷市场与资本市场向全球传导，最终演化为对国际金融稳定、世界经济增长造成极大冲击的全球性金融危机。此次危机爆发于 2007 年，在 2008 年加剧并向全球蔓延，截至 2009 年仍然在继续发展中。透视此次由美国次贷危机所引发全球金融危机的运行轨迹，我们可以清楚地看到金融领域存在的过度放贷、过度衍生、过度杠杆、顺周期问题。同时，随着危机影响的不断加深，各方对危机的深层次原因，包括全球经济失衡、全球贸易失衡等问题进行了更加广泛的研究。

从影响的广度来看，此次危机已波及全球，并且对美国、欧盟、日本三大经济体影响极其严重，是 20 世纪 70 年代以来对世界影响最为广泛的一次危机；从影响的深度来看，已造成三大经济体相继陷入衰退，并且预计衰退将持续，目前对世界经济的破坏程度已经远超 20 世纪 70 年代以来各次经济危机，仅次于 20 世纪 30 年代的“大萧条”；从发生的原因来看，这是第一次源自金融体系内部的危机，由于金融体系发挥市场融资的作用，此次对于金融体系的摧毁性打击，将导致市场化融资和信用体系的重新建立；从历史意义来看，由于危机的深层次原因，全球经济不平衡的问题为全球所认识和重视，危机将重启发达国家与发展中国家的全球话语权之争，世界经济、政治、金融、货币等格局将发生重大变化。

① 翟晨曦:《美国次贷危机引发全球金融危机的思考》,经济科学出版社,2009。

二、金融危机的形成机理

（一）货币危机理论

货币危机理论主要研究货币危机爆发的动因、根源以及危机的防范措施。自 20 世纪 70 年代以来，货币危机理论形成了比较完整并独立的体系。按照时间大致可以分为以下三个阶段：第一阶段，以克鲁格曼—弗拉德—戈博模型为主，被称为第一代货币危机理论，也被称为投机攻击模型；第二阶段从 20 世纪 80 年代中期开始，以奥布斯特菲尔德的预期自我实现型货币危机模型为主，被称为第二代货币危机理论；第三阶段从 1997 年亚洲金融危机之后，以麦金农和克鲁格曼为代表，被称为第三代货币金融危机理论。

1. 第一代货币危机理论模型

第一代货币危机理论的代表人物是保罗·克鲁格曼、罗伯特·弗拉德和彼得·戈博。这个模型的提出是以 20 世纪 70 年代末开始的拉美国家的货币危机为背景的，表明投机性冲击是在预期国内经济政策出现不一致时所做出的理性反应。尤其在固定汇率制下，巨额的财政赤字、高通货膨胀率和固定汇率制产生了极大的矛盾，诱发市场上对该国货币的投机性冲击，导致政府的外汇储备损失殆尽，并使政府放弃原来的汇率。

因为第一代货币危机模型是以拉美国家的货币危机为背景的，因此其研究对象是发展中国家，不具有广泛的适用性。因为货币危机不只发生在发展中国家，在发达国家也会出现。所以当 1992—1993 年欧洲货币危机出现时，人们无法用第一代货币危机模型对其进行解释，这也直接导致了第二代货币危机模型的产生。

2. 第二代货币危机理论模型

第二代货币危机理论产生于 20 世纪 80 年代至 90 年代中期。这一理论的学者以奥布斯菲尔德为代表，包括卡尔沃、莫里斯、辛等人。

该理论是以 1992 年欧洲货币危机、1994 年墨西哥危机、1997 年东南亚金融危机为研究对象，修正了第一代模型中政府行为线性化的假设，提出非线性的假说。其理论核心是：政府是主动的行为主体，在面对投机攻击或基本经济形势滑坡的情况下会出于对社会总福利的考虑实施某种政策改变。这种对政策变更的预期会引发投机性攻击，形成货币危机，迫使政府实施新的政策，进而造成了货币危机的“自我实现”。该理论的政策意义是：仅仅依靠良好的国内经济基本条件并不足以抵挡货币危机的发生，固定汇率制的先天不足很容易引发投机性攻击。如果一国选择固定汇率制，必须辅之以资本管制或是资本市场限制。

第二代货币危机理论较好地解释了 1992 年欧洲货币危机，并且区别于第一代货币危机理论的线性分析。第二代货币危机理论提出政府非线性经济中存在多重均衡，并且货币危机不是由于宏观经济基本面出现问题，而是由于公众预期促成货币危机的自我实现。

3. 第三代货币危机理论模型

第三代货币危机理论产生于20世纪90年代，以亚洲金融危机为研究对象，强调金融机制的作用。

该理论的核心是：发达国家扩张性的货币政策导致超额流动性的增加，而发展中国放松资本管制、利率较高等因素导致发达国家的资本迅速流入，但是发展中国家金融配套设施不完善，银行监管不力，出现过度投资，资产价格泡沫、关联贷款和短期债务的增加，加剧了金融脆弱性。大多数发展中国家采用的是钉住汇率制，金融脆弱性使得货币存在贬值的可能性，为防止货币贬值，政府在动用外汇储备的同时提高利率，而动用外汇储备会造成外汇枯竭，提高利率又加剧金融的脆弱性，因而发生了双危机。

（二）银行业危机理论

1. 货币政策失误理论

货币政策失误导致银行业危机的理论是由美国著名的货币主义者米尔顿·弗里德曼提出来的。弗里德曼认为导致金融动荡的根本原因是货币政策失误。由于货币乘数相对稳定，货币需求是一个稳定的函数，而货币数量决定了物价和产出量。货币供给变动的原因在于货币政策，也就是说，金融动荡的根源在于货币政策，货币政策的失误可以使一些小规模的、局部的金融问题发展为剧烈的、全面的金融动荡。

2. 货币存量增速理论

货币学派的布拉纳尔和梅尔泽尔提出货币存量增速导致银行业危机的理论。他们认为：货币存量增速对产生金融危机有巨大影响。一旦因中央银行对货币供给的控制不当而导致货币过分紧缩，即使在经济平稳运行时，也会引发金融危机。因为突发性大幅度货币紧缩会迫使银行为维持足够的流动性而出售资产以保持所需的储备货币，资产价格因此下降并导致利率的上升，这又增加了银行筹资成本，危及银行偿付能力，存款人信心也会受到打击。如果大批银行因失去流动性和偿付能力而倒闭破产，必然使货币供应进一步减少，最终使金融机构的破产加速并迅速传播，金融危机就此爆发。

3. 金融不稳定假说

海曼·明斯基是当代研究金融危机的权威。他认为，以商业银行为代表的信用创造机构和贷款人的相对特征使金融体系具有天然的内在不稳定性，投资者怎样形成和运作现金流是关键。如果现金流不能正常运作，金融体系就不稳定，就会导致金融危机。

4. 银行体系关键论

诺贝尔经济学奖得主托宾1981年提出了银行体系关键论的理论。这一理论的核心思想是：银行体系在金融危机中起着关键作用。托宾认为，在过度负债状态下，如果银行能提供贷款，就可以避免债务—通货紧缩过程。但在过度负债的经济状态下，经济、金融扩张中积累起来的风险增大并显露出来，银行可能遭受贷款损失，甚至破产，所以，银行为了控制风险，必然不愿提供贷款，甚至提高利率、减少贷款。银行的这种行为会使企业投资减少，有可能引起企业破产，从而直接影响经济发展，或者使企业被迫出售资产以清偿债务，造成资产价格急剧下降。这种状况会引起极大的连锁反应，震动也极强烈，使本来已经脆弱的金融体系崩溃得更快。

5. 银行挤兑理论

戴蒙德和戴维格提出了银行挤兑理论。该理论的基本思想是：银行作为一种金融中介机构，其基本的功能是将不具流动性的资产转化为流动性的资产，但正是这种功能本身使得银行容易遭受挤兑。银行是金融中介机构，其债务主要为短期存款，其资产通常是向企业和消费者发放的长、短期贷款。当资产价值不抵其债务价值时，银行就失去了偿还能力，即贷款人没有能力或不愿意偿还债务时，银行资产价值就可能下跌（信贷风险）。

6. 道德风险理论

较早提出道德风险理论的是著名发展经济学家麦金农。许多经济学家将亚洲金融危机归因于金融机构的道德风险问题，其中最具代表性的是克鲁格曼。他认为，由政府免费保险且又监管不严的情况下，金融中介机构具有很强的从事风险投资的欲望，而很少考虑投资项目的贷款风险。当国内机构无法从国际资本市场融资的情况下，国内投资需求过度就会造成国内利率的上升，而不至于引发投资过度。但如果资本项目放开，国内的金融中介机构可以在世界资本市场上自由融资，那么由政府保险引发的道德风险就可能导致经济的过度投资。

（三）外债危机理论

1. 债务—通货紧缩理论

1933 年，欧文·费雪面对大萧条提出了债务—通货紧缩理论。这一理论的核心思想是：当经济不景气时，就没有足够的“头寸”去清偿债务而引起连锁反应，导致货币紧缩。费雪认为，债务—通货紧缩，即欠得越多就变卖得越多，卖得越多就越贬值，最终是债务越还越多，金融危机就此爆发。

2. 资产价格下降论

沃尔芬森提出了资产价格下降论理论。这一理论的核心思想是：在银行不愿提供贷款或减少贷款的情况下，债务人过度负债，被迫降价出售资产，会造成资产价格急剧下降。

3. 综合性国际债务理论

苏特从经济周期的角度提出了综合性的国际债务理论。他认为，首先，随着经济的繁荣，国际借贷扩张，中心（资本剩余）国家向国外投资，边缘（被投资）国家外债增多；其次，债务的大量积累导致债务国偿债负担的加重，并逐渐失去偿债能力，最终爆发债务危机；最后，债权、债务国间就债务清理问题进行谈判并达成协议，边缘半边缘债务国因而获得继续从国际市场上融资的机会，但不良的偿债记录限制了债务国的融资规模，直至新周期第一阶段即贷款繁荣阶段来临。

第二节　金融危机的防范与治理

进入20世纪90年代以来，金融危机频繁发生，特别是由美国次贷危机引发的一场席卷全球的金融危机，导致全球经济陷入衰退。这就促使学术界从不同层面、不同角度对其进行深入的研究，研究核心在于金融危机的防范与治理。

一、金融危机的防范

（一）建立金融危机早期预警系统

金融危机预警是指对宏观经济、金融领域未来可能出现的危险或危机提前发出警报的一种经济活动，目的在于尽量减少或避免巨额的经济损失。早期预警系统用于实时监测银行和金融体系的财务状况，包括金融机构和业务经营方面的全面信息、宏观经济和国际金融市场的变化（特别是能够引发金融危机的变化）。建立有效的早期预警系统需要一国政府不同部门之间的交叉合作，以对整个金融和经济活动进行检测。

国际货币基金组织和一些国家的中央银行最近已经建立起了各自的早期预警系统。这些预警系统监测大量的经济和金融指标，如实际利率的高估水平、经常账户赤字占GDP的比率、短期债务与外汇储备的比率、外汇储备增长率、出口增长率、银行系统的资本比率、流动比率及不良贷款等，运用某种统计方法预测某经济体在一定的时间范围内发生货币危机、银行危机及股市崩盘的可能性大小。

（二）健全信息披露制度

健全的信息披露制度有助于政府及监管机构及早了解金融机构及金融市场的动态变化，并及时采取措施，防范金融危机的发生。披露信息需要从两个方面推进：一方面，要促进有关各金融机构全面及时地公布经济和财政数据，以便及时发现问题，提醒和帮助金融体系将危机消除在萌芽状态；另一方面，必须改善市场参与者的信息披露，加强市场纪律和约束。

（三）建立社会紧急救援制度

为了巩固和重建市场信心，防止公众恐慌情绪的传播，那些只是出现暂时流动性困难的金融机构免遭倒闭厄运，减弱个别金融机构对整个金融体系造成的冲击和“多米诺牌效应”，建立社会紧急救援手段是十分必要的。目前多数国家建立的社会紧急救援手段包括存款保险制度和债务解救制度。

1. 存款保险制度

为了防止银行危机引起金融恐慌，有效地鼓励社会储蓄和金融中介活动，监督并促使银行安全经营，维护金融的稳定，各国纷纷建立了自己的存款保险机构。这种保险机构可由政府设立，也可由政府主管机构与银行业联合组成，还可由银行同业协会自己组织存款保险。存款保险制度要求经办存款的机构根据存款额大小按一定的保费率给一定的保险机构交纳保险费，当投保存款机构不能支付存款时，该保险机构在一定的限度内代为支付。存款保险制度是美国于1933年首创，它为存款人提供保护，从而维护了市场信心。

2. 债务解救制度

债务解救制度的直接目标是对出现问题的金融机构进行积极的援救。对大多数国家而言，债务解救的机构主要有援助当局和资产管理公司两种形式。援助当局可以由政府或私人机构经营，除了进行解救任务外，还要进行包括诸如兼并形式的金融机构重组。资产管理公司既可以采取由政府所有，也可以采取由私人机构所有。他们负责将出现问题的金融机构的不良资产接收过来，然后将这些资产打包重组成容易出售的资产。资产管理公司的最终管理目标是使这些资产在扣除了经营成本和财务成本之后得到最大净值。对于问题严重的金融机构，资产管理公司通常需要将坏账与该银行完全分离，以便在重组过程中能够独立自主地进行操作。

（四）加强对金融市场和金融资本流动的管理

国际资本流动，尤其是短期资本流动，具有极强的冲击性，任何自由的流出、流入都可能给一个经济体带来严重的负面影响。在稳定金融市场措施中，暂时实施资本账户管制，特别受到关注。主流观点认为，就是在自由化最推崇的时候，对于国际资本也有必要适当地限制和进行政策引导。

二、金融危机的治理

金融危机的治理是指在金融危机已经爆发后的条件下如何对之进行有效控制，以防止其进一步向市场和其他地区扩散，并采取措施减少金融危机的行为。

（一）稳定金融市场

1. 动用外汇储备干涉外汇市场

针对国际投资资本的冲击，中央银行可以运用本币资金入市干涉，以稳定汇率。此做法确实能在一定时期内，减少汇率波动幅度和打击投机，但会受到该国或地区的外汇储备规模，从国际金融机构和其他国家、地区官方机构所能获得的外汇规模，以及在国际市场上所能借到的外汇规模等限制。1997 年，泰国、印度尼西亚、菲律宾和马来西亚的中央银行，先后动用了近百亿美元的外汇储备来购买本国货币，以阻止本币贬值。

2. 提高利率，增加借用本币资金的成本

提高短期利率的目的，在于提高投机者卖空投机操作时借入本币的成本，但投机者往往可以利用金融衍生工具操作来应对高利率，而高利率本身副作用也极大。1997 年 5 月，菲律宾中央银行将隔夜拆借利率由原来的 10% 提高到 15%，随后，印度尼西亚则将再贴现率由 7% 提高到 30%，泰国则将隔夜拆借利率提高到 1000%。

3. 动用财政资金稳定股市

国家可通过法令强制企业将剩余资金如实托盘，也可建立股市稳定基金，当股价下跌至某一水平时，就可以运用基金进场托盘。1997 年 11 月 21 日，印度尼西亚政府规定国有企业将净利润的 1% 在雅加达股票市场上购买股票。

4. 保障金融债权，维护存款人信心

1998 年 1 月 27 日，印度尼西亚政府向所有银行提供了储蓄业务和外债业务的全面保证，以维护储户和债权人的利益。1998 年，日本修改《存款保险法》，允许储蓄存款保险机构设立特别结算账户，可动用资金 13 万亿日元，使原先不再保险范围内的大额储蓄存款获得保险。

（二）重组改革金融部门

金融危机以后，大规模的金融部门重组和改革势在必行，其中银行业的重组和改革被置于核心地位。

1. 确定金融部门重组和改革的规划及执行机构

20 世纪 90 年代的日本、泰国、印度尼西亚、韩国和新加坡等国家先后设立相应机构，并公布金融重组计划和方案。日本成立了金融工作小组、泰国成立了金融重组局、印度尼西亚成立了印度尼西亚银行改革局、韩国成立了金融监督委员会等机构，旨在改革重组原有的金融机构，以及行使对银行、证券、保险和其他金融机构的监管职能。

2. 多渠道分离和处置不良资产

发生了金融危机以后，必然伴随巨额的不良资产，要维护公众对银行的信心就必须把银行资产负债表中的不良资产分离出去。分离资产负债表，最早是日本 1946 年采用的，后来，逐渐形成专门的中介机构来经营和管理分离出去的不良资产。这一中介机构发展至今，获得了专门的统一名称——资产管理公司。20 世纪 90 年代以来，金融危机不断，资产管理公司广泛流行起来，处置不良资产的手段多种多样，贷款出售、债权置换、债转股、合股制和证券化等。为了防止资产管理公司对资产控制权的留恋，通常给其规定一定的存续期。

3. 多渠道充实银行资本金

银行充实资本金的主要措施有动用留存利润、发行债券、提高坏账准备金提取率等，但政府注入资本，作为实现银行资本金充足率的非常措施，在许多国家都被采用过。需要注意的是，政府注入资金绝少采取财政简单拨款的方式，通常是以银行增加对政府的债权来换取银行接受投资而增加对政府的负债。二级资本援助计划方案的基本做法是债券交换，即政府购买银行的次级债券，银行反过来买不可流通的政府债券。这种做法的实质同样是银行、政府之间的债权与债务的转换。这样的操作本身并不直接引起货币供应量的变化，但能够用自己的资产业务换取可计入资本充足率的投资和负债。

4. 允许或吸收外资参与重振国内金融企业

在允许或吸收外资参与重振国内金融企业的同时，加强国内金融机构的公司治理，合并重组有问题的金融机构，杜绝金融隐患的存在，防范金融危机的再次发生。

泰国于 1997 年将外国投资者拥有银行股份的比例由 25% 提升到 50% 以上。1998 年，马来西亚允许外商投资保险业的股份由原来的 30% 增至 49%，允许投资于证券公司的股权由原先的 30% 增至 40%，还允许建立由外方控股或由外方独资的基金管理公司。印度尼西亚则取消外国股份在本国银行不能超过 49% 的限制，直至允许外国投资者拥有 100% 的股份。1998 年，韩国被迫接受国际货币基金组织（IMF）加速金融改革的建议，允许外资参与韩国金融机构的重组，允许外资银行和证券公司在韩国开设分支机构。1998 年新加坡也宣布在 5 年时间内进一步开放国内市场。

5. 加强金融机构的公司治理

从广义来说，公司治理是与公司的现代经济组织形式伴随在一起的。公司治理反映着经济发展的特点，金融机构的发展应伴随着经济发展的变化而提高管理水平。落后的管理水平，则意味着金融机构内部脆弱性的积累。金融危机的爆发，揭示了公司管理水平的落后，显示了公司治理的迫切性，同时也为金融机构治理提供了巨大的动力。

6. 合并、重组有问题的金融机构

在亚洲金融危机期间，马来西亚 27 家金融机构合并成 6 个中心银行；印度尼西亚关闭了 38 家财务陷入困境的银行，并接管了 7 家银行；日本政府也被迫关闭了日本长期信用银行和日本债券信用银行；韩国的数十家银行被重组成 6 家银行，关闭非银行金融机构数百家。2008 年由美国次贷危机引起的金融危机爆发后，美国也采取了这一措施。2010 年 6 月底美国财政部公布了《金融监管改革——新的基础》的金融机构改革计划，美国两大房贷机构——房利美和房地美被政府接管，贝尔斯登和美林证券被收购，高盛和摩根士丹利转变为银行控股公司。

（三）推进宏观经济调整及结构性改革

经济发展决定金融，金融危机的爆发是与一国的经济状态有密切关系的。因此，防范与治理金融危机，必须注意宏观经济层面的改革。

1. 实施扩张性的财政政策和货币政策

以往的国际金融组织往往建议发生金融危机的国家采取紧缩政策，但实践证明，紧缩政策往往适得其反，会加剧经济萧条和局势紧张，东南亚金融危机中的马来西亚就经历了这一政策循环。1997 年 10 月，马来西亚接受国际货币基金组织（IFM）的建议，实行紧缩的财政政策，但局势更为紧张，到 1998 年 4 月，马来西亚为防止进一步衰退而放松了财政政策。因此，政府应当注意调整经济结构，注意财政政策与货币政策的合理搭配，最大限度地保证经济稳定、健康发展。

2. 调整经济结构

主要是消除制约市场机制资源配置作用的因素。如韩国在亚洲金融危机后，推行了切割财团的计划。

（四）国际社会援助

经济全球化的发展，使得一国金融与全球金融非常密切地联系在一起。为了避免一国金融问题蔓延而导致国际金融危机，除了可以与其他国家政府和金融机构签订互相提供紧急援助的协议，保证必要的流动性，相互支持外，还可以充分地发挥国际货币基金组织、区域性国际金融组织以及其他各国中央银行的作用，寻求多方面的支援。

1. 国际货币基金组织的援助

虽然国际货币基金组织并不是全球银行的监管者和审计者，但是它可以通过与各成员国政府的磋商，指导各国进行有效的金融业改革，鼓励某种与国际社会相协调的宏观经济政策，培育适当的金融运行机制，使宏观经济环境有利于金融业的稳健经营；对发生了金融危机或发生了严重宏观经济困难的国家实行资金援助，并帮助这些国家规划金融业的改革。国际货币基金组织对于处理金融体系问题所提供的技术援助包括：调查分析并做出判断，制定补助措施，在调查的初始阶段以及在较长时期内把补救措施付诸实施。国际货币基金组织向要求援助的成员国派出自己的工作人员和由外部专家组成的技术工作援助小组，有时还同世界银行以及各地区性开发银行提供的技术援助结合起来进行。尽管国际货币基金组织介入的程度会因成员国经济的特点不同而不同，但是这些活动都在一定程度上反映了其整体观点和目标，以及通过与国际机构协调操作来帮助各国确立适当的金融体系行为规则的原则。

但是，应注意的是国际货币基金组织提供资金援助通常附加有严格的条款。对被救援的国家来说，即使救援附加条款行之有效，但接收贷款所必须付出的代价也会令被救援国感觉受到束缚，因此，对任何国家来说向国际货币基金组织求援意味着某些经济主权的丧失，需要下很大的决心。各国政府根据国际货币基金组织提出的要求实施的紧缩计划通常包括大幅度削减财政赤字、开放金融市场和对亏损国有企业的私有化改造等，这些计划的付诸通常不是很容易的。

2. 区域性国际金融组织的支持

当某个国家或地区发生金融危机时，区域性国际金融组织，如亚洲开发银行、非洲开发银行、欧洲开发银行、泛美开发银行等国际金融组织即可提供必要的支持和援助。区域性国际金融组织的作用，明显地表现为支持和照顾本地区成员国的利益。但是随着全球化经济、金融一体化的进一步发展，区域性国际组织越来越表现出跨区域的特征。2010 年 3 月 24 日生效的《清迈协议》就是区域性多边资金救助机制的具体形式。

3. 其他各国中央银行的合作

当一国遭受金融危机的袭击时，为了对其进行有效的治理，防止金融危机向其他国家蔓延，借助于其他各国中央银行的支持与合作是十分必要的。金融业特别是银行业的国际化和一体化使得银行在国际范围内拥有相当复杂的组织机构，从而给金融监管当局的监管活动带来了困难。同时，便捷的银行交易也使得某些机构，可以通过在管理松懈的国家从事合法交易来逃避金融监管。此外，金融机构之间和金融体系之间的国际联系程度越来越密切，这使得任何哪怕微小局部的波动都可能会在国内金融市场乃至国际金融市场蔓延扩散。因此，在发生金融危机时，各国中央银行不但应相互支持和协作，在日常的业务中对金融系统的监管也应协调合作，这对于抵抗金融危机是非常必要的。

第三节　金融监管的原则与内容

金融监管是金融监督和金融管理的复合称谓。金融监管有狭义和广义之分。狭义的金融监管是指一国或一个地区的金融主管当局依据国家相关法律法规的授权对该国或该地区的金融机构，以及他们在金融市场上的业务活动进行监督、检查、稽核和协调，以促使金融机构依法稳健地经营和健康地发展，维护金融体系的安全、稳定、有效运行。广义的金融监管则把监管的主体和对象进一步扩大，监管主体除金融主管当局外，还包括金融行业自律组织、社会中介组织以及金融机构的内控部门等；监管对象除金融机构外，还包括参与金融活动的个人和机构，如上市公司、投资者等。一般的金融监管主要是指金融监管当局对金融机构和金融市场的监管、金融机构的内部控制和稽核，以及金融行业自律组织和社会中介组织对金融机构的监督等。

一、金融监管的理论基础

金融监管的理论基础是金融市场的不完全性和金融行业的特殊性。在现代市场经济中，政府一般会不同程度地对经济活动施加管制。对政府管制持肯定意见的学者主要是从市场缺陷的角度来论证其合理性和有效性的。

（一）金融脆弱说

自明斯基于1982年首次提出金融不稳定假说后，金融脆弱性问题就引起了广泛关注和争论。银行的利润最大化目标促使它们在系统内增加风险性业务和活动，导致系统的内在不稳定性，因而需要对银行的经营行为进行监管。

（二）自然垄断论

垄断有自然垄断和非自然垄断两种情况。自然垄断是指自由竞争的结果导致企业规模的扩大，优胜劣汰的竞争规律最终形成。生产的集中虽然在一定条件下有利于降低成本，但也导致市场被操纵，竞争被压制，价格被扭曲，资源配置效率低下，还可能阻碍技术进步。对于非自然垄断，政府可以出台各种反垄断政策和法规予以抑制，鼓励公平竞争。对于自然垄断，可以施行价格管制，使厂商定价维持在社会平均成本水平上，以期既维持适当的经济集中，又限制价格垄断，维护消费者利益。

（三）外部效应论

外部效应是指提供一种产品或劳务的社会费用（或利益）和私人费用（或所得）之间的偏差。伴随着经济活动可能产生的外部正效应或负效应，或使他人无须支付成本而受益，或使他人受损却得不到补偿。在产权明晰且交易成本为零的条件下，外部效应不会引起资源配置不合理，并且通过与外部效应有关的各方的讨价还价，可以实现互利的交易，使外部效应内在化。然而，交易成本是普遍存在的，阻碍着外部效应的消除，因而也需要政府管制来解决，因为政府管制的成本低于私人交易成本，也小于管制所带来的社会收益。

（四）公共物品论

公共物品是指社会利益大于私人所得，导致私人不愿供给或供给不足的社会需求的产品或劳务。由于公共物品具有消费的非竞争性和利益的非排他性，市场无法提供公共物品，因此公共物品需要由政府提供。政府可自行提供，也可对供应公共物品的私人部门予以补贴。

（五）信息不完全与不对称

市场对信息的供应通常是不充分的，市场交易双方拥有的信息量也往往不对等。信息不完全和不对称也会导致资源配置低效率，如低质量的产品充斥市场而高质量的产品退出市场。解决办法是，由政府提供带有公共品性质的信息，或是对市场进行管理和监督，使天然具有信息优势的一方提供更多的信息量。

市场除了具有上述缺陷致使资源自动无法实现最优配置外，也无法解决收入分配不公可能对社会整体福利水平产生影响的问题。支持政府管制的理论主要是社会利益论和社会选择论。

二、金融监管的基本原则

金融监管的基本目标是维护金融体系的稳定、健全和高效，保证金融机构和金融市场的健康发展，保护社会公众特别是银行存款人、证券市场普通投资者的利益，推动金融和经济的发展。在实现目标的过程中，有一些基本原则贯穿各国监管过程的始终。巴塞尔银行监管委员会（简称巴塞尔委员会）于 1997 年 9 月公布的《有效银行监管的核心原则》提出了银行监管的原则性要求，由于这些原则贯穿于金融监管的各个环节、方面，各国金融监管当局都把它们当作金融监管的指导性原则。

（一）监管主体的独立性原则

这一原则要求金融监管机构在明确责任和目标前提下，享有操作上的自主权和充分的资源。同时，为促进监管的有效性，还需创造一些先决条件，如稳健且可持续的宏观经济政策、完善的公共金融基础设施、有效的市场约束、高效率解决金融问题的程序、适当的系统性保护机制等。

（二）依法管理原则

依法管理有两方面的含义：一是所有金融机构都必须接受金融监管当局的监督管理，不能有例外；二是金融监管必须由金融监管机构依法进行，有关各方权利与义务的划分必须有明确的法律依据，以确保金融监管的权威性、严肃性、强制性和一贯性，从而确保金融监管的有效性。因此，金融法规的完善和依法管理是有效金融监管的基本前提，依法管理也就成为金融监管的首要原则。

（三）适度竞争原则

竞争是市场经济中的基本规律，是市场机制发挥作用的基础。但竞争必须适度，才能真正提高效率，而不至于造成市场的混乱。为此，金融监管当局在实施金融监管的过程中，必须遵循促进各金融机构适度竞争的原则。这就要求金融监管当局把监管的重心，放在为金融业创造适度竞争的环境上；放在形成和保持适度竞争的格局和程度的监测上；放在避免形成金融业高度垄断，使金融业失去竞争从而失去生机和活力上；放在防止出现过度竞争、破坏性竞争，从而危及金融业的安全和稳定上。总之，要求金融监管要做到“管而不死，活而不乱，限制过度竞争而又不消灭竞争”。

（四）外部监管与自律相结合的原则

这一原则是指在加强金融监管当局对金融业监管的同时，也要加强金融市场各个主体以及金融业从业人员的自我约束、自我管理和自我教育。金融监管当局的监管是金融业健康稳定发展的外部保证，而金融业的自律则是金融业健康稳定发展的内在基础。按照这一原则，只要金融机构和金融市场各主体的经营和活动符合金融法律、法规规定的范围、种类及风险管理的要求，金融监管当局就不应作过多的干预。各国金融监管的实践证明，过多地依赖外部监管，甚至对金融业的内部管理进行干预，或者反过来单纯依靠金融业的自我约束，都不可能使金融监管达到令人满意的效果。只有把通过内因和外因产生作用的两个方面有机地结合起来，才能取得成功。

（五）综合管理原则

这一原则是指金融监管应讲求管理目标、管理对象、管理内容和管理方法的全面性与综合性，站在系统工程的高度统筹策划和实施金融监管，谋求综合效用的最大化。这就要求金融监管当局将行政的、经济的和法律的管理手段综合配套使用，将直接的与间接的、外部的与内部的、自愿的与强制的、正式的与非正式的、现场的与非现场的、事前的与事后的、国内的与国外的、经常性的与偶然性的、专业的与非专业的、资产的与负债的等各种不同的管理方式和管理技术手段结合起来，综合配套使用。

（六）社会经济效益原则

与其他部门和企业不同，金融业的存在与发展不仅以追求自身利润为目标，而且更重要的是与整个社会经济效益有着十分密切的联系。可以说从最终目的的意义上讲，金融业的存在与发展就是为了满足经济运行和发展的需要，提高社会经济效益。为此，金融监管必须遵循社会经济效益原则，即在实施监管的过程中，应充分考虑到，金融机构的设立及其业务活动是否符合经济发展的需要，是否有利于提高社会经济效益；金融市场的运行状况及各个主体的行为是否有利于促进整个社会经济的稳定运行和发展。在此基础之上来确定监管重点和选择相应的管理手段。

（七）监管机构一元化原则

这一原则包括两个方面的含义，一是行使金融监管职能的各级机构的一元化，二是金融监管所依据的法律、法规的一体化。遵循这一原则，有助于做到金融监管的原则、目标、体制、技术手段、管理口径和管理程度的统一标准化，提高金融监管的效率。从世界各国金融监管的实践来看，金融监管机构和金融法律法规的一元化原则在大多数国家都得到了体现，但也有少数国家由于历史文化背景、经济、政治等方面的原因而形成了多元化的金融法律法规和金融监管体制，美国就是最典型的例子。这种情况会导致若干矛盾和问题的产生，因而金融监管的各有关机构之间的协调与合作就显得尤为重要。1987 年，美国国会决定建立由各主要监管机构的代表组成的联邦金融机构检查委员会，目的就在于促进各监管机构在各自特定的监管领域中采用一致的政策和程序。

拓展阅读 15-6

我国的金融监管三支柱

我国“十四五”规划做了“完善现代金融监管体系”的专门部署，银保监会主席郭树清在其《完善现代金融监管体系》一文中，进一步提出健全宏观审慎、微观审慎、行为监管三支柱监管体系，对金融机构加强风险管理具有导向性意义。

审慎监管包含微观审慎监管和宏观审慎监管。从国际监管发展的历程来看，微观审慎监管出现更早，侧重于规制金融市场交易的供给方，通过制定资本充足率、风险集中度、拨备覆盖率、流动性比率、资产质量等监管标准，动态监测和分析单个金融机构的经营是否稳健。2008 年金融危机前，各国监管多为微观审慎监管，而危机暴露出其最大不足是缺乏整体层面的宏观审慎视角。因此，在危机后，强化系统重要性金融机构（G-SIFI）监管、建立逆周期资本缓冲机制和防控系统性风险得到了国际监管组织的积极倡导。宏观审慎监管是把金融业作为一个有机整体，关注金融体系内部关联和跨周期运行可能导致的风险传染，通过制定宏观审慎政策，采取宏观审慎工具，来减少金融危机的发生频率及影响程度。行为监管（Conduct Regulation）在我国引入的时间不长，是监管当局为规范金融机构与金融消费者的关系，保护金融消费者利益而制定的规则和采取的各种行动的总和。

从我国的监管目标来看，宏观审慎监管旨在防范系统性金融风险，防止金融风险交叉传染，维护金融体系稳定；微观审慎监管旨在防范金融机构的审慎风险，避免单个金融机构的倒闭；行为监管旨在防范行为风险，保护消费者利益，确保市场诚信。三支柱相互协调、相互补充、互为支撑、各司其职，共同承担起对金融机构、金融产品、金融活动、金融市场和金融基础设施的监管。

三、金融监管的主要内容

金融监管是应金融业出现的问题而产生的，其内容也随着金融业的发展而不断丰富。对金融机构的日常监管包括两个方面，一是预防性监管，二是信息披露制度。

（一）预防性监管

1. 市场准入

对市场准入的控制是保证金融业安全稳定发展的有效预防措施，把好这个关口就意味着将那些可能危害存款人利益或金融体系安全的金融机构拒之门外。各国金融监管当局一般都参与金融机构的审批过程，只是在参与的程度和方式上存在差异。通常，要求申请人必须提交明确的业务计划，说明将要成立的银行有能力在其业务领域满足客户对商业和信用服务的需求，并能够保持经营盈利。申请人还必须具备筹集充足资本的能力，以保证新设的银行拥有雄厚的资本实力并且必须证明未来的管理层在银行业务方面的能力及其良好的道德品质。

2. 资本充足性监管

资本在金融机构经营中起着重要作用：一是保证机构的正常经营，以充足的资本维护机构在公众中的信誉；二是在金融机构发生意外损失时可以资本金弥补流动性的不足。所以，除注册时要求的最低标准以外，商业银行还需保持自有资本与资产总额、存款总额、负债总额以及风险投资之间的适当比例。银行在开展业务时要受自有资本的制约，不能脱离自有资本任意扩大业务。

3. 流动性监管

流动性是银行生存的前提，因此也是银行监管的主要内容之一。随着金融业竞争加剧，银行的流动性风险也随着银行或有负债（再回购协议、互换协议、信用证等）的增加而增加。准确测量银行的流动性是很复杂的，也很困难的，很难定出一个具体的流动性比例。流动性比例定得低可能会引发银行危机，高了则会影响银行的盈利能力。应以考核银行资产负债和利率结构搭配是否合理为基础对流动性进行系统评价，同时要特别注意每个银行的实际情况和具体特点，提高流动性监管的针对性和灵活性。

4. 业务范围限制

这是指银行等金融机构获准经营哪些业务，哪些业务又是被禁止的。有的国家对各类金融机构规定有不同的业务范围，进行分业经营、分业监管。如美国曾在 20 世纪 30 年代大危机之后对其银行和证券进行了业务分离，但随着国际竞争的加剧，美国已于 1999 年 11 月出台了《金融现代化法案》，取消了对银行和证券分业的限制。

5. 资产分散化管理

银行资产分散化管理可使银行保持较好的清偿力。高风险、高收益的贷款对银行总是有吸引力的，因此有必要对银行的贷款风险进行控制。例如，通过限制一家银行对单个借款人提供过多贷款以分散风险。

6. 外汇风险管理

外汇管理的目的是保持国际收支平衡，维护本国货币币值的稳定，维护本国经济发展的正常金融环境。外汇管理是一国为使其国际收支和汇率在符合本国利益的水平上保持平衡与稳定，指定和授权中央银行运用各种手段，对其境内和管辖范围之内的外汇收支存贷等进行管理。主要包括：贸易项目管理、非贸易项目管理、资本项目管理、汇率管理与对黄金和本币出入国境的管理。由于国际间短期投机性资本流动对诸多国家的正常金融秩序会造成极大破坏，各国都把对资本项目的外汇管理放在首要位置。

7. 外债管理

随着一个国家经济开放程度的增强，外债对国际收支和整个国民经济影响日益扩大，因此外债管理受到各国中央银行的普遍重视。外债管理主要包括借入外债和使用外债两个方面。借入外债管理的关键是控制外债规模在本国经济的承受能力范围之内，保持合理的外债期限结构，使用外债的关键是保证借入外债投向的合理和避免外债使用过程中的风险。

（二）对信息披露的监管

在不完全竞争的市场中，价格不能体现所有信息，信息不对称的情况大量存在。金融业由于进入壁垒和沉淀成本较大，形成了垄断竞争的市场格局，信息不对称在金融业中表现得尤其突出。金融机构具有信息优势，它比客户更了解自身的业务经营状况，因而可能滥用自己的信息优势，用欺诈手段争取客户；或不按合同约定履行委托人职责，做出有损客户利益的事情；或不遵守贷款风险管理规则，进行关系贷款、人情贷款等，这些都是利用自身的信息优势做损人利己或损人不利己的事。对于从事零售性业务的金融机构，如银行、证券公司、保险公司等，其客户多是非专业人士，而且他们是分散的个体，缺乏维权手段，也缺乏搜集信息的动力和能力，处于信息劣势。为了保护广大消费者的权利，必须解决信息不对称的问题。监管机构应要求金融机构披露一些信息，披露的标准为这些信息的披露是在消费者完全知情的前提下做出理性选择为界限的，即金融机构不必公开其一切财务信息，但也不能故意隐瞒信息而误导消费者。信息披露标准的制定也是一项具体而复杂的工作。

拓展阅读 15-7

美国《多德—弗兰克法》①

《多德—弗兰克法》是美国应对次贷金融危机和反思金融监管不足遗留下来的最重要的成果，由奥巴马总统于 2010 年 7 月 21 日签署生效成为法律。该法最为重要的目的是“通过提高金融体系的透明度，促进其承担应尽的责任，进而提升美国金融体系的稳定性，终止金融机构‘大而不能倒’的状况，防止对金融机构无

① 徐明棋：《〈多德—弗兰克法案〉修改对美国金融监管体制的影响》，《新金融》2017 年第 7 期。

止境的救助而损害纳税人的利益，保护消费者免受有害的金融服务，以及其他目标”。2018 美国参众两院分别通过了对《多德—弗兰克法》的修订法案《经济增长、放松管制和保护消费者权益法案》，以纠正过于严厉的监管越位，并弥补监管不足。

《多德—弗兰克法》实施以来，美国各金融监管机构遵照该法律要求，制定了大量的监管条例和细则，被认为是 20 世纪 30 年代美国出台《格拉斯—斯蒂格尔法》以来美国改革力度最大、影响最深远的金融监管改革。具体内容包括：成立金融稳定监管委员会（Financial Stability Oversight Council），监测系统性金融风险；建立系统重要金融机构“有序清算”机制，对银行控股公司以及受美联储监管的非银行金融机构实施有序破产清算；通过沃尔克规则（Volcker Rule）严格限制银行从事自营业务及持有私募和对冲基金权益；建立消费者金融保护局（Consurner Financial Protection Bureau，简称 CFPB）；提高衍生产品交易透明度等。

四、金融监管体制

（一）金融监管体制的类型

由于历史、文化、发展阶段、政治经济体制的不同，各国采取了不同的金融监管模式。按监管组织体系的设置来分，大致有三种类型：

1. 统一监管模式

统一监管模式，是指对于不同的金融机构和金融业务，无论是审慎监管还是业务监管，都由一个机构负责。这个机构通常是各国的中央银行，也可是另设的独立监管机构。这是一种典型的混业监管模式，金融监管体制改革后的英国是典型代表。受混业经营的影响，目前采用这种监管模式的国家正在增多，日本和韩国在 1996 年后都采用了这种金融监管模式。还有许多国家正在考虑将分离出来的银行、证券、保险监管机构统一在一个监管框架之内，也有不少国家将其监管职能从中央银行移出，成立了专门的监管机构。

这种监管模式的优势主要体现在：第一，成本优势。统一监管不仅能节约人力和技术投入，更重要的是它可以大大降低信息成本，改善信息质量，获得规模效益。第二，改善监管环境。统一监管可避免由于监管者的监管水平和监管强度的不同，使不同的金融机构或业务面临不同的监管制度约束；也可避免被监管者对多种机构重复监管及不一致性无所适从。第三，适应性强。统一监管能迅速适应新的金融业务，既可避免监管真空，降低金融创新形成的新的系统性风险，又可避免多重监管，降低不适宜的制度安排对创新形成的阻碍。这种监管模式的缺点是缺乏竞争性，易导致官僚主义。

2. 分业监管模式

分业监管模式是将金融机构和金融市场按照银行、证券、保险划分为三个领域，在每一个领域内，分别设置一个专业的监管机构负责，这一监管是包括审慎监管和业务监管在内的全面监管。目前分业监管的模式还较为普遍，中国便是实行这一模式。这种模式的优点在于：一是具有监管专业化优势。每个专业监管机构负责不同的监管领域，职责明确，分工细致，有利于达到监管目标，提高监管效率；二是具有监管竞争优势。尽管监管对象不同，但不同监管机构之间存在竞争压力。

这种模式的缺点在于：一是各监管机构之间协调性差，容易出现监管真空，若设置多重目标或不透明目标则易使被监管对象难于理解和服从，出现多头管理和相互扯皮现象；二是从整体上看，分业监管机构庞大，监管成本较高，规模不经济。

3. 不完全统一监管模式

不完全统一监管模式是对完全统一监管和完全分业监管的改进型，是介乎于两者之间的一种监管模式，也可以说是一种从分业监管到混业监管的过渡模式。具体有牵头监管模式、“双峰”监管模式和“伞形”功能监管模式。

（二）金融监管体制的发展趋势

随着经济、金融环境的改变，金融监管体制也在不断地进行适应性的调整和创新。虽然各国的金融发展水平、金融文化和历史传统存在较大差异，加之经济体制、政治体制、中央与地方的关系不同，各国的监管体制各具特色，但近年来在金融全球化的背景下，改革和重构监管体制已成为各国面临的共同问题。现代金融监管体制在发展完善的过程中呈现出一些新趋势：

1. 政府监管和自律监管趋于融合

政府监管的优势是监管机构超脱于金融活动的当事人之外，能够公平、严格地发挥其监管作用，保护社会公众的利益，具有权威性。但是，单纯依靠政府监管也存在不足，现代社会金融结构日趋复杂，金融工具、交易方式不断创新，金融市场上的不确定因素增多，监管的难度也相应提高。政府既要加强监管，又不能过分干预市场，往往处于两难境地。行业自律型监管固然有其局限性，比如缺乏强有力的手段、从本行业利益出发、管理者的非超脱性等，但它具有政府监管所没有的优点。

由于政府监管和行业自律各具特点，二者逐渐出现了融合趋势。一方面，实行政府监管型体制的国家开始日益重视行业自律的作用。金融行业自律组织通过对行业内部的管理，避免业内不正当竞争，规范行业运作，促进金融机构同业之间的协作，减轻了政府监管机构的压力，同时与政府监管机构适时沟通，减少了金融机构与政府的摩擦。另一方面，实行自律型监管体制的国家也开始通过立法和建立统一的监管机构，加强监管的规范化，将金融同业的自律机制逐渐纳入监管法制体系中。

2. 外部监管和内部控制相互促进

外部监管主体不再是一味从外部施加管制，而是更加注重促使金融机构强化内部控制制度，提高自我监控水平。金融监管机构对金融机构的内控制度提出了全方位的要求，金融机构是否具有完善的内控机制和制度是金融监管机构进行检查的重要内容。此外，金融监管机构还鼓励金融机构开发控制风险的内部模型，以提高控制风险的技术水平，并增强其适用性。

同时，金融机构健全有效的内部控制也是外部监管的基础。金融监管机构的监管目标必须通过金融机构自身的稳健经营来实现。严密的内部控制将使金融机构有效地防范和规避风险，而金融机构的安全运营是金融系统稳定安全的基本保障。

3. 分业监管向混业监管转变

20 世纪 80 年代以来，在金融自由化和金融创新的浪潮冲击下，金融业从分业经营向混业经营转化，受其影响，金融监管体制也由分业监管向混业监管转化。英国的大卫 T. 卢埃林教授在 1997 年对 73 个国家的金融监管组织体系进行了研究，发现 13 个国家实行单一机构混业监管，25 个国家实行部分混业监管，35 个国家实行银行、证券、保险业分业监管。虽然分业监管体制仍占多数，但完全分业监管的国家在数量上呈逐渐减少趋势，金融监管体制正向部分混业监管或完全混业监管的模式过渡。

4. 机构性监管向功能性监管转变

功能性监管的优势在于协调性高，能有效解决混业经营中金融创新产品的归属问题，同时可以避免重复和交叉监管现象，为金融市场创造公平竞争的市场环境。不仅如此，功能性监管还具有跨市场、跨机构协调功能，具有监管的连续性和一致性。机构性监管的优点则在于当金融机构从事多项业务时，机构性监管使监管者易于评估金融机构的产品系列的风险，尤其当存在于系列金融产品之间并且互相关联的风险因素越来越多时，实行机构性监管模式效果较好。

实质上，设置多个专业监管机构的分业监管体制是将功能性监管和机构性监管选择问题外部化，设置单一监管机构后，再在内部作具体分工的混业监管体制。在当前金融机构业务日益多样化和金融创新层出不穷的形势之下，功能性监管更能发挥其优势，传统的机构性监管正在逐渐向功能性监管转变。

5. 金融监管的国际合作不断加强

20 世纪 80 年代以来的金融国际化趋势，使得各国金融市场之间的联系和依赖性不断增强，各种金融风险在国家之间的相互转移和扩散在所难免，严重威胁着各国的金融稳定。金融国际化要求实现金融监管国际化，如果各国金融监管松紧不一，不仅会削弱各国监管措施的效应，而且还会导致国际资金大规模的投机性转移，影响国际金融稳定。因此，多数国家致力于金融监管的国际合作。

6. 金融创新对金融监管的影响

20 世纪 80 年代，金融自由化虽然大大促进了金融业和金融市场的发展，但没有同时加强金融监管，或者说，在金融创新的同时，缺乏相应的体制创新尤其是监管创新，无疑加大了金融机构的风险。2007 年由美国次贷危机所引发的全球金融危机就充分反映了这一现象。因此，在金融创新不断深化，新的金融工具不断涌现的今天，必须对金融体制和金融监管进行新的调整。

首先，金融创新改变了金融监管的基础条件，客观上需要金融监管机构进行适当的调整；其次，金融创新在推动金融业和金融市场发展的同时，也在总体上增大了金融体系的风险，从而极大地增加了监管的难度；最后，金融创新导致金融监管主体的重叠与缺位并存，在现行分业监管过程中，大都采取机构性监管，实行业务审批制度。

随着金融的日益深化，特别是金融创新和开放程度的加深，金融系统风险和个别风险的概率也会提高，因此，适时调整金融监管以适应金融创新的不断发展成为金融监管的迫切任务。

本章小结

1. 金融危机是金融脆弱性达到一定程度，以及当金融风险积累到一定程度爆发的导致整个金融体系或局部金融体系的混乱和动荡。

2. 金融危机按其性质与内容可划分为货币危机、资本市场危机、银行业危机、外债危机、综合性金融危机。不同类型金融危机的生成机理存在差异。

3. 金融危机的防范包括建立金融危机早期预警系统、健全信息披露制度、建立社会紧急救援制度、加强对金融市场和金融资本流动的管理。

4. 金融危机的治理措施主要有稳定金融市场、重组改革金融部门、推进宏观经济调整及结构性改革以及依靠国际社会援助等。

5. 金融监管是以金融脆弱论、自然垄断论、外部效应论、公共物品论、信息不完全与不对称理论等作为理论基础的。

6. 预防性监管的主要内容有：市场准入、资本充足性监管、流动性监管、业务范围限制、资产分散化管理、外汇风险管理、外债管理等。

重要概念

金融危机　货币危机　银行业危机　货币危机理论　金融危机预警　金融信息披露制度　存款保险制度　金融监管　统一监管　分业监管

复习思考题

1. 什么是金融危机？金融危机有哪些主要类型？
2. 举例说明货币危机与银行业危机是否存在关联？如果有，那关联渠道有哪些？
3. 请结合实际，对金融危机治理措施的效果进行评述。

4. 如何正确理解金融监管的适度竞争原则？

5. 我国金融监管的三大支柱是什么？

6. 金融监管体制有哪几种？试对其优缺点进行对比分析。

7. 材料分析题：

中国人民银行发布的《中国金融稳定报告（2020）》（以下简称《报告》）对于分类施策稳妥化解包商银行、恒丰银行、锦州银行3家中小银行风险进行了总结。《报告》提出，下一步要抓紧补齐制度短板，巩固好防范化解重大金融风险取得的重要成果，建立金融风险防范处置长效机制，并着重强调了“健全存款保险制度，发挥存款保险早期纠正和风险处置平台功能”。

请问你如何评价存款保险制度在金融危机防范中的作用？

8. 材料分析题：

当前，我国金融监管体制发生了重大变化，由传统的“一行三会”转变为“一行一委两会”。然而，在愈演愈烈的金融全球化浪潮中，金融开放不断扩大，这既可能提高资金利用效率，促进经济增长，增加社会福利，也可能会诱发系统性金融风险，对经济造成摧毁性打击。

在此背景下，谈谈你对我国金融监管体制改革问题的看法。

参考文献

[1] 黄达,张杰.金融学(第五版)/货币银行学(第七版)[M].北京:中国人民大学出版社,2020.

[2] 李健.金融学(第三版)[M].北京:高等教育出版社,2018.

[3] 陈学彬.金融学(第四版)[M].北京:高等教育出版社,2018.

[4] 曹龙骐.金融学(第三版)[M].北京:高等教育出版社,2010.

[5] 易纲,吴有昌.货币银行学[M].上海:格致出版社,上海人民出版社,2014.

[6] 胡庆康.现代货币银行学教程(第六版)[M].上海:复旦大学出版社,2021.

[7] 张亦春,许文彬.金融学[M].北京:高等教育出版社,2017.

[8] 兹维·博迪,罗伯特·C.默顿,戴维·L.克利顿.金融学(第二版)[M].曹辉,曹音,译,北京:中国人民大学出版社,2018.

[9] 弗雷德里克·S.米什金.货币金融学(第十一版)[M].郑艳文,荆国勇,译,北京:中国人民大学出版社,2016.

[10] 斯蒂芬·A.罗斯,伦道夫·W.威斯特菲尔德,布拉德福德·D.乔丹.公司理财(第12版)[M].曹方南,谭跃,周卉,译,北京:机械工业出版社,2020.

[11] 刘爱东.公司理财[M].上海:复旦大学出版社,2006.

[12] 刘曼红.公司理财(第三版)[M].北京:中国人民大学出版社,2011.

[13] 周夏飞.公司理财[M].北京:机械工业出版社,2011.

[14] 彭兴韵.金融学原理[M].上海:格致出版社,2019.